华信经管 创优系列·财经信息化

U0671342

上海市
优质在线课程
配套教材

会计信息系统
——基于数据科学设计

张 媛 主编

杨 焜 李洹东 副主编

电子工业出版社
Publishing House of Electronics Industry
北京·BEIJING

内 容 简 介

"会计信息系统"课程是上海市优质在线课程，本教材是中国大学 MOOC 同名在线课程的配套教材，也可以单独作为财经类专业的实践实验类课程的配套教材。

本教材的教学目标是培养会解决问题的会计师。基于跨专业学科精益思维搭建，以"弹性教育"生态系统模块作为基础会计能力培养的素质框架，以世界著名的加拿大蒙特利尔高等商学院（HEC Montreal）历经十年持续研发的 SAP 企业经营数字沙盘（SAP ERPsim）体验式教学法作为教学支撑平台，本教材尝试性地进行课程架构体系的原创设计："新会计观"=管理会计+数据科学+财务文化。

所谓以学生为中心的学习就是最大限度地激发学生的"信念和激情"，这是"体验式"沙盘教学对老师角色的第一要求。"数据科学"不能离开业务流程循环，"管理"会计中企业差异化战略所要求的设计思维（DT）——"财务文化"才是灵魂。没有灵魂的"数据科学"只是一个工具，一个壳而已。本教材遵循美国注册管理会计师（CMA）对"会计信息系统"框架设计的指南，结合中国实情，借鉴沙盘工具的应用，试图将冰冷的"会计信息系统"课程，搭建成"信念与激情"并存的会计能力素质全新框架的效能训练课程。

本教材可作为会计、审计，以及信息管理、企业管理、计算机应用等专业的本科与研究生教材。同时，可作为企业财务管理人员、内部审计师、注册会计师、信息会计、审计师、管理咨询人员等专业人士的参考资料。

图书在版编目（CIP）数据

会计信息系统：基于数据科学设计 / 张媛主编. —北京：电子工业出版社，2021.1
（华信经管创优系列. 财经信息化）
ISBN 978-7-121-40345-3

Ⅰ. ①会…　Ⅱ. ①张…　Ⅲ. ①会计信息－财务管理系统－高等学校－教材　Ⅳ. ①F232

中国版本图书馆 CIP 数据核字（2020）第 269307 号

责任编辑：石会敏

印　　刷：北京七彩京通数码快印有限公司
装　　订：北京七彩京通数码快印有限公司
出版发行：电子工业出版社
　　　　　北京市海淀区万寿路 173 信箱　　邮编：100036
开　　本：787×1 092　　1/16　印张：27　字数：681.6 千字
版　　次：2021 年 1 月第 1 版
印　　次：2021 年 7 月第 2 次印刷
定　　价：69.00 元

凡所购买电子工业出版社图书有缺损问题，请向购买书店调换。若书店售缺，请与本社发行部联系，联系及邮购电话：（010）88254888，88258888。

质量投诉请发邮件至 zlts@phei.com.cn，盗版侵权举报请发邮件至 dbqq@phei.com.cn。

本书咨询联系方式：738848961@qq.com。

序（一）

"会计信息系统"课程研究的新领域是以"数据科学"驱动财会实践实验教学，培养会解决问题的会计师。未来的会计师是价值创造者。《会计信息系统——基于数据科学设计》一书以管理会计为基本理念，用跨专业学科的生态系统模块组织学习，搭建会计能力素质框架，为财会数字技术的未来发展奠定了良好的基础。

根据未来管理会计师的能力要求，管理会计要始终基于管理。本教材以 SAP ERPsim 体验式教学方法为主线展开教学，其中包括 SAP 系列产品的部分内容：SAP S4 HANA、SAP 分析云、基于 SAP 的 RPA 设计的数字员工，涉及数据分析，基于 SAP ERP 沙盘分析的 Excel 章节、Python 章节，以及数据可视化及可视化进阶章节等。与本教材配套的中国大学 MOOC "会计信息系统"在线课程，为在线选修本课程的同学提供了辅助学习资料。

体验式教学法是源自哈佛大学商学院的一种教学方法，在分组对抗模拟训练中，调动学生的学习主动性、团队合作精神、创新思维，有其独特性和优势。为了创建管理会计思维的"财会文化"，教材中嵌入了源自斯坦福大学的设计思维的内容。

本教材使用的 SAP ERP 沙盘及 SAP 云分析工具软件均由 SAP 大学联盟中国提供相关的资源。SAP 大学联盟（University Alliances，UA）致力于以非营利形式与全球院校携手合作，为 SAP 和生态系统培养具备 SAP 技能的数字化创新人才。自 1988 年至今，SAP 大学联盟已在全球超过 115 个国家和地区支持超过 3 700 所院校，其中覆盖了 97% 的顶尖高校。

UA 项目使命：

• 为数字化企业培养未来人才：为学生在 SAP 生态圈的职业发展做好准备，使 SAP 技能培养与在校学位培养相结合，让学生在就业市场上更有竞争力。

• 推动学术领域创新和下一代用户进入数字化企业：战略性地为年轻人赋能，使他们通过众包、竞赛、联合创新及科研项目等方式贡献其创意。

• 塑造高等教育的未来：授权成员院校获取 SAP 最新、最具创新性的主题和技术用于教学和科研。

杨焜

SAP 大学联盟大中华区总监

序（二）

未来财务数字化转型包括财务组织重构、流程优化、运营模式创新、智能化技术应用等方面，其本质涉及财务的三个概念：财务的算力、算法和数据。

一、财务的算力

财务的算力指财务的计算能力。它是伴随着整个社会的计算能力而发展的。

全社会的计算能力经历了五次重大的革命：第一次，算盘。第二次，计算器或计量尺。当年中国制造原子弹就是用计算尺计算出的原子弹的爆炸当量。第三次，计算机。1946 年第一台计算机的发明使得人类的算力往前迈出一大步。第四次，互联网。从单体计算机到服务器，再到小型机，使得计算机能够以网络的方式连接在一起。第五次，分布式计算，即云计算中心的成立。

财务的算力也经历了从手工记账法到会计电算化、到 ERP，再到有了云计算，产生了财务云的分布式信息系统。

二、财务的算法

会计本质上是一种算法。传统财务的算法构建在会计恒等式和会计科目上，"资产=负债+所有者权益"，因此"有借必有贷，借贷必相等"。企业将纷繁复杂的经济业务压缩在会计科目中，按照通用会计准则，形成一套数据体系，对外形成企业价值的体现，同时成为国家治理的工具。简言之，"以会计准则为基础的会计政策体系+会计科目+会计账户+会计报表" 共同形成了国家治理和企业价值体现的工具，这是一套传统的算法。

其实企业在经营过程中是有大量算法要予以实现的，比如传统管理会计中的战略、计划和预算、产品和服务交付、风险与控制、绩效与评价等职能背后蕴含着许多算法，不管是全面预算管理中如何进行预算预测、绩效管理中如何进行 KPI 考核，还是风险控制中如何进行风险点计算、客户及供应商管理中如何进行授信评估等，这些过程中都包含着一系列算法。

而未来的 15 年将迎来企业算法的巨大变化，在算力的支持下，算法将有机会得到大规模的更替和改造，进行不断地迭代和演进。

三、财务的数据

有了算力的支持和算法的要求，企业对数据产生了前所未有的渴望。但以会计科目为基础的数据收集体系远远不能满足需求。2019 年是财务数字化元年，日渐成熟的人工智能技术提高了财务的计算能力，扩大了财务的数据采集能力。未来 15～20 年，财务将会全面走向数字化。

在新兴技术的驱动下，财务将基于数据、算力和算法来推动企业管理的创新和全社会治理的进步。未来财务部门的结构将转化为"财务+IT+DT"，即"财务部门的职能+IT 部门的工具+数据管理的科学"。因此从人才培养角度来看，未来企业需要"懂财务会计+懂信息技术+懂数学或统计"的综合型人才。本教材基于数据科学的理念，以理论+实操的教学模式，深入讲解财务的不同发展阶段和新兴技术的应用，强化高校学生及财会专业人士的 IT 意识和数据思维，以满足新时代下企业对财会人员的技能要求，推动财会行业人才发展的新进程。

陈虎

中兴新云总裁

序（三）

信息技术变革掀起了一场场认知革命,使得智能财务成为世界各国金融财会行业的重要发展方向。技术创新与融合、跨界合作以及新的商业模式已经成为或即将成为未来智能财务行业的重要特征,这些变化无疑会给相关行业与人民生活带来颠覆性的影响,从而引发商业逻辑和商业模式的革命。张媛副教授主编的《会计信息系统——基于数据科学设计》一书,采用数字化转型和创新驱动力的先进理念,构建管理会计能力素质框架(如领导力、职业道德、商业运营、技术运用),并以 SAP ERP 沙盘模拟游戏（ERP Simulation Game，ERPsim）为主线,运用体验式教学法详细介绍了 SAP 相关软件与技术、财务一体化流程、各类商务分析方法、财务共享物理沙盘,同时也对基于 SAP 财务机器人（RPA）的流程学习设计和未来"大会计"的区块链财会教学等实操环节进行了讲解。

综合来看,《会计信息系统——基于数据科学设计》作为一本融合了前沿思维理念和先进系统实践的教材,具有三方面突出亮点。

第一，融合创新理念贯穿始终。 本教材在教学理念、教学内容、实践平台等方面的选择极为考究。本教材选用的是由国际知名的加拿大蒙特利尔高等商学院（HEC Montreal）团队历经十余年研发并得到全球各大商学院广泛采用的 ERPsim 系统，融合设计思维（Design Thinking，DT，由斯坦福大学与 SAP 合作开发）教学理念来调动学生学习智慧财务下数字化商务分析的积极性，使用目前人工智能行业应用最为广泛的计算机编程语言——Python 与 R 语言，基于数据科学对"会计信息系统"课程的数字化转型做了大胆的创新设计，同时强调大数据环境下可视化应用工具的基本数据思维的重要性，充分体现了"融合"的基本理念：硬软技术融合（既强调技能数据分析的技术培训，又有设计思维等软科学的学习培训）、专业融合（计算机及会计专业）、技术融合（业财一体的教学思路）和思维融合（数据思维和创新思维）。

第二，体验式教学法引领方向。 本教材设计的体验式教学法可以很好地将基于 SAP ERP 的会计信息系统的学习和数字化经济对企业财会人员能力素质的综合培养进行融合，以培养财会人员的战略商业敏锐度和商业运营管理能力。财务机器人的出现，引领了会计行业的一场大变革：企业组织边界被打破，从专业化分工到融合发展成为当下新型职业形态，平台性和开放性成为组织的主要特征。财会数字技能是适应时代要求的能力素质，财务人员天天要与数字打交道。上海对外经贸大学是国内最早将"ERP 沙盘模拟"课程作为会计学院大四学生专业必修课的高校之一，而张媛老师作为 ERP 沙盘全国大赛校队的唯一指导老师，曾五次带领校队参加用友杯 ERP 沙盘全国大赛，3 次获得全国一等奖；在 2017～2020 年，连续四次带领学生入围"SAP 大学生模拟企业经营国际挑战赛"中国区总决赛，并在 2020 年一举拿下该赛事包括最佳指导教师奖在内的四个重要奖项。她丰富的教学和竞赛经验在提升财会人员数据储存、数据挖掘、数据可视化等专业能力方面极具借鉴与指导意义。

第三，体系化资源提供保障。本教材提供的线上线下资源非常丰富，这也得益于张媛老师多年来与业界建立的良好关系。随着 SAP 公司的企业管理思想被国内企业广泛接受，相关专业人才的稀缺成为其生态系统中的薄弱环节。在此背景下，北京交通大学与德国 SAP 公司于 2013 年共建了全球第六家、亚太区唯一一家大学能力中心（University Competence Center，UCC），以建立"课程—平台—服务—社区"四位一体的生态圈为发展愿景，以全球最前沿、最具实战性的企业信息管理商业系统为核心服务资源，旨在为中国大陆的高等院校提供基于 SAP 产品与服务的一站式教育解决方案。作为 UCC 的资深顾问专家，张媛老师长期深度参与了 SAP 学术生态圈的建设，并得到了广泛认可。这些都为本教材中涉及的教学资源的前沿性和可实践性提供了重要保障。

让我们共同迎接智能财务新时代的来临！

李泿东　博士

SAP 大学能力中心（中国）主任

序（四）

近些年来，以移动互联网、云计算、大数据、RPA、人工智能和区块链为代表的新一代信息技术的快速发展与应用，给会计行业带来了前所未有的影响与颠覆，也给会计人才培养提出了严峻的挑战。

移动互联网的高速发展推动会计行业实现了云会计应用，这使得众多中小企业可以通过云会计低成本、高效率地实现会计信息化。基于云计算技术的集团企业财务共享中心的建设与应用，给企业的财务组织体系、财务业务流程和会计工作模式带来了巨大的变革，会计记账岗位大幅度减少，业务财务和战略财务成为企业会计工作的重心。基于自动化技术的财务机器人2017年横空出世，当前已经在众多企业财税场景中广泛应用，使得越来越多企业的基础会计工作岗位面临着被机器人这个"数字员工"顶替的威胁。

大数据时代的到来，使得原来烦琐的手工收集、筛选、分析数据和撰写报告等传统会计的工作模式被计算机取代，财务数据分析成为会计人越来越重要的工作内容。人工智能可以对人的意识、思维的信息过程进行模拟，它的发展也许会让会计人引以为傲的职业判断在其强大的预测、决策、规划、控制和评价能力面前失去天然的优势。区块链作为一种分布式数据存储、点对点传输、共识机制、加密算法等计算机技术的新型应用模式，或将重构会计服务的商业模式——从"平台经济"到"节点经济"，实现会计服务整个链条上所有节点的资源共享、信息共享、信用共享和数据共享。

面临众多信息技术的挑战以及企业会计工作重心向管理会计的转型，如今的会计学专业已然成为一种会计学与计算机科学的交叉学科。在会计人才培养中，会计学专业的核心课程——"会计信息系统"课程在教学内容和教学目标上，随着新一代信息技术的应用也面临着前所未来的升级与改造紧迫性。

张媛副教授主编的《会计信息系统——基于数据科学设计》一书，以"赋能"与"创新"为核心，基于数据科学设计，以SAP的在线ERPsim沙盘模拟为课程主线，以"体验式"教学法讲解SAP软件技术及财务一体化流程、商务分析的各种方法。该书基于SAP的RPA和财务共享的物理沙盘教学设计，有利于增强学生对企业管理会计情境的理解，培养其掌握管理会计中最为核心的流程设计与优化、数据分析与可视化能力，并最终帮助学生建立比较全面的企业财务信息化知识体系和技术运用路径。

"会计信息系统"既是一门跨学科的课程，又是一门专业性、理论性、实践性都很强的课程。张媛副教授撰写的这本极具前沿技术体系和教学理念的《会计信息系统——基于数据科学设计》，内容丰富、结构清晰、逻辑严密，对学生数据分析能力和创新思维的培养有着重要的帮助。感谢张媛副教授为中国会计专业教育改革与发展做出的贡献！

程平

重庆理工大学会计学院教授、博士生导师

前　言

"会计信息系统"（Accounting Information System，AIS）课程是上海市优质在线课程，本教材是中国大学 MOOC 同名在线课程的配套教材，也可以单独作为财经类专业的实践实验类课程的配套教材。适用的学习群体包括：会计、审计以及信息管理、企业管理、计算机应用等专业的本科生与研究生。同时，也希望本教材能够对企业财务管理人员、注册会计师、信息会计、审计师、管理咨询人员等专业人士提供学习帮助和指导。

本教材基于跨专业学科的精益思维搭建，以"弹性教育"生态系统模块作为基础会计能力培养的素质框架，以世界著名的加拿大蒙特利尔高等商学院（HEC Montreal）历经十年持续研发的 SAP 企业经营数字沙盘（SAP ERPsim）体验式教学法作为教学支撑平台，尝试性地进行课程架构体系重塑："新会计观"=管理会计+数据科学+财务文化。本教材基于"新会计观"三要素进行课程框架体系设计：（1）"管理会计"的重心在于管理，提供会计的增值服务，它不是简单地配合论证管理提出来的决策的正确性，而是对管理的优化，有校正优化的功能，运用会计方法对数据进行分析、透视、可视化等处理，通过会计的分析和逻辑优化管理，为管理增加价值；（2）"数据科学"能够培养财会学生对数据的敏感性和洞察力，以及对数据的收集、分析、处理、可视化能力和利用数据进行思考、评估、决策的能力，帮助学生真正掌握"数据驱动决策"的精髓；（3）在"财务文化"中引入创新设计思维（DT），并在教材中设立章节概述了 SAP 与斯坦福大学合作开发的设计思维。"创新"是国家战略，我们不但需要创新的理念，还需要创新的方法和工具，把创新应用到我们的"会计信息系统"实践课程当中，包括组织的商业模式创新、战略创新、流程创新、服务创新、运营创新、新产品创新、分析方法创新、建模创新等。创新设计思维的核心是"以人为本，同理心的思维"和"反向思考目标导向的设计"。

中兴新云总裁陈虎提到"财务数字新基建"，包括财务组织重构、流程优化、运营模式创新、智能化技术应用等方面的投入，其本质涉及财务的三个概念：财务的算力、算法和数据。他提到，会计的本质是一种算法。企业在经营过程中是有大量算法要予以实现的，如传统管理会计中的战略、计划和预算，产品和服务交付，风险与控制，绩效与评价等职能背后蕴含着许多算法，不管是全面预算管理中进行预算预测、绩效管理中进行 KPI 考核，还是风险控制中进行风险点计算、客户及供应商管理中进行授信评估等，这些过程中都包含着一系列算法。每一个算法都对应着相应的决策点，我们需要为这些决策点提供相应的数据及算法支撑。然而，传统财务的算法已经无法满足管理会计的要求和企业经营管理的需求。本教材基于"新基建""新文科"的建设精神，面向数字化转型，基于"数据科学"设计理念，赋能会计学下设的传统专业必修课实验实践课程——"会计信息系统""精益思维";应对 VUCA（多变、不确定、复杂和模糊）环境，持续推动会计实践实验教学创新、挖掘专业学科发展潜力、持续变革优化、推动专业学科在"业财融合"中发展，激发学生挑战自我、开放个体价值等。培养目标以专业弹性教育为基础，跨专业学科培养，摒弃以会计确认、计量及报告为目标，只是适应或者满足外部监管需要的传统财务会计，而转变成基于数据科学设计的管理会计，帮助学生成为以预测及分析为主的会解决问题的会计师，并整合思维成为价值创造者，使企业可持续发展、面向未来。

"会计信息系统"课程中设计了两张思维导图。

思维导图（1）是"会计信息系统"课程整体设计的思维导图。

"会计信息系统"课程为了达到既定的教学目标，通过四个方面进行训练：技能实操、综合能力培养、创新能力培养和课程思政。

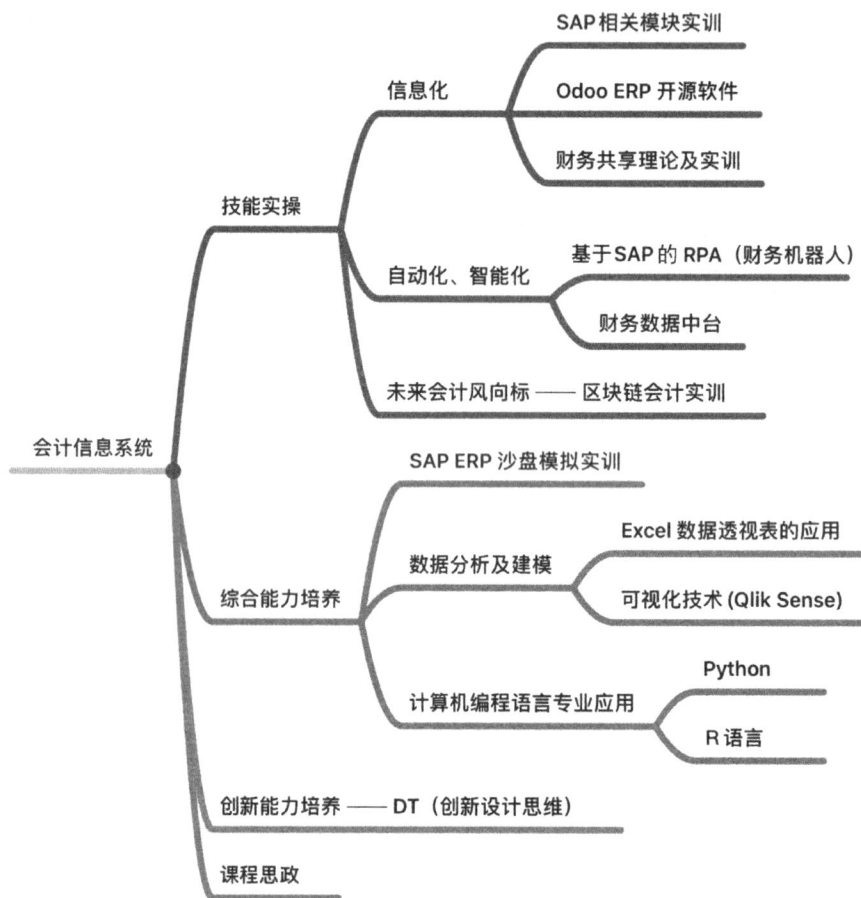

"会计信息系统"课程思维导图（1）

1. 技能实操

会计信息系统技术部分按发展的三个阶段展开介绍：信息化、自动化和智能化、未来会计——区块链。

信息化阶段又分三大块。第一块：世界第一大 ERP——源于德国的 SAP，通过 ERPsim——沙盘模拟对抗赛的方式展开学习；第二块：Odoo ERP 开源软件业财一体化的讲解；第三块：线下浪潮财务共享实物沙盘实训在线讲解部分（浪潮共享沙盘内容有专门教材，不包含在此教材中）及教材中介绍的众包模式。

自动化、智能化阶段包括财务机器人 RPA（基于 SAP）的实训、财务数据中台、数据分析——大数据实训、Excel 数据透视表的应用、R 语言及 Python 语言的简单编程专业应用、Qlik Sense 可视化应用实训等。

未来会计阶段包括区块链会计实训。

2. 综合能力培养

通过 ERPsim 沙盘模拟的体验式教学法，既能够对 SAP 软件进行趣味分组对抗学习，又可以了解生产运作模式，在对抗赛中学习企业经营的基本理念。

ERPsim 打破区域界线，全国各地的同学都可以选修"会计信息系统"在线课程。在开课的学期中，课程会固定教学时间，在全国范围内在线组队参加 ERPsim 的沙盘对抗学习。

ERPsim 及浪潮财务共享手工沙盘的模拟线上授课，突出业财一体的基本概念，让学生了解企业项目的管理会计流程，培养其数据建模及简单编程能力。

3. 创新能力培养

利用案例讨论，设计思维课程的流程，遵循慕课混合式教学法的程序，分解布鲁姆认知教学目标，完成课程项目的案例研讨。

思维导图（2）是"会计信息系统"课程涉及的专题设计。

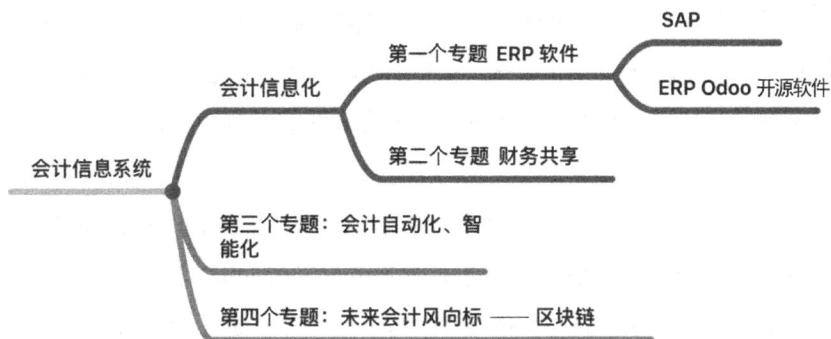

"会计信息系统"课程思维导图（2）

按照"会计信息系统"课程的发展历程：信息化、自动化、智能化三个阶段的顺序，我把整个在线课程分为四个大专题进行介绍：

第一个专题：会计信息化之 ERP 软件专题，又分为 SAP 和 Odoo 开源软件。

第二个专题：财务共享专题。

第三个专题：会计自动化、智能化专题。

第四个专题：未来会计风向标——区块链专题。

4. 课程思政

表 1　四次管理革命的核心主题比较

类型	时间	关键词	核心特征	人性假设
第一次管理革命（管理1.0）	1901—1940年	科学管理	以"效率"为中心	经济人
第二次管理革命（管理2.0）	1941—1970年	人本管理	以"人本"为中心	社会人
第三次管理革命（管理3.0）	1971—2000年	精益管理	以"用户"为中心	复杂人
第四次管理革命（管理4.0）	2001 年至今	价值共生	以"价值"为中心	自主人

第四次管理革命被称为管理的"ABCDE 时代"，即人工智能（Artificial Intelligence）、区块链（Block Chain）、云计算（Cloud）、大数据（Big Data）、边缘计算（Edge Computing）等五大核心技术不断重塑企业的商业模式和管理模式。

互联网消除了距离，组织去中心化成为趋势，传统的科层式组织模式将被彻底颠覆，组织将从"流程型组织"向"生态型组织"转型；物联网的兴起，将重塑企业的生产方式、价值创造模式，"以产品为中心的大规模制造"将向"以用户为中心的大规模定制"转型。

传统制造业是把个性化的东西标准化、效率化，未来的制造业是把标准化的东西个性化，这是趋势。"拥有创新驱动力"，才是经济发展的大势所趋。未来的制造讲的是品味，未来的制造讲的是服务，未来的制造业是服务业。

马云的一小段调侃可以引起大家的一些思考。

马云在一次演讲中提到新型制造业的品味，他讲了一个故事，做了一个比喻。马云答观众问：什么叫品味啊？我到农民家里去做客，大概一碗菜，碗里面堆得满满的，很好客；我到法国，这么大个盘子就这么点菜，这叫品味。本来挂在墙上的东西放在地上，本来放在地上的东西挂在墙上，这个就是品味。我们中国人光靠勤奋是不够的，因为机器永远不知道累。

2019 年教师节那天，马云在阿里 20 周年庆的晚会上，讲了这样一段话，表明了他对创新技术的态度："……世界在害怕中国，在害怕技术。我们希望技术是善意的，我们希望技术给人带来的是希望，而不是绝望。"我们会计行业受到新技术的冲击，核算型会计转型势在必行。让我们以热情的态度拥抱技术创新带来的变革。马云在教师节讲话中同时提到：各种商业的决定很不容易，但价值观的选择更为痛苦。他说阿里未来的目标不是打败对手，而是在社会、在世界、在老百姓面前，是一家"好"公司。强公司是商业能力决定的，但好公司是担当、责任和善良。马云还在这次演讲上提出，传统工业时代的标准是要做大、做强；而21世纪，不管你是什么样的组织和个人，你都不应该只是做大和做强，你应该做"好"，善良是最强大的力量。这次变革是人类对自己的挑战。

一个人、一个群体、一各单位、一个国家最重要的是"公共信任资本"，这是最受尊敬的。我们当前的社会价值观非常混乱：孟子早就告诉我们，要异于禽兽，做君子；而社会达尔文主义，是市场经济初期及计划经济下官僚主义的体现，那就是要有狼性：凶残暴狠。社会达尔文主义的价值观就是：越利己，越发财。在企业与个人发展中的具体体现就是：你会不会竞争？你会不会把对手干掉？然而，什么是幸福？那是对灵魂的尊重！取决于你的教养和素质，取决于你是不是爱大家，是不是无私地帮助大家、帮助最困难的人！帮助弱者，无私地帮助，才会获得尊重，才有我们的"公共信任资本"的品牌。

同样的道理，我们不希望我们培养的学生未来在企业单纯地变成一个只会应用数据分析赚钱的、平庸的职员，他应该是有担当、有责任感和善良的"好"员工。

近期进行的一项针对十大行业领域如何重新定义财务职能的研究显示，首席财务官需要更强的分析能力和创新能力，而提升分析能力和创新能力的关键在于适应力、理解力和领导力的综合提升。

"会计信息系统"课程的上线及这本配套教材的出版，历经多年，离不开业界各位专家的大力支持及辛苦付出，在此一并表示感谢。

本教材主编尝试性地进行课程架构体系的原创设计："新会计观"=管理会计+数据科学+财务文化。在线课程讲师团队及本配套教材编写团队成员大多是毕业于北大、复旦、交大、财大及海外留学的硕士及博士，阵容庞大。参与本次教材编写的团队成员及分工介绍如下（名字按章节先后排列）：

- 张媛，上海对外经贸大学副教授，教材主编，主要研究方向为会计信息系统、ERP沙盘及智能财务等，曾就职于世界五百强德国企业驻华总部，任高级财务分析师数年。教材编写分工：总体负责课程团队的人员组建，课程框架体系的设计编排、矫正核对及各项教材出版事宜，具体负责第1章、第3章（3.1-3.5）的编写。

- 杨梓，企业数据分析专家，曾在西班牙留学七年，学习大数据专业，现任职于世界500强企业，负责大数据及可视化管控。教材编写分工：第2章。

- 侯亚欣，SAP大学能力中心技术总监，北京交通大学 高级工程师。教材编写的章节为：第3章的3.6节。

- 夏有彬，Odoo的产品资深专家，教材编写分工：第5章的5.1节。

- 岳勤，北京大学软件工程硕士、中国开源工业PaaS协会Odoo的产品经理。教材编写分工：第5章的5.2节。

- 刘培刚，北京大学博士，中国石油大学（华东）计算机科学与技术学院计算机应用技术系主任。教材编写分工：第 4 章。

- 安武，天行智能联合创始人，曾任职四大咨询公司德勤咨询及安永咨询高级经理。教材编写分工：第 6 章的 6.1 节和第 7 章。

- 王泽，令才科技 CEO。教材编写分工：第 6 章的 6.2 节。

- 王正硕，北京知链科技有限公司的大数据及区块链产品经理。教材编写分工：第 8 章。

除了强大的讲师团队，我们的课程及教材在建设中还得到了课程相关各方的鼎力支持。还特别举办了本教材的圆桌会议，各个章节都会有相应的篇幅介绍当前社会的最新热点问题。

在这里，还要特别感谢几位教材出版过程给与支持的几位业界嘉宾：

- 杨焜（Jenny yang），SAP 大学联盟大中华区总监。

- 陈虎，中兴新云总裁。

- 李泆东教授，北京交通大学计算机与信息技术学院副院长、SAP（中国）UCC 大学能力中心主任。

- 程平教授，重庆理工大学会计学院教授，博士生导师。

- 赵卫东教授，复旦大学计算机科学技术学院商务智能研究室副教授。

- 秦丽，浪潮铸远副总裁。

- 吴选勇，四大会计师事务所之一——安永的区块链技术主管。

各界精英荟萃，联手打造了这本全新的实践实验类教材《会计信息系统——基于数据科学设计》，在中国高校财会类专业数字化转型阶段做了一次大胆的教学改革尝试。因为是一次创新性的课程改革尝试，不免有些不足及准备不充分的地方，欢迎各界专家提出宝贵建议。

目　录

## 第 1 章

信息化——ERP 软件（SAP ERPsim）

本章学习目标：

1. 体验式教学方法简介；

2. SAP ERPsim 沙盘模拟游戏各项操作及规则简介；

3. 通过 SAP ERPsim 沙盘模拟培养对 SAP ERP 系统基础概念的实践理解，直接体验企业运营流程及交易过程，对生产制造型企业有一个全程了解；

4. 熟练使用 SAP ERP 软件各模块的基本操作技术与技能；

5. 学习如何在实时业务环境中进行数据分析建模，及执行和完善项目经营中的各种策略。

1.1 SAP ERPsim 体验式教学方法简介

1.1.1 SAP ERPsim 体验式教学

所谓体验式教学，就是通过学员在预先设计的活动中的充分参与，来获得个人体验，然后在老师的指导下，团队成员共同交流，分享个人体验，提升认识的培训方式。

体验式教学形式广泛，比较流行的主要有户外体验式培训、沙盘模拟、行动式学习等。

体验式教学方法是基于现代教育思想和管理理论的一种学习方式，1995 年被引入中国，受到高等学府的青睐，清华大学经济管理学院、北京大学光华管理学院、中欧国际工商学院等著名商学院的 MBA EMBA 教学，都把体验式教学及培训课程作为指定课程。

ERP，企业资源计划（Enterprise Resource Planning，ERP），SAP 是一个 ERP 软件公司的名字，1972 年成立于德国，如今成长为世界第一企业管理软件公司。SAP ERP simulation 的英文缩写就是 SAP ERPsim，直译就是 SAP ERP 模拟。本课程的教学目的就在于培养一批既懂技术又懂管理的 ERP 应用型人才

SAP ERPsim 最早是由加拿大蒙特利尔理工学院的工业软件工程师和博士研究员们联合开发的。它于 2004 年 10 月首次使用。西密歇根大学于 2006 年 12 月加入 HEC 蒙特利尔 ERPsim LAB。ERPsim 是一个基于 Java 的应用程序，几乎支持模拟游戏的每个方面。现在，销售订单会自动实时记录在系统中。

现在，全世界 100 多所大学的 250 多名教师包括 SAP 大学联盟 UCC 许多教师都在讲授 SAP ERPsim 课程。

在 SAP ERPsim 教学中，每组五至六名学生一个团队，角色分工（采购、生产、销售、市场、财务、数据分析等），但没有特别明确角色定位，各组根据经营需要进行划分即可。模拟运营一家德国的生产各种盒装口味的 Muesli 早餐麦片的 Manufacturing 生产制造型传统

企业。在这个课程中，学生们必须做出众多决策，例如新产品的开发、生产设施、产能的改造、新市场中销售潜能的预测分析，产品定价，库存分析……模拟企业通过销售预测，采购需求订单的制定，原材料采购，制定生产计划，交付产品以及产品定价，市场销售等一系列与供应商和客户进行互动的商业循环周期进行运营。

ERPsim 是一种全新的体验式教学方式。学生被分配在若干个相互竞争的模拟公司里，根据市场需求预测和竞争对手的动向，决定模拟公司的产品、市场、销售、融资、生产方面的长、中、短期策略。然后，一轮轮"经营公司"［一轮（Round）是 20 天，代表一个月］，一般一次完整的模拟训练课程为 5～6 轮。每一轮模拟之后，以企业估值的方式进行排名，并就相关指标进行公开综述与分析。这些过程的经营及经营结果分析都在 ERPsim 软件中进行。然后各模拟企业再制定改进方案，继续经营下一轮。

同时各组成员要积极准备下一轮中应用的业务工具，主要包括销售预算、生产计划与物料需求计划、库存分析、产品分析、市场分析、现金流量预测、预算及差异校准、竞争对手分析、盈亏分析、比率分析等。所有的工具都对竞争的结果有直接影响。如同真实商战，模拟训练具有令人兴奋的驱动力，真实地反映了"决策是如何影响结果的"。

SAP ERPsim 软件使运营循环过程自动化。它与标准的 SAP ERP 相比，界面基本无差异，只是简化了繁杂软件操作的某些程序化的环节（这些被省略的环节大多属于现实企业固定的标准化流程，在当前智能化环境中，逐渐被 RPA 流程自动化所取代，我们这门课则省略了这些标准化流程），使得一些管理功能自动化，因此学生可以专注于制定业务决策，而不是在课程中只单纯地掌握复杂 SAP ERP 系统的众多事务代码及纯粹的操作流程模拟。课程通过混合使用 ERP 系统的标准交易和定制报告，学生分析沙盘模拟中的信息并做出业务决策，以确保其运营的盈利能力，使公司估值达到最大化。

学生要在模拟的轮次中，在客户、市场、资源及销售额及利润等方面进行一番真正的较量。这种模拟有助于学生形成宏观规划、战略布局的思维模式。随着模拟经营的步步深入，参加者会逐渐面临多方面的激烈挑战，如充满风险的市场、产品定位选择、生产时序优先安排的决策、市场信息的综合分析决策、参与市场营销预算的策略选择、资源配置与规模发展的平衡、不断增长的客户需求，资源配置与规模发展的平衡；适应变化的财务方案等。团队将学习整个制造游戏的基本操作交易。SAP Sim 课程设计包含产品设计、融资和投资战略、多客户市场的行为的变化以及原材料价格的波动，团队需要生产正确数量的所需产品并正确定价，还必须管理区域配送中心的库存水平，以使正确数量的产品靠近需要它们的客户。这种沙盘的重点是制定和执行业务战略，学习 ERP 系统中的运营流程和交易过程，初步培养学生的数据分析思维。模拟训练将演示出在公司运营中，各职能机构必须收集相关信息，运用数据分析工具，进行管理决策、战略分析，通过团队合作获得公司价值最大化的商业成功。通过这一平台，各组的模拟职能角色对公司业务达成一致的理性及感性认识，形成共通的思维模式，在进行创新设计思维的基础上进行数据建模、数据分析，建立数据思维以及促进沟通的共同语言。

1.1.2 ERPsim 课程特色

数字化转型是当今每个企业面临的极大机遇与挑战，企业管理层不仅需要积极应用信息化、自动化、智能化以及机器学习和数据可视化等创新科技，还要能够高瞻远瞩地为企业的快速发展提供战略性建议。ERPsim 课程适应了这一转型期对人才发展的新需求，专门为企业培养具有战略管理决策能力的创新型人才，以培养新商科、创新型人才为根本目的。

1．生动有趣

信息化数字管理课程一般都很枯燥，如果是单纯的软件流程操作，那就只培养了基本软件操作技能，未能在人才培养中提高管理决策及创新能力上进行深化。通过 ERPsim 进行培训，则非常生动有趣。在对抗赛体验式教学模式下，可以激发学生的学习热情及自主学习动机——获胜！在模拟过程中，只有理解了模拟企业的规则和语言——商业规则和数字语言及财务语言——才可能获胜！

2．体验式教学方法

这种体验式教学方法是让学生通过"做"来"学"。参与者以切实的方式体会深奥的商业思想——一边通过软件学习了解基本的软件技能，一边看到并触摸到商业运作的一些方式，借助各类分析工具及计算机编程语言进行财务预测及决策分析。在 ERPsim 中融合了商业思维、创新思维、数据思维、协同思维等。体验式学习使参与者学会收集信息并应用于实践。

3．团队合作

ERPSim 课程中的模拟是互动的。当参与者对游戏过程中产生的不同观点进行分析时，需要不停地进行对话。除了学习商业规则和数据分析及财务语言，参与者增强了他们的沟通技能，并学会了如何以团队的方式合作。

4．看得见，摸得着

剥开复杂外表，直探经营本质。企业结构和管理的操作全部在 ERPsim 中得以体现，将复杂、抽象的经营管理理论以最直观的方式让学生体验、学习，完整生动的视觉将极为有效地激发学生的学习兴趣，增强其学习能力。在课程结束时，学生们对所学的内容理解更透彻，记忆更深刻。

5．想得到，做得到

在 ERPSim 课程中，同学们可以把平时学习到的理论知识带到课程中印证，模拟企业全面经营管理。学生有充分的自由来尝试企业经营的重大决策，并且能够直接看到结果。在现实工作中，他们可能在相当长的时间里没有这样的体验机会，而且经营活动中的任何决策都有相当大的风险，激烈的市场竞争中，往往没有"先干了再说"的机会。在课程中我们充分提供这样的机会，让学生全面检验自己的决策能力。在模拟中犯错不会给企业和个人带来任何伤害，"从错误中学习"的真谛在这里得到充分展现。

1.1.3 ERPsim 课程中教学角色的转型

在 ERPsim 课程中要求教学角色转型，与传统教学思维模式有极大的区别。

1．观察

在课程进行过程中，教师通过观察每个学生在模拟过程中的表现，判断哪些知识是学生欠缺的，并根据学生的特点选择最有利于其快速吸收并应用的讲授方法。这种独特的、与传统只重视结果的教学方法不同的过程性教学方法得到很好的运用。

2．引导

由于该课程中一半以上时间都是学生在进行模拟操作，因此大多数学生都会把模拟过程与实际工作联系起来，教师可以把实际工作中的一些经验方法、思维方式展现出来，并充分利用这些机会，帮助学生进行知识整理，并引导学生进入更高层面的思考。

3．顾问

由于学生可能来自不同学院、不同年级、不同专业，知识点和兴趣点有所不同，因此"ERPsim"摒弃了按照固定的程序、灌输特定理论或是教授特定工具的教学方式。

教师的角色更倾向于顾问。教师在此类课程中，是以增强学生的创新能力、开发学生的设计思维为课程的终极目标，所以在课程中通过设计课程流程，触发学生的学习兴趣，提供必要的建议。除了讲解相关基础知识和软件操作，还会进一步根据学生的需要，帮助学生系统整理已学过的在 ERPsim 中涉及的各门学科，融合这些知识点，进一步总结模拟企业运行中的"工作"经验，解答由课程引发的学科领域实际问题。

1.2 安装和配置 SAP ERPsim

本课程 SAP ERPsim 是基于 SAP GUI 的软件版本开设的，本节首先介绍 SAP GUI 的安装、配置、登录系统。

1.2.1 下载 SAP GUI 客户端

如果在 Windows 平台安装客户端，在安装客户端之前，要先确定需要安装客户端的计算机操作系统类型，具体操作流程如下：

右键单击"我的电脑"（或者"此电脑"）图标，选择菜单中的"属性"一项，如图 1-2-1 所示。

如图 1-2-2 所示的红色框中即为计算机操作系统类型。

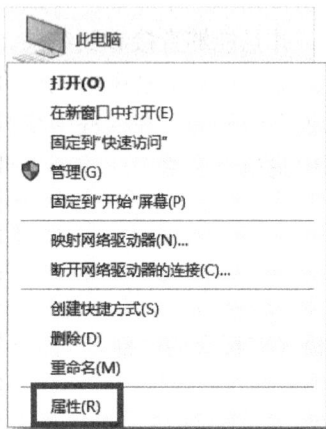

图 1-2-1

图 1-2-2

确定操作系统类型之后，再下载及安装对应的 SAP GUI 客户端。

1.2.2　安装、配置、登录 SAP ERPsim

1. 安装与配置

以 SAP GUI 740 64 位客户端为例，下载后解压文件，找到路径"\WIN32"，找到该路径下的"Setup All.exe"文件并双击，单击"Next"按钮，选择"Select All"，并再次单击"Next"按钮，按照默认路径安装软件即可完成安装，如图 1-2-3 所示。

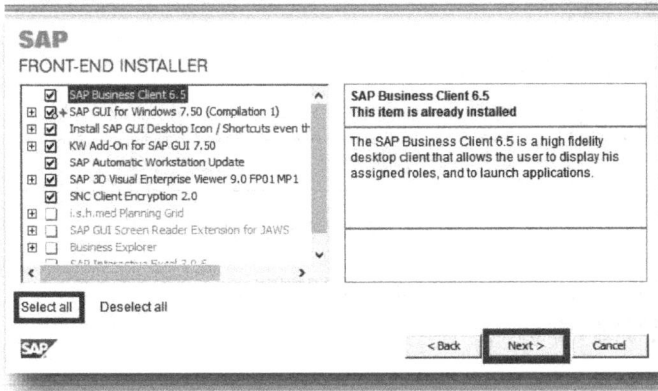

图 1-2-3

安装完成后双击，打开桌面上的 SAP Logon 快捷方式，选择左侧菜单栏的"Connections"之后，单击"New"按钮，如图 1-2-4 所示。

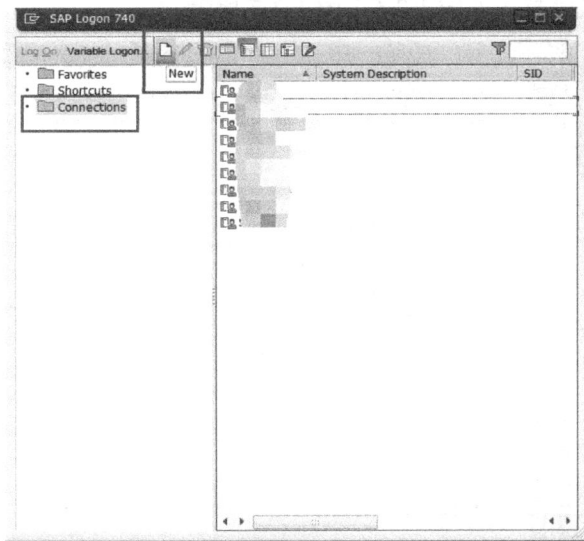

图 1-2-4

选择"User Specified System"按钮，并单击"Next"按钮，如图 1-2-5 所示。

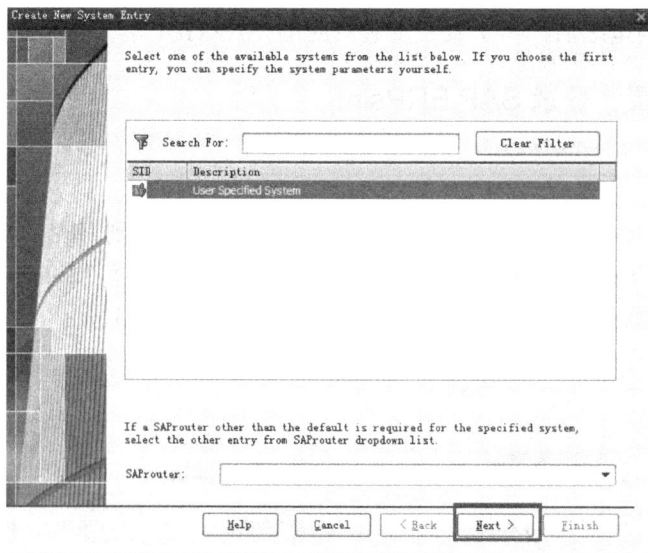

图 1-2-5

填写相应字段信息，之后单击"Finish"按钮即可。

根据以下内容填写图 1-2-6。

项目	值
描述（Description）：	SAP ERPsim (可更改)
应用服务器（Application Server）：	***.**.**.**
实例编号（Instance Number）：	**
系统标识（System ID）：	***

依次填写相关字段信息，如图 1-2-6、图 1-2-7 所示。

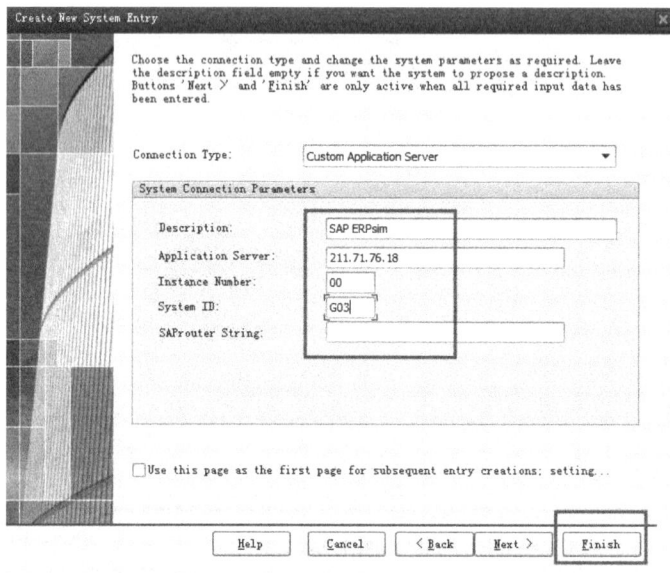

图 1-2-6

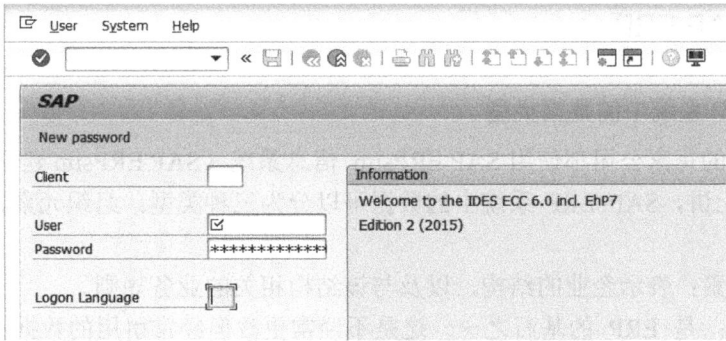

图 1-2-7

然后，双击"SAP ERPsim"选项即可连接登录，如图 1-2-8 所示。

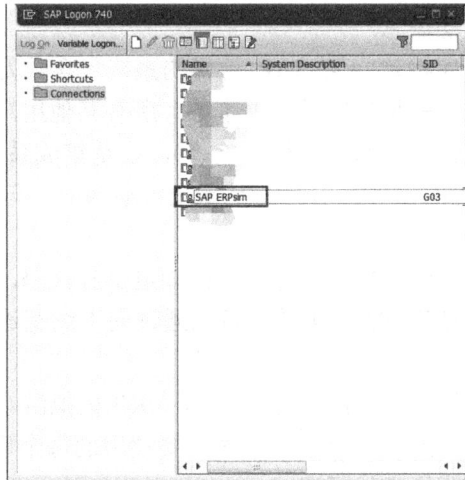

图 1-2-8

2．如何登录及使用 SAP ERPsim

登录系统，双击上一步生成的链接"ERPsim**"，会出现如图 1-2-9 所示的界面。

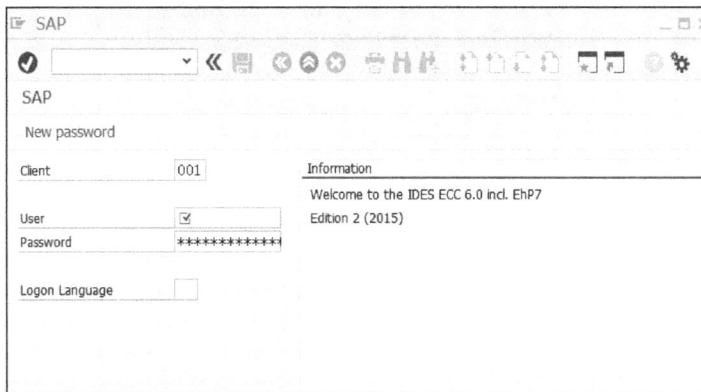

图 1-2-9

输入以上信息，选择语言 EN，按回车键，修改密码后即可登录系统。

1.2.3 走进 SAP ERP

1. SAP ERP 系统中的数据类型

模拟课程中的每家公司都使用 SAP ERPsim 信息系统（SAP ERPsim 建立在 SAP 软件之一上）。从广义上讲，SAP ERP 系统中的数据可以分为三种类型：组织元素、主数据和交易数据

（1）组织元素：表示企业的结构，以及与该结构相关的业务规则。

（2）主数据：是 ERP 的基石之一。这是不经常更改但经常引用的数据，并且与组织的多个业务流程相关。有关产品、材料、价格条件、运费条件、客户和供应商的信息是主数据的示例。

（3）交易数据：是关于所有日常操作的信息，包括采购订单、销售订单、库存移动、会计分录等正在进行的商业活动信息。

企业系统围绕集成数据库构建。像 SAP 这样的系统包含数万个数据表。当用户在系统中创建、更改或查看数据时，就是执行了一项事务。所有其他用户都可以利用由一个用户更改或创建的数据（例如，报告、跟踪、执行订单等）。这是集成系统的优点。

SAP 中存在大量预编程的事务。所有交易都是可追溯的，但出于法律和控制的目的，具有财务影响的交易可以撤销但不能删除。

每个事务都有一个事务代码或技术名称。如果知道事务代码，用户就可以执行事务。选择事务处理的另一种方法是使用 SAP 菜单。可以通过向下浏览连续文件夹并查找所需的事务来浏览 SAP 菜单。

标准的 SAP 菜单提供对大量事务的访问。出于 ERP 模拟游戏的目的，我们创建了一个用户菜单，其中包含本书中提及的所有事务。对于要使用的每个事务，与标准 SAP 一样提供事务代码和用户菜单中的路径来访问它。

2. SAP Easy Access 界面使用用户菜单

登录 SAP 系统后，在 SAP Easy Access 界面可以看到一个用户系统树状菜单，如图 1-2-10 所示。

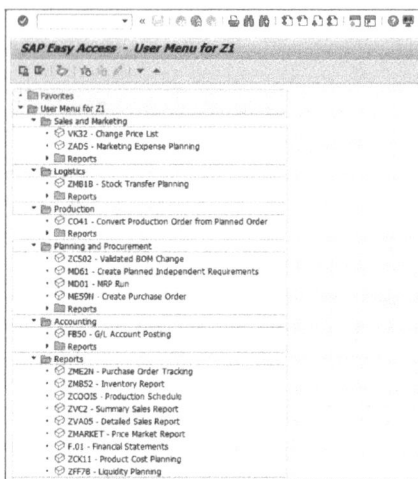

图 1-2-10

要运行某一事务，只需在系统树状菜单中选中，双击它即可。以库存报告为例，双击"Inventory report(ZMB52)"选项，打开库存报告，如图 1-2-11 所示。或者以在标准工具栏的命令框中输入事务代码的方式打开菜单。例如输入"ZMB52"，就可打开库存报告（Inventy Report）。

图 1-2-11

3．设置显示菜单中的事务代码

事务代码一般是由 4 个字母组成的编码。在 SAP 现有版本中，有的事务代码加长了，不再是 4 位字符，它通常在 SAP Easy Access 界面 Menu 下方标准工具栏的命令框中输入才有效。

如果打开系统树状菜单以后看不到事务代码，这个时候可进行系统设置，事务代码就可以在菜单中显示出来了。设置方法如下：

（1）选择菜单栏（Menu Bar）中的"Extra"选项。

（2）选择 Extra 菜单下的"Settings"选项，在弹出来的界面中勾选"Display technical names"复选框。

设置好之后再打开系统树状菜单即可看到事务代码。

4．工具栏和选项

SAP Easy Access 界面的第一行按钮是主工具栏，由所有事务共享，即使没有打开任何事务，也可从用户菜单中获得。请注意，并非所有按钮都可用，具体取决于给定时刻打开的事务支持的功能，如图 1-2-12 所示。

图 1-2-12

5. 经常使用的按钮

经常使用的按钮如图 1-2-13 所示。

Enter	Confirm entry of information and/or progress to next Screen
Save	Save your information
Navigation	Back (one screen or step) Exit (back to user menu) Cancel
New session	Opens a new window. You can open up to 6 windows.
Command box ▼	If you know the technical code for a report，you can type it here, then press the enter key to run it.

图 1-2-13

1.3 SAP ERPsim 生产制造扩展游戏的案例背景介绍

1.3.1 ERPsim 模拟企业简介

ERPsim 是以 Muesli 预包装早餐谷物行业为基本模拟企业的行业背景。

牛奶什锦早餐是在西方很受欢迎的一道早餐。干麦片主要是燕麦片和小麦片的混合物，干麦片以预包装混合物的形式广泛供应市场，它可以存放数月，可以与新鲜水果、坚果、干果片一起混合在酸奶或牛奶中，配制成各种口味的牛奶什锦早餐。

模拟的新公司，在德国的一家工厂生产一系列这些预包装的麦片谷物，并将它们出售给当地的德国市场。模拟的期间范围界定为轮（R，一轮假定为一个月），每个月假设经营 20 个工作日，每周 5 天工作日。

1.3.2 生产制造扩展游戏课程简介（ERPsim Manufacturing Extended Game Introduction）

通常，企业生产模式可以分为两种：一种是按存货生产（Make to stock）一种是按订单生产（Make to order）。

本书模拟企业的基本假设前提是按照存货生产模式生产早餐麦片粥的生产制造型企业，如图 1-3-1 所示。

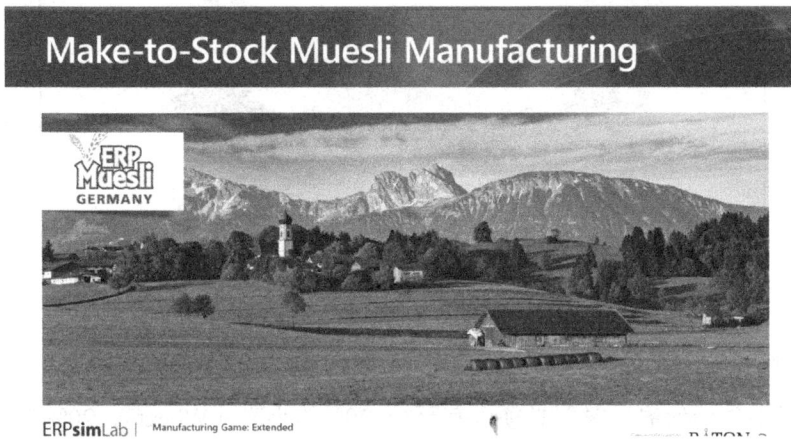

图 1-3-1

在生产制造扩展游戏企业的 ERPsim 系统中，每组成员负责经营一家公司，该公司向德国市场销售各种配方的早餐谷物麦片。整个业务周期，包含计划、采购、生产和销售流程。生产制造扩展（Extended Game）的 ERPsim 课程提供一套复杂的规则，包含产品设计（配方和箱子尺寸）、投资生产能力、减少生产时间上的投资（准备时间的减少）、贷款和还款。在产品定价、市场营销广告、生产计划、采购订单、生产订单等方面做出战略决策。在 ERPsim 系统中，小组成员根据收集的材料进行数据建模、数据分析，选择侧重点，及时调整投资和组织结构，以使最终公司的估值最高，赢得市场排名。

生产制造扩展游戏中的 ERPsim 软件设计最多可以做 12 轮（每轮 20 分钟，代表公司 20 天的运营），课程基本设置为模拟 3～5 轮，建议参与课程的小组在每轮游戏之间对交易数据进行分析，实时调整策略，以取得较大的企业估值获胜。

1.3.3　ERPsim 生产制造扩展游戏的基本规则

在模拟课程中，假设该行业受到牛奶什锦早餐 Muesli 制造商协会的监管，该协会发布了一套运营规则。

1.3.3.1　产品成分及配方
模拟企业的产品成分及配方的构成有基本的规则。

1．原料成分规则

六种不同的原料成分为小麦（Wheat）、燕麦（Oat）、坚果（Nut）、葡萄干（Raisin）、草莓（Strawberry）和蓝莓（Blueberry）。在牛奶什锦早餐行业中，根据产品的成分将牛奶什锦早餐谷物分为六个不同的类别：原味（Original）、葡萄干味（Raisin）、坚果味（Nut）、蓝莓味（Blueberry）、草莓（Strawberry）味和混合水果味（Mixed）的牛奶什锦早餐，如图 1-3-2 所示。

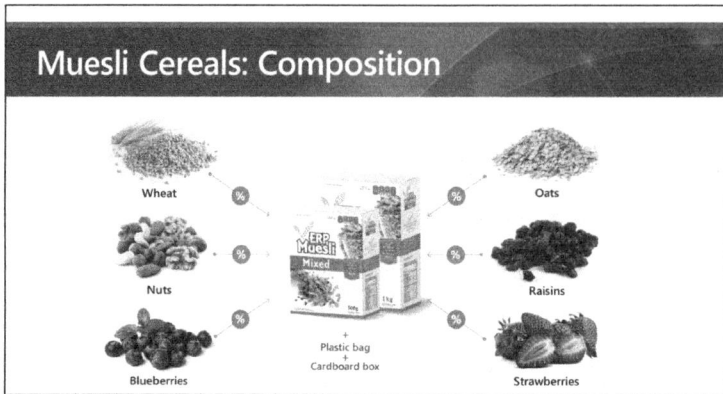

图 1-3-2

2. 配方规则

例如，"坚果牛奶什锦早餐"必须含有至少 20%的小麦（Wheat）、20%的燕麦（Oat）、20%的坚果（Nut）等。Muesli 制造商协会发布的产品配方表如图 1-3-3 所示。

图 1-3-3

模拟游戏对配方变更有严格的要求，禁止同时销售不同批次、不同配方的产品。因此，虽然公司可能会选择更改其中一种产品的配方，但必须注意不要将两种不同配方混合。模拟游戏规定：在开始生产新配方的产品之前，必须出售带有旧配方的产品库存。

1.3.3.2　包装规格

模拟企业标准化了产品尺寸，只能生产和销售两种尺寸的产品：500 克（小）和 1 千克（大）。两种尺寸和六种风味相结合，共有 12 种产品可以在市场上销售，所有牛奶什锦早餐谷物必须以标准化包装出售。

1.3.3.3　供应商及原材料价格

生产牛奶什锦早餐谷物的所需的原材料：小麦（Wheat）、燕麦（Oat）、坚果（Nut）、葡萄干（Raisin）、草莓（Strawberry）和蓝莓（Blueberry），其价格由全球商品市场决定。这些原材料的价格因市场条件、收获质量和季节而异。淡季期间的价格可能远高于收获季节后不久的价格。我们用沙盘的时候会有滚动大屏幕及时播报原材料价格信息。

模拟企业中的供应商非常可靠，都能保证在 5 天内交付订购的产品，有时甚至在第二天交付。给供应商提供相同的付款条件，是交货后 20 天付清货款。

1.3.3.4　市场

模拟企业中的市场以德国市场为例，分为"北部""南部""西部"，如图 1-3-4 所示。

图 1-3-4

1.3.3.5　分销渠道

模拟企业中的商店大致可分为三种类型，每种类型的商店都有类似的购买行为。了解影响每种类型的分销渠道的各种因素，对于销售环节的有效定价至关重要，如图 1-3-5 所示。

图 1-3-5

1. DC10：大型超市（Hypermarkets）

大型超市只出售 1 千克大包装的产品；一次可采购 3 种不同的产品；大卖场的付款时间为 20 天；对价格的敏感度高，对广告的敏感度低；估计市场容量为每周每队 90 000 元。

2. DC12：连锁杂货店（Grocery stores or Chain）

连锁杂货店（Grocery stores）是牛奶什锦早餐行业的主要分销渠道。这类连锁店通常会出售 1 千克及 500 克两种不同包装的产品；一次可采购 4 种不同型号的产品；模拟游戏规定最长付款期限为 20 天，但这类连锁店可能会提前付款，通常在销售后的 10—20 天内付款；对价格的敏感度为中等；对广告的敏感度中等，估计市场容量为每周每队 220 000 元。

3. DC14：独立杂货店（Independent grocers）

独立杂货店只卖 500 克小包装的产品；一次只采购一种产品；付款时间为 1—20 天；对价格的敏感度高，对广告的敏感度低；估计市场容量为每周每队 130 000 元。

1.3.3.6 产品定价

客户对产品的价格非常敏感。产品定价对各模拟企业的销售利润有很大影响。如果企业有 4 类 8 种产品，按照标准成本和默认价格，就可以设置 8 种价格，并可随时更改，包括在第 1 轮开始之前更改默认价格，如图 1-3-6 所示。

	NUTS		BLUEBERRY		STRAWBERRY		RAISIN	
	$$-F01 500g	$$-F11 1kg	$$-F02 500g	$$-F12 1kg	$$-F03 500g	$$-F13 1kg	$$-F04 500g	$$-F14 1kg
Standard Cost	€0.90	€1.61	€1.23	€2.26	€1.23	€2.27	€0.79	€1.38
Default Price	€4.90	€4.61	€5.23	€6.26	€5.23	€6.27	€4.17	€5.38
Initial Stock (units)	30,000	30,000	30,000	30,000	30,000	30,000	30,000	30,000

图 1-3-6

例如，事务代码（Technical Name）为 VK32 的要更改价格（chang price），进入 SAPsim 系统中的价格维护界面，如图 1-3-7 所示。

Sales Organization	ZZ		Sales Org. Z	
Distribution Channel	12		Grocery chains	
Price List	01		Wholesale	

All Fields	

S..	Variable key		Amount	Unit	per	UoM
	CnTy Curr. Material	ReSt				
	PR00 EUR ZZ-F01	500g Nut Muesli	3.90	EUR	1	ST
	PR00 EUR ZZ-F02	500g Blueberry Muesli	4.23	EUR	1	ST
	PR00 EUR ZZ-F03	500g Strawberry Muesli	4.23	EUR	1	ST
	PR00 EUR ZZ-F04	500g Raisin Muesli	3.79	EUR	1	ST
	PR00 EUR ZZ-F05	500g Original Muesli	3.77	EUR	1	ST
	PR00 EUR ZZ-F06	500g Mixed Fruit Muesli	4.13	EUR	1	ST
	PR00 EUR ZZ-F11	1kg Nut Muesli	4.61	EUR	1	ST
	PR00 EUR ZZ-F12	1kg Blueberry Muesli	5.26	EUR	1	ST
	PR00 EUR ZZ-F13	1kg Strawberry Muesli	5.27	EUR	1	ST
	PR00 EUR ZZ-F14	1kg Raisin Muesli	4.38	EUR	1	ST
	PR00 EUR ZZ-F15	1kg Original Muesli	4.35	EUR	1	ST
	PR00 EUR ZZ-F16	1kg Mixed Fruit Muesli	5.06	EUR	1	ST

图 1-3-7

价格策略取决于许多因素：①竞争对手收取的价格；②产品的尺寸和成本；③客户类型；④库存水平；⑤最终的公司策略，包括广告策略等。

1.4 SAP ERPsim 沙盘模拟团队组建

1.4.1 案例背景的综合业务流程（Integrated Business Processes）

以沙盘对抗赛方式的决策分析为主的 SAPsim 软件与标准 ERP 软件的基本操作流程几乎完全一致，操作界面也完全一样，只是省略了一些固定的、标准化的（类似企业当前使用的 RPA）操作环节，使同学们在学习课程时，可以集中于企业经营管理决策的讨论与分析。图 1-4-1 所示为 Integrated business processes。

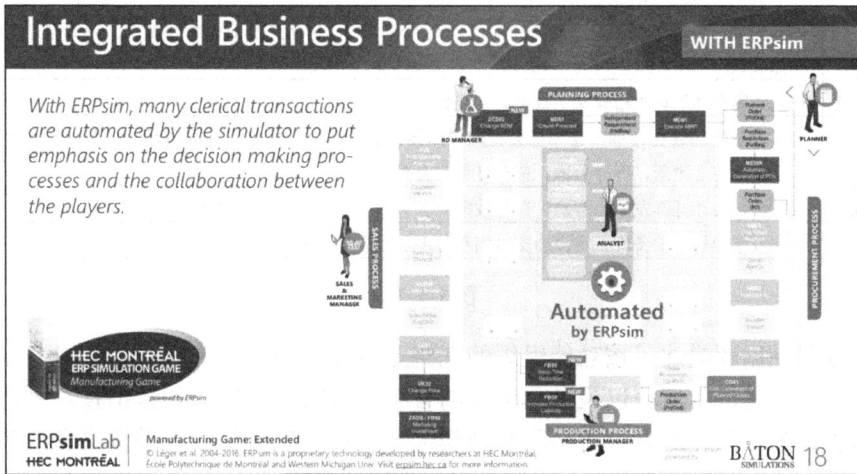

图 1-4-1

ERPsim 系统中的模拟企业是德国一家牛奶什锦早餐公司，其基本生产模式为按库存生产的一家生产制造企业。客户要求立即交货，所以只能销售库存商品，因此必须提前预测需求和生产。这就决定了模拟企业执行的一些业务流程如下：

首先，团队需要预测公司打算在每个计划周期中销售的产品数量。根据这一预测，制订生产计划，并通过从适当的供应商手里采购原材料来满足材料要求。

收到原材料并开始生产和销售时，要支付材料费。计划中需要考虑现金流。如果选择长期预测进行生产，则必须确保获得必要的现金来提供运营资本，以及支付其他一些费用，如人工费用、工厂管理费用和行政费用（S,G&A）。为了持续经营，需要建立稳定的采购、生产和销售周期，以产生足够的现金来支付固定成本。此外，折旧等非现金成本也会影响利润，其中不断增长的销售收入对盈利是至关重要的因素。

1.4.2 经营业务周期循环

经营业务周期循环如图 1-4-2 所示。

操作	描　述
1.销售预测	模拟游戏中的所有公司都使用按 Make to stock 的生产模式，销售经理需要做每期的销售预测
2.生产计划	根据下一期的销售预测，制订物料需求计划，制订采购计划和生产计划
3.采购订单	从采购计划中联系所需产品的供应商，创建正式采购订单并发送给相关供应商
4.收到货物	在每个采购订单发出后一段时间，原材料到货，交付对应的采购订单并记录、收货，原材料库存增加
5.采购发票	物料采购的发票将发送至会计，并检查采购订单和货物，记录应付账款分类账，以便及时支付
6.采购付款	按照约定的付款期限支付应付账款
7.生产订单	一旦生产所需的所有原材料都到货，生产计划就可以付诸实施，生产总监审核生产计划、原有库存数量，制订新的生产计划
8.生产	生产所需的原材料；从仓库到在产品，以及到产成品；更新产成品的库存数量；新库存是可供出售的产品数量
9.销售订单	每天与零售商确认价格和购买数量，创建销售订单
10.销售确认	为了完成新的销售订单，仓库将会将产成品转移到装运中转区域，并准备运输、装载和发送给客户，库存数量将会更新，库存总额、销售订单也会更新
11.销售发票	发货后，会计开具发票给客户，在应收账款分类账登记，按赊销条件确认收款时间
12 销售收款	开出发票后按付款条件，客户会支付销售订单金额，登记客户应收账款帐户，记录收款金额

图 1-4-2

经营业务周期循环描述了按功能组织的完整业务流程的每个部分。团队将监督公司的运营，并积极参与一些日常流程以及必须进行的管理和战略活动等，如营销预算、选择产品配方、预测销售、为每种产品设定价格和管理现金流，还要做出投资和融资决策，具体描述如下。

1．销售预测（Forecasting），事务代码：MD61

模拟中的所有公司以基本假设：在按库存生产（Make to stock）的假设模式下，销售经理第一步需要做的就是每期的销售预测。

销售预测是模拟开始的第一步（如果当前的月份是 7 月份，那么我们在填制销售预算的时候，是填在 8 月份的那一列），打红色×的栏不用填写。

操作步骤分 4 步，如图 1-4-3 所示。

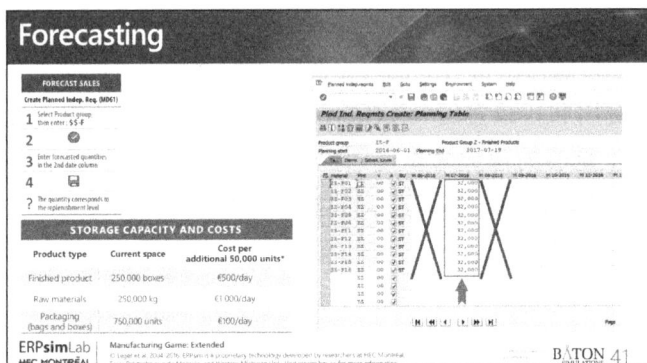

图 1-4-3

2. 生产计划（Production planning），事务代码：MD01

根据下一期的销售预测，系统按制订的物料需求计划（Bill of Material，BOM）自动运行 MRP（Material Requirement Planning），如图 1-4-4 所示，然后据此制订采购计划及生产计划。

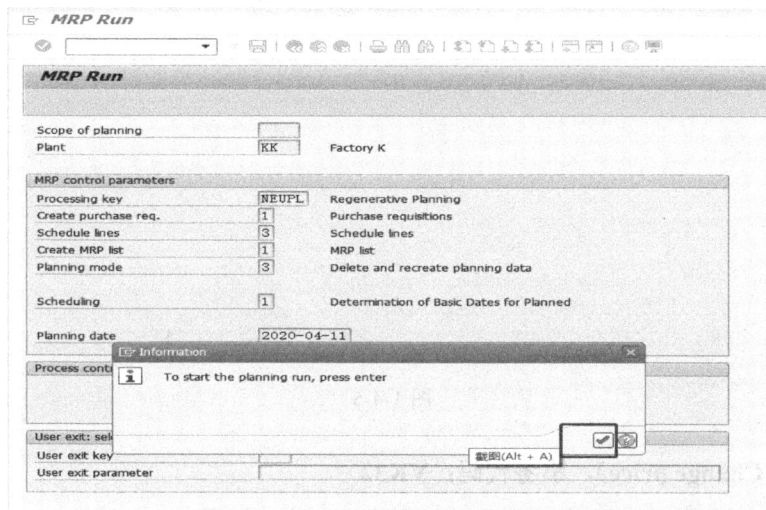

图 1-4-4

3. 采购订单（Purchase order creation），事务代码：ME59N

从采购计划中，联系供应商，进行正式采购，创建订单并发送给相关供应商。

4. 收到货物（Goods receipt）

在每个采购订单发出一段时间后，对应采购订单的原材料到货，检验货物并记录。收货，原材料库存增加，库存管理部门及相应的生产部门做好生产的准备工作。

5. 采购发票（Invoice receipt）

采购物料的发票将发送至会计，并检查采购订单和货物，记录应付账款分类账（AP），以便可以及时支付。

6. 采购付款（Outgoing payment）

进入付款流程，按照约定的付款期限支付应付账款。

7. 生产订单（Production order Creation and release）

一旦生产所需的所有原材料都到货，生产计划就可以付诸实施，生产总监审核生产计划，参照考虑原有库存数量，制订新的生产计划。

8. 生产（Production execution and Confirmation）

生产所需的原材料，从仓库到在产品，以及到产成品所需的原材料登记在册，另外，要更新产成品的库存数量，如图 1-4-5 所示。

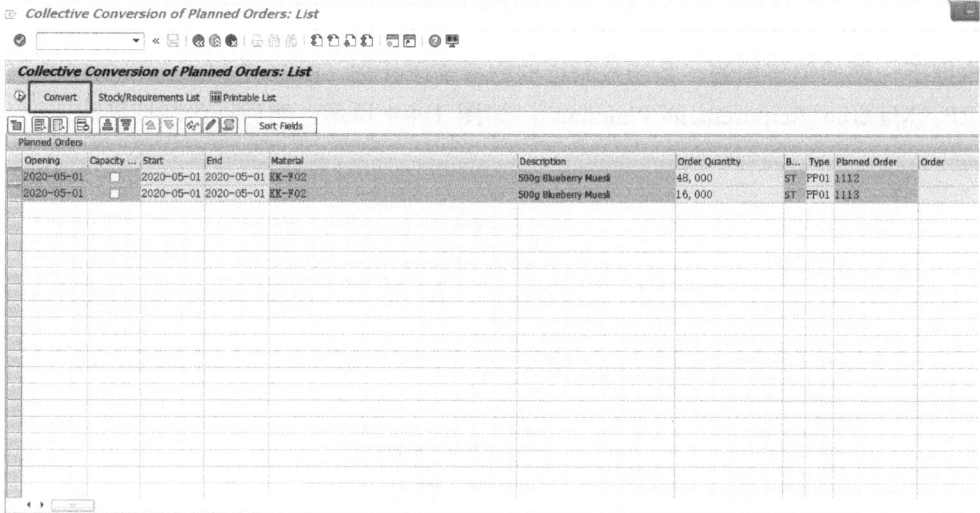

图 1-4-5

9．定价（**Change price**），事务代码：**VK32**

每天与零售商确认价格和购买数量，创建销售订单，如图 1-4-6 所示。

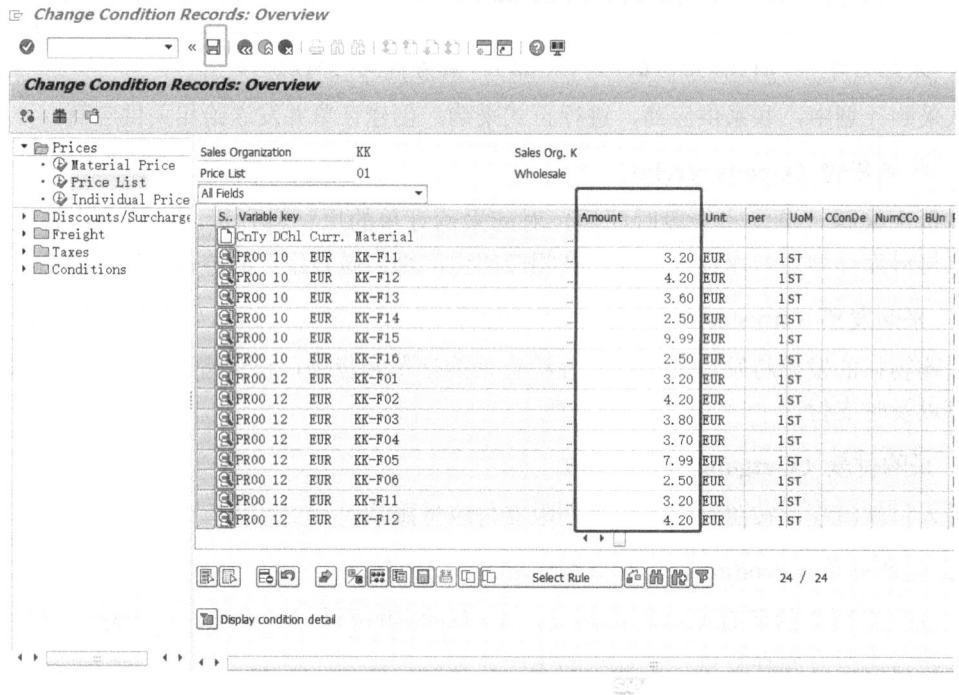

图 1-4-6

10．包装和运输（**Packing and shipping**）

为了完成新的销售订单，仓库将会把产成品转移到装运中转区域，并准备运输、装载和发送给客户。库存数量将会更新，库存总额、销售订单也会更新。

11．销售发票（Invoicing）

发货后，会计开具发票给客户，在应收账款分类账登记，截止日期前收款。

12．销售收款（Incoming payment）

客户收到发票后，一般会按合同约定支付货款。企业收到货款后，应登记客户应收账款账户，并记录收款金额

1.4.3 团队组建

在生产制造扩展游戏沙盘（Manufacturing Extended Game）中，要进行角色分工。课程推荐以下 5 个角色。各个组可以根据自己所在模拟小组（公司）具体的企业战略目标，来定义每个角色的具体模拟功能。有的小组重生产，有的小组重计划，有的小组重销售等，企业经营战略目标不同，组织经营活动的侧重点也就不同，角色划分也会不一样。5 大区域代表5 种职能分工。销售预测、采购计划与生产计划、战略制订者（Planner）、生产总监（Production manager）、销售与市场总监（Sales and marketing manager）、研发总监（RD manager）及分析师（Analyst）如图 1-4-7 所示。

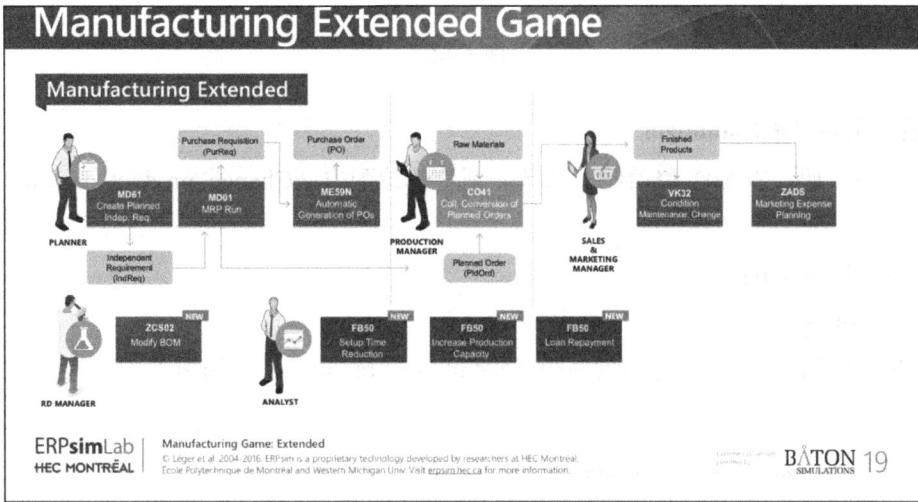

图 1-4-7

大概的划分如下：

1. 战略制订者（Planner）

执行的事务代码有 MD61、MD01、ME59N。

（1）MD61　　Great planned Independent requirements.缩写(indreq)

（2）MD01　　MRPrun Purchase requirements 缩写(Purreq)

（3）ME59N　　Automatic generation of po.Purchase order(PO)

2. 生产总监（Production manager）

可以兼顾库存、销售、配方的辅助决策表及相关操作。执行事务代码 CO41。

3. 销售和市场总监（Sales and marketing manager）

（1）执行事务代码：VK32，修改价格（Change price）

（2）执行事务代码：ZADS，市场广告（Marketing expense planning）如图 1-4-8 所示。

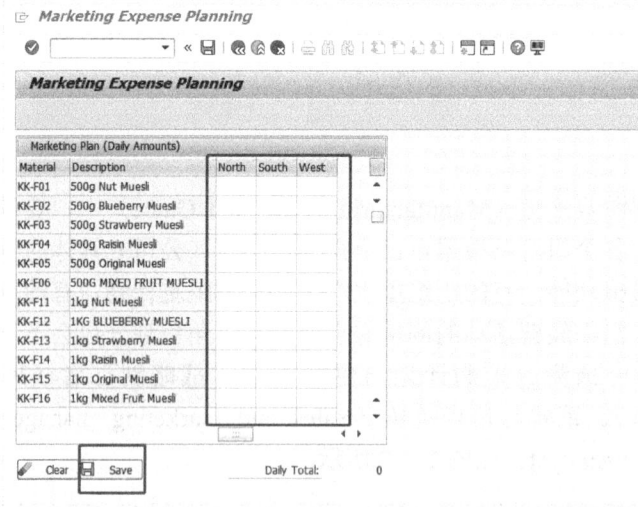

图 1-4-8

4. 研发总监（RD manager）

执行事务代码：ZCS02 修改物料清单，或称修改配方（Change product design，Modify BOM）。

5. 分析师（Analys）

执行三个事务代码。

（1）FB50 重置时间减少时间的减少（Set up time reduction），如图 1-4-9 所示。

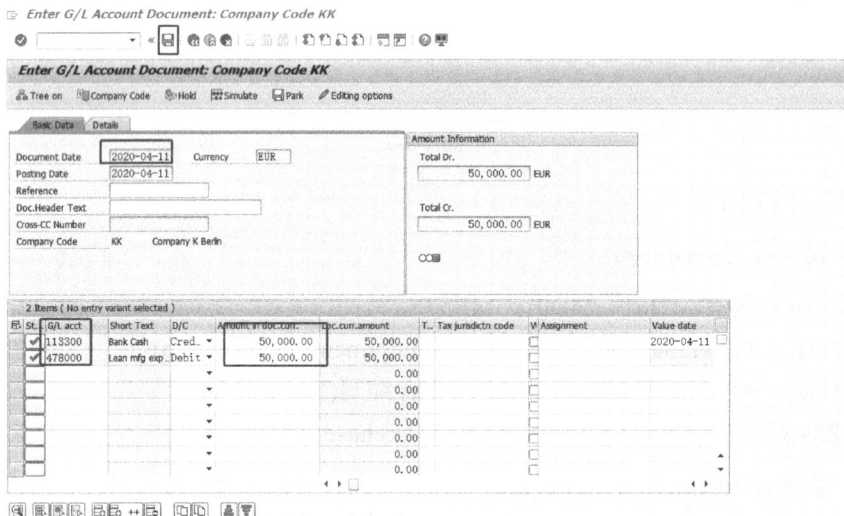

图 1-4-9

（2）FB50 增加产能（Increase production capacity），如图 1-4-10 所示。

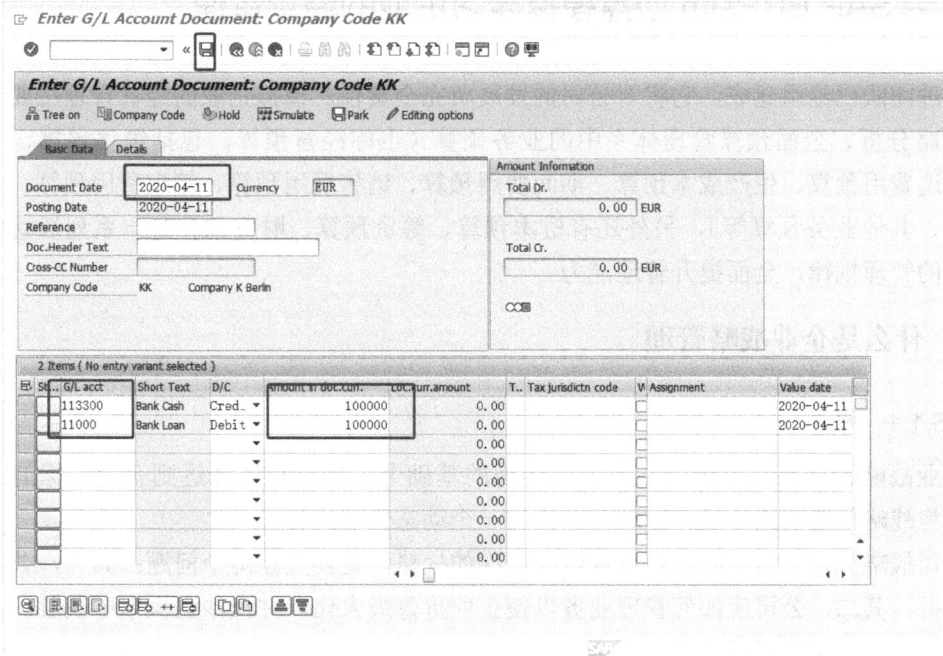

图 1-4-10

（3）FB50 归还贷款（Loan repayment），如图 1-4-11 所示。

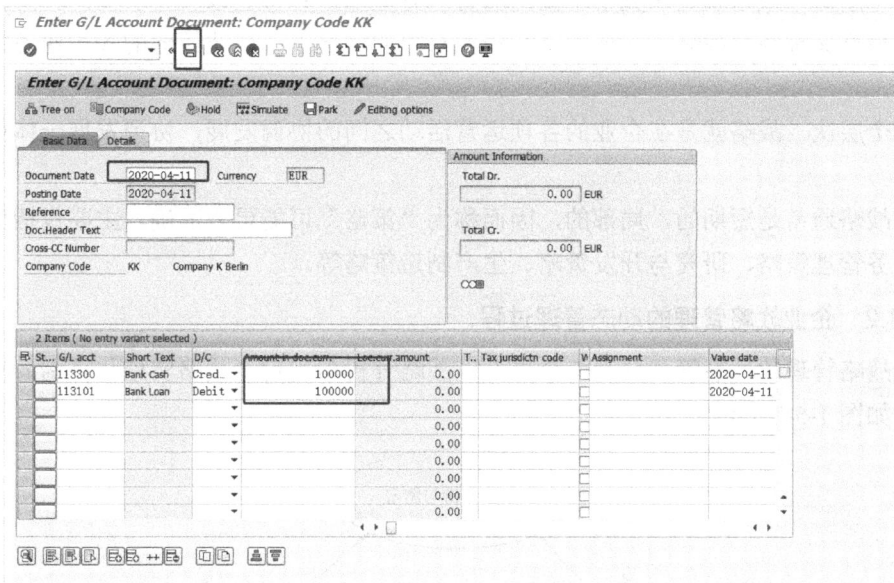

图 1-4-11

1.5　用 SAP ERPsim 沙盘模拟学习企业的经营管理

　　管理团队已经组建成，它将对公司的发展负完全责任。模拟企业的经营管理主要体现在企业战略分析、全面预算管理体系中的业务预算（也称经营预算，包括销售预算、生产预算、制造费用预算、生产成本预算、期间费用预算、销售费用预算、管理费用预算、财务费用预算、其他业务预算等），另外还有资本预算、筹资预算、财务预算等一系列活动中，参悟科学的管理规律，全面提升管理能力。

1.5.1　什么是企业战略管理

1.5.1.1　概念

　　企业战略管理是在分析企业内外部环境的基础上，确定和选择达到企业目标的有效战略，并将战略付诸实施、进行控制和评价的一个动态管理过程。

　　公司战略又称总体战略，是企业最高层次的战略，主要关注两个问题：其一，公司经营什么业务；其二，公司应如何管理业务以使企业价值最大化，并在沙盘模拟中获胜。

　　下面从三个层次对战略进行了定义：

　　第一个层次，战略就是在不同的运营活动中创造一种独特的、有利的定位（包括产品、价格、市场、生产、采购等全面考虑下的战略）。

　　第二个层次，战略就是在竞争中做出取舍（有重点、有特色）。

　　业务战略又称经营战略，主要关注在资源有限的情况下，企业经营的各种业务如何获取竞争优势。

　　第三个层次，战略就是在企业的各项运营活动之间的协调发展，协调发展一体化战略的重点。

　　职能战略通常是短期的、局部的，因而称为"策略"可能更为准确，主要包括市场营销策略、财务管理策略、研究与开发策略、生产制造策略等。

1.5.1.2　企业战略管理的动态管理过程

　　企业战略管理的动态管理分为三个方面：战略分析与制定、战略实施与控制、战略评价与选择。如图 1-5-1 所示。

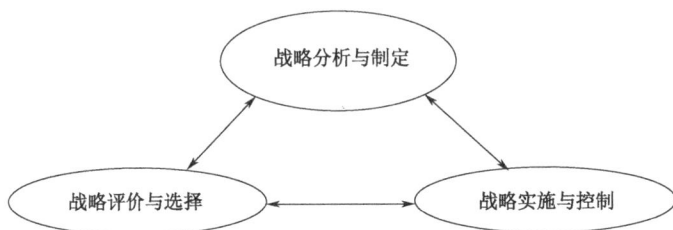

图 1-5-1　企业动态战略管理图

1. 战略的分析与制定

进行企业环境分析，可从以下三个方面入手：

（1）企业宏观环境分析；

（2）企业行业及竞争环境分析；

（3）企业内部环境分析。

模拟比赛的时候，图 1-5-2 为登录滚动大屏幕界面，图 1-5-3 所示为参赛同学及时了解模拟企业环境，以进行战略分析。

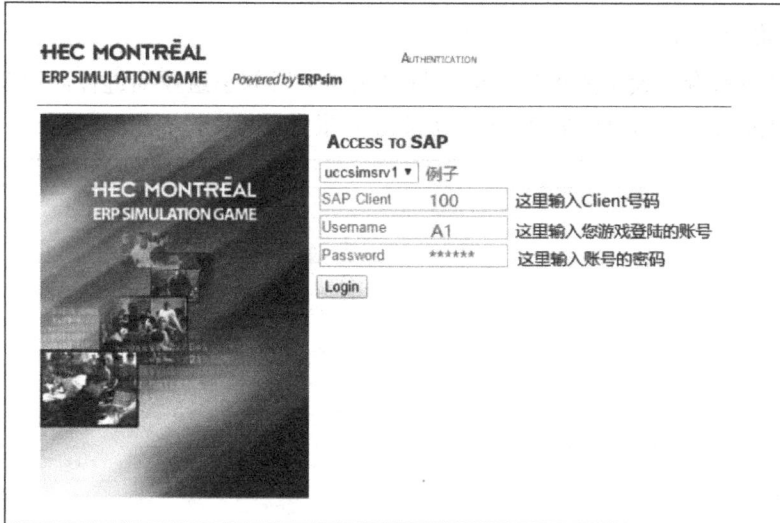

图 1-5-2

（1）企业宏观环境分析主要包括政治环境、法律环境、经济环境、科技环境、社会环境和文化环境。在模拟过程中，通过大屏幕的滚动播出（大屏幕的网址登录方式及密码与登录系统相同），每个模拟企业小组可以及时了解模拟企业所处的宏观经济环境，并进行及时分析。

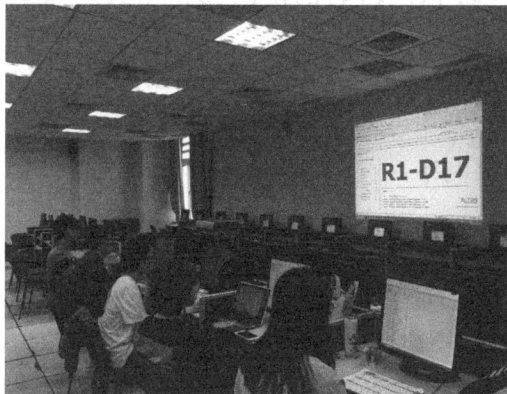

图 1-5-3

（2）企业行业及竞争环境分析包括行业的主要经济特性分析、行业吸引力分析、行业变革的驱动因素分析、行业竞争的结构分析、行业竞争对手选择与分析、行业市场集中度与行业市场细分及战略组分析。

（3）企业内部环境分析应关注以下几个方面：企业目前的战略运行效果如何；企业面临哪些强势资源和弱势资源；企业价值链分析；企业核心能力分析；企业产品竞争力及市场营销状况分析；企业经济效益状况分析；企业面临的战略问题分析。

2. 战略实施与控制

企业战略分析中的全面预算管理体系包括销售预算、采购预算、生产管理、库存管理、市场营销、财务管理等一系列活动的战略运行。

3. 战略评价与选择

SAPsim 系统有专门设定的评价指标对每一轮结束后的小组业绩进行评价及排名，图 1-5-4 所示就是模拟第一轮结束以后 23 个小组的排名报告屏幕。

SIMULATION STATE: NOT STARTED READY PREPARING **RUNNING (ROUND: 1/12, END)** FINAL REPORT END OF SIMULATION

ADMIN BANKER VIEWER **RESULTS**

FINANCIAL STATEMENTS - R1 233

Team	Credit ratings	Interest Rate (%)	Rank	Company valuation	Cumulative Net Income	Total sales	Gross Margin (%)	Net Margin (%)	ROE (%)	ROA (%)	D/E (%)	Mktg/S (%)	Round Net Income	Round Productivity	Round Sales per Team
I	A-	8.250	1	152,427,233.96	1,097,694.68	2,768,669.50	76.620	39.647	5.203	3.628	43.411	0.022	1,597,694.68	83.600	2,768,669.50
C	A	8.000	2	118,741,205.33	729,078.72	2,368,307.20	77.791	30.785	3.517	2.498	40.806	1.748	1,229,078.72	83.333	2,368,307.20
N	A	8.000	3	116,590,421.33	1,051,320.88	2,472,076.20	70.656	42.528	4.994	3.446	44.937	0.000	1.051,320.88	81.250	2,472,076.20
G	BBB+	8.750	4	113,451,187.14	747,085.53	2,283,430.67	82.193	32.718	3.601	2.453	46.793	2.128	747,085.53	74.551	2,283,430.67
K	A	8.000	5	108,369,008.33	1,037,856.75	2,083,973.86	78.750	49.802	4.933	3.479	41.794	0.000	1,037,856.75	74.792	2,083,973.86
P	A-	8.250	6	103,614,818.29	599,401.27	2,056,076.85	80.752	29.153	2.910	2.071	40.497	0.242	599,401.27	80.239	2,056,076.85
D	A-	8.000	7	93,610,443.76	497,273.28	1,974,022.07	78.892	25.191	2.426	1.743	39.208	0.005	497,273.28	77.254	1,974,022.07
E	A	8.000	8	90,256,876.33	444,235.43	2,001,378.51	74.865	22.196	2.173	1.557	39.589	0.002	444,235.43	70.000	2,001,378.51
U	A	8.000	9	86,910,316.33	410,769.83	1,839,407.06	79.782	22.332	2.013	1.392	44.624	0.130	910,769.83	78.333	1,839,407.06
T	A-	8.250	10	73,230,894.69	289,232.05	1,662,853.20	81.427	17.394	1.426	1.009	41.264	0.265	789,232.05	78.333	1,662,853.20
O	A	8.000	11	60,742,792.33	492,844.59	1,501,951.60	79.519	32.814	2.405	1.718	39.961	1.325	492,844.59	50.000	1,501,951.60
B	A	8.000	12	56,609,857.00	566,098.57	1,519,845.80	74.830	37.247	2.753	1.926	42.947	0.000	566,098.57	73.333	1,519,845.80
Q	A	8.000	13	55,370,902.33	439,125.69	1,470,832.01	76.078	29.856	2.148	1.533	40.176	0.000	439,125.69	67.500	1,470,832.01
L	BBB+	8.750	14	47,462,702.12	504,291.21	1,454,104.24	75.374	34.681	2.459	1.699	44.752	0.825	504,291.21	81.667	1,454,104.24
V	A	8.000	15	41,711,443.67	187,947.77	1,252,989.75	79.906	15.000	0.931	0.672	38.578	0.575	437,947.77	40.625	1,252,989.75
A	A	8.000	16	40,780,355.67	178,636.89	1,541,553.67	63.724	11.588	0.885	0.617	43.512	0.006	178,636.89	75.000	1,541,553.67
R	BBB+	8.750	17	32,566,683.29	346,021.01	1,547,641.00	77.070	22.358	1.701	1.149	48.065	0.349	346,021.01	71.667	1,547,641.00
H	A-	8.250	18	28,885,798.86	(163,457.47)	1,069,800.84	82.855	(15.279)	(0.824)	(0.601)	37.147	0.469	(163,457.47)	68.750	1,069,800.84
F	A-	8.250	19	19,303,096.49	(261,280.89)	953,372.87	82.387	(27.406)	(1.324)	(0.974)	35.864	0.434	(261,280.89)	69.167	953,372.87
J	BB	10.000	20	(2,446,910.57)	(28,547.29)	721,385.00	80.033	(3.957)	(0.143)	(0.090)	58.455	4.137	(28,547.29)	48.966	721,385.00
S	A-	8.250	21	(26,453,251.59)	(270,043.61)	363,840.00	79.156	(74.220)	(1.369)	(0.966)	41.697	0.000	(270,043.61)	20.000	363,840.00
M	A-	8.250	22	(54,703,145.14)	(558,427.94)	0.00	0.000	0.000	(2.872)	(2.035)	41.149	0.000	(558,427.94)	0.000	0.00
W	A-	8.250	23	(58,038,422.20)	(592,475.56)	251,757.74	73.001	(235.336)	(3.053)	(2.153)	41.785	87.386	(592,475.56)	16.667	251,757.74

图 1-5-4

在排名报告屏幕 FINANCIAL STATEMENT R1（RESULTS）中，财报第一轮 R1（结果）评价指标列字段名解释如下：

（1）TEAM（队伍名称）：A、B、C、D、E、F……；

（2）CREDIT RATING（信用等级）：A，A−，A+，BBB+；

（3）INTEREST RATE（利率）；

（4）RANK（排名）；

（5）COMPANY VALUATION（公司估值），系统有模拟假设的计算公式（这是整个游戏的终极指标，模拟企业经营的目的，也是沙盘模拟对抗赛的最终成果表现形式）；

（6）CUMULATIVE NET INCOME（累计净收益）；

（7）TOTAL SALES（销售总额）；

（8）GROSS MARGIN%（毛利率%）；

（9）NET MARGIN %（净利润率（%））。

毛利率和净利润率的区别

① 意义不同：

毛利率表示每一元销售收入扣除销售成本后，有多少钱可以用于各项期间费用和形成盈利。

净利润率则反映每一元销售收入带来的净利润是多少，表示销售收入的收益水平。

② 计算公式不同：

毛利率=[(销售收入-销售成本)/ 销售收入]×100%

净利润率=(销售收入-销售成本-各项期间费用-税金)/ 销售收入×100%

（10）净资产收益率（Return On Equity，ROE），股东财富的最大化是公司治理的首要目标。

（11）资产收益率（Return On Assets，ROA），也叫资产回报率，指每单位资产创造的利润的大小，是目前衡量商业企业盈利能力的主要指标之一。其值越大，表明商业企业有效利用资金的效果越好。

（12）D/E（%）是 Debt-to-Equity Ratio 的首字母缩写，指的是权益负债率，又称产权比率，计算公式是权益负债率，负债总额/所有者权益总额乘以 100%，比率越高，说明企业偿还长期债务的能力越弱；比例越低，说明企业偿还长期债务的能力越强。该比率指标主要用来表明由债权人提供的和由投资者提供的资金来源的相对关系，反映企业基本财务资本结构是否稳定，同时表明债权人投入的资本受到所有者权益保障的程度，或者说是企业清算时对债权人利益的保障程度。

（13）市场广告费占整个销售收入的比重（MKTG/S）。

（14）各组本轮的净收益（Round net income）。

（15）各组本轮的的产能（Round productive）。

（16）各组本轮的销售额（Round sales per team）。

1.5.2 企业一般竞争战略

企业是一个以盈利为目的的经济组织，企业经营的本质是股东权益最大化，即盈利。

企业一般竞争战略包括扩大销售（开源）、控制成本（节流）、产品差异化战略及集中化战略。

1.5.2.1 扩大销售

利润主要来自于销售收入，而销售收入由销售数量和产品单价两个因素决定。在其他条件不变的情况下，商品的需求量与价格之间成反方向变动的关系，即价格上涨，需求量减少；价格下降，需求量增加。

提高销售数量有以下方式：

（1）扩张现有市场，开拓新市场；

（2）研发新产品；

（3）扩建或改造生产设施，提高产能；

（4）合理加大广告投放力度，进行品牌宣传。

提高产品单价受很多因素制约，但企业可以选择单价较高的产品进行生产。

1.5.2.2 控制成本

产品成本分为直接成本和间接成本。控制成本主要有以下两种方法。

1．降低变动成本

变动成本也称直接成本，主要包括构成产品的原料费和人工费。原料费由产品的 BOM 结构决定，在"ERP 沙盘模拟"课程中，通过修改配方的方法可以影响直接材料。但需要注意的是，SAPsim 系统中的直接人工作为固定成本指标。

2．降低固定成本

从节约成本的角度，我们不妨把间接成本分为投资性支出和费用性支出两类。SAPsim 系统中的投资性支出包括购买机器设备、精益加工降低清理时间（Setup time reduction），这些投资是为了扩大企业的生产能力而必须发生的。

费用性支出包括营销广告、贷款利息等，通过有效筹划是可以节约下来的。

此战略的要点在于力求将生产和营销成本降到最低，通过低成本来获取行业领导地位，吸引市场上众多对价格敏感的购买者。这类企业或者以较低的售价扩大市场份额，或者以和竞争对手相同的价格出售产品来增加利润。

1.5.2.3　差异化战略

差异化战略是企业设法使自己的产品或服务有别于其他企业，在行业中树立起差异化的经营特色，从而在竞争中获取有利地位。

获取产品差异化的途径有产品质量、产品可靠性、产品创新、产品品牌、产品服务。

1.5.2.4　集中化战略

集中化战略是指企业将经营范围集中于某一细分市场，或重点生产及销售有限的产品品种，使企业有限的资源得以充分发挥效力，在某个局部市场的实力超过其他竞争对手，赢得竞争优势。

1.5.3　经典全面预算管理体系

1.5.3.1　全面预算管理制度、全面预算管理体系、预算管理概念

全面预算管理制度，是根据公司的发展战略，以现金流量为重点，逐层分解相关指标，对各部门下达目标，全程管理其经营活动，并对其实现的业绩进行考核与评价的内部管理制度。

全面预算管理工作应当建立以战略目标为导向、业务计划为主线、全面预算报告为工具、绩效考核为保证的"四位一体"预算管理总体体系，根据企业经营和市场环境特点，建立、调整预算关键绩效指标。

全面预算管理体系，是企业战略管理体系的重要组成部分，由目标管理体系、计划管理体系、预算管理体系、考核管理体系等组成。全面预算管理体系体现在业务预算（包括销售预算、生产预算、制造费用预算、生产成本预算、期间费用预算、销售费用预算、管理费用预算、财务费用预算、其他业务预算等）、资本预算、筹资预算、财务预算等一系列活动中。它体现了公司对未来经济活动的预测能力，通过实际经营结果与预算进行对比分析，可以对公司的经营活动实行全过程控制，保障公司经营目标的完成，促进发展战略的实现。

（1）全面预算是一种公司整体规划和动态控制的管理方法和体系，是对公司整体经营活动的一系列量化的计划安排。

（2）全面预算的有效推行将为公司各下属单位确定具体可行的年度目标，同时建立必须共同遵守的行为规范。

（3）全面预算是执行战略过程中进行管理监控的基准和参照，也是企业业绩评价的基础和比较对象。

（4）全面预算管理的过程就是企业战略和年度目标分解、计划、执行、控制、实现和奖惩的过程。

预算管理，是指企业以战略目标为导向，通过对未来一定期间内的经营活动和相应的财务结果进行全面预测和筹划，科学、合理配置企业各项财务和非财务资源，并对执行过程进行监督和分析，对执行结果进行评价和反馈，指导经营活动的改善和调整，进而推动实现企业战略目标的管理活动。

（1）预算管理的目的在于以计划、预算、控制、协调、考核为手段，管理公司生产经营活动的全过程，完成年度经营目标，最终实现公司的战略目标。

（2）预算管理是经过对企业运营的规划、分析和数量化的系统编制，将计划和行动转化为数字，它使得企业目标及过程控制得以具体化。

（3）预算目标的制定为控制绩效评估及信息反馈提供标准，从而企业可以从人治转变为制度流程管理机制。

（4）计划和预算制定可以强制管理者提前考虑工作开展，预算质询工作将可行性论证、部门冲突提前进行推演，预算制定过程的充分沟通可以减少操作中的隔阂，同时也明确各部门责任分工。

（5）计划和预算的编制可以协调企业资源，使企业达到资源最优化配置，并通过预算的分析调整达到利润最大化。

（6）预算管理也为企业考核、奖励、激励员工提供了依据

1.5.3.2　公司战略、全面计划、全面预算与绩效管理的关系

公司战略、全面计划、全面预算和考核（即绩效管理）形成管理控制的循环，如图（1-5-5 所示。

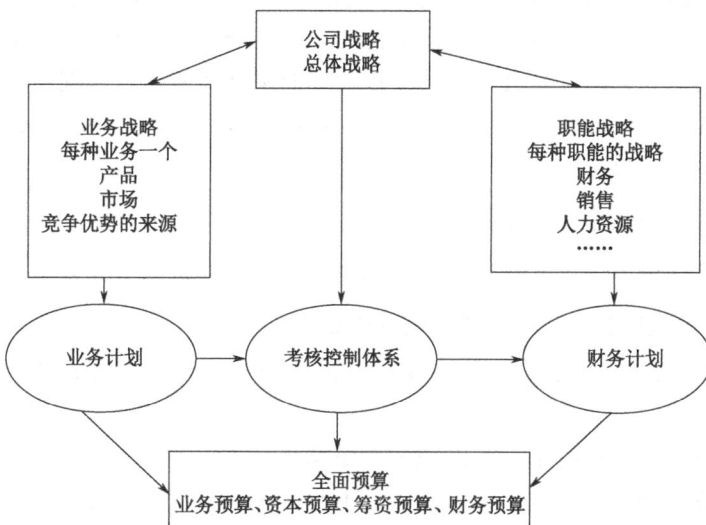

图 1-5-5

企业预算管理体系涉及公司战略管理、全面计划管理、全面预算管理和绩效管理四个一级流程。

（1）企业首先应根据企业的愿景、使命和战略目标制定明确的战略规划，包括公司中长期发展战略，并于每年分解和调整年度战略行动计划。

（2）公司每年第四季度前进行企业评估工作，在对经营及市场情况进行分析的基础上，根据战略规划和分解或者调整的年度战略行动计划编制公司年度经营计划及部门的年度行动计划。年度经营计划应涵盖战略要求、年度经营目标、资源投入需求、任务（业务活动）盘点、任务安排、重大时间节点等多方面内容，以便生成公司及部门两级关键财务绩效指标和非财务关键绩效指标。

（3）各部门根据公司年度经营计划及自身的年度行动计划编制部门预算，主要包括收入预算、生产预算、研发预算、成本费用预算和投资预算等；管理与业务支持部门编制费用预算，同时生成各部门财务类关键绩效指标；财务部门（预算委员会）汇总各部门行动计划和预算编制现金流量预算，并进行综合平衡；最终形成公司的财务预算，即形成损益表预算、现金流量表预算、资产负债表预算等，并得出最终公司财务绩效控制指标。

（4）企业各级管理层利用预算执行情况报告定期对计划和预算的执行情况进行分析、监控及决策。其中预算执行情况报告的主要内容包括定期的经营分析、财务分析与评估报告，经营分析主要考查非财务类指标的执行和完成情况，财务分析主要考核财务类指标的执行和完成情况。经营分析与财务分析可以分开，也可以合并，但半年和年度分析必须分开。

（5）在年度经营目标执行的过程中，管理者可以借助各种层次、不同频度的计划和预算执行情况报告来监控经营进度，并通过高效的管理评估机制迅速采取相应的行动方案，及时解决出现的问题。如果有必要，可以向最高权力机构申请对计划和预算体系及关键绩效指标体系做出必要的调整，使预算更好地适应实际经营情况和市场环境不断变化的需要，实现公司既定的战略目标。

总之，公司战略管理、全面计划管理、全面预算管理和绩效管理是一个密不可分的有机整体，应确保四者形成真正的闭环运作体系。只有通过四者的高效互动，企业才可能按预想达成既定的战略目标。在此过程中，全面预算起到的是承前启后的重要作用：一方面，全面预算是公司战略规划和经营计划的细化及量化体现；另一方面，全面预算也是形成公司及部门关键绩效指标的主要来源，是公司整体绩效管理的基础和依据。管理层应通过提高计划与预算的效率，并建立相应的绩效管理，使公司的各项经营活动更好地体现公司战略规划的要求，提升企业的核心竞争力。

1.5.3.3　全面预算与全面计划的关系

全面预算管理应遵循"没有业务就没有预算，没有预算就没有业务"的刚性原则。

1．全面预算管理与企业经济活动控制的关系

全面预算管理是内部控制制度的重要组成部分，控制经济活动是全面预算管理的一项基本职能。

（1）通过预算编制过程控制，可以预先控制哪些经济活动发生或不发生；

（2）通过预算执行过程控制，可以允许或不允许哪些经济活动发生；

（3）通过预算考核过程控制，可以了解哪些经济活动已经或尚未发生；

（4）通过预算评价过程控制，可以知道哪些经济活动应该或不应该发生；

（5）通过预算奖惩过程控制，可以激励或约束经济活动的发生。

2．预算管理与计划的关系

（1）计划和预算的联系和区别：计划和预算都与整个企业有关，注重未来；不同的是计划主要是用文字来描述的，预算则用数字和价值来描述对未来的认识；

（2）预算与计划融合：计划是预算的前提，没有计划就没有预算，预算是对计划的数字化和价值化并纳入财务管理体系。计划目标与预算目标具有本源一致性，预算目标制定后，要层层分解，各环节紧密结合很重要。评估计划是否可行，是否要对计划做出调整等，都要发挥财务管理的职能，编制时行数据汇总平衡，执行中收集准确、完整的基础数据，与预算数据做出对比分析、科学的决策。

3．全面预算管理与预测

预测是对市场趋势的理性预期，预算是基于预测提出的对策性方案、计划的数量表述，是对未来收入、现金流量和财务状况进行的预测量化。

4．全面预算管理与财务管理

财务管理是对企业中筹资决策、投资决策、资金流转活动的管理，财务预算最初是管理会计的一个工具，发展为全面预算后虽然已经超出了财务管理的范畴，但其核心仍是现金流量和财务指标的控制，各项战略指标和其他管理指标最终都可以从财务指标体系中体现出来；全面预算也为总经理和财务部门加强业务过程中的财务管理提供了工具。

5．全面预算管理与其他相关业务管理

全面预算管理是企业运营管理的重要组成部分，它与企业中其他相关业务管理如生产管理、销售管理、采购管理等的共同作用才承载了企业管理的成功。兼顾财务目标与非财务目标，坚持计划与预算并行的管理。

1.5.3.4 全面预算管理体系的构成要素

全面预算管理体系由预算主体、预算周期、预算指标、预算维度等要素构成。

预算主体：指全面预算的责任单位，即承担该预算任务的责任单位，是预算的编制主体，也是预算控制和分析的单位。可以按照企业的现行组织架构，建立预算主体的层级关系。

预算周期：依据不同的目的，在编制预算表时使用不同的周期方案，如编制长期预算使用周期方案会有多个年度节点，年度内预算使用季、月、旬、周等周期节点。

预算指标：是由相关关键值（周期、维度、主体等）确定的一组数据，比如，销售收入、管理费用可以定为一个预算指标。每个预算指标都代表一项业务内容，或者具有一定的经济含义。

预算维度：是从不同的角度对预算指标更细化，比如：销售收入可以从组织机构、产品种类、业务系列、行业、地区、时间等多个维度进行分解。

1.5.3.5 经典预算编制

1．公司的预算分类

（1）按预算控制目标可分为全面预算、重点预算和一般预算。

（2）按预算控制期限可分为长期预算、中期预算和短期预算，但通常划分为年度预算、月度预算和长期预算。

- 年度预算。期限为公历当年 1 月 1 日至 12 月 31 日，它以公司的年度经营目标为依据，以销售预算为起点，编制全年的销售、生产、采购、费用、资本性支出等预算，组成年度预算。年度预算总目标分解落实到每个季度和月度，列出月度目标，便于月度检查、季度调整，以确保年度目标的实现。年度预算是制定月度目标的重要依据。
- 月度预算。期限从当月 1 日至当月最后一天。根据年度预算和月度经营情况，编制月度资金预算，用于公司的资金平衡和费用管理。
- 长期预算，是指公司未来 3—5 年的发展规划性预算，是公司中长期战略的数字化。长期预算是制定短期预算的重要依据。公司在年度全面预算体系基本建立之后启动长期预算的编制工作。

（3）按预算对象可分为综合预算和分项预算。

（4）按预算范围可分为全面预算和单项预算。

（5）按预算内容可分为业务预算（也称经营预算）、资本预算、筹资预算、财务预算。通常四者合一编制的报表预算称为总预算。

（6）按预算管理功能可分为经营预算和管理控制预算两类，也可分为整体预算、部门预算、项目预算三个层次。

（7）按预算项目可分为资本专项预算、销售专项预算、研发预算等。

（8）按预算指导性质可分为指导性预算（战略预算）、操作预算。

（9）按预算形态可分为货币形式预算、非货币式预算。非货币运算往往是计划的一部分。

2．全面预算管理基本内容之间的关系

全面预算管理工作的起点是年度经营目标，销售预算是其他预算的编制起点；财务预算包括利润预算、现金流量预算、资产负债预算等，是全部预算的综合反映。具体预算所包括的主要内容结构图如图 1-5-6 所示。

3．编制预算的基本原则

（1）一致性原则：包括目标一致性和计划一致性。

（2）全面性原则：做到横向到边、纵向到底，领导主持，全员参与，全员控制。

（3）刚性原则：年度预算总额具有刚性，除非极特殊情况不得突破，月度出现差异一般不进行调整；如需调整，需编制补充预算，审批流程与编制发布相同。

（4）适度性原则：实事求是，防止低估或高估预算目标，保证预算在执行过程中切实可行。预算管理可以建立适度的弹性预算机制，当预算假设和企业的经营环境发生重大变化时，在集团公司统一规划下，可在年中对预算进行一次调整。

（5）权利义务对等原则：预算必须坚持谁做事、谁预算；谁控制、谁预算；谁花钱、谁预算；谁受益、谁承担；先预算、后做事；无预算，禁付款等原则。

（6）持续改进原则：严控各项成本费用支出，强化投入产出、运作效率的理念，推进精细化预算与核算；各项财务指标的目标是持续改进，提升总体盈利能力。

（7）奖罚分明原则：定期考核，有奖有罚。公司绩效考核应以计划和预算为基础进行，不得业务与绩效两张皮，年终总结要兑现绩效考核方案。

全面预算基本内容关系图

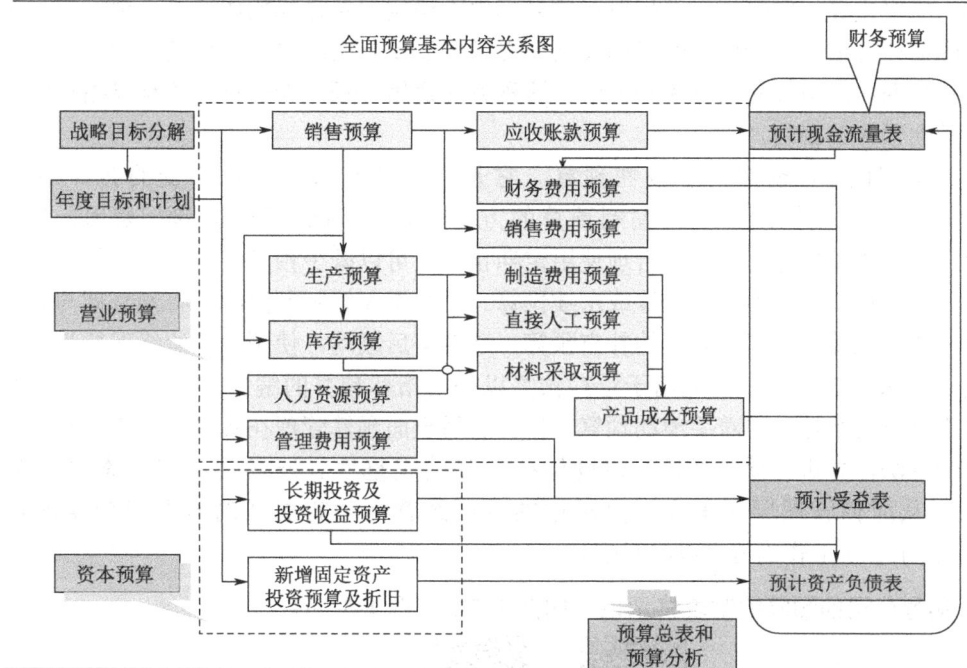

图 1-5-6

4．编制预算的基本方法

编制预算时可根据项目的不同，综合运用基数法、因素法、定率法、定额法、趋势分析法、比率分析法等预算编制方法。各企业在编制预算时，应结合实际情况选定编制方法，并在编制说明中加以注明。通常，固定成本、人工成本预算、期间费用预算可以采用基数法编制；销售预算、生产预算、采购预算及销售成本预算应综合采用因素法、趋势分析法、比率分析法进行编制。企业应保持预算编制方法的连续性和预算指标的可比性。

（1）增量预算。增量预算是把前一年度实际发生数作为基数，以预算年度企业内外部环境对业务的影响程度作为调整依据进行编制预算的方法。"承认过去发生的是合理的"是使用增量预算方法的前提条件。适用于影响因素简单和以前年度预算基本合理的预算指标；合理使用增量法，可以减少预算编制的工作量，但应详细说明增减变动原因。

（2）零基预算。零基预算"只考虑未来需求，不考虑历史惯性"，是以零为起点对预算期内各项收支的可行性、必要性、合理性逐项审议，予以确定收支水平的预算。一般适用于预算编制基础变化较大的预算项目，以及以前年度可能存在不合理预算或潜力比较大的预算指标编制，但使用周期不宜过短，否则会增加工作量。

（3）弹性预算。弹性预算是在按照成本（费用）习性分类的基础上，根据量、本、利之间的依存关系编制的预算。一般适用于与业务量有关的成本（费用）、利润等预算项目，以及变动成本费用预算的编制；对于某些选择性固定成本费用的预算也可考虑用这种方法编制。

（4）固定预算，又称静态预算。它是以预算期内正常、可实现的某一业务量（如生产量、销售量）水平作为唯一基础，以上期实际业绩为依据，以单一的会计年度为预算期，确定各项预算指标数据的方法。固定成本费用预算的编制通常适用固定预算编制方法。

（5）概率预算。概率预算是指对在预算期内不确定的各预算构成变量，根据客观条件做出近似的估计，估计可能变动的范围及出现在各个变动范围的概率，再通过加权平均计算有关变量在预期内期望值的预算编制方法。这种方法适用于预算期变化大的预算指标的编制，也适合长期预算的编制。

（6）定期预算，也称为阶段性预算。它是指在编制预算时以不变的会计期间（如日历年度）作为预算期的一种编制预算的方法，适用于固定资产、部门费用、咨询费、保险费、广告费等预算的编制。合理使用定期预算，可以减少预算编制的工作量。

（7）滚动预算，又称连续预算或永续预算。它是指在编制预算时，将预算期与会计年度脱离开，随着预算的执行不断延伸补充预算，逐期向后滚动，使预算期始终保持为一个固定期间的一种预算编制方法，适用于定期预算以外的指标预算的编制。滚动预算通常按季度滚动，每季度第三个月中旬着手滚动预算工作。公司全面预算管理在实行两三年后应采用滚动预算编制方法，并进行动态考核，始终保持预算的完整性、连续性，在动态中把握企业的未来，从而使管理层对未来一定时期的生产经营活动有周详的考虑和全盘规划，以保证企业的各项工作有条不紊地进行。

5. 典型公司的预算编制表格示范（如图 1-5-7 至图 1-5-30）

详见二维码里面的内容。

6. 全面预算的编制程序及流程

（1）公司年度全面预算的编制实行全员参与、上下结合、分级编制、分类汇总、综合平衡的方式编制。各部门对各自归口的业务做行动计划和预算，并对预算编制负责，公司对各部门予以监控审批。

（2）企业预算编制应当按照先工作计划，再经营预算、资本预算、筹资预算，后财务预算的流程进行。各预算执行单位可按所承担经济业务的类型及其责任权限，编制不同形式的经营预算，但必须编制统一格式的财务预算，以便编制合并的集团财务预算。

（3）全面预算管理工作基本流程如下：

- 企业评估；
- 确定并下达目标；
- 编制上报；
- 汇总平衡；
- 审查质询；
- 审议批准；
- 下达执行。

（4）年度预算管理总体流程如图 1-5-31 所示。

7. 预算编制的内容要求

（1）经营预算。

经营预算，是反映预算期内可能形成现金收付的生产经营活动的预算，包括销售预算、生产预算、制造费用预算、生产成本（开发成本）预算、采购预算、期间费用预算（销售费用预算、管理费用预算、财务费用预算）、其他业务预算等。

- 销售预算是公司销售各种产品或者提供各种劳务可能实现的销售量或者业务量及其收入的预算，依据年度目标利润、预测的市场销量或劳务需求、提供的产品结构，以及市场价格编制。

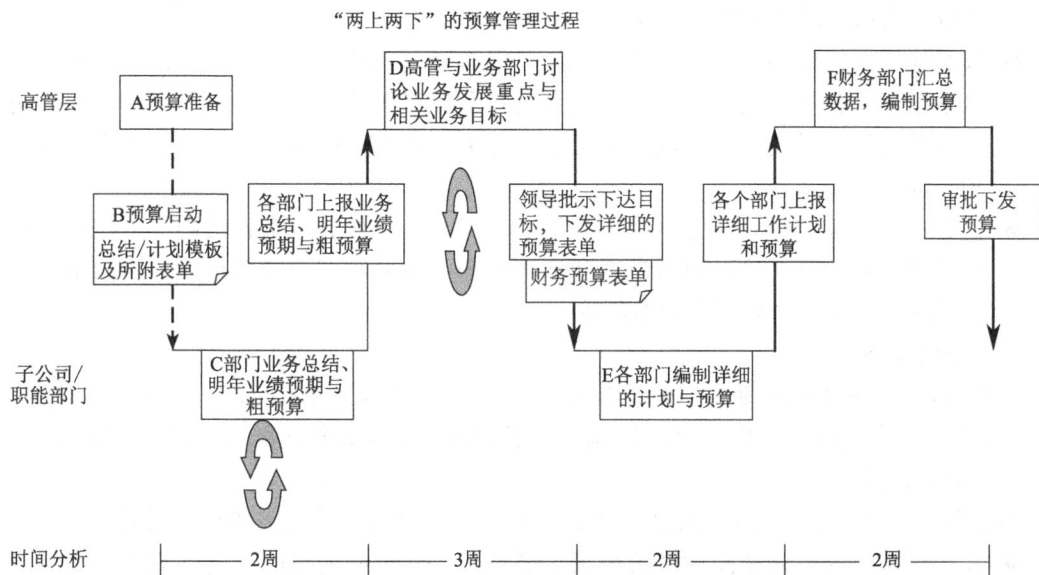

图 1-5-31

- 生产预算是公司在预算期内所要达到的生产规模及其产品结构的预算，是在销售预算的基础上，依据各种产品的生产能力、各项材料及人工的消耗定额及其物价水平和期末存货状况编制的；包括直接人工预算和直接材料预算。
- 制造费用预算是公司在预算期内为完成生产预算所需各种间接费用的预算，主要在生产预算基础上，按照费用项目及其上年预算执行情况，根据预算期降低成本、费用的要求编制。
- 产品成本预算是公司在预算期内生产产品所需的生产成本、单位成本和销售成本的预算，主要依据生产预算、直接材料预算、直接人工预算、制造费用预算等汇总编制。
- 采购预算是公司在预算期内为保证生产或者经营的需要而从外部购买各类商品、各项材料、低值易耗品等存货的预算，主要根据销售预算、生产预算、期初存货情况和期末存货经济存量编制。
- 期间费用预算是公司在预算期内组织经营活动必要的管理费用、财务费用、销售费用等预算，在区分变动费用与固定费用、可控费用与不可控费用的基础上，根据上年实际费用水平和预算期内的变化因素，结合费用开支标准和降低成本、费用的要求，分项目、分责任单位进行编制。其中，研究开发费、业务招待费、会议费、广告宣传费等重要项目，应当重点列示。
- 其他业务预算，包括其他业务的收支、缴纳税金、政策性补贴、对外捐赠支出及其他营业外支出等，根据实际情况和国家有关政策规定编制。

（2）资本预算。

资本预算是公司在预算期内进行资本性投资活动的预算，包括固定资产投资预算、权益性资本投资预算、债券投资预算等。

- 固定资产投资预算是公司在预算期内购建、改建、扩建、更新各类固定资产进行资本投资的预算，根据公司有关投资决策资料和年度固定资产投资计划编制。处置固定资产所引起的现金流入，也列入资本预算。

- 权益性资本投资预算是在预算期内为获得其他企业单位的股权及收益分配权而进行资本投资的预算，根据有关投资决策资料和年度权益性资本投资计划编制。公司转让权益性资本投资或者收取被投资单位分配的利润（股利）所引起的现金流入，也列入资本预算。

- 债券投资预算是企业在预算期内为购买国债、企业债券、金融债券等所做的预算，应当根据企业有关投资决策资料和证券市场行情编制。企业转让债券收回本息所引起的现金流入，也应列入资本预算。

（3）筹资预算。

筹资预算是公司在预算期内需要新借入的长短期借款以及对原有借款、债券还本付息的预算，可依据公司有关资金需求决策资料、期初借款余额、年度资金需求、预计利率等编制。

（4）财务预算。

财务预算主要以预计现金流量表、预计资产负债表和预计损益表等形式反映。

- 预计现金流量表是按照现金流量表主要项目内容编制的反映公司预算期内一切现金收支及其结果的预算。以业务预算、资本预算和筹资预算为基础，是其他预算有关现金收支的汇总，主要作为公司资金头寸调控管理的依据。

- 预计资产负债表是按照资产负债表的内容和格式编制的综合反映公司期末财务状况的预算报表。根据预算期初实际的资产负债表和销售预算、生产预算、采购预算、资本预算、筹资预算等有关资料分析编制。

- 预计损益表是按照损益表的内容和格式编制的、反映公司在预算期内利润目标的预算报表。可根据销售预算、生产预算、产品成本预算、期间费用预算、其他预算等有关资料分析编制。

（5）企业年度预算编制说明包括以下重点内容：

- 企业预算年度的基本情况包括企业决算年度（本年度）生产经营预计完成情况、企业预算年度（下年度）生产经营基本概况、纳入预算年度合并范围的企业变化情况、预算报表编制基础及假设前提。

- 企业预算年度内预计实现的经营成果及利润分配情况包括企业预算年度预计完成利润；预计达到的生产、销售或营业规模，及其带来的各项收入、发生的各项成本和费用情况，对主营业务收入增减变化影响应从销量（业务量）、销售价格（业务价格）、业务结构变动和新增生产能力(新增项目)等角度进行综合分析，对成本费用增减变化影响应按主要成本要素从采购成本、材料消耗费用、资产修造租赁折旧费用、财务费用、人工成本和其他运营费用等角度按价格、数量变化进行分析；企业预计利润分配情况。

- 企业预算年度重大投融资资金收支安排包括预计发生新建、改扩建、外购、融资租入等固定资产支出情况，预计权益性资本支出内容和资金筹措计划，重大固定资产、长期股权投资预计处置计划和现金收支情况，重大股权投资的预计股利分配计划。

- 企业预算年度内预计资产、负债及所有者权益规模、质量及结构状况。
- 企业预算年度内与集团内部其他单位的关联交易分析。
- 企业预算年度内绩效评价指标预计完成情况和财务风险预计情况。

8. 所有部门都要编制部门计划、部门人员预算（需求计划）、费用预算和投资（主要指固定资产需要）预算

具体分工及要求如图 1-5-32 所示。

业务操作	具体预算类别	操作部门	编制要求
资本预算	权益投资预算 基建投资预算 机器设备投资预算 IT 系列投资预算 办公设施投资预算 其他资本预算	财务部门 资产管理部门 信息管理部门	根据经营战略编制公司的短期投资、长期债券投资、长期股权投资预算及收益预算 编制公司的房屋建筑物等工程项目支出、维修预算（列入固定资产部分） 编制公司的机器设备购置、维修保养等投资预算 编制公司的 IT 系统投资、维修保养预算 编制公司的办公设备、家具等的购置、维修保养支出预算
业务预算	销售预算	营销部	（1）编制销售收入预算 （2）编制销售费用预算 （3）编制销售货款回收预算
	研发预算	开发、设计部门	编制项目拓展费用预算 编制产品研发费用预算
	生产预算	生产部门（开发、工程、设计、成本）	生产计划（开发计划、工程施工计划、设计计划、招采计划、营销计划等）
	生产成本预算	生产部门（开发、工程、设计、成本）	生产成本、制造费用、采购等预算（项目合同规划、采购预算、目标动态成本、年度成本支出预算、结算计划等）
	管理预算	人力、企管等部门	（1）编制用人计划预算 （2）编制员工薪酬、福利预算 （3）编制业务、会议等预算 （4）编制行政办公类费用预算 （5）编制其他管理费用预算
财务预算	应交税金预算 筹资预算 财务费用预算 资金流量预算 利润表预算 资产负债表预算 现金流量表预算	财务部门	根据销售预算编制应交有关税费预算 编制筹资预算 编制财务费用支出 资金流量预算表 编制预计利润表 编制预计资产负债表 编制预计现金流量表
预算平衡		财务部门、计划管理部门、各部门	（1）根据部门预算情况进行综合平衡 （2）根据初步平衡结果报预算委员会审批
预算编制	预算报告	预算常务小组	根据预算委员会的初步审批结果编制预算
审议批准		预算委员会、董事会、股东会	依制度规定及经营计划批复预算
下达执行		各预算执行部门	（1）预算管理委员会将批复结果下达各部门 （2）各部门按批复预算执行

图 1-5-32

1.5.3.6 预算的执行、调整

公司预算一经批准下达，各部门必须认真组织实施，将预算指标层层分解，从横向和纵向落实到内部各部门、各环节和各岗位。

公司正式下达执行的预算，一般不作调整。但当市场环境、经营条件、国家法规政策等发生重大变化，或出现不可抗力的重大自然灾害、公共紧急事件等致使预算的编制基础不成立，或者将导致预算执行结果产生重大差异，需要调整预算的，由责任部门提出申请。

1.5.3.7 预算执行的控制

各职能部门应对照已确定的责任指标，定期或不定期地对部门及人员责任指标完成情况进行检查，实施考评。公司对重大预算项目和内容，将密切跟踪其实施进度和完成情况，实行严格监控，由人力资源及企业管理中心对计划完成情况进行持续的考评。

1.5.3.8 预算的分析、考核与奖惩

企业应当建立预算分析制度，从定量与定性两个方面分析预算执行企业的现状、发展趋势，研究、落实解决预算执行中存在问题的措施，纠正预算执行的偏差。

1. 企业预算执行情况考核原则

量化指标采取弹性预算考核，已经审批的预算作为预算执行情况考核基础，在设定的弹性区间内进行考核。对于效益指标考核的剔除因素，以及非企业本身产生的客观因素，应由各预算执行单位上报相关证明文件，由预算管理部门审核，并报预算管理委员会批准后剔除。对预算的考核包括预算完成的情况、预算编制的准确性与及时性等指标。考核指标以平衡计分卡体系为基础设定，其中财务指标一般包括利润额预算指标、利润率预算指标、销售收入预算指标、现金流量预算指标、毛利预算指标、费用预算指标、周转率预算指标、投资回报率指标等。非财务指标视各子公司主业不同在年度经营目标中分别设置。

2. 预算评价的主要内容

（1）是否按预算编制程序及日程进度完成预算的编制；
（2）是否严格执行经批准的预算；
（3）预算编制、执行的准确程度；
（4）预算编制、执行中的沟通与配合程度；
（5）评价公司的预算管理系统及预算的完成情况，分析公司的财务状况和经营状况。

1.5.3.9 实行全面预算管理应加强预算风险控制

预算风险控制主要包括经营风险和合规风险。

1. 经营风险

（1）不编制预算或预算不健全，可能导致企业经营缺乏约束或盲目经营；
（2）预算目标不合理、编制不科学，可能导致企业资源浪费或发展战略难以实现；
（3）预算缺乏刚性、执行不力、考核来严，可能导致预算管理流于形式；
（4）预算调整、下达未经适当审批或越权审批，可能因重大差错、舞弊行为而导致损失；
（5）考核结果、奖惩不公平、不合理，造成预算失去其应有的权威性和严肃性，导致预

算控制流于形式。

2．合规风险

（1）预算编制、执行和控制不符合国家法律法规和企业内部规章制度，导致外部监管部门和机构的质疑；

（2）预算调整、考核和控制不符合企业的相关规章制度，导致企业员工的工作积极性下降。

为有效控制风险，全面预算管理应有严密的程序性，需要做到：

（1）预算管理应体现严肃性和科学性；

（2）以企业经营发展战略分解的年度目标为依据编制全面预算方案；

（3）预算管理机构设置科学、合理、健全；必须有强有力的领导人管理预算工作；职责分工明确，不相容岗位分离；

（4）建立有效的预算启动、编制、执行、分析、调整、考核、评估控制流程，各环节清晰严密，防止工作扯皮；

（5）编制原则、方法、审批程序有明确规定。

1.5.4 数字化时代的预算管理

1.5.4.1 数字化时代预算管理的经营不确定性及结构不确定性

全面预算管理和管理会计其他工具方法一样起源于工业时代，与工业时代的企业组织形式、生产能力和生产关系相匹配。工业时代将企业视为一个由各种零部件组成的大机器，企业是紧耦合、相对封闭的，其内部运行是可预计、可控性的，因而适用于预算的制定和执行。在这样的生产环境下，全面预算管理的顺利进行有两个隐含前提：一是外部的经营环境相对可预测，二是企业内部的组织架构相对稳定。这两个前提常被人认为是理所当然的而被忽视。在互联网时代的跨界冲击、商业模式的变革下，这两个前提条件不再成立，我们面临的经营不确定性及结构不确定性越来越大，如图1-5-33所示。

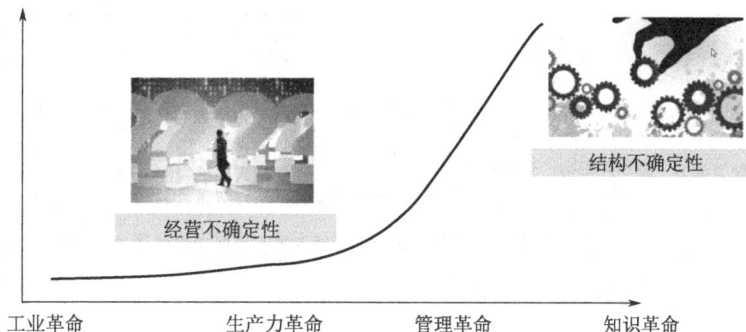

图 1-5-33

传统预算管理存在两种理解：一种认为预算是保障战略落地的主要抓手，另一种认为预算是资源配置的主流方式。战略管理抑或资源配置两种职能在未来都是可能需要关注的维度，但在数字化时代，传统模式已经不能完全解决问题。

1．传统预算制定及考核的时间固化与数字化时代经营不确定性的矛盾

传统预算发布于年初，全年需要按该预算执行，在季中或年中部分企业会进行预算调整，根据调整结果控制执行预算，并在年终进行绩效考核。互联网公司、高科技公司，这类企业极少强调在年初制定目标、年中持续跟踪管理、年末考核，因为互联网时代强调的是敏捷迭代。

2．传统预算指定方式与数字化时代企业内部组织架构、结构性不确定性的矛盾

目前的互联网企业、电商企业不太看重传统的预算制定方式，公司采用项目化的管理模式，当出现好的发展方向时会立即响应，建立项目组开展行动，然后根据一段时间的实践结果决定项目去留。此种模式下，公司在年初和年末的组织架构差异很大，年中调整和年末考核并不能和年初的计划一一对应，战略落地和资源配置在一个年度周期内不是相对稳定的，而是不断变化的动态模式。

数字化时代的不确定性包含经营不确定性和结构不确定性两种，随着技术的进步，企业面临的不确定性由经营不确定性转向结构不确定性，即从可控的不确定性转向不可控的不确定性。企业经营需要做好随时发生各种意外的准备，增强调整生产经营的弹性以面对外部冲击。也就是说，要做好面临结构不确定性的准备。结构不确定性越强，全面预算管理就越不适用。由此引申出预算管理的本质，就是针对不确定性的预测、决策和控制。

1.5.4.2 数字化时代预算管理的基本特点：ISEAM 模型[①]

数字化时代预算管理的特点是什么？数字化时代还需不需要全面预算管理呢？预算管理仍是需要的，只是其理念、模式和财务人员所起的作用和以前完全不一样了。根据数字化时代预算管理的基本特点建立的 ISEAM 模型中，包含洞见（Insight）、共享（Sharing）、赋能（Enabling）、敏捷（Agile）和极简（Minimalism）五个理念，如图 1-5-34 所示。

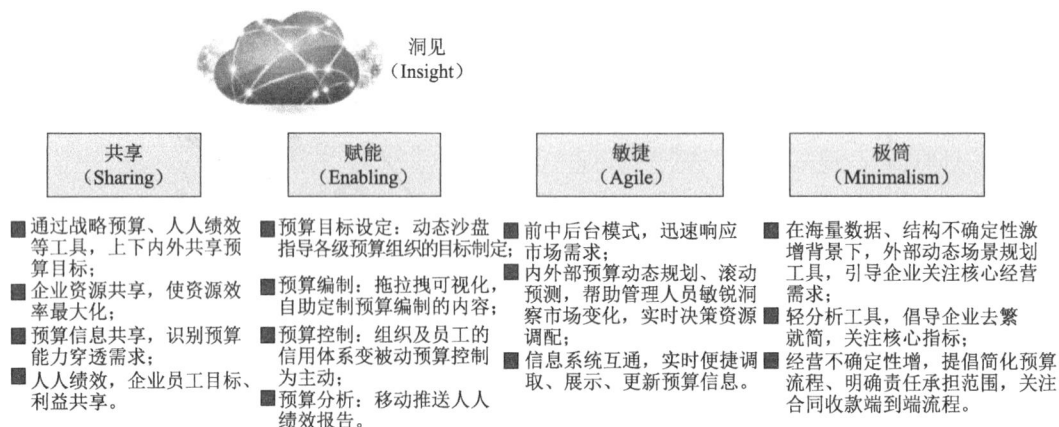

图 1-5-34

洞见指预算的目的是洞察不确定性发生的概率、带来的影响及需要采取的应对措施，是预算的出发点。

共享指数字化时代的预算是"财务+业务"的深度配合，与传统业务部门制订业务计

---

① 陈琳，"新动能 新模式 新价值——数字化技术与智能财务讲座"．

划、财务部门据此做出财务预算的两段式制定方法不同,"共享"模式下业务计划与财务预算两者合二为一,财务部门和业务部门享有从战略目标分解到资源配置的所有信息,信息能实现多维度穿透,预算和绩效指标天然分配到每个人身上(类似于海尔的"平台+小微"模式),公司整体预算的"来龙"和具体到各个员工的"去脉"都可以在系统中看到,可调动资源、行动目的、行动成本及收益都可以在系统终端完成测算,进而判断是否执行。预算不再是年初编制、年中调整、年末考核的方式,而是实时的编制考核。

赋能指未来的预算更多的是赋能业务,预算的主体是业务部门、企业,甚至是企业价值链、生态圈的上下游共同完成,预算的主体不再是财务部门,财务部门的作用转向专业指导、辅助和协助分析。预算编制通过可视化系统完成,而非面对一系列复杂的 Excel 表格;预算控制上,业务人员面对的是销售额、销售折扣等业务语言而非财务语言,业务语言与财务语言通过系统内部的规则映射完成转换。

敏捷衍生于共享和赋能,在技术支持下,机器学习和深度学习支撑的财务建模能够实时进行预算的动态规划,相应的资源调配也能够实时实现。如企业想预测某突发事件对销量的冲击,可以命令系统从外界抓取海量数据,通过分析判定影响等级,在不同等级下采取何种策略,细化到客户每增加一百人增加的成本和提供的产能、面对不同的场景怎样的排产是最优的、不同场景发生的概率是多少,将外部数据转换为业务语言纳入系统实时预算过程中,得出最优解。

在传统信息化时代,管理者面临信息匮乏的问题,缺乏数据进行决策支撑,而数字化时代管理者面对的是海量数据,其注意力会被不同的数据碎片化,极简就是为解决这一问题提出的。过程性流程是不同环节的负责人所关心的,而管理者最关注的是核心的端到端流程,极简强调预算管理的职责个性化、分散化,为不同负责人提供针对性数据。

1.5.4.3 传统预算管理 vs.数字化预算管理

传统的预算管理是流程驱动的管理思想,遵循"目标制定与分解→业务计划→预算编制→预算控制→预算分析→绩效评价"的闭环,其核心三要素是"组织+流程+信息系统"。

数字化预算管理的核心是"业财一体化的分析预测模型",而不涉及流程,其核心要素是"数据+场景+角色",来自不同业务场景的数据由不同的人使用,每个人在不同角度用到的模型都是个性化定制的,最终实现的模式是"预测性分析+实时决策+OKR+人人绩效",业财一体化下的业务和财务是水乳交融、你中有我、我中有你的状态。执行财务相关工作的人可能不再属于"财务部"这一同一组织,企业内部部门融合的趋势将愈发明显,进一步来说,企业的边界会越来越淡化。传统的 ERP 是企业内部的封闭系统,而当组织形态变成生态型组织,企业间存在生态合作关系时,面向企业内部的 ERP 为主导的时代将不复存在,因为已经难以分清预算所用数据哪些属于内部,哪些属于外部,甚至外部数据对决策制定的帮助更大,如图 1-5-35 所示。

1.5.4.4 数字化的预算管理落地的前提条件

首先,从财务到业务,将财务核算结果清晰追溯至业务交易过程;通过对业务交易信息的记录,扩充财务信息维度和信息量。目前 99%的企业还做不到将财务数据完全穿透至业务数据。

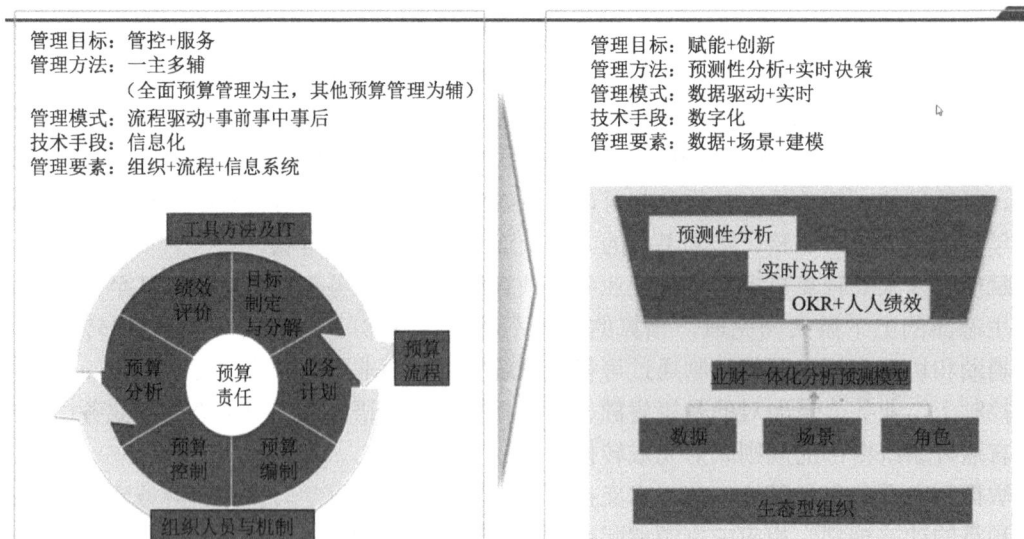

图 1-5-35

其次，从内部到外部，其中内部数据满足实时分析预测和事前风险控制；外部的生态圈数据、市场数据、同业数据、舆情数据能更好地优化预测及风控模型，支撑更多应用场景的实现，这也是绝大多数企业目前实现不了的。

最后，从结构化到非结构化，将文本信息、图像信息、物理信息等非结构化数据通过智能技术解码、建模后变成结构化数据，目前还没有企业能够做到。

目前，数字化预算管理还没有实施基础，但财务从业人员应当理解预算背后的本质是什么，预算和管理、管理会计和管理间的联系是什么，技术对管理会计有什么影响，以上趋势一定是未来预算管理的发展方向。

1.6 SAP ERPsim 沙盘模拟学习 ERPsim 规则

本节以扩展游戏（Extended game）为案例背景假设来介绍 ERPsim 沙盘的一些运行规则。

1.6.1 与生产决策相关的 ERPsim 规则

与生产决策相关游戏规则基本假设：

（1）建设机器设备，默认只有一条生产线；

（2）生产决策（Productivity decision）有两种方法：产能增加（Production capacity increase）和重置时间减少（Set up time reduction），如图 1-6-1 所示。

各个游戏小组的任务之一就是对现有的机器和设备进行价值判断并进行生产战略决策。

第一种方法：产能增加。

模拟企业可以购买额外的，或升级现有设备以提高吞吐量，但机器非常昂贵。

第二种方法：重置时间减少。

还可以聘请顾问来评估工作流程和工厂布局。他们可以为工作实践和机器清理等提出建议，从而提高我们的效率，减少更换生产运行所需的小时数。

Productivity Decisions

Setup time reduction

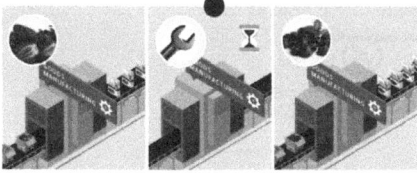

-- Initial setup time of **8 hours** between production runs of two different products with the option of reducing it by investing.

Production capacity increase

-- A bank loan of **€8 000 000** has been invested in production capacity to increase your Initial production capacity from **16,000 to 24,000 units / day**. You also have the option to increase it further.

图 1-6-1

1.6.1.1　产能增加（Production Improvement: Capacity Increase）

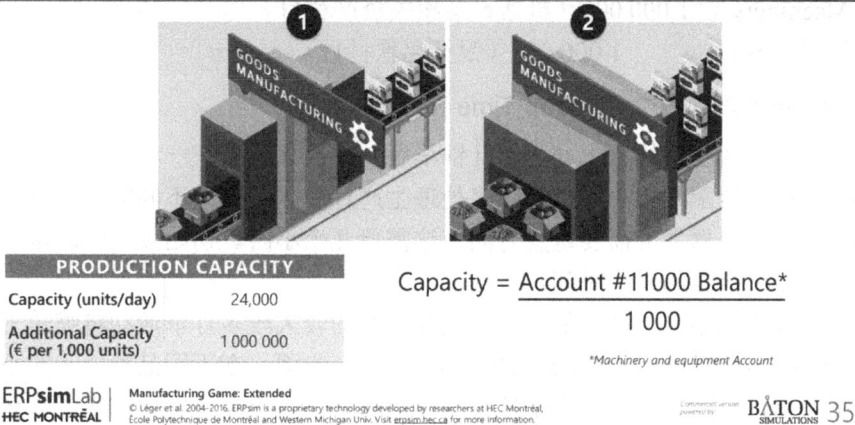

沙盘模拟规则假设，产能增加=资产负债表会计科目 11000 的账户金额净值除以 1000 为机器和设备的产能。如图 1-6-2 所示。

Production Improvement: Capacity Increase

PRODUCTION CAPACITY	
Capacity (units/day)	24,000
Additional Capacity (€ per 1,000 units)	1 000 000

$$Capacity = \frac{Account\ \#11000\ Balance^*}{1\ 000}$$

Machinery and equipment Account

ERPsimLab
HEC MONTRÉAL

Manufacturing Game: Extended
© Léger et al. 2004-2016. ERPsim is a proprietary technology developed by researchers at HEC Montréal, École Polytechnique de Montréal and Western Michigan Univ. Visit erpsim.hec.ca for more information.

BÂTON SIMULATIONS 35

图 1-6-2

举例说明：根据这一基本假设，如果初始盘面上，机器和设备的总值在 1600 万元，除以 1000，每天生产的产能：16 000 000/1 000=16 000（单位/天）

如果通过银行借款增加机器与设备的投资 800 万元，每天生产的产能就变成了 24 000 单位/天

通过投资来增加产能，每 100 万增加 1000 件的产能。例如，在游戏的第一轮（R）第一天如果对生产线投资 100 万元，那么产能是 24 000+(1 000 000/1000)=25 000（单位/天），产能投资立即生效，在投资完成的后一天，生产线的产能就会提高。

沙盘模拟 ERPsim 规则通过执行事务代码的方法提高生产线的产能。事务代码 FB50，编写的会计分录如图 1-6-3。

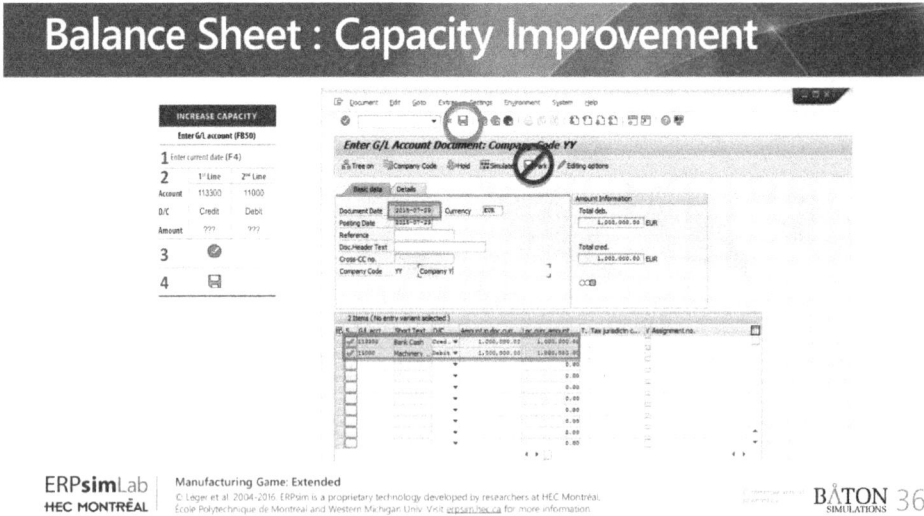

图 1-6-3

会计分录记录在两个总账科目中：Machinery 总账科目 11000；Bank Cash 总账科目 113300，即

Dr　Machinery　　　1 000 000（机器设备相关资产科目）
Cr　Bank Cash　　　　　1 000 000（银行存款科目）

1.6.1.2　重置时间减少（Set up Time Reduction）

模拟企业在一条生产线上生产牛奶什锦早餐，一次只能生产一种产品。该生产线可以每天 24 小时运行，装配线工人将按照顺序处理生产订单。每当为不同的产品启动新的生产线时，需要重新配置机器并且需要重置时间，这需要几个小时。初始重置时间是 8 小时。通过投资来减少低于 8 小时的重置时间。

重置时间减少是指同一产品的一系列连续生产的较大较多订单活动将缩短平均设置时间（同一产品的生产订单之间没有设置清理时间）；另一方面，在不同品种之间的小订单生产，将向客户提供更广泛的产品，但由于机器清理重置时间会减少总的生产量。在允许应对不断变化的市场的小型生产活动与提高生产力的长期生产活动之间找到适当的平衡点，是生产战略的关键要素。

注意：这项任务的设置必须在模拟游戏开始前，两轮之间进行。

沙盘模拟规则假设：重置时间减少的计算方法如图 1-6-4 给出的具体计算公式，建立重置时间与投资之间的函数。

重置时间、投资金额累计及投资金额之间的函数关系，如图 1-6-5 所示。

在沙盘模拟 ERPsim 规则中，通过执行事务代码的方法表达重置生产时间减少。事务代码 FB50，编写会计分录如图 1-6-6 所示。

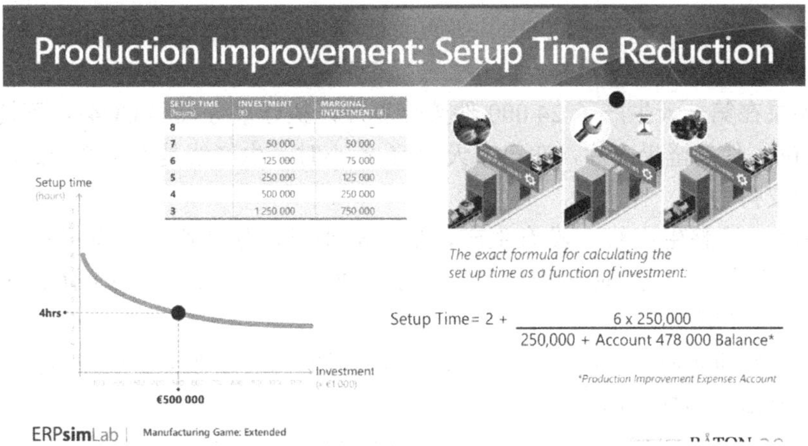

图 1-6-4

重置时间 Setuptime (hours)	投资金额累计 Cumulative Inve Investment (€)	投资金额 Marginal Investment (€)
8	-	-
7	50 000	50 000
6	125 000	75 000
5	250 000	125 000
4	500 000	250 000
3	1 250 000	750 000

图 1-6-5

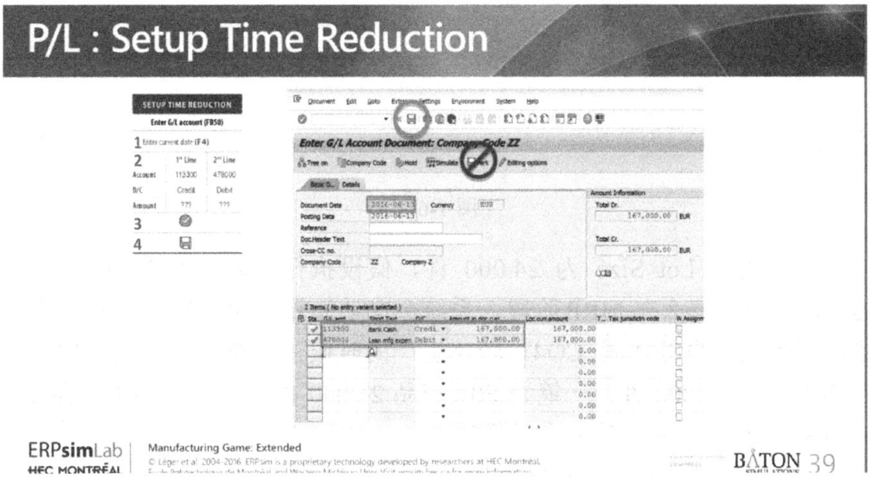

图 1-6-6

会计分录记录在两个总账科目中：Lean mfg expense 总账科目 478000；Bank Cash 总账科目 113300。

Dr Lean mfg expense   167 000   （重置时间相关费用科目）
Cr Bank Cash   167 000   （银行存款）

例如：如果在第一天生产了 24 000 件蓝莓麦片，执行事务代码 CO41，下达第二天的生产订单为 24 000 件的坚果麦片，在第二天的前 8 小时，生产线是不生产产品的，所以第二天的生产线的安排为：

前 8 小时，调整生产线，没有生产，后 16 小时，生产产品。假设每天默认产能为 24 000 件/天，那么第二天实际生产的产品为 24 000×（（24-8）÷24）=16 000（件），剩下的 8000 件被安排在第三天生产。

通过投资缩短重置时间，提高生产效率。重置时间的投资在会计核算中计入当期费用，进行这项投资会减少当期利润。

1.6.1.3　生产线的最大生产容量

生产线的最大生产容量（Lot Size）指的是在某产品进行生产的时候，单笔生产订单最多能生产多少件产品。游戏默认的是系统最大值及最小值 16 000～50 000 之间的任意一个数值。Lot Size 事务代码 T-code 为 MM02。MM02 可调整的最高限额（Maximum Lot Size）为 50 000。进入 MM02，显示的是每一个物料的 MRP 界面，如图 1-6-7 所示。

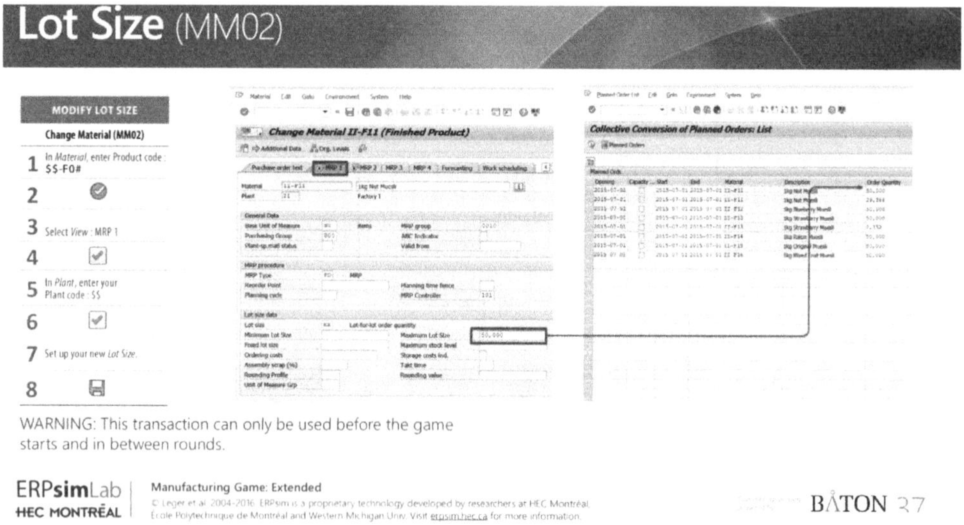

图 1-6-7

例如，F01 默认的 Lot Size 为 24 000 件，假设执行事务代码 MD61 对 F01 下达的 50 000 件的生产订单，那么在 MRP 阶段，系统会自动计算出 50 000 件 F01 所需的物料，然后进行采购，等到执行事务代码 CO41 转化生产的时候，系统会生成三笔生产订单，分别为：一笔为 F01 产品 24 000 件，一笔为 F01 产品 24 000 件，一笔为 F01 产品 2 000 件，共 24 000+24 000+2 000=50 000（件）。对吗？

但销售预测订单的数量与生产转换单的数量往往不一致，原因如下：

Lot Size 指的就是单笔被转化的生产订单最多可生产的产品数量，Lot size 只能设置在游戏默认的系统最大值及最小值（16 000～50 000）之间的任意一个数值。

执行事务代码 T-code MD61 对上述 F01 产品进行 50 000 件的销售订单预测，如果默认的 Lot Size 为 24 000 件，系统只会将 50 000 件产品按照 Lot size 最大值及最小值的系统规则，自动识别为 24 000+24 000+16 000，一共 64 000 件产品。

再比如，执行事务代码 T-code MD61，对上述 F01 产品进行 1000 件的销售预测，如果默认的 Lot Size 为 24 000 件，按照 Lot Size 最大值及最小值的系统规则，自动将 1000 件产品识别为 16 000 件产品。

1.6.1.4 生产过程

执行事务代码 T-code CO41 转化生产订单，如图 1-6-8 所示。

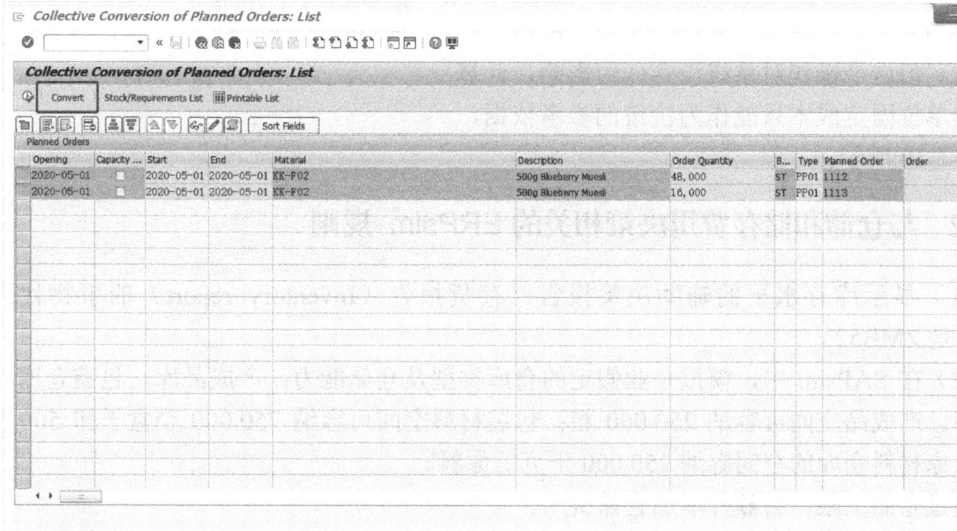

图 1-6-8

原材料抵达才可以转换生产订单，执行事务代码 T-Code：ZME2N，打开追踪采购状况表，如图 1-6-9 所示。

Purchase Order Tracking

Purchase Order Tracking: Round 2 Day 14

Order	Vendor	Material Description	Quantity	Price	Price Unit	Value	Status	Goods
4500000045	V02	Large Box (1kg)	144,000	0.28	1	40,320.00	Delivered	2/14
		Small Bag (500g)	144,000	0.09	1	12,960.00	Delivered	2/14
		Small Box (500g)	144,000	0.21	1	30,240.00	Delivered	2/14
		Large Bag (1kg)	144,000	0.12	1	17,280.00	Delivered	2/14
4500000044	V01	Nuts	14,400	1.85	1	26,640.00	Expected	2/16
		Oats	79,200	0.69	1	54,648.00	Expected	2/16
		Wheat	79,200	0.86	1	68,112.00	Expected	2/16
		Raisins	14,400	1.56	1	22,464.00	Expected	2/16
		Strawberries	14,400	4.47	1	64,368.00	Expected	2/16
		Blueberries	14,400	4.22	1	60,768.00	Expected	2/16

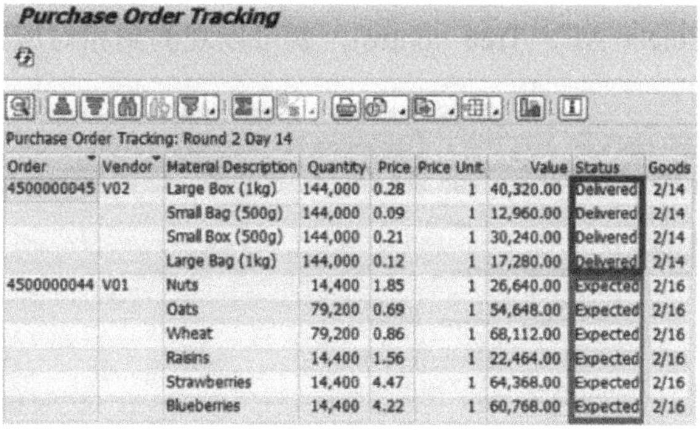

图 1-6-9

框内字段为“Expected”未抵达状态，原材料还在途，就不能转换生产订单。具体的抵达时间为“2/16”（图例显示为第二轮的第 16 天原材料到货）。

1.6.1.5 与生产决策相关的事项执行后的查询方式

（1）投资产能可以通过执行事务代码 T-code F.01 查看会计报表，11000 账户-机器设备，产能具体的计算公式为：生产线产能=11000 账户余额/1000。

（2）重置时间减少，可在辅助生产决策表→Production schedule 进行，该表格可通过执行事务代码 T-code ZCOOIS 的 Setup 一栏中看到投资重置时间，默认重置时间为 8 小时。

1.6.1.6 固定成本分摊

固定成本分摊中的产能（Production Capacity）是根据实际的生产线使用效率调整的，图例为 75%。如果输入了对应的产能和生产线使用效率之后，单击"Recalculate"按钮，就能生效。但这个操作对系统没有任何影响，计算分摊的单位固定成本只能作为决策的参考依据，如图 1-6-10 所示。

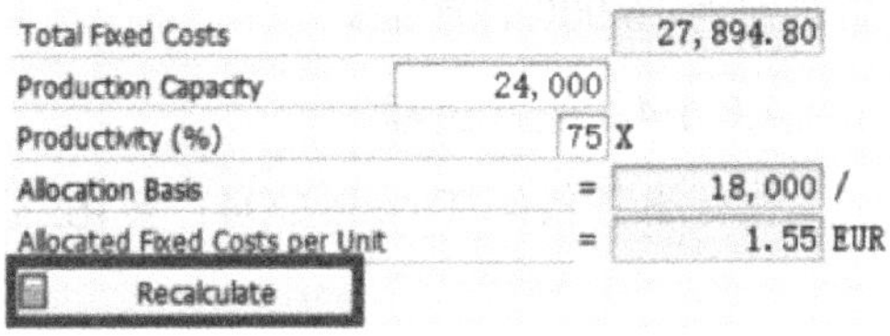

Total Fixed Costs		27,894.80	
Production Capacity	24,000		
Productivity (%)	75 X		
Allocation Basis	=	18,000	/
Allocated Fixed Costs per Unit	=	1.55	EUR
Recalculate			

图 1-6-10

1.6.2 与仓储和储存费用决策相关的 ERPsim 规则

（1）显示库存水平的辅助决策报告：存货报告（Inventory report）的事物代码（T-code）是 ZMB52。

（2）在 SAPsim 中，模拟企业假定的仓库类型及仓储能力：产成品库、包装仓库与原材料仓库。产成品空间可容纳 250 000 箱；包装材料空间可容纳 750 000 个盒子和 500 000 个袋子；原材料仓库的空间容纳 250 000 千克的原料。

超过仓储上限，会额外增加仓储费用。

1.6.3 与财务会计决策相关的 ERPsim 规则

1.6.3.1 查看会计报表

会计报表有资产负债表、利润表等。执行事务代码（T-code F.01）。输入公司代码（company No），选择 Select ALV Tree control，就可以观测到相对应公司的资产负债表与利润表，如图 1-6-11 所示。

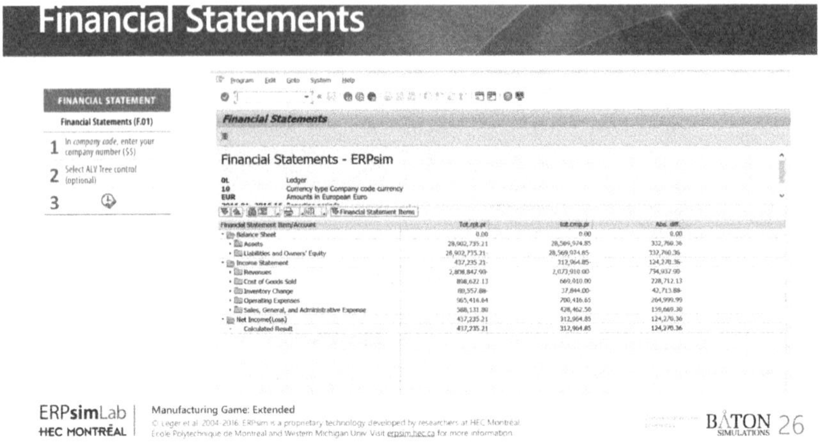

图 1-6-11

1.6.3.2 成本会计（Cost Accounting）

1. 成本的概念

（1）广义成本：为一定目的而发生或应发生的各种耗费的货币表现。有以下几个方面的特征：货币计量、价值补偿、配比原则。

（2）狭义成本：为确定当期利润而核算的成本。包括业务成本和费用，受成本开支范围的规定和会计制度的限制。

（3）隐性成本：相对于显性成本而言，指那些看不见或不易计量的，潜藏附着在显性成本背后的无效或冗余支出。

① 停滞资源成本：停止使用或停滞的资产，以资金的时间成本和机会成本存在。

② 产品质量成本：生产过程中的报废成本，返修成本中无法收回的质保金，客户流失成本等。

③ 制度流程成本：规章制度缺失、不合理或落实不到位，员工无章可循、效率低下、重复劳动，弥补差错的机会成本。

④ 盲目管理成本：企业决策者因管理层能力不足带来的盲目扩张，产品研发失败，人才使用不合理等。

⑤ 人才流失成本：人才流失不仅导致离职成本或替换成本增加，还会诱发工作效率降低、技术经验流失、商业机密泄露等发生。

管理会计视角下的成本：变动成本、固定成本、混合成本。

① 变动成本：成本的变动同某个成本动因在相关范围内的数量变化成比例，如图 1-6-12 所示。

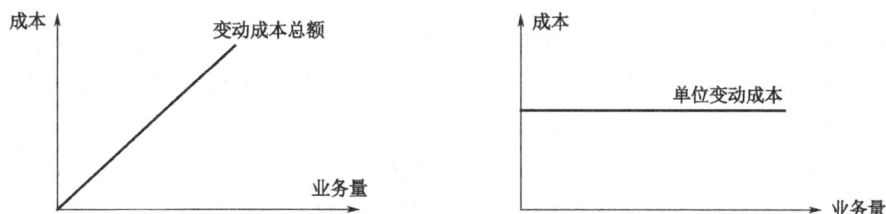

图 1-6-12

变动成本指支付给各种变动生产要素的费用，如购买原材料、电力消耗费用和直接人工费用（计件工资部分）等。这种成本随产量的变化而变化，所以叫变动成本。它常常在实际生产过程开始后才需支付。一般指的就是，产品成本构成当中的直接材料费用、直接人工费用、变动制造费用都属于变动成本。

② 固定成本：当成本动因的数量在相关范围内发生变化时，总成本中保持不变的部分，如图 1-6-13 所示。

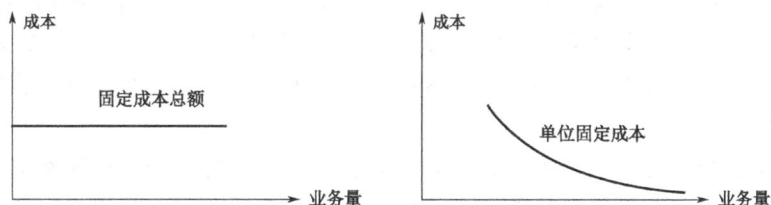

图 1-6-13

固定成本（又称固定费用）相对于变动成本，是指成本总额在一定时期和一定业务量范围内，不受业务量增减变动影响而能保持不变的成本。

模拟游戏中的固定成本包括：直接人工费用（Direct labor），制造费用，销售支出、一般性支出及管理支出（S,G&A）等，如图 1-6-14 所示。

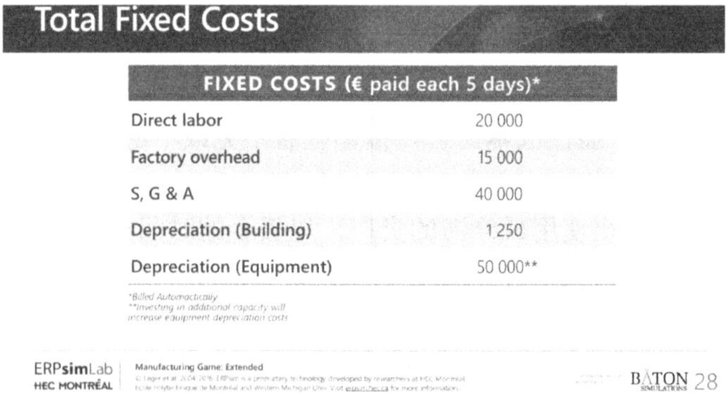

图 1-6-14

③ 混合成本：半变动成本、半固定成本、延期变动成本、曲线变动成本。

2. 成本控制的基本方法

生产过程中的成本控制，就是在产品的制造过程中，对成本形成的各种因素，按照事先拟定的标准严格加以监督，发现偏差就及时采取措施加以纠正，从而使生产过程中的各项资源的消耗和费用开支控制在标准规定的范围之内。成本控制的基本工作程序如下：

（1）制定成本标准。

成本标准是成本控制的准绳，成本标准首先包括成本计划中规定的各项指标。但成本计划中的一些指标比较综合，还不能满足具体控制的要求，这就必须规定一系列具体的标准。确定这些标准的方法大致有以下三种：

① 计划指标分解法。即将大指标分解为小指标。分解时，可以按部门、单位分解，也可以按不同产品和各种产品的工艺阶段或零部件进行分解。若更细致一点，还可以按工序进行分解。

② 预算法。就是用制定预算的办法来制定控制标准。有的企业基本上是根据季度的生产销售计划来制定较短期的（如月份）的费用开支预算，并把它作为成本控制的标准。采用这种方法时要特别注意从实际出发来制定预算。

③ 定额法。就是建立起定额和费用开支限额，并将这些定额和限额作为控制标准来进行控制。在企业里，凡是能建立定额的地方，都应把定额建立起来，如材料消耗定额、工时定额等。实行定额控制的办法有利于成本控制的具体化和经常化。

在采用上述方法确定成本控制标准时，一定要进行充分的调查研究和科学计算。同时要正确处理成本指标与其他技术经济指标的关系（如和质量、生产效率等的关系），从完成企业的总体目标出发，经过综合平衡，防止片面性。必要时，还应进行多种方案的择优选用。

（2）监督成本的形成。

这就是根据控制标准，对成本形成的各个项目，经常进行检查、评比和监督。不仅要检查指标本身的执行情况，而且要检查和监督影响指标的各项条件，如设备、工艺、工具、工人技术水平、工作环境等。

（3）及时纠正偏差。

针对成本差异发生的原因，查明责任者，分情况、考虑轻重缓急，提出改进措施，加以贯彻执行。

3．生产成本计划 Product Cost Planning

生产成本分析（Product Cost Analysis）的事务代码为 ZCK11，如图 1-6-15 所示。

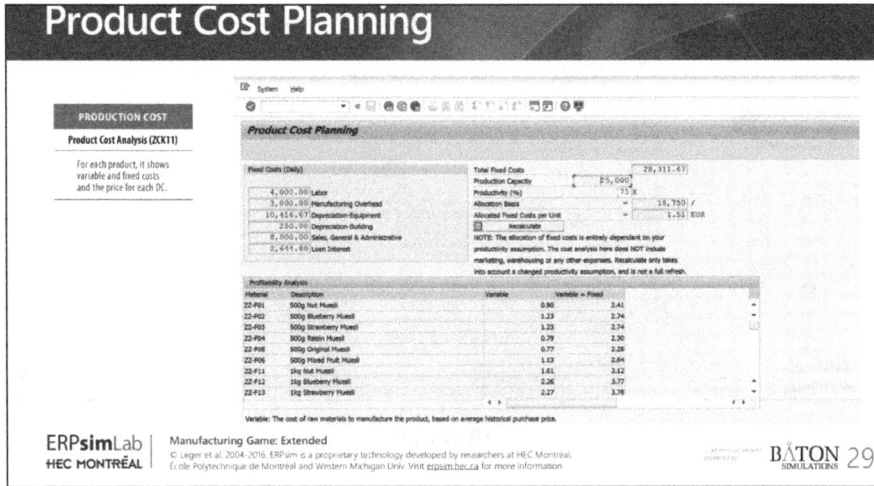

图 1-6-15

对于每种产品，它都能显示变动成本和固定成本以及每个渠道的价格。

1.6.3.3　资金管理　（Treasury Management）

1．现金流预算

每周的现金流预算（Liquidity Planning），执行事务代码为 ZFF7B，如图 1-6-16 所示。

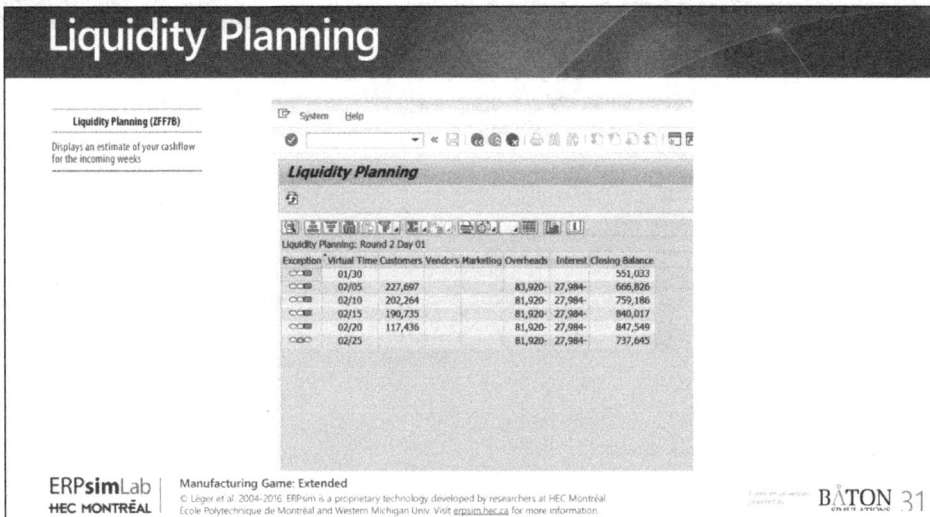

图 1-6-16

2．归还贷款

归还贷款（Loaut Repayment）的执行事务代码为 FB50，编写会计分录，如图 1-6-17 所示。

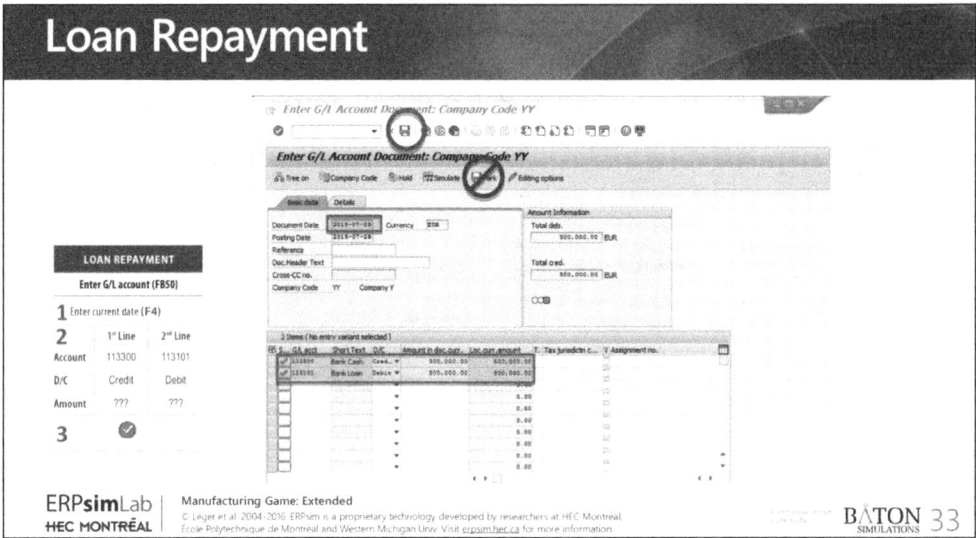

图 1-6-17

会计分录记录在两个总账科目中：Bank Loan 总账科目 113101；Bank Cash 总账科目 113300。

Dr Bank Loan　500 000　（银行借款）

Cr Bank Cash　　500 000　（银行存款）

总账的记账（Posting in the G/L）操作注意事项，保存的按钮是在第 1 行的绿色保存按钮，不是第 2 排的红色的按钮，如图 1-6-18 所示。

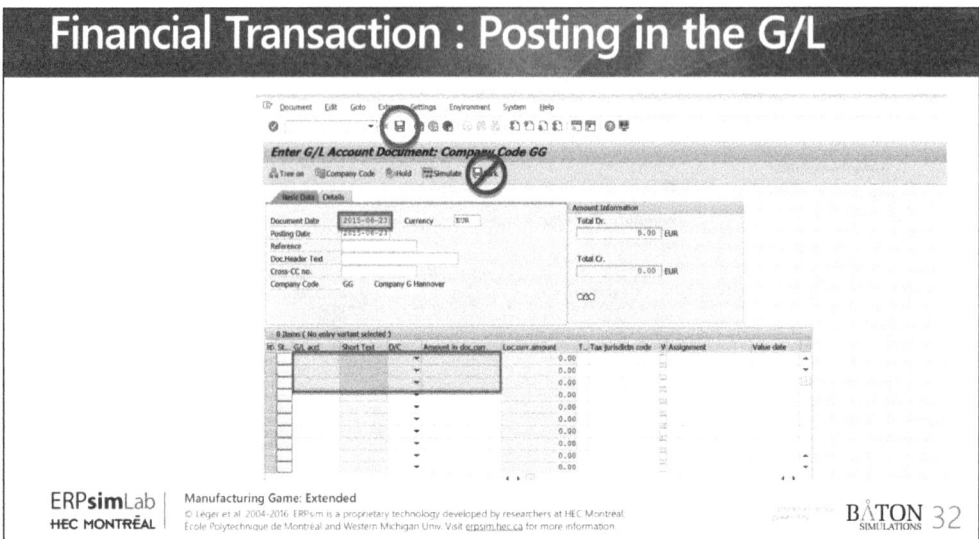

图 1-6-18

1.6.3.4 了解初始盘面

生产制造（Manufacturing Introduction）与制造扩展（Manufacturing Extended）游戏初始盘面不同，生产制造（Manufacturing Introduction）游戏初始盘面如图 1-6-19 所示。

图 1-6-19

在该游戏中，初始盘面显示的渠道共有三种，如下所示：

DC10   90 000   12   20.45%

DC12   220 000   59   50%

DC14   130 000   123   29.55%

以 DC12 为例，连锁食品杂货店，59 家，总销售收入 220 000 元，整个市场销售收入是 440 000 元。

渠道   销售收入   数量   总市场（440 000）

如图 1-6-20 所示。

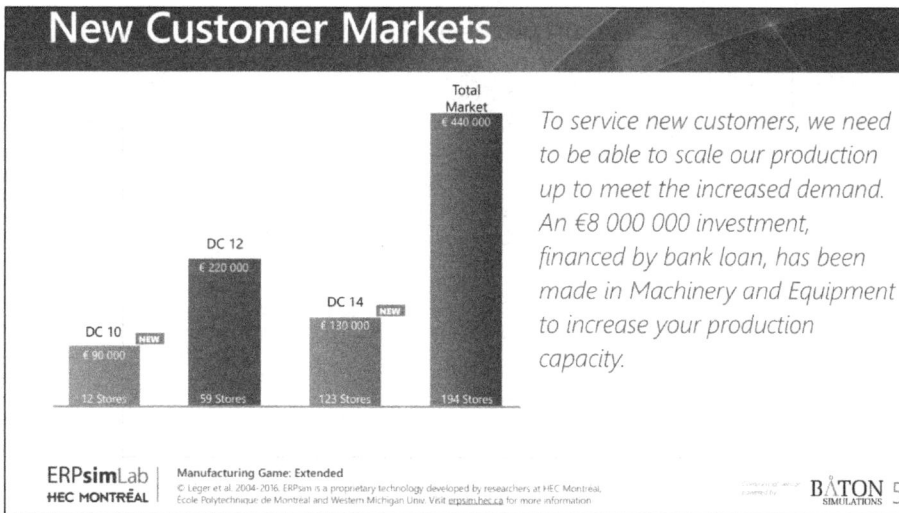

图 1-6-20

备注：市场份额是按照组数算的。例如规则中每个 DC10 每组每周为 90 000。如果参赛队伍有 10 个，DC10 渠道每周的市场容量为 10×90 000=900 000，DC10 一共有 12 个商店，每个商店的平均容量是 900 000/12=75 000，南区的大卖场有 7 个，于是南区的 DC10 的市场容量为 75 000×7=525 000，以此类推。要注意：三个地区的 DC10 对口味的偏好不同。

扩大生产规模。投资 8 000 000 元，可以通过银行借款，增加机器和设备来增加生产的能力。扩大市场，增加客户，意味着更多的销售人员，更多的销售支出、一般性支出及管理支出（Selling, General, and Administrative, SG&A）；增加银行借款，意味着更多的利息支出和固定成本；购买设备和机器,增加设备的折旧和间接成本，以及增加工厂工人的直接人工成本。如图 1-6-21 所示。

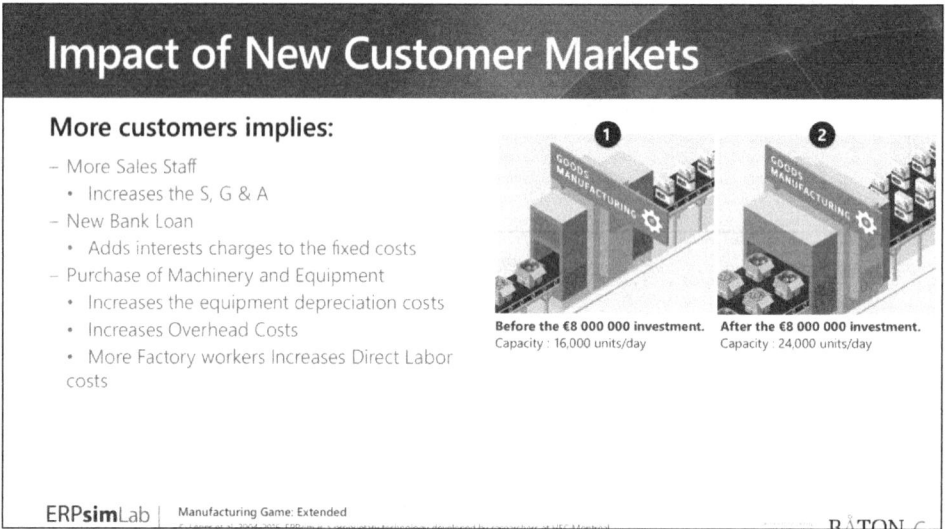

图 1-6-21

生产扩展（Manufacturing Extended）游戏初始盘面的资产负债表如图 1-6-22 所示。

Table 5.2 Balance sheet at the start of the Manufacturing Extended scenario		
Assets	Cash	2,000,000
	Receivables	0
	Inventory - Raw materials	0
	Inventory - Finished products	0
	Land	500,000
	Buildings	1,500,000
	Machinery and Equipment	24,000,000
Total		28,000,000
Liabilities	Bank Loan	8,000,000
	Accounts Payable	0
Total		8,000,000
Equity	Common Stock	20,000,000
Total		20,000,000

图 1-6-22

生产扩展（Manufacturing Extended）游戏初始盘面的市场及设备、产能、固定成本介绍如图 1-6-23。

图 1-6-23

1.6.3.5 银行

系统假设：模拟企业假设各个公司都与银行有良好的关系。需要临时资助运营或对公司的基础设施进行额外投资，银行可以扩展"足够大"的信贷额度；未售出过多商品的公司及未能及时给银行或供应商支付账单的企业，银行会降低其信用评级，拒增信贷额度或回收债务。银行拥有严格的评估行业所有公司风险的系统；每个月，每家公司都必须向银行提交资产负债表。欠款，如信贷额度（银行贷款金额）和供应商的应付账款余额与可用的流动资产（如现金和客户的应收账款）进行比较，以支付所欠金额。如果一家公司拥有的流动资产多于债务，那么它将被授予最佳信用评级——AAA+。如果一家公司的债务多于资产，这不一定是坏事，但债务水平的增加是风险的指标，并且公司的估值与银行的信用级别及流动资产与负债的净值相关联。

1.6.3.6 存货会计政策

系统假设：模拟公司的会计遵守国际会计原则。它使用永续盘存管理系统来计量计算成本、库存价值和销售成本。为了给投资者准备年度财务报表，会计首先要审计账目，然后执行各种财务年度结账程序以编制会计报表。

首先，对于原材料来说，存货成本由支付的购买价格决定。每次收到物品进入仓库，库存的总价值就要增加这些物品支付的总金额。然后计算新的单位平均成本：库存价值除以库存数量。当产品用于生产时，存货的价值基于平均成本而减少：消耗的数量乘以当前平均成本。只有购买才能影响平均成本，原材料单位成本代表支付的实际成本的移动平均数。

其次，对于产成品，会计部门使用标准成本法来确定成品库存的单位价值。标准成本是通过考虑原材料移动平均成本和每个产品的配方来计算的。所有库存变动：生产确认和销售——都使用标准成本输入系统，库存价值的变化是标准成本乘以数量变化。当然，这意味着标准成本必须在产品配方发生变化时重新计算。这也是模拟企业在改变配方之前采取销售所有库存产品的政策的另一个原因："存货重估是有规则的。"

标准成本在确定产品价格时非常有用。只要销售价格高于标准成本，才可以赚取利润。当然，公司还有管理费用和市场营销预算。

1.6.3.7 公司业绩——公司估值：利润与价值

在模拟结束时，具有最高价值的公司赢得了对抗模拟赛。模拟课程中相互竞争的所有公司的排名使用公司评估价值作为衡量绩效的指标，评估每个团队的绩效。

1. 公司估值的概念及计算公司估值的基本公式

公司估值的概念及计算公司估值的基本公式如图1-6-24。

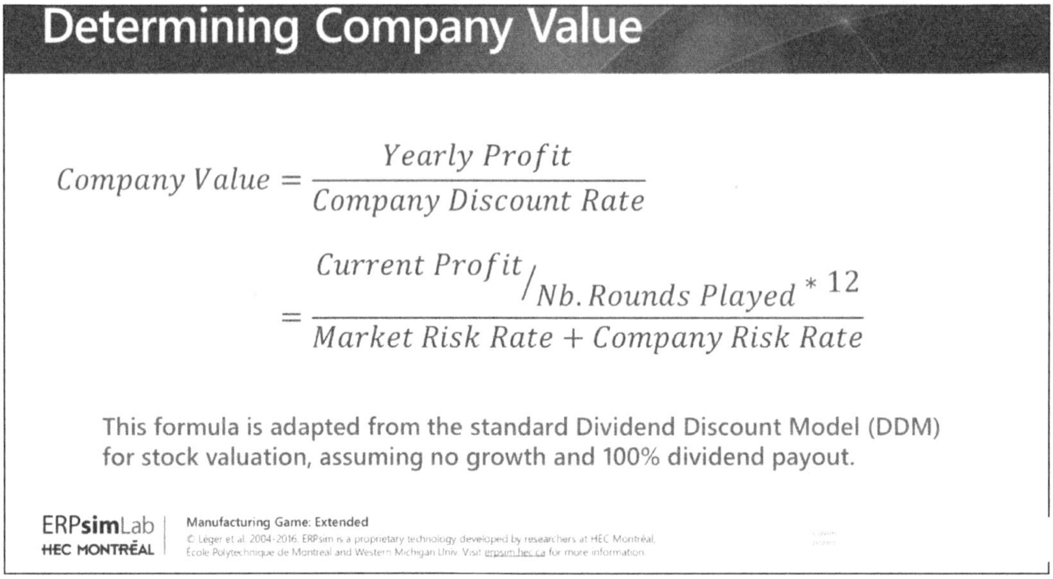

Determining Company Value

$$Company\ Value = \frac{Yearly\ Profit}{Company\ Discount\ Rate}$$

$$= \frac{Current\ Profit / _{Nb.Rounds\ Played} * 12}{Market\ Risk\ Rate + Company\ Risk\ Rate}$$

This formula is adapted from the standard Dividend Discount Model (DDM) for stock valuation, assuming no growth and 100% dividend payout.

ERPsimLab | Manufacturing Game: Extended
HEC MONTRÉAL | © Léger et al. 2004-2016. ERPsim is a proprietary technology developed by researchers at HEC Montréal, École Polytechnique de Montreal and Western Michigan Univ. Visit erpsim.hec.ca for more information

图 1-6-24

① 公司估值=年度利润/折现风险率（Company value=yearly profit/Company discount rate）

注：
年度利润（Yearly profit）=current profit/Nb Rs Played*12
折现风险率（Company discount rate）=Market risk rate +Company risk rate
这个模型的建立源于股票定价模型（DDM）。
这个公式的三个基本假设：
☆ 当前的利润是未来利润的预测指标；
☆ 公司的价值是所有未来利润流的现值；
☆ 公司拥有的债务（风险）越多，未来利润的折现越大。
两个重要因素决定了公司的价值：
☆ 年利润：年利润越高，公司的价值越高；
☆ 信用评级：信用评级越低，公司的价值就越低。
公司的信用评级非常重要。 投资者用它来衡量公司业绩和管理绩效。公司股东依靠银行这一指标来评估公司的风险，并以此衡量管理团队经营决策的风险。

② 公司估值举例 1（Company valuation example），如图 1-6-25 所示。

Company Valuation Example

Company Situation
- Current profit: €125 000
- Number of rounds played: 1
- Market Risk Rate: 7%
- Company Credit Rating: BBB
- Company Risk Rate*: 6%
  *linked to BBB credit rating, see next slide

$$Company\ Value = \frac{Current\ Profit / Nb.\ Rounds\ played * 12}{Market\ Risk\ Rate + Company\ Risk\ Rate}$$

$$= \frac{125\ 000 / 1 * 12}{7\% + 6\%}$$

$$= \frac{1\ 500\ 000}{13\%}$$

$$= €11\ 538\ 462$$

图 1-6-25

根据公式，公司的价值=125000/1*12/7%+6%

影响公司价值有两个方面：（分子）代表盈利能力的年度利润与（分母）折现风险率。

分子：年度利润。

鉴于模拟将时间划分为轮次（R），将 1 轮等同为大约 1 个月(20 天)，估计年度利润

年利润=（累积净收入/R）×12。

分母：折现风险率，如图 1-6-26 所示。

Determining Company Discount Rate

$Discount\ Rate = Market\ Risk\ Rate + Company\ Risk\ Rate$
$= 7\% + f(Company\ Credit\ Rating)$

$Company\ Credit\ Rating = f(Debt\ Loading)$

$Debt\ Loading = \underbrace{(Cash + Acc.\ Receivables)}_{Positive\ Values} + \underbrace{(Loan + Acc.\ Payables)}_{Negative\ Values}$

- The market risk rate is based on historical stock market average returns of 7%.
- Company credit ratings are determined using the lookup table.

LOOKUP TABLE

Debt Loading	Rating	Risk Differential
€ -	AAA+	+3,00%
€ -1 000 000	AA+	+3,75%
€ -2 000 000	AA	+4,00%
€ -3 000 000	AA-	+4,25%
€ -4 000 000	A+	+4,75%
€ -5 000 000	A	+5,00%
€ -6 000 000	A-	+5,25%
€ -7 000 000	BBB+	+5,75%
€ -8 000 000	BBB	+6,00%
€ -9 000 000	BBB-	+6,25%
€ -10 000 000	BB+	+6,75%
€ -11 000 000	BB	+7,00%
€ -12 000 000	BB-	+7,25%
€ -13 000 000	B+	+7,75%
€ -14 000 000	B	+8,00%
€ -15 000 000	B-	+8,25%
€ -16 000 000	CCC+	+9,00%
€ -17 000 000	CCC	+10,00%
€ -18 000 000	CCC-	+11,00%
€ -19 000 000	CC	+12,00%
€ -20 000 000	C	+15,00%

ERPsimLab
HEC MONTRÉAL
Manufacturing Game: Extended
© Léger et al. 2004-2016. ERPsim is a proprietary technology developed by researchers at HEC Montréal, École Polytechnique de Montréal and Western Michigan Univ. Visit erpsim.hec.ca for more information.
BATON
SIMULATIONS

图 1-6-26

③ 公司估值举例 2，如图 1-6-27 所示。

Company Valuation Example

Company Situation

- Current profit: €125 000
- Cash: €1 500 000
- Accounts Receivable: €450 000
- Bank Loan: €-10 000 000
- Accounts Payable: €-350 000
- Number of rounds played: 1

- Market Risk Rate 7%

$$Debt\ Loading = (Cash + Acc.Receivables) + (Loan + Acc.P$$
$$= (1\,500\,000 + 450\,000) + (-10\,000\,000 + $$
$$= -8\,400\,000$$

$$Company\ Credit\ Rating = f(Debt\ Loading)$$
$$= f(-8\,400\,000)$$
$$= BBB$$

$$Company\ Risk\ Rate = f(Company\ Credit\ Rating)$$
$$= f(BBB)$$
$$= 6\%$$

$$Company\ Value = \frac{Current\ Profit / Nb.Rounds\ played * 12}{Market\ Risk\ Rate + Company\ Risk\ Rate}$$

$$= \frac{125\,000 / 1 * 12}{7\% + 6\%}$$

图 1-6-27

2. 信用评级

公司的信用评级由银行确定，完全基于资产负债表。银行关心第三方（负债）的欠款以及偿还这些债务（资产）的能力。偿还债务的能力越差，债务越多，信用评级就越低。对于 ERPsim 模拟游戏中的银行而言，账户总账中只有四个账户是相关的，如图 1-6-28 所示。

账户	账户名称	分类
113300	银行现金账户	当前资产
140000	客户 - 国内应收账款	当前资产
160000	应付账款 - 国内	流动负债
113101	银行贷款	流动负债

图 1-6-28

净负债金额 ＝（贷款+应付账款）－（现金+应收账款）

如前所述，信用评级决定了利率和公司价值。信贷额度的利率是无风险利率（通常为5%）加利息溢价。风险溢价加上市场风险率 7%（股票市场的长期历史平均回报率），以给出确定公司价值的整体贴现风险率。

信用评级、负债净额、利息溢价和风险溢价，如图 1-6-29 所示。

信用评级	负债净额		利息溢价	风险溢价
	( )	( )		
	FROM ≥	TO <		
AAA+	∞	€ 1m	+1%	+3%
AA+	€ 1m	€ 2m	+1.5%	+3.75%
AA	€ 2m	€ 3m	+2%	+4%
AA-	€ 3m	€ 4m	+2.25%	+4.25%

A+	€ 4m	€ 5m	+2.75%	+4.75%
A	€ 5m	€ 6m	+3%	+5%
A-	€ 6m	€ 7m	+3.25%	+5.25%
BBB+	€ 7m	€ 8m	+3.75%	+5.75%
BBB	€ 8m	€ 9m	+4%	+6%
BBB-	€ 9m	€ 10m	+4.25%	+6.25%
BB+	€ 10m	€ 11m	+4.75%	+6.75%
BB	€ 11m	€ 12m	+5%	+7%
BB-	€ 12m	€ 13m	+5.25%	+7.25%
B+	€ 13m	€ 14m	+5.75%	+7.75%
B	€ 14m	€ 15m	+6%	+8%
B-	€ 15m	€ 16m	+6.25%	+8.25%
CCC+	€ 16m	€ 17m	+6.75%	+9%
CCC	€ 17m	€ 18m	+7%	+10%
CCC-	€ 18m	€ 19m	+7.25%	+11%
CC	€ 19m	€ 20m	+8%	+12%
C	€ 20m	∞	+9%	+15%

图 1-6-29

3. 公司估值对财务决策的影响

公司估值对财务决策的影响如图 1-6-30 所示。

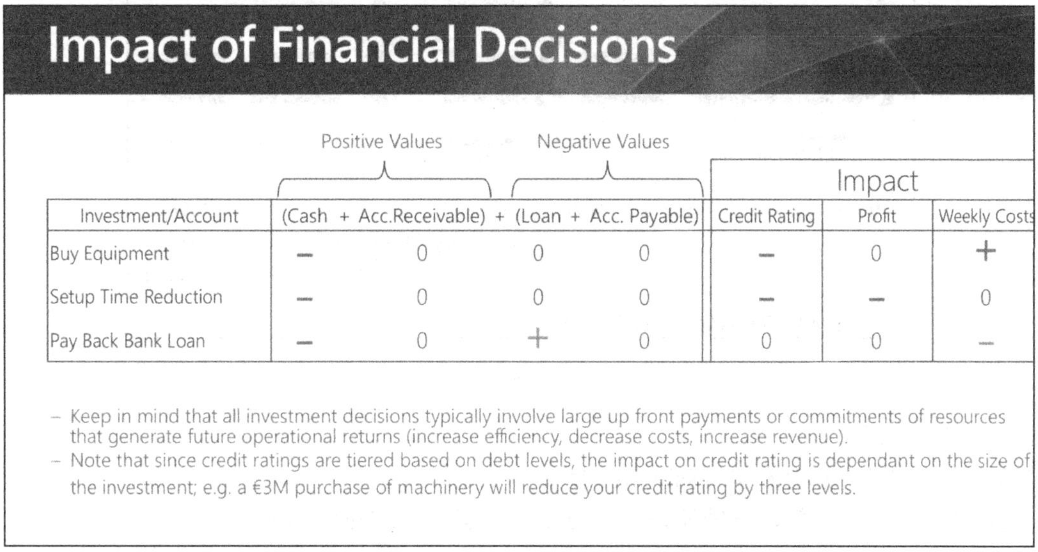

Impact of Financial Decisions

	Positive Values		Negative Values		Impact		
Investment/Account	(Cash + Acc.Receivable)	+	(Loan + Acc. Payable)		Credit Rating	Profit	Weekly Costs
Buy Equipment	−	0	0	0	−	0	+
Setup Time Reduction	−	0	0	0	−	−	0
Pay Back Bank Loan	−	0	+	0	0	0	−

– Keep in mind that all investment decisions typically involve large up front payments or commitments of resources that generate future operational returns (increase efficiency, decrease costs, increase revenue).
– Note that since credit ratings are tiered based on debt levels, the impact on credit rating is dependant on the size of the investment; e.g. a €3M purchase of machinery will reduce your credit rating by three levels.

图 1-6-30

4. 公司估值对企业经常活动的影响

公司估值对企业经营活动的影响, 如图 1-6-31 所示。

图 1-6-31

1.7 ERPsim 制造扩展模拟实战前的预演

SAP ERPsim 的学习从销售流程的模拟，到生产流程的模拟，最后到计划和采购流程的模拟，最终到完整业务流程的学习设计。

ERPsim 入门的三个逐级进阶学习的 sim 流程（如图 1-7-1 所示）

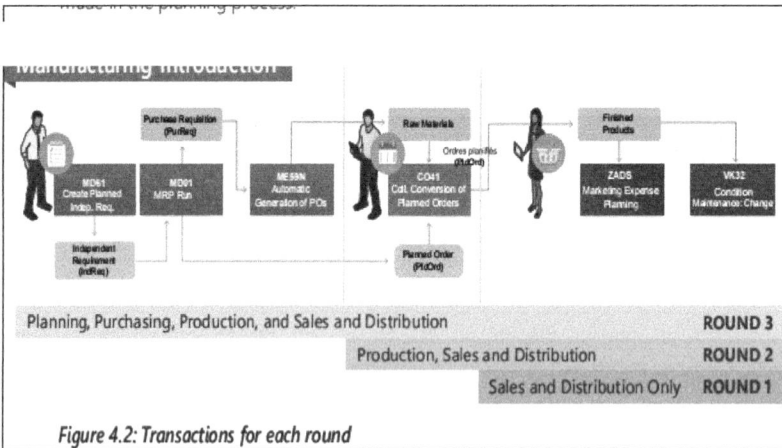

图 1-7-1

逐级进阶练习：

第 1 轮 销售、分销流程（Sales and Distribution Only）

第 2 轮 生产、销售、分销流程（Production Sales and Distribution）

第 3 轮 计划采购、生产、销售、分销流程（Planning, Purchasing, Production and Sales and Distribution）

1.7.1 第 1 轮 ERPsim 游戏——销售和营销（Sales and Distribution Only）

1. 游戏背景介绍

假设每家公司都有一些成品和原材料库存，已付款。系统中设置了每种产品的默认配方

（不可更改），其风味含量为 30%。标准成本和相关的默认定价也在系统中设置。工厂设备已安装好并准备就绪，所有员工都受雇并接受过培训。但需要支付工资和经营费用，但银行有足够的现金储备来支付这些费用并为营销工作提供资金。每家公司都没有债务，都是 AAA +信用评级，因此折扣风险率为 10%。不需要做出任何财务决策，所有模拟对抗小组都具有相同信用评级。模拟企业的目标就是利润最大化，以便最大化公司估值。

① 模拟企业初始盘面的资产负债表如图 1-7-2 所示。

资产	现金	1,274,844
	应收账款	0
	库存——原材料	375,056
	库存——成品	350,100
	土地	500,000
	房屋	1,500,000
	机械和工具	16,000,000
总计		20,000,000
负债	银行贷款	0
	应付账款	0
总计		0
所有者权益	普通股	20,000,000
总计		20,000,000

图 1-7-2

② 游戏市场介绍。以传统的杂货店（DC12）为例，向这个市场销售。传统杂货店客户的市场特征如图 1-7-3 所示。

杂货店	
地理分布	西方的 17 家商店
	北方的 19 家商店
	南方的 23 家商店
预计市场销售收入	每周 220 000 元
订购行为	一次购买 4 个产品
付款行为	交货后 10—20 天之间

图 1-7-3

③ 游戏固定成本。ERPsim 系统自动收取费用/周，如图 1-7-4 所示。

固定成本	直接人工	40 000
	制造费用	30 000
	销售及行政管理费	80 000
总		150 000
计提折旧	折旧——建筑	5 000
	折旧——设备	133 333
总		138 333

图 1-7-4

④ 游戏变动成本：原材料。初始库存（Initial Stock）、标准成本（Standard Cost）和默认价格（Default Price）如图 1-7-5 所示。

	NUTS		BLUEBERRY		STRAWBERRY		RAISIN	
Standard Cost	€ 0.90	€ 1.61	€ 1.23	€ 2.26	€ 1.23	€ 2.27	€ 0.79	€ 1.38
Default Price	€ 4.90	€ 4.61	€ 5.23	€ 6.26	€ 5.23	€ 6.27	€ 4,17	€ 5.38
Initial Stock (units)	30,000	30,000	30,000	30,000	30,000	30,000	30,000	30,000

图 1-7-5

在第 1 轮 ERPsim 中，每个团队的任务是专注于定价和营销，以销售现有库存的产品。首先销售 12 种产品中的 8 种。稍后，将有机会在全套 12 种产品中选择产品组合。

2. 报表分析

报表分析的执行事务代码为 ZMB52，存货报表（Inventory Report）如图 1-7-6 所示。

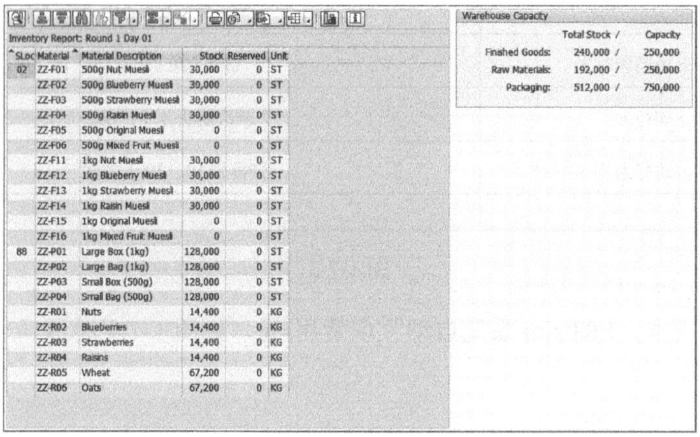

图 1-7-6

注：图 1-7-6 右边显示三种存货类型:F,P,R。其中 F 代表产成品（Finished goods），P 代表包装物（Packaging），R 代表原材料（Raw material）。右图显示当前仓储数量（Total stock）与最高容量（Capacity）的对比状况。图最左边一列（SLolc）中的 02 代表成品库，88 代表原材料库。

3. 第 1 轮操作的运行过程

① 产品销售定价（Change price）[①]。

产品销售定价的执行事务代码为 VK32。

为 8 种产品设置 8 种价格，可随时更改，也可以在开始之前更改默认价格。但定价至少应该超过标准成本。价格如何确定，这在某种程度上取决于消费者的偏好以及竞争对手的定价政策。杂货店 DC12 的客户希望一次购买 4 种产品，要将整个定价策略考虑在内，而不是单独考虑每种产品。SAPsim 定价战略中还应考虑找到合适的"销售频率"：太快，会错失利润，可能会有几天没产品销售；太慢，将没有足够的销售收入和净利润来弥补企业的一些固定成本。

图 1-7-7 显示了 SAP 中的价格维护屏幕。

Sales Organization	ZZ	Sales Org. Z				
Distribution Channel	12	Grocery chains				
Price List	01	Wholesale				
All Fields ▼						
S..	Variable key			Amount	Unit	per	UoM
	CnTy Curr. Material		ReSt				
	PR00 EUR ZZ-F01	500g Nut Muesli		3.90	EUR	1	ST
	PR00 EUR ZZ-F02	500g Blueberry Muesli		4.23	EUR	1	ST
	PR00 EUR ZZ-F03	500g Strawberry Muesli		4.23	EUR	1	ST
	PR00 EUR ZZ-F04	500g Raisin Muesli		3.79	EUR	1	ST
	PR00 EUR ZZ-F05	500g Original Muesli		3.77	EUR	1	ST
	PR00 EUR ZZ-F06	500g Mixed Fruit Muesli		4.13	EUR	1	ST
	PR00 EUR ZZ-F11	1kg Nut Muesli		4.61	EUR	1	ST
	PR00 EUR ZZ-F12	1kg Blueberry Muesli		5.26	EUR	1	ST
	PR00 EUR ZZ-F13	1kg Strawberry Muesli		5.27	EUR	1	ST
	PR00 EUR ZZ-F14	1kg Raisin Muesli		4.38	EUR	1	ST
	PR00 EUR ZZ-F15	1kg Original Muesli		4.35	EUR	1	ST
	PR00 EUR ZZ-F16	1kg Mixed Fruit Muesli		5.06	EUR	1	ST

图 1-7-7

② 市场广告（Marketing, planning）。

市场广告的执行事务代码为 ZANDS。

在 3 个地区（North, South, West）的每个地区，每天的广告营销费用是多少？营销的影响是非常短期的，需要判断消费者对早餐品牌的忠诚度。

[①] 英文和中文不是互译关系，作者依据软件显示的英文，再根据具体操作而搭配的，为了让读者更明白软件与实际操作之间的关系。——编辑注

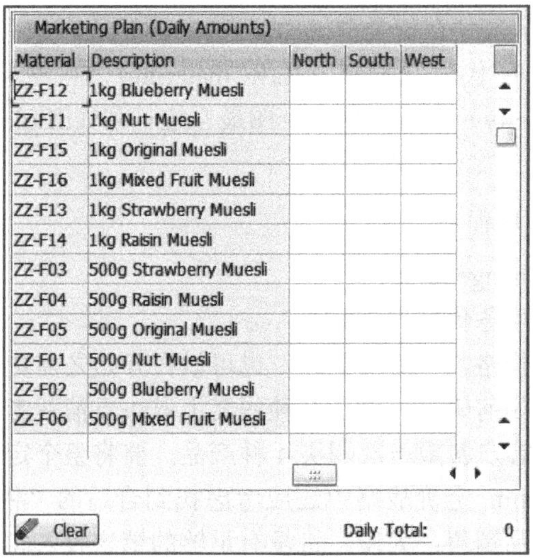

Marketing Plan (Daily Amounts)				
Material	Description	North	South	West
ZZ-F12	1kg Blueberry Muesli			
ZZ-F11	1kg Nut Muesli			
ZZ-F15	1kg Original Muesli			
ZZ-F16	1kg Mixed Fruit Muesli			
ZZ-F13	1kg Strawberry Muesli			
ZZ-F14	1kg Raisin Muesli			
ZZ-F03	500g Strawberry Muesli			
ZZ-F04	500g Raisin Muesli			
ZZ-F05	500g Original Muesli			
ZZ-F01	500g Nut Muesli			
ZZ-F02	500g Blueberry Muesli			
ZZ-F06	500g Mixed Fruit Muesli			

Clear   Daily Total: 0

图 1-7-8

③ 第 1 轮结束后的报表。

在第 1 轮结束后，查看相关报表的事务代码 F.01。例如，第一轮后的损益表如图 1-7-9 所示。

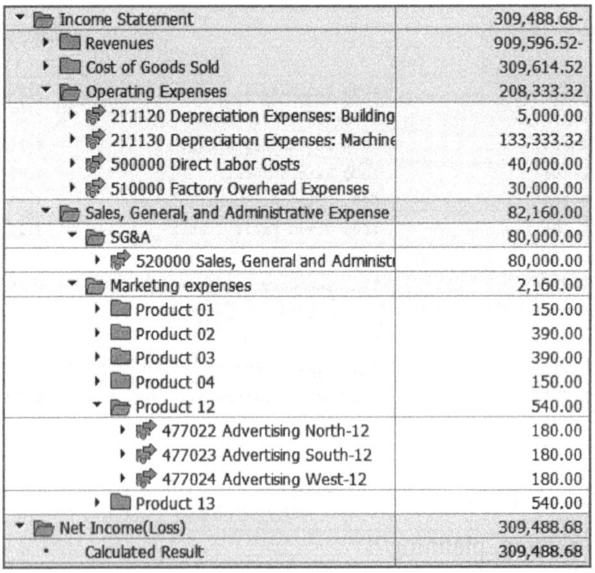

Income Statement	309,488.68-
Revenues	909,596.52-
Cost of Goods Sold	309,614.52
Operating Expenses	208,333.32
211120 Depreciation Expenses: Building	5,000.00
211130 Depreciation Expenses: Machine	133,333.32
500000 Direct Labor Costs	40,000.00
510000 Factory Overhead Expenses	30,000.00
Sales, General, and Administrative Expense	82,160.00
SG&A	80,000.00
520000 Sales, General and Administ	80,000.00
Marketing expenses	2,160.00
Product 01	150.00
Product 02	390.00
Product 03	390.00
Product 04	150.00
Product 12	540.00
477022 Advertising North-12	180.00
477023 Advertising South-12	180.00
477024 Advertising West-12	180.00
Product 13	540.00
Net Income(Loss)	309,488.68
Calculated Result	309,488.68

图 1-7-9

1.7.2 第 2 轮——生产

1.7.2.1 生产操作运行过程

在第 1 轮之前，系统会自动生成生产计划，购买所需的所有必需原材料，并支付货款。到第 1 轮结束时，初始产成品库存很可能已大幅减少。为了能够维持销售，必须开始生产。

在 SAPsim 中，生产计划生成计划订单，计划订单创建生产订单。只需单击左下角的

"Convert"按钮就可以将一个计划订单转换为生产订单

图 1-7-10 显示了完成此任务的屏幕。

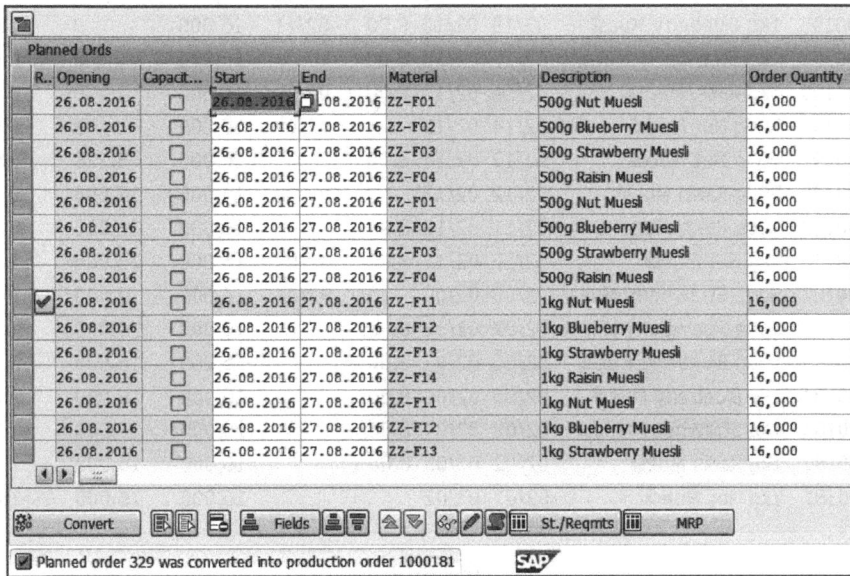

图 1-7-10

注：SAPsim 规定，计划订单转换为生产订单的前提条件是必须提供完成生产运行的所有原材料，否则系统将无法转换计划订单。另外，一旦创建了生产订单并将其放置在生产队列中，就无法将其删除或重新设置优先级。

1.7.2.2 第 2 轮中的辅助分析报表

1. 报表 1：库存报表（Inventory report）

库存报表的执行事务代码为 ZMB52 ，查看库存水平（Stock levels）。

可根据库存报告确定下一步生产的优先顺序。 应首先生产缺货或库存量低的产品。有大量库存的产品仍可供出售，可以在以后生产。

2. 报表 2：生产计划报表（Production schedule report）

生产计划报表的执行事务代码为 ZC00IS。生产计划报表中包括：产成品、在产品以及计划生产的产品的相关报告，如图 1-7-11 所示。

1.7.2.3 第二轮结束

尽管第 2 轮引入了生产流程，但仍需要同第 1 轮的销售定价、市场营销和生产计划一样，重建和维护所有 8 种产品的库存。

1.7.3 第 3 轮——销售预测和采购订单

到第 2 轮结束时，企业应该已经转换了所有生产计划订单，并使用了所有原材料。要继续生产，需要购买更多原材料并创建新的生产计划订单。系统规定，购买的原材料，供应商最多可能需要 5 天才能交付。

Order	Material Description	Start	Finish	Setup	Released	Target	Confirmed	Unit Cost
1000196	500g Blueberry Muesli	02/20	03/01	8.00	02/12	16,000	0	0.00
1000195	1kg Blueberry Muesli	02/18	02/19	8.00	02/11	16,000	0	0.00
1000194	1kg Strawberry Muesli	02/17	02/18	8.00		16,000	0	0.00
1000193	1kg Raisin Muesli	02/16	02/17	8.00	02/10	16,000	0	0.00
1000192	500g Nut Muesli	02/14	02/15		02/09	16,000	0	0.00
1000191	500g Nut Muesli	02/13	02/14	8.00		16,000	5,328	0.91
1000190	500g Raisin Muesli	02/12	02/13		02/08	16,000	16,000	0.79
1000189	500g Raisin Muesli	02/11	02/12	8.00		16,000	16,000	0.79
1000188	1kg Nut Muesli	02/10	02/11	8.00	02/07	16,000	16,000	1.61
1000187	500g Strawberry Muesli	02/08	02/09		02/01	16,000	16,000	1.24
1000186	500g Strawberry Muesli	02/07	02/08	8.00		16,000	16,000	1.24
1000185	500g Blueberry Muesli	02/06	02/07	8.00		16,000	16,000	0.61
1000184	1kg Blueberry Muesli	02/05	02/06	8.00		16,000	16,000	2.27
1000183	1kg Strawberry Muesli	02/03	02/04	8.00		16,000	16,000	2.27
1000182	1kg Raisin Muesli	02/02	02/03	8.00		16,000	16,000	1.39
1000181	1kg Nut Muesli	02/01	02/02			16,000	16,000	1.61

Production Schedule Report: Round 2 Day 14

图 1-7-11

1.7.3.1 第 3 轮操作的运行过程

1．物料需求计划（MRP）

要订购更多材料，取决于：

（1）物料清单（Bill of Material，BOM），它在 ERPsim 中被称为产品配方；

（2）计划生产的产品数量。

例如，如果每种产品配方都是含有 30%的主要风味成分，35%的燕麦和 35%的小麦，对于 500 克坚果（Nut）早餐麦片粥（Muesli），每生产一个单位需要 150 克坚果、175 克燕麦和 175 克小麦。对于 1 千克坚果早餐麦片粥，每单位需要 300 克坚果、350 克燕麦和 350 克小麦。

还需要配被包装盒。这种计算非常耗时，人工完成这项工作可能需要一段时间。SAP ERP 系统可以通过运行其物料需求计划（MRP）功能来计算。我们只需要确定每种产品的生产量就可以了。

2．销售预测前的报表分析

可以阅读分析以下三个报表，用以制定销售预测：

（1）销售订单报告（Sales Order Report），事务代码：ZVA05；

（2）销售汇总报告（Summary Sales Report），事务代码：ZVC2；

（3）市场价格报告（Price Market Report），事务代码：ZMARKET。

3．仓库容量和存储成本

在进行销售预测时需要记住的另一个限制因素就是，不仅需要考虑完成所有生产需要多长时间，还需要预先计划仓库对不同类型材料的容量以及租用额外空间的成本，用以更多灵活地完成整个计划—采购—生产—销售周期。仓库容量和成本的假设如图 1-7-12 所示。

STORAGE CAPACITY AND COSTS		
PRODUCT TYPE	CURRENT SPACE	COST PER ADDITIONAL 50,000 UNITS
Finished product	250,000 boxes	€ 500/day
Raw materials	250,000 kg	€ 1 000/day
Packaging (bags and boxes)	750,000 units	€ 100/day

图 1-7-12

4. 销售预测

准备就绪后，填写预测数字。当前的月份是 2020 年 4 月，所以预测的金额是写在 2020 年 5 月这一栏，如图 1-7-13 所示。

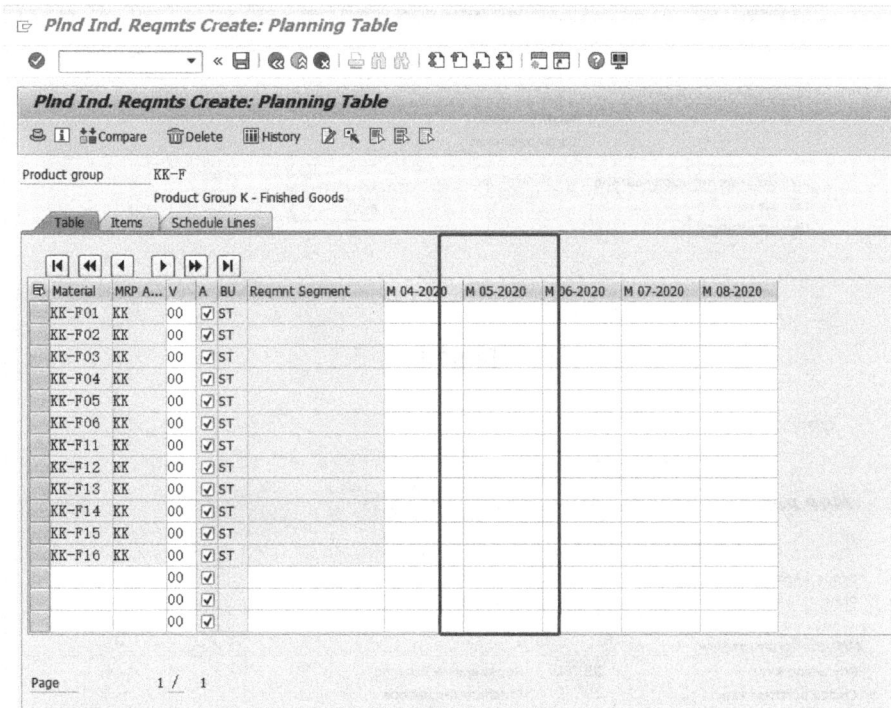

图 1-7-13

5. 运行物料需求计划（MRP）

经营循环包括：销售预测、运行 MRP、从采购申请（计划和采购）创建采购订单，从计划订单（生产）创建生产订单，定价和营销（销售）。

在系统中输入销售预测。虽然已经考虑了生产能力和生产运行等方面的因素，但实际上它并不是生产计划，仍需要根据此销售预测生成生产计划。同时还要考虑其他因素，比如现有的成品库存、在制产品、因原材料短缺尚未完成的生产订单的生产计划等。

SAP 系统可以自动执行所有物料需求计划（MRP）。

MRP 将生成采购订单，并提交给供应商，等待订购的材料到达并验收入库。

MRP 还将在系统中生成新的计划订单这个过程称为进入生产（Release Production）。只要物料交付，就可以将计划订单转换为生产订单（Production Oder）；如图 1-7-14、图 1-7-15、图 1-7-16 所示。

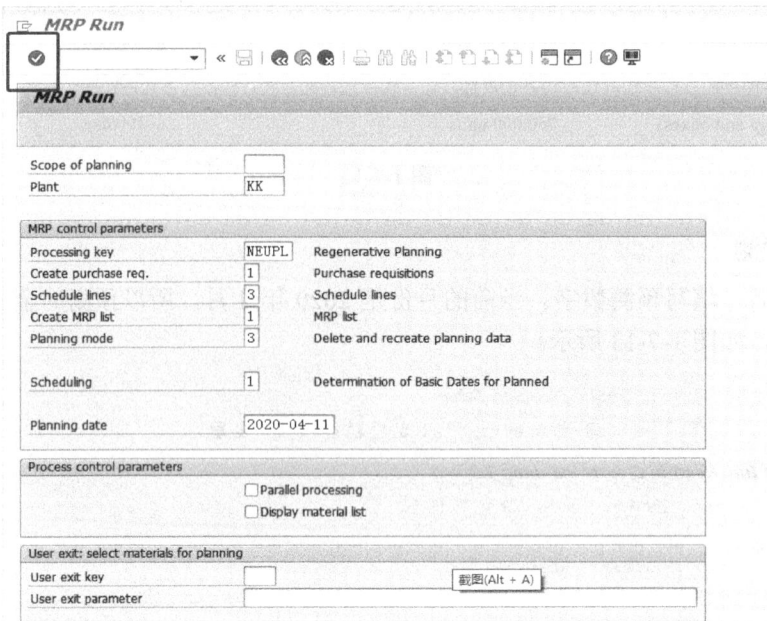

图 1-7-14

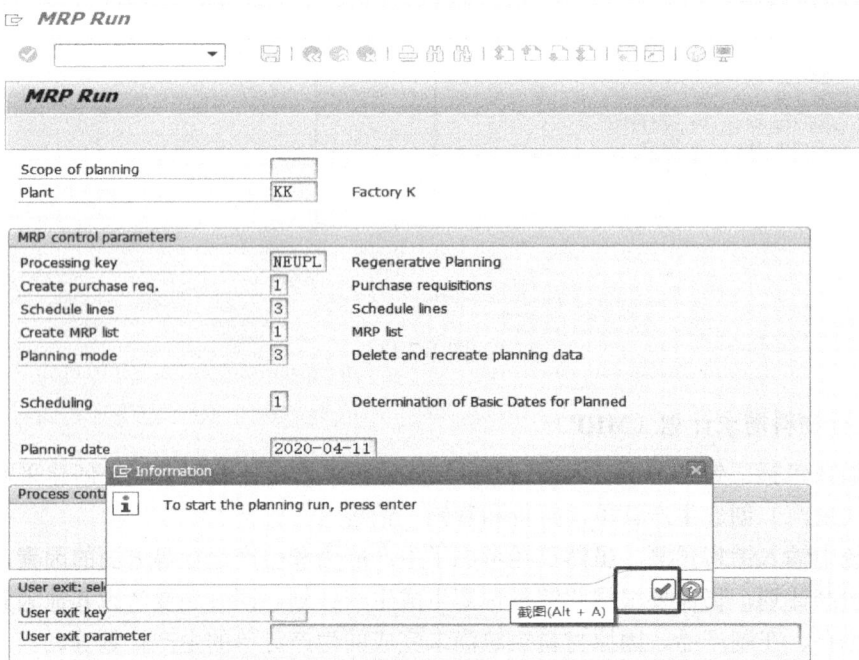

图 1-7-15

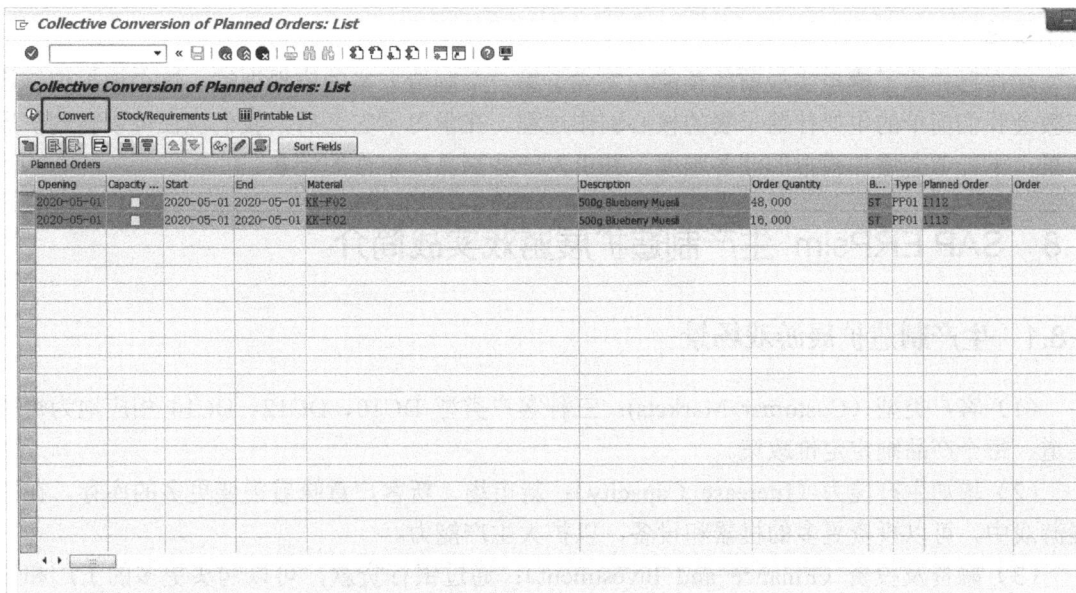

图 1-7-16

6. 第 3 轮中的辅助分析报表

除了上述各种销售报告（Sales Report）、市场报告（Market Report）和库存报表（Inventory Report）都给销售预测（Forecast Sales）提供了有用信息，库存报告也可用于跟踪可用于生产的原材料，另外还有采购订单跟踪报告（Purchase Oder Tracking report）、执行事务代码 T-code ZME2N，如图 1-7-17 所示。

Purchase Order Tracking: Round 3 Day 04								
Order	Vendor	Material Description	Quantity	Price	Price Unit	Value	Status	Goods
4500000187	V02	Large Box (1kg)	144,000	0.28	1	40,320.00	Delivered	3/02
		Large Bag (1kg)	144,000	0.12	1	17,280.00	Delivered	3/02
		Small Box (500g)	128,000	0.21	1	26,880.00	Delivered	3/02
		Small Bag (500g)	128,000	0.09	1	11,520.00	Delivered	3/02
4500000186	V01	Nuts	17,600	1.82	1	32,032.00	Expected	3/04
		Blueberries	12,800	4.00	1	51,200.00	Expected	3/04
		Strawberries	12,800	4.02	1	51,456.00	Expected	3/04
		Raisins	12,800	1.07	1	13,696.00	Expected	3/04
		Wheat	76,000	0.99	1	75,240.00	Expected	3/04
		Oats	76,000	0.92	1	69,920.00	Expected	3/04

图 1-7-17

1.7.3.2 第 3 轮结束

现在的生产制造 SAPsim 模拟的职责包括运营的整个闭环：销售预测、运行 MRP、从采购申请（计划和采购）创建采购订单、从计划订单（生产）创建生产订单、定价和营销（销售）。

结论

现在已完成了模拟实战前的预演，完成了第一个制造方案的模拟训练。这个模拟训练旨在教会我们简单的牛奶什锦早餐的核心制作过程。在学习了它之后，我们现在可以转到扩展场景，下一节会增加模拟的业务难度，并引入一些更具战略性的元素。

1.8 SAP ERPsim 生产制造扩展游戏实战简介

1.8.1 生产制造扩展游戏场景

（1）客户类型（Customer Markets）：三种客户类型 DC10、DC12、DC14 相应地为每个渠道、每个产品制定定价政策。

（2）增加生产能力（Increase Capacity）：新市场、新客户意味着需要更多的库存。在扩展游戏中，可以投资更多的机器和设备，以扩大生产能力。

（3）融资及投资（Finance and Investment）：通过银行贷款，可以购买更多的工厂和设备。

（4）减少重置时间（Setup Time Reduction）：实现精益生产，可以聘请顾问来推荐更好的工作实践和工厂布局，以减少将生产从一种产品转换到另一种产品所需的原来设定的 8 小时重置时间。

（5）生产批量（Lot Size）：改变系统中配置生产批量的最小、最大选项。

（6）供应商（Suppliers）：可改变原材料价格，让供应商每五天更新一次价格，因此将看到季节性变化及对全球事件的响应。

（7）产品设计（Product Design.）：可以更改产品的配方，并完全控制可以生产和销售的产品组合。

（8）库存（Inventory）：使用 0 库存开始 ERPSim。从初始销售预测开始，购买第一批原材料并调整生产线，建立产品库存，然后保持可持续的运营周期，仓库的存储容量不变。

1.8.2 生产制造扩展游戏实战中的关键操作

1.8.2.1 客户市场

三种客户类型，DC10、DC12、DC14，了解每种客户类型的主要特征。

1.8.2.2 产品设计和产品组合

修改产品配方（Change Product Design）执行事务代码 T-code ZCS02 或者称为修改 BOM 表。

在默认情况下，系统中的 12 种产品预先配置了配方，配方通常包含 30%重量的主要配料成分。在遵守游戏规则的前提下，可以更改这些配方。

产品配方在 SAP 系统中被称为物料清单或简称 BOM，存储在系统中。当该产品库存中有超过 1 000 个未售出时，它会阻止对任何产品的 BOM 进行更改。图 1-8-1、图 1-8-2 显示了 BOM 产品配方的界面。

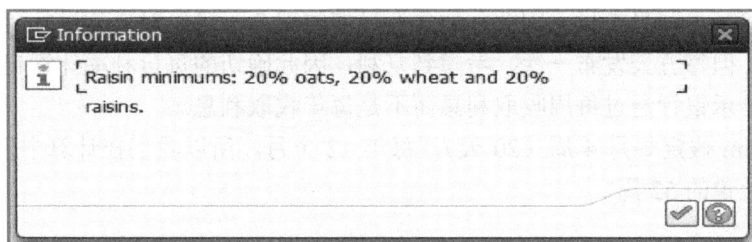

Material	ZZ-F14	1kg Raisin Muesli
Plant	ZZ	Factory Z
Alternative BOM	1	

Material | Document | General

Item	ICt	Component	Component description	Quantity	Un
0010	L	ZZ-R04	Raisins	0.300	KG
0020	L	ZZ-R05	Wheat	0.350	KG
0030	L	ZZ-R06	Oats	0.350	KG
0040	L	ZZ-P01	Large Box (1kg)	1	ST
0050	L	ZZ-P02	Large Bag (1kg)	1	ST
0060					

图 1-8-1

Information

Raisin minimums: 20% oats, 20% wheat and 20% raisins.

图 1-8-2

更改配方可以获得相对竞争对手的两个主要优势：

（1）降低可变成本；

（2）生产更适合消费者的产品。

1.8.2.3　投资管理

现金预算（Liquidity planning）执行事务代码 T-code ZFF7B：分析辅助决策报表——每周现金流的预算 Display an estimate of your cash flow of the coming weeks

根据扩展游戏中投融资的其中两个基本假设：

第一，借用银行借款来购买额外的机器和设备

第二，有更多的起始现金，但没有成品或原材料的库存。

1．固定成本等投入

（1）提高生产能力（Increase Production Capacity）。可以投资购买更多的机器和设备，从而提高生产能力。这可能是有利的，可以获得更多的销售利润作为投资回报。但增加的固定资产也增加了固定资产折旧，因此对损益表的影响是递增的。

机器设备默认只有一条生产线，默认的产能为 16 000 件/天，在 ERPsim 开始的时候，如果 800 万资金投资生产线，这时生产线每天的默认产能为 24 000 件，可以通过投资设备及厂房来增加产能，每 100 万增加 1000 件的产能（总投资金额除以 1000 就等于增加的产量）。

（2）减少重置时间（Reduce Set Up Time）。选择引入一些顾问来改进工作实践或工厂布局，以减少在不同产品的生产运行之间清理和重置机器所消耗的时间，这将提高生产的工作

效率。

2. 变动成本等投入

首次购买原材料需要使用现金来，需要多少现金取决于每种产品所需原材料的成本和数量（BOM）及销售预测——预测越大，预先购买的原材料就越多，需要支付的现金就越多。如果超出仓库的容量，还必须租用额外的仓库空间。原材料到货之前，将无法生产。然后，进行销售和收取客户的付款。另外，财务要进行现金预算管理，需要支付工资、薪水和管理费用。

1.8.2.4 资金管理

及时偿还银行的任何欠款，将节省利息并提高净收入

固定成本当中包含期间费用，SAP 费用科目是 S,G&A,。利息支付是系统自动支付的。利息每日累计，每周（五天）发布。可随时自由偿还贷款。由于利息是每天计算的，贷款余额的减少将立即减少利息支付。因此，如果有足够的现金，可以对贷款进行及时支付。由于每日累计利息，但每五天发布一次，考虑到复利，因此确切的每日利率计算起来有点复杂。基本上，系统显示银行通过每周收取利息而不是每年收取利息。

因为 ERPsim 假定每月 4 周（20 天），每年 12 个月，所以我们在计算中仅使用 48 周而不是通常财务上说的 52 周。

公式如下：

每周利率（Weekly Interest Rate）＝（（1＋年利率（Annual Interest）＊（1/48））－1

每日利率（Daily Interest Rate）＝周利率（Weekly Interest Rate）/5

1.8.2.5 生产批量调整

扩展游戏中的批量大小是灵活的。最小生产长度设置为 16 000 单位，相当于一天的生产减去一个设置期（假设没有进一步投资的默认容量）；最大生产长度设置为 48 000 单位，相当于两天的生产（默认容量）。图 1-8-3 所显示的这些将影响运行 MRP 时生成的每个计划订单的数量。图 1-8-3 给出了在给定的各种情况下通过运行 MRP，批量调整参数确定的计划订单数量示例。

PRODUCTION VOLUME REQUIRED	PLANNED ORDERS CREATED BY MRP
1	1 x 16,000
15,500	1 x 16,000
16,001	1 x 17,000
40,000	1 x 40,000
47,500	1 x 48,000
48,001	1 x 48,000 and 1 x 16,000

图 1-8-3

注：这些最低和最高限额不会根据财务和投资决策自动调整。如果提高每日生产能力并缩短设置时间，则配置的最小值（16 000）和最大值（48 000）与默认值保持完全相同。

1.8.2.6 固定成本

除了需要支付工资、薪水（除计件工资外的）和运营管理费用，还要支付以下费用：

（1）额外的机械和设备需要额外的工人来操作和维护，要消耗更多的电力并导致额外的折旧；

（2）为更多客户和市场提供服务需要更大的销售团队；

（3）要求支付更多借款余额的利息。

系统将每周自动收取一部分费用（5个模拟日）。现金成本（Cash Costs）包括：直接人工（Direct Labor）、制造费用（Manufacturing Overhead）、销售和综合管理费用（S,G&A）、借款利息（Loan Interest）。

会计成本（Accounting Cost）：厂房折旧（Depreciation Building）、设备折旧（Depreciation Equipment）的每轮代表性固定成本，如图1-8-4所示。

Cash Costs	Direct Labor	80,000
	Manufacturing Overhead	60,000
	Sales, General and Administration	80,000
	Loan Interest	60,000
Total		280,000
Accounting Costs	Depreciation - Building	5,000
	Depreciation - Equipment	200,000
Total		205,000

图 1-8-4

1.8.2.7 市场信息

在扩展游戏中，通过大屏幕可观看所有的市场信息。由于受全球市场力量的影响，首先，全球原材料市场的波动将导致供应商给的原材料价格每隔几天就会发生变化，需要密切关注产品成本。另外，金融市场传统上是稳定的，但中国人民银行可能会不时也改变最优惠利率，因此在考虑可能影响贷款和信用评级的决策时要考虑这一因素。

1.8.3 第三轮结束

ERPsim课程使用真实的SAP ERP软件系统的模拟课程，学生不但学习了企业经营管理，还学会了相关软件模块的操作及数据分析能力，ERPsim是一门复杂的课程，要学习项目运行的基本流程，体验业财一体的运营，熟悉管理会计中的战略管理及全面预算管理体系的基本原理及会计核算的基本技巧，要通过大量事务数据及时做出决策并获胜，就必须能够运用基本数据分析工具提取必要的信息，在限定的时间范围内成功运营各自的虚拟企业。

所以说，学习ERPsim课程不仅仅在于获胜，团队成员还要学会协调大量任务，比如：

（1）市场和销售战略；

（2）库存及营运资金的预算；

（3）选择正确的配方及产品策略；

（4）生产的及时性战略。

如果团队成员不沟通、不协调经营活动，无疑会失败。如果团队中的角色和信息流不能很好地适应这种快节奏游戏的要求，组织将面临挑战。模拟企业必须学习如何在团队中分配角色，并做到分工清楚、责任到人，以提高团队效率。

1.9 SAP ERPsim 数据分析方法

树立创新思维、数据思维，对于财会人员来讲，要做到数字化转型，学习和适应沙盘模拟环境，学会数据分析，学会用数据来学习和使用 SAP ERP 系统，以适应市场并最终成为获胜企业。本节概括"数据分析中常见的六大类分析方法"并结合 ERPsim 模拟企业运营的实际情况来进行合理的数据分析。

当今企业一般都有承载海量数据的高性能数据中心，流程驱动管理逐渐满足不了企业日新月异的发展需求，数据驱动管理越来越得到企业的青睐。无论企业应用了什么样的业务管理系统，真正帮助企业经营者做出决策的是数据。图 1-9-1 对数据分析中最常见的分析方法进行了归纳总结。

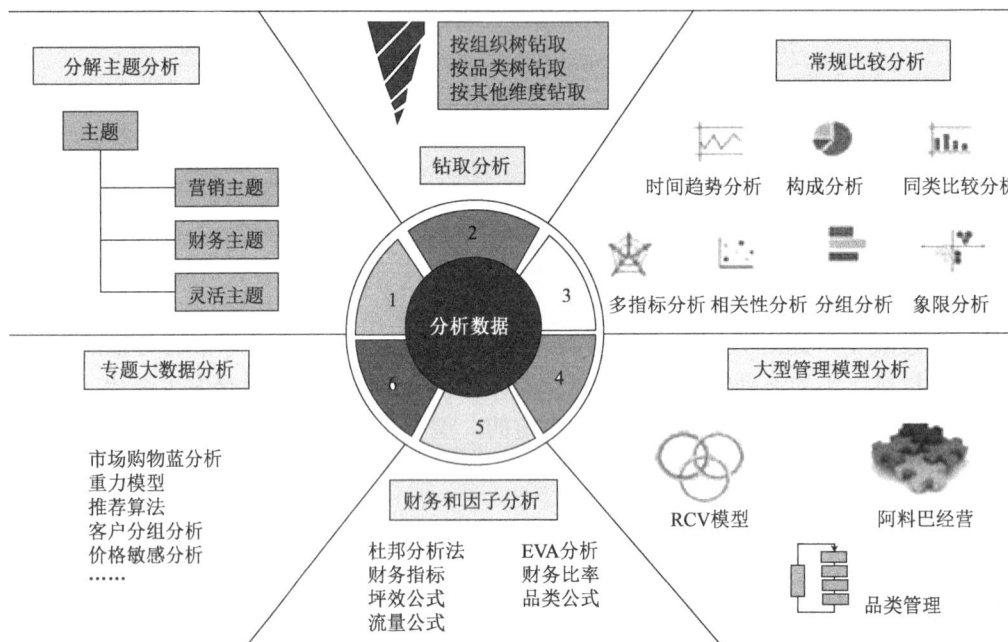

图 1-9-1

1.9.1 分解主题分析

1.9.1.1 概念

所谓分解主题分析，是指对于不同分析要求，可以初步分为营销主题、财务主题、灵活主题等，然后将这些大的主题逐步拆解为不同小的方面进行分析。

1.9.1.2 分类

1.营销主题

针对销售业务的分析，可以分解为客户分析、品类分析、区域分析、消费频率、价值链分析、促销分析、渠道分析、经销商分析、门店分析、同比环比分析、社交大数据分析、行业市场分析、行业景气指数的分析、市场占有率分析等。例如，营销主题分析可以分解为以下不同方面来分析，企业内部分析：财务分析、品类分析、流量分析、价格分析、促销分析、缺货分析、服务分析、客户分析；企业的环境分析：渗透分析、竞争分析、商业分析。图 1-9-2 展示的就是某门店营销分析分解图。

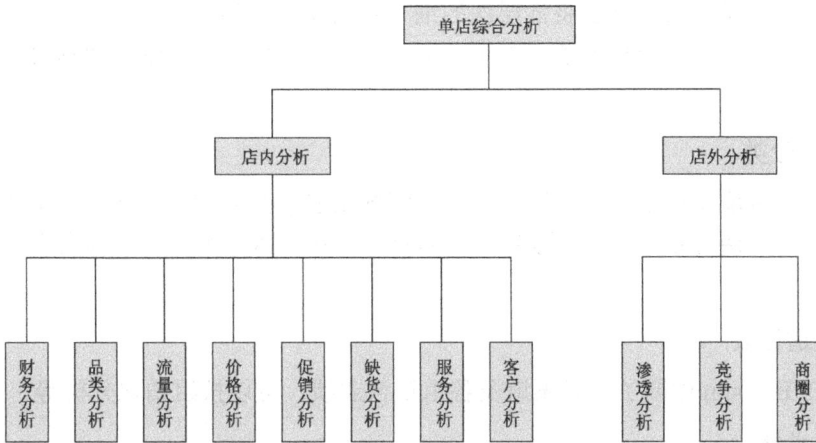

图 1-9-2

2. 财务主题

针对财务业务的分析，可以分解为成本费用分析、利润分析、历史对比分析、财务法定报告及分析、资本性支出分析、财务预算分析、营销投入产出效率分析、会计核算分析、企业合并分析、偿债能力分析、盈利能力分析、经营现金流量分析等。例如，财物主题预算分析可以分解为以下不同方面来分析，如图 1-9-3 所示。

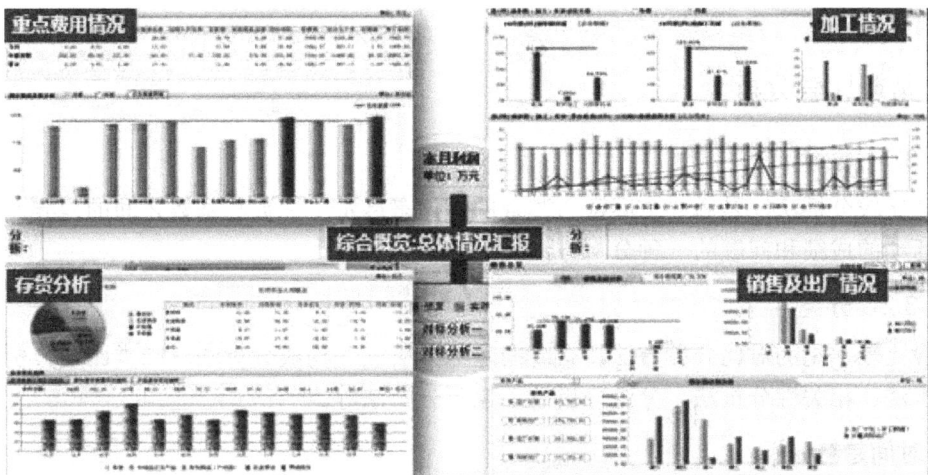

图 1-9-3

3．灵活主题分析

灵活主题分析包括价格分析、区域分析、贡献度分析、供应商管理分析、采购价格分析、仓储数量流分析、存货分析、采购预测分析、分析生产设备、生产线分析、供应链分析、运营成本分析、替代品分析及预测、销售渠道分析、销售网点分析、销售预测分析。

1.9.2 钻取分析

1.9.2.1 概念

所谓钻取分析，是指改变维的层次，变换分析的粒度。按照方向方式分为向上钻取和向下钻取。向上钻取是在某一维上将低层次的细节数据概括到高层次的汇总数据，或者减少维数，是自动生成汇总行的分析方法。向下钻取是从汇总数据深入到细节数据进行观察或增加新维的分析方法。

1.9.2.2 分类

按照钻取的维度属性划分，可以分为按组织树钻取、按品类树钻取、按渠道钻取，以及按其他维度钻取。通过钻取功能，使用户对数据能有更深入了解，更容易发现问题，做出正确的决策。

1．按渠道钻取

例如，在 ERPsim 中要了解各渠道及各组销售业绩，可以按组钻取分析等。

2．按品类钻取

例如，在 ERPsim 中有 6 种产品，大的 1kg，小的 500g 两类包装，一共 12 大类。品类树是品类差异化的基础，必须结合经营管理的实际情况进行落地。

3．按其他维度钻取

例如，在 ERPsim 中了解各销售渠道各轮次的销售情况，可以生成渠道与各轮的合计行（向上钻取）。再如，用户分析"各渠道、轮次的销售情况"时，可以把某一个渠道的销售额细分为各个轮次的销售额；把某一轮的销售额继续细分为每周、每天的销售额（向下钻取）。

1.9.3 常规比较分析

1.9.3.1 概念

所谓比较分析法，是通过实际数与基数的对比来展示实际数与基数之间的差异，借以了解经济活动的成绩和问题的一种分析方法。

1.9.3.2 分类

一般比较常见的对比分析方法，有时间趋势分析法、构成分析法、同类比较分析法、多指标分析法、相关性分析法、分组分析法、象限分析法等。

1．时间趋势分析

所谓时间趋势分析，是指将某种现象的某一个统计指标在不同时间上的各个数值，按时间先后顺序排列而形成的序列。它是一种定量预测方法，亦称简单外延方法，在统计学中作为一种常用的预测手段被广泛应用。例如，在 ERPsim 中了解某渠道、某产品第一轮、第二轮、……、第 N 轮的销售额，就可以利用时间趋势分析法，对未来各轮、各渠道、各产品的销售额进行预测。

2. 构成分析

在统计分组的基础上计算结构指标，用来反映被研究总体的构成情况。应用构成分析法，可从不同角度研究构成及其变动趋势，观察构成与销售收入结构、市场需要构成的对应关系，以揭示事物由量变到质变的具体过程。例如，在 ERPsim 中要了解某组各轮销售收入情况，各种产品的销售结构，各个渠道的销售结构，大小包装的销售结构。

3. 同类比较分析

同类比较分析法经常被用到与竞争对手的分析中。例如，在 ERPsim 中，不同组（一般选择自己选定的竞争小组进行比较分析）针对同一类产品的销量的比较、同一产品不同渠道的对比分析、同一产品不同轮次之间的对比等。

4. 多指标分析

多指标分析法包含了许多种方法，最基本的为单指标分析，再延伸出来多指标分析。统计资料中有多个指标同时存在的统计分析，企业经营综合情况就可以使用多指标分析。例如，SAPsim 沙盘每轮经营后的各组的排名情况及经营综合情况分析就用了 16 个指标综合分析，如图 1-9-4 所示。

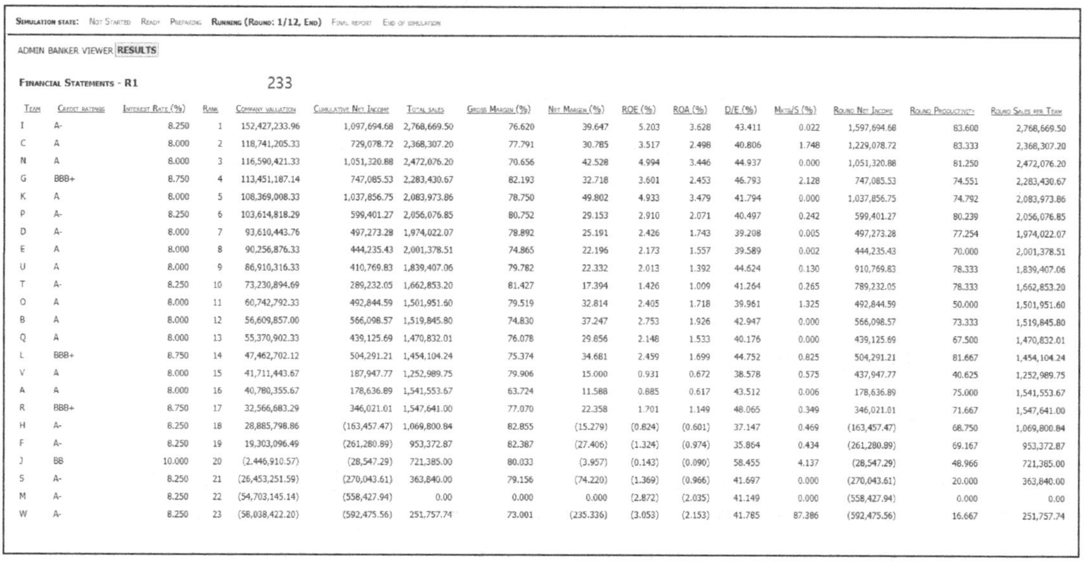
SIMULATION STATE: NOT STARTED READY PREPARING RUNNING (ROUND: 1/12, END) FINAL REPORT END OF SIMULATION

ADMIN BANKER VIEWER RESULTS

FINANCIAL STATEMENTS - R1 233

TEAM	CREDIT RATINGS	INTEREST RATE (%)	RANK	COMPANY VALUATION	CUMULATIVE NET INCOME	TOTAL SALES	GROSS MARGIN (%)	NET MARGIN (%)	ROE (%)	ROA (%)	D/E (%)	MKTG/S (%)	ROUND NET INCOME	ROUND PRODUCTIVITY	ROUND SALES PER TEAM
I	A-	8.250	1	152,427,233.96	1,097,694.68	2,768,669.50	76.620	39.647	5.203	3.628	43.411	0.022	1,597,694.68	83.600	2,768,669.50
C	A	8.000	2	118,741,205.33	729,078.72	2,368,307.20	77.791	30.785	3.517	2.498	40.806	1.748	1,229,078.72	83.333	2,368,307.20
N	A	8.000	3	116,590,421.33	1,051,320.88	2,472,076.20	70.656	42.528	4.994	3.446	44.937	0.000	1,051,320.88	81.250	2,472,076.20
G	BBB+	8.750	4	113,451,187.14	747,085.53	2,283,430.67	82.193	32.718	3.601	2.453	46.793	2.128	747,085.53	74.551	2,283,430.67
K	A	8.000	5	108,369,008.33	1,037,856.75	2,083,973.86	78.750	49.802	4.933	3.479	41.794	0.000	1,037,856.75	74.792	2,083,973.86
P	A-	8.250	6	103,614,818.29	599,401.27	2,056,076.85	80.752	29.153	2.910	2.071	40.497	0.242	599,401.27	80.239	2,056,076.85
D	A-	8.000	7	93,610,443.76	497,273.28	1,974,022.07	78.892	25.191	2.426	1.743	39.208	0.005	497,273.28	77.254	1,974,022.07
E	A	8.000	8	90,256,876.33	444,235.43	2,001,378.51	74.865	22.196	2.173	1.557	39.589	0.002	444,235.43	70.000	2,001,378.51
U	A	8.000	9	86,910,316.33	410,769.83	1,839,407.06	79.782	22.332	2.013	1.392	44.624	0.130	910,769.83	78.333	1,839,407.06
T	A-	8.250	10	73,230,894.69	289,232.05	1,662,853.20	81.427	17.394	1.426	1.009	41.264	0.265	789,232.05	78.333	1,662,853.20
O	A	8.000	11	60,742,792.33	492,844.59	1,501,951.60	79.519	32.814	2.405	1.718	39.961	1.325	492,844.59	50.000	1,501,951.60
B	A	8.000	12	56,609,857.00	566,098.57	1,519,845.80	74.830	37.247	2.753	1.926	42.947	0.000	566,098.57	73.333	1,519,845.80
Q	A	8.000	13	55,370,902.33	439,125.69	1,470,832.01	76.078	29.856	2.148	1.533	40.176	0.000	439,125.69	67.500	1,470,832.01
L	BBB+	8.750	14	47,462,702.12	504,291.21	1,454,104.24	75.374	34.681	2.459	1.699	44.752	0.825	504,291.21	81.667	1,454,104.24
V	A	8.000	15	41,711,443.67	187,947.77	1,252,989.75	79.906	15.000	0.931	0.672	38.578	0.575	437,947.77	40.625	1,252,989.75
A	A	8.000	16	40,780,355.67	178,636.89	1,541,553.67	63.724	11.588	0.885	0.617	43.512	0.006	178,636.89	75.000	1,541,553.67
R	BBB+	8.750	17	32,566,683.29	346,021.01	1,547,641.00	77.070	22.358	1.701	1.149	48.065	0.349	346,021.01	71.667	1,547,641.00
H	A-	8.250	18	28,885,798.86	(163,457.47)	1,069,800.84	82.855	(15.279)	(0.824)	(0.601)	37.147	0.469	(163,457.47)	68.750	1,069,800.84
F	A-	8.250	19	19,303,096.49	(261,280.89)	953,372.87	82.387	(27.406)	(1.324)	(0.974)	35.864	0.434	(261,280.89)	69.167	953,372.87
J	BB	10.000	20	(2.446,910.57)	(28,547.29)	721,385.00	80.033	(3.957)	(0.143)	(0.090)	58.455	4.137	(28,547.29)	48.966	721,385.00
S	A-	8.250	21	(26,453,251.59)	(270,043.61)	363,840.00	79.156	(74.220)	(1.369)	(0.966)	41.697	0.000	(270,043.61)	20.000	363,840.00
M	A-	8.250	22	(54,703,145.14)	(558,427.94)	0.00	0.000	0.000	(2.872)	(2.035)	41.149	0.000	(558,427.94)	0.000	0.00
W	A-	8.250	23	(58,038,422.20)	(592,475.56)	251,757.74	73.001	(235.336)	(3.053)	(2.153)	41.785	87.386	(592,475.56)	16.667	251,757.74

图 1-9-4

5. 相关性分析法

相关性分析法指对两个或多个具备相关性的变量元素进行分析，从而衡量两个变量因素的相关密切程度。相关性的元素之间需要存在一定的联系才可以进行相关性分析。例如，在 ERPsim 中将各组的市场广告与销售收入进行相关性分析，最后得出什么样的结论，为什么会是这样的？是不是因为行业特点造成的？各个行业都有它的特殊性，对于价格的敏感度与广告的敏感度是不同的，分析其相关性有战略意义。

6．分组分析法

分组分析法指将客体（问卷、特征、现实）按研究要求进行分类编组，使得同组客体之间的差别小于各种客体之间的差别，进而进行分析研究的方法。其特点在于不依赖原始资料分布的正常性假设，可以按任意规律分布，在分析资料中既包括数量资料又包括质量资料的混合资料尤为重要。

7．象限分析法

所谓象限分析法，是时间管理理论的一个重要观念，强调要把主要的精力和时间集中地放在处理那些重要的紧急的事务上。但对于不紧急的工作，也可以做到未雨绸缪，防患于未然。在人们的日常工作中，很多时候往往有机会去很好地计划和完成一件事，但常常没有及时去做，随着时间的推移，造成工作质量下降。因此，把主要精力有重点地放在重要但不紧急这个"象限"的事务上是必要的。这需要很好地安排时间，一个好的方法是建立预约。建立了预约，自己的时间才不会被别人所占据，从而有效地开展工作。在数据处理工作中，将事情按照紧急、不紧急、重要、不重要的排列组合分成四个象限，从而有效地开展工作，详见图 1-9-5 所示。

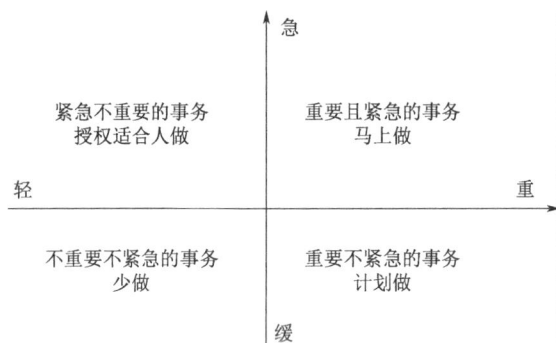

图 1-9-5

1.9.4 大型管理模型分析

1.9.4.1 概念

所谓大型管理模型分析，是指依据各种成熟的、经过实践论证的大型管理模型对问题进行分析的方法。这些管理模型是在长期企业管理理论研究和实践过程中形成的，将企业经营管理中一些经典的相关关系以一个固定模型的方式描述出来，揭示企业系统内部很多本质性的关系，供企业用来分析自己的经营管理状况。

1.9.4.2 分类

比较常见的大型管理模型分析包括 RCV 模型、阿米巴经营、品类管理分析等。

1．RCV 模型

以资源（R）、能力（C）、价值（V）三个方面建立的价值链分析体系。例如，要了解某大型制造企业，从供应商采购到物流中心到干线运输以及门店的一系列情况，我们可以通过分析人员数量、设备成本、备选供应商总量、活跃供应商数量、采购量、新品导入量等来了解供应商采购这一环节情况；从交易面积、建筑成本、收货能力、收货量、周转量等来了解物流中心这一环节的情况；从车辆数量和总吨位、用油量、运输能力、运输量等来了解干线运输这一环节的情况；从门店数量、经营面积、流量、成交量、销售收入等来了解门店这一环节的情况。如图 1-9-6 所示。

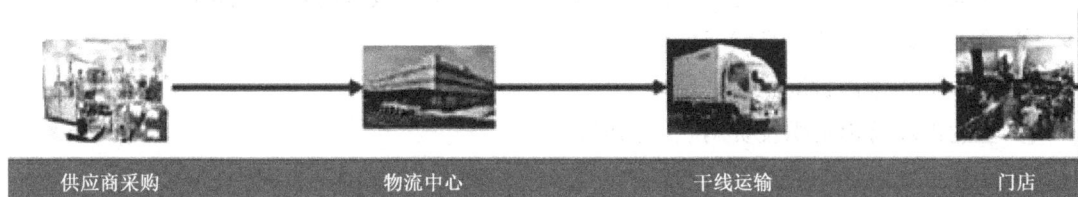

供应商采购　　　　　物流中心　　　　　干线运输　　　　　门店

图 1-9-6

2. 阿米巴经营

将整个公司分割成许多个被称为阿米巴的小型组织，每个小型组织都作为一个独立的利润中心，按照小企业、小商店的方式进行独立经营。这种分割整体逐步细化的思想也适用于数据分析。阿米巴的产品生命周期如图 1-9-7 所示。

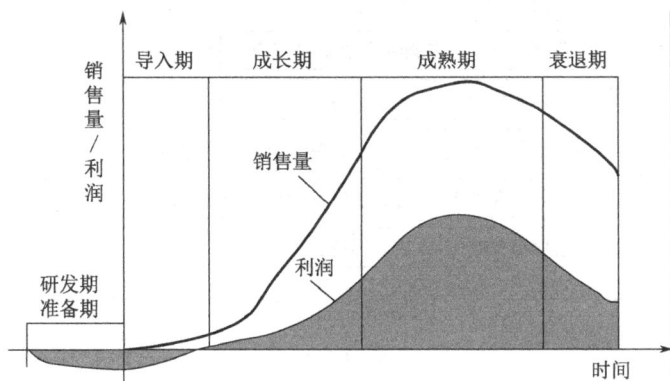

图 1-9-7

3. 品类管理

根据产品品类进行的品牌管理，包括高效的产品组合、货架管理、定价与促销、补货及新品引进等。例如，通过品类管理，我们可以分析哪些品类最受消费者喜爱，某品类购买的消费者是哪些人，消费者用什么方式购买，消费者喜欢在哪里购买等。在品类管理的过程中，品类评估分为三项：消费者、产品、品类营销活动。

（1）消费者。目标消费者——以品类定义目标市场。

① 企业市场占有率是提高了还是降低了？还是稳定不变？

② 新市场及新客户的开拓效果如何？

③ 重点市场销售收入占总销售收入的比重如何？

（2）产品。应该提供什么产品——品类角色？获得竞争地位的基础是什么商品组合？

（3）品类生产经营活动。在企业内部流程方面：

① 供应商的规模与数量如何？

② 供应商提供的原材料和零配件的质量、数量、交货期等情况如何？

③ 新产品销售收入占总销售收入的比重是多少？

④ 研发费用占销售收入的比重是多少？

⑤ 企业生产管理状况如何？产品质量如何？产品生产成本降低状况如何？

⑥ 企业劳动生产率提高状况如何？

⑦ 企业市场营销状况如何？

⑧ 企业市场营销组织及费用状况如何？

⑨ 企业组织状况如何？

图 1-9-8 为企业通过品类管理实现其目标示例。

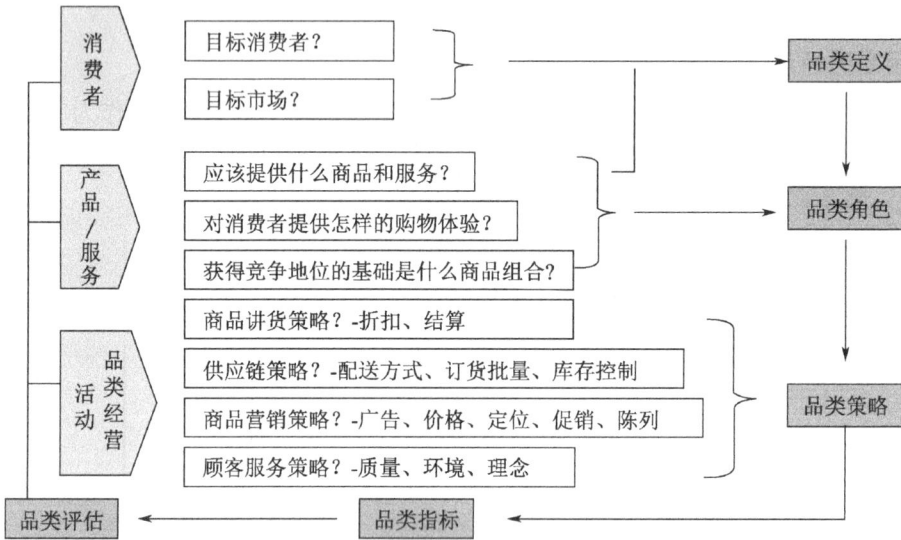

图 1-9-8

1.9.5 财务和因子分析

1.9.5.1 概念

1. 财务分析

（1）企业销售额的增长率比整个市场的增长率是快还是慢？

（2）利润率是在上升还是下降？与竞争对手相比如何？

（3）净利润率、投资回报率、经济附加值（EVA）的变化趋势，以及与行业内其他企业的比较。

（4）公司是否正在完成其既定的财务目标？

（5）公司的业绩是否处于行业平均水平以上？

2. 因子分析

所谓财务和因子分析，主要是指因子分析法在财务信息分析上的广泛应用。因子分析的概念起源于 20 世纪初的关于智力测试的统计分析，以最少的信息丢失为前提，将众多的原有变量综合成较少的几个综合指标，既能大大减少参与数据建模的变量个数，同时不会造成信息的大量丢失，达到有效的降维。

1.9.5.2 分类

比较常用的财务和因子分析法有杜邦分析法、EVA 分析法、财务指标分析法、财务比率分析法、品类公式法、流量公式法等，下面简单介绍几种。

1. 杜邦分析法

利用几种主要的财务比率之间的关系来综合分析企业的财务状况。具体来说，它是一种用来评价公司盈利能力和股东权益回报水平，从财务角度评价企业绩效的一种经典方法。其基本思想是将企业净资产收益率逐级分解为多项财务比率乘积，这样有助于深入分析，比较企业的经营业绩。

杜邦分析法如图 1-9-9 所示。

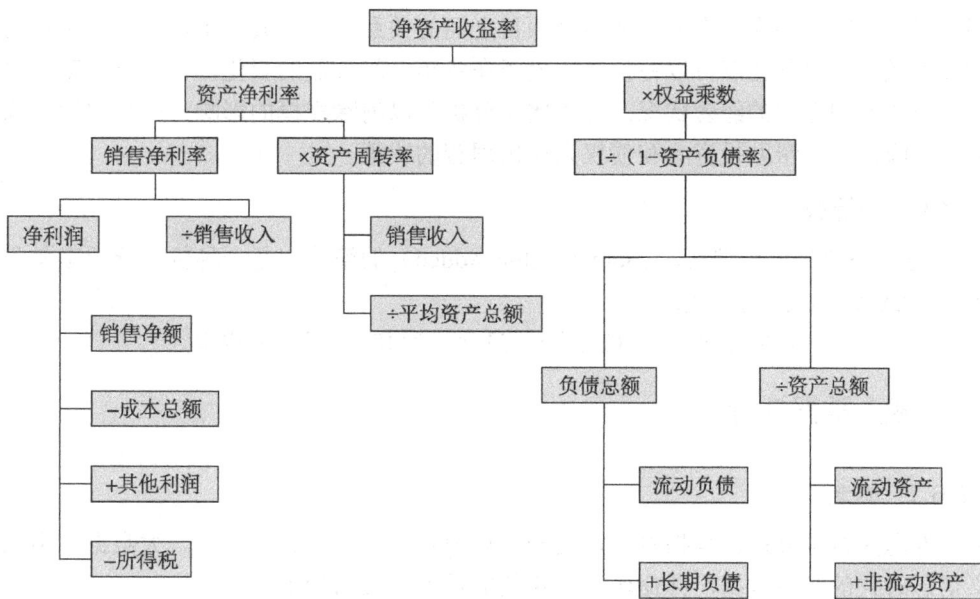

图 1-9-9

2. 财务指标分析法

财务指标分析是指总结和评价企业财务状况与经营成果的分析指标，包括偿债能力指标、运营能力指标、盈利能力指标和发展能力指标。对企业财务报表进行分析与评价通常是由报表分析者来完成的。如图 1-9-10 所示，常见财务指标分析的项目内容包括：（1）偿债能力分析；（2）资本结构分析；（3）获利能力分析；（4）经营管理分析。

单位：				
项目	年	年	年	年同业平均比率
1、偿债能力分析：				
1）流动比率	%	%	%	%
2）速动比率	%	%	%	%
3）应收款项周转率	次(天)	次(天)	次(天)	次(天)
4）应付款项周转率	次(天)	次(天)	次(天)	次(天)
2、资本结构分析：				
1）负债款净值比率	%	%	%	%
2）净值对固定资产比率	%	%	%	%
3）长期资金对固定资产 比率	%	%	%	%
3、获利能力分析：				
1）销货增加率	%	%	%	%
2）销货获利率	%	%	%	%
3）净值获利率	%	%	%	%
4）资产获利率	%	%	%	%
5）财务费用率	%	%	%	%
4、经营管理分析：				
1）存货周期率	次(天)	次(天)	次(天)	次(天)
2）总资产周转率	次(天)	次(天)	次(天)	次(天)
3）固定资产周转率	次(天)	次(天)	次(天)	次(天)

图 1-9-10

3．财务比率分析法

根据同一时期财务报表中两个或多个项目之间的关系，计算其比率，以评价企业的财务状况和经营成果。财务比率可以评价某项投资在各年之间收益的变化，也可以在某一时点比较某一行业的不同企业的经营状况。财务比率分析可以消除规模的影响，用来比较不同企业的收益与风险，从而帮助投资者和债权人作出理智的决策。

4．EVA 分析法

EVA 是经济增加值模型（Economic Value Added）的简称，是一种价值分析工具和业绩评价指标。EVA 分析法的公式：

附加经济价值（EVA）=息前税后利润-资金总成本

1.9.6 专题大数据分析

1.9.6.1 概念

所谓专题大数据分析，是指对特定的一些规模巨大的数据进行分析。大数据常用来描述和定义信息时代的海量数据，并命名与之相关的技术发展与创新。

1.9.6.2 分类

大数据的常见特征是数据量大、类型繁多、价值密度低、速度快、时效低。比较常见的专题大数据分析方法有：市场购物篮分析法、重力模型分析法、推荐算法、价格敏感度分析法、客户分组分析法等。

1．市场购物篮分析法

通过购物篮/购物车所显示的信息来研究顾客的购买行为，建立相关分析，研究相关规律。

2．推荐算法

推荐算法是计算机专业中的一种算法，它通过一些数学算法，推测出用户可能喜欢的东西。目前应用推荐算法的企业中淘宝做得比较好。

3．敏感性分析法

敏感性分析法是指从众多不确定性因素中找出对项目经济效益指标有重要影响的敏感性因素，并分析、测算其对项目经济效益指标的影响程度和敏感性程度，进而判断项目承受风险能力的一种不确定性分析方法。如图 1-9-11 所示。

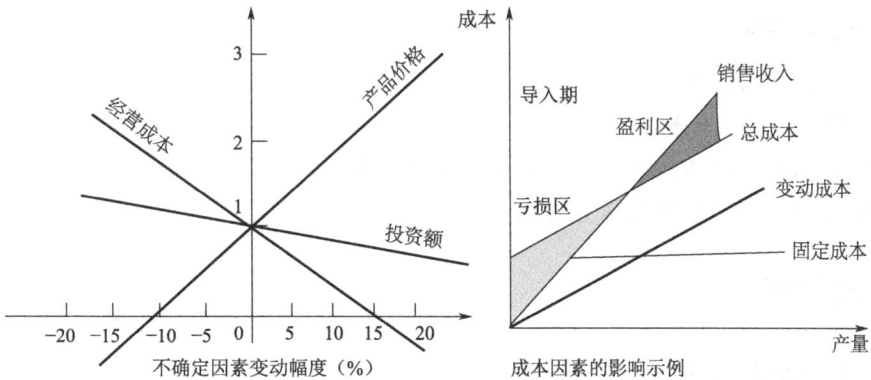

图 1-9-11

4．客户分组分析法

客户分组分析法是根据用户的属性数据，对用户进行分组归类分析。它其实就是常规比较分析里面的分组分析，不过主要针对的是客户群体。

1.10 结束语

六类分析方法中没有哪套数据分析可以系统解决企业所有问题，业务系统是实现已知的商业逻辑，解决"存量"问题，但是数据分析工作可以帮助我们发现未知的商业逻辑，解决"增量"问题，这些都需要我们灵活运用这些方法来对数据进行高效率的处理。

附：ERPsim 系统主要操作解析 Manufacturing Extended Game

## 第 2 章

Excel 可视化及 R 语言

本章学习目标：

了解什么是大数据

了解什么是数据分析

了解 Excel、Qlik Sense 的可视化数据分析方法

了解 R 语言的回归模型建立方法

2.1 大数据

2.1.1 大数据的定义

我们先看这段对话，开启我们对大数据的定义……

必胜客店的电话铃响了。

客服拿起电话：

客服：您好！请问有什么需要我为您服务？

顾客：你好！我想要一份……

客服：先生，请先把您的会员卡号告诉我好吗？

顾客：16846146***。

客服：陈先生，您好！您住在泉州路一号 12 楼 1205 室。您家电话号码是 2646****，您公司电话号码是 4666****，您的手机号码是 1391234****。请问您想用哪一个电话号码付费？

顾客：你为什么知道我所有的电话号码？

客服：陈先生，因为我们联机 CRM 系统。

顾客：我想要一个海鲜比萨……

客服：陈先生，海鲜比萨不适合您。

顾客：为什么？

客服：根据您的医疗记录，您的血压和胆固醇都偏高。

顾客：那你有什么可以推荐的？

客服：您可以试试我们的低脂健康比萨。

顾客：你怎么知道我会喜欢这种？

客服：您上星期一在国家图书馆借了一本《低脂健康食谱》。

顾客：好。那我要一个家庭大号比萨。

客服：陈先生，大号的不够您家吃。

顾客：为什么？

客服：因为您家一共有六口人。来个特大号的，怎么样？

顾客：要付多少钱？

客服：99 元。这个足够您一家六口吃了。但您母亲应该少吃，她上个月刚刚做了心脏搭桥手术，还处在恢复期。

顾客：那可以刷卡吗？

客服：陈先生，对不起，请您付现款。

顾客：你们不是可以刷卡的吗？

客服：一般是可以的。但是您的信用卡已经刷爆了，您现在还欠银行 4807 元，而且还不包括您的房贷利息。

顾客：那我先去附近的提款机提款。

客服：陈先生，根据您的记录，您已经超过今日提款限额了。

顾客：算了，你们直接把比萨送我家吧，家里有现金。你们多久会送到？

客服：大约 30 分钟。如果您不想等，可以自己骑摩托车来取。

顾客：为什么？

客服：我们的 CRM 全球定位系统车辆行驶自动跟踪记录显示，您登记的一辆车号为 NB-748 的摩托车，目前正在解放路东段华联商场右侧行驶，离我们店只有 50 米。

顾客：好吧（头晕）！

这就是大数据！！！总结：每个人在大数据面前，都几乎是透明的。所以，不久的将来，所有进入大数据管理的人都很守规则，社会秩序会越来越好，因为在大数据面前，遵守规则才是正路，否则，你没路可走！

"大数据（big data）"是指无法在一定时间范围内用常规软件工具进行捕捉、管理和处理的数据集合，是需要新处理模式才能具有更强的决策力、洞察发现力和流程优化能力的海量、高增长率和多样化的信息资产①。追溯其起源，"大数据"是由全球知名的咨询公司麦肯锡提出来的，是一种规模大到在获取、存储、管理、分析方面远远超出传统数据库软件能力范围的数据集合，具有数据规模大、数据流转快、数据类型多和价值密度低等特征，即多样化（Variety）、海量化（Volume）、高速化（Velocity）和价值化（Value），就是我们耳熟能详的 4V。

1. 多样化

凡是可以通过电子技术手段记录的东西都可以作为数据，这就充分扩大了数据的范围。图像、文字、声音都可以作为数据记录下来，比如谷歌、百度、微博、淘宝、Siri 等，都可以对用户使用过程中的行为记录处理后进行分析，以了解不同用户的喜好，更好地推荐相应

---

① 百度百科。

的内容。

2. 海量化

大数据，顾名思义，首先就是要"大"。随着时代的进步，我们对数据量的储存慢慢从 U 盘升级到云盘，储存单位从 GB 到 TB，甚至 PB、EB。各种网络、各种 App 都成为数据的来源，在这样海量数据涌入的状态下，就需要更强有力的智能算法和处理数据的能力对这些数据信息进行统计和分析。

3. 高速化和价值化

海量数据的产生，提出了及时处理的需求。我们在开篇提到的谷歌案例，通过实时收集、处理并分析数据得出相关信息，做出及时反应，有助于我们快速有效地解决问题。快、准、狠的判断和决策是现代社会发展的要求，谁的速度更快，谁就更有优势。

与此同时，价值也是大数据的核心特点。海量数据的采集、处理和分析，会使得数据更宽泛地涵盖各种情况，得出更贴切的结果。海量数据的范畴变广，产生大量信息，大数据的特色之一就是通过数据挖掘（Data Mining）尽可能有效地利用所有数据来展现尽可能多的信息，发现新的规律，从而提高生产效率，改善社会治理，促进科学研究。

2.1.2 传统意义的数据分析 vs 大数据分析

数据分析，就是指通过适当的统计学方法对收集到的数据进行分析、研究和概括总结，从而提取有用信息并形成结论。其重点就是"数据"和"分析"这两个词。"数据"，就是从不同渠道获取的不同形式的原始信息，对它们进行清理、整合、加工，最终使其成为相对"清洁"的数据（Cleaning Data）。数据清理后，紧接着就是"分析"部分，以数据作为论据，进行数据建模，利用各种统计方法得出论点。

随着各行各业马不停蹄地加入大数据时代，传统意义的数据分析暴露出一些局限性，不能够完全支撑企业对所有数据进行完整的诠释。

1. 数据体量的局限性

传统意义的数据分析，最常见的选取数据的方式就是随机抽样，然而，随机抽样的局限性就是数据不能 100% 地发挥出最大作用，使得我们最终的分析结论存在相对较大的误差。

而大数据的特点之一即海量数据，数据量越大，能够涵盖的不同可能性就越多，因此最终的分析结论误差越小。

2. 数据的结构化限制

传统数据更多为结构化数据，是存储在数据库里、可以用二维表结构来表达的数据，且因为大部分数据为抽样数据，缺乏多样性，采集数据的渠道也相对单一，这些都意味着分析所得的结论仅适用于某种情况下，而并非全部。

大数据却能够添加更多非结构化数据，如图片、文本、音频、视频等，通过多种渠道收集更多的信息，能够覆盖的范围更广。

3. 数据计算的方式和计算速度限制

因为数据量的限制，传统的数据计算方法相对单一，且速度较慢。而大数据的出现，使得数据不再是静止状态，任何在服务器上的数据都能尽可能多地发挥它的价值。

因此，大数据分析的出现，对于社会、生活以及企业均有重大意义。从企业的角度来说，收入、成本、利润和风险都是主要的 KPI，只有说清楚数据能够为这些 KPI 带来的价值，企业才会愿意投入人力、物力在数据分析上。从数据分析从业者的角度来看，能否通过数据分析为企业带来额外的收入，或者合理控制成本和风险，将利润最大化，都是企业对于数据投入考量的内容。

以零售业为例，在线上购买平台日益发达的时代，很多线下零售业开始开发网络销售路线，根据顾客在网络上搜索的词条和在社交网络上关注的内容来设计更个性化的产品活动。搜索词条、社交网络的评论和点赞等就是我们提到的数据，在通过数据挖掘、采集和整理后，将数据进行处理，进行数据分析，最终得出相关结论，做出决策，实施决策，收集新一轮决策后的数据，重新进行分析，再次得出结论……从而形成一个数据分析的循环，周而复始地为企业发展做出重要贡献。

2.2 数据准备

数据准备是数据挖掘过程中的第一个阶段，也是整体数据挖掘过程中最基础的步骤。高质量的数据才能够反映出相对准确的结果。

数据挖掘（Data Mining），又译为资料探勘、数据采矿，是通过分析每个数据，从大量数据中寻找规律的技术，主要有数据准备、规律寻找和规律表示 3 个步骤。数据挖掘的任务有关联分析、聚类分析、分类分析、异常分析、特异群组分析和演变分析等。《数据挖掘：R 语言实战》（黄文，王正林，2014）帮我们归纳总结常见的数据挖掘过程（如图 2-2-1 所示）。

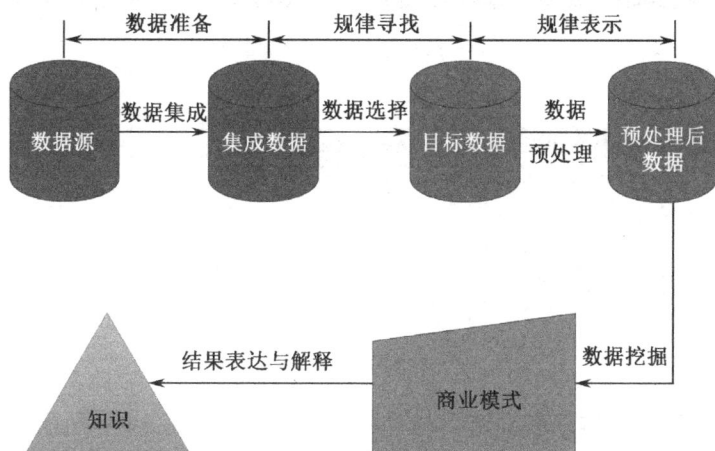

图 2-2-1

从图 2-2-1 中可以看到,数据准备是数据挖掘的第一步。

(1)数据集成:了解企业所对应的市场,确定研究目标,对不同源头的数据进行整合和清理,提高数据的可分析性。也就是我们常说的数据清理(Data Cleaning)。

(2)数据选择:在对原数据完成数据集成后,要为研究目标选定相关数据。数据选择和数据集成的不同是,在对数据整合后有目的地辨别出需要分析的相关字段,缩小对数据的处理范围,以便提高数据挖掘的质量和效率。

(3)数据预处理:在选定相关数据字段后,对选定字段进行二次清理,检查字段的完整性和一致性,并对需要进行格式转换的数据进行补充和调整。

实操案例:Excel 的数据准备

在收集数据的过程中,脏数据无处不在,本案例主要介绍通过筛选以及公式检查的方式快速对数据进行清理。

● 打开"数据清理"表格,如图 2-2-2 所示。

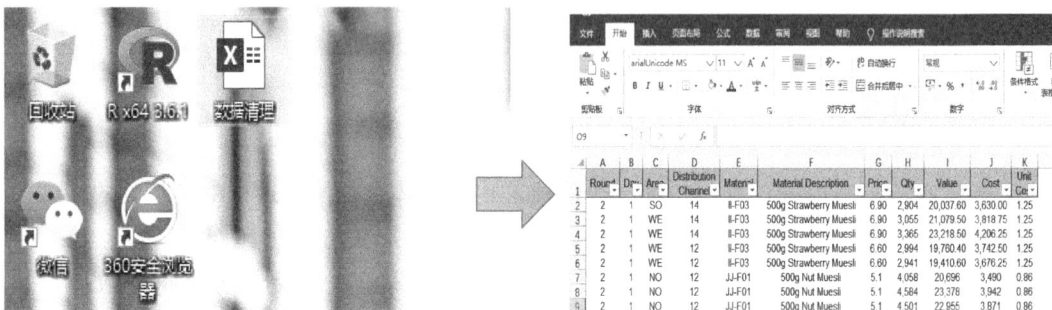

图 2-2-2

● 选中表头首行,如图 2-2-3 所示。

图 2-2-3

● 从工具栏中选定"排序和筛选"→"筛选"选项,如图 2-2-4 所示。

● 选择需要筛选的条件,判断字段内是否有空白或者乱码的情况,如果有,则需要对比其他数据来源,判断是否能填充其空白内容,如果不能,则需要删除该条数据,如图 2-2-5、图 2-2-6 所示。

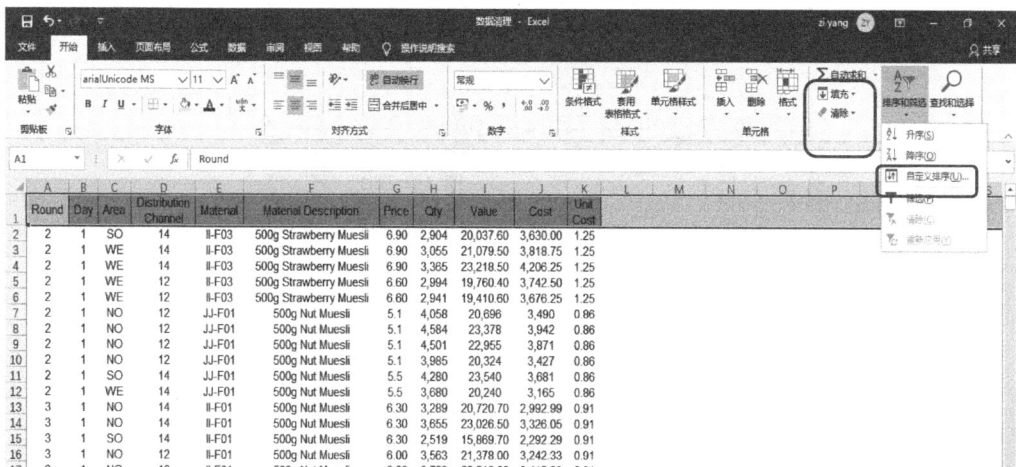

图 2-2-4

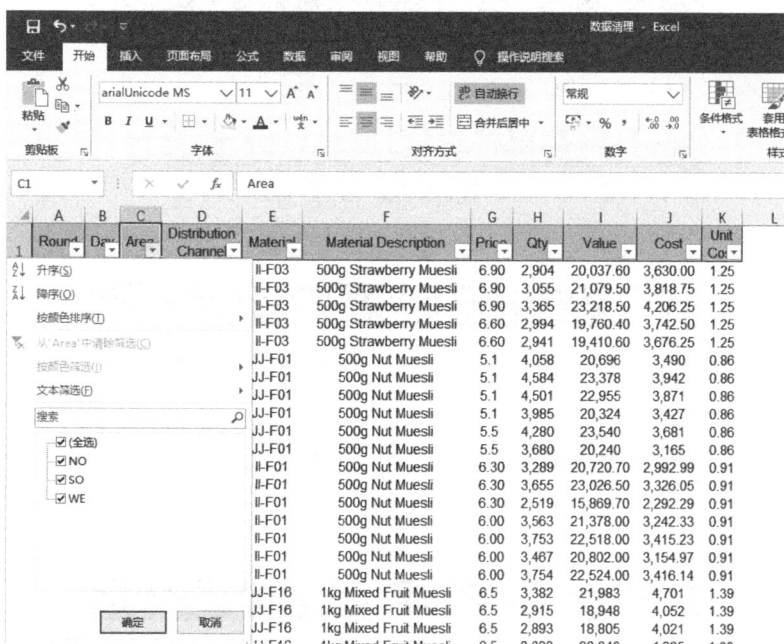

图 2-2-5

● 确认数据中是否存在异常数据。此处可以通过多种方式来确保数据质量，下面介绍两种方法。

方法一　数据字段的长度是否存在异常

通过 Excel 的 "LEN" 函数可以得出对应数据的长度，从图 2-2-7 至图 2-2-9 依次可以看到，我们对 Material 字段进行了检查，并通过 "筛选" 发现每个数据的长度均为 6，证明该字段没有异常数据存在。

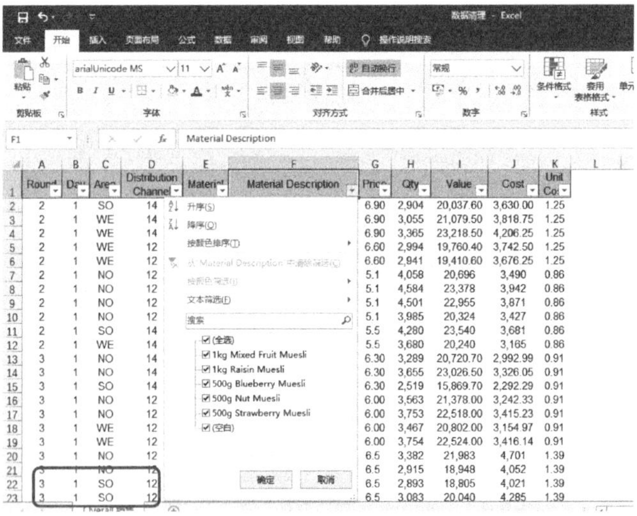

图 2-2-6

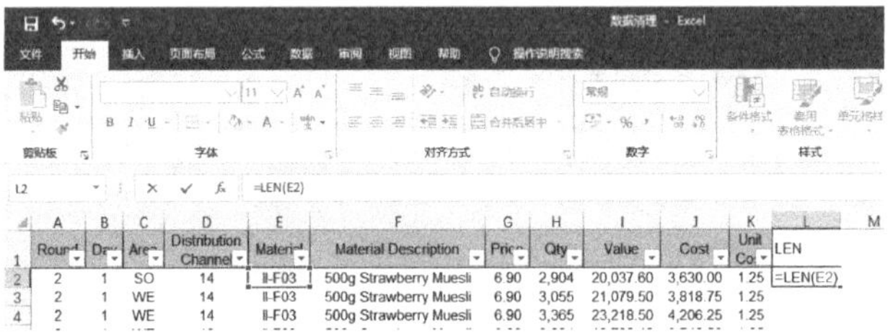

图 2-2-7

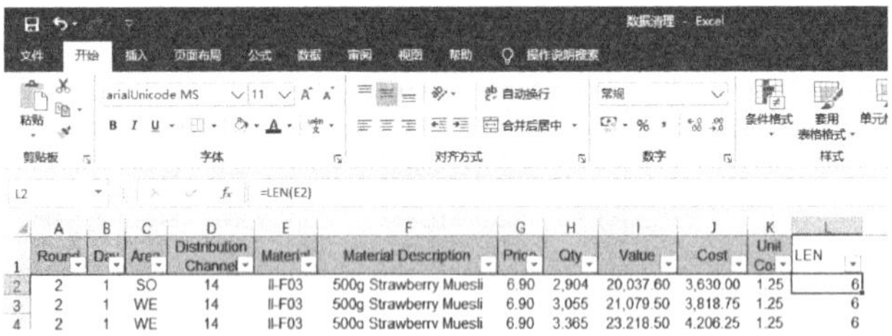

图 2-2-8

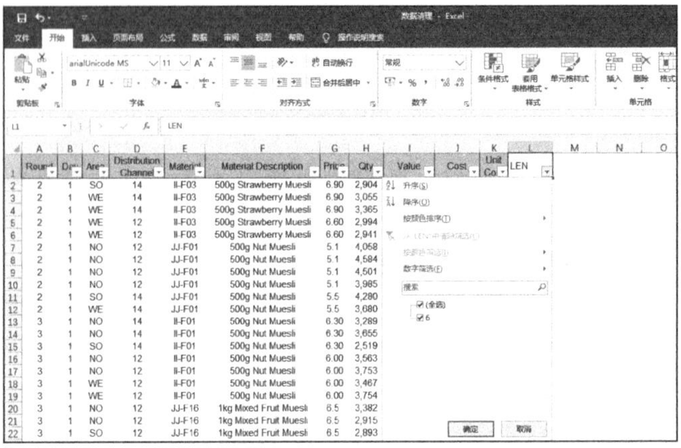

图 2-2-9

方法二　检查重复项

选定整张表格，如图 2-2-10 所示。

图 2-2-10

从工具栏选定"数据"→"删除重复值"选项，如图 2-2-11 所示。

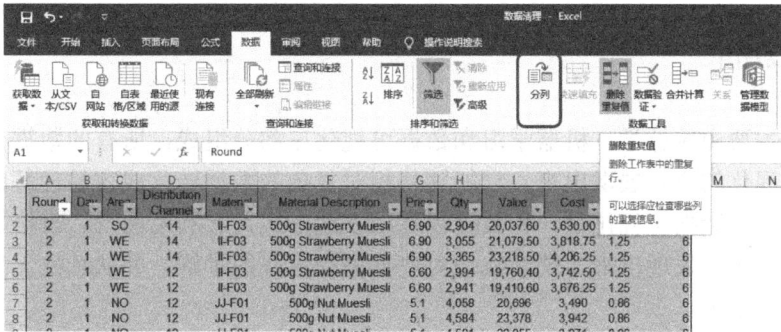

图 2-2-11

在弹出的对话框中选定所有字段的名称，检测数据中是否存在重复录入的条目，未发现重复值，则说明数据整体录入中不存在多次重复录入的情况，如图 2-2-12、图 2-2-13 所示。

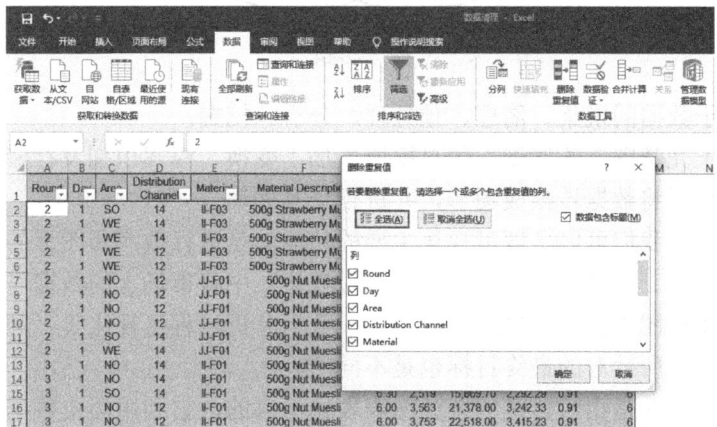

图 2-2-12

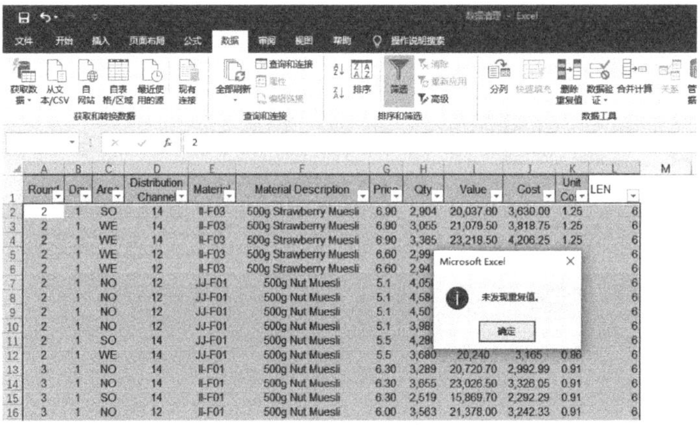

图 2-2-13

通过用 Excel 中两种快速简单的数据清理方式，可以对汇总收集的数据进行简单排查，从而在一定程度上确保数据大体的质量是相对较高的。只有有意义、正确的数据录入，才能够通过数据挖掘的后续步骤得出有意义的分析结果。

2.3　数据分析

数据分析主要由统计学、机器学习和数据可视化三部分组成。所有的数据分析最终都需要通过数据可视化的方式展现出来，它能够将相对复杂的数据转化成容易理解的方式展现给所有人，可以说，数据可视化是一种数据视觉的表达方式，它利用图形、表格、图像等手段将数据的特征和规律表现出来，辅助我们对数据进行更好的了解，并从杂乱无章的数据里获取重要的信息和知识。

《大数据可视化》（何光威，刘鹏，张燕，2018）为我们展现了数据可视化的领域模型，如图 2-2-14 所示。

图 2-2-14

数据：聚焦于数据的采集、清理、预处理、分析、挖掘；

图形：聚焦于光学图像的接受、信息提取、加工变换、模式识别及存储显示；

可视化：聚焦于将数据转换成图形，并进行交互处理。

通过这个模型，我们可以了解可视化主要的功能就是进行数字和图形的转换，对数据结果进行视觉上的展示。何光威等人在《大数据可视化》中将市场上的数据可视化工具划分了不同层级：数据统计图表化、数据结果展示化、数据分析过程可视化等。顾名思义，在不同的层级，可视化工具所针对的最终目标也是不同的。

数据统计图表化，是相对传统的统计图表表述而言的，它利用历史数据，将其清理过后进行统计学计算，比如 Excel 的各类图表就是典型的数据统计图表化的可视化工具。这类工具中展现出来的图表都有相对常见的框架，易于理解和操作，但同时因为有固定的框架，使得可视化的内容相对单一，在数据维度和数据量上均有一定的局限性。

随着时代的变化、数据量的增加和快节奏高效率的发展，仅仅靠统计图表化工具已经不足以满足数据分析的业务需求了。企业需要显示更多不同维度的数据、更多样化的图形展示来做不同的决策。因此，出现了定制图表的需求，并且需要通过建立模型来对数据进行更好的探索。在这种情况下，Tablue，Qlik Sense 等可视化工具就有了重要的使用价值。通过与数据分析密切关联，有大量的数据算法可以对每个数据分析的中间环节进行可视化展示。在本节，我们将会对经典的可视化工具 Excel 和目前市场上较为流行的 Qlik Sense 进行实例讲解，帮助大家更好地了解可视化对于数据分析的作用和意义。

2.3.1 Excel 的数据分析以及可视化

Excel 作为传统的数据分析工具，在日常工作中，能够将适量处理后的原数据用快速简洁的方式展现出来一定规律并得出分析结论。本小节将会对 Excel 数据透视表以及用公式作图分析进行简单讲解，使用的数据来源为：EPR 沙盘模拟数据——Sales Data SAP。

1. 数据透视表的基本使用案例

（1）打开数据表，如图 2-3-1 所示。

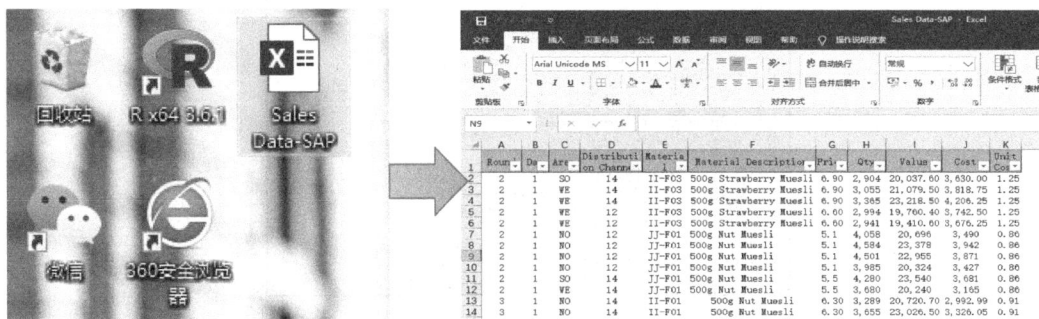

图 2-3-1

（2）选定全部数据（Ctrl+Shift + ↓ +→），如图 2-3-2 所示。

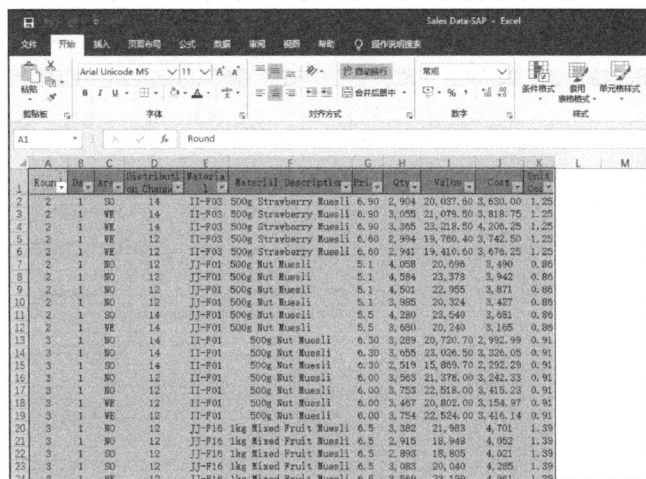

图 2-3-2

（3）创建数据透视表：在工具栏中选择"插入"→"数据透视表"选项，如图 2-3-3 所示。

图 2-3-3

弹出的对话框中已经自动填入了上一步中选定的数据范围，选择新工作簿作为透视表的位置，如图 2-3-4 所示，单击"确定"按钮便会自动跳转至数据透视表的工作表中。

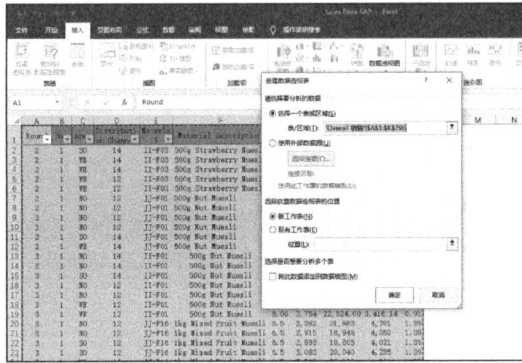

图 2-3-4

从图 2-3-5 所示界面的右边可以看到数据透视表的字段即前期选择数据的对应字段，分别为：Round，Day，Area，Distribution Channel，Material，Material Description，Price，Qty，Value，Cost，Unit Cost。

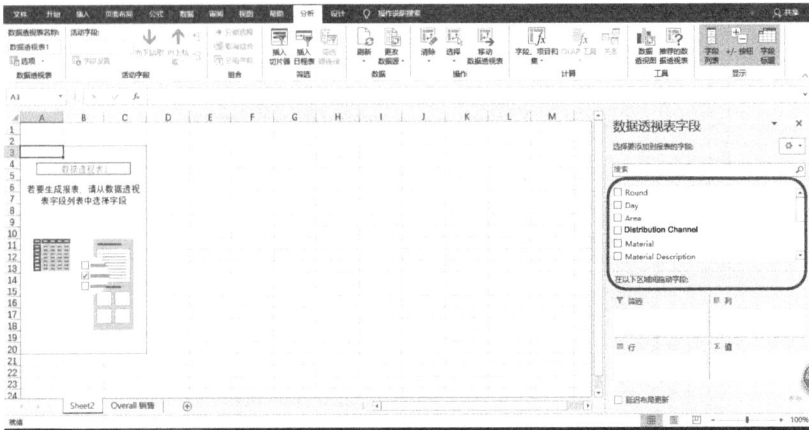

图 2-3-5

根据分析需求，可以通过选定字段来了解具体情况。例如，要了解不同区域的销售情况：通过拖拽所需字段，即可快速得到不同区域的销售量分别为多少，如图 2-3-6 所示。

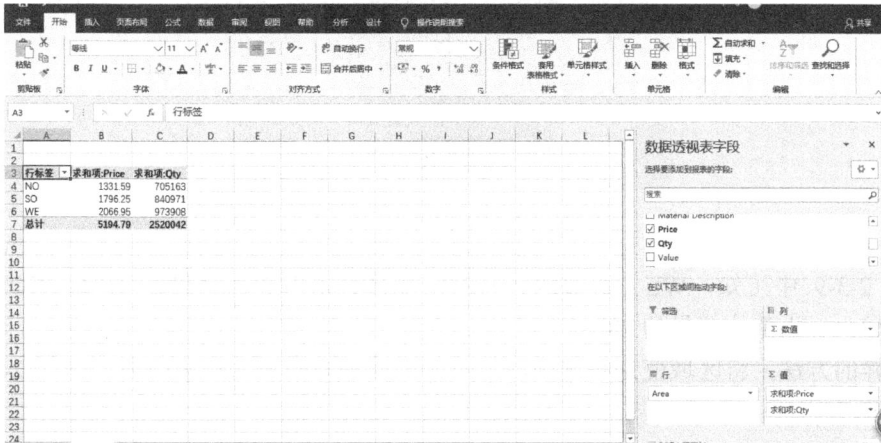

图 2-3-6

从表格不足以直观地看出三个区域的销售状况，这时可以从工具栏中选择"分析"→"数据透视图"选项，如图 2-3-7 所示。将表格转换为图形，更为直观。

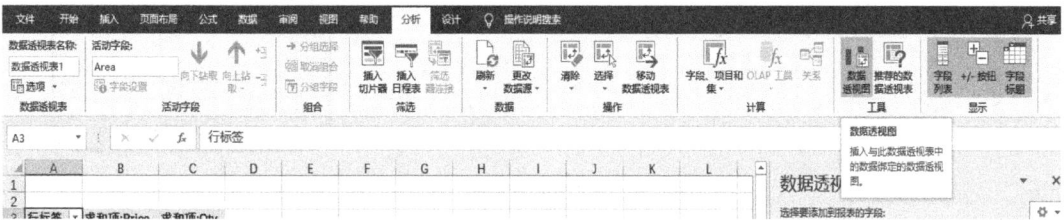

图 2-3-7

在弹出的对话框中有各种不同类型的图形，要了解不同区域的销售量占比，可以选择最直观的饼图，如图 2-3-8、图 2-3-9 所示。

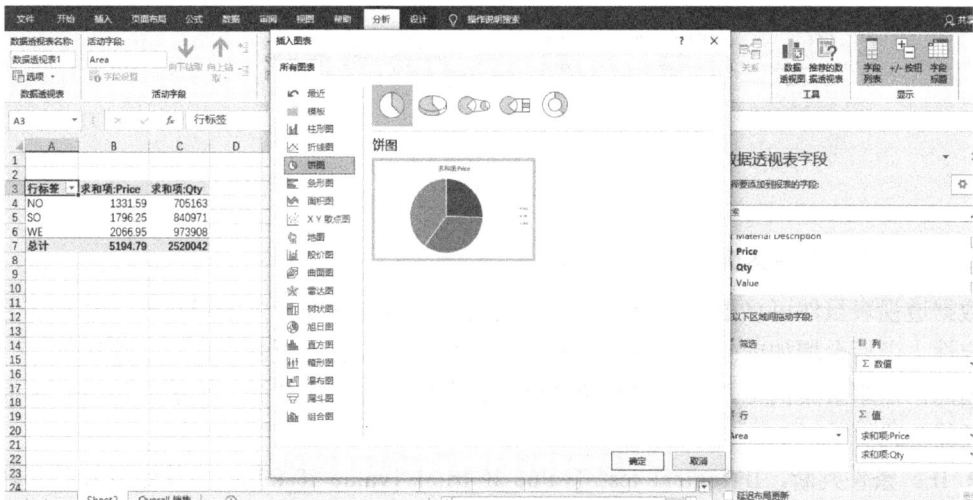

图 2-3-8

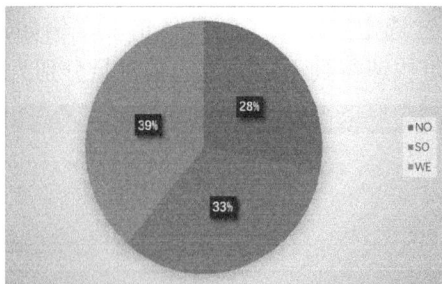

图 2-3-9

从图 2-3-9 中可知，WE（西部地区）的销量最大，占整体销量的 39%，NO（北部地区）销量较小，为整体销量的 28%。

用同样的方法，将区域变为筛选项，对不同产品进行数据透视表分析，如图 2-3-10、图 2-3-11 所示。

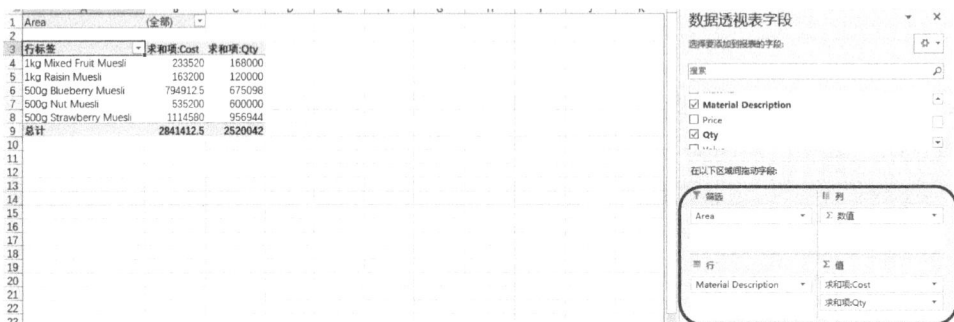

图 2-3-10

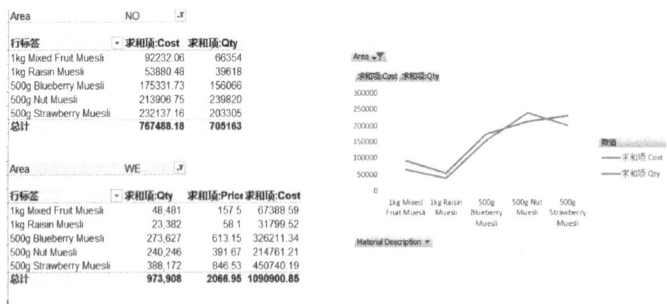

图 2-3-11

2. Excel 公式作图案例

数据透视表虽然可以根据需求制作需要的图表，但却存在一定的局限性，并且缺乏一定的稳定性，当后台增加或减少字段和数据时，透视表需要重新更新后才可继续运行。

因此，在本节案例中，我们主要通过公式来自定义图表。首先给大家介绍 Excel 中最常见的计算公式。

● IF：条件判断，IF(logical_test, [value_if_true], [value_if_false])。首先写入需要判断的逻辑，比如选定 Distribution Channel 列的所有数据，定义"12"为 true value，否则返回 0，即可判断哪些商品是在 Distribution Channel=12 的渠道中销售出去的。

- SUMIF：条件求和，SUMIF(range, criteria, sum_range)。首先选定需要求和的条件区域，比如 Distribution Channel 数据列，定义条件为"12"，求 Qty 列的总和，即可得到 Distribution Channel 为 12 的情况下，总的销售量为多少。

- SUMIFS：多条件求和，SUMIFS(sum_range, criteria_range1, criteria1, [criteria_range2, criteria2], ...)。其中，sum_range 为要求和的单元格区域；criteria_range1 为计算关联条件的第一个区域，criteria1 为条件 1，条件的形式可以为数字、表达式、单元格引用或者文本，用来定义对 criteria_range1 参数中的哪些单元格求和。例如，条件可以表示为 12、"<>12"、"WE"；criteria_range2 和 criteria2 为计算关联条件的第二个区域和条件 2。

- COUNTIF：条件求个数，COUNTIF(range, criteria)。选定需要计数的条件区域，如 Distribution Channel 数据列，定义条件为"12"，求一共有多少家销售网点，即可得到一共有多少个销售点类型为 12。

- IFERROR: 使用 IFERROR 函数可捕获和处理公式中的错误，IFERROR(value, value_if_error)。如果公式的计算结果错误，则返回指定的值，例如 0；否则返回公式的结果。

在对 Excel 常用公式有所了解后，用同样的数据，如通过销售数据来对产品、地域及销售渠道进行数据分析，图 2-3-12 显示的是利用 SUMIFS 公式进行分析。

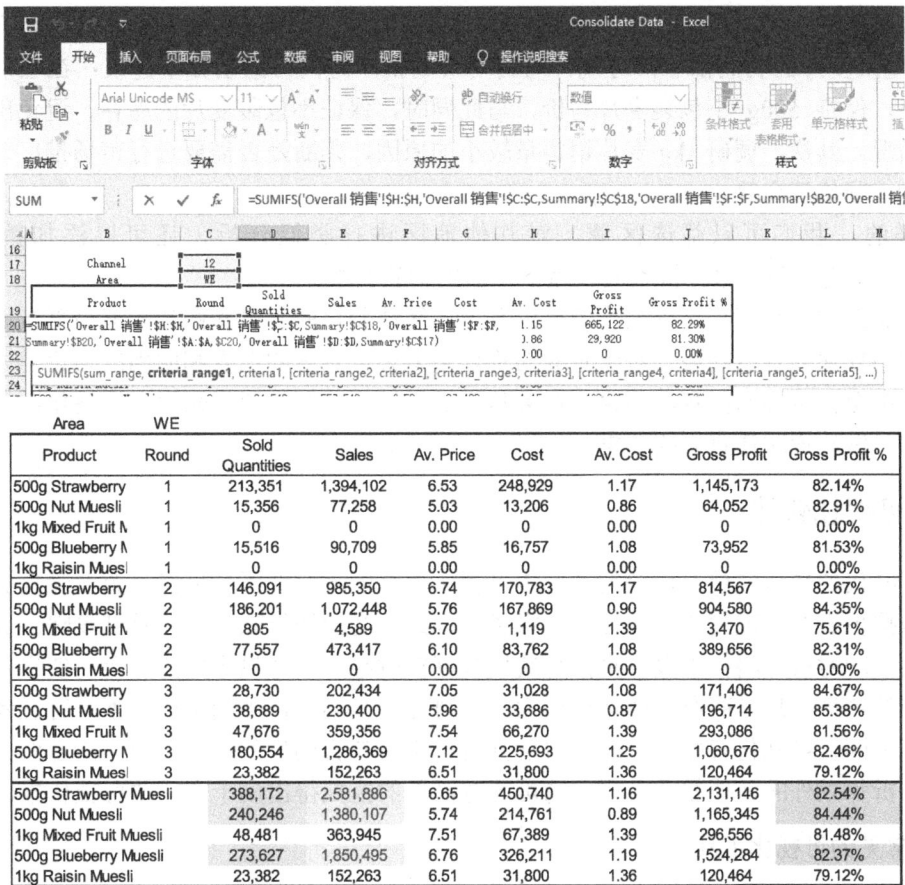

Area WE

Product	Round	Sold Quantities	Sales	Av. Price	Cost	Av. Cost	Gross Profit	Gross Profit %
500g Strawberry	1	213,351	1,394,102	6.53	248,929	1.17	1,145,173	82.14%
500g Nut Muesli	1	15,356	77,258	5.03	13,206	0.86	64,052	82.91%
1kg Mixed Fruit N	1	0	0	0.00	0	0.00	0	0.00%
500g Blueberry N	1	15,516	90,709	5.85	16,757	1.08	73,952	81.53%
1kg Raisin Muesl	1	0	0	0.00	0	0.00	0	0.00%
500g Strawberry	2	146,091	985,350	6.74	170,783	1.17	814,567	82.67%
500g Nut Muesli	2	186,201	1,072,448	5.76	167,869	0.90	904,580	84.35%
1kg Mixed Fruit N	2	805	4,589	5.70	1,119	1.39	3,470	75.61%
500g Blueberry N	2	77,557	473,417	6.10	83,762	1.08	389,656	82.31%
1kg Raisin Muesl	2	0	0	0.00	0	0.00	0	0.00%
500g Strawberry	3	28,730	202,434	7.05	31,028	1.08	171,406	84.67%
500g Nut Muesli	3	38,689	230,400	5.96	33,686	0.87	196,714	85.38%
1kg Mixed Fruit N	3	47,676	359,356	7.54	66,270	1.39	293,086	81.56%
500g Blueberry N	3	180,554	1,286,369	7.12	225,693	1.25	1,060,676	82.46%
1kg Raisin Muesl	3	23,382	152,263	6.51	31,800	1.36	120,464	79.12%
500g Strawberry Muesli		388,172	2,581,886	6.65	450,740	1.16	2,131,146	82.54%
500g Nut Muesli		240,246	1,380,107	5.74	214,761	0.89	1,165,345	84.44%
1kg Mixed Fruit Muesli		48,481	363,945	7.51	67,389	1.39	296,556	81.48%
500g Blueberry Muesli		273,627	1,850,495	6.76	326,211	1.19	1,524,284	82.37%
1kg Raisin Muesli		23,382	152,263	6.51	31,800	1.36	120,464	79.12%

图 2-3-12

在图 2-3-12 中，我们将销售产品分批次"round"，选定西部地区（WE）得出相关销售数据，并最终做了三轮的综合。

通过图 2-3-12 得知，在西部地区，销售量最大的是 **500g Strawberry Muesli**，其对应的毛利润也较高。图 2-3-13 则以图形的方式将销量、成本和利润整合在一起对西部地区销售的产品进行可视化展现。

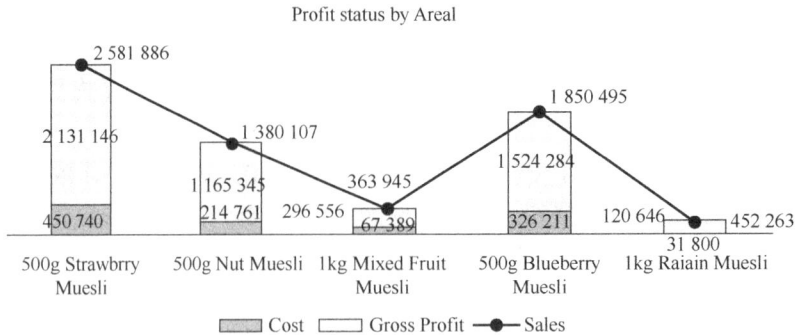

图 2-3-13

通过一种更为直观的方式展现出西部地区的整体销售状况，曲线图表示销售量，我们可以明确地得出结论，500g 小包装麦片的整体销量比 1kg 大包装好。与此同时，柱状图展现了成本和毛利润之间的关系，我们可以清晰地看出 500g 的草莓麦片、500g 的蓝莓麦片以及 500g 的坚果麦片的利润都非常可观，对公司市场推广方向可给出如下建议：在当前市场销售状况下，保持 500g 小包装麦片售价，与此同时，保证小包装麦片的库存，避免出现库存短缺的情况。其次，调研 1kg 麦片销售量较小的原因，判断是否需要进行市场推广宣传、改进包装抑或降价清仓等。

同样的，我们可以筛选区域，对其他地区进行类似分析，还可以添加销售渠道（Channel）作为分类，来分析不同渠道下产品的销售情况。

从 Excel 的传统可视化图表我们足以发现，简洁美化的表格和图片能够最直接地反映出底层数据的规律和发展趋势。对于企业的管理层来说，直观的图表和明确的结论建议是公司发展过程中至关重要的内容，不论从财务角度还是运行、销售角度来说，可视化图表所反馈的信息都是做决策时最重要的依据。

2.3.2 可视化软件

随着时代的快速发展，传统的 Excel 可视化数据图表已经不足以满足企业管理者对于数据量和数据报表有关速度和时效性的需求了，因此，商业智能软件开始受到青睐。通过底层数据库的自动对接等科技手段，直接将底层数据实时导入已经设定好的平台，使平台报表展现出最新的数据信息是商业智能软件最大的优势之一；同时，不同部门、不同管理者需要分析的角度不同，可视化智能平台可以协助其进行更具有目的性的报表分析。除专业的 IT 以及数据分析师以外的其他相关人员，均可通过简单的拖拽得出属于自己的可视化报表。

1. 常见的可视化工具

可视化工具能够将工作中的各种数据进行整合、展示和分析，让数据更富有意义。日常工作中常用的可视化工具（如 Power BI，Tableau，Qlik 等）均能够通过对数据的加工使我们加深对数据的理解，直观明了地呈现数据结果，为统计分析决策提供重要支撑。

在常卓君"几种常用数据可视化工具剖析：以 Power BI 为例"一文中总结了与数据可视化相关的概念术语。

数据可视化：主要是借助图形化手段，清晰有效地传达与沟通信息。视觉是人类大脑获取信息的重要途径，视觉化是人类的一项重要特长，数据可视化为人类这项特长完美助力。

数据分析师：是数据师的一种，指的是不同行业中专门从事行业数据搜集、整理、分析，并依据数据做出行业研究、评估和预测的专业人员。

可视化软件工具：是一整套商业智能（Business Intelligence）解决方案，它能够挖掘数据中的信息，快速准确地生成可视化报表，从而帮助企业做出业务经营决策，其可视化报表的组建以及使用场景相较于 Excel 更为丰富，将不同类型的图形进行了整理和描述。

条形图：利用条形的长度反映数据的变化，适用于多个项目或多个指标的对比分析，如图 2-3-14 所示。

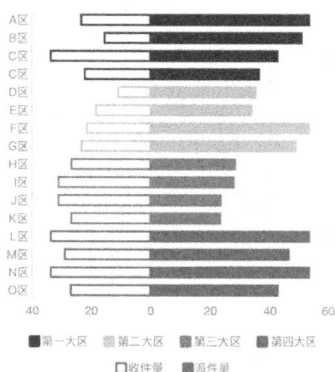

图 2-3-14

柱状图：利用柱子的高度反映数据的变化，可以同时展现多个维度的数据变化，纵向展示维度数据差异，横向展示对比分析，如图 2-3-15 所示。

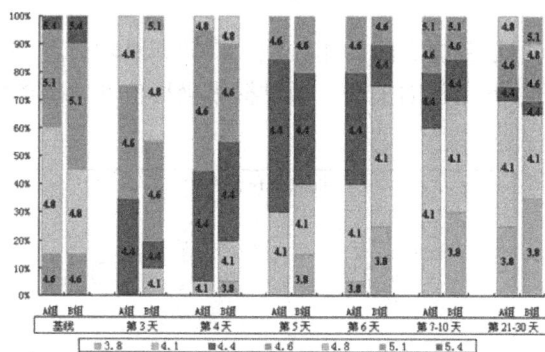

图 2-3-15

饼图和圆环图：反映部分和整体数据变化，适用于展示每一部分数据的占比，但是数据种类不宜过多，数据占比差距太小也不适合，如图 2-3-16 所示。

折线图：通过折线的上升或下降来反映数据的增减变化及趋势，如图 2-3-17 所示。

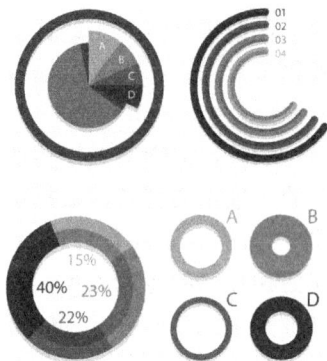

图 2-3-16

图 2-3-17

　　散点图和气泡图：可展示数据之间的相关性，横轴和纵轴设置不同维度的数据。适合展示数据的分布情况，判断数据之间的关联，通过横纵坐标值和气泡的大小展示数据大小，如图 2-3-18 所示。

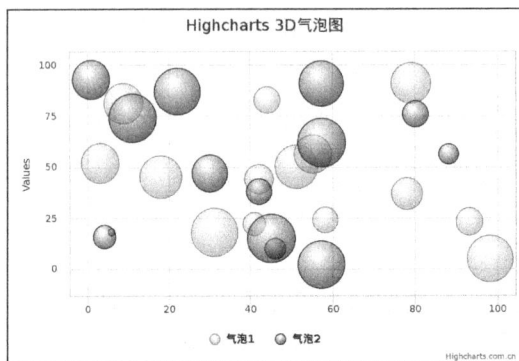

图 2-3-18

仪表图：可直观地对目标/KPI 的进度进行衡量，在圆弧内显示当前的进度值，如图 2-3-19 所示。仪表图适合高度关注 KPI 指标或者差异时使用。

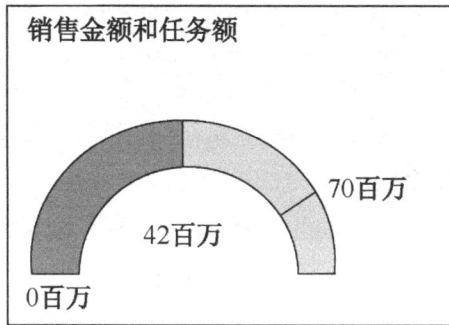

销售金额和任务额

图 2-3-19

表格：以逻辑序列的行和列展示所包含相关数据的网格，包括表头和明细数据行。可以通过条件格式，设置列/行数据的字体、图标、数据条等外观，如图 2-3-20 所示。

区域	16年目标值（万元）	8月目标值（万元）	8月实际销售额（万元）	1-8月累计实际销售额（万元）	全年目标完成进度（截至8月）
北京区	120	9	11.2	89.2	74%
四川区	60	5	5	39.1	65%
广州区	100	8	9.1	70.5	71%
海南区	50	4		30.6	61%
五邑区	50	4	5.1	25.7	51%
福州区	30	2.5	2.6	22.1	74%
深圳区	100	8	9.4	72.4	72%
合计	510	40.5	46.3	349.6	69%

海南区8月销售额3.9，低于目标值4，不达标。

截至8月份，北京区已完成全年目标74%

图 2-3-20

可以看出，图形是将数据可视化的方式，而数据则为图形提供了来源，通过图形将数据展现出来，能够进一步深入有效地洞察数据背后的规律，用最直观的方式让决策人员做出决策，采取正确措施，实现企业想要达到的目标。

2. Qlik Sense

● Qlik Sense 简介

本小节我们着重了解可视化智能软件平台——Qlik Sense，如图 2-3-21 所示。

相较于 Qlik Sense，更被熟识的是 Qlik View，它在 BI 的开发软件排名中，和 Tableau 一起名列前茅，由此可见 Qlik 的产品质量在 BI 软件中是屈指可数的。作为敏捷型桌面软件，Qlik Sense 以免费的形式（Desktop 版）发布于 2014 年，它简洁明了的图形风格很好地突出了数据的主要内容，能够导入的文件格式也相对比较丰富，大数据量的文件在导入 Qlik Sense 后，也可转存为自有的 qvd 模式，从而加速后续数据导入和平台分析的整体速度。除此之外，不论是专业分析师、相关业务人员还是企业管理者，Qlik Sense 均可以提供有意义的信息，让不同类型的使用者都可以自主创建属于自己的可视化报表，而 IT 的职能则主要体现在数据的权限和安全管理上。

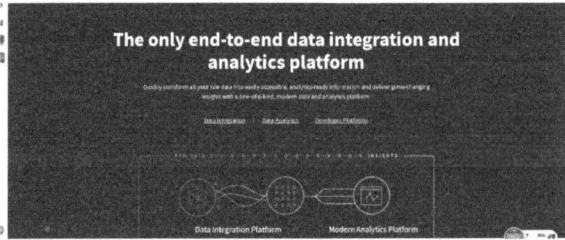

图 2-3-21

● Qlik Sense 的下载和安装

Qlik Sense 有两种版本：一种为企业版本，非开源的，需要购买版权后才可使用，相应的，与数据库系统的对接能力和安全性也更强；另外一种免费的版本 Qlik Sense Desktop，仅能够在数据量相对较小的可视化分析中展现其数据分析能力。我们主要针对 Qlik Sense Desktop 进行简单介绍和实例分析。

Qlik Sense Desktop 的下载地址为http://www.qlik.com/，在打开的页面中单击"Try it Free"选项，如图 2-3-22 所示。

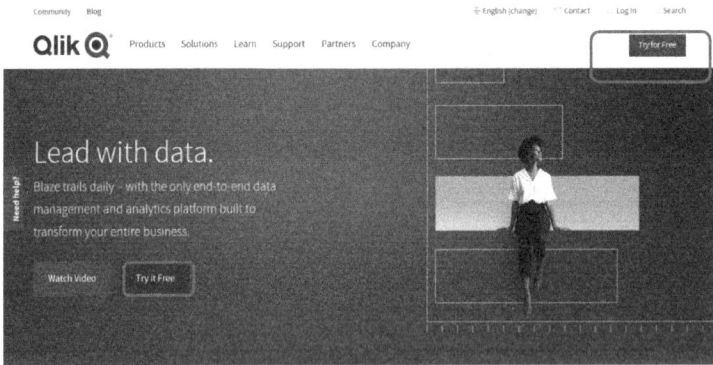

图 2-3-22

单击进入后有两种模板，商业版和 Desktop 版，选择 Desktop 版，如图 2-3-23 所示。

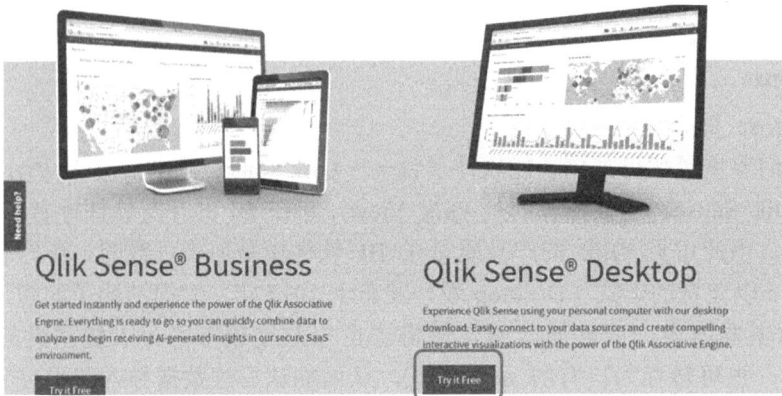

图 2-3-23

按照对应指令，注册用户名，如图 2-3-24 所示。

图 2-3-24

注册信息填写完毕，即可开始下载，如图 2-3-25 所示。

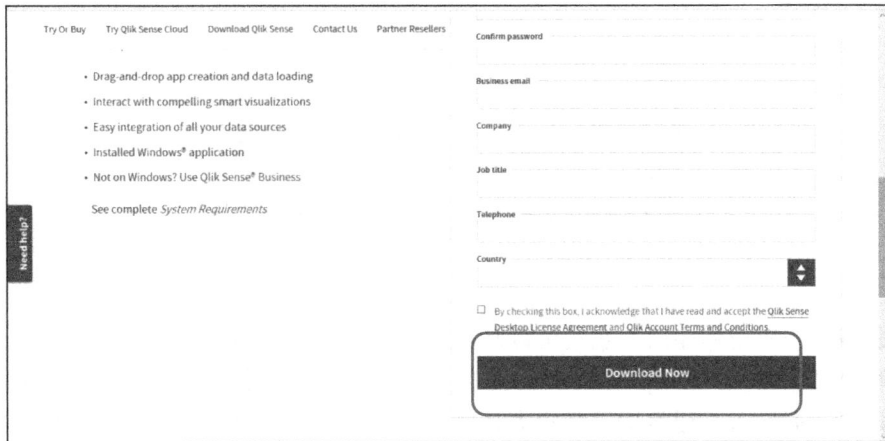

图 2-3-25

下载并安装完毕，打开 Qlik Sense 界面，填写注册时的用户名和密码，如图 2-3-26 所示。

图 2-3-26

● Qlik Sense 的使用

登录后创建新的应用程序，如图 2-3-27、图 2-3-28 所示。

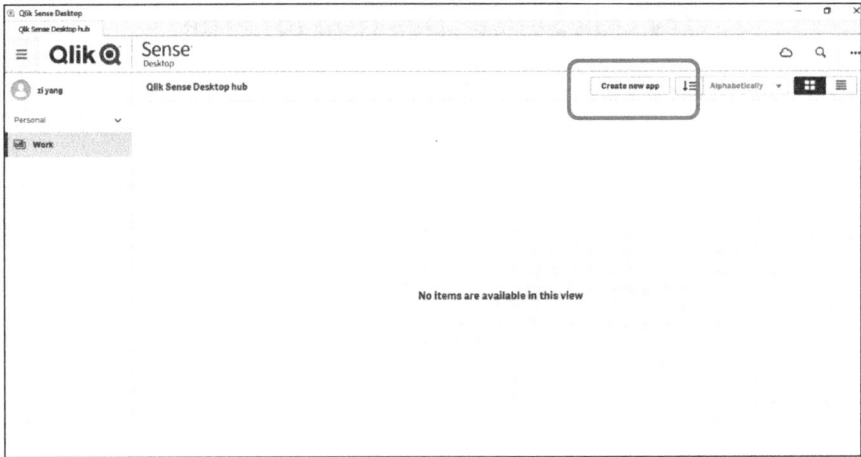

图 2-3-27

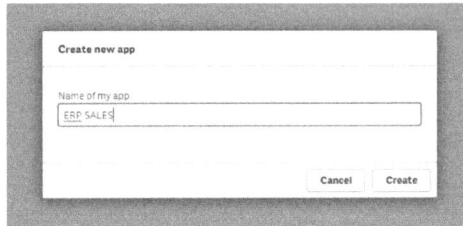

图 2-3-28

在创建好一个应用程序后，我们可以从图 2-3-29 中看到，Qlik Sense 有两种导入数据的方式：一种是脚本导入（Script editor），这种导入数据的方式需要进入后台脚本页面进行脚本编辑后再将数据导入，通常用于量较大且较为复杂的数据；另外一种是直接导入已有数据文件（Add data from files and other sources）。在我们的案例中，选用导入已有数据文件即可，如图 2-3-30、图 2-3-31 所示。

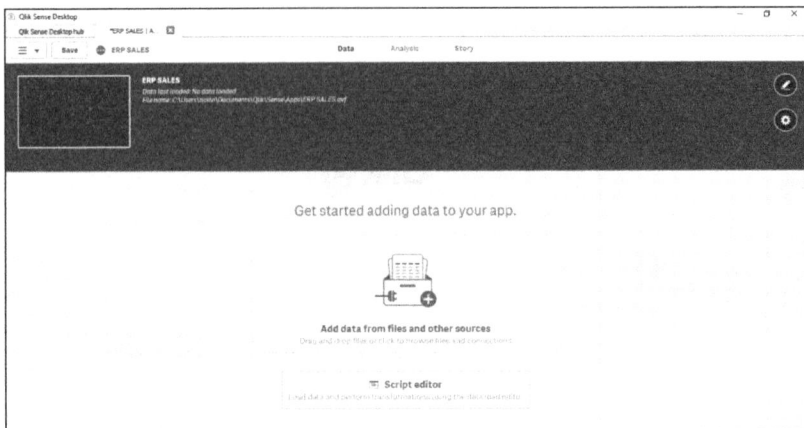

图 2-3-29

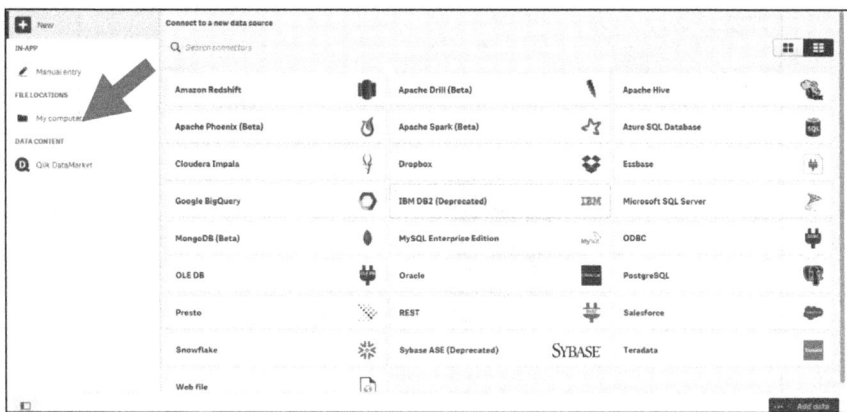

图 2-3-30

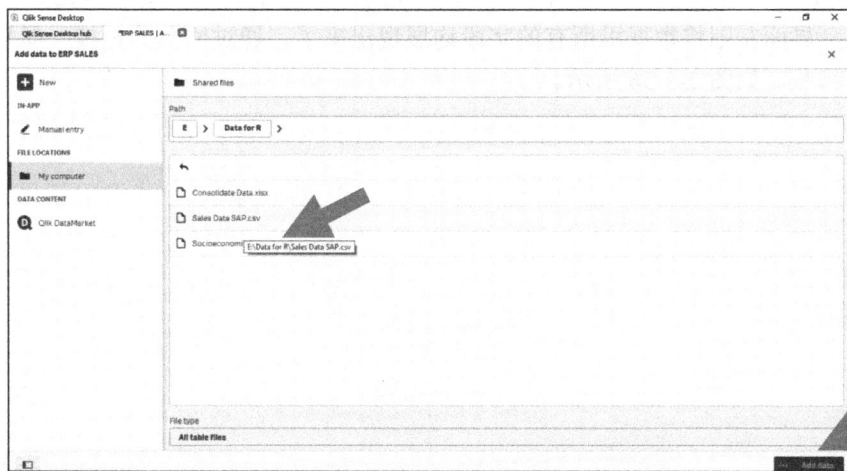

图 2-3-31

在选定好数据后，Qlik Sense 会根据导入数据自动生成一些相关图表，单击"Generate insights"按钮（如图 2-3-32 所示），即可看到 Qlik 智能生成的相关数据图表，可以选取有用的图表直接添加到平台报表中，也可以单击"Clear results"按钮，自行建立新的图表，如图 2-3-33 所示。

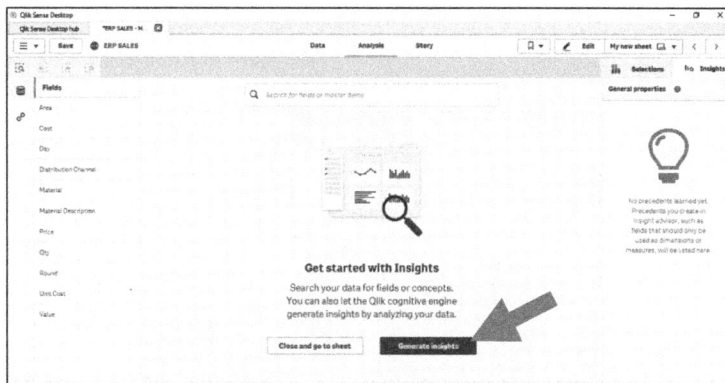

图 2-3-32

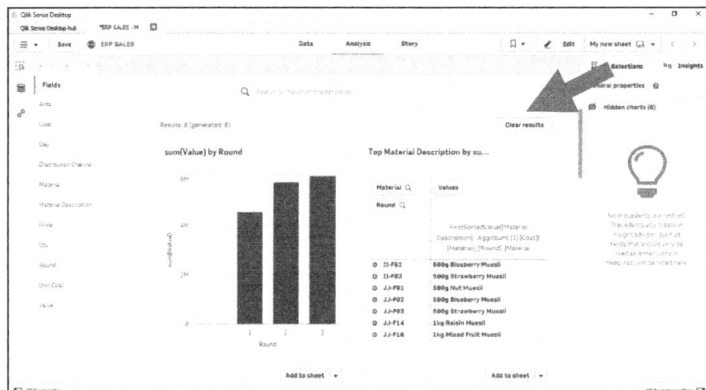

图 2-3-33

单击"Edit"按钮（如图 2-3-34 所示），开始编辑可视化报表的整体界面，从图 2-3-35 中可以看到，界面左则将数据里所有的字段均展现出来了，通过简单的拖拽，即可看到字段中的内容有哪些，如图 2-3-36 所示。

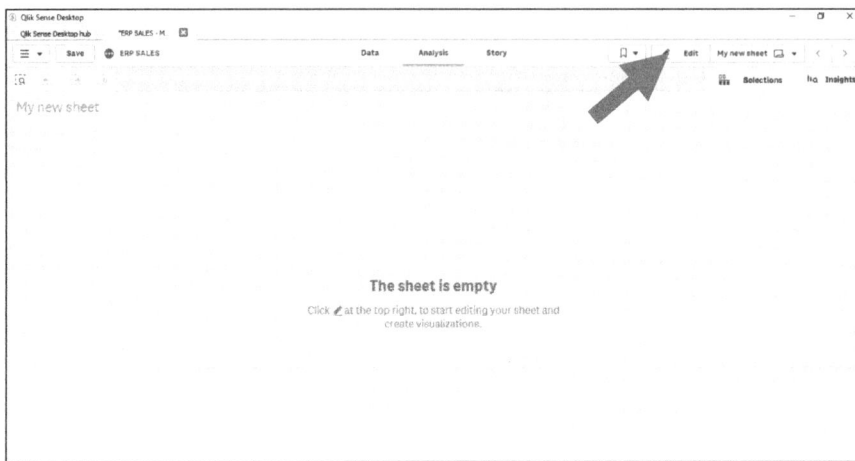

图 2-3-34

图 2-3-35

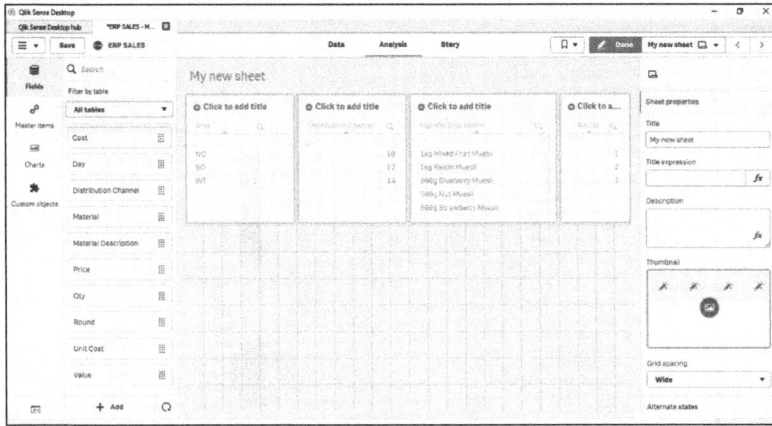

图 2-3-36

进入 Charts，左侧列表里有不同的图形和表格形式可供选择，为了方便分析，我们首先将 Distribution Channel、Area 以及 Material Description 设定为 Filter，如图 2-3-37 所示。

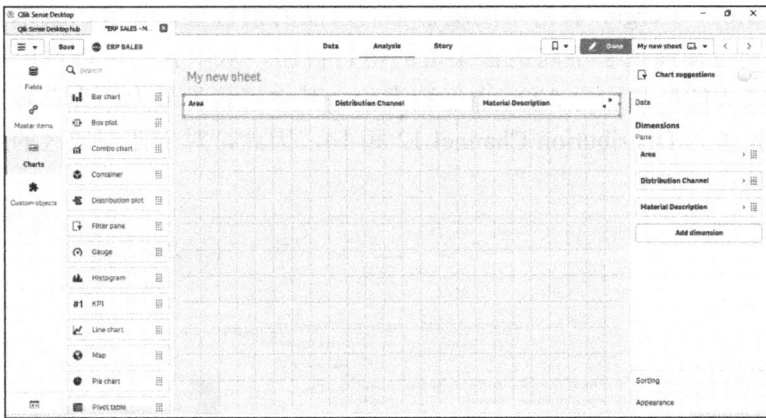

图 2-3-37

通过简单的拖拽以及公式计算，即可得到如图 2-3-38 所示的公式操作界面，单击"Apply"按钮，即可生成 2-3-39 图。

图 2-3-38

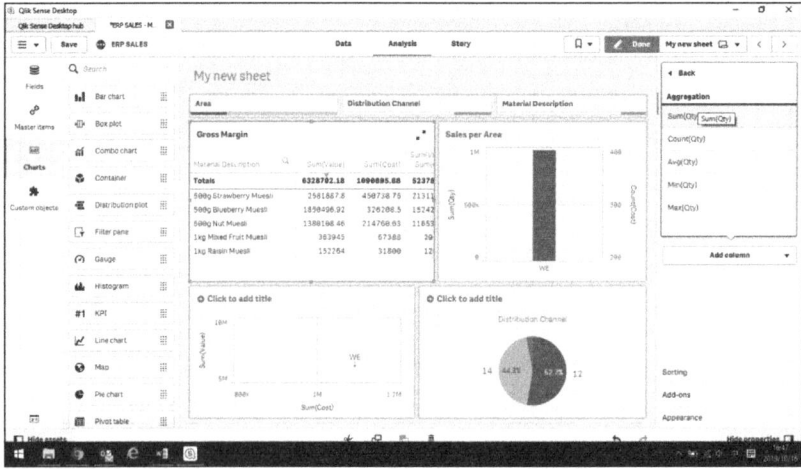

图 2-3-39

从图 2-3-40 显示的报表中，我们可以选定不同的地区（Area），图 2-3-40 中选定了 WE（西部），Gross Margin 表格中展现了不同产品的销售量、金额、成本以及毛利等相关信息，并且通过图展现了不同销售渠道的销售占比，从中我们可以得出以下结论：西部地区销售量较大的产品均为 500g 小包装麦片，其中销售量最大的为草莓口味。西部地区的主要销售渠道为 Distribution Channel 12 和 14，因此，对于西部地区的销售规划，建议采取以下措施：

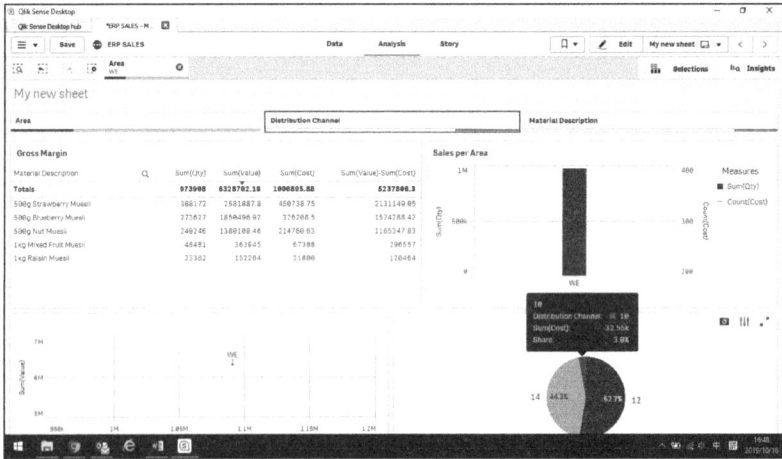

图 2-3-40

（1）确保 500g 小包装产品的销售量，时刻关注市场整体价位以及份额，在有足够毛利的情况下，在必要时，为保证并扩大市场份额，可以对价格略做调整；

（2）保证 Distribution Channel 12 和 14 的库存充足，避免出现因库存不够导致的供不应求；

（3）进一步分析 Distribution Channel 10 销售量小的具体原因，决定是否需要调整销售渠道；

（4）进一步分析 1kg 大包装销售量偏小的主要原因，了解客户需求后，对大包装产品进行销售策略的调整，或捆绑销售，或低价销售来清空库存。

通过 Excel 和 Qlik Sense 展现出来的可视化图表，均能够协助企业做出一定决定。在实例中，我们主要针对西部地区做了相关的数据分析和判断，建议同学们利用类似的方法对其他地区进行更进一步的分析，提供给公司管理者更为全面的建议。

2.3.3 R 语言

R 语言是一种计算机编程语言，就像大家耳熟能详的 C 语言、C++语言一样，需要通过写代码来操作，由 Ross Ihaka 和 Robert Gentleman 创建。但是它不仅仅是一种计算机语言，它是为统计而生的，它更注重数据挖掘与分析、统计建模、数据可视化等。也就是说，它是一套由数据、计算和图表展示整合起来的软件，其中包括有效的数据存储、处理能力，完整的数组计算操作符，成体系的统计数据模型分析，以及对应分析出来的图形。R 语言是一种相对简单，且完善、有效的统计编程语言。

在目前的市场上，可以把数据挖掘工具分成企业应用版和开源版，其中常用的 SPSS、SAS 等均为企业应用版。R 语言，作为一款开源的数据工具，对于数据工程师们来说，需要大量算法和拓展包，以及对不同领域进行数据分析建模。它作为编程语言，拥有近 12 000个可用扩展包，均来自不同领域，涵盖了从统计计算到机器学习、从金融数据分析到生物化学信息等方面的内容，可以说是一个海纳百川的统计软件。R 语言的开源性、广泛的拓展包，使它具备了足够的灵活性和时效性。

2.3.3.1 R 语言的下载与安装

R 语言的安装方式也非常简单，仅有 70MB 的安装包，对操作环境也没有特定要求。在这里附上 R 语言的下载链接（https://www.r-project.org/），如果感兴趣可以下载下来进行研究。

打开链接后，单击"CRAN"，如图 2-3-41 所示。

图 2-3-41

选择对应国家的链接，如图 2-3-42 所示。

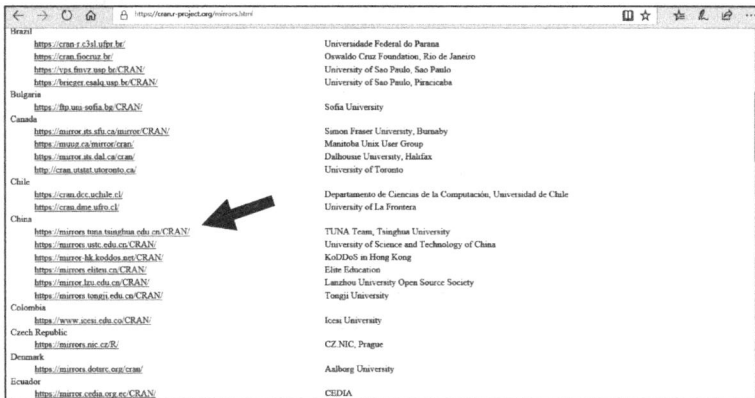

图 2-3-42

根据不同的计算机系统选择对应的版本，如图 2-3-43 所示。

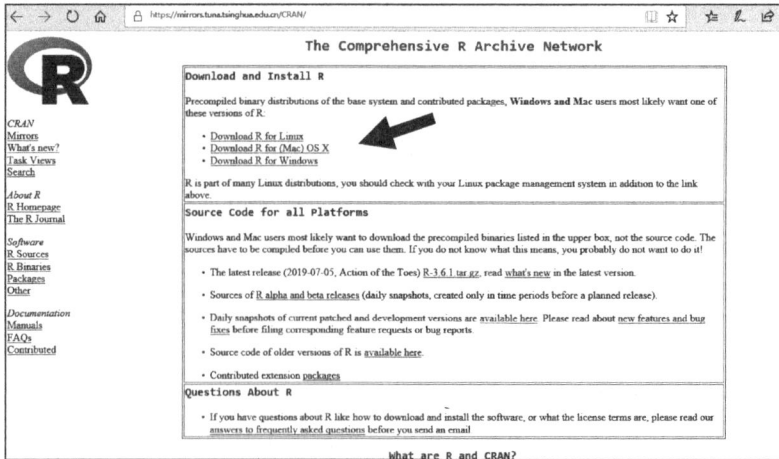

图 2-3-43

单击"install R for the first time"，如图 2-3-44 所示，页面便自动跳转至图 2-3-45。

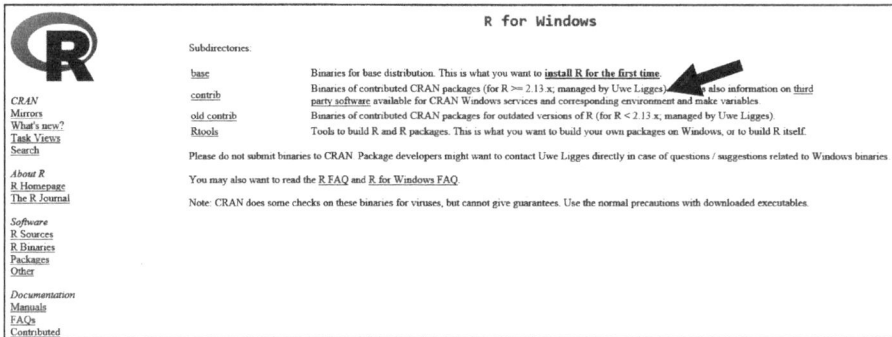

图 2-3-44

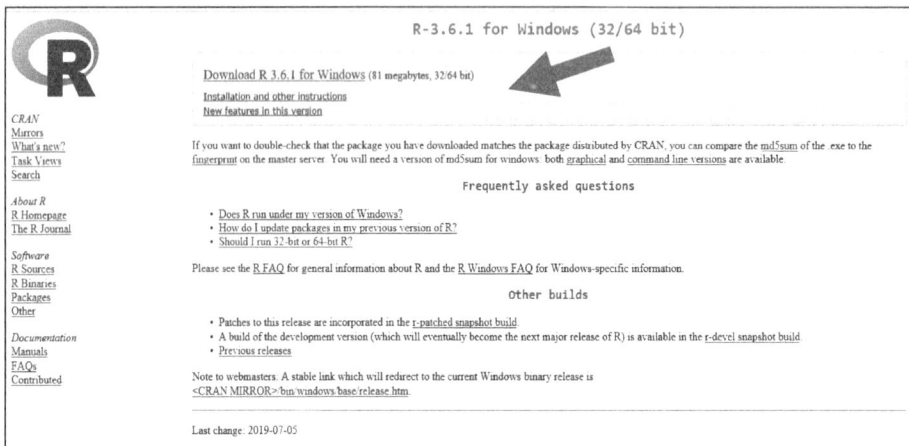

图 2-3-45

2.3.3.2 R 语言的案例分析

1. 数据源导入

R 语言的数据源导入：不同的数据文件的 Excel，CSV，txt 有不同的导入语句。其中，带分隔符的 CSV 文本文件的导入方式最为简洁：使用 read.table()或者read.csv2()便可以从带分隔符的文本文件中导入数据。其语法如下：

read.table(file,header=value,sep="delimter",row.names="name")

file 表示文件名（即需要导入的文件存储路径），可以从文件的属性中查看，header 表示数据表的首行是否包含变量值的逻辑值；sep 用来指定分隔数据的分隔符；row.names 用于指定一个或多个表示行标识符的变量，是可选参数。还有许多参数，可以通过帮助文档进行查看。

提示：在属性中复制的位置在导入 R 语言时，需要将"\"改为"/"。

>Social.Economic<-read.csv2 ("D:/Data for R/SocioeconomicDataset.csv", header=TRUE, dec=",")

从该导入语句中可以看出，"<-"是 R 语言的一种赋值符号，对我们需要导入的数据表进行名称定义。在 R 语言中，表格名称中不能存在空格，因此用"."代替。

导入完成后，利用"head"语句调出我们 Social.Economic 数据中所有变量的名称以及前几个数据信息，以便我们对基础数据有所了解，呈现在 R 语言中的形式如图 2-3-46 所示。

>head(Social.Economic)

图 2-3-46

从图 2-3-47 可得知需要导入 R 语言的文本路径，复制粘贴至 R 语言中。

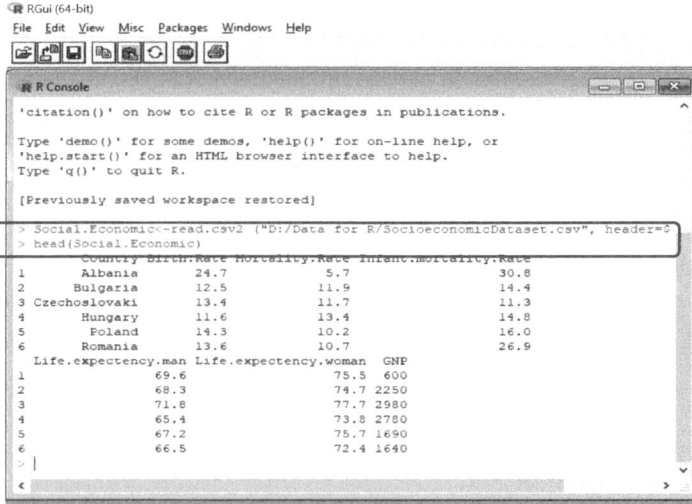

图 2-3-47

2. 数据的维度和量度

从 R 语言的反馈中可以看到，Social.Economic 中的变量名称以及每个变量中的部分数据信息，都无法一目了然地让我们知道数据量有多大，因此可以利用 n, p 来定义整体数据矩阵的量度和维度，以便清楚地知道有多少字段和对应的数据量。

> n<-dim(Social.Economic)[1]

> n

[1] 91

> p<-dim(Social.Economic)[2]

> p

[1] 7

从以上语句可以得知，Social.Economic 中共有 7 个字段，每个字段下对应的数据最多有 91 个。

3. 数据建模分析——回归分析

从统计学的角度看，回归分析是最常用到的一种分析方法，用它来处理变量 X 和 Y 之间的关系很方便。本小节我们将了解如何用 R 语言通过回归分析的方式来对实际数据进行数据分析。

利用 "pairs" 语句，得到图 2-3-48。

> pairs(Social.Economic,col="blue")

从图 2-3-48 中可以明显看出，字段 GNP 与任何其他字段均不呈任何明显的线性关系，但是 GNP 是我们整体案例分析中所需要的重要因变量，如果与其他变量间不存在相关性，则整体数据将不具有分析的意义。从图 2-3-48 中可观察出 GNP 的数据与其他几个字段的数据差异较大，因此，为了能够做出有意义的分析，我们需要对 GNP 这个因变量进行调整，并且对因变量和自变量进行定义：

> Y<-Social.Economic[,p]　　正如上文所提到的，我们用 p 对数据矩阵的列进行了定义，Social.Economic[,p] 则是选定了数据矩阵中的最后一列，即 GNP，将其定义为 Y。

> Y<-log(Y) 对 GNP 进行 log 运算后，重新定义为 Y，为后续回归分析建模做准备。

> X<-Social.Economic[,1:(p-1)] 将除 GNP 外的其他变量均定义为 X。

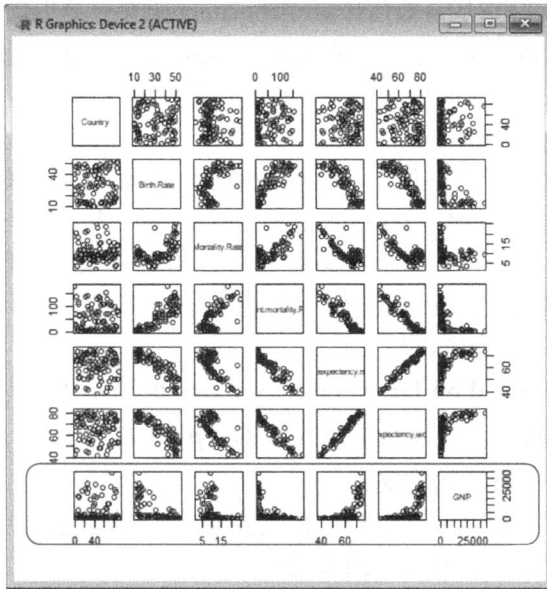

图 2-3-48

在完成因变量和自变量定义后，建立 Y 与所有 X 变量的回归关系式并得出相关数据分析结果：

> reg<-lm(Y~X$Birth.Rate+X$Mortality.Rate+X$Infant.mortality.Rate+ X$Life.expectency.man+ X$Life.expectency.woman)

> summary(reg)

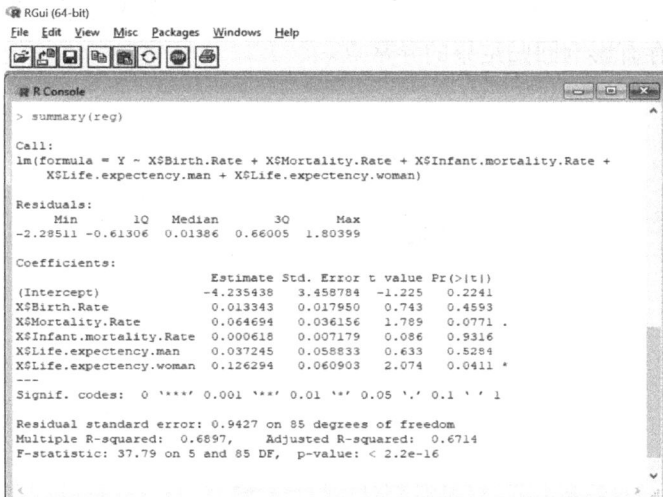

图 2-3-49

图 2-3-49 展现的是将除 GNP 外的所有字段均视为变量时，线性回归模型的数据反馈。首先，我们来解读一下反馈的具体内容。

Residuals：意为残差，分别是最小值、第一分位数、中位数、第三分位数和最大值。残差值越小，则表示模型的拟合度越好。

Coefficients：系数，分别是系数估计值 Estimate（由普通最小二乘法计算出的估计回归系数）、标准误差（Std. Error）、t 值（t 统计量，t 检验是用 t 分布理论来推导差异发生的概率，以此评估差异是否显著）、p 值（是一个概率，用于 T 检验显著性标记，用来估计系数不显著的可能性，因此 p 值越小越好）。

Signif. codes 表示变量的显著性标志，***为最重要，没有*则表示变量不可用或者不相关。

Residual standard error：0.9427 on 85 degrees of freedom 表示残差的标准差的自由度。

Multiple R-squared：0.6897 为相关系数 R^2 的检验，表示回归模型所能解释的响应变量的方差比例，越接近 1 则越显著，越大越好。在这里表示解释 GNP 的方差为 0.6897，剩余 0.3103 是不能解释的。

F-statistic: 37.79 on 5 and 85 DF, p-value: < 2.2e-16 表示 F 统计量，评估模型是否显著，p-value 值小于 0.05，表明该模型是显著的，p 值大于 0.05，则表明模型是不显著的，其他变量不存在继续研究的意义。

除了能够通过反馈回来的总结数据信息对整体回归模型进行判断外，点状图还可以对整体模型以及残差值进行更为直观的表述：

> par(mfrow=c(2,2)) 意为图形以 2×2 的模式展现在一个窗口中。

> plot(reg)

残差和拟合值（如图 2-3-50 中的左上图），残差和拟合值之间的数据点相对均匀地分布于 $y=0$ 两侧，红色线呈现出的曲线除了在 $x=8$，9 的位置以外，并没有非常明显的形状特征。残差 QQ 图（如图 2-3-50 中的右上图）中，数据点按对角线直线排列，趋于一条直线，并被对角直接穿过，直观上符合正态分布。标准化残差平方根和拟合值（如图 2-3-50 中的左下图），数据点相对均匀地分布在 $y=0$ 两侧，呈现出随机分布，红色线呈现的曲线中在末端略有明显变化。标准化残差和杠杆值（如图 2-3-50 中的右下图），存在红色的等高线，则说明数据中存有影响回归结果的异常点。

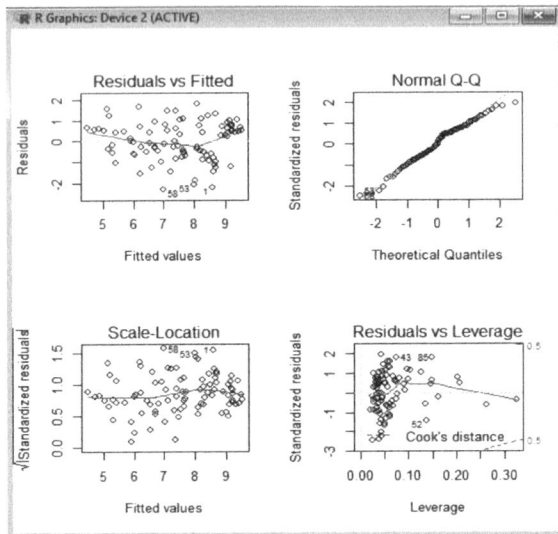

图 2-3-50

从数据总结以及图表中了解信息后，我们可以得出以下结论：

（1）从数据反馈中来看，残差值的 1Q 与 3Q 有大约相似的幅度，中位数为正，则表示数据的倾斜方向基本中心略偏右倾斜，残差值整体数据相对较小，因此，可以说明 GNP 与上述变量间的回归模型拟合度较好。

（2）从参数信息反馈可以得到回归模型公式为：

Y=-4.235438+0.013343Birth.Rate+0.064694Mortality.Rate+0.000618 Infant.mortality. Rate +0.037245 Life.expectency.man+0.126294 Life.expectency.woman

而相对有显著度的变量主要为 Mortality.Rate 和 Life.expectency.woman。

（3）Multiple R-squared=0.6897，说明回归模型所能够解释的变量比例仅为 68.97%，因此，虽然该回归模型拟合度高，但不能解释的变量比例较高，约为 31%。

（4）通过 F 统计量预估得到的 p-value<0.05，再次验证了该模型是显著的。

从整体角度而言，该回归模型的拟合度相对较好且评估显著，但与此同时，能够解释的变量比例却相对较低，能够主要表现出来显著度的变量仅有两个，且变量中存在对回归结果有影响的异常点，不难发现，不是所有变量都是影响 GNP 变化的因素，因此，我们可以对变量进行筛选和调整，重新进行回归分析。

Adjustment 1：在不考虑 Life.expectency.man 和 Life.expectency.woman 的情况下，筛选 Birth.Rate，Mortality.Rate，Infant.mortality. Rate 作为变量来分析这三个变量对于 GNP 的影响。

```
> adjust.reg<-lm(Y~X$Birth.Rate+X$Mortality.Rate+X$Infant.mortality.Rate)
> summary(adjust.reg)
```

在图 2-3-51 和图 2-3-52 中对 R 语言反馈出来的信息有所了解以后，Adjustment 1 模型就可以再次根据反馈信息的定义来进行分析和给出结论了。

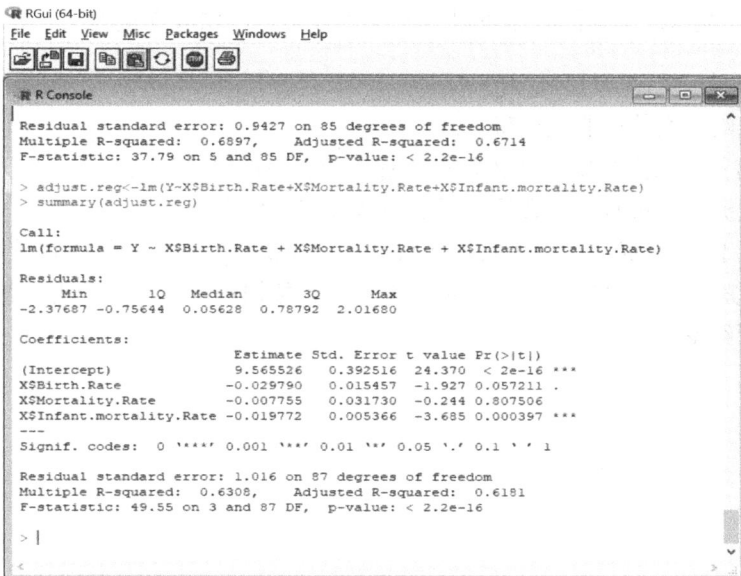

图 2-3-51

（1）残差值的分布仍旧相对偏向正态分布（从 Summary 的 Q1,Q3 数值以及图 2-3-53 中的 Normal Q-Q 中均可以得出该判断）；

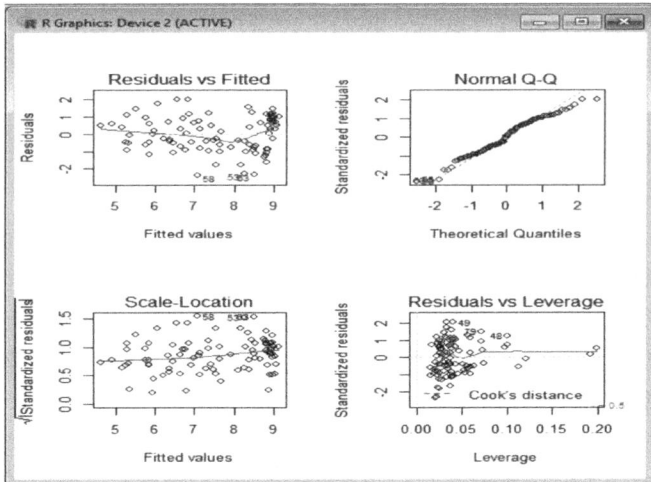

图 2-3-52

（2）在仅考虑 Birth Rate，Mortality Rate 以及 Infant Mortality Rate 时，可以看到具有显著度的变量为 Infant Mortality Rate 和 Birth Rate，在初始回归模型中相对具有显著度的 Mortality Rate 反而没有突显出来；

（3）p 值仍旧小于 0.05，表明该模型相对具有分析意义；

（4）R^2 表示能够解释的变量比例为 63.08%，即超过一半的变量均可被该模型有效体现，但依然存在 36.92%的变量无法被该模型解释和分析。

我们可以说整体模型具有分析意义，但仍然不能从较高的解释比例来分析所有变量。

此处留给同学们一个练习，通过类似的方式来判断重新筛选变量后是否可以得到解释比例较高的模型。（提示：必要的时候可以对变量进行调整，如取变量的平方等。）

习题：

1. 归纳总结出大数据的几个特点。
2. R 语言的优缺点分别是什么？是否有更为实用便捷的替代性程序？为什么？
3. 处理数据，并对其进行数据分析的整体过程是什么？
4. 列举出 1～2 个成功采用大数据和数据可视化协助企业做出正确决策的案例。
5. 对实际案例（R 语言以及可视化报表）中的数据进行进一步分析，得出其他有助于公司决策的分析结论。

## 第 3 章

SAP HANA

本章学习目标：

（1）SAP S/4 HANA 中的财务会计内容（FI）概览

（2）关于 S/4 HANA 中的财务会计（FI）的基本应用概述

（3）概述 S/4 HANA 中的财务会计（FI）中的总账（G/L）会计

（4）SAP 中的财务会计、管理会计及智慧财务

（5）SAP 智慧财务与设计思维（DT）

（6）基于 SAP HANA 的商务数据预测分析，了解预测分析的基本概念和应用领域；学习 SAP 预测分析系统的基本组成；通过实际案例，掌握 SAP 预测分析的基本方法

3.1　SAP S/4 HANA 中的财务会计内容（FI）概览

移动设备、社交媒体和云技术的迅速发展及其生成的海量数据已经改变了我们生活和工作的方式，组织业务需要处理大量数据，并希望从数据中提取信息以创建有意义的报告。SAP HANA 满足组织正在准备对物联网进行扩展的数据存储和分析的需求，可以对在线购买、在线银行以及在线应用程序的数据及其核心业务流程进行集成。

3.1.1　基本概念

首先介绍与 SAP S/4 HANA Finance 相关的几个容易混淆的概念：SAP HANA、S/4 HANA、SAP Simple Finance 和 Fiori。

1. SAP HANA

SAP HANA 是内存平台，是基于内存的数据库，它集成了 OLTP 和 OLAP。

传统的数据处理需要三步，SAP HANA 一步即可完成，Transaction 和 Analysis 都在内存中，从而消除数据冗余，同时也减少了硬件成本。它可以从任何数据源复制数据到内存数据库，也可基于内存数据库构建 BI 报表和应用。

经典 ECC6.0 EhP7 版本以上都可构建在 SAP HANA 数据库之上。SAP 于 2011 年首次发布 SAP HANA，自此成为数据智能化方案的鼻祖。

2. S/4 HANA

S/4 HANA 是新的第四代商务套件，即 SAP S/4 HANA Enterprise Management，是 SAP R/3 之后划时代的创新产品，精简了数据模型并提供新的用户体验——Fiori 应用。

它以简化的核心闻名，并且能够用作 SAP ERP 的替代品。

S/4 HANA 的部署方式有 On-Premise（本地部署）、Cloud（云部署）和 Hybrid（混合部署），企业可灵活选择符合企业发展战略的部署方式。

SAP S/4 HANA Cloud-Edition 有 Cloud Private 和 Cloud Public 两种。

Cloud Public 是公共云平台，客户可租用，系统维护和升级无须客户操作。其优点是可以最先使用最新的软件产品，企业无须购买硬件和进行系统维护，降低企业 IT 成本。

Cloud Private 相对而言灵活性高，可自行实施或托付第三方实施。

SAP 联手 Lenovo 开发了全新的企业云方案，为企业 Cloud Private 提供了顶级基础设施和先进的安全保障。

现在对于那些不愿忍受 IT 体系架构的复杂性，同时又不愿承担安装和维护成本的客户而言，云计算已成为绝佳的部署选项。虚拟化计算机可降低企业范围应用程序的运行成本。通过基于公共云服务的订阅模型，有助于以低成本访问最新解决方案。

S/4 HANA 的行业方案包括 SAP S/4 HANA Finance，SAP S/4 HANA HR，SAP S/4 HANA Supply Chain & Asset Management，SAP S/4 HANA Sourcing and Procurement。相关的行业方案有 ARIBA，CONCUR Success factors，Field class and Hybrids。

3. SAP Simple Finance

SAP Simple Finance 是基于 SAP HANA 的第四代商务套件财务解决方案，又称为 S/4 HANA Finance。它在原有 ERP 功能的基础上，增强功能，简化数据模型，数据源集中在 Universal Journal，数据没有 Aggregates，可实时动态地做财务计划和分析。部署方式有 Premise，Cloud 和 Hybrid。

SAP Simple Finance 解决方案包含会计和结算、财务计划和分析、资金管理、不动产管理、差旅管理、财务监管以及风险和合规管理，可与其他行业应用方案实时集成。

4. Fiori

Fiori 是新一代 UX（User Experience），相对于传统的 UI（User Interface），UX 更加注重终端用户的体验，以简洁易用的方式将原有的业务操作以 App 呈现。经过很短的培训，用户即可进行操作。

Fiori App 的类型有交易型（Transaction）、分析型（Analysis）和简报型（Factsheet）。可定制不同类型的 Fiori App 满足不同客户的需求。

3.1.2　SAP S/4 HANA Finance 的财务角色

SAP 根据最新的技术趋势，实现了数字业务的转换。SAP S/4 HANA Finance 所提供的跨所有角色的财务功能有以下一些特点：单一数据源（Universal Journal）、集成业务规划、现金管理和集中财务（Central Finance），如图 3-1-1 所示。

下面分别介绍 SAP S/4 HANA Finance 的财务角色及其功能。

3.1.2.1　财务副总裁：财务计划和分析

1. 角色功能

制定和转换策略，计划、预算和预测，获利能力和成本管理，监督和报告。

图 3-1-1

2. 功能详解

财务规划与分析方案中集成 BPC，实现了实时存取主数据及其变化、动态进行报表分析和端到端的财务计划制度。Board Portal 是构建在 Cloud 上的新方案，单一数据源确保了报表分析和协同工作的及时性。

Disclosure Management 管理报表阶段的工作，支持 XBRL 报表格式，通过工作流自动分配任务，信息共享使得制作报表的时间减少，降低报表披露成本的同时也确保其遵守 IFRS 和 GAAP 及本地化会计准则。

3.1.2.2　企业报告负责人：会计核算和财务结算

1. 角色功能

会计核算、实体结算、报告和披露、财务结算管理。

2. 功能详解

会计核算和财务结算方案中的财务会计可以管理集成的财务信息和会计账务处理，其标准化和自动化结账功能极大地缩短了财务结账周期。

实体结算（Entity Closing）方案支持控制和监控财务结算，集成的关联数据确保财务合规性。公司结算（Corporate Closing）方案提供合并分支机构报表和报表管理工具，支持多币种和多国际报表准则，自动执行结算流程。

报表披露（Reporting and Disclosure）中预配置的资源包确保合规化，简化了披露流程，且支持 XBRL 报表。财务结算管理（Financial Closing Governance）支持在一个系统中创建、更新和监控财务主数据，同时将其发布到各个系统和流程中，确保数据的一致性。

3.1.2.3　企业财务主管：资金和财务风险管理

1. 角色功能

付款和银行通信、现金与流动性管理、债务和投资管理、财务风险管理、商品风险管理。

2．功能详解

资金和风险管理方案提供银行往来、现金流动性、债务和投资、财务风险和商品风险管理功能，可实时查看汇率，集中管理银行账户，即时查看银行余额及现金流，进行现金预测并确保全面地遵守会计准则。

自动执行交易过账并生成头寸报告，评估财务风险，模拟风险在不同业务场景下的严重程度，实时洞察风险状况。

完善商品采购和销售流程，可根据 GAAP 和 IFRS 制定有效的套期保值战略，识别、量化和降低外汇及商品价格风险，分析商品风险和风险头寸、市价计值及计算风险值。

3.1.2.4 财务运营负责人：协作式财务运营

1．角色功能

应收账款管理、协作式发票到付款、票据管理、财务共享服务、不动产管理。

2．功能详解

协作式财务运营方案中的应收和应付账款管理可以监控客户付款行为，缩短应收账款周转天数（DSO），减少坏账产生，管理预算执行，控制成本。

发票管理，将电子凭证和电子发票集成到应付账款流程中，支持自动处理异常发票、验证和发送发票。

集成的云服务支持差旅计划和差旅费用管理、发票处理和合规性检查。不动产管理方案遵循了 IFRS 16 和 US-GAAP 最新发布的租赁会计准则，支持项目集进行分析、投资追踪、销售线索审核、租赁信息发布、租价上调、租金开票和维修服务订单处理等。

3.1.2.5 首席合规官：企业风险和合规管理

1．角色功能

企业风险管理、控制和合理管理、国际贸易管理、欺诈管理、审计管理。

2．功能详解

企业风险和合规管理方案中的企业风险管理对云身份、本地访问、数字控制和存取冲突等权限进行控制管理。Cloud 和 On-Premise 部署的国际贸易方案支持进出口业务管理、自由贸易协定和海关程序管理。

审计管理方案用于内审计划和执行并监管内审，追踪审计执行过程及审计问题，可与欺诈管理、风险管理和流程管理集成，从而管理采购、贿赂和行业诈骗等风险，通过设定欺诈 KPI 预测分析欺诈模式，可集成流程管理和审计管理进行欺诈检测、合规性检测和欺诈调查处理等。评估分析和欺诈方案与相关 ERP 应用集成可阻止潜在欺诈性交易的发生。

3.2 关于 S/4 HANA 中的财务会计（FI）的基本应用的概述

3.2.1 SAP ERP 财务会计中的总账会计（G/L）

总账会计（G/L）（如图 3-2-1 所示）的中心任务是通过会计为外部会计提供一个全面的图景。将所有与价值相关的业务交易（主要的会计记录以及来自内部会计的结算）记录在一个与公司所有其他业务领域完全集成的软件系统中，可以确保会计数据始终是完整的和准确的。

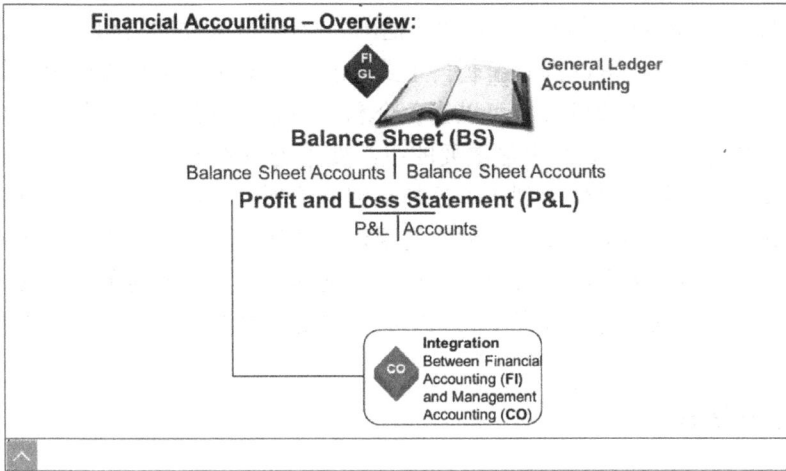

图 3-2-1

下面对总账会计（G/L）的特点进行介绍，如图 3-2-2 所示。

（1）自由选择级别：企业集团或公司；

（2）在适当的总账账户（对账账户）中自动同时过账所有分类账项目，并更新总账和成本会计；

（3）以显示账户、不同财务报表版本的财务报表和附加分析的形式，实时评估和报告当前会计数据。

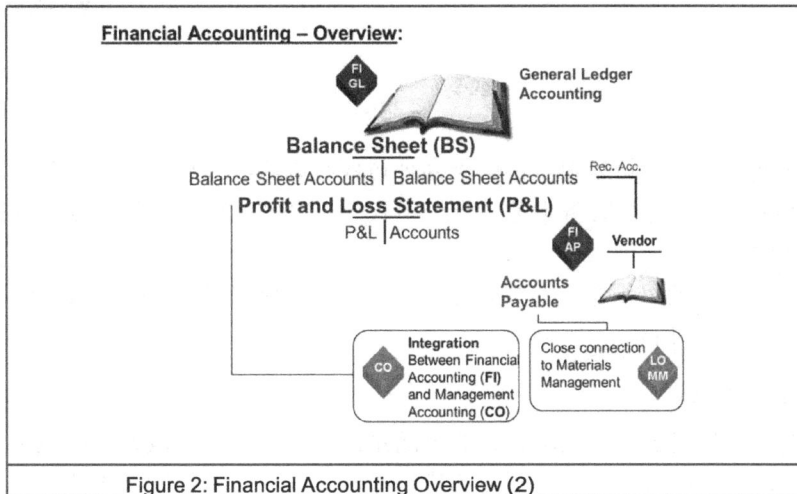

图 3-2-2

3.2.2　会计核算的组织要素

组织要素遍布 SAP 系统的所有重要功能范围。FI 中最重要的组织要素是公司代码，它是 FI 中的最小组织单位，可以为其编制自主式完整科目集供外部报告使用。其他重要的组织要素是利润中心业务范围和段。您可以为各个利润中心业务范围和段创建一组完全实现平衡的财务报表。成本控制（CO）中最重要的组织要素为成本控制范围。在本节，我们将了解用于将一个或多个公司代码分配到成本控制范围的选项。例如，在全球设有多个公司，各公司必须满足其所在国家的报表要求，因而均要以公司代码来表示，然后向成本控制范围分配公司代码。在 S/4 HANA 中，与公司代码相同，利润中心充当着财务报表的维度，这意味着可按标准为利润中心创建财务报表。利润中心不再是单独的组件，而是总账会计本身的一个主要组成部分。

3.2.2.1　组织要素

1．公司代码

（1）公司代码是独立的会计实体，是最小组织要素（可为其编制自主式完整科目集）。公司代码是由 4 个字符组成的唯一代码，可为字母数字形式。每个公司代码均具有本币。以外币过账的金额会自动转换成本币，如图 3-2-3 所示。

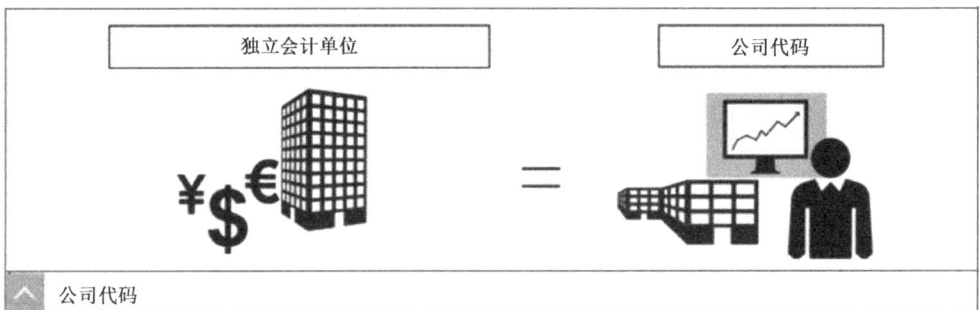

图 3-2-3

总账会计处于公司代码级别。它用于为公司代码创建法律要求的资产负债表和损益表。必须为 S/4 HANA 中的每个财务事务指定公司代码。公司代码既可以手动输入，也可以从其他数据元素派生。

（2）会计核算中的组织单位。以组织单位为基础编制公司代码，SAP 中进行会计核算的组织单位如图 3-2-4 所示。

2．成本控制范围

成本控制范围是代表用于成本会计的密闭系统的组织单位。成本控制范围可能包含一个或多个公司代码，如有需要可以用不同的货币操作。同一成本控制范围的公司代码必须全部使用相同的运营科目表和会计年度变式。

3．经营组织

经营组织代表组织的一部分，其中销售市场会以统一的方式进行结构化，针对收入设置成本后，可以通过定义分类特征（如产品组、客户组、国家组或分销渠道组）的市场段，计算经营利润。市场段又称为获利能力段。可将多个成本控制范围分配至一个经营组织。

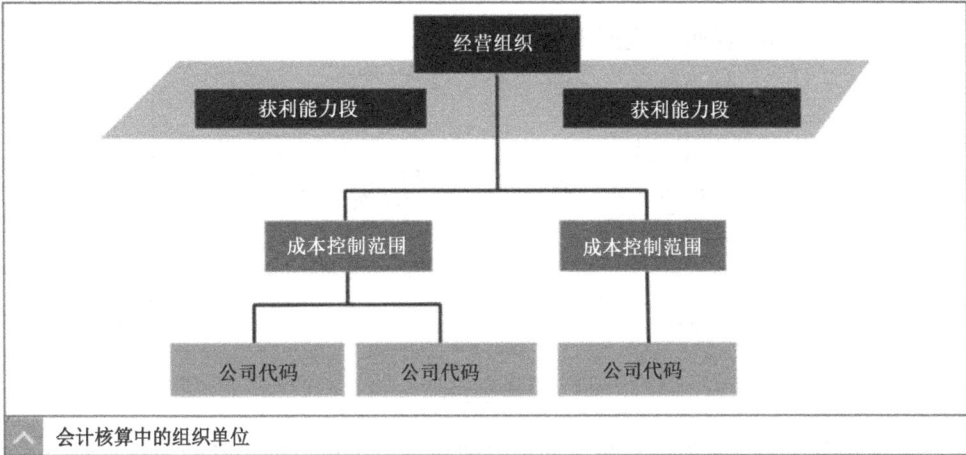

图 3-2-4

4. 平行财务报表

所谓平行财务报表（分类账法），是指在 S/4 HANA 中的分类账法允许在总账会计内并行管理多个总账，并以此方式创建不同的财务报表（分类账法）。

许多公司不仅必须根据一个特定的会计准则创建报表，同时还需要达到不同的信息要求（如国家特定的要求、公司集团的标准等）。这意味着公司必须根据本地会计标准［如美国公认会计准则（GAAP）或德国商业代码（HGB）］以及国际财务报表标准（IFRS）创建财务报表，如图 3-2-5 所示。

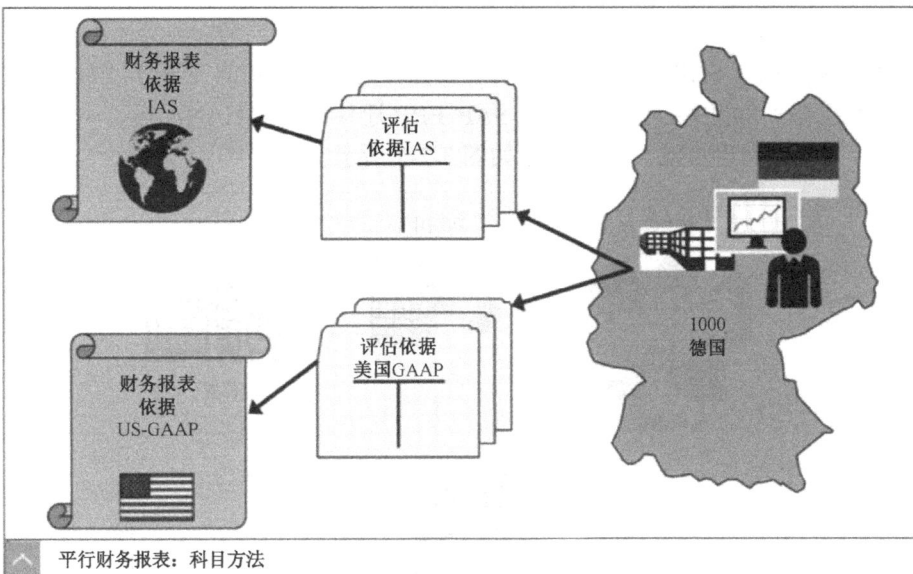

图 3-2-5

此科目方法广泛应用于此环境中，不同的评估方法会向不同科目进行过账（仅在评估、折旧或应计等主题的原则存在差异时如此）。例如，根据 US-GAAP 编制的财务报表仅考虑遵循此会计准则的科目，如图 3-2-6 所示。

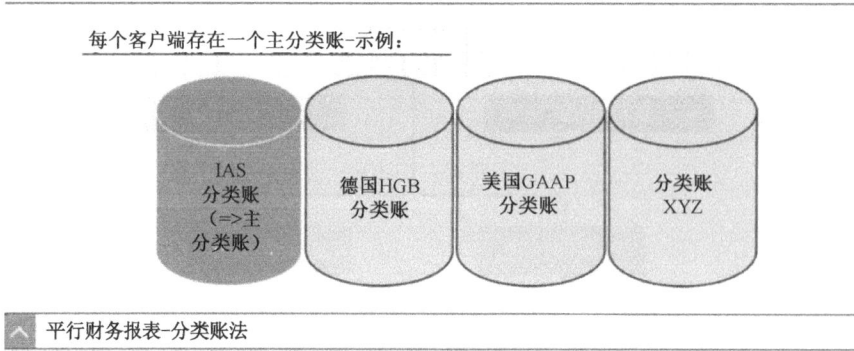

每个客户端存在一个主分类账-示例：

IAS
分类账
（=>主
分类账）

德国HGB
分类账

美国GAAP
分类账

分类账
XYZ

平行财务报表-分类账法

图 3-2-6

在总账会计中，一个分类账扮演主分类账的角色。还可以使用其他科目（科目方法）并行管理科目。在此情况下，新总账会计中只存在一个分类账——主分类账。

3.2.2.2 利润中心

在 S/4 HANA 中，利润中心可成为财务会计的一部分，这意味着利润中心的信息存储在通用日记账表中。与公司代码相同，利润中心充当着财务报表的维度，这意味着可按标准为利润中心创建财务报表。责任中心的利润范围不要与成本中心的相混淆。利润中心不再是单独的组件，而是总账会计本身的一个主要组成部分。

利润中心可表示许多对象：

（1）公司内的组织单位（如工厂）；

（2）业务范围；

（3）地理位置。

在使用经典总账的 SAP ERP 中，利润中心会计是成本控制的一部分，相应的 CO 组件称为企业成本控制—利润中心会计。在从 SAP ERP 迁移到 S/4 HANA 后，不建议在利润中心会计中并行使用这两种方法。利润中心如图 3-2-7 所示。

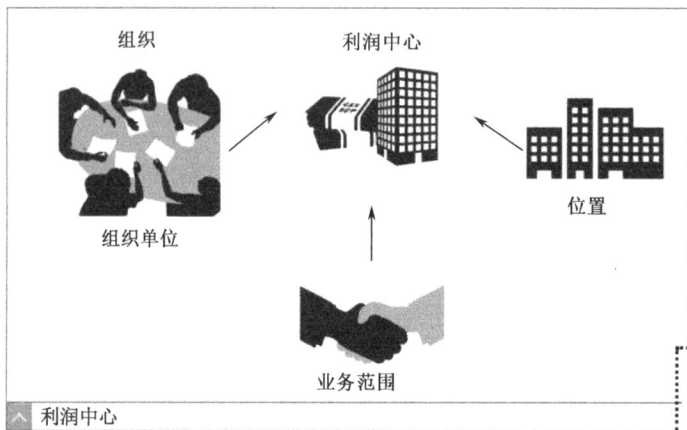

组织

利润中心

位置

组织单位

业务范围

利润中心

图 3-2-7

3.2.2.3 段

段可用于进行报告，例如可用在 IFRS 和 US-GAAP 中进行段报告。

段报告的目的如下：

（1）深入介绍多元化公司中不同的业务活动；

（2）提供有关一般环境的信息；

（3）更好地概述公司的经济绩效；

（4）提高对公司的销售潜能和财务储备的预测能力；

（5）更好地预见公司面临的风险和机遇。

根据国际会计准则，公司有义务在其报表中提供关于业务段（运营段）的财务结果信息。

可报告段是一个运营段，其报告的收入是所有运营段合并收入的 10%或更多，或其资产是所有运营段合并资产的 10%或更多。

为了在 SAP S/4 HANA 中实现准确的段报告，必须在过账期间在会计凭证的行项目上维护此段，要过账的段通常由利润中心派生而并非手动输入。期末在管理会计中执行成本和收入分配。过账还会在财务会计中通过这种方式更新此段，段报告会始终与企业实际感知的内容一致。

SAP 允许在利润中心主数据中保存段。在过账到利润中心时，会自动向此段过账。定义段如图 3-2-8 所示。

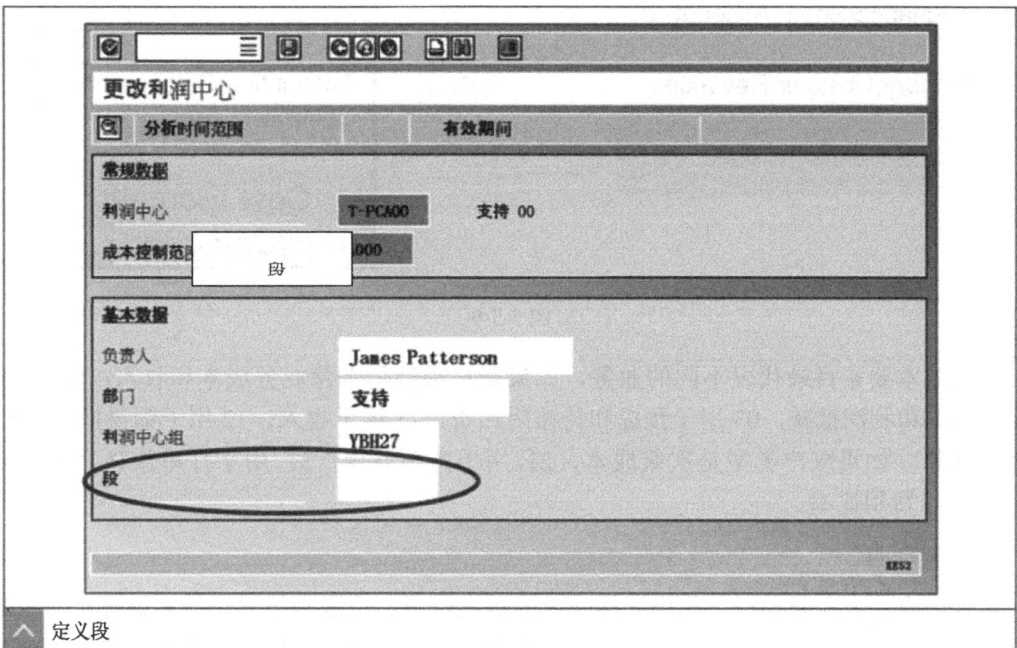

图 3-2-8

3.3 概述 S/4 HANA 财务会计（FI）总账会计（G/L）

3.3.1 S/4 HANA 财务会计（FI）总账会计（G/L）中的几个概念

S/4 HANA 财务会计（F1）总账会计（G/L）中有几个重点概念：账户类型（Account Type）、统驭科目（Reconciliation Accounts）、账簿（Ledger）和预提（Accrual)，需要大家理解清楚。

1. 账户类型

它是会计科目的一种属性，S/4 HANA Finance 有四种账户类型：主营业务成本和收入、非主营业务成本和收入、资产负债表科目，以及次级成本。成本要素主数据和会计科目的管理集成在同一平台，仅当账户类型是主营业务成本和收入或者次级成本时，需要在会计科目主数据中设定管理会计相关的成本要素目录。这也是系统迁移客户进行数据切换时所要注意的地方，如图 3-3-9 所示。

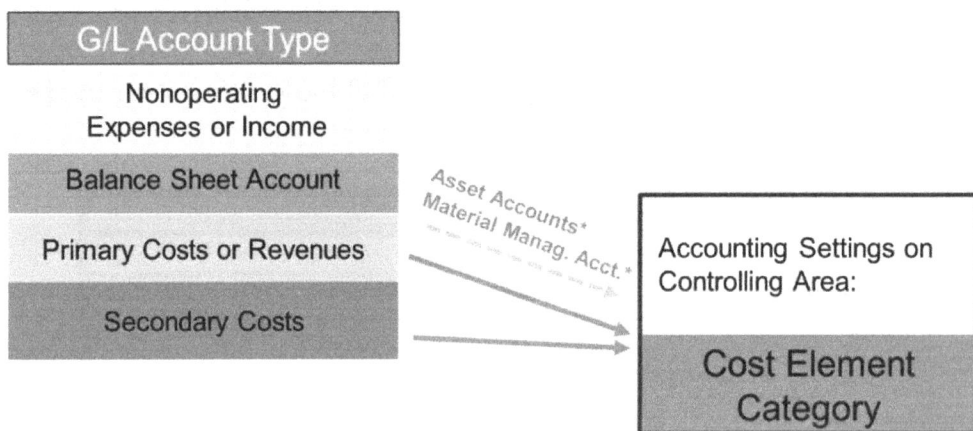

图 3-3-9

不同成本要素目录代表不同的业务，如果账户类型是主营业务成本和收入，01 用于主营业务成本和利润抵减，03 用于预提和待摊附加费，11 用于收入，12 用于销售抵减，22 用于外部结算。如果账户类型是次级成本，21 用于内部结算，31 用于订单或项目的结果分析，41 用于费用比率。

2. 统驭科目

实时集成总账和分类账，起到连接两者的桥梁作用。总账是根据会计科目设定的账簿，用来登记一个单位的全部经济业务，可提供资产、负债、资本、费用、成本和收入等全部核算资料；分类账也叫明细账，是按照二级或明细会计科目设立的分类账户，如图 3-3-10 所示。

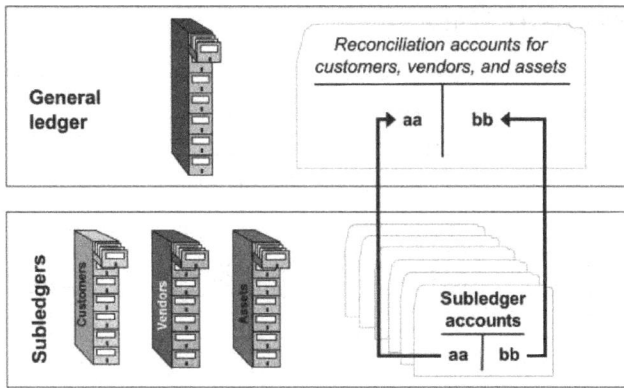

图 3-3-10

统驭科目和总账科目容易混淆，它们之间的区别是：统驭科目用于应收、应付和资产会计分类账，不可以直接手工记账，而总账科目可以直接手工记账。

3. 账簿

有总账、日记账、分类账和备查账。总账的含义前文已介绍；日记账是按经济业务发生时间的先后顺序记录的账簿；分类账是按照账户分类记录各项经济业务的账簿；备查账又称辅助账，是对总账、日记账和分类账中不能记录或记录不全的经济业务进行补充登记的账簿。

在 S/4 HANA Finance 新总账会计中，不同会计准则对应不同的会计账务处理，用账簿存储会计账务处理，扩展账户（Extension Ledger）功能可处理备查账务。除标准账簿外，可以配置多个扩展账户，但其只存储 Delta 数据。

基于扩展账户发布的 SAP 标准财务报表包含标准和扩展账户的全部数据。

4. 预提

预提是指企业按规定预先提取但尚未实际支付的各项费用。根据权责发生制原则，属于当期发生，因发票未到而尚未支付的费用应计入当期损益。SAP 预提引擎可以计算预提费用和过账。

保存创建的预提引擎凭证后，系统自动计算预提并过账，也可冲销预提引擎凭证和手工过账。通过配置实现多张预提引擎凭证合并过账，也可对已经过账的凭证进行拆分和合并或增加凭证行项目。

Fiori 中相关的 App 有 Create Accrual Objects 创建的 Accrual Object，Start Periodic Accrual Run 执行 Accrual Engine，Manual Accruals:Display line items 显示 Accrual 行项目。

3.3.2 维护总账主记录

在总账科目中，一个公司代码在某些情况下可以拥有多个科目表。公司代码执行过账时，必须将该公司代码分配到运营科目表，科目表是可接收一个或多个公司代码过账的总账科目的清单。为了过账至总账科目，除科目表段外，公司代码必须创建其自身的总账科目主记录的特定段，该段只存在一次，并与所有公司代码相关。

根据科目表设置每个总账，所有总账科目的定义均以有序形式包含在科目表内，定义主要由科目编号、科目名称和总账科目类型组成。如总账科目类型有损益表类型科目、资产负债表类型科目等，如图 3-3-11 所示。

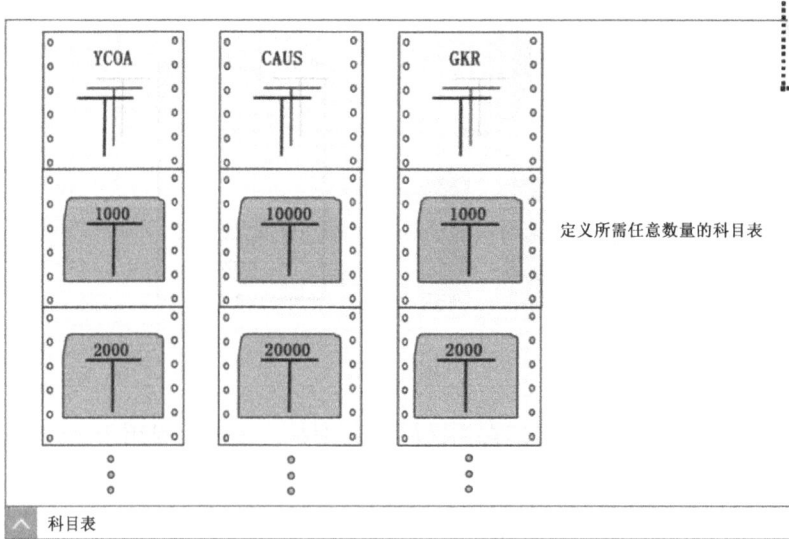

图 3-3-11

在 SAP 系统中，可以定义无限个科目表，标准系统中可包括大量国家特定的科目表，如图 3-3-12 所示。

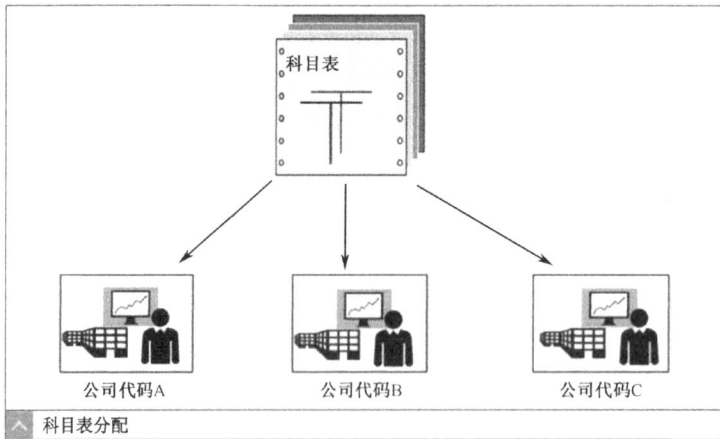

图 3-3-12

必须为每个公司代码指定一个总账的科目表。此科目表在配置中分配到的公司代码作为其运营科目表。

如图 3-3-12 所示，一个科目表可被多个公司代码使用。这意味着这些公司代码的总账科目具有相同的结构。

3.3.2.1 按公司代码设置科目表

使用公司代码中的科目前，要在科目表级别维护科目定义。之后可以创建公司代码特定的设置，这些设置仅在该公司代码中有效。以公司代码定义科目货币特定设置为例：公司代码 1010 的大多数科目都使用欧元，而公司代码 1710 的大部分科目则使用美元。如果公司代码的本币为科目货币，那么可以使用任意货币向该科目过账。如图 3-3-13 所示。

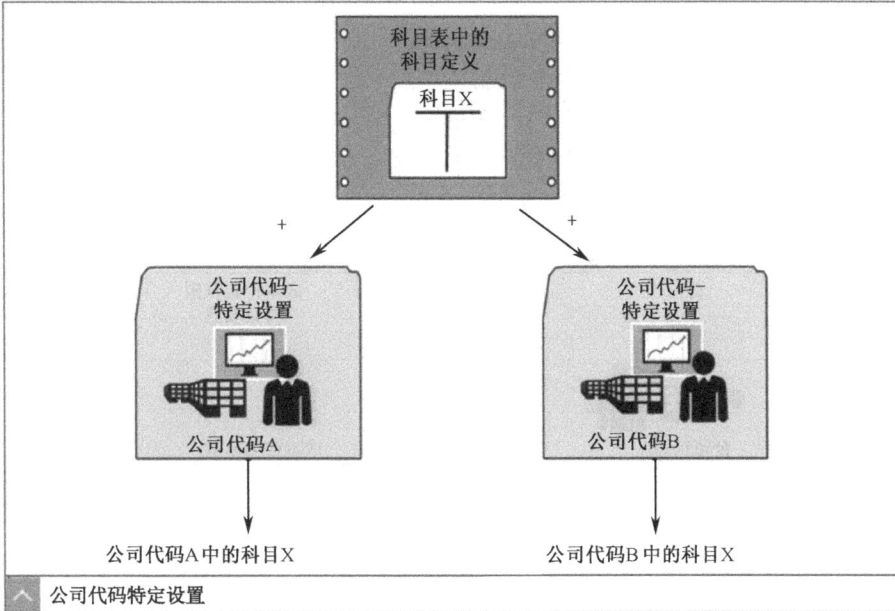

图 3-3-13

3.3.2.2 科目组

科目组用于组织和管理大量总账科目，只要创建新总账科目就必须为其指定科目组。科目组中相同的科目通常具有类似的业务功能，如图 3-3-14 所示。

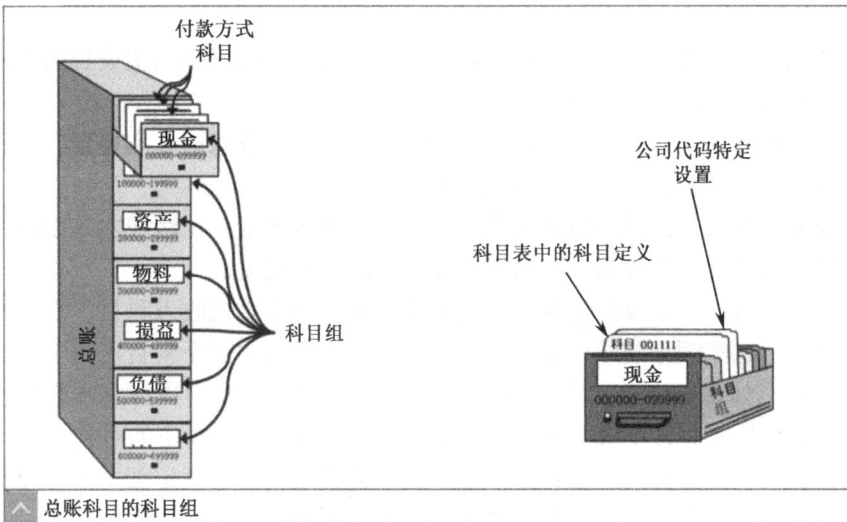

图 3-3-14

可以为科目设立科目组，如费用科目、收入科目、其他资产负债表科目等。

为科目组分配编号。通过这些编号，可以控制现金科目、费用科目等所允许使用的科目编号，如图 3-3-15 所示。

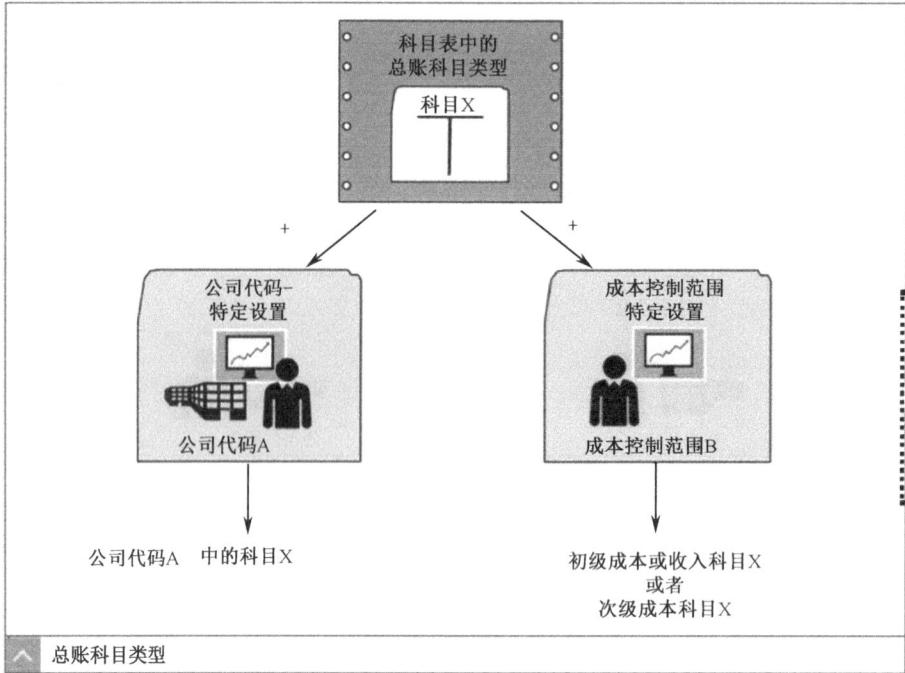

图 3-3-15

3.3.2.3　常见的总账科目类型

（1）资产负债表科目：从业务交易过账的科目。在会计年度结束时结转余额的是资产负债表科目。

（2）非营业性费用或收入科目：损益表科目用于记录不属于公司主要目的的活动的费用或收入，如制造公司通过财务投资而获得的收入。

（3）初级成本或收入科目：损益表科目用作初级成本或收入的成本要素。初级成本反映运营费用，如工资核算、销售费用或管理成本。

（4）次级成本科目：损益表科目用作次级成本的成本要素，次级成本是由组织内的价值流产生的，如内部活动成本分配、间接成本分配以及结算交易。

成本控制范围内的特定数据仅需要用次级成本和初级成本或收入科目。在成本控制范围内的特定数据中，您必须分配成本要素类别，此类别用于确定哪个科目可用于 CO 中的哪个业务交易。例如，如果已将成本要素类别 21（内部结算）分配到次级成本科目主记录，则次级成本科目仅可用于将订单成本或项目成本结算到成本控制 CO 中的对象。

如果已将资产科目定义为统驭科目，已在资产会计或物料管理定制中的相应科目中分配科目，则可以选择将资产和物料资产负债表科目集成到成本控制，如图 3-3-16 所示。

统驭科目会将明细分类账与总账进行实时连接，这表示过账到明细分类账的同时，也会过账到总账科目中相应的统驭科目。

通过统驭科目连接到总账的明细分类账包括：应付账款、应收账款、资产会计，如图 3-3-17 所示。

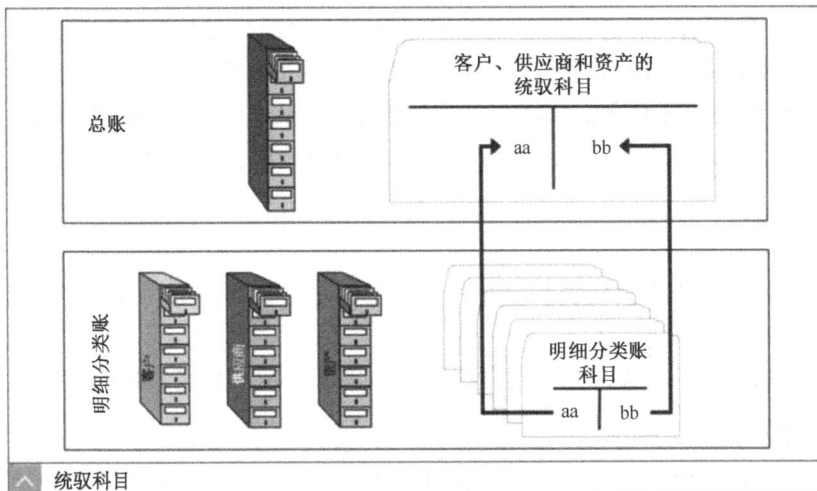

图 3-3-16

图 3-3-17

交易额描述借方或贷方科目所有过账的总计，SAP 系统中会始终为每个科目保存一个借方交易额和一个贷方交易额，使用这些交易额可计算公司代码的财务报表。

可以从科目余额下钻到行项目，然后再到凭证。

如果使用利润中心段、功能范围或业务范围，那么还将按利润中心段、功能范围或业务范围保存交易额。如果为利润中心创建了财务报表，则使用该特定利润中心的交易额为财务报表提供信息。

3.3.3 总账日常业务

总账日常业务包括：总账过账事务、会计凭证、凭证类型、过账码等。然后，通过分析已过账科目的交易和运行资产负债表来检查过账的影响。

会计分录是会计日常工作的一部分。在 SAP 系统中，会计人员使用 Fiori 应用或传统

SAP GUI 事务。使用这两种方法时，总账科目过账会自动列在损益表报表中（如果财务报表版本中包含该科目）。查询已过账科目时还可显示对应的过账。

可使用 Fiori 应用过账总账日记账分录或使用 SAP GUI 事务 FB50 轻松创建和过账总账科目凭证。Fiori 应用过账总账日记账分录的输入屏幕可分成多个区域。

3.3.4 财务报表

总账用于提供创建资产负债表和损益表所需的信息，要满足不同报表要求，在 SAP 系统内可创建不同的财务报表版本。

常用的报表版本有三大类：企业运营科目表、国家特定科目表及集团科目表。

1. 企业运营科目表

对于全部公司代码属于同一个成本控制范围的公司尤其重要，因为这些公司代码之间经常会发生大量的业务活动，而且所有公司代码已分配到同一运营科目表。

2. 国家特定科目表

在某些国家，必须使用相应国家特定科目表向各个机关提交其财务报表。为了能够满足法定报表的编制要求，使用国家特定科目编号时，要为这类公司代码创建一个国家特定的科目表。在主记录的公司代码段中，每个总账科目都必须分配到公司代码国家科目表中的一个科目，这要使用备选科目编号字段来完成。每个国家特定科目表的科目编号只能使用一次。

3. 集团科目表

如果不是所有公司代码都使用相同的运营科目表，则可使用集团科目表进行合并。在配置中，将运营科目表分配到此集团科目表。

一旦运营科目表分配到了集团科目表，集团科目编号字段便会成为主记录科目表段的必填字段。可以将运营科目表的多个科目分配到一个集团科目编号。

3.4 SAP 中的财务会计、管理会计及智慧财务

3.4.1 管理会计（Management Accounting）和财务会计（Financial Accounting）的差别

财务会计侧重于对外服务，为政府机构及其他企业外部利益相关者提供会计信息资料，其计量对象一般都用货币计量；管理会计侧重于对内服务，满足企业内部管理的需求，是基于业务数据或者通过推算和设计模型等方法得出支持企业决策的分析报表，报表可用货币计量，也可用货币之外的其他计量方式。比如，管理会计的物料分类账中支持企业决策的分析报表可用货币计量，也可用货币之外的其他计量方式；又如物料分类账中的物料投入产出数量差异和利润分析中的高利润销售渠道分析等，如图 3-4-1 所示。

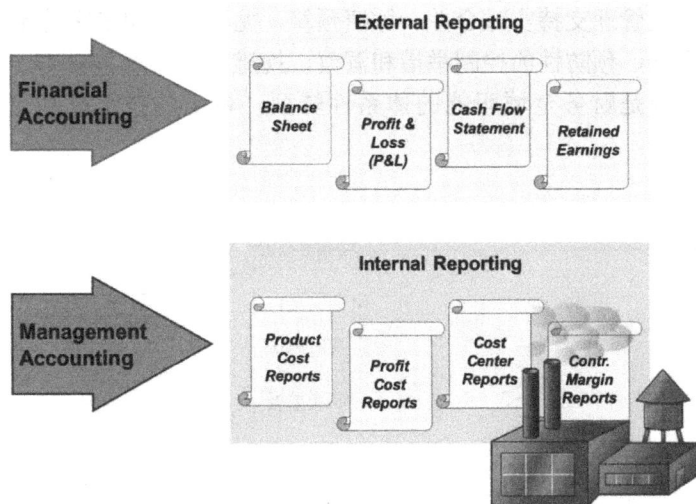

图 3-4-1

3.4.2 SAP 智慧财务

"创新是引领发展的第一动力",积极推进技术创新、产品创新、管理创新、模式创新及体制创新,已经成为构建竞争优势、推动企业发展的不二选择。财务部门承担着制定预算、配置资源的重要任务,如何在有效管控风险的同时为创新赋能,积极发挥会计在推动创新方面的积极作用,是所有企业的 CFO 都需要认真面对的重大问题。CFO 应探寻如何更好地发挥包括管理会计在内的会计工作对创新的推动作用,如何做好加强创新与管控风险之间的良性平衡,使财务更好地赋能创新、助力企业的发展。

3.4.2.1 智慧财务的概念

在"云大物移"、财务机器人 RPA、机器学习、人工智能等新技术在财务领域广泛应用的背景下,需要财会管理人员发展敏捷适配业务与业务深度融合(业财一体化),智慧财务,是以数据为中心的。它是创新理念下的体系化转型升级及价值创造的新型财务。

1. 发展敏捷适配业务与业务深度融合

企业业务模式的变化较以往更剧烈和频繁,成功的业务创新需要财务提供及时可见信息,这不仅是业务结果自动记账,而是核算、预算、资金、税务、报告等财务职能与业务全面协同。所以,构建敏捷适配业务并与业务深度融合的财务体系的必要性和紧迫性比以往都强。这是智慧财务面临的基本问题。

2. 体系化的财务转型升级和价值创造

当前的财务转型是借助大数据、云计算、机器学习、人工智能和机器人技术的应用而进行的,是对财务职能进行结构化调整。

智慧财务以数据为核心,强调高效财务运营,并控制风险、保护企业价值,典型特征包括:

- 信息驱动替代交易驱动,同步精简和标准化数据结构;
- 全局 ERP 支持智能、自动、标准和端到端的核心流程;

- 一体化绩效管理支持实时合并、敏捷预算，尤其是面向未来的预测和分析；
- 集中、自动、预防性的控制举措和洞察，规避风险。

因此智慧财务是财务全域职能的体系性转型，单点的技术创新仅是其中一部分，如图 3-4-2 所示。

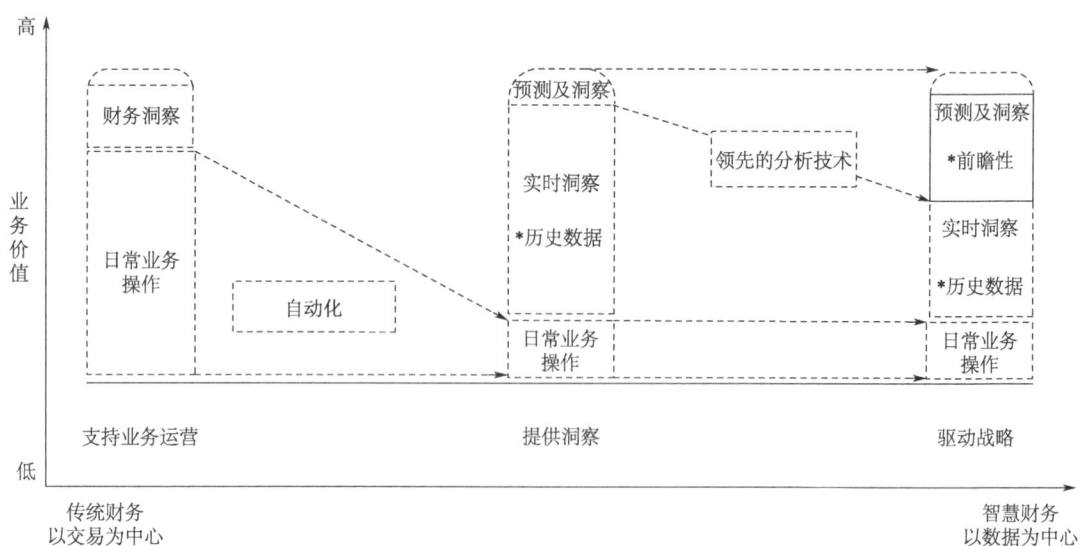

图 3-4-2

3.4.2.2 管理会计与智慧财务之间的关系

2014 年国家开始推动中国管理会计体系建设，以扭转企业"重核算、轻管理；重财务、轻业务；重报告、轻分析"的状况，推进企业科学可持续发展。智慧财务与管理会计之间的关系如下：

1. 智慧财务明确"新型"管理会计应用领域

战略管理、预算管理、成本管理、营运管理、投融资管理、绩效管理和风险管理是管理会计应用领域。智慧财务以数据为中心的信息化视角要将新概念下的管理会计发挥效用，必须以上述财务职能的优化为条件，本质还是财务数字化转型的问题。

2. 智慧财务强调业财融合的管理会计

智慧财务是以嵌入单位相关领域、层次、环节，以业务流程为基础，利用管理会计的工具和方法，将财务和业务等有机融合的新型管理会计。它利用财务信息化技术进行有效整合和科学分析大量的财务和非财务信息。智慧财务的业财融合不仅是自动生成记账凭证，而且在战略管理、预算管理、成本管理、营运管理、投融资管理、绩效管理、风险管理多领域进行业财融合。业财融合是智慧财务落地的必要手段。

SAP 系统中的业务和财务是在组织、流程、数据、报告指标方面的真正一体融合。把智慧科技与业务应用整合在一起，服务于客户、供应商、员工、供应链和业务流程。S/4 HANA 智慧财务将预算与绩效、资金、核算、报告、税务等财务职能整合在一个应用和技术平台上，通过多职能整合和结构化选择，为企业提供财务转型的全面差异化支持。转型一体系化财务职能的整体和结构性优化如图 3-4-3 所示。

財務和风险管控Finance and Risk | Chief Financial Officer

VP, 财务绩效	集团报表管理	财务运营管理	集团资金管理	集团风控管理	CISO, CIO
企业计划管理和分析	财务核算和关账	财务运营	资金管理	企业风险合规	网络安全与数据保护
全面预算管理	基础会计核算	记账到报表	收付款结算和银企直连	企业风险管理	访问合规和身份认证
集团成本利润管理	单体公司结账	订单到现金	现金和流动性管理	合规和内控管理	单店登录
集团管理报表	集团结账	采购到付款	投融资管理	自动风险监控	访问监控
	法定财务报表	税务管理	理财风险管理	政策生命周期管理	数据外泄保护
	税务管理	不动产管理	大宗商品风险管理	审计管理	
	集团关账管理	差旅费用管理	资金运营合规	国际贸易管理	
		财务共享服务			
		财务流程合规			

图 3-4-3

3.4.2.3 SAP 智慧财务

智慧财务是业财融合、财务转型和技术创新。SAP 系统正在摒弃传统的财务，走向智慧财务。

1. 创新性 SAP 智慧财务的应用场景举例

（1）S/4 HANA 财务核算中的"胖总账"取代了"大凭证"。

S/4 HANA 可以在账簿中添加数百个核算维度，形成"胖总账"（大表 ACDOCA），财务可按需随时组合维度分析，给财务人员提供了一个有无限可能的"透视表"。例如，辅助核算是整合财务和非财务信息的最便捷做法。传统的辅助核算可以添加在凭证中，却不能全部添加在账簿中。例如，工程建设企业的财务要快速查询某个公司、项目、合同、客商等多个维度组合的往来款项余额，受限于传统技术限制账簿不能容纳所有维度，财务只好求助 IT 开发汇总凭证明细的报表。S/4 HANA 中的"胖总账"取代了"大凭证"，这是底层架构革新带来的划时代进步。

（2）SAP S/4 HANA Finance 管理会计方案中的物料账(Material Ledger)

其主要功能是记录物料所有移动，原材料和产成品存货科目余额的多币别管理（即平行货币），实际成本计算和转移价格。

中国会计准则规定，对存货的核算必须采用历史成本法，即实际成本法，如果企业采用计划成本法或者定额成本法进行日常核算的，应当按期结转其成本差异，将计划成本或者定额成本调整为实际成本。

SAP 物料分类账方案正为此需求而诞生，基于 S/4 HANA 的物料分类账方案相比传统方案，性能和功能更加优化，其对系统资源的需求减少，扩展性和数据吞吐量有很大提升，Fiori App 可实时洞察物料的移动状况，根据存货周转指标，实时分析存货和预测。

2. SAP 智慧财务中的 iRPA

当前财务机器人（RPA，"流程自动处理"）指的是重复工作的替代工具，可提升工作效率和准确性。SAP 的智慧机器人（Intelligent RPA，iRPA）被机器学习（ML）和人工智能

（AI）赋能，财务的智慧有了更多的可能性。SAP 已经推出了包括会计记账、资金收付、争议管理在内的多种场景 iRPA，并且在不断地进行应用扩充。 技术架构、创新应用和用户体验的财务应用场景如图 3-4-4 所示。

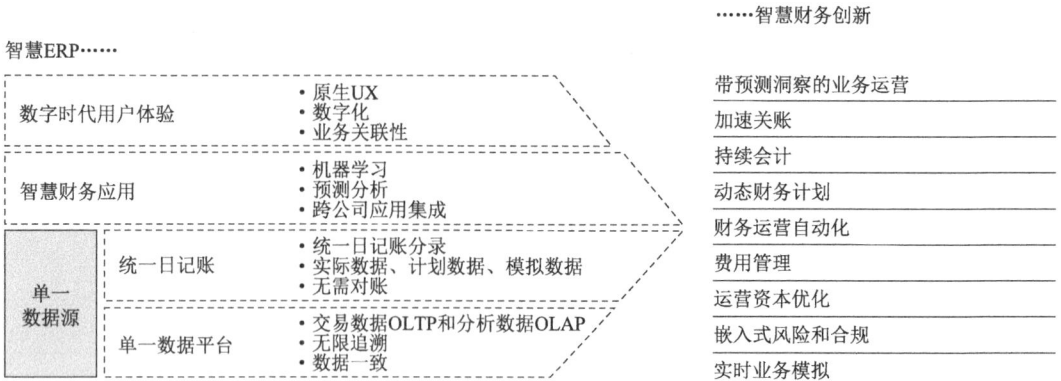

图 3-4-4

综上，"新型"管理会计体系是以业财融合为基础，以信息化为支撑，并与数字化转型的财务职能相互作用的。管理会计与智慧财务共同推进财会数字化转型的发展。

3.5 SAP 智慧财务与设计思维

智慧财务需要创新，创新需要方法论，必须要有创新的社会环境。

3.5.1 设计思维概念

"设计思维"不仅以人为中心，而且是一种全面的、以人为目的、以人为根本的思维。个人和团队可以用它创造出突破性想法，在真实世界中实现这些想法并使它发挥作用。"

设计思维是面向未来，从最终用户（客户的客户）的角度出发，利用创造性思维，事先对设计的产品、项目、流程、商务模式或者某个特定的事件等，通过观察、探索、头脑风暴、模型设计、讲故事等制定目标或方向，然后寻求实用的、富有创造性的解决方案。其主要目标是站在客户需求或者潜在需求的角度发现问题，然后解决问题。

设计思维与设计不同。设计是把一种计划、规划、设想通过某种形传达出来的活动过程。而设计思维是一种思维模式，它不但考虑设计的产品、服务、流程或者其他战略蓝图本身，更重要的是"以人为本"，站在客户的角度实现创新

3.5.2 创新要素、类型、条件

（1）要素：用户潜在需求的渴望性；创新技术实现的可行性；商业价值的可延续性。
（2）类型：变革创新；市场创新；产品创新；运营创新。
（3）条件：必须有创新文化；需要组织高层的重视、授权和投入；需要有创新的人才和团队。

3.5.3 传统商业思维和设计思维的区别

传统商业思维：传统价值链，左脑思维；设计思维：创新价值，右脑思维。如图 3-5-1 所示。

	传统商业思维	设计思维
根本假设	从现在到未来：理性、客观、量化。低头实干70%	面向未来：以人为本，基于用户本质需求的实践性、本能性的思维
方法	线性：发现、分析、解决：分析工具、建模、实证研究：波士顿矩阵、鱼骨图、SWOT 分析法……数据驱动，逻辑思维	发散：用手思考，客户旅程地图、全局分析地图、商业模式画布、未来/现状/瓶颈/想法、莲花图方法等 60 余个工具，头脑风暴……
过程	通过计划"说"：开会	通过行动"做"：游戏、故事
决策	依靠逻辑思维、数字模型	依靠情感洞察、经验模型
价值观	追求稳定：把问题当困难去解决	追求稀奇：问题就是创新的机会
聚焦点	解决问题： 理性、逻辑、秩序、控制，得到一个最佳答案	探索挑战： 人性化，建立未来的创造力，发散与聚焦的结合，然后找到一种较好的可能性

图 3-5-1

从本质上来说，设计思维是一种解决问题的创新方法，就是用于确定和创造性解决问题的系统化的解决方法。如图 3-5-2 所示。

图 3-5-2

3.5.4 设计思维三要素：

设计思维三要素为：
（1）开放且善于思考的方法；
（2）以最终客户为中心；
（3）相互关联的小型周期迭代流程。
如图 3-5-3 所示。

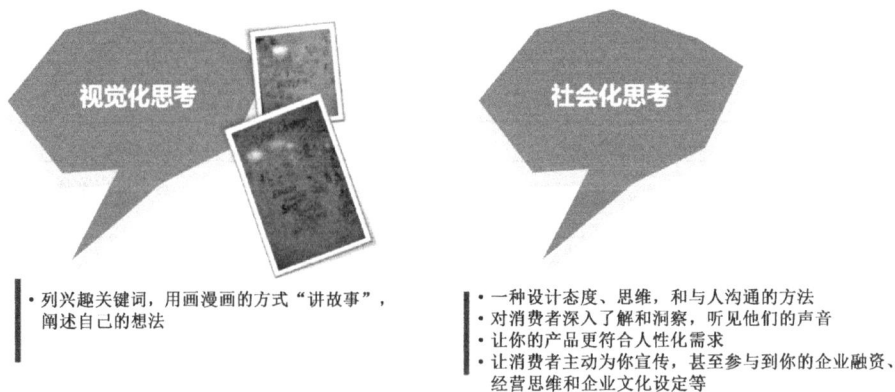

视觉化思考

· 列兴趣关键词，用画漫画的方式"讲故事"，阐述自己的想法

社会化思考

· 一种设计态度、思维，和与人沟通的方法
· 对消费者深入了解和洞察，听见他们的声音
· 让你的产品更符合人性化需求
· 让消费者主动为你宣传，甚至参与到你的企业融资、经营思维和企业文化设定等

图 3-5-3

3.5.5　设计思维七大特征

设计思维的七大特征为：
（1）客户中心（同理心态）；
（2）目标导向（顶层设计）；
（3）天马行空（右脑思维）；
（4）广集想法（民主集中）；
（5）万事皆可（开放心态）；
（6）变换角度（重新审视）；
（7）打破常规（超越现实）。

3.5.6　创新规则

创新的规则有：
（1）不批评，不指责，不议论；
（2）不要沿用惯性思维、逻辑思维、个人偏见；
（3）创新点子，目标导向，面向未来；
（4）不能成为吐槽大会；
（5）民主集中制，聚焦主要观点。

3.5.6.1　头脑风暴时的规则

头脑风暴时应遵守以下规则：
（1）不评论、不讨论、不支持、不宣扬、不提问、不批评；
（2）天马行空、异想天开，说出尽量多可能想到的任何点子；
（3）越多越好，重数量而不重质量（但要把握时间）；
（4）见解无专利，鼓励组员综合数种意见或在他人的意见上发挥自己的观点；
（5）六顶思维帽；
（6）没高低层次之分，没有领导和员工之分，参与人员人人平等。

3.5.6.2 讲故事需要遵循的规则

讲故事时应遵循以下规则：

（1）要有冲击力，引人入胜；

（2）最好是亲身经历，增加故事的可信度；

（3）时间、地点、人物俱全，人物最好是和客户有关系的人物或者公众人物，让人感觉故事的真实性；

（4）最好是大于等于客户公司规模的案例，让客户看到你做的项目是如何成功的，是如何让项目相关的所有人员获得收益的，以彰显故事的可类比性；

（5）故事要能引起人的兴趣，就一定要有冲突情节才可以达到高潮，突出故事的高潮性；

（6）结局必须有成功的解决方案：故事一定是围绕着成功的解决方案进行的，最后在大家都没有办法时，显示我们是如何帮助客户解决问题的，突出故事的成功性。

3.5.7　设计思维五大步骤

设计可分为五大步骤，如图 3-5-4 所示。

图 3-5-4

第一步：确定同理心主题设计方案的范围，调研现状问题、客户期望的经历，如图 3-5-5 所示。

图 3-5-5

第二步：下定义，如图 3-5-6 所示。

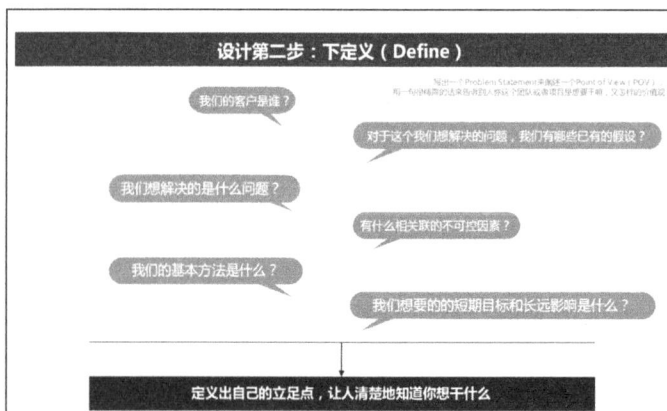

图 3-5-6

第三步：构思新点子，如图 3-5-7 所示。

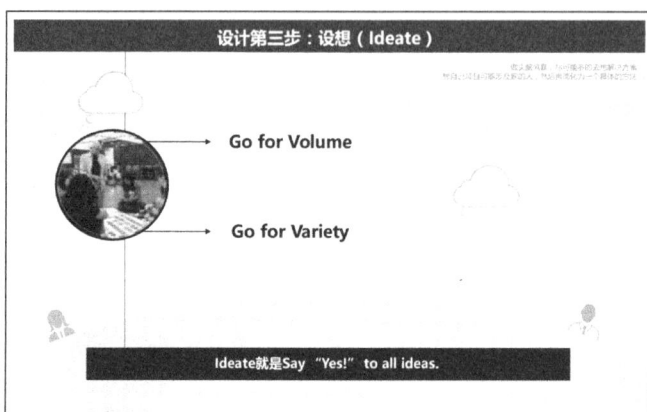

图 3-5-7

第四步：可行性研究，原型设计如图 3-5-8 所示。

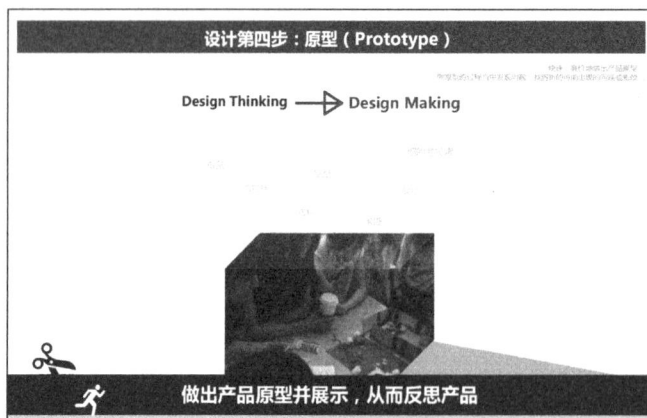

图 3-5-8

第五步：方案落地推广，如图 3-5-9 所示。

图 3-5-9

3.6 基于 SAP HANA 的商务数据预测分析

当今社会，随着数据的爆炸性增长，预测分析逐渐成为一个热门话题。 管理，是面向未来，而不是针对过去。因此，为了能够更有竞争力，我们需要做好充分的准备。

3.6.1 预测分析的概念

预测分析，可以定义为，从数据中提取信息并将其用于预测趋势和行为模式。预测分析技术主要包括数据建模、机器学习、人工智能、深度学习算法和数据挖掘[1]。预测分析的核心依赖于捕获解释变量与过去发生的预测变量之间的关系，并利用它们来预测未知结果。但是，数据分析的水平和假设的质量将严重影响预测分析结果的准确性和可用性。[2]

预测分析可用于市场营销、金融服务、保险、电信、零售、旅行、医疗保健、生产制造、犯罪预防、社交网络等领域。例如，企业运营时，对于员工人数、关键绩效指标、 成本、客户流失、信誉度、产品销售、交叉销售和追加销售机会、市场活动响应、异常情况和可能的欺诈行为等，可能都需要进行预测。预测分析是一个相对较新的术语，但鉴于它是以统计分析、机器学习和运筹学等学科为基础的，因此它并不是一个全新的话题[3]。

3.6.2 SAP 的预测分析

从 SAP HANA 数据库内的数据挖掘，到可以实现定义、可视化和预测分析过程的现代化用户接口工具，SAP 在预测分析领域完成了大量工作。 从而，在 Forrester 报告"The Forrester Wave：大数据、预测分析解决方案"中，Forrester 认为 SAP 是大数据预测分析领域的领导者。

基于 SAP HANA 的预测分析系统包括数据源、数据准备、预测算法、开发人员工具、预测分析工作台（用于定义、执行、可视化和共享分析的）；具有嵌入式预测功能的行业和业务应用程序，如图 3-6-1 所示。

SAP 预测分析是一种统计分析和数据挖掘解决方案，可以构建预测模型以发现数据中的隐藏见解和关系，从而对未来事件进行预测。它是围绕预测分析算法展开的，其核心是 SAP HANA 中的预测分析库（PAL）。PAL 是内置的 C ++库，用于执行数据库内的数据挖掘和统计计算，目的是使基于大型数据集的预测分析性能最优。

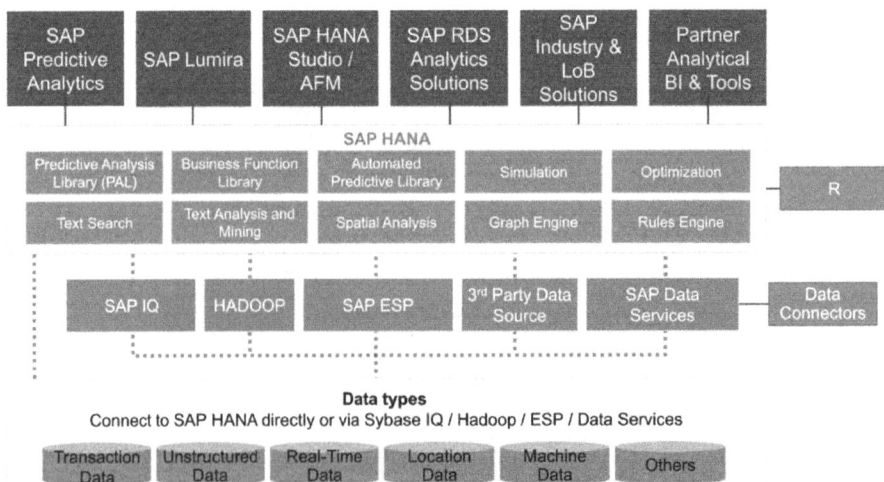

图 3-6-1

3.6.3 案例分析

3.6.3.1 案例分析一： ERPSim 比赛数据的分析

1. 总体描述

ERPSim 比赛是由多个团队一起进行的、多轮的电子沙盘模拟游戏。以其中的"生产制造扩展"游戏来说，每轮游戏 20 分钟（模拟企业运营 20 天），一般需经过 3～12 轮比赛。每个团队一次最多可以销售 12 种产品，产品都是各种口味和包装大小的麦片。每个团队必须预测需求，运行 MRP，采购、生产、定价和销售产品。根据团队策略，可以选择做一些生产投资，如投资增加产能和投资减少设备调整时间，也可以投放广告、修改产品配方等。

图 3-6-2 显示了游戏中整个现金流周期。 其中，加粗的步骤属于战略性步骤，团队必须制定策略并执行；灰色的步骤是事务性步骤，由游戏内部的模拟器自动执行。 此外，团队可以在游戏的各个点运行分析报告以进行监控和制定战略。

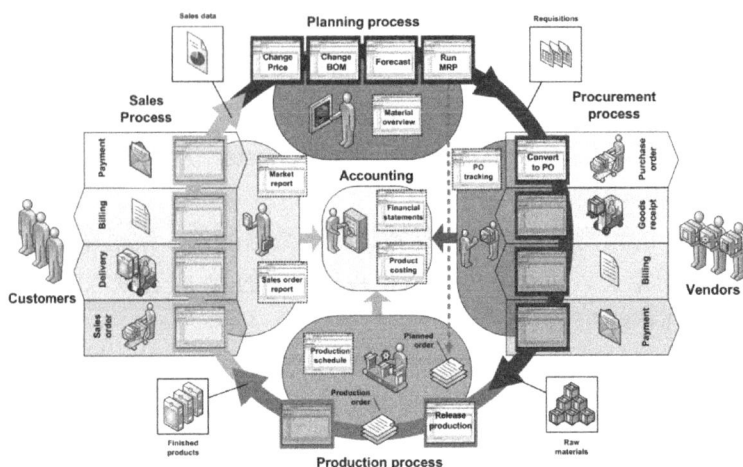

图 3-6-2

要求：对来自于 SAP ERP 系统的游戏数据进行分析，看哪只队伍的收入最高？收入是多少？

2．实现步骤

（1）数据准备

① 启动 SAP 分析预测软件（SAP Predictive Analytics），进入专家分析（Expert Analytics）模式，如图 3-6-3 所示。

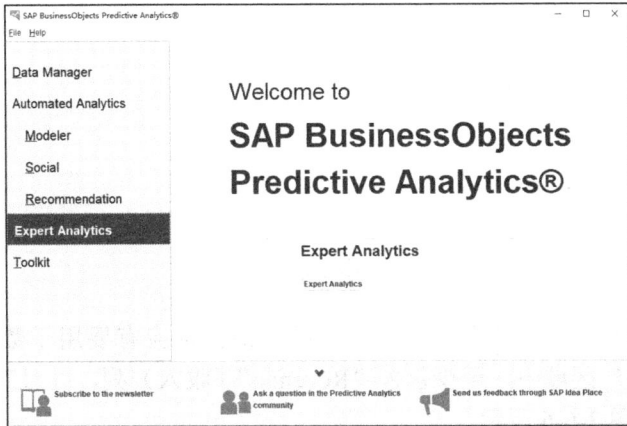

图 3-6-3

② 连接 SAP HANA，如图 3-6-4 所示。

图 3-6-4

③ 选择 ERPSim 数据集，如图 3-6-5 所示。

图 3-6-5

④ 查看数据分类，在"维"与"度量"两个部分都应有要用于数据分析的相关信息列。要确保在"度量"区域中，至少包含"Revenue"（收入）列，并且对其应用了聚合函数"总和"（SUM），如图 3-6-6 所示。

图 3-6-6

（2）数据可视化

① 从"条形和柱形图"列表中选择"柱状图"选项，如图 3-6-7 所示。

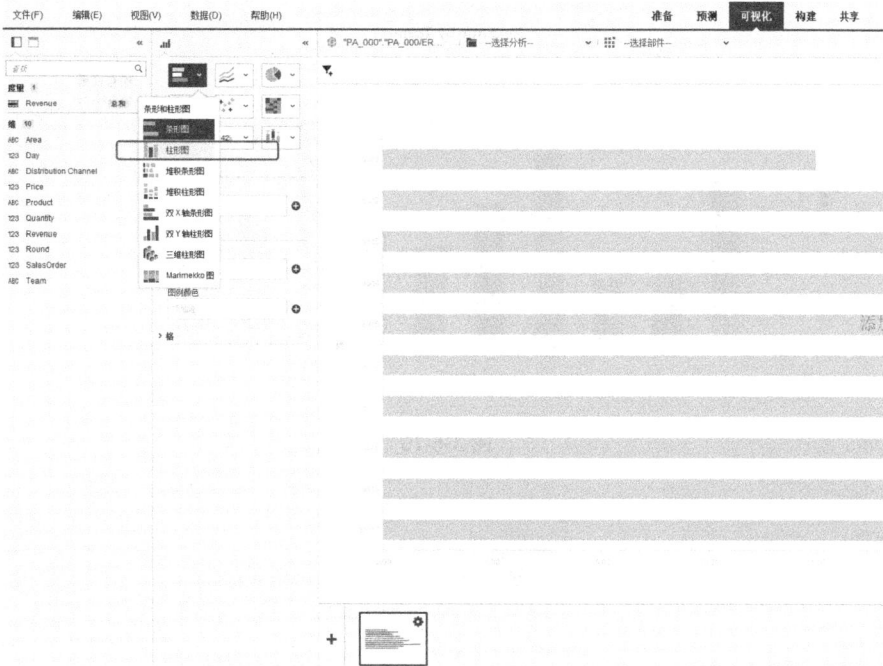

图 3-6-7

② 从"度量"区域中选择"Revenue"（收入），添加到 Y 轴，如图 3-6-8 所示。

③ 从"维"区域中选择"Team"（队伍），添加到 X 轴，如图 3-6-9 所示。

图 3-6-8

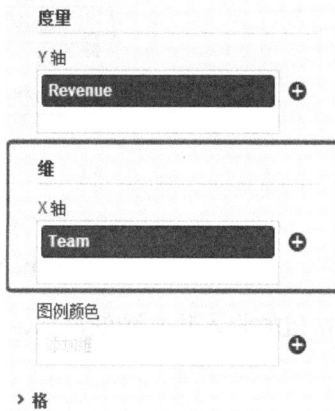

图 3-6-9

此时，在中间区域显示"团队收入"，如图 3-6-10 所示。

④ 为了使结果更清晰直观，可以对图表中的 Revenue（收入）进行排序。单击"Y轴"区域的"Revenue"旁的设置按钮，在弹出的菜单中选择"降序排序"，如图 3-6-11 所示。

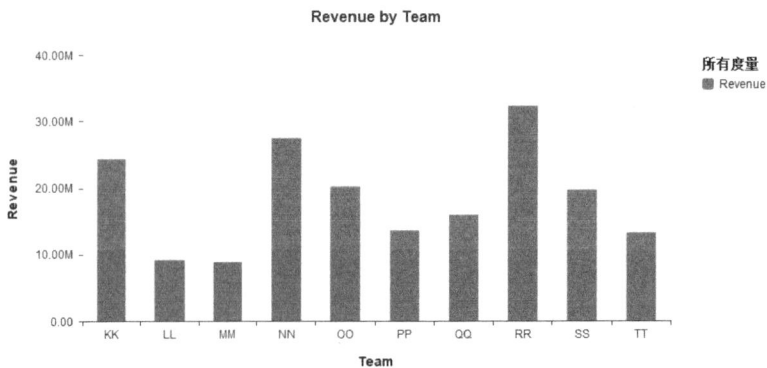

图 3-6-10

图 3-6-11

⑤ 结果将按队伍的收入从高到低显示，如图 3-6-12 所示。

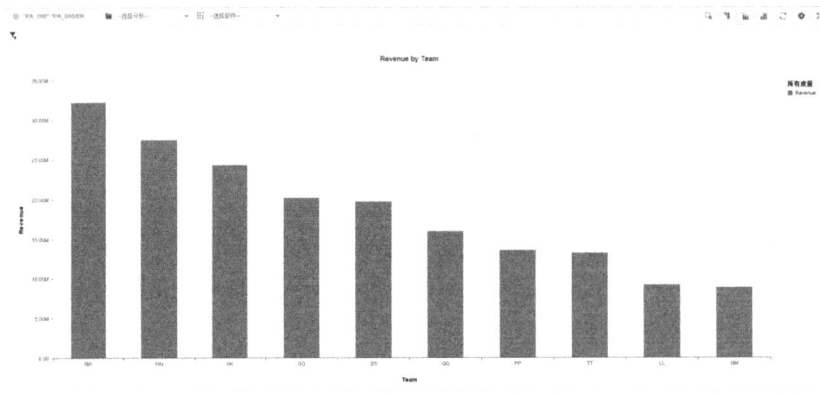

图 3-6-12

⑥ 如果希望数据分析结果显示得更醒目，可以将"X 轴"中的 Team 拖拽至"图例颜色"区域，结果如图 3-6-13 所示。

（3）结果分析

从图 3-6-13 中可以清晰地看出，在现有数据集中，队伍 RR 的收入最高，收入值达到 32 297 797.51，所有队伍按收入从高到低排序，依次是：RR，NN，KK，OO，SS，QQ，PP，TT，LL，MM。

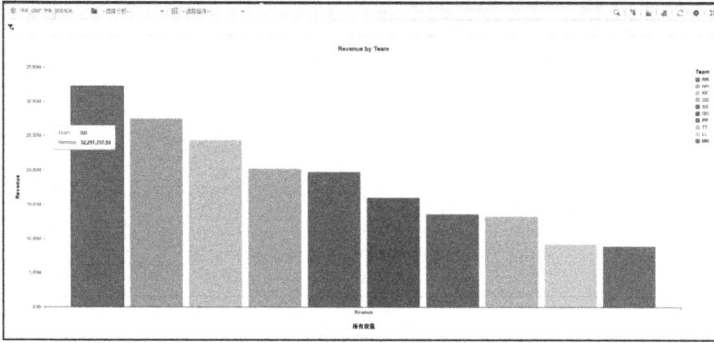

图 3-6-13

3.6.3.2　案例分析二：GBI 自行车有限公司 2012 年收入预测

1．总体描述

GBI 自行车有限公司在德国和美国分销高品质的自行车和配件。为了帮助进行预算和规划，GBI 分析师需提供每月收入预测。 过去五年的销售收入数据保存在 SAP HANA 数据库中，如图 3-6-14 所示。

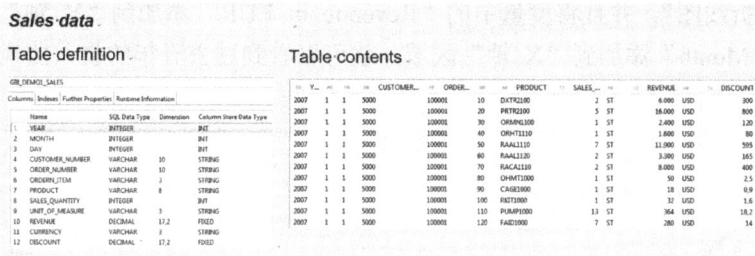

图 3-6-14

现在已经完成了对基础销售数据的建模，在模型中，已经为方便预测定义了一个新的数据列 REVENUE_EUR。

系统要求：完成下一年度（2012 年）的总体收入预测。销售收入以当地货币（欧元或美元）报告，而总收入预测以欧元进行。 此外，预测结果应保存在 SAP HANA 中，以便用于预算、计划和报告。

2．实现步骤

（1）创建数据集

① 启动 SAP 分析预测软件（SAP Predictive Analytics），进入专家分析（Expert Analytics）模式。

② 连接 SAP HANA。

③ 选择数据集 GBI_DEMO_REVENUE_FORECAST_AV（这是一个分析视图，如图 3-6-15 所示）。

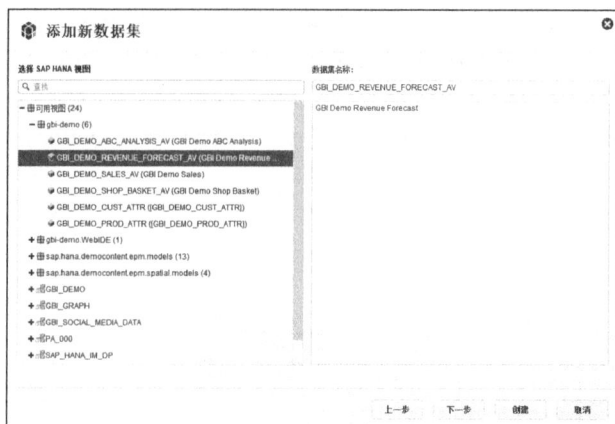

图 3-6-15

（2）基础数据查看

① 选择"可视化"标签，如图 3-6-16 所示。

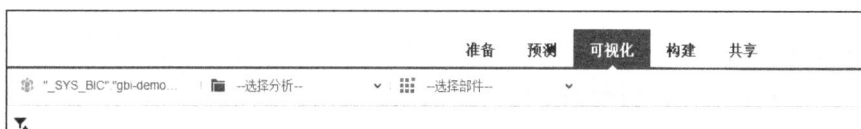

图 3-6-16

② 选择"折线图"，并且将度量中的"Revenue in EUR"添加到"Y 轴"区域，将维度中的"Year"、"Month"添加到"X 轴"区域，就可以看到过去五年的收入曲线，如图 3-6-17 所示。

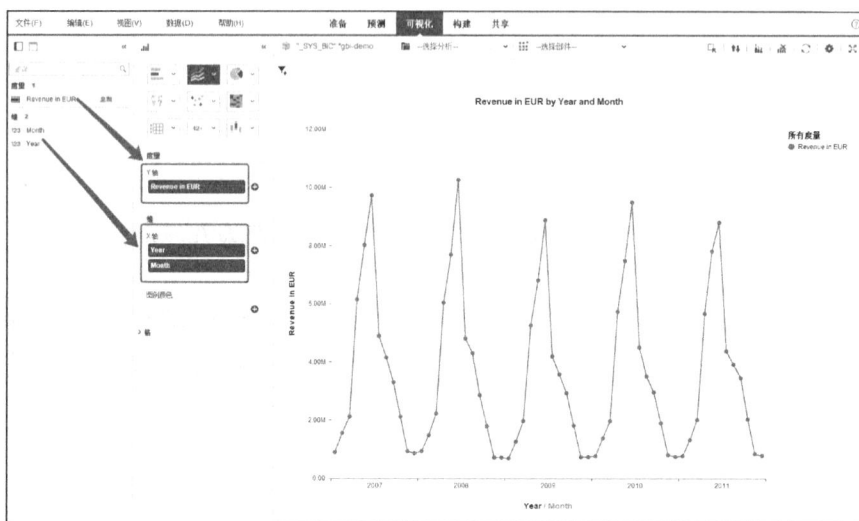

图 3-6-17

（3）配置并运行算法

① 选择"预测"标签页，如图 3-6-18 所示。

图 3-6-18

② 添加并配置预测算法"HANA Triple Exponential Smoothing"，如图 3-6-19 所示。

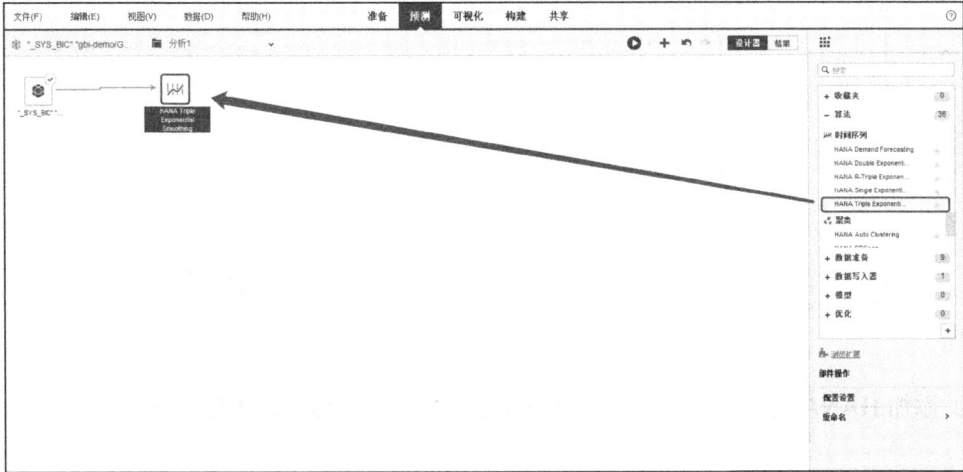

图 3-6-19

双击算法图标，打开算法配置页面，首先，进行相关"属性"配置，如图 3-6-20 所示。

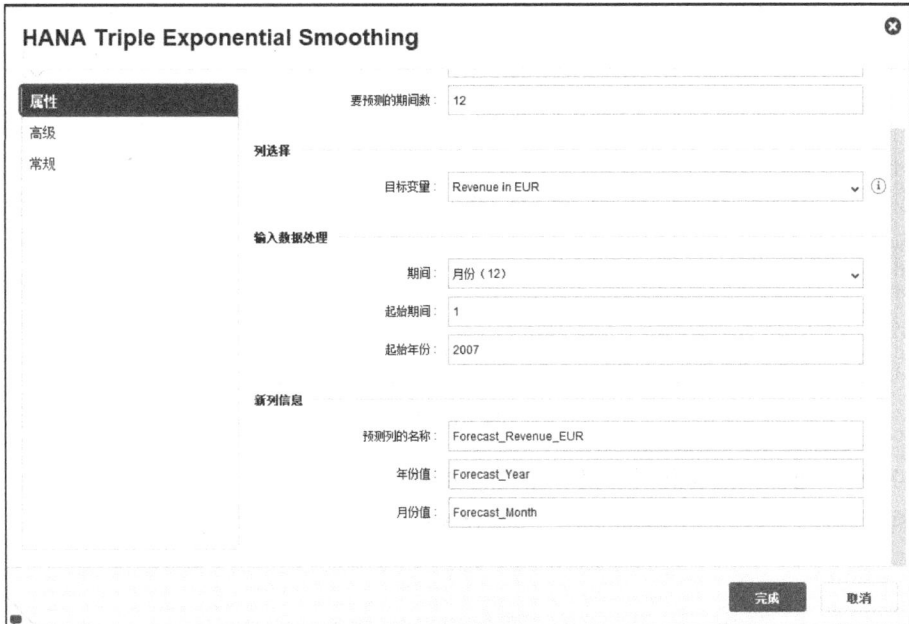

图 3-6-20

然后，进行"高级"配置，设置参数 Alpha，Beta，Gamma，如图 3-6-21 所示。

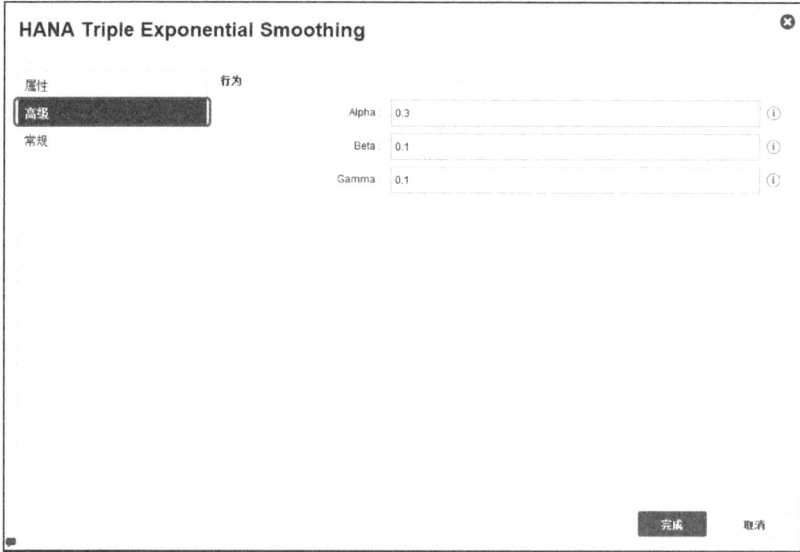

图 3-6-21

③ 添加 HANA 写入器（HANA Writer 将预测结果保存到 SAP HANA 上），如图 3-6-22 所示。

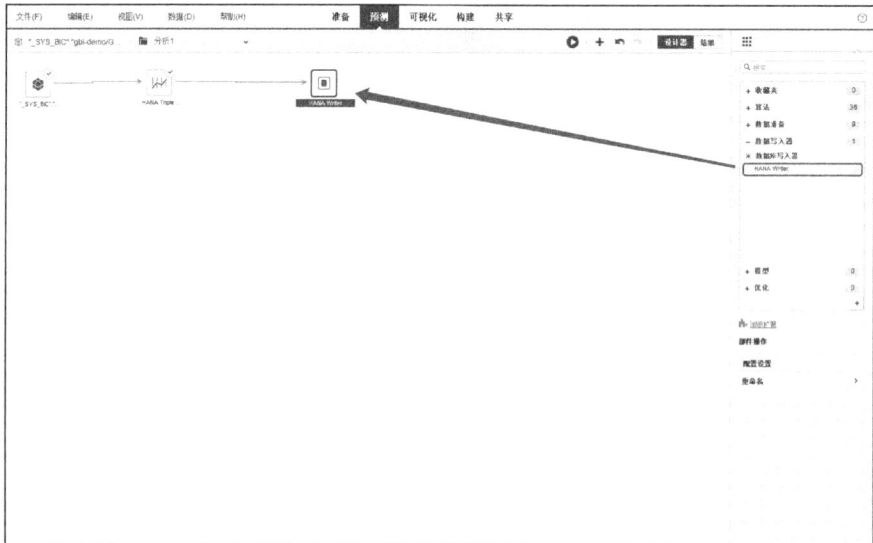

图 3-6-22

双击写入器图标，配置相关参数，如图 3-6-23 所示。

④ 执行算法，并将分析结果写入 SAP HANA，如图 3-6-24 所示。

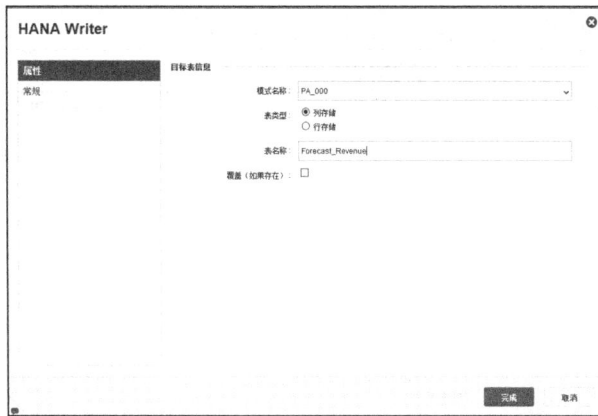

图 3-6-23

图 3-6-24

（4）分析结果

① 查看预测结果，如图 3-6-25 所示。

文件(F)	编辑(E)	视图(V)	数据(D)	帮助(H)	准备	预测	可视化	构建	共享				设计器	结果

"_SYS_BIC"."gbi-demo/G.. 📁 分析1

					网格	
123 Forecast..	123 Forecast..	123 Revenue..	123 Month	123 Year	123 Forecast..	
2007	1	894205.41	1	2007		
2007	2	1551456.72	2	2007		
2007	3	2118378.37	3	2007		
2007	4	6146818.36	4	2007		
2007	5	8025478.45	5	2007		
2007	6	9727486.27	6	2007		
2007	7	4891003.85	7	2007		
2007	8	4154767.03	8	2007		
2007	9	3304412.88	9	2007		
2007	10	2114669.88	10	2007		
2007	11	928298.54	11	2007		
2007	12	857620.82	12	2007		
2008	1	928359.31	1	2008	892668.68	
2008	2	1479209.79	2	2008	1566559.03	
2008	3	2223839.03	3	2008	2098536.92	
2008	4	6038448.59	4	2008	6195642.38	
2008	5	7695773.98	5	2008	8017999.75	
2008	6	10251383.77	6	2008	9577835.02	
2008	7	4806193.78	7	2008	4915742.70	

图 3-6-25

② 单击右侧"趋势图"，预测结果如图 3-6-26 所示。

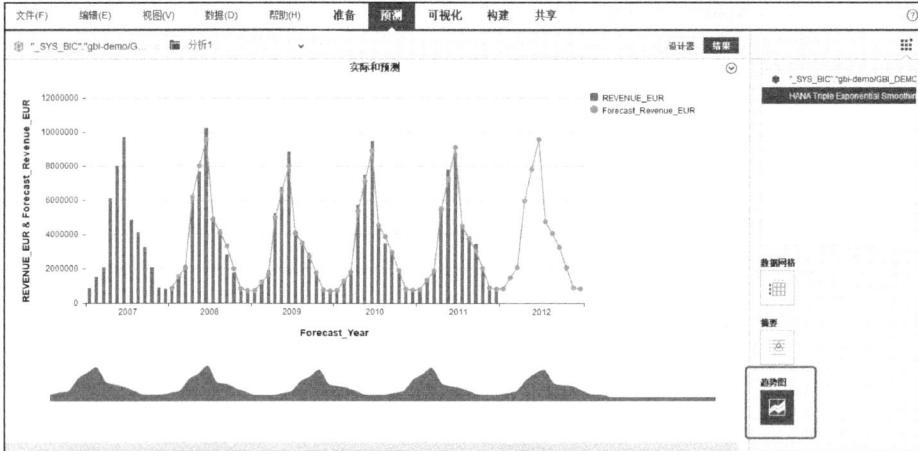

图 3-6-26

从图 3-6-26 中可以直观地发现，从 2008 年开始，使用选择的预测算法计算出的销售收入与实际销售收入基本拟合，因此最终预测的 2012 年的销售收入是基本可信的，可以作为公司制定相关经营策略的重要参考。

习题：

1. 简述预测分析的定义。
2. 简述 SAP 预测分析的基本流程。
3. 比较当前主流预测分析工具的优缺点。

第4章

Python 数据处理及分析

本章学习目标：

学会通过设计程序来使用计算机解决问题，理解程序设计思想，学会使用 Python 语言编写程序处理问题、操作数据库和 Excel 文件以管理数据、可视化数据以展示结果、分析数据以应用的基本方法。

4.1 Python 程序设计基础

4.1.1 程序设计概述

人与人之间的沟通和交流可以用汉语、英语、德语等各国语言，那么，人与计算机交流用什么语言呢？这就是通常所说的计算机语言，即程序设计语言。像科幻电影中的情节一样，让计算机像人一样思考，与人自然交流，一直是计算机行业的梦想。尽管许多一流科学家为此做过很多努力，但仍然无法在可预见的未来设计出能完全理解人类语言的计算机，所以目前人类只能主动学习计算机语言。

程序设计语言是计算机能够理解和识别用户操作意图的一种交互体系，它按照特定规则组织计算机指令，使计算机能够自动进行各种运算处理。按照程序设计语言规则组织起来的一组计算机指令被称为计算机程序。

下面学习一个人机交流的典型案例——蟒蛇的绘制。计算机按照人们所编写好的程序设计语言指令，控制着"画笔"前后左右移动，成功绘制出一条蟒蛇。

```
import turtle                        #引用绘制图形的 turtle 库
turtle.setup(650, 350, 200, 200)     #设置主窗体的大小和位置
turtle.penup()                       #抬起海龟，之后移动不绘制形状
turtle.fd(-250)                      #海龟向相反方向前进
turtle.pendown()                     #落下海龟，之后移动将绘制形状
turtle.pensize(25)                   #设置海龟宽度
turtle.pencolor("purple")            #设置海龟颜色
turtle.seth(-40)                     #设置海龟起始行进方向
for i in range(4):                   #循环执行 4 次，画蟒蛇的身体
    turtle.circle(40, 80)            #在海龟左侧画弧线（蟒蛇的一节身体）
    turtle.circle(-40, 80)           #在海龟右侧画弧线（蟒蛇的一节身体）
turtle.circle(40, 80 / 2)            #在海龟左侧画弧线
turtle.fd(40)                        #海龟向当前行进方向前进（蟒蛇的脖子）
```

turtle.circle(16, 180)	#在海龟左侧画弧线
turtle.fd(40 * 2 / 3)	#海龟向当前行进方向前进（蟒蛇的头）

运行结果如图 4-1-1 所示。

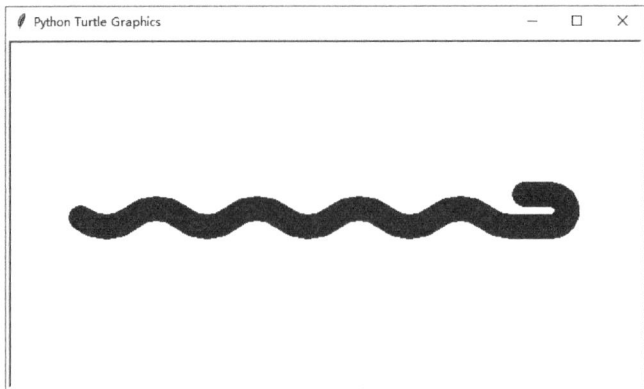

图 4-1-1

为什么要学习计算机程序设计？

编程能够训练思维。苹果创始人史蒂夫·乔布斯曾经说过："每个人都应该学习计算机编程，应该学习一种计算机语言，因为它能够教会你如何去思考。"编程体现了一种抽象交互关系、形式化方法执行的思维模式，称为"计算思维"。计算思维是区别于以数学为代表的逻辑思维和以物理为代表的实证思维的第三种思维模式。编程是一个求解问题的过程，首先需要分析问题，抽象内容之间的交互关系，设计利用计算机求解问题的确定性方法，进而通过编写和调试代码解决问题，这是从抽象问题到解决问题的完整过程。计算思维的训练过程能够促进人类思考，增进观察力和深化对交互关系的理解。

编程能够增进认识。编写程序不单纯是求解计算题，它要求开发人员不仅要思考解决问题的方法，更要思考如何让程序有更好的用户体验、更高的执行效率和更有趣的展示效果。不同群体、不同时代、不同文化对程序的使用有着不同理解，编程需要对时代大环境和使用群体小环境有更多认识，从细微处给出更好的程序体验，这些思考和实践将帮助程序员加深对用户行为以及社会和文化的认识。

编程能够带来乐趣。利用一台计算机，编程能够提供展示自身思想和能力的舞台，将所思所想变为现实。编程的开始有各种动机，或者去展示自己的青春风采，或者讽刺不文明的社会现象，或者向爱慕的对象表达情愫，所有这些想法都可以通过编写程序变成现实，并通过互联网零成本分发获得更大的影响力。这些努力会让世界增加新的颜色，让自己变得更酷，提升心理满足感和安全感。

编程能够提高效率。计算机已经成为当今社会的普通工具，掌握一定编程技术有助于更好地利用计算机解决所面对的计算问题。例如，对于个人照片，可以通过程序读取照片元属性自动进行归类整理。对于工作数据，可以通过程序按照特定算法进行批处理并绘制统计图表。对于朋友圈的好文，可以通过程序实时关注随时点赞。掌握一些编程技术能够提高工作、生活和学习效率。

编程带来就业机会。程序员是信息时代最重要的工作岗位之一，国内外对程序员的缺口都在百万级及以上规模，就业前景广阔。程序员职业往往并不需要掌握多种编程语言，精通种就能够获得就业机会。如果读者不喜欢自己的专业或现在的工作，那就认真学习程序设计，换个更有趣的工作吧！

4.1.2 程序的基本编写方法

每个计算机程序都是用来解决特定计算问题的。较大规模的程序提供丰富的功能解决完整的计算问题。例如，控制航天飞机运行的程序、操作系统等；小型程序或程序片段可以为其他程序提供特定计算支持，作为解决更大计算问题的组成部分。无论程序规模大小，每个程序都有统一的运算模式：输入数据、处理数据和输出数据。这种朴素的运算模式形成了基本的程序编写方法：IPO（Input Process Output）方法。

输入（Input）是一个程序的开始。程序要处理的数据有多种来源，因此形成了多种输入方式，包括文件输入、网络输入、控制台输入、交互界面输入、随机数据输入、内部参数输入等。

（1）文件输入：将文件作为程序输入来源。在获得文件控制权后，需要根据文件格式解析内部具体数据。例如，统计 Excel 文件数据的数量，需要首先获得 Excel 文件的控制权，打开文件后根据 Excel 中数据的存储方式获得所需处理的数据，进而开展计算。后续将会有相关章节介绍文件的使用。

（2）网络输入：将互联网上的数据作为输入来源。使用网络数据需要明确网络协议和特定的网络接口。例如，捕获并处理互联网上的数据，需要使用协议 HTTP 并解析 HTML 格式，网络爬虫就是典型的网络输入。

（3）控制台输入：将程序使用者输入的信息作为输入来源。当程序与用户间存在交互时，程序需要有明确的用户提示，辅助用户正确输入数据。从程序语法来说，这种提示不是必需的，但良好的提示设计有助于提高用户体验。

（4）交互界面输入：通过提供一个图形交互界面从用户处获得输入来源。此时，鼠标移动或单|双击操作、文本框内的键盘操作等都为程序提供了输入的方式。

（5）随机数据输入：将随机数作为程序输入，这需要使用特定的随机数生成器程序或调用相关函数。

（6）内部参数输入：以程序内部定义的初始化变量为输入，尽管程序看似没有从外部获得输入，但程序执行之前的初始化过程为程序赋予了执行所需的数据。

输出（Output）是程序展示运算成果的方式。程序的输出方式包括控制台输出、图形输出、文件输出、网络输出等。

（1）控制台输出：以计算机屏幕为输出目标，通过程序运行环境中的命令行打印输出结果，这里的"控制台"可以理解为启动程序的环境。例如，Windows 中的命令行工具、IDLE 工具等。

（2）图形输出：在计算机中启动独立的图形输出窗口，根据指令绘制运算结果。

（3）文件输出：以生成新的文件或修改已有文件方式输出运行结果，这是程序常用的输出方式。

（4）网络输出：以访问网络接口方式输出数据。

处理（Process）是程序对输入数据进行计算产生输出结果的过程。计算问题的处理方法统称为"算法"，它是程序最重要的组成部分。可以说，算法是一个程序的灵魂。

编写程序的目的是"使用计算机决问题"。一般来说，"使用计算机解决问题"可以分为如下 6 个步骤。

（1）分析问题，分析问题的计算部分：首先必须明确，计算机只能解决计算问题，即解决一个问题的计算部分。清楚理解所需解决问题的计算部分十分重要，这是利用计算机解决问题的前提，对计算部分的不同理解会产生不一样的程序。

例如，本书每章后都有若干习题，教师可根据习题布置课后作业，此时，一些读者可能会思考这样的问题：如何由计算机辅助求解习题答案并完成作业？对这个问题的分析和理解可以有多个角度。

第一，对于作业中的数学计算，可以编写程序辅助完成，但利用哪些计算公式则由读者自己选择或设计。此时，该问题的计算部分表现为对某些数学公式的计算。

第二，可以利用互联网搜索课后练习题答案，根据搜索结果完成作业。为了降低网络答案错误的风险，可以通过计算机辅助获得多份答案并选择结果一致数量最多的答案作为"正确"答案。此时，该问题的计算部分表现为在网络上自动搜索多份结果并输出最可能的正确结果的过程。

第三，计算机是否可以直接理解课后练习题并给出答案呢？如果从这个角度出发，该问题的计算部分就表现为计算机对练习题的理解和人工智能求解。直到今天，具有高度智能的计算机仍然是全球科学家共同研究的目标。如果读者从这个角度分析该问题的计算部分，恐怕将无法在短时间内提交作业了。

这个例子说明，对一个问题中计算部分的不同理解将产生不同的计算问题，也将产生不同功能和复杂度的程序。如何更好地理解一个问题的计算部分，如何有效地利用计算机解决问题，这不只是编写程序的问题，而是更重要的思维问题，即计算思维。

（2）划分边界，划分问题的功能边界：计算机只能完成确定性的计算功能，因此，在分析问题计算部分的基础上，需要精确定义或描述问题的功能边界，即明确问题的输入、输出和对处理的要求。可以利用 IPO 方法辅助分析问题的计算部分，给出问题的 IPO 描述。这个步骤只关心功能需求，无须关心功能的具体实现方法，需要明确程序的输入、输出以及输入输出之间的总体功能关系。

（3）设计算法，设计问题的求解算法：在明确处理功能的基础上，如何实现程序功能呢？这需要设计问题的求解算法。简单的程序功能中输入和输出间关系比较直观，程序结构比较简单，直接选择或设计算法即可。对于复杂的程序功能，需要利用程序设计方法将"大功能"划分成"小功能"，并在各功能之间设计处理流程。对于"小功能"的操作，可以将它们看成新的计算问题，按照本节讲述的步骤逐级设计和实现。

（4）编写程序，编写问题的计算程序：选择一门编程语言，将程序结构和算法设计用编程语言来实现。原则上，任何通用编程语言都可以用来解决计算问题，在正确性上没有区别。然而，不同编程语言在程序的运行性能、可读性、可维护性、开发周期和调试等方面有很大不同。Python 语言相比 C 语言在运行性能上略逊色，不适合性能要求十分苛刻的特殊计算任务；但 Python 程序在可读性、可维护性和开发周期等方面比 C 语言有更大优势。当代计算机经过了长期发展，性能远超过一般功能程序的使用需求，Python 语言在运行性能方面的微弱劣势对解决一般问题十分微不足道。

（5）调试测试，调试和测试程序：运行程序，通过单元测试和集成测试评估程序运行结果的正确性。一般来说，程序错误（通常称为 bug）与程序规模成正比。即使经验丰富的程序员编写的程序也会存在 bug，不同只在于 bug 数量的多少和发现的难易。为此，找到并排除程序错误十分必要，这个过程称为调试（通常称为 Debug）。

当程序正确运行后，可以采用更多测试发现程序在各种情况下的特点。例如，压力测试能够获得程序运行速度的最大值和稳定运行的性能边界；安全性测试能够发现程序漏洞，界定程序安全边界，进而指导程序在合理范围内使用。

（6）升级维护，适应问题的升级维护：任何一个程序都有它的历史使命，在这个使命结束之前，随着功能需求、计算需求和应用需求的不断变化，程序将不断地升级维护，以适应这些变化。

综上所述，解决计算问题包括 6 个步骤：分析问题、划分边界、设计算法、编写程序、调试测试和升级维护。其中，与程序设计语言和具体语法有关的步骤是编写程序和调试测试。可见，在解决计算问题过程中，编写程序只是一个环节。 在此之前，分析问题、划分边界和设计算法都是重要步骤，经过这些步骤，一个计算问题已经能够在设计方案中被解决了，这个过程可以看作是计算思维的创造过程。编写程序和调试测试则是对解决方案的计算机实现，属于技术实现过程。

4.1.3 Python 语言概述

Python 是一种面向对象的解释型计算机程序设计语言，由荷兰人 Guido van Rossum 于 1989 年发明，第一个公开发行版发行于 1991 年。Python 具有丰富和强大的库。它常被昵称为胶水语言，能够把用其他语言制作的各种模块（尤其是 C/C++）很轻松地联结在一起。

Python 是一种脚本语言，写好了就可以直接运行，省去了编译链接的麻烦，对于需要多动手实践的初学者而言，也就少了出错的机会。而且 Python 还有一种交互的方式，如果是一段简单的小程序，连编辑器都可以省了，直接敲进去就能运行。

Python 是一种清晰的语言，用缩进来表示程序的嵌套关系可谓是一种创举，把过去软性的编程风格升级为硬性的语法规定。再不需要在不同的风格间选择、再不需要为不同的风格争执。Python 中没有各种隐晦的缩写，不需要去强记各种奇怪的符号的含义。Python 写的程序很容易懂，这是不少人的共识。

Python 是一种面向对象的语言，但它的面向对象却不像 C++那样强调概念，而是更注重实用。它用最简单的方法让编程者能够享受到面向对象带来的好处，这正是 Python 能像 Java、C#那样吸引众多支持者的原因之一。

Python 是一种功能丰富的语言，它拥有一个强大的基本类库和数量众多的第三方扩展。Python 为程序员提供了丰富的基本功能，使得人们写程序时，用不着一切从最底层做起。

人们通常会有一种担心：脚本语言通常很慢。但 Python 的速度却比人们想象的快很多。虽然 Python 是一种脚本语言，但实际上也可以对它进行编译，省去了对程序文本的分析解释，速度自然提升很多。

Python 的优势：

（1）Python 的定位是"优雅""明确""简单"，所以 Python 程序看上去总是简单易懂，初学者学 Python，不但入门容易，而且将来深入下去，可以编写非常复杂的程序。

（2）开发效率非常高，Python 有非常强大的第三方库，想通过计算机实现任何功能，

Python 官方库里都有相应的模块进行支持，直接下载调用后，在基础库的基础上再进行开发，可大大降低开发周期，避免重复造轮子。

（3）免费开源。Python 是 FLOSS（免费自由、开放源码软件）之一。使用者可以自由地发布这个软件的复制品，阅读它的源代码，对它做改动，或者把它的一部分用于新的自由软件中。

（4）可移植性。由于它的开源本质，Python 已经被移植到许多平台上（经过改动，使它能够在不同平台上工作）。

（5）可扩展性。如果希望一段关键代码运行得更快或者希望某些算法不公开，可以把部分程序用 C 或 C++编写，然后在 Python 程序中使用它们。

（6）可嵌入性。可以把 Python 嵌入 C 或 C++程序，从而向程序用户提供脚本功能。

4.1.4　Python 语言开发环境的配置

4.1.4.1　安装 Python 解释器

学习 Python 编程，首先需要把 Python 安装到计算机中，安装后就有了 Python 解释器，就是 Python 程序运行时的环境。IDLE 是一个轻量级的 Python 语言开发环境。具体下载安装步骤如下：

首先，在 Python 语言网站上下载安装包：https://www.Python.org/downloads/。其中，Python 解释器主网站下载页面如图 4-1-2 所示。本书根据所用操作系统版本选择相应的 Python3.x 系列安装程序。

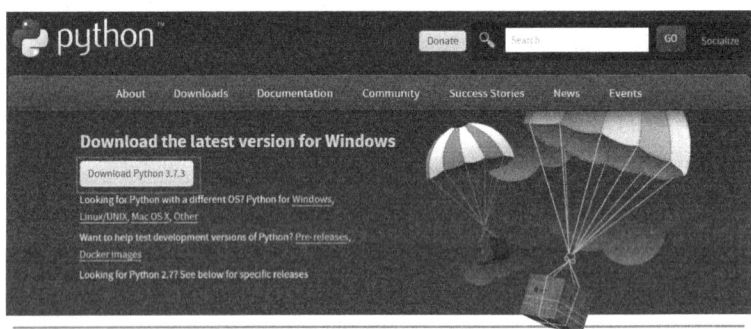

图 4-1-2

其次，双击所下载的程序安装 Python 解释器，启动一个如图 4-1-3 所示的引导过程。在该页面中，勾选图中矩形框内的 Add Python 3.7 to PATH 的复选框。

最后，按照提示每次选择"下一步"完成安装的全过程。

Python 安装包将在系统中安装一批与 Python 开发和运行相关的程序，其中最重要的两个是 Python 命令行和 Python 集成开发环境 IDLE。

4.1.4.2　Python 程序运行方式

运行 Python 程序有两种方式：交互式和文件式。交互式是指 Python 解释器即时响应用户输入的每一条代码，给出输出结果。文件式，也称为批量式，指用户将 Python 程序写在一个或多个文件中，然后启动 Python 解释器批量执行文件中的代码。交互式一般用于调试少量代码，文件式则是最常用的编程方式。

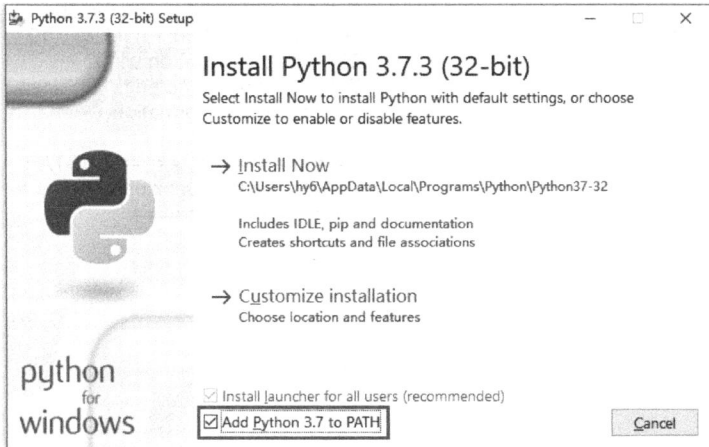

图 4-1-3

1. 交互式启动和运行方法

通过调用安装的 IDLE 来启动 Python 运行环境。IDLE 是 Python 软件包自带的集成开发环境，可以在 Windows "开始" 菜单中搜索关键词 "IDLE"，找到 IDLE 的快捷方式。如图 4-1-4 展示了 IDLE 环境中运行程序的效果。

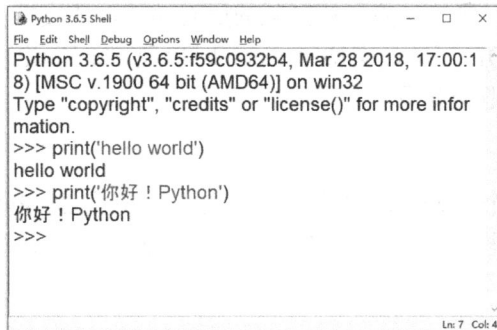

图 4-1-4

2. 文件式启动和运行方法

打开 IDLE，按快捷键 Ctrl+N 打开一个新窗口，或在菜单中选择 File--New File 选项。这个新窗口不是交互模式，它是一个具备 Python 语法高亮辅助的编辑器，可以进行代码编辑。在其中输入 Python 代码，如图 4-1-5 所示，将程序保存为 hello.py 文件，然后按快捷键 F5，或在菜单中选择 Run→Run Module 选项运行该文件。

4.1.4.3　Python 其他开发工具简介

Python 的开发工具有很多，除了 Python 自带的 IDLE，还有 Pycharm、Anaconda、Sublime Text、Atom、VS Code、4Kite 等。

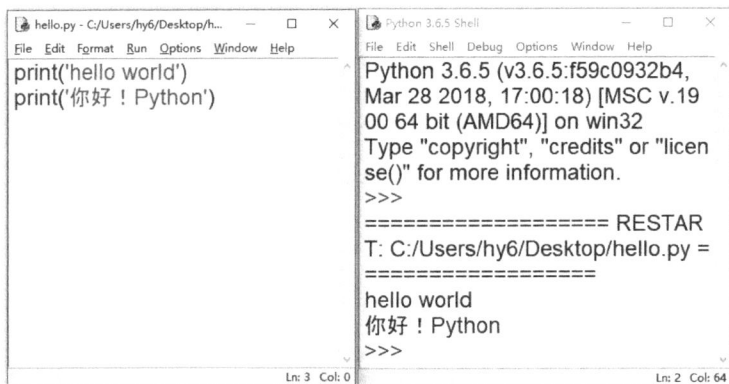

图 4-1-5

1. Pycharm

Pycharm 有两个版本：社区版和专业版，如果拿不定主意，建议选用 Pycharm 社区版，完全开源免费，集成了 Python 开发所需的各种工具和特性，真是"一旦拥有，别无所求"。Pycharm 社区版支持项目管理，编辑器提供智能代码完成、代码检查、动态错误突出显示和快速修复，以及自动代码重构和丰富的导航功能。内置开箱即用的大量工具，比如，集成调试器和测试运行器、Python 探查器、交互式 Python 控制台、内置终端，并支持 Git、CVS、Subversion 等主要的 VCS 版本控制软件。

Pycharm 的专业版是付费的，除了社区版的所有功能，还支持 Django、Flask 等 Web 开发框架，支持数据库和 SQL 工具，支持 Anaconda 以及 matplotlib 和 NumPy 等多种科学工具包，可以更好地支持企业级开发。

2. Anaconda

Anaconda 相当于一个 python 的整合包，是一个开源的 Python 发行版本，它包括 Conda、Python 以及一大堆安装好的工具包，比如 numpy、pandas 等，使用起来非常简单。

3. Sublime Text

Sublime Text 软件小巧，运行速度快，性能优异，代码非常美观，使用它编辑代码是一种享受。使用 Sublime Text 编辑效率极高，可以同时选择多个变量名，一次完成多个变量的修改；Goto Anything 功能只需要几次击键即可打开文件，并快速跳转到文件及文件中的行、变量和字符；有代码缩略图功能，可直观显示代码布局；可拆分窗口，对文件进行多窗口并排编辑，充分利用宽屏显示器空间；支持 Python API 和扩展包，允许插件增强内置功能。

4. Atom

Atom 是一个使用 HTML、JavaScript、CSS 和 Node.js 技术构建的桌面应用。它运行在 Electron 上（一个使用 Web 技术构建跨平台应用程序的框架）。Atom 可以深度定制，使用 CSS / Less 调整 UI 的外观，并使用 HTML 和 JavaScript 添加主要功能。可以通过 Atom 包扩展器，在线查找并安装所需要的软件包，这些软件包可以为 Atom 添加新的特性和功能。Git、Github 与 Atom 紧密集成，可以在 Atom 中直接使用。

5. VS Code

VS Code 是微软开源的一款编辑器，虽然是轻量级的，但功能强大。与 Atom 类似，它也有智能代码补全特性，有代码缩略图功能，有多光标编辑功能，可多窗口编辑，有自己的扩展包管理生态系统，也可以深度定制，也支持各种编程语言，支持跨平台特性等。

6. Kite

Kite 是一款基于 AI 技术开发的编程辅助软件，不仅仅是代码补全。它使用机器学习来增强编程体验，明显减少击键的次数，提高编程效率。根据搜索的相关性排名来完成整个函数调用，还可以了解其他人如何实时使用该函数，并可在自己的代码库中提供定义和用法。使用 Kite 可快速获取在线文档、包含近千个带有代码示例的 Python 库的用法。它可以与多款代码编辑器集成。

4.2 Python 语法基础

4.2.1 数据表示与运算

4.2.1.1 变量和基本的数据类型

数据是客观存在的。在现实世界中，为了使用和区分数据，人们对数据标定了不同的"标签"。例如，在银行存钱，会有"本金""利息""余额"等概念。本质上，本金、利息、余额都是数值，冠以不同的标签则方便使用。在程序中，大量数据同样需要采用一种方式进行使用和区分，这种方式就是变量，变量相当于一个标签。数据存储于内存中，变量则指向了这些数据，通过变量可以使用这些数据。

Python 中变量的命名规则如下：

● 变量名只能是字母、数字或下划线的任意组合；

● 变量名的第一个字符不能是数字；

● 中间不能出现空格；

● 长度没有限制；

● 变量名对大小写很敏感；

● 以下关键字不能声明为变量名：

['and', 'as', 'assert', 'break', 'class', 'continue', 'def', 'del', 'elif', 'else', 'except', 'exec', 'finally', 'for', 'from', 'global', 'if', 'import', 'in', 'is', 'lambda', 'not', 'or', 'pass', 'print', 'raise', 'return', 'try', 'while', 'with', 'yield']

数据可以有多种类型。例如，一个人的年龄可以用数字来表示，他的名字可以用字符来表示。Python 定义了一些标准类型，用于存储各种类型的数据。

python 有六个标准的数据类型，如表 4-2-1 所示。

● Numbers（数字型）；

● String（字符串型）；

● List（列表）；

● Tuple（元组）；

● Set（集合）；

● Dictionary（字典）。

表 4-2-1　Python 数据类型

<table>
<tr><th colspan="5">Python 中的数据类型</th></tr>
<tr><th colspan="2">类型</th><th>描述</th><th>举例</th><th>备注</th></tr>
<tr><td rowspan="4">数字型</td><td>int</td><td>精度不限的整数</td><td>100，0B101，0O711，0X9af</td><td rowspan="3">二进制数以 0B 或 0b 引导，八进制以 0O 或 0o 引导，十六进制以 0X 或 0x 引导</td></tr>
<tr><td>float</td><td>浮点数，精度与系统相关</td><td>3.14159,4.3e-3,-2.17</td></tr>
<tr><td>complex</td><td>复数</td><td>12.8+5j</td></tr>
<tr><td>bool</td><td>逻辑值，只有两个值：真、假</td><td>True
False</td><td></td></tr>
<tr><td>字符串型</td><td>string</td><td>一个由字符组成的不可更改的有序串</td><td>'Wikipedia'
"Wikipedia"
"""Spanning
multiple
lines"""</td><td>三引号表示可以使用双引号、单引号，也可以换行</td></tr>
<tr><td>列表</td><td>list</td><td>可以包含多种类型的可改变的有序串</td><td>[5.8,'string',True]</td><td></td></tr>
<tr><td>元组</td><td>tuple</td><td>可以包含多种类型的不可改变的有序串</td><td>(5.8,'string',True)</td><td></td></tr>
<tr><td>集合</td><td>set</td><td>与数学中集合的概念类似，无序的、每个元素唯一</td><td>{5.8,'string',True}</td><td></td></tr>
<tr><td>字典</td><td>dict</td><td>一个可改变的由键值对组成的无序串</td><td>{"name":"Tom","age":22,
"email":"123456@qq,com"}</td><td></td></tr>
</table>

4.2.1.2　基础运算

运算通常可以根据最终获得的值不同分两类：一类结果为具体的值，另一类是结果为 bool 值。那么哪些结果为具体的值？算术运算、赋值运算；哪些结果又为 bool 值？比较运算、逻辑运算。

1. 算术运算

Python 中的算术运算符及其运算规则如表 4-2-2 所示。

表 4-2-2　算术运算符

运算符	描述	实例
+	加 —— 两个对象相加	a + b 输出结果 30
−	减 —— 得到负数或是一个数减去另一个数	a - b 输出结果 -10
*	乘 —— 两个数相乘或是返回一个被重复若干次的字符串	a * b 输出结果 200
/	除 —— 除以 y	b / a 输出结果 2
%	取模 —— 返回除法的余数	b % a 输出结果 0
**	幂 —— 返回 x 的 y 次幂	a**b 为 10 的 20 次方，输出结果 100000000000000000000
//	取整除 —— 返回商的整数部分	9//2 输出结果 4，9.0//2.0 输出结果 4.0

算术运算示例如下，其中左侧为运算式，右侧为对应结果，"#"表示注释。

```
# 基本计算
1 + 1      # => 2
8 - 1      # => 7
10 * 2     # => 20
35 / 5     # => 7
10/ - 3    # =>  - 3.3333333333333335
```

```
10/3          # => 3.3333333333333335

# 当用 '//' 进行计算时，结果自动取整
5 // 3        # => 1
5.0 // 3.0    # => 1.0
 - 5 // 3     # =>  - 2
 - 5.0 // 3.0 # =>  - 2.0
11/4          # => 2.75 ... 标准除法
11//4         # => 2 ... 除后取整

# 求余数操作
7 % 3         # => 1

# 幂操作  2 的 4 次方
2**4          # => 16

# 先乘除，后加减，括号优先
(1 + 3) * 2   # => 8
```

2. 赋值运算

Python 中的赋值运算符如表 4-2-3 所示。

表 4-2-3   赋值运算符

运算符	描述	实例
=	简单的赋值运算符	c = a + b 将 a + b 的运算结果赋值为 c
+=	加法赋值运算符	c += a 等效于 c = c + a
−=	减法赋值运算符	c−= a 等效于 c = c− a
*=	乘法赋值运算符	c *= a 等效于 c = c * a
/=	除法赋值运算符	c /= a 等效于 c = c / a
%=	取模赋值运算符	c %= a 等效于 c = c % a
**=	幂赋值运算符	c **= a 等效于 c = c ** a
//=	取整除赋值运算符	c //= a 等效于 c = c // a

  Python 中的变量不需要声明。每个变量在使用前都必须赋值，变量赋值以后该变量才会被创建。

  在 Python 中，变量只是一个标签，它没有类型，Python 中的"变量类型"是变量所指向的内存中对象的类型。

```
#在 Python 中不需要设定变量类型，Python 会自动根据值进行判断
some_var = 5        #some_var 被赋值为 5

#从控制台中获取输入
input_var = input("Enter some data: ")     #返回字符串类型
```

3.比较运算

Python 中的比较运算符如表 4-2-4 所示。

表 4-2-4　比较运算符

运算符	描述	实例
==	等于——比较对象是否相等	(a == b) 返回 False
!=	不等于——比较两个对象是否不相等	(a != b) 返回 true
<>	不等于——比较两个对象是否不相等	(a <> b) 返回 true。这个运算符类似 !=
>	大于——返回x是否大于y	(a > b) 返回 False
<	小于——返回x是否小于y。所有比较运算符返回1表示真，返回0表示假。这分别与特殊的变量True和False等价。注意，这些变量名的大写	(a < b) 返回 true
>=	大于等于——返回x是否大于等于y	(a >= b) 返回 False
<=	小于等于——返回x是否小于等于y	(a <= b) 返回 true

```
#等值比较 "==",相等返回值为 True ,不相等返回 False
1 == 1 # => True
2 == 1 # => False

# 非等比较 "! =",如果两个数不相等返回 True,相等返回 Flase
1 != 1 # => False
2 != 1 # => True

# 大于/小于 和等于的组合比较
1 < 10 # => True
1 > 10 # => False
2 <= 2 # => True
2 >= 2 # => True

#Python 可以支持多数值进行组合比较,
#但只要一个等值为 False,则结果为 False
1 < 2 < 3 # => True
2 < 3 < 2 # => False

# None 是一个对象, None 就是 None,它是一个特殊的变量
None # => None

# 在和 None 进行比较时,不要用 "==" 操作符,用 "is"
"etc" is None # => False
None is None # => True
```

4. 逻辑运算

Python 中的逻辑运算符如表 4-2-5 所示。

表 4-2-5　逻辑运算符

运算符	描述	实例
and	布尔"与" —— 如果x为False，x and y返回False，否则它返回y的计算值。	(a and b) 返回 true。
or	布尔"或" —— 如果x是True，它返回True，否则它返回y的计算值。	(a or b) 返回 true。
not	布尔"非" —— 如果x为True，返回False。如果x为False，它返回True。	not(a and b) 返回 false。

```
# 布尔值操作
# 注：or 和 and 两个关键字是大小写敏感的
True and False #=> 返回 False
False or True #=> 返回 True
# 布尔值和整形的关系，除了 0 外，其他都为真
0 and 2 #=> 0
 - 5 or 0 #=>  - 5
0 == False #=> True
2 == True #=> False
1 == True #=> True

# not 操作
not True # => False
not False # => True
```

4.2.2　人机交互基础方法

4.2.2.1　数据输入方法

Python 提供了 input()内置函数从标准输入读入一行文本，默认的标准输入是键盘。input 可以接收一个 Python 表达式作为输入，并将运算结果返回。

```
str = input("请输入：");
print ("你输入的内容是: ", str)
#输出为:
#        请输入：Python 语言
#        你输入的内容是:  Python 语言
```

使用 input()函数读入数据时，Python 将其以字符串的形式存储在一个变量中。当将该变量作为数值使用时，就会引发错误。

为了解决上述问题，可以使用 int()函数将字符串转化为整型数据，也可以使用 float()函数将字符串转化为浮点型数据。例如，对上述程序进行如下修改。

```
num = input('您最喜欢的数字是:')      #输入一个字符串数据赋值给变量 num
num = int(num)                       #将字符串变量 num 转换成整型
print(num > 3)                       #输出 num 和 3 比较的结果
```

输出结果为：

> 您最喜欢的数字是:6
> True

在 Python 中输入数据，有时需要同时输入多个数据，此时可以使用 eval()评估函数进行实现。例如，要求输入两个整数，求两数的和并输出，程序代码如下。

```
a,b = eval(input('请输入两个整数：'))
print('两数之和为：',a+b)
```

输出结果：

> 请输入两个整数：100,50   #eval()函数要求输入的数据以逗号分隔
> 两数之和为： 150

eval()函数的功能是将字符串当成有效的 Python 表达式来求值，并返回计算结果。当程序中输入的字符串为'100,50'后，eval()函数将字符串左右两侧的引号去除，使其变为100,50，分别将 100 赋值给变量 a，50 赋值给变量 b，从而使变量 a 和 b 能正常进行加法运算。

4.2.2.2　数据输出方法

在 Python 中使用输出函数 print()实现输出操作，函数可以理解为对一组表达特定功能表达式的封装，它与数学函数类似，能够接收变量并输出结果。print()就是 Python 解释器的内置函数，它有着非常灵活的使用方法，下面分别介绍 print()函数的基本输出和格式化输出的用法。

1. 基本输出

print() 函数的基本格式及相关参数说明如下：

```
print(values,sep,end,file)
```

参数作用为：

values：需要输出的值，可以是多个值，中间用"，"分隔；

sep：分隔符，多个值被输出后，值与值之间会添加指定的分隔符，默认为空格；

end：输出完毕，以指定的字符结束，默认是换行"\n"；

file：表示输出的目标，默认是标准的输出（控制台），还可以输出到指定文件；

输出字符串时可用单引号或双引号括起来；输出变量或表达式时，不加引号；多个数据同时输出时，需用"，"隔开各项。

2. 格式化输出

在 Python 中，用 print()函数实现输出时，有时需要数据按照某种特殊的格式进行输出。例如，输出浮点数时，要求控制小数点位数等，可以使用 format 方法（其他格式化方法不做阐述）。

使用 format()方法可以格式化字符串，其基本格式为：

模板字符串.format(逗号分隔的参数)

模板字符串是由一系列槽（用大括号表示）组成的，用来控制字符串中嵌入值出现的位置，其基本思想是将 format()方法中用逗号分隔的参数按照序号替换到模板字符串的槽中（序号从 0 开始编号）。

① 按照 format 中的参数顺序填充字符串中的槽{}。

```
name = 'Tom'
age = 18
print("名字:{},年龄:{}".format(name,age))        #按照 format 中的参数顺序填充{}
```

输出结果：

名字:Tom,年龄:18

② 按照 format 中的参数位置填充字符串中的槽{}。

```
name = 'Tom'
age = 18
print("名字:{0},{0}的年龄:{1}".format(name,age))
```

输出结果：

名字:Tom,Tom 的年龄:18

③ 按照 format 中的参数名填充字符串中的槽{}。

```
print("名字:{name},{name}的年龄:{age}".format(name = 'Mary',age = 28))
```

输出结果：

名字:Mary,Mary 的年龄:28

④ 控制输出数据的格式。

在 format() 函数中，模板字符串的槽除了包括参数序号，还可以包括格式控制信息，此时槽的内部样式为：

{参数序号: 格式控制标记}

其中格式控制标记用于控制参数显示时的格式，表 4-2-6 列出了可用的格式控制标记及其意义。

表 4-2-6　格式控制标记

填充	对齐	宽度	,	.精度	格式字符
用于填充的单个字符	< 左对齐 > 右对齐 ^ 居中对齐	输出宽度	数字的千位分隔符	浮点数小数部分精度或字符串最大输出长度	整数类型 d,o,x 浮点数类型 e,E,f,

格式控制标记包括"填充""对齐""宽度"","".精度""格式字符" 6 个可选字段，这

些字段可以组合使用。例如：

```
x = 5                          #定义变量 x 并赋值
y = 123456.345678              #定义变量 y 并赋值
strs = 'I love Python!'        #定义变量 strs 并赋值
print('{0:2d} {1:3d} {2:4d} {3:,.3f}'.format(x, x*x, x*x*x,y))
print("{0:*^30}".format(strs))    #居中且使用*填充
```

输出结果：

```
5   25   125 123,456.346
********I love Python!********
```

代码中输出变量 x 时，"0:2d" 中的 0 表示 format 中的参数位置，需要输出的内容为 x，2d 表示输出的数据宽度为 2 位整数，中间用冒号分隔，如果不足指定宽度，则输出数据右对齐，用"空格符"来补空位；"3:,.3f"，3 表示 format 中的参数位置，需要输出的内容为 y，.3f 表示浮点数精度为 3，且用","显示千分位分隔符；输出字符串时，"*^30"表示输出字符串宽度为 30，如果字符串本身长度不足 30，则用"*"居中补齐。

4.2.3 数据组织

4.2.3.1 字符串及其相关基本操作

1. 字符串的创建和基本运算

```
# 可以通过双引号" 或者单引号'来创建字符串
"This is a string."
'This is also a string.'


# 字符串间可以通过 + 号进行连接
"Hello " + "world!"    # => "Hello world!"
# 甚至不使用'+'号，也可以把字符串进行连接
"Hello " "world!"      # => "Hello world!"


#可以通过 * 号，对字符串进行复制，比如：
"Hello" * 3            # => "HelloHelloHello"
```

2. 索引

Python 中的字符串有两种索引方式：第一是从左往右，从 0 开始依次增加；第二种是从右往左，从-1 开始依次减少。

注意！没有单独的字符类型，一个字符就是长度为 1 的字符串。

```
word = 'Python'
print(word[0], word[5])
#输出为：P n
```

```
print(word[-1], word[-6])
#输出为：n P
```

3. 切片

可以对字符串进行切片，获取一段子串，具体用法如图 4-2-1 所示，用冒号分隔两个索引，形式为：变量[头下标:尾下标]。截取的范围是左闭右开，并且两个索引都可以省略。也可以指定步长，形式为：变量[头下标:尾下标:步长]。

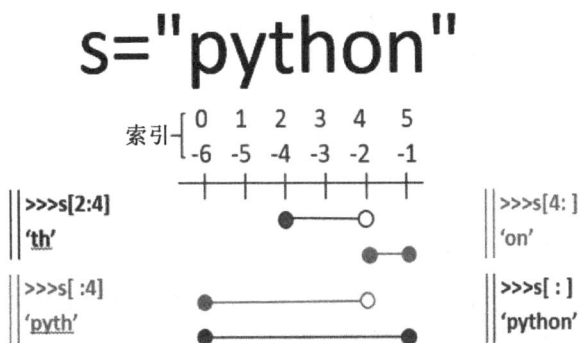

图 4-2-1

```
#假设有字符串 s
s = 'ILovePython'
s[1:5]
#输出为：'Love'

#步长为 2
s[1:10:2]
#输出为：'LvPto'

#省略起始索引
s[:]
#输出为：'ILovePython'

s[5:]
#输出为：'Python'

s[-10:-6]
#输出为：'Love'
```

4.2.3.2　列表

列表（list）是若干任意对象的有序集合，列表中的每个元素都有自己的位置编号，称为索引。同字符串一样，可以通过"索引"访问其中元素，列表中的元素可以是各种类型的对象，如数字、字符串、列表本身或者后面要讲的元组和字典等。与字符串不同的是，列表是可变序列，可以根据要求添加、删除或修改元素，但由于对非尾部元素进行操作时会涉及大量元素的移动，改变元素在列表中的索引，从而严重影响工作效率，所以应尽量从列表尾部进行元素的追加与删除操作。在解决实际问题时，也最好根据实际需求选择一种合适的数据类型，尽量避免盲目过多地使用列表。

1. 列表的构造

创建一个列表，只要把逗号分隔的不同的数据项使用方括号括起来即可。

```
#构造空列表
r = []
#构造由大物实验数据所组成的非空列表
r = [10.4, 10.7, 10.9, 11.3, 11.8]
print(r)
#其输出结果为：
[10.4, 10.7, 10.9, 11.3, 11.8]
```

2. 索引与切片

Python 列表的切片与字符串切片相类似，具体用法如图 4-2-2 所示。

```
#列表的索引和切片操作与字符串的相关操作类似
r = [10.4, 10.7, 10.9, 11.3, 11.8]
print(r[0])
#输出为：10.4
print(r[-2])
#输出为：11.3

#切片-->负数从右向左索引，左闭右开，省略开始索引表示从第一个元素开始，省略结束索引表示
包含所有元素
print(r[1:4])
#其输出为：[10.7, 10.9, 11.3]
print(r[1:])
#其输出为：[10.7, 10.9, 11.3, 11.8]
print(r[:-1])
#其输出为：[10.4, 10.7, 10.9, 11.3]
```

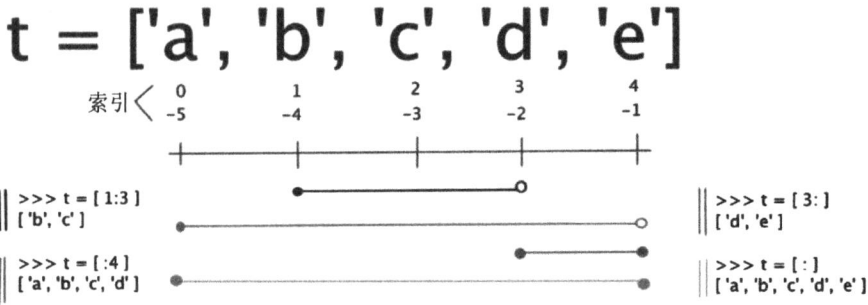

图 4-2-2

3. 添加元素

（1）append()

在列表尾部追加元素

```
r = [10.4, 10.7, 10.9, 11.3, 11.8]
r.append(11.9)
r.append(12.3)
print(r)
#其输出为：[10.4, 10.7, 10.9, 11.3, 11.8, 11.9, 12.3]
```

（2）insert()

在指定位置插入元素

```
#insert() -->
r.insert(1,10.7)
print(r)
#输出为：[10.4, 10.7, 10.9, 11.8, 11.9, 12.3]
r.insert(3,11.3)
print(r)
#输出为：[10.4, 10.7, 10.9, 11.3, 11.8, 11.9, 12.3]
```

4. 删除元素

（1）remove

移除，其参数为列表的元素值

```
r.remove(10.7)
print(r)
#其输出为：[10.4, 10.9, 11.3, 11.8, 11.9, 12.3]
```

（2）del

按下标删除列表中的元素值

```
del r[2]
print(r)
#其输出为：[10.4, 10.9, 11.8, 11.9, 12.3]
```

（3）元素合并

```
# extend 将列表中的元素添加到目标列表
furniture = ['desc', 'bed', 'chair']
electricity = ['computer'，'TV'，'hub']
furniture.extend(electricity)
print(furniture)
#其输出为：['desc', 'bed', 'chair', 'computer'，'TV'，'hub']
```

5. 排序

sorted 函数对列表元素按照指定规则排序。默认正序，指定参数 reverse = True，则表示倒序。

```
#正序
r = [11.9, 10.9, 10.4, 12.3, 11.3, 10.7, 11.8]
print(sorted(r)) #-->数字正序排序
#输出为：[10.4, 10.7, 10.9, 11.3, 11.8, 11.9, 12.3]
furniture = ['desk', 'bed', 'chair', 'computer', 'TV', 'hub']
print(sorted(furniture)) #-->字符串正序排序
#输出为：['TV', 'bed', 'chair', 'computer', 'desk', 'hub']

#倒序
r = [11.9, 10.9, 10.4, 12.3, 11.3, 10.7, 11.8]
print(sorted(r, reverse = True))
#输出为：[12.3, 11.9, 11.8, 11.3, 10.9, 10.7, 10.4]
```

4.2.3.3   元组的基本操作

Python 的元组（Tuple）与列表类似，同属序列类型，也是任意对象的有序集合，可以通过"索引"访问其中元素。列表虽然功能强大，但有时运行效率低，元组像是一个轻量级的列表，及时地补充解决了这个问题。元组使用圆括号标识。

```
# Tuples(元组）是一个类似数列的数据结构，但是元组是不可修改的
tup = (1, 2, 3)
tup[0]          # 结果为 1
tup[0] = 3      #修改报错

#列表中的方法在元组也可以使用（除了修改）
len(tup)        # => 3
tup + (4, 5, 6) # => (1, 2, 3, 4, 5, 6)
tup[:2]         # => (1, 2)
2 in tup        # => True

# 可以一次性对多个变量赋值
a, b, c = (1, 2, 3) # a 为 1，b 为 2，c 为 3
d, e, f = 4, 5, 6 #元组赋值也可以不用括号

#不用括号也可以创建元组
g = 4, 5, 6     # => (4, 5, 6)
#隐形元组，即使没有小括号，其实也是元组
```

4.2.3.4   字典的基本操作

字典为一系列的键值对，每个键值对用逗号隔开，每个键都与一个值相对应，可以通过

使用键来访问对应的值，是无序的。键的定义必须是不可变的，既可以是数字、字符串，也可以是元组，还有布尔值等。而值的定义可以是任意数据类型。

1. 访问字典里的值

把相应的键放入熟悉的方括弧，如下实例：

```
dict = { 'name' : 'Tom', 'age' : 22, 'email' : '123456@qq.com' }

print("dict['name']: ", dict['name'])
print("dict['age']: ", dict['age'])

#输出为：dict['name']:  Tom
#         dict['age']:  22
```

2. 修改字典的值

向字典添加新内容的方法是增加新的键/值对，修改或删除已有键/值对，如下实例：

```
dict = { 'name' : 'Tom', 'age' : 22, 'email' : '123456@qq.com' }

dict['age'] = 28      #修改
dict['class'] = 'first'   #添加

print "dict['age']: ", dict['age']
print "dict['class']: ", dict['class']

#输出为：dict['age']:  28
#         dict['class']:  first
```

3. 删除字典元素

能删除单一的元素也能清空字典，清空只需一项操作。显示删除一个字典用 del 命令，如下实例：

```
dict = { 'name' : 'Tom', 'age' : 22, 'email' : '123456@qq.com' }

del dict['name']      # 删除键是'name'的条目
dict.clear()          # 清空字典所有条目
del dict              # 删除字典
```

4. 遍历（keys、items、values）操作

```
dict = { 'name' : 'Tom', 'age' : 22, 'email' : '123456@qq.com' }
#输出键
print(dict.keys())
#输出为：dict_keys(['name', 'age', 'email'])
```

```
#输出键值对
print(dict.items())
#输出为:
#      dict_items([('name', 'Tom'),('age', 22),('email', '123456@qq.com')])

#输出值
print(dict.values())
#输出为: dict_values(['Tom', 22, '123456@qq.com'])
```

4.2.4 处理过程控制—— 选择和循环

处理数据是个复杂的过程, 可能面对各种各样的情况, 不同情况有不同的处理方法; 还可能需要一遍又一遍的重复, 需要统一的表示。如何实现呢? 采用能够表示多种情况的选择结构、能够控制重复的循环结构。

4.2.4.1 选择结构

Python 使用 if、elif、else 等关键字构造选择结构, 采用缩进形成代码块, if、elif、else所在行要以冒号结尾, 在其控制范围内的代码形成缩进。

1. 单分支

【例 4-2-1】交换两个变量的值。

```
# 创建两个变量
a = 9
b = 5
# 通过 if 进行逻辑判断
if a > b:            #条件不需要加圆括号
    a, b = b, a    #交换两个变量的值
print(a,b)
#输出为: 5,9
```

2. 双分支

【例 4-2-2】从键盘上输入一个整数, 如果是偶数则输出"偶数", 否则输出"奇数"。

```
x = int(input('请输入一个整数: '))
if x % 2 == 0:
    print('偶数');
else :
    print('奇数')
#输出为:
#      请输入一个整数: 2
#      偶数
```

3. 多分支

【例 4-2-3】用计算机对学生的成绩进行分级（补考，及格，中，良，优），其划分标准为：小于 60 分为补考；60~70 分为及格；70~80 分为良；80~90 分为中；90~100 分为优。最终输出等级信息。

```
score = int(input('请输入你的成绩：'))
if score < 0 or score > 100:
    print 'error'
elif score < 60:      #elif 表示前面的条件不满足但是满足后面的条件，又加了一层约束和限制
    print '补考'
elif score < 70:
    print '及格'
elif score < 80:
    print '良'
elif score < 90:
    print '中'
else :                #else 表示除前面情况之外的其他所有情况
    print '优'


#输出为：
#          请输入你的成绩：-2
#          error
#          请输入你的成绩：100
#          优
```

4. 嵌套选择结构

【例 4-2-4】购买地铁车票的规定如下：乘 1~4 站，3 元/位；乘 5~9 站，4 元/位；乘 9 站以上，5 元/位。输入人数、站数，输出应付款。

```
m, n = input('请输入站数、人数：')
m = int(m)
n = int(n)
if m <= 4:
    pay = 3 * n
else :
    if m <= 9:
        pay = 4 * n
    else :
        pay = 5 * n
print '应付款：',pay
#输出为：
#          请输入站数、人数：5,3
#          应付款：20
```

注意事项：在 Python 代码中，缩进是非常重要的。如果缩进不正确，会导致语法错误

无法运行，也可能会导致逻辑错误得到错误结果。在嵌套的结构中，很容易出现这种情况。

4.2.4.2 循环结构

1. 遍历循环

Python 通过保留字 for 实现"遍历循环"，简称"for 循环"，格式如下：

```
for  <循环变量> in  <遍历结构>:
    <语句块>
```

for 循环从遍历结构中逐一提取元素，放在循环变量中，对于所提取的每个元素执行一次循环语句块，循环语句块可以是一个单一的语句，也可以是一组具有统一缩进的语句。这个<遍历结构>可以是列表、元组、字符串等可迭代对象。

比如访问列表中的所有元素，可以使用遍历循环。

假设列表 ls 中有若干元素，现在要计算列表中元素的和，可以如下编写程序：

```
ls=[1,2,3,4,5]        #定义列表 ls
result=0              #定义保存和的变量 result
for i in ls:          #依次获得 ls 中的元素放入变量 i 中，
      result+=i       #将 i 累加到变量 result 上
print(result)         #输出累计结果 result
```

2. range 函数

对于计算 N 个学生平均成绩的这样的问题，可以利用 range 函数构造一个重复 N 次的遍历循环。

函数 range 用于创建一个整数序列，可以用在 for 循环中。

range 函数格式如下：range(start, end[, step])

range 函数有三个形参，分别是：

start：序列从 start 开始，默认是从 0 开始。

end：序列到 end 结束，但不包括 end。

step：步长，默认为 1，可省略。

range 函数的常用形式有三种：

（1）range（end） 形式，只给出结束值，则表示创建一个从 0 开始到 end 结束、步长为 1 的序列；

（2）range（start，end）形式，表示创建一个从 start 开始到 end 结束、步长为 1 的序列；

（3）如果步长不是 1，则使用第三种形式 range（start，end，step）形式，表示创建一个从 start 开始到 end 结束、步长为 step 的序列

注意：

参数 start、end、step 是整数

如果步长>0，则最后一个元素<end。

如果步长<0，则最后一个元素>end。

【例 4-2-5】求 N 个同学的平均成绩。

现在可以解决求 N 个同学平均成绩的问题了，程序如下：

```
n=int(input())              #通过 input 获得学生个数，int 转化为整数赋值给 n
result=0                    #定义一个存储累加和的变量 result 初值为 0
for i in range(n):          #构造一个 0 到 n-1 的重复 n 次的循环
    score=eval(input())     #获得一个成绩，转化为数值存入 score 变量
    result+=score           #将 score 变量的数据累加到 result 上
ave=result/n                #计算平均成绩存入 ave 变量
print("{:.2f}".format(ave)) #输出 ave，保留两位小数
```

3. 条件循环

对于明确次数的循环，使用条件循环实现。

Python 通过保留字 while 实现"条件循环"，格式如下：

```
while   <条件>:
    <语句块>
```

当程序流程到达 while 结构时，while 就以<循环控制表达式>作为循环条件，当<循环控制表达式>的值为 True 时，执行循环体；每执行完一次循环体，就会返回到循环体前，再对<循环控制表达式>进行一次测试，为 True，再次执行循环体。当<循环控制表达式>的值变为 False 时，循环体将不执行，结束循环，执行循环之后的代码行。

【例 4-2-6】银行存款问题。

假设一年期定期利率为 3.25%，计算一下需要过多少年，一万元的一年定期存款连本带息能翻番？

分析：起始金额是 10 000 元，利率是 3.25%，目标是连本带息翻番，即达到 20 000 元。这个题目隐含的意思是，只要没达到 20 000 元，哪怕 19 999 元，也要再存一年。

解决：可以计算一年后的本息总额，然后计算两年后的本息总额、三年后的本息总额，直到总额超过 20 000 元为止。

这是一个典型的条件重复问题，处理流程如图 4-2-3 所示。

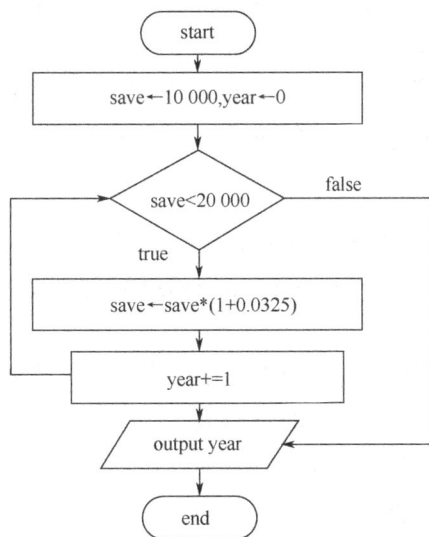

图 4-2-3

流程开始之后，先将总额 save 置为 10 000，年数 year 置为 0，然后判断总额 save<20 000 是否成立，如果成立，则存一年，即计算 1 年后的总额 save 乘以 1 加 3.25%，年数加 1，再次判断 save<20 000 是否成立，如果成立继续存一年，如果不成立，即达到翻番的目标，循环结束，输出年数 year。

程序如下：

```
save = 10000
year = 0
while save < 20000:
    year += 1
    save = save*(1+0.0325)
print(str(year)+"年以后，存款会翻番")
```

While 循环语句是"先判断，后执行"。如果刚进入循环时循环条件就不满足，则循环体将被跳过，while 循环块之后的语句将被执行。因此 while 循环有一个特殊情况，循环体可能一次都不执行。

比如这个例子，

另外在使用 while 循环时，一定要保证循环条件有变成假的时候，否则这个循环将永远无法结束。这样的循环被称为无限循环，也称为死循环。

【例 4-2-7】直接结束与无限循环。

```
count_i = 0                          count_i = 0
while count_i > 10 :                 while count_i < 10 :
print("不停执行的循环:", count_i)     print("不停执行的循环:", count_i)
count_i+=1                           count_i-=1
    print("循环结束")                    print("循环结束")
```

左侧程序中，count_i 初值置为 0，在 while 循环中条件是 count_i>10，一开始条件就不成立，因此该循环一次都不执行，直接结束。

右侧程序中，count_i 初值置为 0，在 while 循环中条件是 count_i<10，而在循环体中，count_i 每次都减 1，导致 count_i<10 始终成立，这个循环无限执行下去，造成死循环。

4. 控制转移

在某些情况下，可能无法确定循环结束条件，或者为了与人们的理解一致，可以特意构造死循环，然后通过控制转移语句 break 和 continue 结束循环。

【例 4-2-8】韩信点兵。

韩信有一队兵，他想知道具体有多少人，便让士兵排队报数。

按从 1 至 5 报数，最末一个士兵报的数为 1；

按从 1 至 6 报数，最末一个士兵报的数为 5；

按从 1 至 7 报数，最末一个士兵报的数为 4；

最后再按从 1 至 11 报数，最末一个士兵报的数为 10。

你知道韩信至少有多少兵吗？

设兵数为 x，则 x 应满足：

x%5==1 && x%6==5 && x%7==4 && x%11==10

可以使用穷举法解决这个问题，对 x 从 1 开始试验，直到找到一个满足条件的数为止。因为不知道循环次数，也不知道结束条件，因此构造一个无限循环。

```
x=0
while True:
    x+=1
    if x%5==1 and x%6==5 and x%7==4 and x%11==10:
        print(x)
        break
```

x 初值设为 0，while 循环的条件写为 True，循环体 x 加 1，然后判断 x 是否满足模 5 余 1、模 6 余 5、模 7 余 4、模 11 余 10 的条件。如果条件成立，这个 x 就是要找的数，输出 x，并且 break 中断循环。

break 语句在 while 循环和 for 循环中都可以使用，一般放在 if 选择结构中，一旦 break 语句被执行，将使得整个循环提前结束。

相对应的，continue 语句的作用是终止当前循环，并忽略 continue 之后的语句，然后回到循环的顶端，提前进入下一次循环。

也就是说，continue 语句只结束本次循环，而不终止整个循环的执行。

break 语句则是结束整个循环过程，不再判断执行循环的条件是否成立。

【例 4-2-9】遍历字符串 "PYTHON"，输出每个元素

```
for s in "PYTHON":
    if s=="T":
        continue
    print(s, end="")
结果为：PYHON
for s in "PYTHON":
    if s=="T":
        break
    print(s, end="")
```

结果为：PY

用 for 循环遍历字符串 "PYTHON"，输出每个元素，在第一个程序中，如果元素是 T，continue，在第二个程序中，如果元素是 T，break。对比结果，第一个程序输出 PYHON，第二个程序输出 PY。即第一个程序中 s=="T" 成立时结束了本次循环，而第二个程序中 s=="T" 成立时结束了整个循环。

5. 标志变量

对于一些特殊情况，需要在循环过程中记录某些状态，在循环之外根据状态进行特定处

理，这时候，可以使用标志变量。标志变量其实是普通变量。

【例 4-2-10】键盘输入任一大于 2 的正整数，判断它是否为素数，输出"Yes"/"No"。

分析：所谓素数，是除了 1 和本身没有其他因子的数。因此，判断一个数是不是素数，只要验证它有没有除 1 和它本身之外的其他因子即可。并且只要有一个除 1 和本身之外的因子，便可断定这个数不是个素数，终止循环。也就是说，在验证的过程中，把判断素数转化为判断因子。

程序如下：

```
n=eval(input()) #输入一个正整数
flag=0          #标志置为 0，表示无因子
for i in range(2,n-1+1):
    if n % i ==0:
        flag=1
        break
if flag == 0:
    print("Yes")
else:
    print("No")
```

首先输入一个正整数，赋值给 n；然后定义标志变量 flag 赋初值为 0，表示没有因子；利用 range 函数构造一个 2 到 n-1 的序列作为遍历结构，使用 for 循环遍历这个序列，验证序列中的每一项是否能够整除 n；如果 n%i==0，则表示找到一个因子，flag 置 1，break 结束循环。循环结束之后，判断 flag 的值，如果 flag 值为 0，表示没有因子，n 是素数，输出 Yes；否则表示有因子，n 不是素数，输出 No。

6. 循环嵌套

对于一些复杂情形，可能在循环过程中还要进行循环处理，这就构成了循环的嵌套。

【例 4-2-11】输入两个正整数 m 和 n，求出[m,n]区间的所有素数。(n>m>=2)

分析：遍历区间[m,n]内的所有元素是一重循环，在循环内判断某个元素是不是素数又是一重循环，因此这个是两重循环的问题，或者说循环嵌套的问题。

程序如下：

```
m=eval(input())
n=eval(input())
for i in range(m,n+1):
    t=0        #标记是否为素数
    for j in range(2,i-1+1):
        if i % j ==0:
            t=1
            break
    if t == 0:
        print(i,end="\t")
print()
```

首先输入 m 和 n；然后利用 range 函数构造一个 m 到 n 的序列作为遍历结构，使用 for 循环遍历这个序列,判断序列中的每个元素 i 是否是素数；验证过程在循环体中实现：设置标记变量 t 初值为 0，表示没有因子，利用 range 函数构造一个 2 到 i-1 的序列作为遍历结构，使用 for 循环遍历这个序列，验证序列中的每一项是否能够整除 i；如果 $i\%j{==}0$，则表示找到一个因子，t 置 1，break 结束循环。循环结束之后，判断 t 的值，如果 t 值为 0，表示没有因子，i 是素数，输出 i。注意在嵌套循环中，内循环中使用的变量一定要在外循环的循环体中赋初值，比如本例中的 t 赋值为 0 语句，位于第一重循环的循环体中，第二重循环开始之前。同学们可以尝试把 t 赋 0 语句放到 for i in range(m,n+1)语句前面，运行程序观察一下结果。

4.2.5 功能组件——函数

函数能提高应用的模块性和代码的重复利用率。Python 提供了许多内建函数，比如 print()。但也可以自己创建函数，即用户自定义函数。

定义函数的规则：

- 函数定义包括函数头和函数体两部分，函数头说明函数名称和使用的参数，函数体实现函数功能，它相对于函数头缩进。
- 函数头以 def 关键词开头，后接函数名称、圆括号()和“：”。
- 圆括号内可以定义参数，以接收传递来的数据。
- 函数体的第一行语句可以选择性地使用文档字符串，用作函数说明。
- return [表达式]是语句结束函数，选择性地返回一个值给调用方。不带表达式的 return 相当于返回 None。
- 下面程序中定义了加法函数 add 和交换函数 swap，并加以调用：

```
#def 关键字定义函数
def add(x, y):
    print("x is {0} and y is {1}.".format(x, y))
    return x + y        #可以直接 return 结果


#函数调用参数
sum = add(5, 6)
print("'add(x,y) is %d.'" %sum)
#输出为："x is 5 and y is 6."
#         "add(x,y) is 11."


# Python 支持参数互换，只需要在调用函数时加上形参
add(y = 6, x = 5)       #Keyword arguments can arrive in any order.

def swap(x,y):
    return y,x          #相当于返回元组(y,x)
    x = 3
y = 5
x, y = swap(x,y)
```

```
print("x=",x,"y=",y)
#输出为: x=5,y=3
```

【例 4-2-12】定义画一个五角星的函数，多次重复调用。

```
from turtle import *
def star():              #定义函数，画一个五角星
    fillcolor("red")
    begin_fill()
    while True:
        forward(200)
        right(144)
        if abs(pos()) < 1: #pos 离原点的绝对距离，这个条件表示回到原点
            break
    end_fill()

for i in range(4):
    left(90) #向左
    star()
done()
```

绘制结果如图 4-2-4 所示：

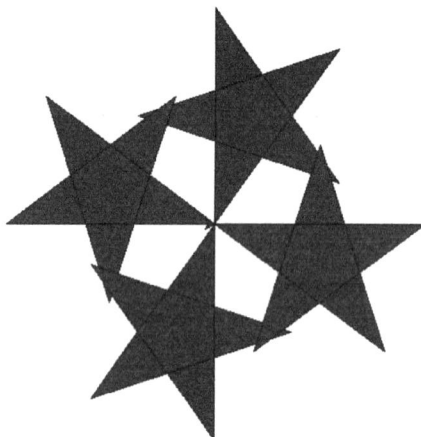

图 4-2-4

4.3 文件操作

4.3.1 文件

1. 文件和目录

文件是存储在存储介质上的数据集合，可以长期地保存任何数据内容。计算机存储的内容，比如一篇文章、一幅图片、一个可执行程序、一段音频或视频，都可以组织成一个文件

进行保存，并且可以赋予每个文件个文件名。计算机操作系统就是以文件为单位来管理磁盘中的数据的。

大量的文件如果不加分类地放在一起，用户查找及使用起来非常不方便，因此引入了目录（文件夹）的概念。文件的保存和管理就是通过目录进行的，目录提供了指向对应存储空间的路径地址。目录一般采用树形结构，每个磁盘有一个根目录，根目录下包含若干子目录和文件，子目录下还可以对应下一级子目录和文件。访问文件时需要知道文件存放的路径地址，即目录。文件的路径有两种表示方式：绝对路径和相对路径。

绝对路径指的是从根目录开始逐级标识文件存储位置的方式。例如，如果文件 test.txt 存储在 D:盘 Python 目录的子目录 data 下，那么文件 test.txt 的绝对路径可以表示为：

> D:\\Python\\data\\test.txt

相对路径指的是文件与访问文件的程序之间的位置关系。例如，如果文件 test.txt 存储在 D:盘 Python 目录的子目录 data 下，要访问文件的程序存储在 D:盘 Python 目录下，那么访问文件的相对路径可以表示为：

> data\\test.txt

2. 文本文件和二进制文件

从功能上来说，文件可以分为很多类型，比如文本文件、图像文件、音频文件、视频文件、可执行文件等。但是从计算机存储的角度来说，所有的文件存储的都是 0、1 比特串。

按照文件编码方式的不同，可以将文件分为文本文件和二进制文件。

（1）文本文件

文本文件指的是基于字符编码的文件。这类文件只包含基本的文本字符，不带任何格式，比如不包含字体颜色等信息。文本文件用记事本或其他文本编辑器就能正常打开并且编辑。它使用方便，占用内存资源较少，但是存储时需要编码解码，要花费一定的时间，访问速度较慢。扩展名为 txt、log 的文件都属于文本文件。

（2）二进制文件

二进制文件由比特 0 和比特 1 组成，没有统一的字符编码，直接把二进制码存放在文件中，以字节为单位访问数据。各类 Office 文档、PDF、图形图像、音频视频等都属于二进制文件。二进制文件内部数据的组织格式与文件用途有关，不能用记事本或其他文本编辑器打开编辑。例如，用记事本打开一个 Word 文件会显示乱码。

3. 文件编码

文本文件可以采用多种编码方式，常见的有 ANSI、Unicode 和 UTF-8 等。

（1）ANSI 编码

ANSI 的全称是 American National Standards Institute，即美国国家标准协会。ANSI 编码用了 8 位，最多可以表示 256 个不同的字符。ANSI 编码在不同语言的系统中编码不同，不同的国家和地区制定了不同的标准，所以产生了 GB2312、GBK、Big5、Shift_JIS 等不同的编码标准。比如在英文操作系统中，ANSI 编码就是 ASCII 编码；在简体中文操作系统中，ANSI 编码就是 GBK 编码；在繁体中文操作系统中，ANSI 编码就是 Big5 编码；在日文操作系统中，ANSI 编码就是 Shift_JIS 编码，在韩文操作系统中，ANSI 编码就是 EUC-KR 编码。不同 ANSI 编码之间互不兼容，无法将属于不同语言的内容存储在同一段 ANSI 编码的文本中。

（2）Unicode 编码

Unicode 编码是继 ANSI 编码之后出现的一种国际标准字符编码。它是一种 2 字节（16 比特）的编码，能够为 65 536 个字符进行编码。Unicode 编码解决了不同 ANSI 编码之间互不兼容的问题，它可以容纳全世界所有的语言文字。它把所有语言都统一到一套编码里，每个字符都具有唯一的编码。对于 ASCII 编码字符，Unicode 编码保持其原编码不变，只是将长度扩展为 16 位；对于其他语言的字符全部重新统一编码。

（3）UTF-8 编码

虽然 Unicode 编码将不同语言的字符进行统一，解决了乱码问题，但是如果内容全是英文，Unicode 编码比 ASCII 编码要多占一倍的存储空间，同时也多占一倍的传输资源。为了解决这个问题，一种可变长的 UTF-8 编码产生了。UTF-8 编码以 8 比特（1 字节）作为一个单位，分别用 1-6 个字节的二进制数对 Unicode 字符集进行编码，把 Unicode 编码转化为"可变长编码"。在 UTF-8 编码中，常用的英文字母用 1 个字节进行编码，汉字通常用 3 个字节，只有少数非常生僻的字符才会用 4~6 个字节进行编码。不过因为 UTF-8 编码长度不固定，使得处理这种类型的文件比 Unicode 编码的文件复杂。UTF-8 编码主要把 Unicode 文件再次编码，用于网络传输。

4.3.2　文件的打开和关闭

文件的基本操作主要指对文件进行读、写操作。读文件指的是将文件中的数据读入内存，写文件指的是将内存中的数据写入文件。对于任何类型的文件，Python 操作时都经过以下三个步骤：

（1）打开文件；

（2）进行读或写操作；

（3）关闭文件。

1. 打开文件

Python 通过文件对象来对文件进行操作，文件对象通过 open 函数创建或打开。有了文件对象后，就可以使用文件对象提供的函数来对文件进行读写操作。其语法如下所示：

```
f=open(filename,[mode,buffering,encoding,errors,newline,closefd,opener])
```

在这 f 表示文件对象。

该函数中参数的含义如下：

filename 表示包含文件路径的文件名；

mode 表示文件的访问模式，具体如表 4-3-1 所示；

buffering 表示打开文件时所用的缓存模式。buffering 为 0 时表示不缓存，buffering 为 1 时表示行缓存模式，buffering 大于 1 时该数表示缓存区的大小，buffering 为-1 时表示使用系统默认的缓存模式，该参数的默认值为-1；

encoding 表示文本文件的编码方式，其默认编码方式是基于系统的；

errors 指定如何处理编码和解码错误；

newline 表示文本文件新行的形式；

closefd 为 True 时必须给定文件名，否则将出错，反之为 False 时表示退出文件时不关闭文件句柄；

opener 用来实现自己定义打开文件的方式。

表 4-3-1 Python 访问文件的模式

模式	说明
r	读模式（默认模式，可省略），如果文件不存在则抛出异常
w	写模式，如果文件已存在，先清空原有内容
x	写模式，创建新文件，如果文件已存在则抛出异常
a	追加模式，不覆盖文件中原有内容
b	二进制模式（可与其他模式组合使用）
t	文本模式（默认模式，可省略）
+	读、写模式（可与其他模式组合使用）

比如以只读形式打开 F:盘目录 data 下的文件 test.txt，代码如下：

```
f=open('F:\\data\\test.txt','r',encoding='ansi')
```

2. 关闭文件

文件操作完成之后，需要将文件关闭。Python 中通过 close 函数关闭文件对象。

【例 4-3-1】打开 F:盘目录 data 下的文件，接着将其关闭。

```
f=open('F:\\data\\test.txt')
f.close()
```

3. with 语句

Python 提供 with 语句对资源进行自动管理。如果发生异常情况，比如代码引发异常而跳出 with 块，一定能保证文件被正确关闭。语法如下：

```
with open(filename,mode,encoding) as f
```

filename 表示带路径的文件名；mode 表示文件打开模式；encoding 表示编码方式；f 表示文件对象。

【例 4-3-2】用 with 语句对文件进行操作。

```
with open('F:\\data\\test.txt',' r' ) as f
str=f.read()
f.close()
print(str)
```

4.3.3 文本文件操作

1. 文本文件读操作

Python 提供了 read、readlines、readline 三个函数用于文本文件的读取。

（1）read 函数

read 函数可以一次性将文件里的内容全部读取，也可以指定每次读取多少个字符。

【例 4-3-3】读取文件全部内容。

```
f=open('F:\\data\\test.txt')
str=f.read()
f.close()
print(str)
```

文件 test.txt 存储内容为：

```
china university of petroleum
ocean university of china
Shandong University of Science and Technology
Qingdao University
Qingdao University of Science and Technology
Qingdao University of Technology
```

运行结果：

```
china university of petroleum
ocean university of china
Shandong University of Science and Technology
Qingdao University
Qingdao University of Science and Technology
Qingdao University of Technology
```

【例 4-3-4】读取文件 test.txt 前面 4 个字符。

```
f=open('F:\\data\\test.txt')
str=f.read(4)
f.close()
print(str);
```

运行结果：

```
chin
```

（2）readlines 函数

readlines 函数可以一次读取文件所有行的全部数据，也可以读取文件多行数据。结果以每行数据作为元素形成一个列表。

【例 4-3-5】读取文件 test.txt 所有行的数据。

```
f=open('F:\\data\\test.txt')
list=f. readlines()
f.close()
print(list)
```

运行结果：

['china university of petroleum\n', 'ocean university of china\n', 'Shandong University of Science and Technology\n', 'Qingdao University\n', 'Qingdao University of Science and Technology\n', 'Qingdao University of Technology\n']

【例 4-3-6】读取文件前 29 个字符对应的行数据。

```
f=open('F:\\data\\test.txt')
list=f. readlines(29)
f.close()
print(list)
```

运行结果：

['china university of petroleum\n']

在文件 test.txt 中，包含空格在内的第 29 个字符是第一行最后一个字符 m，所以程序运行结果为第一行数据。

【例 4-3-7】读取文件前 30 个字符对应的行数据。

```
f=open('F:\\data\\test.txt')
list=f. readlines(30)
f.close()
print(list)
```

运行结果：

['china university of petroleum\n', 'ocean university of china\n']

在文件 test.txt 中，包含空格在内的第 30 个字符是第二行第一个字符 o，所以程序运行结果为 o 所在的行和文件中前面所有行的数据。

（3）readline 函数

readline 函数读取文件一行数据。

【例 4-3-8】读取文件 test.txt 第一行的数据。

```
f=open('F:\\data\\test.txt')
chunk=f.readline()
print(chunk)
f.close()
```

运行结果：

china university of petroleum

【例 4-3-9】读取文件 test.txt 所有行的数据。

```
f=open('F:\\data\\test.txt')
while True:
fileline=f.readline()
    if not fileline:
        break
    print(fileline)
f.close()
```

运行结果：

```
china university of petroleum
ocean university of china
Shandong University of Science and Technology
Qingdao University
Qingdao University of Science and Technology
Qingdao University of Technology
```

2. 文本文件写操作

Python 提供了 write、writelines 两个函数用于文本文件的写操作。

（1）write 函数

write 函数向文件写入一个字符串。

【例 4-3-10】向文件 wr.txt 写入数据。

```
f=open('F:\\data\\wr.txt','w')
f.write('abcdefg')
f.close()
```

运行结果：

```
abcdefg
```

open 函数打开文件向文件中写入数据时，如果打开模式选择 w，会覆盖文件原来的数据。如果要保留文件中原来的数据并且在后面追加数据，打开模式可以选择 a 或 a+。

【例 4-3-11】向文件 wr.txt 中追加数据。

```
f=open('F:\\data\\wr.txt','a')
f.write('这是追加写入的内容，原文件内容应该被保留')
f.close()
```

运行结果：

```
abcdefg 这是追加写入的内容，原文件内容应该被保留
```

（2）writelines 函数

writelines 函数将一个元素全为字符串的列表写入文件。

【例 4-3-12】向文件 wr.txt 写入数据。

```
ls=['唐诗\n ','宋词\n ','元曲\n ']
f=open('F:\\data\\wr.txt','w')
f.writelines(ls)
f.close()
```

运行结果：

```
唐诗
宋词
元曲
```

【例 4-3-13】向文件 wr.txt 追加数据。

```
ls=['张三\n','李四\n','王五\n']
f=open('F:\\data\\wr.txt','a')
f.writelines(ls)
f.close()
```

运行结果：

```
唐诗
宋词
元曲
张三
李四
王五
```

3. 文件指针

文件指针是指向文件的指针变量，它表示对文件进行读写操作时对应的文件的位置。

（1）获得文件指针

在 Python 中通过 tell 函数获得文件指针。刚打开一个文件时，文件指针的初始位置为 0；对文件进行读写操作时，文件指针会随之移动。

【例 4-3-14】输出文件指针的位置。

```
f=open("F:\\data\\point.txt",'w')
print(f.tell())
f.write('China')
print(f.tell())
f.write('America')
print(f.tell())
f.write('Britain')
print(f.tell())
f.close()
f=open("F:\\data\\point.txt",'r')
str=f.read(3)
```

```
print(f.tell())
str=f.read(6)
print(f.tell())
f.close()
```

运行结果：

```
0
5
12
19
3
9
```

（2）移动文件指针

在 Python 中通过函数 seek 移动文件指针的位置，语法如下：

```
seek(offset[,whence])
```

第一个参数 offset 表示以字符为单位移动的大小。它为正数时，表示向文件尾部方向移动文件指针；它为负数时，表示向文件头部方向移动文件指针。

第二个参数 whence 缺省或者为 0 时，表示文件指针从文件起始位置移动；它为 1 时表示从文件指针当前位置开始移动；它为 2 时表示从文件结束位置开始移动。

【例 4-3-15】移动文件指针。

```
f=open("F:\\data\\point.txt",'rb')
print(f.tell())
f.seek(2,0)
print(f.tell())
f.seek(3,0)
print(f.tell())
f.seek(4,1)
print(f.tell())
f.seek(-2,1)
print(f.tell())
f.seek(-3,2)
print(f.tell())
f.close()
```

文本文件 point.txt 的内容如下所示：

```
ChinaAmericaBritain
```

运行结果：

```
0
2
```

```
3
8
5
16
```

4.3.4　Excel 文件操作

Python 有专门的模块为 Excel 文件的操作提供支持，这些模块包括 xlrd、xlwt、openpyxl 等。

4.3.4.1　xlrd 模块与 Excel 文件操作

通过 xlrd 模块可以对 Excel 文件实现读操作。在本节例子中，对 Excel 文件 internet.xls 进行读取操作。Excel 文件相当于一个"工作簿"（workbook），里面包含 application 和 browser 两个"工作表"（sheet），如图 4-3-1 所示。

	A	B	C
1	应用	用户规模（万）	网民使用率
2	即时通信	69163	92.10%
3	搜索引擎	60945	81.10%
4	网络新闻	62458	83.10%
5	网络视频	56482	75.20%
6	网络音乐	52413	69.80%
7	网上支付	51104	68.00%
8	网络购物	51443	68.50%
9	网络游戏	42164	56.10%
10	网上银行	38262	50.90%
11	电子邮件	26306	35.00%
12	论坛	13207	17.60%
13			

application / browser /

图 4-3-1

1. 获取工作簿对象

使用 xlrd 模块的 open_workbook 方法可以获取工作簿对象，语句如下：

workbook=xlrd.open_workbook(path)

其中，path 表示文件存储路径，workbook 表示获取的工作簿对象。

2. 获取工作表对象

一个工作簿里面可以包含多个工作表，当获取工作簿对象后，要接着获取工作表对象，有如下几种方式：

（1）通过工作表索引获得工作表对象

通过工作表对应的索引（从 0 开始）可以获得工作表对象，语句如下：

worksheet=workbook.sheet_by_index(index)

index 表示工作表对应的索引，从 0 开始；worksheet 表示获得的工作表对象。

（2）通过工作表名字获得工作表对象

通过工作表名字可以获得工作表对象，语句如下：

worksheet=workbook.sheet_by_name(sheet_name)

sheet_name 表示工作表名字；worksheet 表示获得的工作表对象。

另外，xlrd 模块还提供了用 sheet_name 获取所有工作表名字的方法，同时通过索引的方式获得某一个工作表的名字。

【例 4-3-16】获取工作簿、工作表，并且输出所有工作表的名字和第一个工作表的名字。

```
import xlrd
workbook=xlrd.open_workbook('internet.xls')
worksheet=workbook.sheet_by_index(0)
names=workbook.sheet_names()
print(names)
sheet0_name=workbook.sheet_names()[0]
print(sheet0_name)
```

运行结果：

```
['application', 'browser']
application
```

3. 获取工作表相关信息

获得"工作表"对象之后，可以获取关于工作表的基本信息，通过 name、nrows、ncols 属性可以分别获得工作表的名字、行数、列数信息。

【例 4-3-17】获取工作簿、工作表对象，并输出工作表的名字、行数、列数.

```
import xlrd
workbook=xlrd.open_workbook('internet.xls')
worksheet=workbook.sheet_by_index(0)
name=worksheet.name
print(name)
nrows=worksheet.nrows
print(nrows)
ncols=worksheet.ncols
print(ncols)
```

运行结果：

```
application
12
3
```

4. 按行和列获取工作表数据

使用 xlrd 模块的 row_values(index)函数和 col_values(index)函数可以获取工作表的行数据和列数据，其中，index 表示行索引或列索引。

【例 4-3-18】获取工作表 application 第一列的内容并输出。

```
import xlrd
workbook=xlrd.open_workbook('internet.xls')
```

```
worksheet=workbook.sheet_by_index(0)
col_data=worksheet.col_values(0)
print(col_data)
```

运行结果：

['应用', '即时通信', '搜索引擎', '网络新闻', '网络视频', '网络音乐', '网上支付', '网络购物', '网络游戏', '网上银行', '电子邮件', '论坛']

【例 4-3-19】输出工作表 application 每一行的内容。

```
import xlrd
workbook=xlrd.open_workbook('internet.xls')
worksheet=workbook.sheet_by_index(0)
nrows=worksheet.nrows
for i in range(nrows):
    print(worksheet.row_values(i))
```

运行结果：

['应用', '用户规模（万）', '网民使用率']
['即时通信', 69163.0, 0.921]
['搜索引擎', 60945.0, 0.811]
['网络新闻', 62458.0, 0.831]
['网络视频', 56482.0, 0.752]
['网络音乐', 52413.0, 0.698]
['网上支付', 51104.0, 0.68]
['网络购物', 51443.0, 0.685]
['网络游戏', 42164.0, 0.561]
['网上银行', 38262.0, 0.509]
['电子邮件', 26306.0, 0.35]
['论坛', 13207.0, 0.17600000000000002]

【例 4-3-20】输出工作表 application 第 1 列第 2 行到第 5 行的内容。

```
import xlrd
workbook=xlrd.open_workbook('internet.xls')
worksheet=workbook.sheet_by_index(0)
col0 = worksheet.col_values(0)[1:6]
print(col0)
```

运行结果：

['即时通信', '搜索引擎', '网络新闻', '网络视频', '网络音乐']

【例 4-3-21】输出工作表 application 第 2 行第 1 列到第 2 列的内容。

```
import xlrd
```

```
workbook=xlrd.open_workbook('internet.xls')
worksheet=workbook.sheet_by_index(0)
row0 = worksheet.row_values(1)[0:2]
print(row0)
```

运行结果为：

```
['即时通信', 69163.0]
```

5. 获取单元格数据

使用 xlrd 模块的 cell_value(row_index,col_index)函数可以获取工作表单元格的数据。其中，row_index 表示行索引，col_index 表示列索引。

【例 4-3-22】输出工作表 application 第 3 行第 1 列的内容。

```
import xlrd
workbook=xlrd.open_workbook('internet.xls')
worksheet=workbook.sheet_by_index(0)
cell = worksheet.cell_value(2,0)
print(cell)
```

运行结果为：

```
搜索引擎
```

4.3.4.2 xlwt 模块与 Excel 文件操作

1. 创建工作簿

可以通过 xlwt 模块的 Workbook()函数创建一个工作簿，也就是创建一个 Excel 文件，代码举例如下：

```
workbook = xlwt.Workbook(encoding = 'utf-8')
```

workbook 表示创建的工作簿对象，encoding 表示编码方式。

2. 创建工作表

创建完工作簿之后，需要在工作簿里创建工作表，这要用到 xlwt 模块的 add_sheet()函数，代码举例如下：

```
sheet = workbook.add_sheet('univ', cell_overwrite_ok = True)
```

workbook 表示创建的工作表对象，univ 表示创建的工作表的名字，cell_overwrite_ok 表示是否覆盖原单元格的内容，默认值为 False。

3. 往工作表里写入数据

通过 xlwt 模块的 write()函数可以往工作表里写入数据，代码如下：

```
sheet.write(row_index, col_index,celldata)
```

sheet 为待写入数据的工作表对象，row_index 表示写入数据的单元格的行索引，col_index 表示写入数据的单元格的列索引，celldata 表示写入的数据。

4. 保存创建的文件

通过 save()函数将创建的工作簿保存下来，代码如下：

```
workbook.save(file_name)
```

file_name 表示带存储路径的文件名。

【例 4-3-23】建立 univlist.xls 文件，在里面建立工作表 univ，在 univ 里写入中国大学排名前十的大学的排名、学校以及所在的城市。

```
import xlwt
workbook = xlwt.Workbook(encoding = 'utf-8')
sheet = workbook.add_sheet('univ', cell_overwrite_ok = True)
sheet.write(0, 0, '排名')
sheet.write(0, 1, '学校')
sheet.write(0, 2, '所在省市')
university=['清华大学','北京大学','浙江大学','上海交通大学','复旦大学','南京大学','中国科学技术大学','哈尔滨工业大学','华中科技大学','中山大学']
province=['北京市','北京市','浙江省','上海市','上海市','江苏省','安徽省','黑龙江省','湖北省','广东省']
for i in range(10):
    sheet.write(i+1,0,i+1)
for i in range(len(university)):
    sheet.write(i+1,1,university[i])
for i in range(len(province)):
    sheet.write(i+1,2,province[i])
workbook.save('d:\\univlist.xls')
```

运行结果如图 4-3-2 所示：

	A	B	C
1	排名	学校	所在省市
2	1	清华大学	北京市
3	2	北京大学	北京市
4	3	浙江大学	浙江省
5	4	上海交通大学	上海市
6	5	复旦大学	上海市
7	6	南京大学	江苏省
8	7	中国科学技术大学	安徽省
9	8	哈尔滨工业大学	黑龙江省
10	9	华中科技大学	湖北省
11	10	中山大学	广东省
12			
13			

图 4-3-2

4.3.4.3　openpyxl 模块与 Excel 文件读操作

在本节例子中，将对 Excel 文件 score.xls 进行读取操作，如图 4-3-3 所示。

	A	B	C
1	学号	姓名	成绩
2	19010101	刘欢	80
3	19010102	张敏	56
4	19010103	王丽丽	68
5	19010104	刘丽	89
6	19010105	王霞	70
7	19010106	李嫒嫒	92
8	19010107	赵敏	88
9	19010108	王娟	66
10	19010109	刘慧	90
11	19010110	赵莹	81
12	19010111	董兰	77
13	19010112	张磊	75
14	19010113	刘天	85
15	19010114	安杰	96
16	19010115	李娜	83
17	19010116	赵培	73
18	19010117	王军	68
19	19010118	刘庆	51
20	19010119	董英	78
21	19010120	李振	87

图 4-3-3

1. 获取工作簿对象

使用 openpyxl 模块的 load_workbook()函数可以获取工作簿对象，语句如下：

workbook=openpyxl.load_workbook(path)

path 表示文件存储路径，workbook 表示获取的工作簿对象。

2. 获取工作表对象

（1）通过 sheet 索引获得 sheet 对象

通过工作表对应的索引（从 0 开始）可以获得工作表对象，代码如下：

worksheet=workbook.worksheets[index]

index 表示工作表对应的索引，从 0 开始，worksheet 表示获得的工作表对象。

（2）通过 sheet 名字获得 sheet 对象

通过工作表名字可以获得工作表对象，语句如下：

worksheet=workbook.get_sheet_by_name(sheet_name)

sheet_name 表示工作表名字，worksheet 表示获得的工作表对象。

另外，openpyxl 模块也提供了 get_sheet_names()函数获取所有工作表的名字。

【例 4-3-24】获取工作簿、工作表，并且输出所有工作表的名字和第一个工作表的名字。

```
import openpyxl
workbook=openpyxl.load_workbook('score1.xlsx')
shenames=workbook.get_sheet_names()
```

```
print(shenames)
worksheet=workbook.worksheets[0]
print(worksheet)
```

运行结果：

```
['score', 'sheet']
<Worksheet "score">
```

3. 获取工作表相关信息

获得"工作表"对象之后，可以获取关于工作表的基本信息，通过 max_row、max_column 属性可以分别获得工作表的行数、列数信息。

【例 4-3-25】获取工作簿、工作表对象，并输出工作表行数、列数。

```
import openpyxl
workbook=openpyxl.load_workbook('score1.xlsx')
worksheet=workbook.worksheets[0]
rows=worksheet.max_row
cols=worksheet.max_column
print(rows,cols)
```

运行结果：

```
21 3
```

4. 按行和列获取工作表数据

可以通过 rows 获得工作表的行对象，通过 columns 获得工作表的列对象。

【例 4-3-26】输出工作表 score 所有行的内容。

```
import openpyxl
workbook=openpyxl.load_workbook('score1.xlsx')
worksheet=workbook.worksheets[0]
for row in worksheet.rows:
    for cell in row:
        print(cell.value,end=' ')
    print()
```

运行结果：

```
学号 姓名 成绩
19010101 刘欢 80
19010102 张敏 56
19010103 王丽丽 68
19010104 刘丽 89
19010105 王霞 70
19010106 李媛媛 92
```

```
19010107 赵敏 88
19010108 王娟 66
19010109 刘慧 90
19010110 赵莹 81
19010111 董兰 77
19010112 张磊 75
19010113 刘天 85
19010114 安杰 96
19010115 李娜 83
19010116 赵培 73
19010117 王军 68
19010118 刘庆 51
19010119 董英 78
19010120 李振 87
```

其中，cell.value 表示单元格的值，end=' '表示使函数 print 关闭"在输出中自动包含换行"的默认行为。

【例 4-3-27】输出工作表 score 所有列的内容。

```
import openpyxl
workbook=openpyxl.load_workbook('score1.xlsx')
worksheet=workbook.worksheets[0]
for col in worksheet.columns:
    for cell in col:
        print(cell.value,end=' ')
print()
```

运行结果：

```
学号 19010101 19010102 19010103 19010104 19010105 19010106 19010107 19010108 19010109
19010110 19010111 19010112 19010113 19010114 19010115 19010116 19010117 19010118 19010119 19010120
姓名 刘欢 张敏 王丽丽 刘丽 王霞 李媛媛 赵敏 王娟 刘慧 赵莹 董兰 张磊 刘天 安杰 李娜 赵
培 王军 刘庆 董英 李振
成绩 80 56 68 89 70 92 88 66 90 81 77 75 85 96 83 73 68 51 78 87
```

还可以通过索引的方式输出某一行或某一列的内容。

【例 4-3-28】输出工作表 score 第 3 行的内容。

```
import openpyxl
workbook=openpyxl.load_workbook('score1.xlsx')
worksheet=workbook.worksheets[0]
for cell in list(worksheet.rows)[2]:
print(cell.value,end=' ')
```

运行结果：

```
19010102 张敏 56
```

【例 4-3-29】输出工作表 score 第 2 列的内容。

```
import openpyxl
workbook=openpyxl.load_workbook('score1.xlsx')
worksheet=workbook.worksheets[0]
for cell in list(worksheet.columns)[1]:
    print(cell.value,end=' ')
print()
```

运行结果：

```
姓名 刘欢 张敏 王丽丽 刘丽 王霞 李媛媛 赵敏 王娟 刘慧 赵莹 董兰 张磊 刘天 安杰 李娜 赵
培 王军 刘庆 董英 李振
```

还可以通过切片的方式输出某几行或某几列的内容。

【例 4-3-30】输出工作表 score 前 3 行的内容。

```
import openpyxl
workbook=openpyxl.load_workbook('score1.xlsx')
worksheet=workbook.worksheets[0]
for rows in list(worksheet.rows)[0:4]:
    for cell in rows:
        print(cell.value,end=" ")
print()
```

运行结果：

```
学号 姓名 成绩
19010101 刘欢 80
19010102 张敏 56
19010103 王丽丽 68
```

指定输出单元格的行和列，程序可以修改为：

```
import openpyxl
workbook=openpyxl.load_workbook('score1.xlsx')
worksheet=workbook.worksheets[0]
for i in range(1, 5):
    for j in range(1, 4):
        print(worksheet.cell(row=i, column=j).value,end=' ')
print()
```

需要注意的是，指定单元格的行列时都是从 1 开始的。

5. 获取单元格数据

通过以下语句可以获取单元格的值：

```
worksheet[cell_address].value
```

worksheet 表示工作表对象，cell_address 表示单元格地址。

【例 4-3-31】输出工作表 score 第 1 行第 2 列的值。

```
import openpyxl
workbook=openpyxl.load_workbook('score1.xlsx')
worksheet=workbook.worksheets[0]
cell_content= worksheet['B1'].value
print(cell_content)
```

运行结果：

```
姓名
```

可以通过指定行列的形式获得单元格的值，程序可以修改为：

```
import openpyxl
workbook=openpyxl.load_workbook('score1.xlsx')
worksheet=workbook.worksheets[0]
cell_content=worksheet.cell(row=1,column=1).value
print(cell_content)
```

4.3.4.4 openpyxl 模块与 Excel 文件写操作

1. 创建工作簿

可以通过 openpyxl 模块的 Workbook()函数创建一个 Excel 工作簿，代码如下：

```
workbook=openpyxl.Workbook()
```

workbook 表示创建的工作簿对象。

2. 创建工作表

可以通过 openpyxl 模块的 create_sheet()函数在工作簿里创建工作表，代码如下：

```
worksheet = workbook.create_sheet(sheet_name,index=num)
```

worksheet 表示创建的工作表对象，sheet_name 表示创建的工作表名字，num 表示工作表在工作簿里的索引号，从 0 开始。

3. 往工作表里写入数据

可以通过指定单元格行列的方式往工作表里写入数据，代码如下：

```
worksheet.cell(row=row_num, column=col_num).value = data
```

row_num 表示行号，col_num 表示列号，data 表示待写入的数据。需要注意的是，行号、列号均从 1 开始。

也可以通过指定单元格地址的方式往工作表里写入数据，代码如下：

```
worksheet[cell_address]=data
```

cell_address 表示单元格地址，data 表示待写入的数据。

4. 保存创建的文件

最后将创建的工作簿保存下来，代码如下：

```
workbook.save(file_name)
```

file_name 表示带存储路径的文件名。

【例 4-3-32】建立 score.xlsx 文件，在里面建立工作表 score，在工作表 score 里写入学生的学号、姓名、成绩。

```
import openpyxl
workbook=openpyxl.Workbook()
worksheet = workbook.create_sheet('score',index=0)
id=['19010101','19010102','19010103','19010104','19010105']
name=['刘欢','张敏','王丽丽','刘丽','王霞',]
score=[80,56,68,89,70]
project=['学号','姓名','成绩']
for i in range(len(project)):
    worksheet.cell(row=1,column=i+1).value=project[i]
for i in range(len(id)):
    worksheet.cell(row=i+2,column=1).value=id[i]
for i in range(len(name)):
    worksheet.cell(row=i+2,column=2).value=name[i]
for i in range(len(score)):
    worksheet.cell(row=i+2,column=3).value=score[i]
workbook.save('score.xlsx')
```

运行结果如图 4-3-4 所示：

	A	B	C
1	学号	姓名	成绩
2	19010101	刘欢	80
3	19010102	张敏	56
4	19010103	王丽丽	68
5	19010104	刘丽	89
6	19010105	王霞	70

图 4-3-4

4.4 数据库与数据管理

4.4.1 数据管理技术

随着计算机技术的发展，数据管理经历了人工管理、文件系统、数据库系统三个基本阶段。

1. 人工管理阶段

在计算机出现之前，人们使用纸张来记录数据，采用机械工具（如算盘、计算尺）进行人工计算、处理，对于数据的管理和使用主要依靠人的大脑。

初期计算机可以认为是个大型的电子自动计算器，主要用于科学计算。计算使用的数据和得到的结果记录在纸带、卡片、磁带等介质上，不需要长期保存。数据是面向程序的，一组数据只能对应一个程序。程序员编写应用程序时，需要根据物理存储介质确定存取方法。因此程序依赖于数据，如果数据的逻辑结构或者存储结构发生变化，必须修改程序。

2. 文件系统阶段

计算机硬件的发展为大量存储数据提供可能。大概在 20 世纪 50 年代后期到 60 年代中期，磁盘、磁鼓等直接存取设备开始普及。同时，手工操作和计算机处理之间的速度矛盾促使了操作系统（批处理系统）的出现。相关数据以一定结构组织起来，形成一个独立的数据集并被命名，形成数据文件。数据可以长期保存在计算机外存上，操作系统按文件的名字进行访问，可以对数据进行反复处理，并支持文件的查询、修改、插入和删除等操作，这就是文件系统。

文件系统仍然面向特定的应用程序，数据共享性差、冗余度大，不过对于但用户小型应用还是不错的选择。

3. 数据库系统阶段

随着计算机工业水平的提高，至 20 世纪 60 年代后期，计算机外存容量增加、价格下降，海量存储成为现实。同时计算机性能进一步提高，可以满足多个用户、多个应用程序的并行处理。为解决并行应用中多用户（程序）共享数据的要求，数据库技术应运而生。

采用数据库技术，数据不再针对特定应用，而是提供共用的数据存储和查询管理服务。数据库中的数据共享性高、冗余度减小，与程序之间具有一定的独立性，可以进行统一控制。

从人工管理到文件系统，数据管理技术刚刚开始自动化；从文件系统到数据库系统，数据管理技术产生质的飞跃，为以后的辅助决策、数据挖掘，以致人工智能提供了坚实的基础。

20 世纪 80 年代以后，数据库技术广泛应用，出现了许多数据库厂商和产品，如大型数据库 DB2、Oracle、Sybase，小型数据库 Access、MySql、SQLite 等，国产数据库阿里云等。

4. 数据仓库

为了让管理者在决策过程中更有效地利用数据信息，20 世纪 60 年代后期出现了一种新型数据库软件：决策支持系统（Decision Support System，DSS）。

数据库技术能够有效管理数据并为决策支持系统提供数据支持。但是对于拥有多个应用系统的大型机构，归属不同业务部门的数据存储在不同的数据库内，相互之间仍然独立，不利于整个机构的数据共享和使用。并且数据库内的数据是面向事务的，不利于数据分析，于是产生了数据仓库技术。

数据仓库是在数据库已经大量存在的情况下，为了进一步挖掘数据资源和决策需要而产生的，它不是所谓的"大型数据库"。数据仓库的目的是为前端查询和分析作为基础，冗余较大，需要的存储也较大。

数据仓库之父 Bill Inmon 在 1991 年出版的《建立数据仓库》（*Building the Data Warehouse*）一书中提出，数据仓库（Data Warehouse）是一个面向主题的（Subject Oriented）、集成的（Integrated）、相对稳定的（Non-Volatile）、反映历史变化（Time Variant）的数据集合，用于支持管理决策(Decision Making Support)。

5. 从数据到智能

数据蕴含信息，但是有许多信息是隐藏在数据内、不为人知的。充分利用已有的数据资源，从已知数据中发掘隐藏信息，从而提取知识，涉及数据挖掘技术。数据挖掘是指通过分析大量的数据来揭示数据之间隐藏的关系、模式和趋势，从而为决策者提供新的知识。数据挖掘是基于数据库技术的，曾一度被称为"基于数据库的知识发现"（Knowledge Discovery in Database，KDD）。数据仓库产生以后，数据挖掘如虎添翼，最为典型的当属啤酒和尿布的故事。

1989 年，著名的 GartnerGroup 公司为业界提出了商务智能的概念和定义。商务智能（Business Intelligent，BI）指的是一系列以数据为支持、辅助商业决策的技术和方法。

商务智能利用数据仓库、数据挖掘技术对客户数据进行系统地储存和管理，并通过各种数据统计分析工具对客户数据进行分析，提供各种分析报告，如客户价值评价、客户满意度评价、服务质量评价、营销效果评价、未来市场需求等，为企业的各种经营活动提供决策信息。

4.4.2 数据库基本概念

当数据增长到一定规模，Excel 等文件已经不能胜任数据管理的工作时，需要使用数据库及数据库管理系统来管理数据。

数据库系统的萌芽出现于 20 世纪 60 年代。当时计算机开始广泛地应用于数据管理，对数据的共享提出了越来越高的要求。传统的文件系统已经不能满足人们的需要，能够统一管理和共享数据的数据库技术应运而生。数据模型，即数据组织方式，是数据库系统的核心和基础，各种数据库管理系统软件都是基于某种数据模型的。所以通常也按照数据模型的特点将传统数据库系统分成网状数据库（Network database）、层次数据库（Hierarchical database）和关系数据库（Relational database）三类。

关系型数据库可以比较好地解决管理和存储关系型数据的问题，已经成为目前数据库产品中最重要的一员，20 世纪 80 年代以来，几乎所有的数据库厂商新出的数据库产品都支持关系型数据库，即使一些非关系数据库产品也几乎都有支持关系数据库的接口。

随着云计算的发展和大数据时代的到来，大量的半关系型和非关系型数据需要管理，关系型数据库在许多方面无法满足需要，因此非关系型数据库发展起来。非关系型数据库更强调数据的高并发读写和存储大数据，在设计和实现机制上有很大不同。这类数据库一般被称为 NoSQL（Not only SQL）数据库。

关系数据库，是建立在关系数据库模型基础上的数据库，借助于集合代数等概念和方法来处理数据库中的数据。关系数据模型是以集合论中的关系概念为基础发展起来的。关系模型中无论是实体还是实体间的联系均由单一的结构类型—— 关系来表示。在实际的关系数据库中的关系也称表。一个关系数据库就是由若干个表组成的。主流的关系数据库有Oracle、DB2、SQLServer、Sybase、MySQL 等。关系数据库数据库应用的主流，许多数据库管理系统的数据模型都是基于关系数据模型开发的。

数据库实际上是存储数据的一种特殊文件，用户通过数据库管理系统来操作数据库，比如 DB2、Oracle、MySQL、SQLite 等都是数据库管理系统，数据库管理系统提供了数据定义、数据存储、数据操纵、数据控制、数据维护、数据查询等功能，帮用户管理数据和数据库。关系型数据库的这些功能通过 SQL 语言实现。

4.4.3　基于 E-R 图的关系数据库设计

数据库设计是指使用一个给定的应用环境（包括硬件、管理系统、数据库管理系统等）来表达用户要求，构造最优的数据库模式，建立数据库及数据库应用系统，使之能有效地收集、存储、操作和管理数据，满足各类用户的应用需求（信息需求和处理需求）。数据库设计常在一个通用的数据库管理系统支持下进行。

E-R 图是常用的设计方法，E 代表实体，R 代表关系。比如，学生借书涉及 2 个实体（学生、图书）和 1 个关系（借阅）。假设学生具有属性：学号、姓名、性别、年龄、专业、籍贯，图书具有属性：书号、书名、作者、单价、出版日期、出版社，借阅关系具有属性：书号、学号、姓名、借书日期，则借书系统的 E-R 图如图 4-4-1 所示：

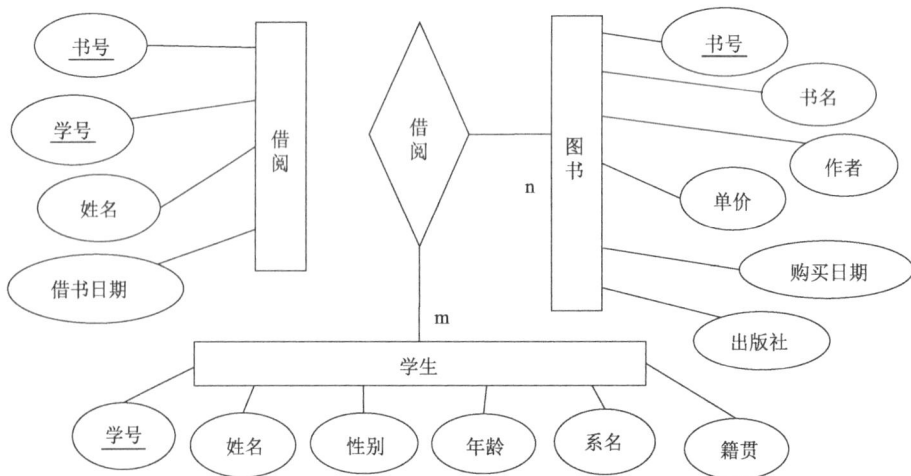

图 4-4-1

（1）实体：用矩形表示；矩形框内写明实体名。
（2）属性：用椭圆形表示；椭圆形内写明属性名，并用无向边将其与相应的实体连接起来。

（3）关系：用菱形表示；菱形框内写明关系名，并用无向边分别与有关实体连接起来，同时在无向边旁标注上关系的类型（1：1，1：n 或 m：n）。

实体、关系都有属性。如果一个关系有属性，则用无向边与该关系连接起来。关系的属性中可不包括与它相关的实体的键，在将 E-R 图转化为逻辑数据模型时再给出。

将 E-R 图转换为关系模型，实际上就是要将实体、属性和实体间的关系转化为关系模式。转换时一般遵循如下原则：

（1）1 个实体型转换为 1 个关系模式。实体的属性、码分别转换为关系的属性、码。

如，"学生"实体可转换为如下关系模式：

学生(<u>学号</u>, 姓名, 性别, 年龄, 系名, 籍贯)

其中码为学号。

同样，图书也转换为如下关系模式：

图书(<u>书号</u>, 书名, 作者, 单价, 购买日期, 出版社)

其中码为书号。

（2）一个 m:n 关系转换为一个关系模式。与该关系相连的各实体的码及关系本身的属性转换为关系的属性，而关系的码为各实体码的组合。

如，"借阅"关系是一个 m：n 关系，可转换为如下关系模式：

借阅（<u>书号, 学号</u>, 姓名, 借书日期）

其中学号与书号为组合码。

（3）一个 1:n 关系可转换为一个独立的关系模式，也可与 n 端对应的关系模式合并。如果转换为一个独立的关系模式，则与该关系相连的各实体的码及关系本身的属性均转换为关系的属性，而关系的码为 n 端实体的码。

（4）一个 1:1 关系可转换为一个独立的关系模式，也可与任意一端对应的关系模式合并。如果转换为一个独立的关系模式，则与该关系相连的各实体的码及关系本身的属性均转换为关系的属性，每个实体的码均是该关系的候选码。如果与某一端对应的关系模式合并，则需在该关系模式的属性中加入另一个关系模式的码和关系本身的属性。

理论上，1:1 关系可与任意一端对应的关系模式合并，但与不同的关系模式合并，效率可能大不一样。与哪端的关系模式合并需根据具体的应用情况而定。由于连接操作最费时，所以一般应以尽量减少连接操作为目标。

（5）3 个（以上）实体间的一个多元关系转换为一个关系模式。与该多元关系相连的各实体的码及关系本身的属性均转换为关系的属性，而关系的码为各实体码的组合。

（6）同一实体集的实体间的关系，也可按上述 1:1、1:n 和 m:n 三种情况分别处理。

（7）有相同码的关系模式可合并。

如果两个关系模式有相同的主码，可将它们合并为一个关系模式，以减少系统中的关系个数。合并方法是将其中一个关系模式的全部属性加入另一个关系模式中，然后去掉其中的同义属性（可能同名也可能不同名），再适当调整属性的顺序。

形成了一般的数据模型后，接着就可向 DBMS 支持的特定模型转换。此转换依赖于机器，无通用规则，主要依据所选用的 DBMS 的功能及限制。对关系模型来说，这种转换较简单。

图 4-4-1 的 E-R 图可转为表 4-4-1 所示 3 张数据表（已录入数据）。

表 4-4-1　借书系统数据表

（1）学生表

学号	姓名	性别	年龄	系名	籍贯
2001	李一新	男	20	CS	江苏
2002	张敏锐	女	19	IS	山东
2003	刘红	女	18	MA	北京
2004	陈立	男	24	IS	山东
……	……	……	……	……	……

（2）借阅表

书号	学号	姓名	借书日期
A19.001	2001	李一新	20120101
Y23.234	2003	刘红	20131002
X08.100	2001	李一新	20160803
……	……	……	……

（3）图书表

书号	书名	作者	出版社	单价	购书日期
A19.001	线性代数	王重名	高教	15.8	20080211
X08.100	DB_Design	朱建强	商务	23.2	20090512
X09.020	材料力学	房欣其	高教	17	20061013
Y23.234	世界近代史	王重名	清华	20.6	20070618
……	……	……	……	……	……

4.4.4　SQL 语言操作关系数据库

SQL 语言集数据定义（DDL）、数据操纵（DML）、数据查询（DQL）和数据控制（DCL）于一体，已成为关系数据库的标准语言（如表 4-4-2 所示）。

表 4-4-2　SQL 的动词

功能	动词
数据定义（DDL）	CREATE, DROP, ALTER
数据查询（DQL）	SELECT
数据操纵（DML）	INSERT, UPDATE, DELETE
数据控制（DCL）	GRANT, REVOKE

SQL 语言实现了 9 种操作：通过数据库定义语句 CREATE（建立）、ALTER（修改）、DROP（撤消），数据库管理语句 INSERT（插入）、UPDATE（更新）、DELETE（删除）、SELECT（查询）和数据库控制语句 GRANT（授权）、REVOKE（撤销）实现。本节主要介绍 CREATE、INSERT 和 SELECT 三种语句。CREATE 用来创建数据库和数据表，INSERT 用来插入数据，SELECT 用来查询数据。

不同数据库产品所支持的数据类型不完全相同，一般都支持表 4-4-3 所列的数据类型。

SQL 提供函数进行格式的设置和转换。

表 4-4-3 SQL 的数据类型

数据类型	说 明 符	解　　释
整型	INT	字长 32 位
短整型	SMALLINT	字长 16 位
十进制数	DEC(m,n)	m 为总的十进制位数(包括小数点)，n 为小数位数
浮点数	FLOAT	一般指双精度浮点数，字长 64 位
定长字符串	CHAR(n)	以固定长度 n 存储字符串。如果实际字符串长度小于 n，后面填空格符，反之报错
变长字符串	VARCHAR(n)	以实际长度存储字符串，但最大长度不能超过 n，反之报错
位串	BIT(n)	二进制位串，长度为 n。n 的缺省值为 1
变长位串	BIT VARYING(n)	以实际二进制位串存储，但最大长度不能超过 n，反之报错
日期	DATE	格式为：yyyymmdd
时间	TIME	格式为：hhmmss

下面以借阅子系统为例，介绍 SQL 的主要功能和用法。

4.4.4.1　数据库创建及使用

创建数据库的语句为"CREATE DATABASE 数据库名"，假设将借书系统使用的数据库命名为"书库"，则创建这个数据库的语句为：

```
CREATE DATABASE 书库
```

执行语句之后，在数据库管理系统中出现一个名为"书库"的数据库。为了操作这个数据库，需要指定它为当前使用的数据库，语句为：

```
USE 书库
```

本节后续使用 SQLite 数据库，这种数据库比较简单，省略了显式创建数据库的过程，即不需要执行"CREATE DATABASE 数据库名"以及"USE 数据库名"，但是在其他关系数据库管理系统中这个过程是需要的。

4.4.4.2　数据表创建

数据库创建完成之后，在这个数据库创建数据表。以学生实体为例，建立一个"学生"表，要求学号属性不能为空，且其值唯一，其语句为：

```
CREATE   TABLE  学生
  ( 学号  CHAR(12)  NOT  NULL  UNIQUE,
    姓名  VARCHAR(6),      性别  CHAR(2),
    年龄  SMALLINT,        系名  CHAR(2),
    籍贯  CHAR(6)     );
```

学号字段中的"NOT NULL"表示该字段不能出现空值，"UNIQUE"表示该字段的值不可重复。其他字段没有这些限制，表示可以为空值，也可以出现重复值。实际上，除主码外，任何字段都可有空值。

4.4.4.3　数据维护操作

数据表创建之后，可以向表中插入数据、修改表中数据、删除表中数据，分别使用

INSERT、UPDATE 和 DELETE 语句实现。

1. 插入数据

向数据表中插入数据的语句格式为：

> INSERT　INTO　<表名>　[(<属性列 1>　[,　<属性列 2>...])]
> VALUES　(<常量 1>　[,<常量 2>]...) ;

注意：

（1）如果某些属性列在 INTO 中没出现，则新记录在这些列上将取空值。

（2）在表定义时说明了 NOT　NULL 的属性列不能取空值。

（3）如果未指明任何列名，则新插入的记录必须在每个属性列上均有值。

【例 4-4-1】将一条新的学生信息插入学生表中。

学生信息为：

学号：2005；

姓名：陈冬；

性别：男；

年龄：18 岁；

系别：IS；

籍贯：四川

则插入语句写为：

> INSERT　INTO　学生(学号,姓名,性别,年龄,系别,籍贯)
> 　　VALUES ('2005',　'陈冬',　'男',　18,　'IS',　'四川') ;

由于每个字段都不为空，所以可以省略列名，改为如下格式：

> INSERT　INTO　学生
> 　　VALUES ('2005',　'陈冬',　'男',　18,　'IS',　'四川') ;

2. 修改数据

如果数据表中的数据发生变化，使用 UPDATE 语句更新数据内容，格式如下：

> UPDATE　<表名>
> SET　<列名>=<表达式>　[,　<列名>=<表达式>] ...
> [WHERE　<条件>] ;

其作用是修改指定表中满足 WHERE 条件的元组，用<表达式>的值取代相应的属性列值。如果省略 WHERE，则表示要修改表中<列名>下的所有列值。

（1）修改某元组的列值

【例 4-4-2】将学生 2004 的籍贯改为山西。

> UPDATE　学生　SET 籍贯='山西'　WHERE 学号='2004' ;

（2）修改多个元组的值

【例4-4-3】将所有学生的年龄增加1岁。

```
UPDATE   学生   SET 年龄=年龄+1；
```

3. 删除数据

如果需要删除数据表中的某些数据，使用 DELETE 语句，格式如下：

```
DELETE   FROM   <表名>
[ WHERE   <条件> ]；
```

其作用是从指定表中删除满足 WHERE 条件的所有元组。如果省略 WHERE，表示删除表中全部元组，但数据表仍然存在。

（1）删除符合某个条件的记录

【例4-4-4】删除书号为 X08.100 的借阅记录。

```
DELETE   FROM   借阅
     WHERE   书号='X08.100'；
```

DELETE 每次只能删除 1 个表，因此 DELETE 和 UPDATE 都可能引起数据不一致。

（2）删除多条记录（不限定条件）

【例4-4-5】删除所有的学生借阅记录。

```
DELETE   FROM   借阅；
```

4.4.4.4   数据查询操作

建立数据库存入数据之后，大部分应用是在查询数据。数据查询是 SQL 语言最精彩、也最复杂的功能，使用 SELECT 语句实现，其完整格式如下：

```
SELECT   [ ALL | DISTINCT ]   <目标列表达式 1>
     [ , <目标列表达式 2> ] ...
     FROM   <表名或视图名>   [ , <表名或视图名> ] ...
     [ WHERE   <条件表达式> ]
     [ GROUP   BY   <列名 1>   [ HAVING   <条件表达式> ] ]
     [ ORDER   BY   <列名 2>   [ ASC | DESC ]   ]；
```

只有指定的列才能在结果表中出现，列顺序可与表中定义的顺序不同。

可以简化为：

SELECT * FROM <表名> WHERE <条件>

*表示所有列。

FROM 指出查询所涉及的表名。

WHERE 给出查询条件，只有匹配这些条件的行才出现在结果中。

1. 单表查询

选择表中的全部或部分列。

【例4-4-6】查询所有图书的详细记录。

```
SELECT  *  FROM  图书；
```

【例 4-4-7】查询所有借书的学生的学号、姓名和借书日期。

```
SELECT  学号, 姓名, 借书日期  FROM  借阅；
```

【例 4-4-8】查全体学生的姓名及其出生年份。

```
SELECT  姓名,  2019 - 年龄  FROM  学生；
```

注意，本例中的查询获得两个值：姓名和出生年份，姓名是表中存在的数据，出生年份是 2019 与表中的年龄数据计算得到的。

2. 取消重复值

【例 4-4-9】查所有图书的作者的姓名。

```
SELECT   DISTINCT  姓名  FROM  图书；
```

当查询结果中可能出现多个相同值时，使用 DISTINCT 去除重复值，只保留一项。

3. 条件表示

查询满足指定条件的元组可通过 WHERE 实现，它完成了关系代数中的选择运算。WHERE 常用的查询条件见表 4-4-4。

表 4-4-4　常用查询条件

查询条件	谓　词
比较	=，>，<，>=，<=，!=，<>，!>，!<
	NOT+上述比较运算符
确定范围	BETWEEN AND，NOT BETWEEN AND
确定集合	IN，NOT IN
字符匹配	LIKE，NOT LIKE
空　值	IS NULL，IS NOT NULL
多重条件	AND，OR

（1）比较大小

【例 4-4-10】查询所有年龄在 20 岁以下的学生姓名及其年龄。

```
SELECT 姓名, 年龄  FROM 学生  WHERE 年龄 ＜20；
```

（2）确定范围

谓词 BETWEEN…AND…界定取值范围，表示位于这个范围之内的取值符合条件；相反，谓词 NOT BETWEEN…AND…表示位于这个范围之外的取值符合条件。

【例 4-4-11】查询年龄不在 20 至 23 岁间的学生姓名、系名和年龄。

```
SELECT  姓名, 系名, 年龄  FROM  学生
    WHERE  年龄  NOT  BETWEEN  20  AND  23；
```

（3）确定集合

谓词 IN 表示属性值属于指定集合的取值符合条件；相反，谓词 NOT IN 表示属性值不属于指定集合的的取值符合条件。

【例 4-4-12】查询不是 IS、MA 和 CS 系的学生的姓名、性别。

```
SELECT  姓名, 性别  FROM   学生
    WHERE 系名  NOT  IN  ('IS', 'MA', 'CS') ;
```

（4）字符匹配

谓词 LIKE 适用于模糊查找的情况，格式如下：

```
LIKE  '<匹配串>  ' [ ESCAPE  '<换码字符>' ]
```

LIKE 查找属性值与指定的<匹配串>相匹配的元组；NOT LIKE 查找属性值与指定的<匹配串>不匹配的元组。<匹配串>可以是完整字符串，也可含有通配符%与_。

%：代表 0～n 个字符。

_：代表相应位置 1 个字符。

【例 4-4-13】查询姓王且全名为 2 个汉字的作者出版的书。

```
SELECT  作者, 书名, 出版社  FROM   图书
    WHERE  作者  LIKE  '王＿＿';
```

由于 1 个汉字占 2 个字符的位置，所以匹配串 '王' 后面需跟 2 个_。

如果要查询的匹配字符串本身含%或_，可用 ESCAPE 取消通配作用。

【例 4-4-14】查询书名为 DB_Design 的作者和出版社。

```
SELECT  作者, 出版社  FROM 图书
    WHERE  书名  LIKE  'DB\_Design  'ESCAPE   '\';
```

（5）多重条件查询

逻辑运算符 AND 和 OR 可用来连接多个查询条件。如果这两个运算符同时出现在同一 WHERE 子句中，则 AND 的优先级高于 OR，但可用括号改变优先级。

【例 4-4-15】查询山东籍女生的姓名和所在系。

```
SELECT  姓名, 系名  FROM   学生
    WHERE  性别 ='女'  AND  籍贯 ='山东';
```

2. 多表查询

若查询同时涉及 2 个以上的表，则称为连接查询，主要包括等值连接、自然连接、非等值连接、自身连接、外连接和复合条件连接查询。多表的连接操作较费时。

连接运算符为"="时，称为等值连接。用其他运算符称为非等值连接。连接谓词中的列名称为连接字段。连接条件中的各连接字段类型须可比，但不必相同。

【例 4-4-16】查询所有借阅图书的学生姓名及其所在的系。

借阅信息存放在"借阅"表中，学生信息存放在"学生"表中，所以本查询实际上同时涉及 2 个表。这 2 个表间的关系通过 2 个表都有的公共属性学号实现。

```
SELECT   DISTINCT 借阅.姓名, 系名   FROM 借阅, 学生
    WHERE   借阅.学号 = 学生.学号 ;
```

如果不同表中有同名属性，则必须在属性名前以表名作前缀，并用"."连接。

如果是按照两个表中的公共属性进行等值连接，且目标列中去掉重复的属性列，保留所有不重复的属性列，则称为自然连接。

WHERE 中可进行多个条件的连接操作，称为复合条件连接。

【例 4-4-17】查询借阅了《材料力学》一书的学生情况。

```
SELECT   学生.*  FROM   学生, 借阅, 图书
    WHERE   学生.学号 = 借阅.学号   AND
        借阅.书号 = 图书.书号   AND   书名 ='材料力学';
```

4.4.5   SQLite 选课数据库

根据学生选课的过程，继续介绍数据的设计和使用。假设需要管理学校的选课数据，涉及学生、教师、课程及单位，这些都是实体，实体有自己的属性；实体之间具有关系，比如学生选课、教师上课等。对于实体关系的分析属于数据库设计过程的工作，此处不再讨论。

根据分析，学生具有如下属性：学号、姓名、性别、年龄、系别、班级；教师具有如下属性：工号、姓名、系别、收入；课程具有如下属性：课号、课名、学时、学分、系别；系具有如下属性：系号、系名、系主任；选课具有如下属性：学号、课号、成绩。

将数据库命名为 SCT（学生课程教师的缩写）。

本课程使用 SQLite 数据库。SQLite 是一款轻型的、遵守 ACID（原子性、一致性、隔离性和持久性）的、事务的关系型数据库管理系统，包含在一个相对小的 C 库中，支持大多数 SQL 91 标准，但目前不支持外键限制。它的设计目标是嵌入式，占用资源非常低，零配置。目前已应用于很多嵌入式产品。它能支持 Windows/Linux/UNIX 等主流的操作系统，同时能跟很多程序语言相结合，如 C#、PHP、Java 等，还有 ODBC 接口，处理速度非常快。2000 年 5 月诞生第 1 个 α 版本。SQLite 支持 140TB 的存储容量，每个数据库完全存储在单个磁盘文件中，以 B+数据结构的形式存储，一个数据库就是一个文件，通过复制即可实现备份。

SQLite 的缺点也很明显，由于通过 DB 级上的独占性和共享锁定来实现独立事务，当多个线程和进程同时访问同一数据库时，只有一个可以写入数据。

4.4.5.1   可视化管理工具模式

针对 SQLite 数据库，有许多可视化管理工具，本小节以 SQLiteManager 为例进行介绍，请自行下载安装。安装完成后运行 SQLiteManager，会提示购买许可（如图 4-4-2 所示），否则使用会受限制。

SQLiteManager 主界面如图 4-4-3 所示，左侧为命令项，包括：New SQLite Database（创建新数据库）、New In-Memory Database（创建新内存数据库）、New Encrypted Database（创建新加密数据库）和 Connect to CubeSQL Server（连接 cubeSQL 数据库）；右侧为使用过的数据库列表。

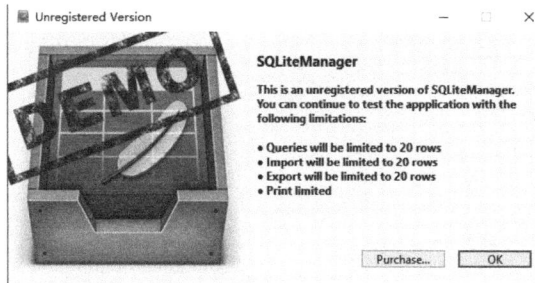

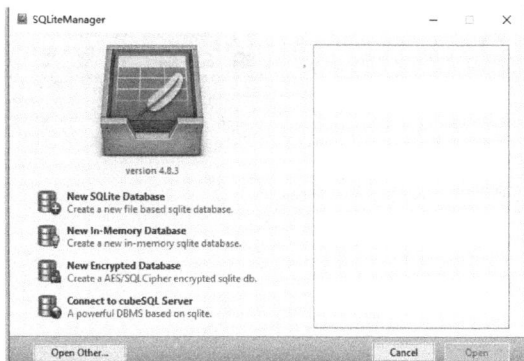

图 4-4-2   图 4-4-3

1. 创建数据库

单击左边列表的第 1 项：

创建新的文件数据库。

选择 F 盘大学计算机文件夹（如图 4-4-4 所示），在"文件名"编辑框输入"demo.sqlite"，单击"保存"，则创建了一个 sct.sqlite 文件（如图 4-4-5 所示），即 sct 数据库。同时打开 sct 数据库操作界面（如图 4-4-6 所示）。

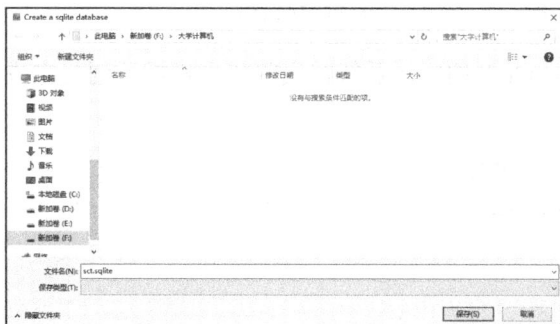

图 4-4-4

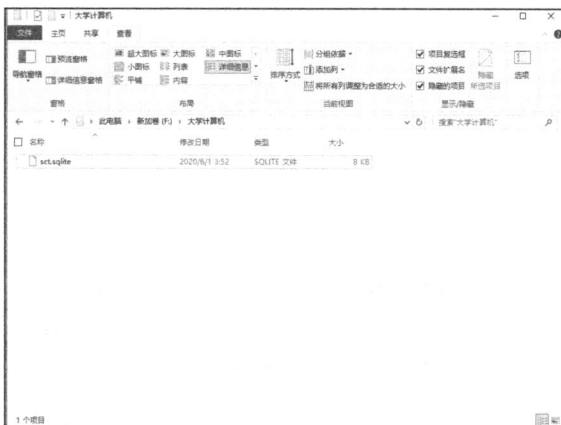

图 4-4-5

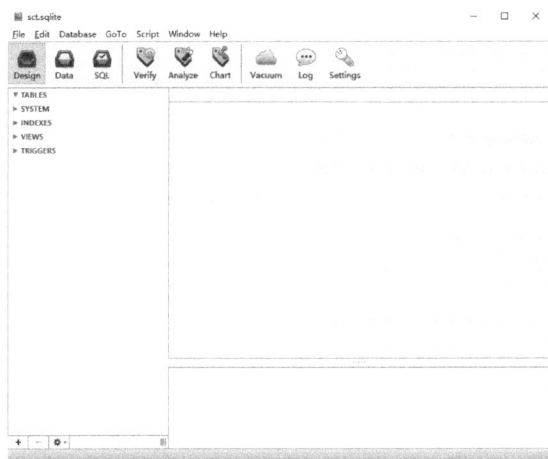

图 4-4-6

2. 创建数据表

单击工具栏上的"SQL"按钮,在文本框中键入或粘贴如下 SQL 命令,创建学生表(Student)(如图 4-4-7 所示):

> CREATE TABLE Student (Sno CHAR(7) NOT NULL UNIQUE, Sname VARCHAR(6), Ssex CHAR(2), Sage SMALLINT, Dno CHAR(2), Sclass CHAR(6))

单击右上方的"Execute"按钮,系统在底部状态栏提示创建完成。

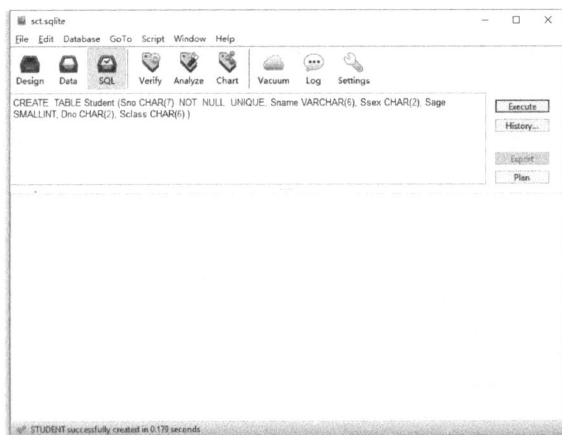

图 4-4-7

3. 插入数据

在文本框中键入插入数据的 SQL 命令(如图 4-4-8 所示):

insert into Student values ('19030103', '张五', '男', 19, '03', '190301')

单击右上方的"Execute"按钮,系统在底部状态栏提示插入了一行数据(如图 4-4-9 所示)。

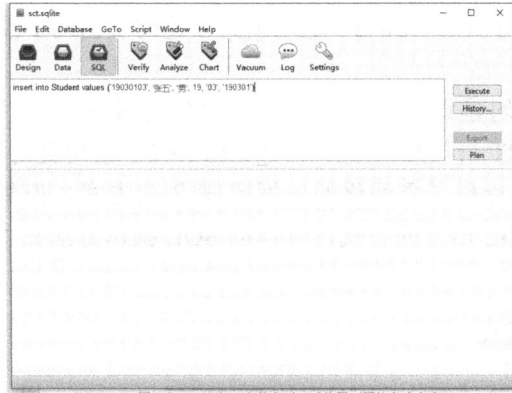

图 4-4-8

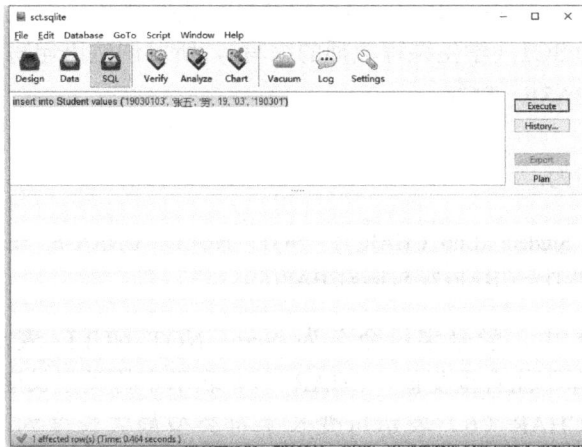

图 4-4-9

单击工具栏上的"Data"按钮，在左边的列表项"TABLES"中找到"Student"，选择/单击"Student"选项，在右侧上方出现表中的数据，右侧下方出现查询语句（如图 4-4-10 所示）：

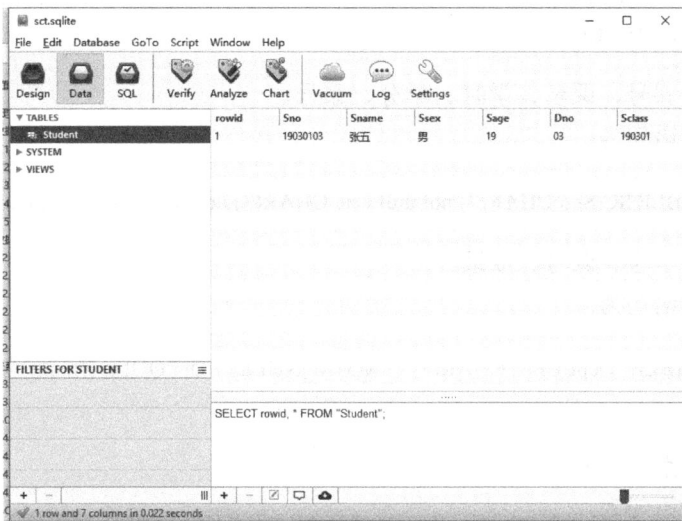

图 4-4-10

在结果中发现表中多了 1 列 rowid，这是因为创建的表结构中没有指定码/键，系统自动生成 1 个。

用同样方法，可以创建课程表 Course、成绩/选课表 SC、系别表 Dept、教师表 Teacher，然后使用 INSERT 语句插入数据，使用 SELECT 语句查询各种结果。

可视化管理工具同时提供了界面化的数据库/表创建方式，但最终操作数据库的仍然是 SQL。本节只介绍使用 SQL 语言的方式，具体的 SQL 操作方法在"SQL 语言模式"部分介绍。

4.4.5.2 SQL 语言模式

1. 数据库定义

（1）创建数据库

创建数据库的语句格式为：CREATE DATABASE 数据库名。

因为数据库命名为 SCT（学生课程教师的缩写），所以创建语句写为：

CREATE DATABASE SCT;

（2）创建数据表

创建学生表的语句为：

CREATE TABLE Student (Sno CHAR(7) NOT NULL UNIQUE, Sname VARCHAR(6), Ssex CHAR(2), Sage SMALLINT, Dno CHAR(2), Sclass CHAR(6))

在学生表 Student 中，学号字段命名为 Sno，NOT NULL 表示该字段不能为空，UNIQUE 表示值唯一即不能有重复值，CHAR（7）表示字符类型长度为 7；学生姓名字段命名为 Sname，VARCHAR（6）表示可变长字符类型最大长度为 6；性别字段命名为 Ssex，CHAR（2）表示字符类型长度为 2；年龄字段命名为 Sage，SMALLINT 表示短整型；系号命名为 Dno；班级命名为 Sclass。

创建课程表的语句为：

CREATE TABLE Course(Cno CHAR(3) NOT NULL UNIQUE, Cname VARCHAR(6), Chours SMALLINT, Credit float, Tno CHAR(3))

课程表中包含课号、课名、学时、学分、系号。

创建成绩表的语句为：

CREATE TABLE SC(Sno CHAR(7) not null,Cno CHAR(3) not null, Score float)

成绩表中包含学号、课号、成绩。

创建系别表的语句为：

CREATE TABLE Dept(Dno CHAR(2) NOT NULL UNIQUE, Dname VARCHAR(6), Dean VARCHAR(6))

系别表中包括系号、系名、系主任。

创建教师表的语句为：

CREATE TABLE Teacher(Tno CHAR(3) NOT NULL UNIQUE, Tname VARCHAR(6),Dno CHAR(2),Salary float)

教师表中包含工号、教师姓名、系号、薪水。

（3）插入数据

数据表创建成功后，使用 INSERT 语句插入数据，其格式为：

INSERT INTO 表名（字段 1，字段 2，字段 3，…）VALUES （字段值 1，字段值 2，字段值 3，…）；

如果全部字段都有对应值且按照字段顺序给出，则可以省略字段名部分，变为：

INSERT INTO 表名 VALUES （字段值 1，字段值 2，字段值 3，…）；

假设有学生数据：

学号：'19030101'

姓名：'张三'

性别：'男'

年龄：20

系别：'03'

班级：'190301'

则插入语句为：

INSERT INTO Student VALUES ('19030101', '张三', '男', 20, '03', '190301') ;

或者：

INSERT INTO Student (Sno, Sname, Ssex, Sage, Dno , Sclass)Values ('19030101', '张三', '男', 20, '03', '190301');

假设有课程数据：

课号：001

课名：数据库

学时：40

学分：6

系别：001，

则插入语句为：

INSERT INTO COURSE VALUES ('001', '数据库', 40, 6, '001');

或者：

INSERT INTO COURSE(Cname, Cno, Credit, Chours, Tno)VALUES ('数据库', '001', 6, 20, '001');

数据与列名必须对应。

数据插入完成后，各数据表中的信息如表 4-4-5、表 4-4-6、表 4-4-7、表 4-4-8、表 4-4-9 所示。

表 4-4-5　学生表

Sno	Sname	Ssex	Sage	Dno	Sclass
19030101	张三	男	20	03	190301
19030102	张四	女	20	03	190301
19030103	张五	男	19	03	190301
19040201	王三	男	20	04	190402
19040202	王四	男	21	04	190402
19040203	王五	女	19	04	190402

表 4-4-6　课程表

Cno	Cname	Chours	Credit	Tno
001	数据库	40	6	001
003	数据结构	40	6	003
004	编译原理	40	6	001
005	C语言	30	4.5	003
002	高等数学	80	12	004

表 4-4-7　教师表

Tno	Tname	Dno	Salary
001	赵三	01	1200.00
002	赵四	03	1400.00
003	赵五	03	1000.00
004	赵六	04	1100.00

表 4-4-8　系别表

Dno	Dname	Dean
01	机电	李三
02	能源	李四
03	计算机	李五
04	自动控制	李六

表 4-4-9　成绩表

Sno	Cno	Score
98030101	001	92
98030101	002	85
98030101	003	88
98040202	002	90
98040202	003	80
98040202	001	55
98040203	003	56
98030102	001	54
98030102	002	85
98030102	003	48

2. 数据查询

数据库创建完成后可以使用 Select 语句进行各种查询操作。

（1）基本查询

Select 的简单语法形式为：

Select   *

From   表名

[*Where*   检索条件];

星号表示所有字段，如果查询部分字段，则需列出列名，如下：

Select 列名 1   [，列名 2，…]

From   表名

[*Where*   检索条件];

【例 4-4-18】检索学生表中所有学生的信息

方法一：写出所有列名

Select Sno, Sname, Ssex, Sage, Sclass, Dno   From   Student ;

方法二：写星号

Select   *   From   Student ;

【例 4-4-19】检索学生表中所有学生的姓名及年龄。

Select   Sname, Sage   From   Student ;

【例 4-4-20】检索学生表中所有年龄小于 19 岁的学生的年龄及姓名。

Select   Sage, Sname   From   Student   Where   Sage <= 19;

【例 4-4-21】求或者学过 001 号课程，或者学过 002 号课程的学生的学号。

Select   Sno   From   SC   Where   Cno = '001'   OR   Cno='002';

【例 4-4-22】在选课表中，检索成绩大于 80 分的所有学号。

Select   Sno   From   SC   Where   Score > 80 ;

有些查询中会出现重复结果，比如一个同学两门以上课程的成绩都大于 80，这时可以增加 distinct 关键字过滤掉重复值。

Select   DISTINCT   Sno   From   SC   Where   Score > 80;

如果期望查询结果是有序的，可以对查询出的结果进行排序。

在 Select 语句中，对结果排序是通过增加 order by 子句实现的，格式为：

    order by   列名   [*asc* | *desc*]

查询结果按指定列名进行排序，若后跟 asc 或省略，则为升序；若后跟 desc, 则为降序。

【例 4-4-23】按学号由小到大的顺序显示所有学生的学号及姓名。

Select   Sno, Sname   From   Student   Order   By   Sno   ASC ;

【例 4-4-24】检索 002 号课大于 80 分的所有同学学号并按成绩由高到低顺序显示。

Select   Sno   From   SC   Where   Cno = '002'   and   Score > 80

Order   By   Score   DESC ;

（2）模糊查询

类似于检索"姓张的学生"、检索"张某某"，这类查询就属于模糊查询。在 Select 语句中通过在检索条件中引入运算符 like 来表示。

含有 like 运算符的表达式为：

列名　　[*not*] *like*　"字符串"

找出匹配给定字符串的字符串。其中给定字符串中可以出现"%"、"_"等匹配符。

匹配规则：

● "%"匹配零个或多个字符国；
● "_"匹配任意单个字符；
● "\"转义字符，用于去掉一些特殊字符的特定含义，使其被作为普通字符看待，如用"\%"去匹配字符"%"，用"_"去匹配字符"_"。

【例 4-4-25】检索所有姓张的学生学号及姓名。

Select　　Sno, Sname　　From　Student
Where　　Sname　Like　　'张%'；

【例 4-4-26】检索名字为张某某的所有同学姓名。

Select　　Sname　From　Student
Where　　Sname Like　'张_ _'；

【例 4-4-27】检索名字不姓张的所有同学姓名。

Select　　Sname　From　Student
Where　　Sname Not　Like　'张%'；

（3）多表联合查询

如果数据不在一张数据表中存放，可以进行多表联合查询。

Select 的多表联合检索语句如下：

Select　列名 1　　[，列名 2，…]
　From　表名 1，表名 2，…
　Where　检索条件；

【例 4-4-28】按"001"号课成绩由高到低的顺序显示所有学生的姓名（二表连接）。

Select　Sname　From　Student, SC
Where　Student.Sno = SC.Sno　and　SC.Cno = '001'
Order By　Score　DESC；

当多表连接时，如果两个表的属性名相同，则需采用表名.属性名方式来限定该属性是属于哪一个表的。

【例 4-4-29】按"数据库"课程成绩由高到低顺序显示所有同学姓名（三表连接）。

Select　　Sname　From　Student, SC, Course
Where　　Student.Sno = SC.Sno　and　SC.Cno = Course.Cno
　　　　　and　Cname = '数据库'
Order By　Score　DESC；

多表查询涉及重名的问题，如两个表中的属性重名、连接的两个表重名（同一表的连接）等，因此可以使用别名以便区分。

Select 语句中采用别名的方式：

```
Select    列名   as   列别名  [[, 列名   as   列别名] … ]
From     表名 1  as   表别名 1, 表名 2  as   表别名 2,  …
Where    检索条件 ；
```

上述定义中的 as 可以省略。 当定义了别名后，在检索条件中可以使用别名来限定属性。

【例 4-4-30】求有薪水差额的任意两位教师。

```
Select    T1.Tname as Teacher1, T2.Tname  as Teacher2
From   Teacher  T1,   Teacher  T2
Where    T1.Salary > T2.Salary ;
```

【例 4-4-31】求年龄有差异的任意两位同学的姓名。

```
Select    S1.Sname as Stud1, S2.Sname  as Stud2
From   Student  S1,   Student  S2
Where    S1.Sage > S2.Sage ;
```

【例 4-4-32】求既学过"001"号课又学过"002"号课的所有学生的学号（二表连接）。

```
Select    SC1.Sno   From   SC   SC1, SC   SC2
Where    SC1.Sno = SC2.Sno   and   SC1.Cno= 'C01'
            and   SC2.Cno= 'C02 ;
```

【例 4-4-33】求"C01"号课成绩比"C02"号课成绩高的所有学生的学号（二表连接）。

```
Select    SC1.Sno   From   SC   SC1, SC   SC2
Where    SC1.Sno = SC2.Sno   and   SC1.Cno= 'C01'
            and   SC2.Cno= 'C02'   and   SC1.Score > SC2.Score;
```

（4）聚集与分组

SQL 提供了 5 个作用在简单列值集合上的内置聚集函数，分别是：COUNT、SUM、AVG、MAX、MIN。

【例 4-4-34】求教师的工资总额。

```
Select    Sum(Salary)   From   Teacher;
```

【例 4-4-35】求计算机系教师的工资总额。

```
Select    Sum(Salary)    From   Teacher   T, Dept
Where    Dept.Dname = '计算机'   and Dept.Dno = T.Dno;
```

【例 4-4-36】求数据库课程的平均成绩。

```
Select    AVG(Score)    From   Course   C, SC
Where    C.Cname = '数据库'   and C.Cno = SC.Cno;
```

为解决同时求解若干个集合的聚集运算问题，引出了分组的概念。SQL 可以将检索到的元组按照某一条件进行分类，具有相同条件值的元组划到一个组或一个集合中，这一过程就是分组过程。

【例 4-4-37】求每个学生的平均成绩。

```
Select    Sno, AVG(Score)  From  SC
Group   by  Sno;
```

【例 4-4-38】求每门课程的平均成绩。

```
Select    Cno, AVG(Score)  From  SC
Group   by  Cno;
```

4.4.6　Python 操作 SQLite 数据库

前文讲述的 SQL 语句都可以在数据库系统中执行，比如 SQLiteManager。但是对于应用系统来说，这显然不够，更多时候希望在程序中操作数据库，而不是在数据库管理系统中操作数据库。接下来将学习如何通过程序操作 SQLite 数据库。

Python 语言自 3.6 版本开始就内置了 sqlite3 模块，Python 语言通过 sqlite3 模块操作 SQLite 数据库。

1. 整体过程

在 Python 程序中访问和操作 SQLite 数据时，需要创建一个与数据库关联的对象（Connection 对象）；成功创建 Connection 对象以后，再创建一个游标对象（Cursor 对象），并且调用 Cursor 对象的 execute()方法来执行 SQL 语句创建数据表，以及查询、插入、修改或删除数据库中的数据，其基本步骤是：

（1）导入模块 sqlite3；

（2）打开并连接数据库文件（无数据库文件时会自动新建），返回数据库连接对象。连接对象具有以下操作：

cursor()——创建游标；

commit()——事务提交；

rollback()——事务回滚；

close()——关闭 1 个连接。

（3）创建游标，返回游标对象。游标对象有以下操作：

execute()——执行 1 条 SQL 语句；

executemany——执行多条 SQL 语句；

close()——关闭游标；

fetchone()——从结果中取一条记录，并将游标指向下一条记录；

fetchmany()——从结果中取多条记录；

fetchall()——从结果中取出所有记录；

scroll()——游标滚动。

（4）通过 excute 操作数据库。

有更改操作时需使用 commit 提交更改，如 insert、update 等。excute 中执行的就是 SQL

语句，其实只是连到 SQLite 中执行操作而已。

（5）操作完毕，关闭数据库文件。

2. 基础操作

【例 4-4-39】数据库操作。

4.4.5.2 节中创建数据库、数据表、插入数据的实现代码如下：

```
import sqlite3                           #导入模块
conn = sqlite3.connect('myexample.db')    #连接数据库,返回连接对象 conn
c = conn.cursor()                         #创建游标对象 c
# 通过游标对象调用 execute 方法执行 SQL 语句操作数据库
#创建 Student 表
c.execute('''CREATE   TABLE Student (Sno CHAR(7)   NOT   NULL   UNIQUE, \
    Sname VARCHAR(6), Ssex CHAR(2), Sage SMALLINT, \
    Dno CHAR(2), Sclass CHAR(6) ) ''')
# 插入一条记录
c.execute(" INSERT   INTO Student   VALUES   ('19030101', '张三', '男', 20, '03', '190301') ; ")
# 提交当前事务，保存数据
conn.commit()
# 关闭数据库连接
conn.close()
```

注意，sqlite3.connect('myexample.db')语句在连接数据库的过程中会自动创建一个名为"myexample.db"的数据库文件（前文命名为"sct"，效果一致），后续操作都在这个数据库文件里进行；当程序执行了 insert、delete、update 之类的改变数据库数据或者结构的操作后，需要使用 commit()方法提交才会生效；最后使用 close 方法关闭数据库连接。

3. 基础查询

在数据库建立之后，如果要查询表中内容，需要重新连接数据库，重新创建 Connection 对象和 Cursor 对象。

假设已经在 mydatabase.sqlite 数据库文件中建好了所有表并写入了所有数据。到此为止，已经出现了"sct.sqlite""myexample.db""mydatabase.sqlite"三个数据库名称/文件，它们作用是一样的。对于 SQLite 数据库来讲，数据库文件名、后缀的不同不会影响数据库文件的结构，都能正常使用。

【例 4-4-40】数据库查询。

```
import sqlite3                           #导入模块
conn = sqlite3.connect('mydatabase.sqlite')   #连接数据库
c = conn.cursor()
for row in c.execute('SELECT * FROM Student'):
    print(row)
conn.close()
```

c.execute('SELECT * FROM Student')语句执行查询并返回结果序列，序列中的每个元素就是一行数据，for 循环遍历这个序列。输出结果是元组类型，即在程序中以元组的形式获得每行数据。

('19030101', '张三', '男', 20, '03', '190301')

('19030102', '张四', '女', 20, '03', '190301')

('19030103', '张五', '男', 19, '03', '190301')

('19030201', '王三', '男', 20, '04', '190402')

('19030202', '王四', '男', 21, '04', '190402')

('19030203', '王五', '女', 19, '04', '190402')

4. execute 方法使用

execute(sql[, parameters])方法用于执行一条 SQL 语句，它有两个参数：SQL 语句和数据。直接用 SQL 语言插入是危险的，需要用占位符 "?" 替换 SQL 中要增删改的数据，然后把真正的数据以 Python 元组的形式作为参数传递给 execute，最终插入数据库。使用 execute 方法可以一次插入大批量的数据。

【例 4-4-41】数据插入。

向数据库中插入一条记录的程序代码如下：

```
import sqlite3
conn = sqlite3.connect('myexample.db')
cur = conn.cursor()
no = "19030102 "
name='李四'
sex='女'
age = 20
dept='03'
scalss='190301'
# 使用问号作为占位符执行插入语句
cur.execute("insert into Student values (?,?,?,?,?,?)", (no,name,sex,age,dept,sclass))
# 提交当前事务，保存数据
conn.commit()
# 使用命名变量作为占位符执行 查询语句
cur.execute("select * from Student where Sname=:who and Sage=:age", \
              {"who": name, "age": age})
print(cur.fetchone())
```

在本例中，向数据表插入了一行数据，然后查询数据库，在结果集中使用 fetchone 获得一条记录，其结果是一个元组：('19030102', '李四', '女', 20, '03', '190301')。

5. executemany 方法使用

executemany(sql, seq_of_parameters)方法用来对于所有给定参数执行同一个 SQL 语句，参数序列可以使用不同的方式产生。

【例 4-4-42】插入多条数据。

使用直接创建的序列作为 SQL 语句的参数，代码如下：

```
import sqlite3
```

```
students = [('19030103', '张五', '男', 19, '03', '190301'), ('19030201', '王三', '男', 20, '04', '190402')  ]
conn = sqlite3.connect("myexample.db")
cur = conn.cursor()
# 插入数据
cur.executemany("insert into Student values (?,?,?,?,?,?)", students)
# 提交当前事务，保存数据
conn.commit()
# 显示数据
for row in conn.execute("select * from Student"):
    print(row)
conn.close()
```

6. fetchall 方法使用

【例 4-4-43】获取查询结果。

查询数据库获得的结果是一个记录集，可以使用 fetchall()从中读取数据后返回一个列表。

```
import sqlite3
conn = sqlite3.connect("myexample.db")
cur = conn.cursor()
cur.execute('select * from Student ')
li = cur.fetchall()                    #返回所有查询结果，一个元组列表
for line in li:
    for item in line:
        print(item, end=' ')
    print()
conn.close()
```

4.4.7 进销存数据库设计

使用关系数据库管理数据，有两个非常重要的环节：一是数据库的设计，二是 SQL 语句的使用。好的设计和语句能够减少冗余，充分利用数据库功能，提高效率。本节给出一个比较复杂的例子，以供学习和参考。

业务背景如下：

某家公司主要经营手机、计算机。

业务处理要求：采购业务数据录入采购单，销售业务数据录入销售单，库存账表反映当前库存数量，进销存月报表反映当月的期初数量、采购数量、销售数量、月末数量。

4.4.7.1 进销存数据

1. 人员信息

公司人员陈亮、黄佳、吴海、李蓉，人员信息数据如表 4-4-10 所示。

表 4-4-10　人员信息数据

操作员编码	操作员姓名	密码
1	陈亮	111
2	黄佳	222
3	吴海	333
4	李蓉	444

2. 商品信息

商品的基本信息如表 4-4-11 所示。

表 4-4-11　商品信息数据

商品编码	商品名称	商品种类	规格型号	计量单位	价格	供应商	图片
001	华为手机	手机	畅享 7 PLUS 4GB+64GB 银色	部	1699	华为	picture\001.jpg
002	中兴手机	手机	AXON 天机 MAX 华尔金	部	979	中兴	picture\002.jpg
003	联想（Lenovo）笔记本	计算机	IDEAPAD 120S 14.0 英寸	台	3099	联想	picture\003.jpg
004	宏碁（acer）笔记本	计算机	EX2519 15.6 英寸	台	2099	宏碁	picture\004.jpg

3. 经济业务描述

2017 年 1 月份、2 月份的经济业务如下：

（1）2017 年 1 月 1 日，公司采购华为畅享 7 PLUS 4GB+64GB 银色手机 150 部，采购单价 1000 元。

（2）2017 年 1 月 3 日，公司销售华为畅享 7 PLUS 4GB+64GB 银色手机 80 部，销售单价 1699 元。

（3）2017 年 1 月 8 日，公司采购中兴 AXON 天机 MAX 华尔金手机 20 部，采购单价 800 元。

（4）2017 年 1 月 10 日，公司销售华为畅享 7 PLUS 4GB+64GB 银色手机 70 部，销售单价 1699 元。

（5）2017 年 1 月 15 日，公司采购联想（Lenovo）IDEAPAD 120S 14.0 英寸笔记本 180 台，采购单价 2500 元。

（6）2017 年 1 月 19 日，公司销售联想（Lenovo）IDEAPAD 120S 14.0 英寸笔记本 180 台，销售单价 3099 元。

（7）2017 年 1 月 22 日，公司采购宏碁（acer）EX2519 15.6 英寸笔记本 100 台，采购单价 1500 元。

（8）2017 年 1 月 25 日，公司销售宏碁（acer）EX2519 15.6 英寸笔记本 80 台，销售单价 2099 元。

（9）2017 年 1 月 28 日，公司采购联想（Lenovo）IDEAPAD 120S 14.0 英寸笔记本 10 台，采购单价 2500 元。

（10）2017 年 1 月 28 日，公司采购华为畅享 7 PLUS 4GB+64GB 银色手机 20 部，采购

单价 1000 元。

（11）2017 年 2 月 1 日，公司采购中兴 AXON 天机 MAX 华尔金手机 70 部，采购单价 800 元。

（12）2017 年 2 月 1 日，公司销售宏碁（acer）EX2519 15.6 英寸笔记本 20 台，销售单价 2099 元。

（13）2017 年 2 月 10 日，公司销售中兴 AXON 天机 MAX 华尔金手机 20 部，销售单价 979 元。

（14）2017 年 2 月 10 日，公司销售华为畅享 7 PLUS 4GB+64GB 银色手机 20 部，销售单价 1699 元。

（15）2017 年 2 月 15 日，公司销售中兴 AXON 天机 MAX 华尔金手机 60 部，销售单价 979 元。

（16）2017 年 2 月 18 日，公司采购联想（Lenovo）IDEAPAD 120S 14.0 英寸笔记本 40 台，采购单价 2500 元。

（17）2017 年 2 月 18 日，公司采购宏碁（acer）EX2519 15.6 英寸笔记本 70 台，采购单价 1500 元。

（18）2017 年 2 月 25 日，公司销售宏碁（acer）EX2519 15.6 英寸笔记本 70 台，销售单价 2099 元。

（19）2017 年 2 月 27 日，公司采购中兴 AXON 天机 MAX 华尔金手机 10 部，采购单价 800 元。

（20）2017 年 2 月 27 日，公司销售联想（Lenovo）IDEAPAD 120S 14.0 英寸笔记本 40 台，销售单价 3099 元。

4.4.7.2 进销存实体和关系表示

鉴于教学需要，本进销存系统案例共设计六张表，分别是操作员表（c_operator）、商品信息表（goods）、采购单（sheet_cg）、销售单（sheet_xs）、商品库存表（goods_amount）、进销存数量月报表（report）。

1. 操作员表

操作员表定义如表 4-4-12 所示，其中表名：c_operator，关键字：oper_code。

表 4-4-12　操作员表

列名	中文名称	类型与长度	空否	说明
oper_code	操作员编码	char(10)	否	系统操作员的编码
oper_name	操作员姓名	char(20)	是	系统操作员的姓名
password	密码	char(10)	是	设定操作员登录系统的密码，避免非法用户进入系统

2. 商品信息表

商品信息表定义如表 4-4-13 所示，其中表名：goods，关键字：code。

表 4-4-13　商品信息表

列名	中文名称	类型与长度	空否	说明
code	商品编码	char(13)	否	商品的编码
name	商品名称	char(60)	是	商品的名称
sort	商品种类	char(20)	是	商品的种类
model	规格型号	char(50)	是	商品的规格型号
unit	计量单位	char(10)	是	商品的计量单位
price	价格	decimal(8,2)	是	商品的零售价
manufacturer	供应商	char(50)	是	商品的供应商
photo	图片	char(100)	是	商品的图片文件。文件名为商品编码，格式为.bmp，由系统自动写入

3. 采购单

采购单定义如表 4-4-14 所示，其中表名：sheet_cg，关键字：sheetid。

表 4-4-14　采购单

列名	中文名称	类型与长度	空否	说明
sheetid	单据号	char(13)	否	在新增销售单时，销售单据号由系统自动生成
sheetdate	日期	date	是	采购单的制单日期
oper_code	制单人	char(10)	是	默认为登录系统的操作员，不可修改
code	商品编码	char(13)	是	采购商品的编码 外关键字：商品信息表 goods 的商品编码 code
amount	数量	integer	是	采购商品的数量
price	单价	decimal(8,2)	是	采购商品的采购单价
mone	金额	decimal(10,2)	是	计算方法：金额=单价*数量
note	备注	varchar(200)	是	对商品采购情况进行解释说明

4. 销售单

销售单定义如表 4-4-15 所示，其中表名：sheet_xs，关键字：sheetid。

表 4-4-15　销售单

列名	中文名称	类型与长度	空否	说明
sheetid	单据号	char(13)	否	在新增销售单时，销售单据号由系统自动生成
sheetdate	日期	date	是	销售单的制单日期
oper_code	制单人	char(10)	是	默认为登录系统的操作员，不可修改
code	商品编码	char(13)	是	销售商品的编码 外关键字：商品信息表 goods 的商品编码 code
amount	数量	integer	是	销售商品的数量
price	单价	decimal(8,2)	是	销售商品的单价。由系统根据商品信息中的价格自动生成
mone	金额	decimal(10,2)	是	计算方法：金额=单价*数量
note	备注	varchar(200)	是	对商品销售情况进行解释说明

5. 商品库存表

商品库存表定义如表 4-4-16 所示，其中表名：goods_amount，关键字：code。

表 4-4-16　商品库存表

列名	中文名称	类型与长度	空否	备注
code	商品编码	char(13)	否	商品的编码 外关键字：商品信息表 goods 的商品编码 code
amount	库存	integer	是	商品当前的库存数量 当采购单保存时，自动增加商品库存， 当销售单保存时，自动减少商品库存

6. 进销存数量月报表

进销存数量月报表定义如表 4-4-17 所示，其中表名：report，关键字：date_min + code。

表 4-4-17　进销存数量月报表

列名	中文名称	类型与长度	空否	说明
date_min	起始日期	date	否	进销存数量报表的起始日期
date_max	结束日期	date	是	进销存数量报表的结束日期
code	商品编码	char(13)	否	商品的编码 外关键字：商品信息表 goods 的商品编 码 code
amount_ini	期初库存数量	integer	是	期初库存数量 本期期初库存数量=上期期末库存数量。
amount_buy	采购数量	integer	是	在本期起始至结束日期范围内，商品采 购数量总和
amount_sale	销售数量	integer	是	在本期起始至结束日期范围内，商品销 售数量总和
amount_end	期末库存数量	integer	是	本期结束日期时商品的库存数量 期末库存数量=期初库存数量 + 采购数 量 − 销售数量

4.4.7.3　进销存非正常数据稽核审计操作

利用 SQL 语句，可以实现许多错误排查和数据清洗工作。针对一些常见问题，排查语句如表 4-4-18 所示。

表 4-4-18　异常排查 SQL 语句

非正常数据	通过 SQL 语句稽核审计非正常数据
1. 操作员表 C_OPERATO	
（1）操作员姓名为空	SELECT * FROM c_operator WHERE trim(oper_name)=" or oper_name is null
（2）操作员姓名重复	SELECT distinct a. oper_code,a.oper_name FROM c_operator a , c_operator b WHERE a.oper_code <>b. oper_code and a. oper_name =b. oper_name

非正常数据	通过 SQL 语句稽核审计非正常数据
（3）操作员密码为空	SELECT * FROM c_operator WHERE trim(password)='' or password is null
2. 商品信息表 goods	
（1）商品名称为空	SELECT * FROM goods WHERE trim(name)='' or name is null
（2）商品名称重复	SELECT distinct a.code,a.name FROM goods a , goods b WHERE a. code <>b. code and a. name =b. name
（3）商品种类为空	SELECT * FROM goods WHERE trim(sort)='' or sort is null
（4）商品规格型号为空	SELECT * FROM goods WHERE trim(model)='' or model is null
（5）计量单位为空	SELECT * FROM goods WHERE trim(unit)='' or unit is null
（6）价格小于等于 0	SELECT * FROM goods WHERE price<=0 or price is null
（7）供应商为空	SELECT * FROM goods WHERE trim(manufacturer)='' or manufacturer is null
（8）图片为空	SELECT * FROM goods WHERE trim(photo)='' or photo is null
3. 采购单 sheet_cg	
（1）日期为空	SELECT * FROM sheet_cg WHERE trim(sheetdate)='' or sheetdate is null
（2）制单人为空	SELECT * FROM sheet_cg WHERE trim(oper_code)='' or oper_code is null
（3）商品编码为空	SELECT * FROM sheet_cg WHERE trim(code)='' or code is null
（4）数量为空或等于 0	SELECT * FROM sheet_cg WHERE amount is null or amount=0
（5）单价为空或小于 0	SELECT * FROM sheet_cg WHERE price is null or price<=0
（6）金额为空	SELECT * FROM sheet_cg WHERE mone is null
（7）金额不等于数量*单价	SELECT * FROM sheet_cg WHERE mone <> amount * price
（8）商品编码不存在于商品信息表中	SELECT * FROM sheet_cg WHERE code not in (SELECT code FROM goods)
（9）制单人不存在于操作员表中	SELECT * FROM sheet_cg WHERE oper_code not in (SELECT oper_code FROM c_operator)
4. 销售单 sheet_xs	
（1）日期为空	SELECT * FROM sheet_xs WHERE trim(sheetdate)='' or sheetdate is null
（2）制单人为空	SELECT * FROM sheet_xs WHERE trim(oper_code)='' or oper_code is null
（3）商品编码为空	SELECT * FROM sheet_xs WHERE trim(code)='' or code is null
（4）数量为空或等于 0	SELECT * FROM sheet_xs WHERE amount is null or amount=0
（5）单价为空或小于 0	SELECT * FROM sheet_xs WHERE price is null or price<=0
（6）金额为空	SELECT * FROM sheet_xs WHERE mone is null
（7）金额不等于数量*单价	SELECT * FROM sheet_xs WHERE mone <> amount * price
（8）商品编码不存在于商品信息表中	SELECT * FROM sheet_xs WHERE code not in (SELECT code FROM goods)
（9）制单人不存在于操作员表中	SELECT * FROM sheet_xs WHERE oper_code not in (SELECT oper_code FROM c_operator)
5. 商品库存表 goods_amount	
（1）商品编码不存在于商品信息表中	SELECT * FROM goods_amount WHERE code not in (SELECT code FROM goods)
（2）库存数量错误	SELECT * FROM goods_amount WHERE goods_amount.amount <> (SELECT sum(sheet_cg.amount) FROM sheet_cg WHERE goods_amount.code=sheet_cg.code) - (SELECT sum(sheet_xs.amount) FROM sheet_xs WHERE goods_amount.code=sheet_xs.code)
6. 进销存数量月报表 report	
（1）起始日期大于结束日期	SELECT * FROM report WHERE date_min > date_max

非正常数据	通过 SQL 语句稽核审计非正常数据
（2）商品编码不存在于商品信息表中	SELECT * FROM report WHERE code not in (SELECT code FROM goods)
（3）期末库存数量≠期初库存数量＋采购数量－销售数量	SELECT * FROM report WHERE amount_end <> amount_ini + amount_buy - amount_sale
（4）本月的期初库存数量≠上月的期末库存数量	SELECT A.date_min,A.code,B.amount_end,A.amount_ini FROM report A,report B WHERE A.code=B.code AND A.date_min='2017-02-01' AND B.date_min='2017-01-01' AND B.amount_end <> A.amount_ini

4.5 数据可视化

大数据时代背景下，越来越多的数据被采集、存储，海量的数据为数据分析带来无限可能的同时也提出了巨大的挑战。随着数据的多元化及数据的爆炸式增长，数据隐含的信息的可读性逐步降低了，大量的数据使得无法快速地发现其中的各种有效信息，特别是无法快速地聚焦重点信息。作为一种数据分析展示的手段，数据可视化应运而生，从而使得数据变得更加直观、更易于理解。

为了更好地利用数据可视化技术，以有效表达、完美展现数据中隐含的奥秘，需要理解数据可视化的概念并掌握数据可视化的方法及技术，从而能够灵活利用各种可视化的手段对数据进行展示，进而体现数据背后隐含的知识。

本章首先介绍数据可视化的基础知识，然后重点介绍使用 Python 进行数据可视化的基本技术和方法。

4.5.1 数据可视化常见的方式

1. 数据可视化要素

数据可视化的常见方式涉及形状与面积、颜色、空间位置、时间等要素。

（1）形状与面积

对同一类图形（如柱状、圆环和蜘蛛图等）的长度、高度或面积加以区别，以清晰地表达不同指标对应的指标值之间的对比。这种方法会让浏览者对数据及其之间的对比一目了然。制作这类数据可视化图形时，要用数学公式计算，以表达准确的尺度和比例。

（2）颜色

通过颜色的变化来表达指标值的变化或大小，是数据可视化设计的常用方法，通过颜色对比马上可以看出指标的数据值的变化情况。

（3）空间位置

当指标数据要表达的主题跟空间地域有关联时，一般会选择用地图为大背景。这样用户可以直观地了解整体的数据情况，同时也可以根据地理位置快速地定位到某一地区来查看详细数据。

（4）时间

随时间变化的数据（天气、股票）通常是根据时间轴进行描绘。

2. 数据可视化的常用图表

数据可视化不仅要美观，而且要注意数据可视化从来只是表层的东西，其核心是数据分析。只有了解各个图表的特点才能更好地将数据信息进行可视化。

（1）折线图

折线图是一种用连续的线段展示数据对（每个数据点包括两个值 x 和 y）间的 y 值随 x 值的连续变化的趋势的统计图，可以设置不同的线性及线色，也可以同时展示多个数据对之间的变化趋势对比，可以清晰地反映数据是递增还是递减的、增减的速率、增减的规律（周期性、螺旋性等）、峰值等特征，如图 4-5-1 所示。

适用场景：折线图可以直观地反映数据 y 随数据 x 变化的趋势，因此适合二维的数据集的变化规律及特征的展示。

不适合场景：当水平轴的数据类型为无序的分类时不适合采用折线图。

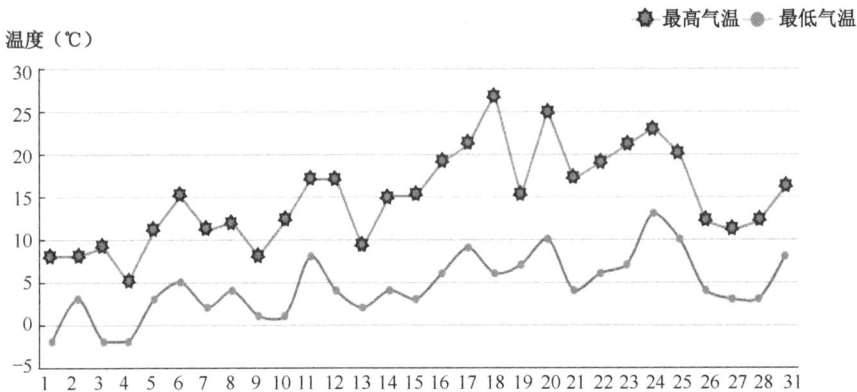

图 4-5-1

（2）柱状图

柱状图又称柱状统计图，是一种以等宽长方形的长度为变量展示方式的统计图，其中一个轴表示需要对比的分类维度，另一个轴代表相应的数值，如图 4-5-2 所示。柱状图用来比较一个变量的两个以上的数据间差异，通常用于较小的数据集分析。柱状图可以横置或纵置，横置时也称为条形图，如图 4-5-3 所示。

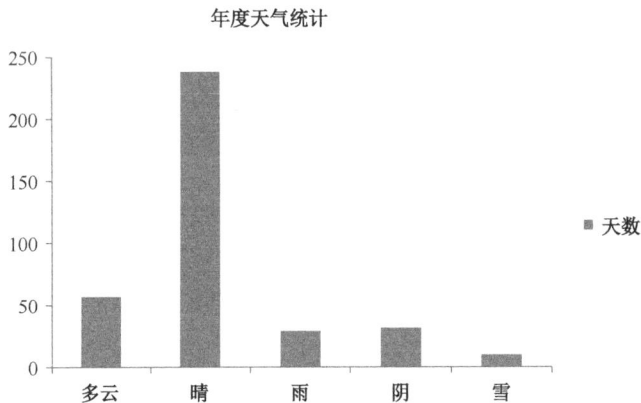

图 4-5-2

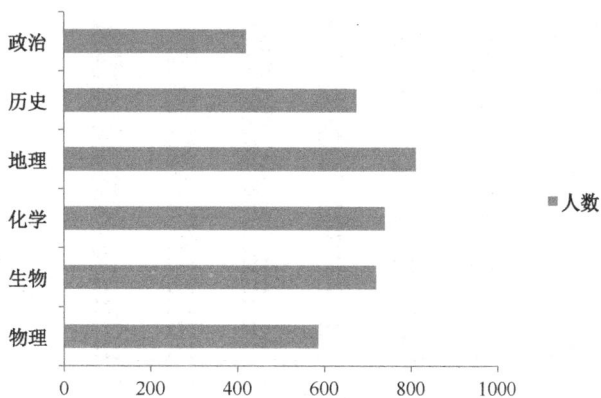

图 4-5-3

适用场景：柱状图适合一个或多个二维数据集的某个维度各数据项之间的比较，能够直观地反映各数据项的差异。

不适合场景：柱状图较适用中小规模的数据集，不适合横坐标分类太多的数据集。

扩展图表：堆积柱状图（堆积条形图）（如图 4-5-4 所示）、百分比堆积柱状图（百分比堆积条形图）（如图 4-5-5 所示），不仅可以直观地看出每个系列的值，还能够反映系列的总和，最适合展示某一单位的总量及各分量值的比例。

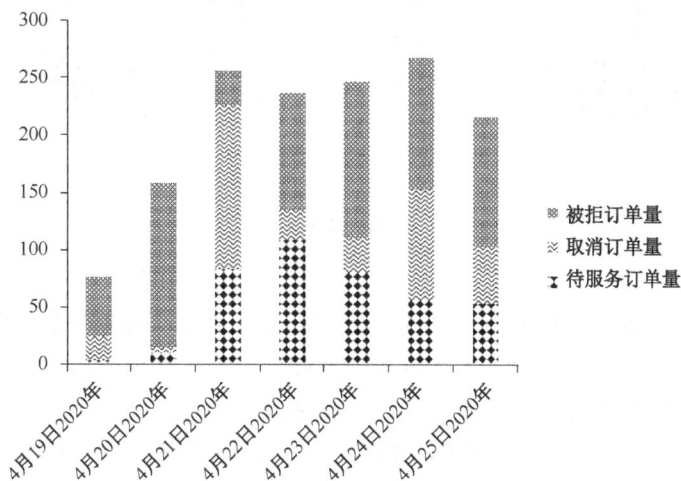

图 4-5-4

（3）饼图/环图

饼图/环图通过各项数值与所有数总和的比例对一个圆或者圆环进行切分，不同的值用不同的颜色或分块表示的图形，如图 4-5-6 所示。

适用场景：饼图/环图适用于展示小规模数据集各部分占比关系，可以直观地展示数据各部分的占比。

不适合场景：分类过多或分类占比差别不明显的数据集。

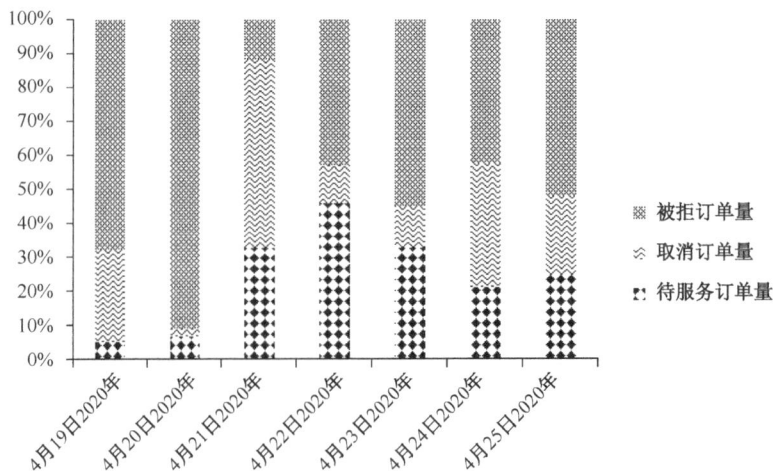

图 4-5-5

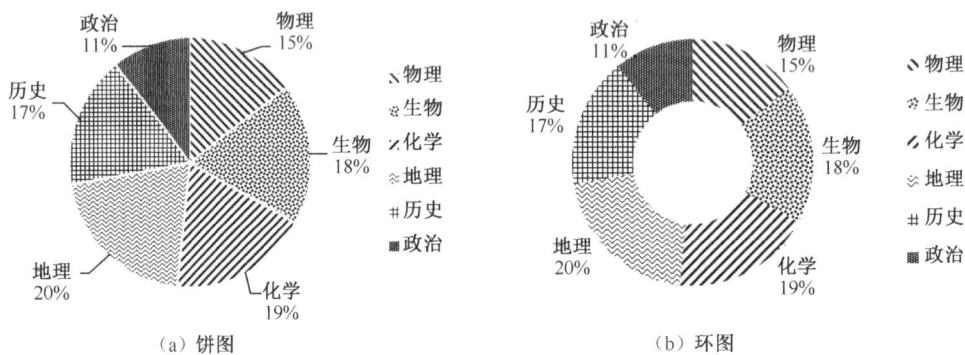

（a）饼图 （b）环图

图 4-5-6

（4）雷达图

雷达图也称为网络图、蜘蛛图、星图。雷达图是以中心点为各个维度数据的原点，多个维度数据坐标轴沿圆周均匀分布，依次将各个坐标轴上的点相连所形成的不规则闭环图，通常用雷达图进行四个以上的多个变量比较，如图 4-5-7 所示。

适用场景：雷达图适用于多维数据（四维以上）的比较展示，可以直观展示各个维度数据的分布情况。

不适合场景：维度过多或者每个维度的数据过多的数据比较，特别是有颜色填充的多边形的情况，上层会遮挡下层多边形，使雷达图的可读性下降。

（5）词云

词云，又称标签云，是文本数据的视觉表示，由词汇组成类似云的彩色图形，用于展示大量文本数据，以字体大小或颜色显示词的重要性，如图 4-5-8 所示。

适用场景：快速定位文字中相对突出的部分，快速感知文本内容中的关键词。

不适用场景：文本区分度不大时使用词云起不到突出的效果，如图 4-5-9 所示。

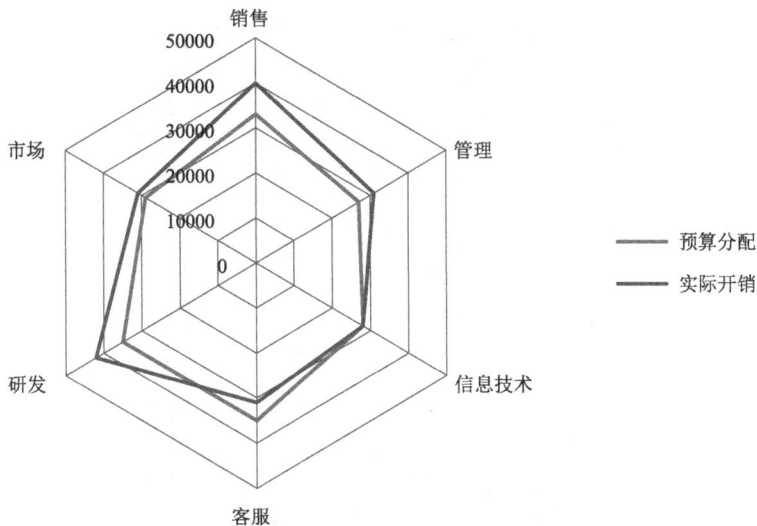

图 4-5-7

图 4-5-8

（6）散点图

散点图也叫 X-Y 图，它将所有的数据以点的形式展现在直角坐标系上，以显示变量之间的相互影响程度，点的位置由变量的数值决定。

通过观察散点图上数据点的分布情况，可以推断出变量间的相关性。如果变量之间不存在相互关系，那么在散点图上就会表现为随机分布的离散的点；如果存在某种相关性，那么大部分的数据点就会相对密集并以某种趋势呈现，如图 4-5-9 所示。

图 4-5-9

适用场景：可以通过散点图展示包含非常多的点的数据集中不同维度数值之间的关系，判断两变量之间是否存在某种关联。也可以通过散点图展示处理值的分布和数据点的分簇。

不适合场景：散点图中显示太多的散点序列看上去会非常混乱，因此不适合展示过多序列的数据集（如图 4-5-10 所示）。

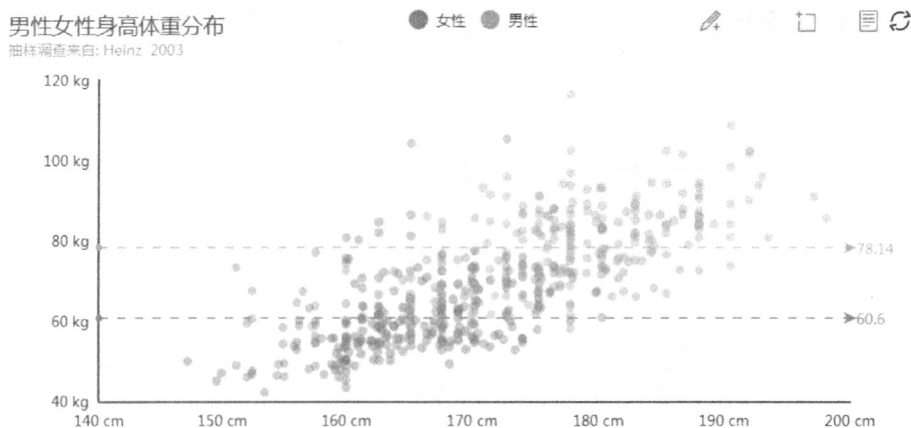

图 4-5-10

延伸图表：气泡图是散点图的变体，通过调整每个点的尺寸大小增加了一个数值分析的维度，是一种多变量图表，如图 4-5-11 所示，其中横坐标为 GDP，纵坐标为人均寿命，气泡大小为国家总人口数。

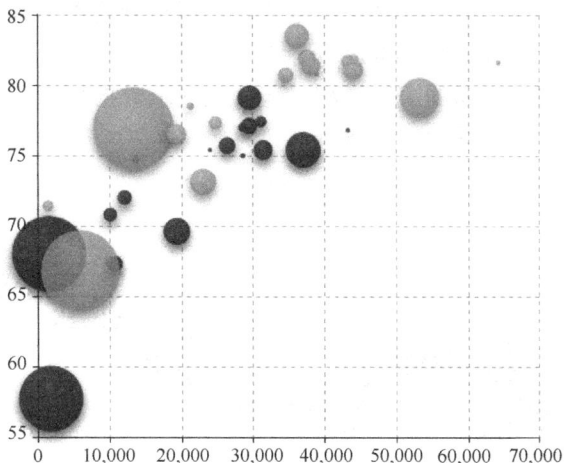

图 4-5-11

（7）面积图

面积图又叫区域图，是在折线图的基础上将折线图中的折线与自变量坐标轴之间的区域使用颜色或者纹理填充而形成的统计图。和折线图一样，面积图也用于强调 Y 数值随 X 数值变化的程度，用于引起对总值趋势的注意。面积图常用于表现趋势和关系，而不是特定值的关系。

适用场景：面积图强调数量随时间而变化的程度，也可用于引起人们对总值趋势的注意。

不适合的场景：横坐标为不同分类的数值之间的比较。

延伸图：堆积面积图、百分比堆积面积图，和面积图相比，图上每个数据集的起点都不同，起点是基于前一个数据集的，用于显示每个数值所占大小随时间或类别变化的趋势线，展示的是部分与整体的关系。堆积图非常适合显示部分与整体之间（或者几个数据变量之间）的分布关系及整体变化，如图 4-5-12 所示。

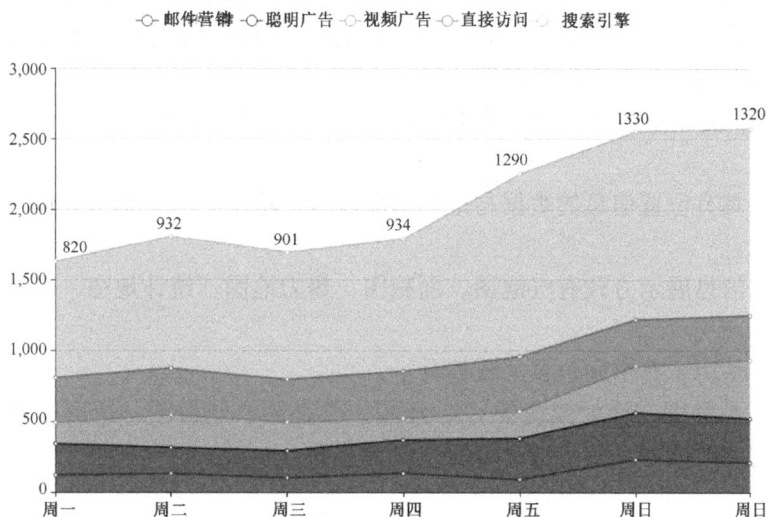

图 4-5-12

（8）瀑布图

适用场景：采用绝对值与相对值结合的方式，适用于表达数个特定数值之间的数量变化关系，最终展示一个累计值（如图 4-5-13 所示）。

优势：展示两个数据点之间的演变过程，还可以展示数据是如何累计的。

劣势：没有柱状图、条形图的使用场景多。

收入/支出瀑布图　　　　　　　　　　　　　　■支出　▦收入

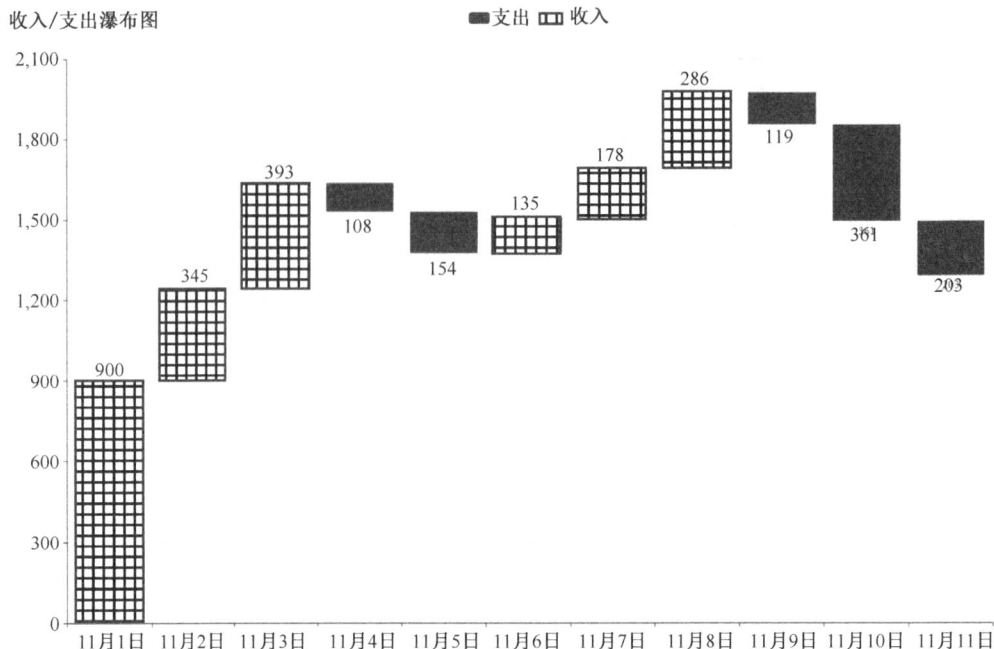

图 4-5-13

（9）漏斗图

漏斗图用梯形面积表示某个数据与上一个数据之间的差异。漏斗图从上到下，有逻辑上的顺序关系，表现了随着流程的推进数据的变化情况，如图 4-5-14 所示。

适用场景：漏斗图适用于业务流程多的流程分析。在数据分析中，通常用漏斗图分析转化率，它不仅能展示数据从开始到结束的最终转化率，还可以展示每个步骤的转化率，能够直观地发现和说明流程中所存在的问题。

不适用场景：漏斗图不适合表示无逻辑顺序的分类数据的对比。

（10）地图

地图就是将具有位置信息的数据与地图集成展示，将不同的数据可视化方式按照位置信息展示在地图上。

常用的空间信息展示方式有气泡图、面积图、热力地图、统计地图、散点地图等多种类型。

使用场景：适用于有空间位置的数据分析。

还有许多类型的图，诸如玫瑰图、K 线图、桑基图、旭日图、矩形树图、双向柱状图等，适用于不同的数据和目的，请读者朋友自行查询。

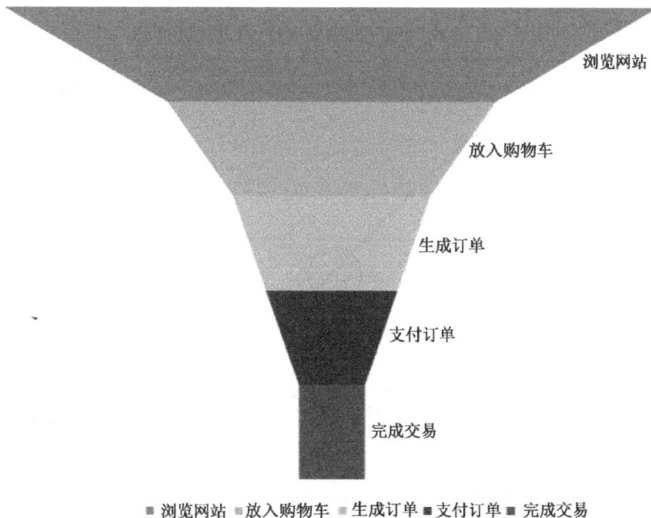

浏览网站　放入购物车　生成订单　支付订单　完成交易

图 4-5-14

4.5.2　数据可视化图表的绘制

4.5.2.1　Matplotlib 绘图

1. Matplotlib 简介

Matplotlib 是 Python 的一个 2D 绘图库，提供数据绘图功能，其 pyplot 子库主要用于实现各种数据展示图形的绘制。利用 Matplotlib，开发者仅需要几行代码，便可以生成直方图、功率谱、条形图、散点图等常用的图形。

Matplotlib 库由一系列有组织有隶属关系的对象构成，并提供了一套快捷命令式的绘图接口函数，即 pyplot 子模块。

pyplot 将绘图所需要的对象构建过程封装在函数中，对用户提供了更加友好的接口。

matplotlib.pyplot 引用方式如下：

import matplotlib.pyplot as plt

上述语句与 import matplotlib.pyplot 一致，as 保留字与 import 一起使用能够改变后续代码中库的命名空间，有助于提高代码可读性。在后续代码中，plt 将代替 matplotlib.pyplot（本书中将用 plt 指代 matplotlib.pyplot）。

在 Matplotlib 中，图表所包含的元素如图 4-5-15 所示。

图表（Figure）：在 Matplotlib 中，整个图像为一个图表对象，图表对象中至少有一个坐标系（Axes）对象，也可包含多个坐标系对象。

坐标系（Axes）：一个具有独立坐标系统的绘图区域，包含两个（三维显示三个）坐标轴(Axis)对象，在坐标系中可以绘制各种图形（Line，Mark），坐标系可以包含标题（Title）、图例（Legend）等对象。

坐标轴（Axis）：坐标系的坐标轴，可以设置坐标轴主刻度、分刻度及对应的刻度标签（Tick Label），可以设置坐标轴标签。

图表元素构成关系如图 4-5-16 所示。

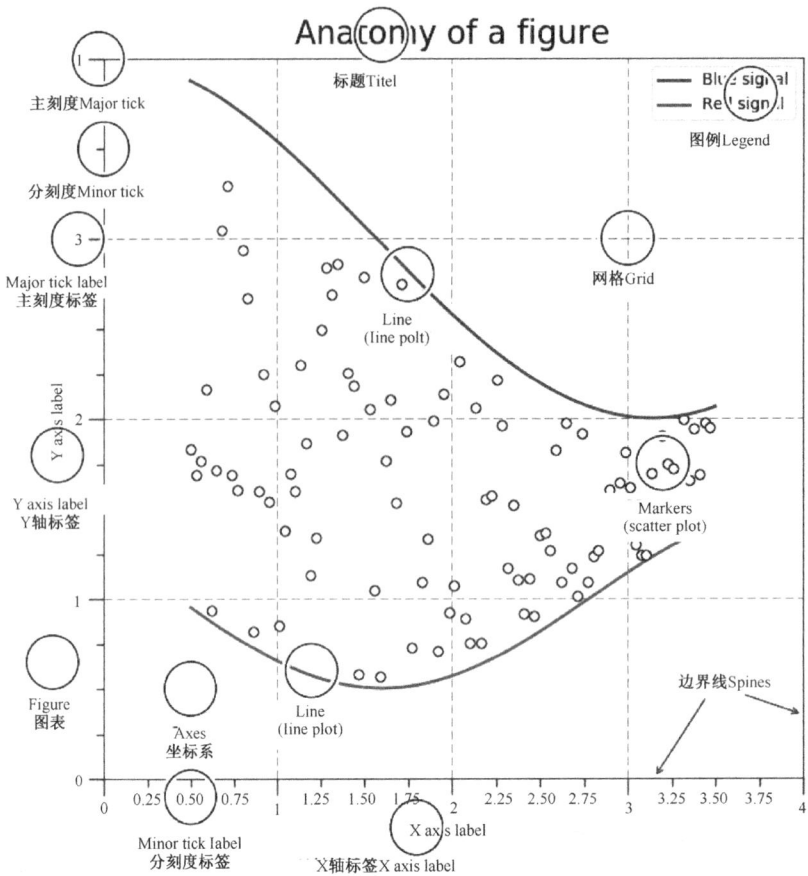

图 4-5-15

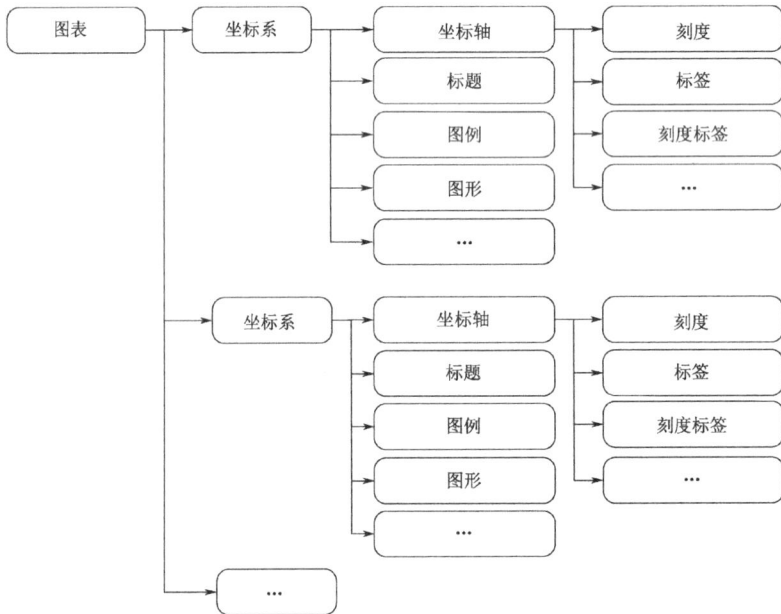

图 4-5-16

2. Matplotlib.pyplot 库基础

plt 子库提供了一批操作和绘图函数，每个函数代表对图像进行的一个操作，比如创建绘图区域、添加标注或者修改坐标轴等，大多数函数可以从函数名辨别它的功能。这些函数采用 plt.函数名()的形式调用。

（1）绘图区域函数

plt 库提供了 4 个绘图区域函数（如表 4-5-1 所示）。

表 4-5-1　绘图区域函数表

函数	功能
plt.figure(figsize=None,facecolor=None)	创建一个全局绘图区域
plt.axes(rect,axisbg='w')	创建一个带坐标系的子绘图区域
plt.subplot(nrows,ncols,plot_number)	在全局绘图区域中创建子绘图区域
plt.subplots_adjust()	调整子图区域的布局

plt.figure()函数创建一个全局绘图区域，并且使它成为当前的绘图对象，figsize 参数可以指定绘图区域的宽度和高度，单位为英寸。鉴于 figure()函数参数较多，这里采用指定参数名称的方式输入参数。

```
#创建一个 8*4 的全局绘图区域
plt.figure(figsize=(8,4))
```

plt.subplot()用于在全局绘图区域内创建子绘图区域，其参数表示将全局绘图区域分成 nrows 行和 ncols 列，并根据先行后列的计数方式在 plot_number 位置生成一个坐标系，效果如图 4-5-17 所示。

```
#绘图区域被分割成 3x2 的网格，在第 4 个位置绘制了一个坐标系
plt.subplot(324)
plt.show()
```

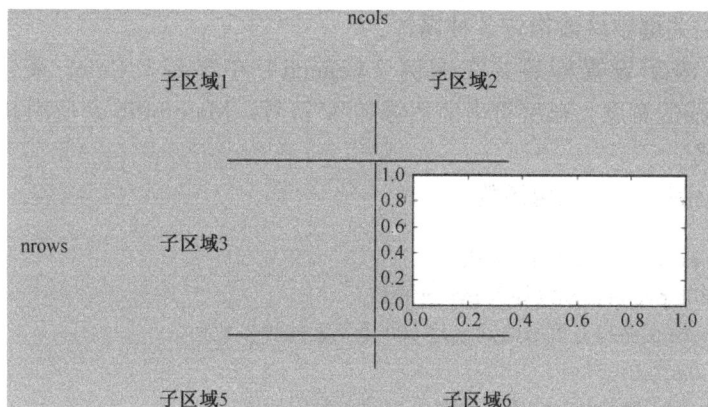

图 4-5-17

plt.axes()默认创建一个 subplot(111)坐标系，参数 rec = [left,bottom,width,height]中四个变量的范围都为[0,1]，表示坐标系与全局绘图区域的关系；axisbg 指背景色，默认为 white。

plt.subplots_adjust()调整子图区域的布局。

（2）读取和绘制函数

plt 子库提供了一组读取和绘制函数，用于在绘图区域中增加显示内容及读入数据，如表 4-5-2 所示，这些函数需要与其他函数搭配使用。

表 4-5-2　读取和绘制函数

函　　数	功　　能
plt.imread(file)	从图像文件中读取像素数据（数组）
plt.imsave(file,image)	保存像素数据（数组）为图像文件
plt.imshow(image)	在 axes 上显示图像
plt.matshow(array)	绘制矩阵图像
plt.show(image)	显示创建的绘图对象
plt.legend()	在绘图区域绘制图例标签（也称图注）
plt.plot(x,y,label,color,width)	根据 x,y 数组绘制直/曲线
Plt.boxplot(data,notch,position)	绘制箱型图（Box-plot）
Plt.bar(left,height,width,bottom)	绘制条形图
plt.barh(bottom,width,height,left)	绘制横向条形图
plt.polar(thera,r)	绘制极坐标图
plt.pie(data,explode)	绘制饼图
plt.psd(x,NFFT=256,pad_to,Fs)	绘制功率谱密度图
plt.specgram(x,NFFT=256,pad_to,F)	绘制谱图
plt.cohere(x,y,NFFT=256,Fs)	绘制 x-y 相关性函数图
plt.scatter(x,y)	绘制散点图（x,y 是长度相同的序列）
plt.step(x,y,where)	绘制步阶图
plt.hist(x,bins,bormed)	绘制直方图
plt.contour(X,Y,Z,N)	绘制等值线图
plt.vlines(x, ymin, ymax)	绘制垂直线图
plt.hlines(y, xmin, xmax)	绘制水平线图
plt.stem(x,y,linefmt,markerfmt,basefmt)	绘制曲线上每个点到水平轴的垂线
plt.plot_date(date,y)	绘制时序图

plt.plot()函数是用于绘制直线的最基础函数，调用方式很灵活，x 和 y 可以是 numpy 计算出的数组，并用关键字参数指定各种属性。

其中，label 表示设置标签并在图例（Legend）中显示，Color 表示曲线的颜色，Linewidth 表示曲线的宽度。在字符串前后添加"$"符号，Matplotlib 会使用其内置的 Latex 引擎绘制的数学公式。

【例 4-5-1】绘制基本的三角函数。

```
import numpy as np #导入 numpy 模块
import matplotlib.pyplot as plt #导入 pyplot 模块
#使用 np.linspace 函数在 0 到 6 之间创建 100 个元素的等差数列
x=np.linspace(0,6,100)
y=np.cos(2*np.pi*x)*np.exp(-x)+0.8   #从 x 构建对应的 y 值
#以 xy 为坐标绘制曲线，红色，线宽为 3，线型为实线。
plt.plot(x,y, color='r',linewidth=3,linestyle='-')
plt.show()#显示图形
```

结果如图 4-5-18 所示。

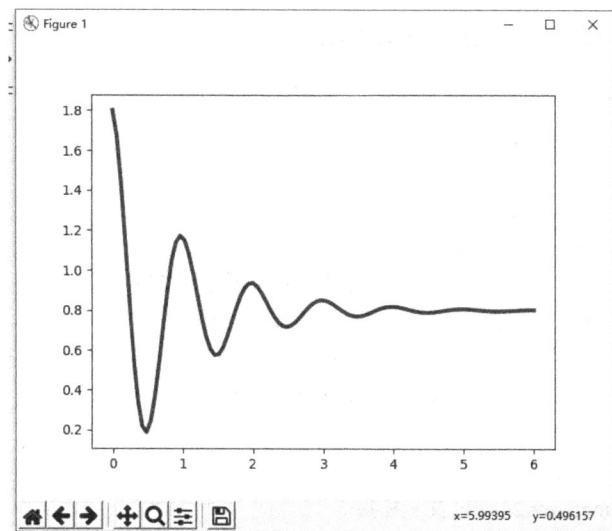

图 4-5-18

（4）坐标体系

plt 库有两个坐标：图像坐标和数据坐标。图像坐标将图像所在区域左下角视为原点，将 x 方向和 y 方向长度设定为 1。整体绘图区域有一个图像坐标，每个 axes()和 subplot()函数产生的子图也有属于自己的图像坐标。axes()函数参数 rect 指当前产生的子区域相对于整个绘图区域的图像坐标。数据坐标以当前绘图区域的坐标轴为参考，显示每个数据点的相对位置，这与坐标系里面标记数据点一致。

plt 库提供坐标轴设置函数（如表 4-5-3 所示）。

表 4-5-3　坐标轴设置函数

函　　数	功　　能
plt.xlim(xmin,xmax)	设置 x 轴标签取值范围
plt.ylim(ymin,ymax)	设置 y 轴标签取值范围
plt.xscale(scale)	设置 x 轴缩放
plt.yscale(scale)	设置 y 轴缩放
plt.autoscale()	自动缩放轴视图数据
plt.thetagrids(angles,labels,fmt,frac)	设置极坐标网格 theta 的位置
plt.grid('on'/'off')	打开/关闭坐标网格

plt 库提供标签设置函数（如表 4-5-4 所示）。

表 4-5-4　标签设置函数

函　　数	功　　能
plt.get_figlabels()	获取当前绘图区域的标签列表
plt.figtext(x,y,s,fontdic)	为全局绘图区域添加文字
plt.title(s)	设置标题
plt.suptitle(s)	设置子区域标题
plt.text(x,y,s,fontdic,withdash)	坐标轴注释
plt.annotate(not,xy,xytext,xycoords,textcoords,arrowprops)	用箭头在指定数据点创建注释

【例 4-5-2】绘制带有中文标签和图例的图。

```
import numpy as np
import matplotlib.pyplot as plt
import matplotlib
matplotlib.rcParams['font.family']='SimHei'
matplotlib.rcParams['font.sans-serif']='SimHei'
plt.figure(figsize=(8,6))                    #设置绘图区域/画布尺寸
t = np.arange(0.0, 2.0*np.pi, 0.01)          #自变量取值范围
s = np.sin(t)                                #计算正弦函数值
z = np.cos(t)                                #计算余弦函数值
plt.plot(t, s, label='正弦')
plt.plot(t, z, label='余弦')
plt.xlabel('x-变量', fontsize=24) #设置 x 标签
plt.ylabel('y-正弦余弦函数值', fontsize=24)
plt.title('sin-cos 函数图像', fontsize=32) #标题
plt.legend() #设置图例
plt.show()
```

结果如图 4-5-19 所示。

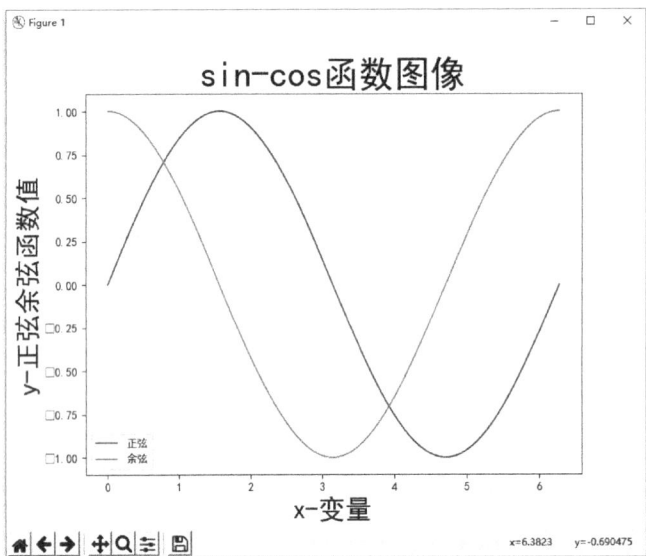

图 4-5-19

（5）区域填充函数

plt 库提供了 3 个区域填充函数（表 4-5-5），对绘图区域填充颜色。

表 4-5-5　区域填充函数

函　　数	功　　能
plt.fill(x,y,c,color)	填充多边形
plt.fill_between(x,y1,y2,where,color)	填充两条曲线围成的多边形
plt.fill_between(y,x1,x2,where,hold)	填充两条水平线之间的区域

【例 4-5-3】使用填充绘制带局部阴影的坐标系。

```
import numpy as np
import matplotlib.pyplot as plt
x=np.linspace(0,10,100)
y=np.cos(2*np.pi*x)*np.exp(-x)+0.8
plt.plot(x,y, color='r',label= "$exp-decay$",linewidth=3)
plt.axis([0,6,0,1.8]) #创建坐标系
ix=(x>0.8)&(x<3) #设置范围区域
#填充范围内 y 到 x 轴之间区域，混合度 0.25
plt.fill_between(x,y,0,where=ix,facecolor='grey',alpha=0.25)
plt.text(0.5*(0.8+3),0.2,r"$\int_a^b f(x)\mathrm{d}x$",
    horizontalalignment='center') #填充区域居中文本
plt.legend()
plt.show()
```

结果如图 4-5-20 所示。

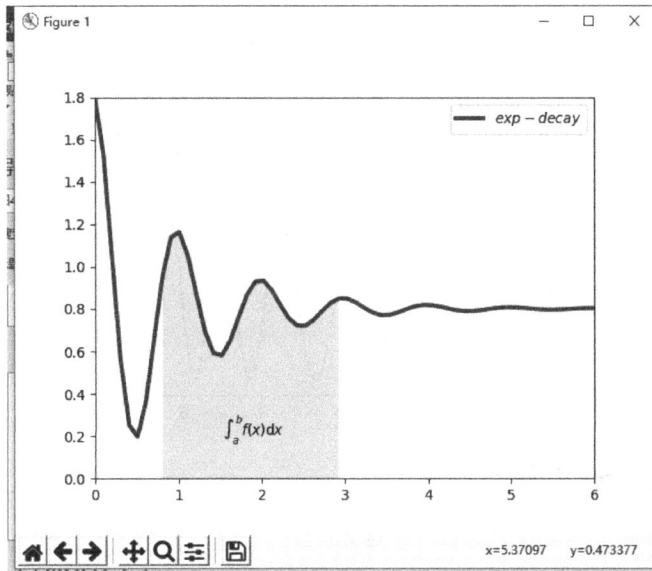

图 4-5-20

【例 4-5-4】在不同子区域绘制多个独立图像。

```
import numpy as np
import matplotlib.pyplot as plt
x= np.linspace(0, 2*np.pi, 500)          #创建自变量数组
y1 = np.sin(x)                           #创建函数值数组
y2 = np.cos(x)
y3 = np.sin(x*x)
plt.figure(1)                            #创建全局绘图区域
ax1 = plt.subplot(2,2,1)                 #第一行第一列子区域
```

```
ax2 = plt.subplot(2,2,2)                          #第一行第二列子区域
ax3 = plt.subplot(2,1,2)                          #第二行子区域
plt.sca(ax1)                                      #选择 ax1
plt.plot(x,y1,color='red')                        #绘制红色曲线
plt.ylim(-1.2,1.2)                                #限制 y 坐标轴范围
plt.sca(ax2)                                      #选择 ax2
plt.plot(x,y2,'g--')                              #绘制绿色曲线
plt.ylim(-1.2,1.2)
plt.sca(ax3)                                      #选择 ax3
plt.plot(x,y3,'b--')                              #绘制蓝色虚线
plt.ylim(-1.2,1.2)
plt.show()
```

结果如图 4-5-21 所示。

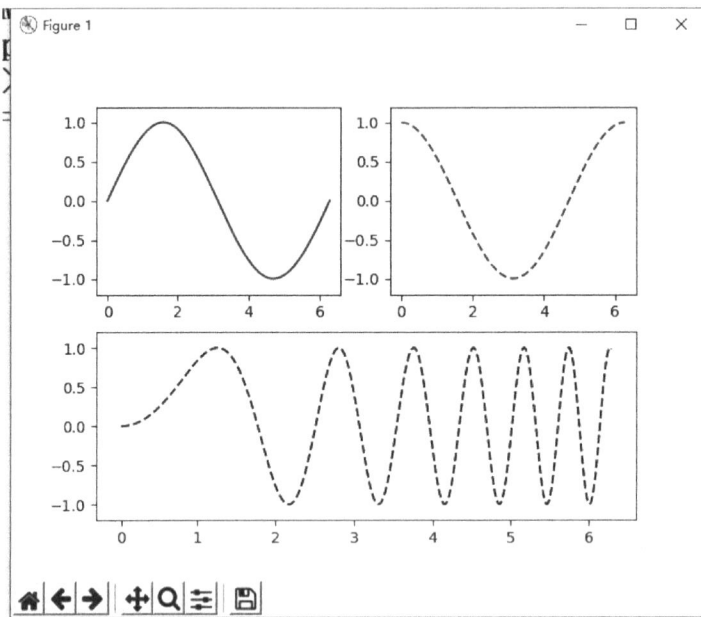

图 4-5-21

4.5.2.2 Matplotlib 绘图案例

【例 4-5-5】最简单的 Matplotlib 绘图。

```
import matplotlib.pyplot as plt                   #导入 matplotlib.pyplot
import numpy as np                                #导入 numpy

plt.plot([1, 2, 3, 4], [1, 4, 2, 3])    #绘图
plt.show()
```

调用 plt.plot 函数会将数据绘制到默认图表的默认坐标系中，绘图结果如图 4-5-22 所示。

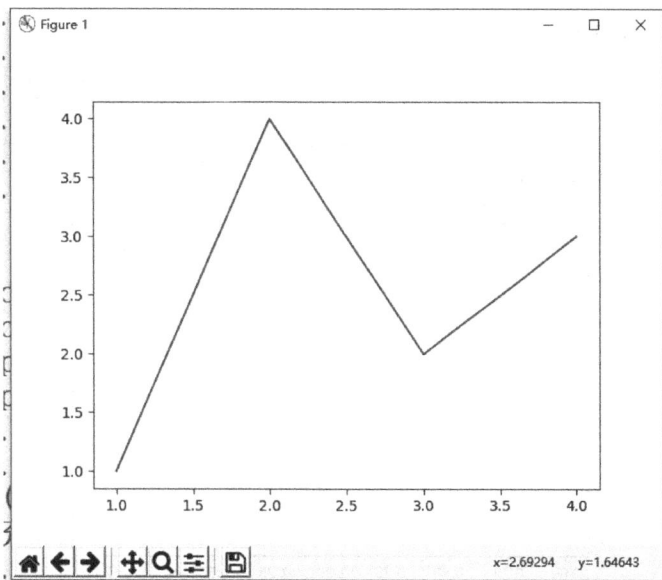

图 4-5-22

【例 4-5-6】坐标系及标签。

可以通过 plt.subplots()获取默认的图表及坐标系，然后在坐标系中绘图。

```
import matplotlib.pyplot as plt          #导入 matplotlib.pyplot
import numpy as np                       #导入 numpy

fig, ax = plt.subplots()                 # 创建包含坐标系 ax 的图表 fig.
ax.plot([1, 2, 3, 4], [1, 4, 2, 3])      # 绘图.
plt.show()
```

可以在坐标系中通过 set_xlabel()设置 *x* 轴标签，set_ylabel()设置 *y* 轴标签，set_title("Simple Plot")设置坐标系标题，ax.legend()绘制图例。

```
import matplotlib.pyplot as plt          #导入 matplotlib.pyplot
import numpy as np                       #导入 numpy

x = np.linspace(0, 2, 100)

fig, ax = plt.subplots()
ax.plot(x, x, label='linear')            # 在 ax 坐标系绘图.
ax.plot(x, x**2, label='quadratic')      #在 ax 坐标系绘图.
ax.plot(x, x**3, label='cubic')          #在 ax 坐标系绘图
ax.set_xlabel('x label')                 # 添加 x 轴标签.
ax.set_ylabel('y label')                 # 添加 y 轴标签.
ax.set_title("Simple Plot")              # 添加标题.
ax.legend()                              # 添加图例.
plt.show()
```

绘图结果如图 4-5-23 所示。

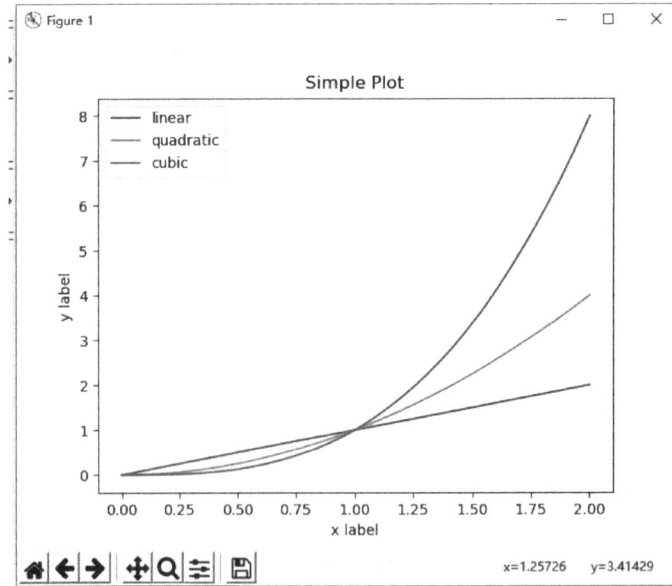

图 4-5-23

【例 4-5-7】多坐标系。

通过 subplot（）添加多个坐标系。

```
import numpy as np
import matplotlib.pyplot as plt

x1 = np.linspace(0.0, 5.0)
x2 = np.linspace(0.0, 2.0)

y1 = np.cos(2 * np.pi * x1) * np.exp(-x1)
y2 = np.cos(2 * np.pi * x2)

plt.subplot(2, 1, 1)                    #添加坐标系
plt.plot(x1, y1, 'o-')                  #用指定的标记及线型绘图
plt.title('A tale of 2 subplots')       #设置标题
plt.ylabel('Damped oscillation')        #设置 y 轴标签

plt.subplot(2, 1, 2)                    #添加坐标系
plt.plot(x2, y2, '.-')                  #用指定的标记及线型绘图
plt.xlabel('time (s)')                  #设置 x 轴标签
plt.ylabel('Undamped')                  #设置 y 轴标签
plt.show()                              #显示
```

绘图结果如图 4-5-24 所示。

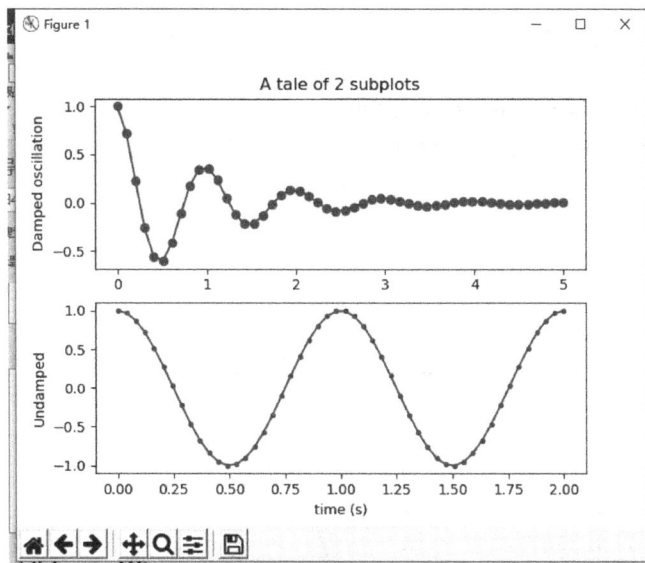

图 4-5-24

4.5.2.3　Matplotlib 绘制常用图形

利用 Python 及图形绘制包可以方便地生成折线图、柱状图、饼图、条形图、散点图等常用的图形以及与空间相关的图形，下面对常用的折线图、柱状图、饼图、散点图及空间可视化制进行详细说明。

某地某年各月的蒸发量、降水量数据如表 4-5-6 所示。

表 4-5-6　某地某年各月的蒸发量、降水量数据

日期	1月	2月	3月	4月	5月	6月	7月	8月	9月	10月	11月	12月
蒸发量	2	4.9	7	23.2	25.6	76.7	135.6	162.2	32.6	20	6.4	3.3
降水量	2.6	5.9	9	26.4	28.7	70.7	175.6	182.2	48.7	18.8	6	2.3

1. 折线图

【例 4-5-8】降水量、蒸发量折线图。

对表 4-5-6 中所示的数据可以利用 Matplotlib 绘制折线图，查看各个月份降雨量及蒸发量的变化情况，结果如图 4-5-25 所示。

```
import matplotlib
import matplotlib.pyplot as plt
import numpy as np
# Data for plotting
months = [1,2,3,4,5,6,7,8,9,10,11,12]
    eva_means = [2,4.9,7,23.2,25.6,76.7,135.6,162.2,32.6,20,6.4,3.3]
    precip_means = [2.6,5.9,9,26.4,28.7,70.7,175.6,182.2,48.7,18.8,6,2.3]

    fig, ax = plt.subplots()
    ax.plot(months,eva_means)
```

```
ax.plot(months,precip_means,'--')

ax.set(xlabel='month', ylabel='Evaporation (mm)',
        title='Evaporation & Precipitation')
ax.grid()
plt.show()
```

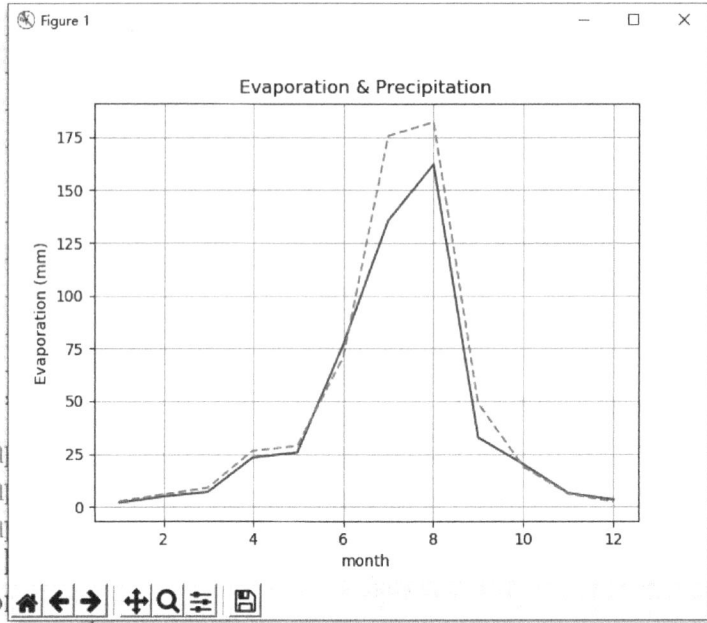

图 4-5-25

（2）柱状图

【例 4-5-9】降水量、蒸发量柱状图。

对表 4-5-6 中所示的数据可以利用 Matplotlib 绘制柱状图进行月降雨量及蒸发量对比，结果如图 4-5-26 所示。

```
import matplotlib
import matplotlib.pyplot as plt
import numpy as np
matplotlib.rcParams['font.family']='SimHei'
matplotlib.rcParams['font.sans-serif']='SimHei'
labels = ['January ',' February ',' March ',' April ',' may ',' June ',' July ',' August ',' September ',' October ',' November ',' December ']
eva_means = [2,4.9,7,23.2,25.6,76.7,135.6,162.2,32.6,20,6.4,3.3]
precip_means = [2.6,5.9,9,26.4,28.7,70.7,175.6,182.2,48.7,18.8,6,2.3]

x = np.arange(len(labels))    #标签位置
width = 0.35    # 柱宽

fig, ax = plt.subplots(figsizer=(10,4))
```

```
rects1 = ax.bar(x - width/2, eva_means, width, label='蒸发')
rects2 = ax.bar(x + width/2, precip_means, width, label='降水')
#为标签、标题和自定义 x 轴刻度标签等添加文本。
ax.set_ylabel('mm')
ax.set_title('蒸发 & 降水 对比')
ax.set_xticks(x)
ax.set_xticklabels(labels)
ax.legend()

plt.show()
```

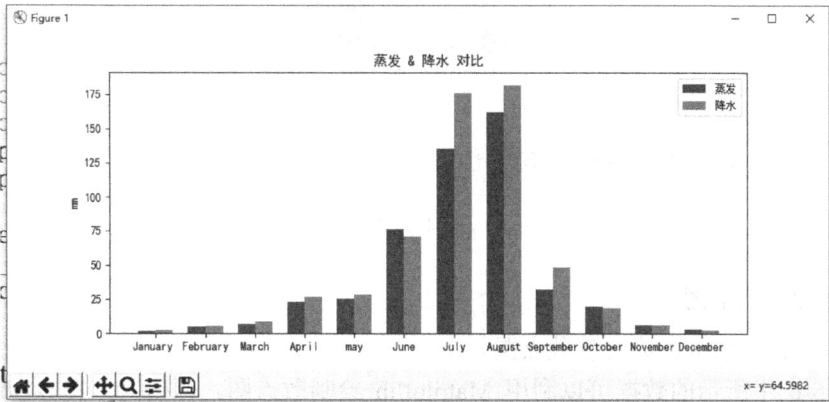

图 4-5-26

（3）饼图

【例 4-5-10】降水量、蒸发量饼图。

对表 4-5-6 中所示的蒸发量数据利用 Matplotlib 绘饼图进行月蒸发量对比，结果如图 4-5-27 所示。

```
import matplotlib.pyplot as plt

explode = (0, 0.2, 0, 0,0,0,0.2,0,0,0.2,0,0.2)
# 绘图数据
months = 'Jan ',' Feb ',' Mar ',' Apr ',' may ',' Jun ',' July ',' Aug ',' Sep ',' Oct ',' Nov ',' Dec '
eva_means = [2,4.9,7,23.2,25.6,76.7,135.6,162.2,32.6,20,6.4,3.3]

fig1, ax1 = plt.subplots()
ax1.pie(eva_means, explode=explode, labels=months, autopct='%1.1f%%',
        shadow=True, rotatelabels =True)
ax1.axis('equal')   # 等宽高比确保饼图绘制为圆形.

plt.show()
```

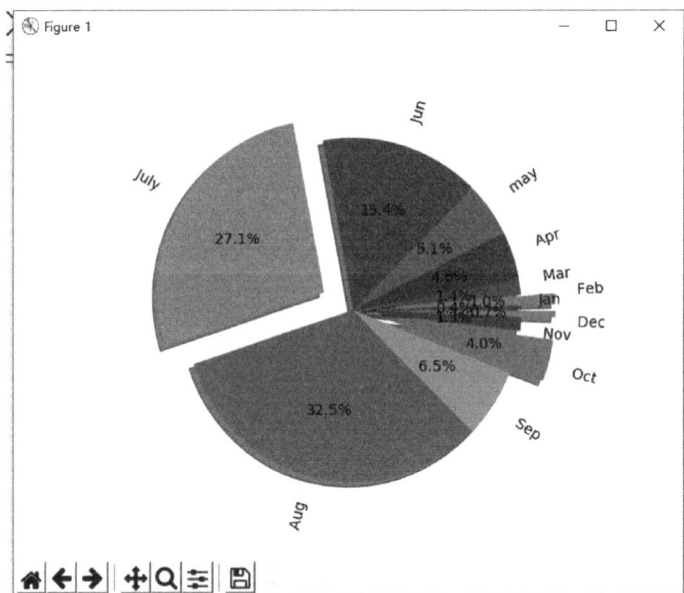

图 4-5-27

4．散点图（气泡图）

【例 4-5-11】降水量、蒸发量散点图。

对表 4-5-6 中所示的数据可以利用 Matplotlib 绘制散点图，以研究蒸发量和降雨量的关系，结果如图 4-5-28 所示。

```
import matplotlib.pyplot as plt
import matplotlib
matplotlib.rcParams['font.family']='SimHei'
matplotlib.rcParams['font.sans-serif']='SimHei'
 # 绘图数据
months = 'Jan ',' Feb ',' Mar ',' Apr ',' may ',' Jun ',' July ',' Aug ',' Sep ',' Oct ',' Nov ',' Dec '
eva_means = [2,4.9,7,23.2,25.6,76.7,135.6,162.2,32.6,20,6.4,3.3]
precip_means = [2.6,5.9,9,26.4,28.7,70.7,175.6,182.2,48.7,18.8,6,2.3]

fig, ax = plt.subplots()
ax.scatter(eva_means, precip_means, c=eva_means, s=precip_means, alpha=0.5)

ax.set_xlabel(r'蒸发', fontsize=15)
ax.set_ylabel(r'降水', fontsize=15)
ax.set_title('蒸发 & 降水 散点图')

plt.show()
```

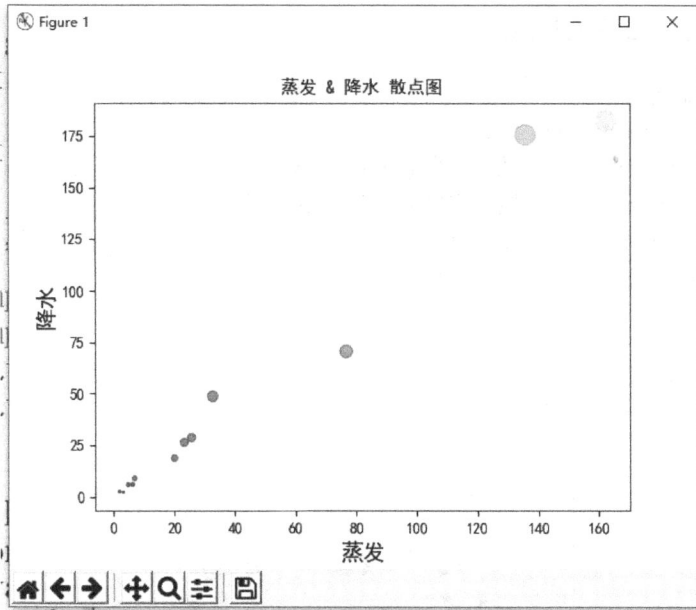

图 4-5-28

【例 4-5-12】绘制散点曲线图。

```
import numpy as np
import matplotlib.pyplot as plt
a = np.arange(0, 2.0*np.pi, 0.1) #自变量取值范围
b = np.cos(a) #cos 值
plt.scatter(a,b,marker='*') #绘制散点图，marker 指定符号为'*'
plt.show()
```

结果如图 4-5-29 所示。

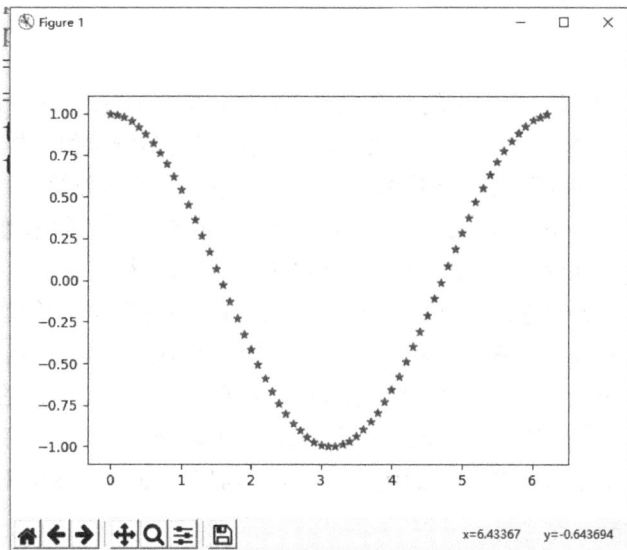

图 4-5-29

【例 4-5-13】绘制红色五星散点图。

```
import numpy as np
import matplotlib.pyplot as plt
x = np.random.random(100)      #随机产生 100 个 x 坐标
y = np.random.random(100)      #随机产生 100 个 y 坐标
pl.scatter(x,y,s=x*500,c=u'r',marker=u'*')
    #s 表示大小，c 表示颜色，marker 表示符号形状
plt.show()
```

结果如图 4-5-30 所示。

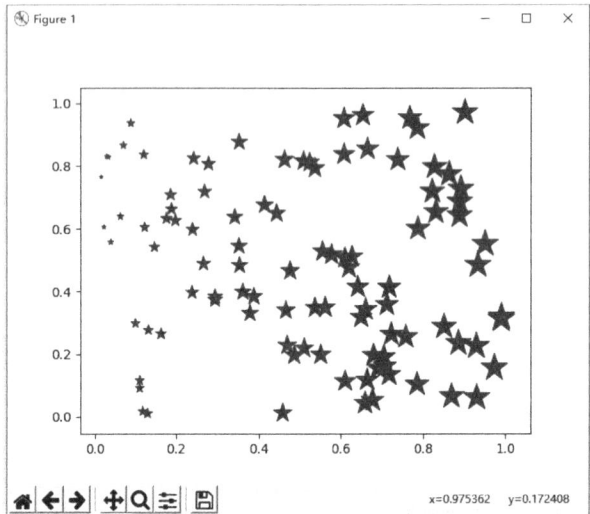

图 4-5-30

4.5.2.4 Pandas 与 pyEcharts 绘图

1. Pandas 简介

使用 Python 进行数据分析常用的两个包是 Numpy 和 Pandas。Numpy 是 Python 的数值计算扩展，是 Python 中非常重要的一个模块。Numpy 应用多维数组和矩阵丰富了 Python 的数据结构，保障了数组和矩阵的计算效率。基于 Numpy 的数据分析工具，能更方便地操作大型数据集。除了科学计算，Numpy 也可以被当做通用数据的高效多维容器，可以使用任意类型，这样 Numpy 可以快速无缝地与很多类型的数据库进行整合。

Pandas 基于 Numpy 创建，让以 Numpy 为中心的应用变得更加简单。Pandas 是 Python 进行数据分析的最重要模块，它包含的基本数据结构有 Series 和 DataFrame 两种。

可以将 Pandas 理解为一个内存数据库，所有数据全部存放在内存中，每一个 DataFrame 可以看做一个数据库中的表，一个 Series 可以理解为表的一列，DataFrame 中的每一行相当于表的一条记录。数据库的绝大部分操作都在 Pandas 中有对应的函数操作，但应用方法更加简洁高效。

2. pyEcharts 简介

Echarts 是百度开源的一个数据可视化 JS 库，可以流畅地运行在 PC 和移动设备上，提供直观、交互丰富、可高度个性化定制的数据可视化图表。

Echarts 提供了常规的折线图、柱状图、散点图、饼图、K 线图，用于统计的盒形图，用于关系数据可视化的关系图、树图、矩形树图、旭日图，多维数据可视化的平行坐标，用于过程可视化的漏斗图、仪表盘，用于地理数据可视化的地图、热力图、线图，并且支持图与图之间的混搭。

Echarts 折线图如图 4-5-31 所示：

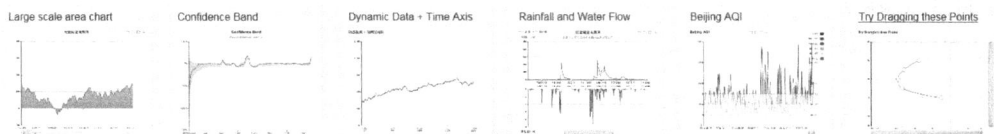

图 4-5-31

Echarts 柱状图如图 4-5-32 所示：

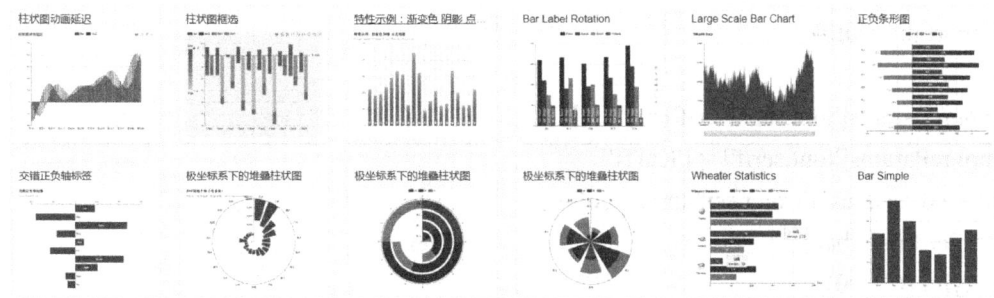

图 4-5-32

pyEcharts 是一个用于生成 Echarts 图表的类库，实现了 Echarts 与 Python 的对接，方便在 Python 中使用 Echarts 对数据生成图，下面主要介绍利用 pyEcharts 进行空间数据的可视化。

通过如下命令安装 pyEchart 包及地图扩展：

pip install pyecharts

pip install echarts-countries-pypkg

pip install echarts-china-provinces-pypkg

pip install echarts-china-cities-pypkg

pip install echarts-china-counties-pypkg

pip install echarts-china-misc-pypkg

3. 绘图案例

（1）Pandas 绘制柱状图

【例 4-5-14】pandas 柱状图。

假设某地某年 12 个月的降水量存于文件 "water1.csv" 中，数据形式如下：

,蒸发量,降水量

1 月,2,2.6

2 月,4.9,5.9

3 月,7,9

4 月,23.2,26.4

5 月,25.6,28.7

6 月,76.7,70.7

7 月,135.6,175.6

8 月,162.2,182.2

9 月,32.6,48.7

10 月,20,18.8

11 月,6.4,6

12 月,3.3,2.3

结合 Pandas 库和 Matplotlib 库的 Python 程序实现如下：

```
import pandas as pd
import matplotlib.pyplot as plt
import matplotlib

mpl.rcParams['font.sans-serif'] = ['KaiTi']
mpl.rcParams['font.serif'] = ['KaiTi']
df = pd.read_csv('water.csv',index_col=0)
df.plot(kind='bar')
plt.ylim((0,200))
plt.title('某地月降水量和蒸发量')
plt.show()
```

实现效果如图 4-5-33 所示：

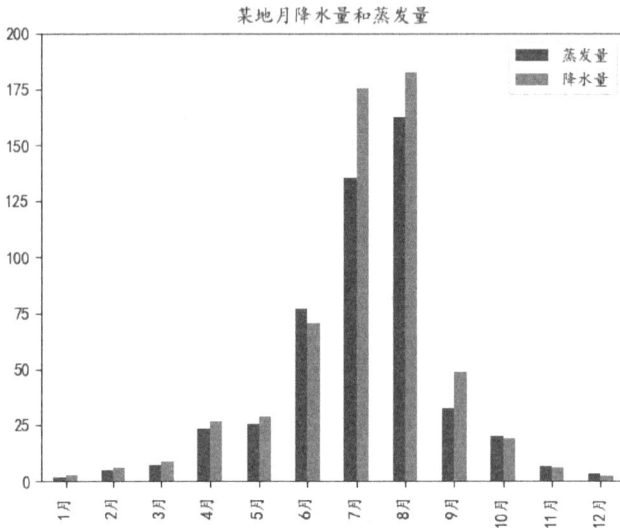

图 4-5-33

（2）pyEcharts 绘制柱状图。

【例 4-5-15】pyEcharts 柱状图。

假设某地某年 12 个月的降水量存于文件"water1.csv"中，数据形式如下：

,1 月,2 月,3 月,4 月,5 月,6 月,7 月,8 月,9 月,10 月,11 月,12 月

蒸发量,2,4.9,7,23.2,25.6,76.7,135.6,162.2,32.6,20,6.4,3.3

降水量,2.6,5.9,9,26.4,28.7,70.7,175.6,182.2,48.7,18.8,6,2.3

结合 csv 库和 pyEcharts 库的实现如下：

```
import csv
from pyecharts import Bar
with open('water1.csv',encoding = 'utf-8-sig')    as f:
    reader = csv.reader(f)
    ls = []
    for line in reader:
        ls.append(line)
del ls[0][0]
del ls[1][0]
del ls[2][0]
x = ls[0]
y1 = ls[1]
y2 = ls[2]
bar = Bar("某地月蒸发量和降水量", title_color='red', title_pos='center', width=1000, height=550)
bar.add('蒸发量',x,y1,legend_pos='right')
bar.add('降水量',x,y2,legend_pos='right')
bar.show_config()
bar.render('./html/water.html')
```

其结果写入"water.html"文件，实现效果如图 4-5-34 所示：

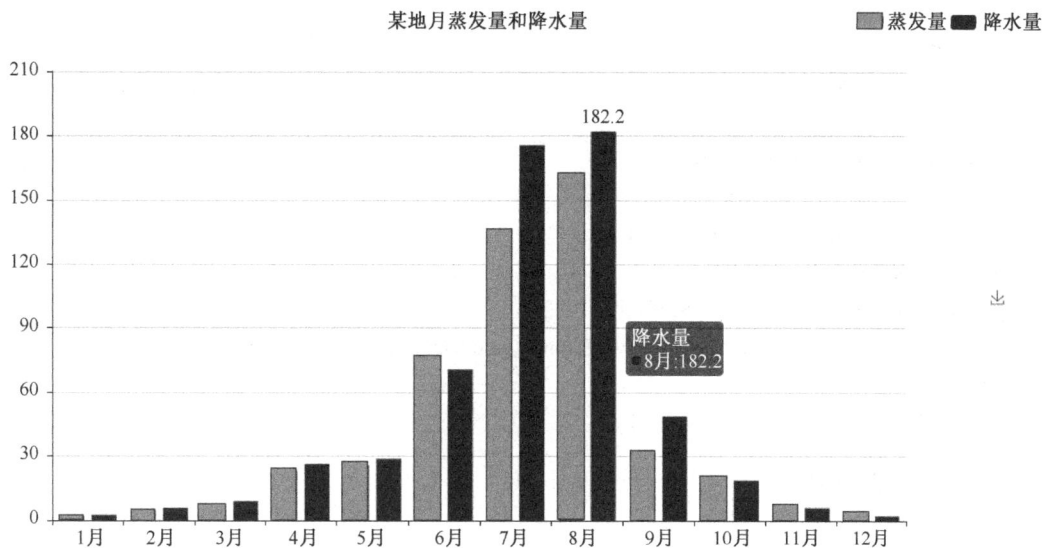

图 4-5-34

（4）pyEcharts 饼图

【例 4-5-16】pyEcharts 饼图.

现有一组成绩数据存放于文件"score.csv"中，数据包括两项，学号和成绩，形式如下：

```
id,score
1811050101,46
1811050102,86
1811050103,84
1811050104,72
1811050105,99
1811050106,92
```

现在要求将这些数据进行统计，以图形方式表示出来。结合 Pandas 库和 Matplotlib 库，Python 实现如下：

```python
import csv
import pandas as pd
from matplotlib import pyplot as plt

df = pd.read_csv('score.csv')
#print(df)
def level(arr):
    score = arr['score']
    if score>=90:
        return '>=90'
    elif score>=80:
        return '>=80'
    elif score>=70:
        return '>=70'
    elif score>=60:
        return '>=60'
    return '<60'
df['level'] = df.apply(level,axis=1)
#print(df)
grouped = df['score'].groupby(df['level'])
print(grouped.count())
plt.rcParams['font.sans-serif'] = ['SimHei']
grouped.count().plot.pie(colors = ['r','c','y','g','pink'],autopct='%.0f%%', fontsize=16)
plt.title('成绩分布情况')
plt.show()
```

效果如图 4-5-35 所示：

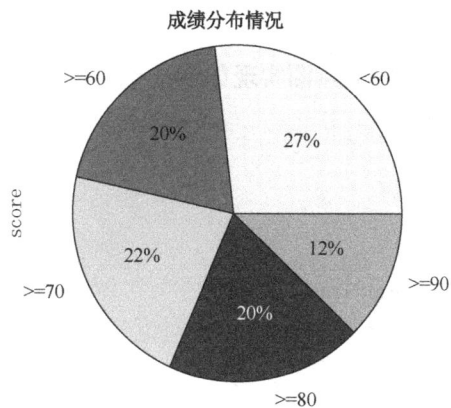

图 4-5-35

（4）Pandas 散点图

【例 4-5-17】Pandas 散点图。

有一组坐标数据存于"scatter.csv"中，数据形式如下：

x,y
10,6.077686218
25,14.79163916
40,22.49756634
55,28.67032155
70,32.88924173
85,34.86681443
100,34.36827136
115,31.72077255
130,26.81155551
145,20.07517527
160,11.97070502
175,3.050450996
190,-6.077686218
205,-14.79163916
220,-22.49756634
235,-28.67032155
250,-32.88924173
265,-34.86681443
280,-34.36827136
295,-31.72077255
310,-26.81155551
325,-20.07517527
340,-11.97070502
355,-3.050450996

370,6.077686218

要求表现坐标点的分布，使用散点图实现如下：

```
import pandas as pd
import matplotlib.pyplot as plt


df = pd.read_csv('scatter.csv')
df.plot(kind='scatter',x='x',y='y',grid=True)
plt.show()
```

效果如图 4-5-36 所示：

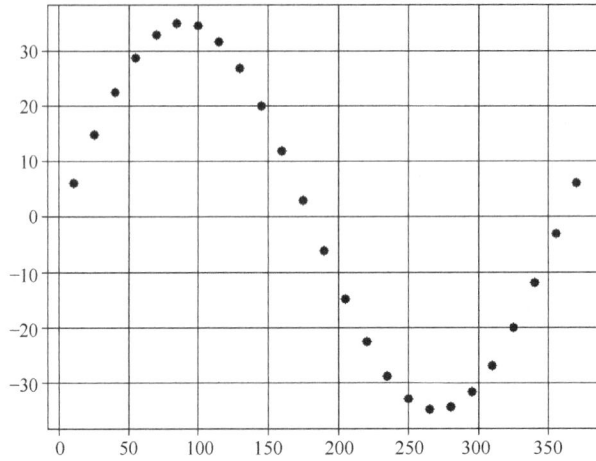

图 4-5-36

（5）时间序列

【例 4-5-18】Pandas 时间序列曲线。

假设当前目录下文件 temperature.csv 存有一段时间的温度数据，绘制温度的时间变化趋势。数据如表 4-5-7 所示：

表 4-5-7　温度数据

date	hight	low
2019/3/27	23	6
2019/3/26	22	12
2019/3/25	19	7
2019/3/24	13	7
2019/3/23	11	0
2019/3/22	3	3
2019/3/21	11	0
2019/3/20	11	6
2019/3/19	19	8
2019/3/18	12	8
2019/3/17	13	7
2019/3/16	19	3
2019/3/15	12	3

Date	hight	low
2019/3/14	18	3
2019/3/13	14	2
2019/3/12	10	0
2019/3/11	15	3
2019/3/10	12	5
2019/3/9	4	4
2019/3/8	11	4
2019/3/7	12	1
2019/3/6	12	1
2019/3/5	13	3
2019/3/4	14	4
2019/3/3	11	0
2019/3/2	13	2
2019/3/1	14	1
2019/2/28	12	1
2019/2/27	10	0
2019/2/26	8	3

#读取 temperature.csv 文件内容，以 date 列为索引进行排序，返回 df 对象。

```
df = pd.read_csv('temperature.csv',index_col='date').sort_index()
df.index = pd.to_datetime(df.index)#将 df 索引转为日期格式
df.plot(grid=True,style='--')绘制虚线图，显示网格线
plt.show()
```

效果如图 4-5-37 所示：

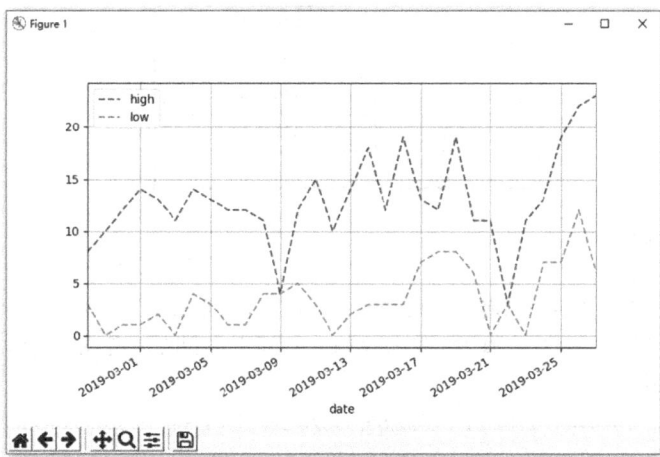

图 4-5-37

（6）空间数据可视化

【例 4-5-19】pyEcharts 空间分布。

假设有全国各省的 GDP 数据（如表 4-5-8 所示），要求在中国地图上绘制各省 GDP 状态。

表 4-5-8　2011 年全国各省 GDP 分布

西藏	605.83
青海	1670.44
宁夏	2102.21
海南	2522.66
甘肃	5020.37
贵州	5701.84
新疆	6610.05
云南	8893.12
重庆	10011.37
吉林	10568.83
山西	11237.55
天津	11307.28
江西	11702.82
广西	11720.87
陕西	12512.3
黑龙江	12582
内蒙古	14359.88
安徽	15300.65
北京	16251.93
福建	17560.18
上海	19195.69
湖北	19632.26
湖南	19669.56
四川	21026.68
辽宁	22226.7
河北	24515.76
河南	26931.03
浙江	32318.85
山东	45361.85
江苏	49110.27
广东	53210.28

```
from pyecharts import Map
#全国各省名称
provice = ['西藏','青海','宁夏','海南','甘肃','贵州','新疆','云南','重庆','吉林','山西','天津','江西','广西','陕西','黑龙江','内蒙古','安徽','北京','福建','上海','湖北','湖南','四川','辽宁','河北','河南','浙江','山东','江苏','广东']
#全国各省对应GPD
 gdps = [605.83, 1670.44, 2102.21, 2522.66, 5020.37, 5701.84, 6610.05,8893.12,10011.37,10568.83,
11237.55,11307.28,11702.82,11720.87, 12512.3,12582,14359.88,15300.65,16251.93,17560.18,19195.69,19632.26,
19669.56, 21026.68, 22226.7, 24515.76, 26931.03, 32318.85, 45361.85, 49110.27, 53210.28]
#创建 Map 对象，设置标题、字体大小、对齐方式，背景色、图幅大小等属性
map = Map("2011 全国 GDP(亿元)",'数据来自国家统计局',title_color="#2E2E2E",
          title_text_size=24,title_top=20,title_pos="center", width=800,height=400,
          background_color='white')
```

```
#添加图表的数据和设置各种配置项
 map.add("", provice, gdps, type="effectScatter", is_random=True, visual_range=[min(gdps), max(gdps)],
          maptype='china', geo_emphasis_color='#F5D0A9',visual_text_color="#6E6E6E",
is_visualmap=True, is_map_symbol_show=False)
map.show_config()打印输出图表的所有配置项
#生成一个 2011 全国 GDP.html 的文件，可以用浏览器打开
map.render(path="./2011 全国 GDP.html")
```

效果图略。

（5）动态可视化

国内生产总值（GDP）是指按国家市场价格计算的一个国家（或地区）所有常驻单位在一定时期内生产活动的最终成果，被公认为是衡量一个国家经济状况的最佳指标。GDP 作为国民经济核算体系核心的综合性统计指标，反映了一个国家（或地区）的经济实力和市场规模。

1960—2018 年各国的 GDP 总体处于上升态势。美国的 GDP 除 2008 年金融危机后有所下降外，一直处于增长态势。中国的 GDP 也一直处于上升期，随着 2001 年中国加入世界贸易组织（WTO），中国的 GDP 上升速度加快，从 2005 年到 2010 年依次超越了英国、德国、和日本，GDP 排名变成了第二。日本的 GDP 在 1993 年之前处于上升期，1993 年之后处于震荡期，但是一直超过德国和英国的 GDP。德国和英国的 GDP 一直处于缓慢增长的过程中。

为了实现 GDP 排名的动态可视化，选取条状图对历年排名前 10 的国家的 GDP 情况进行依次展示。

对获取的 GDP 数据进行如图 4-5-38 所示的方式进行组织。其中第一列为排名，第二列为国家名称，第三列为所在洲，第四列为 GDP 值，第五列为年份，第六列为各国 GDP 绘图所用的颜色值，所有数据按照年份、排名排序。

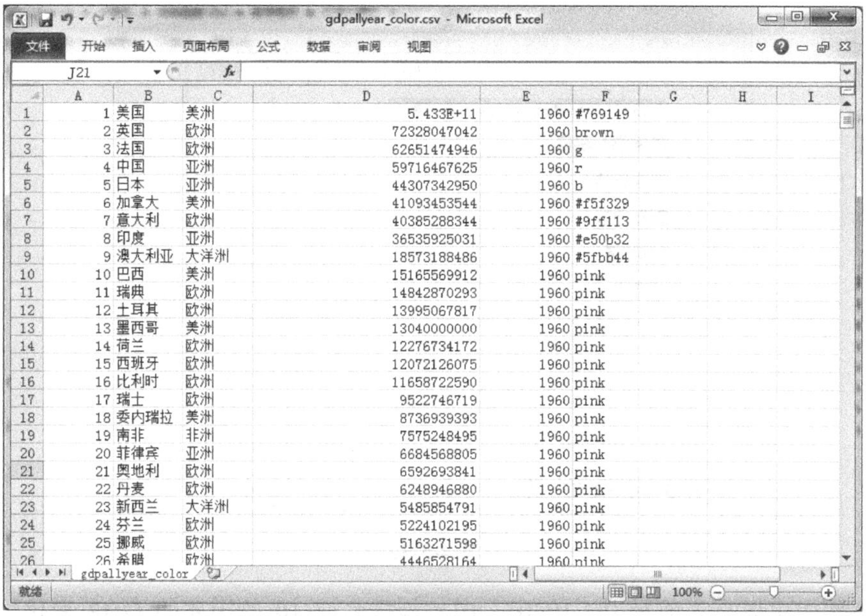

	A	B	C	D	E	F	G	H	I
1	1	美国	美洲	5.433E+11	1960	#769149			
2	2	英国	欧洲	72328047042	1960	brown			
3	3	法国	欧洲	62651474946	1960	g			
4	4	中国	亚洲	59716467625	1960	r			
5	5	日本	亚洲	44307342950	1960	b			
6	6	加拿大	美洲	41093453544	1960	#f5f329			
7	7	意大利	欧洲	40385288344	1960	#9ff113			
8	8	印度	亚洲	36535925031	1960	#e50b32			
9	9	澳大利亚	大洋洲	18573188486	1960	#5fbb44			
10	10	巴西	美洲	15165569912	1960	pink			
11	11	瑞典	欧洲	14842870293	1960	pink			
12	12	土耳其	欧洲	13995067817	1960	pink			
13	13	墨西哥	美洲	13040000000	1960	pink			
14	14	荷兰	欧洲	12276734172	1960	pink			
15	15	西班牙	欧洲	12072126075	1960	pink			
16	16	比利时	欧洲	11658722590	1960	pink			
17	17	瑞士	欧洲	9522746719	1960	pink			
18	18	委内瑞拉	美洲	8736939393	1960	pink			
19	19	南非	非洲	7575248495	1960	pink			
20	20	菲律宾	亚洲	6684568805	1960	pink			
21	21	奥地利	欧洲	6592693841	1960	pink			
22	22	丹麦	欧洲	6248946880	1960	pink			
23	23	新西兰	大洋洲	5485854791	1960	pink			
24	24	芬兰	欧洲	5224102195	1960	pink			
25	25	挪威	欧洲	5163271598	1960	pink			
26	26	希腊	欧洲	4446528164	1960	pink			

图 4-5-38

【例 4-5-20】动态变化图。

利用 Python 编写如下的可视化代码：

```
#动态数据显示
import pandas as pd
from pylab import mpl
import matplotlib.pyplot as plt
#为了正确显示汉字
mpl.rcParams['font.sans-serif'] = ['KaiTi']
mpl.rcParams['font.serif'] = ['KaiTi']

#读取数据
df = pd.read_csv('.\gdpallyear_color.csv',header=None)

#画图
plt.figure()
for year in range(1960,2018):
    plt.cla()#清空屏幕
    data = df[df[4]==year].head(10)[::-1]#截取数据
    ax = data[3].plot(kind='barh',color=data[5]) #绘制
    ax.set_yticklabels(data[1])#设置标签
    ax.set_title(str(year))#设置标题
    plt.pause(0.5)#暂停，出现动画效果
'''
```

可视化结果如图 4-5-39 所示。

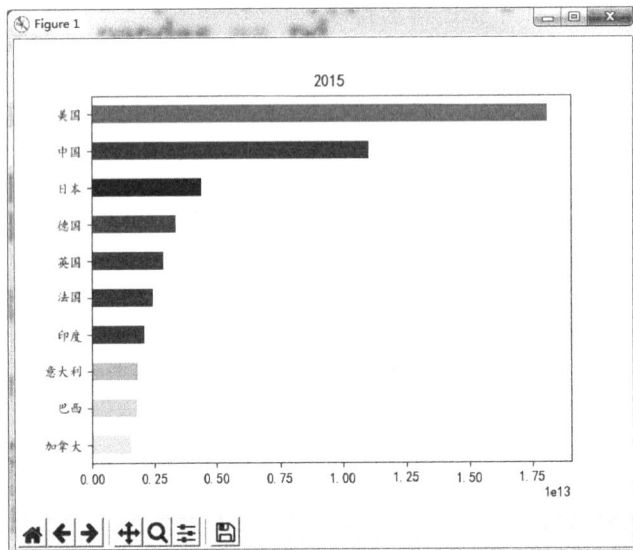

图 4-5-39

从动态图中可以直观地看出，1960—2018 年排名前 10 的国家的 GDP 变化过程；看到随着时间的推移，中国 GDP 逐步超越的过程。

习题：

1. 设计程序解决问题的基本步骤是什么？
2. Python 语言有哪些基本控制结构？分别适合解决哪类问题？
3. 管理数据可以采用哪些方式？
4. 如何设计数据库、操作数据库？
5. 如何将数据可视化？

## 第 5 章

开源 ERP Odoo

本章的学习目标：

通过本章的学习，掌握 Odoo 的基本业务框架，学习开源 ERP Odoo 业务财务一体化全流程。通过了解 Odoo 背后的设计逻辑及实际操作过程，了解企业从销售、采购、库存、费用等业务模块到财务总账全流程及业务处理流程，理解 Odoo 所定义的业务概念，并学会配置财务模块的有关参数，能处理实际业务，形成符合企业管理需求的分析报表。

5.1 开源 ERP Odoo 简介

开源 ERP Odoo 不仅是一套结构精巧、编写语言优美、设计风格独特的计算机代码框架，还是一套博大精深的企业知识管理库，许多管理大师的经典理论，都可在 Odoo 中找到相应的 App。从数以万计的 App 应用中找到相近的解决方案，在已有方案的基础上，继承、重构，以最少的工作量实现解决问题的最佳方案。

5.1.1 Odoo 的发展简历

Odoo 是目前世界排名第一的开源 ERP 系统，其创始人为比利时的 Fabien（如图 5-1-1 所示）。从 2002 年的 TinyERP，经过 OpenERP，到目前的 Odoo，经过近 20 年的发展，目前全世界 Odoo 的使用者超过 200 万人，Odoo 社区活跃的开发人员超过 5000 人。从 2012 年开始，美国著名的 IT 杂志 *Info World* 连续 5 年评选 Odoo 为"世界最佳开源软件大奖" ERP 领域第一名。

图 5-1-1

Odoo 在 2019 年 10 月发布了 13.0 版本，计划在 2020 年 10 月发布 14.0 版本，目前基本上是一年发布一个新版本，图 5-1-2 是用 Odoo13.0 呈现的操作页面，如同一本精美的纯质书籍，轻松愉快之中，像翻书一样，完成了所需要处理的工作任务。

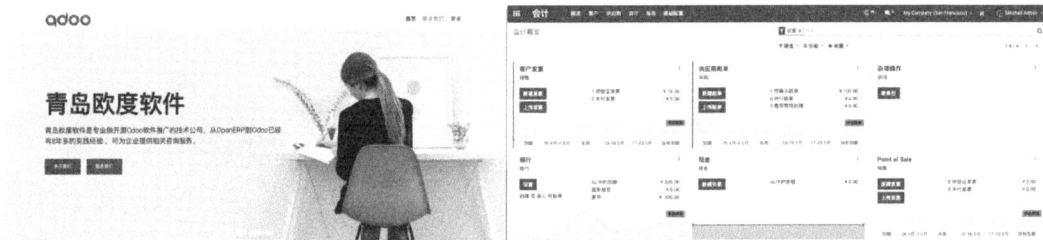

图 5-1-2

5.1.2 Odoo 积木式的框架结构

我们这个时代，是一个互联网快速发展的时代，计算机性能几个月就更新一代，企业的业务也是处于快速发展的模式，利用网络直销，业务一个月就能翻一倍，这时就会发现，刚刚上线的系统，半年后就又满足不了业务的要求了。更新一套企业的信息管理系统，感觉脱了层皮，是一件非常痛苦的事。若是建立一个企业的信息平台，需要什么功能就插什么样的功能插件，类似搭积木，即能延续以前成功的经验，又丰富了新的功能，满足了企业发展的需求，Odoo 就是这样的信息平台架构。

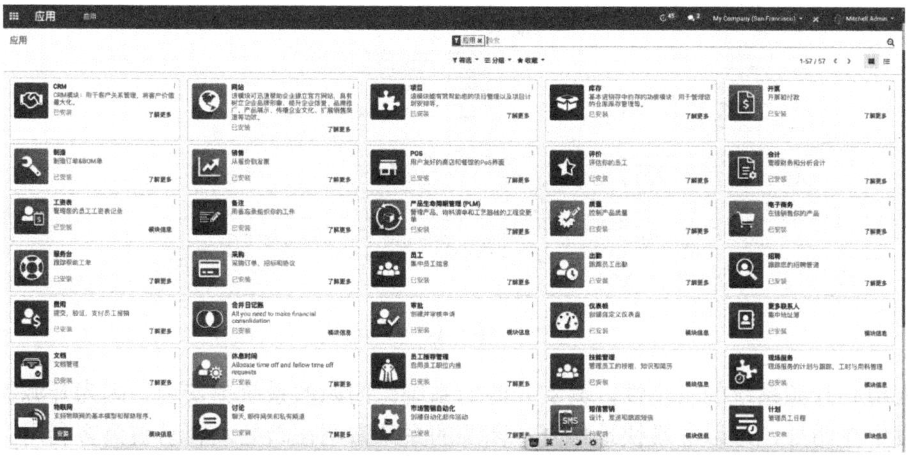

图 5-1-3

在 Odoo 的网上商店，经过十几年的积累，有成千上万的模块供选择，而且模块的升级与卸载非常方便，不影响业务的正常进行，实现平滑升级，如图 5-1-4 所示。

图 5-1-4

像 Odoo 这样将企业的全部业务集成在一个平台上，模块间信息耦合完美，彻底打破业务部门间的信息孤岛，工作高效协调，无形中提升了企业的生产力，目前世界上还没有哪款 ERP 软件做到如此高的集中程度。

5.1.3 Odoo 的开源世界

开源就是开放 Odoo 的源代码，用户可自由使用、阅读、复制、修改与重新发布。我们知道华为的故事，美国依据技术上的优势，在配件供应、软件合作各个方面对华为进行打压、制裁，使其正常经营受到严重干扰。使用开源的 Odoo，企业永无此隐患，根据开源协议，用户掌握软件系统的源码，在此源码的基础上，利用面向对象的开发方法，可以最小的成本对业务进行继承、重构，完成企业模式的升级改造。

Odoo（如图 5-1-5 所示）的运行环境 Linux 是开源的，使用的编程语言 Python 是开源的，使用的数据库 PostgreSql 是开源的，在 Odoo 框架上开发的 App 也是开源的。Odoo 是开源的世界，在这个生态圈里，无被要挟的后顾之忧。

图 5-1-5

有人担心开源系统的安全性，其实开源的系统比闭源的系统更安全，因为开源的系统有漏洞，发生在明处，可以非常快地修复；闭源的系统漏洞在暗处，容易被黑客利用。这也是 Windows 能发生勒索病毒，而开源的 Linux 没有的原因。把运行方案公开了，并不是把系统的密码公开了，层层的安全措施会比那些闭源的系统更可靠。

5.1.4 Odoo 技术的先进性

我们正处在第四次工业革命的时代，其特征就是人工智能、大数据分析、物联网、区块链，在最新版的 Odoo 里，都有这些特征的痕迹。

1. AI 智能报表

图 5-1-6 所示就是 Odoo 13.0 的 AI 智能报表。

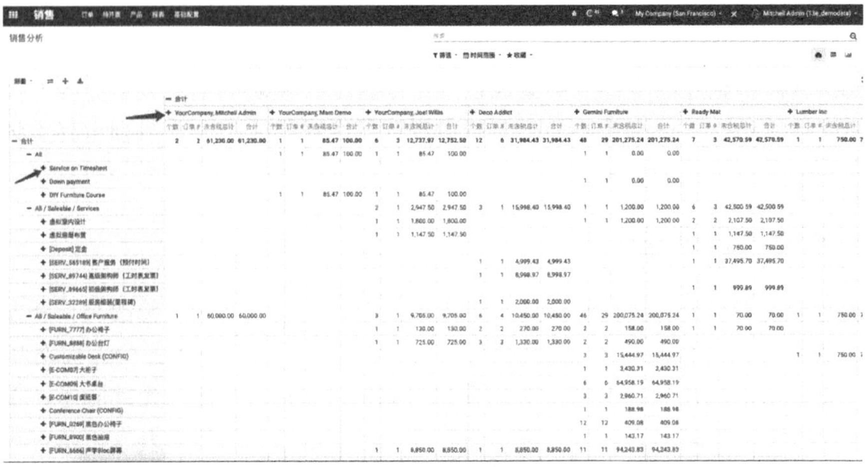

图 5-1-6

如图 5-1-6，可自由定义报表的表头栏与左边栏。

新技术的应用带动了企业会计方法的革新，最明显的一个例子是 Odoo 自 9.0 版开始取消了对会计科目的多级分类。我们知道，会计科目的一级分类是由国家财政部的《企业会计规则》定义的，二级及以下级科目是从企业管理的角度来设置的，一旦设置好，在一个会计期间很难进行更改，而企业的经营是千变万化的，需要从不同的角度来分析企业的经营状态，如我们对会计分录进行分析时，如图 5-1-7 所示，按账户（1）、业务伙伴（2）、日记账（3）的先后顺序来展现的树形分类。

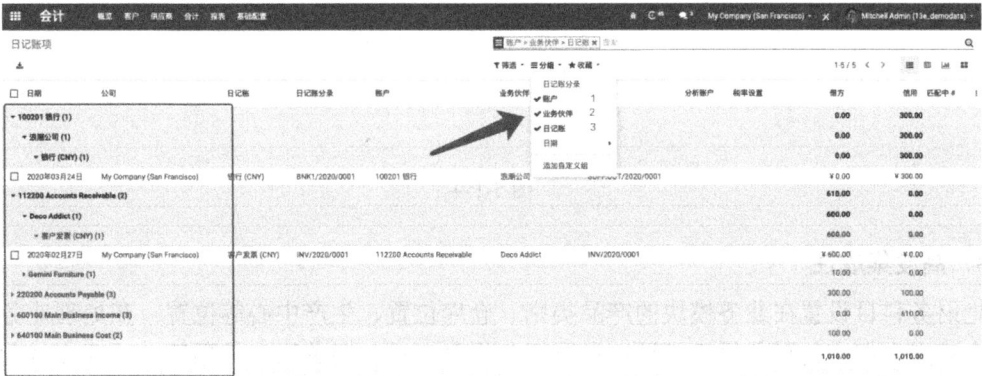

图 5-1-7

如图 5-1-8 所示，也可按日记账（1）、业务伙伴（3）、账户（2）这样的次序来展现的树形分类。

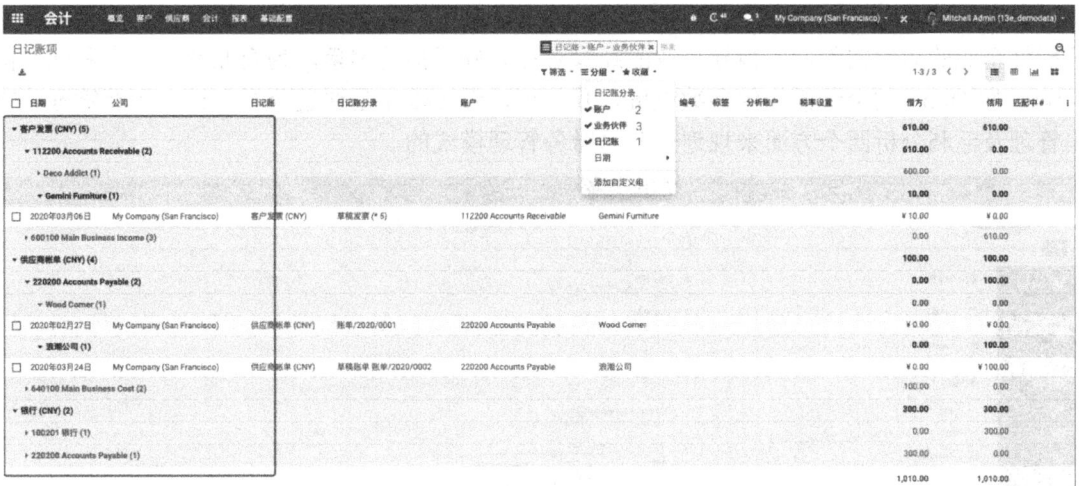

图 5-1-8

无论如何变化，对企业的资产负债表不产生任何影响。

2．Odoo 财务中的动态报表

我们在查看财务报表时，可随时查看报表中数据的来源，这可加深对报表数据的感知，以及对数据意义的理解。

如图 5-1-9 所示，单击报表中的超链接，可直接展现营业收入的来源明细。

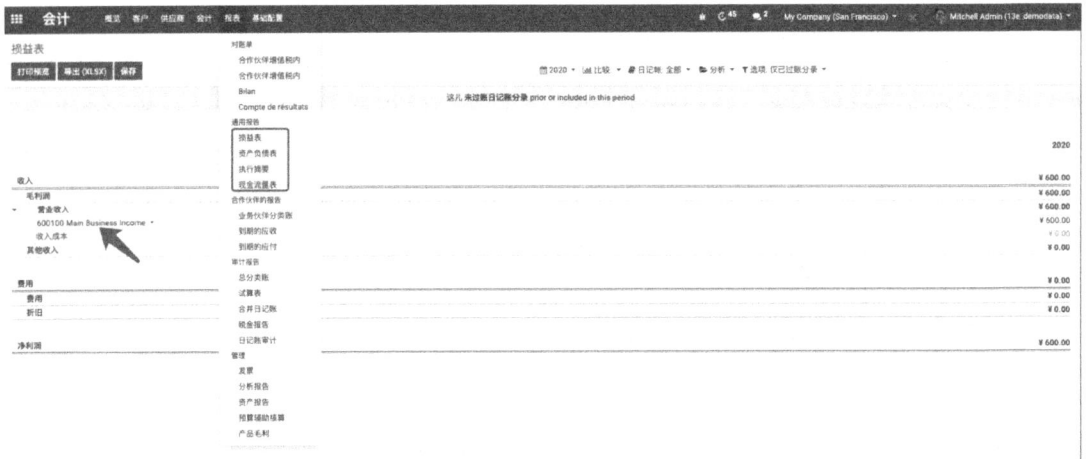

图 5-1-9

3．高度集成性

把财务科目设置在业务模块的产品类别、仓库位置、生产中心等位置，在处理业务的同时，自动产生相应的财务凭证草稿；设置好分析账户后，会关联有关预算；处理支付业务，自动形成现金流量表，不同于国内现流行的财务软件中的现金流量操作。

5.1.5 Odoo 的管理会计

会计本身的基本职能是为企业管理服务的，在 Odoo 系统中，没有单独的管理会计模块，也没有单独列出管理会计的项目。管理的财务效果，是做好财务分析，根据因果关系，分析好企业的盈亏因素，以指导企业的经营者控制好亏损的因素，为企业获取最大利润。图5-1-10 为 Odoo 的会计模块的参数设置，我们可以看 Odoo 是通过分析会计、预算管理、支出管理及毛利分析四个方面来规划企业的财务管理模式的。

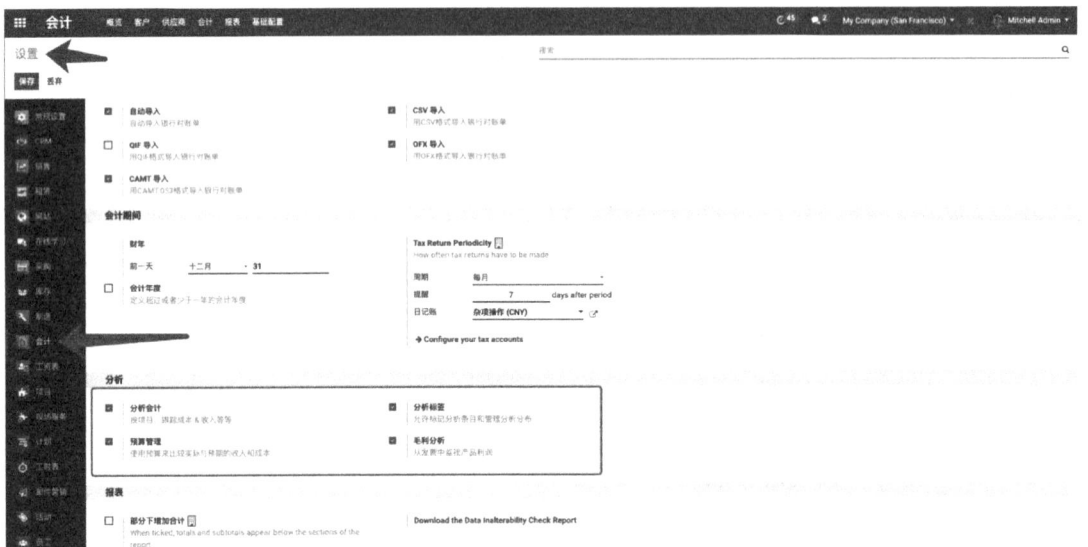

图 5-1-10

设置好分析会计，就可以按设置的分析科目来跟踪所要分析项的收入及成本，以满足企业管理的需求。相应的操作如图 5-1-11 所示。

图 5-1-11

在销售凭据中，销售单与分析账户关联，如图 5-1-12 所示。

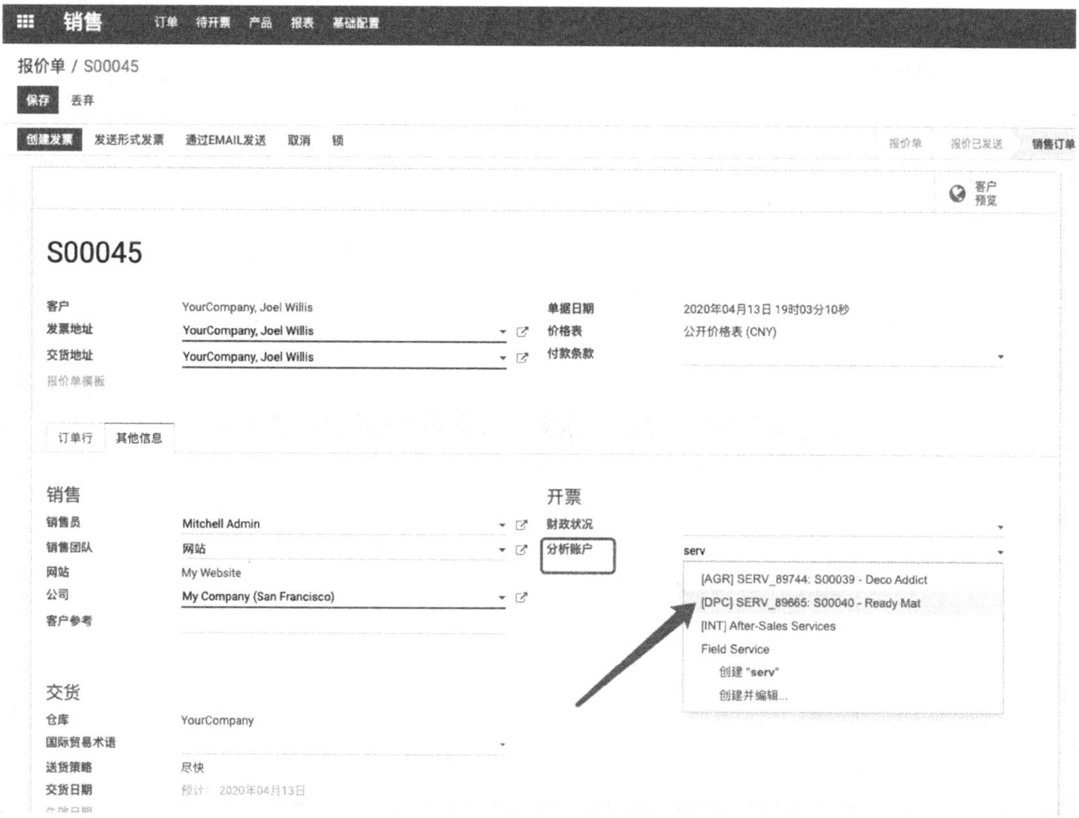

图 5-1-12

在采购模块或费用模块中，相应的凭据与分析账户关联，如图 5-1-13、图 5-1-14、图 5-1-15 所示。

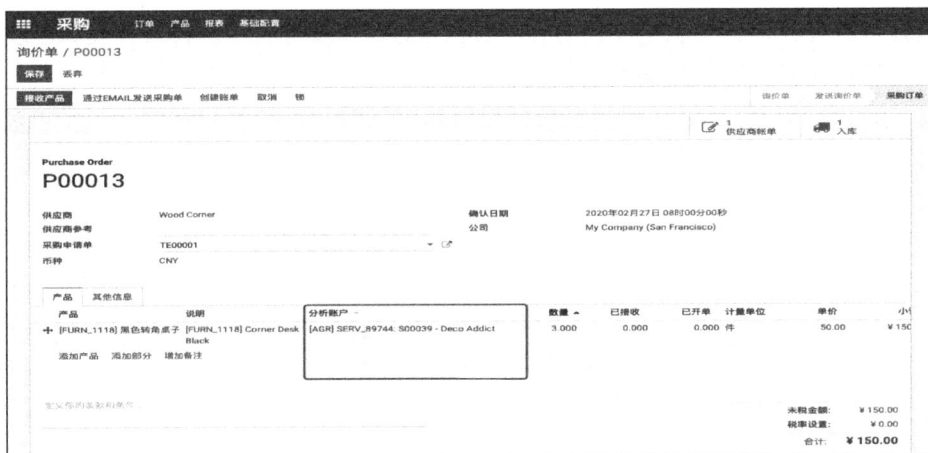

图 5-1-13

图 5-1-14

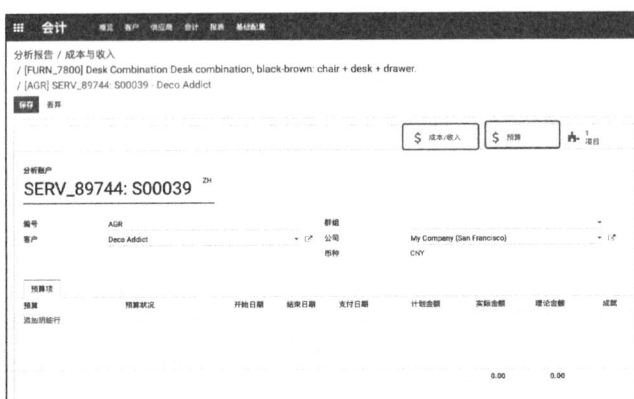

图 5-1-15

Odoo 的分析账户只关注支出与收入两个因素，比较其支出与收入的比率，可得知支出的价值是否得到实现；在会计分录中查看分析账户明细也是非常方便的，如图 5-1-16 所示。

图 5-1-16

Odoo 按设定的分析对象进行收入、支出的分析，分析对象一般是一份合同、一个研发项目、一个工程项目等，这是企业中的经营活动，Odoo 的管理可以说是"对事不对人"。但中国式的管理中，往往是"对人不对事"，将一些费用支出归集到个人、部门上，这种做法会伤害员工的创新积极性与工作的主动性。Odoo 的分析账户，也是实现稻盛和夫阿米巴经营的基础方法。由于近代的现代化管理理论多起源于西方，因此 Odoo 的财务管理更值得中国的企业家学习，以提升中国企业的管理水平。

5.1.6 Odoo 的财务预算

企业的经营计划是一项重要的管理内容，在财务方面与计划配合的工作是财务预算，通过设置相应的预算项及预算方案，财务可以根据账务信息，从财务角度管控经营活动。预算方案设置如图 5-1-17、图 5-1-18、图 5-1-19 所示。

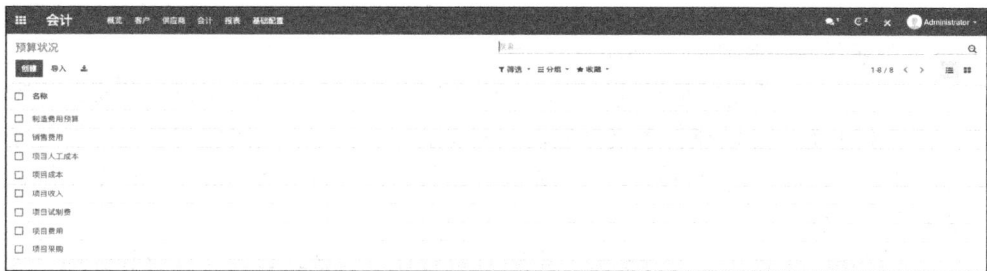

图 5-1-17

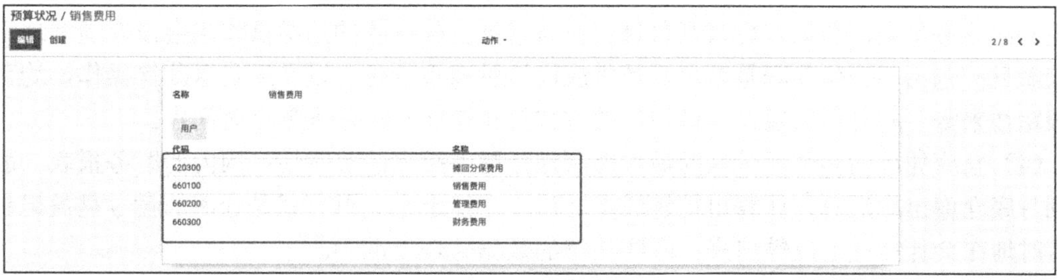

图 5-1-18

图 5-1-19

在进行账务处理时，确定相应的分析科目会自动形成相应的预算分析，如图 5-1-20 所示。

图 5-1-20

Odoo 的财务管理模块特点总结如下：

（1）95%以上的会计凭证是系统设置好会计科目之后（会计科目可以不分级，也可以随机分组；在试算平衡中可以获得多级分组的科目数据），根据业务岗位或者出纳岗位操作的原始单据，自动生成相应的会计凭证，经审核后过账。这一点大大节省了会计手工制作凭证的工作量和人为差错。

（2）在系统中，可以在"总分类账"中随时点查任一凭证，以及生成该凭证的"原始操作单据"，这样最大限度地保障了单据和凭证的准确性。

（3）系统的应收应付管理很好地解决了往来账和业务单据的实时一致性。采购或销售业务生成的业务单据，会记入往来账科目；在该票据上收付款的出纳操作也会没有遗漏地记入往来账目；包括一个伙伴既是客户又是供应商这种双重身份，以及退货退款等操作，均可实时跟踪往来账，并且可以通过"核销"的方式解决该客户清账到哪个时间点。

（4）仓库凭证的实时性带来的最大便利性是财务报表的实时性；国内的财务报表一般要等到月底仓库出库汇总，计算出销售成本之后，才能出来。再有就是仓库的盘亏盘盈记录，会实时地在会计凭证上反馈出来；账物相符的数据管理更准确。

（5）Odoo 的财务报表时间选择上更灵活，比如可以看非自然月的会计报表，也可以看某任意时段的报表。这样更适合企业的灵活分析，以及满足管理会计的一些功能。相对来说，国内的财务报表是按月、按季度的。

5.2 开源 ERP Odoo

5.2.1 Odoo 数字化管理平台概览

Odoo 的主界面简洁美观，每个应用都有专属图标。如图 5-2-1 所示，右上角显示用户的系统名称，多公司模式时显示当前所在公司名称。对话图标提示未读系统消息，时间图标提示待办事项。

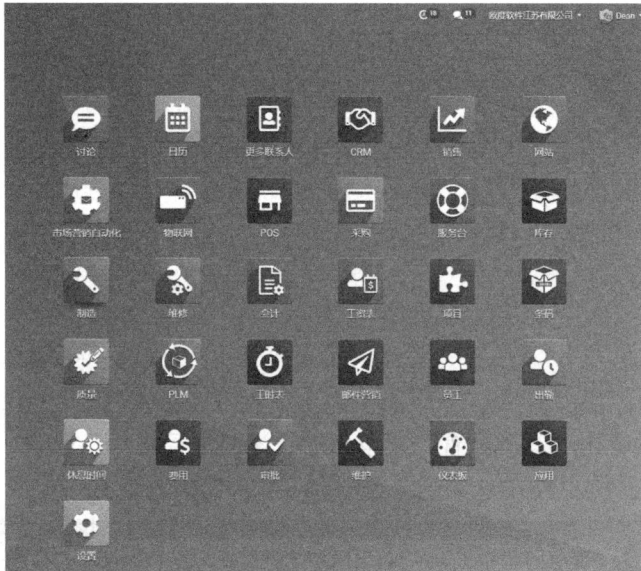

图 5-2-1

5.2.1.1 Odoo 财务基础概念

复式记账：Odoo 为系统交易自动创建对应的会计分录，包括：客户发票、账单、报销、库存移动等。复式记账规则：所有日记账分录平衡（借方总和=贷方总和）。

权责发生制、现金收付制：Odoo 支持权责发生制和现金收付制，即可以选择是在交易时确认收入/费用，还是付款或收款时确认收入/费用。

多公司：Odoo 支持同一数据库创建多家公司，用户通过简单的切换即可访问不同的公司。

多币种：Odoo 支持开启多币种功能，以每天/每周/每月的频率自动更新汇率。对于其他币种发生的交易，系统会根据汇率自动换算成公司记账本位币进行记录。

全球化：Odoo 提供灵活的财务报表自定义功能，允许不同的国家、不同要求的财务人员自己定义会计报表。

应收账款、应付账款：在 Odoo 中使用单一的科目来处理应收及应付业务，即不使用二级科目进行客户或者供应商的核算，虽然说您可以为客户、供应商设置独立的会计科目，但是没有必要这样做。由于交易关联了客户或供应商，您可以使用单一科目来实现对不同客户、供应商的分析。

5.2.1.2 系统初始化

1. 公司信息

在"设置"菜单中单击"用户&公司"下的"公司"选项，更新公司信息，如图 5-2-2 所示。

图 5-2-2

2. 银行账户

在"会计"界面单击"基础配置"菜单下的"添加银行账户"选项，弹出"添加银行账户"界面，如图 5-2-3 所示。

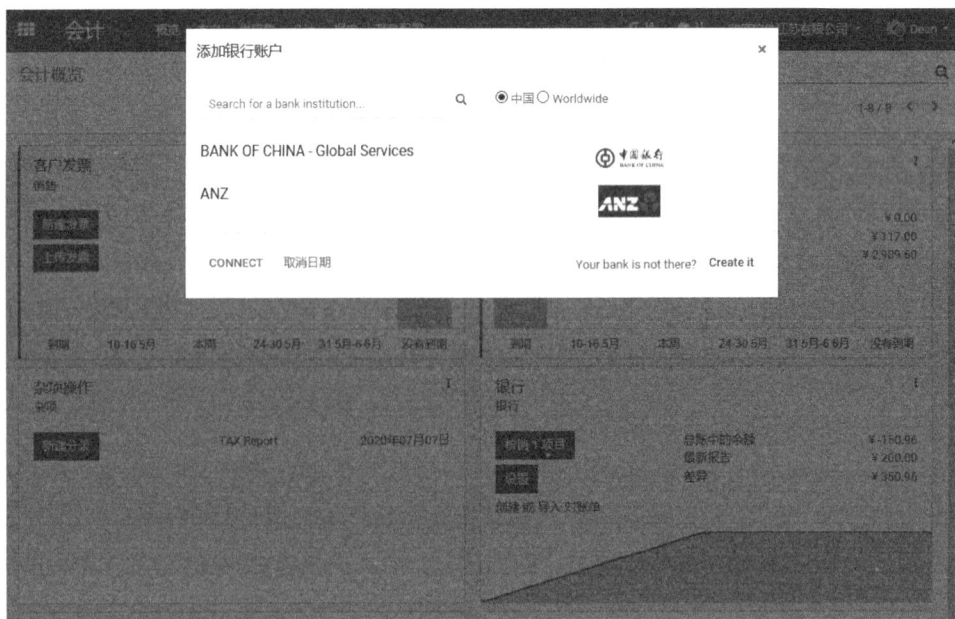

图 5-2-3

3. 会计期间

在"会计"界面单击"基础配置"菜单下的"设置"项，选择会计期间，如图 5-2-4 所示。

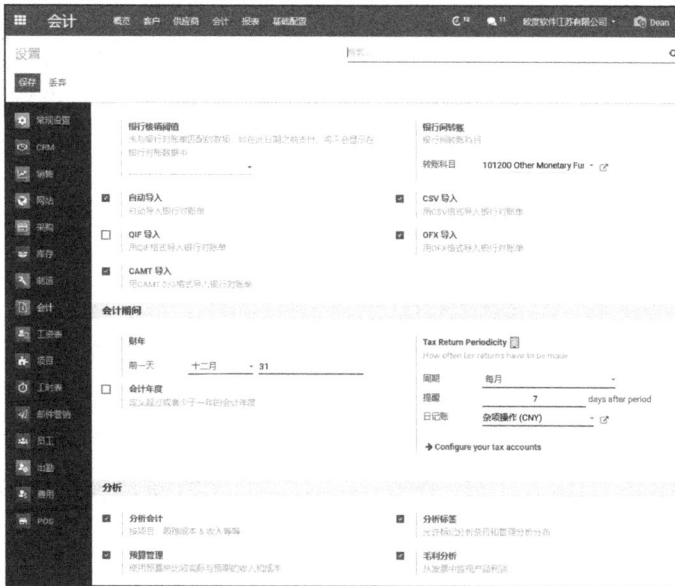

图 5-2-4

4. 会计科目

安装企业会计准则后，在"会计"界面单击"基础配置"菜单下的"会计科目"选项，如图 5-2-5 所示。

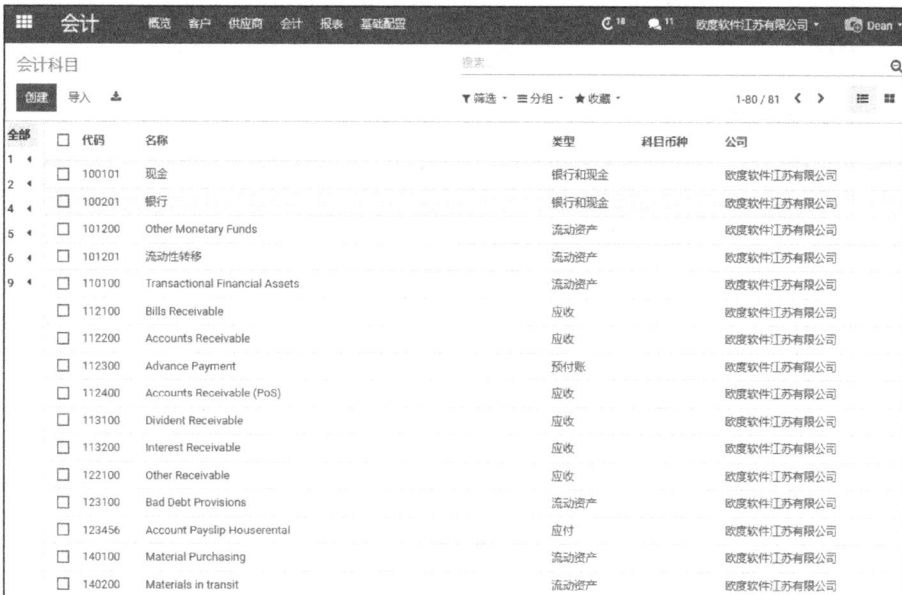

图 5-2-5

单击"创建"按钮增加所需明细科目，根据科目代码区分上下级。

5. 付款方式

Odoo 支持多种付款方式，如图 5-2-6 所示。

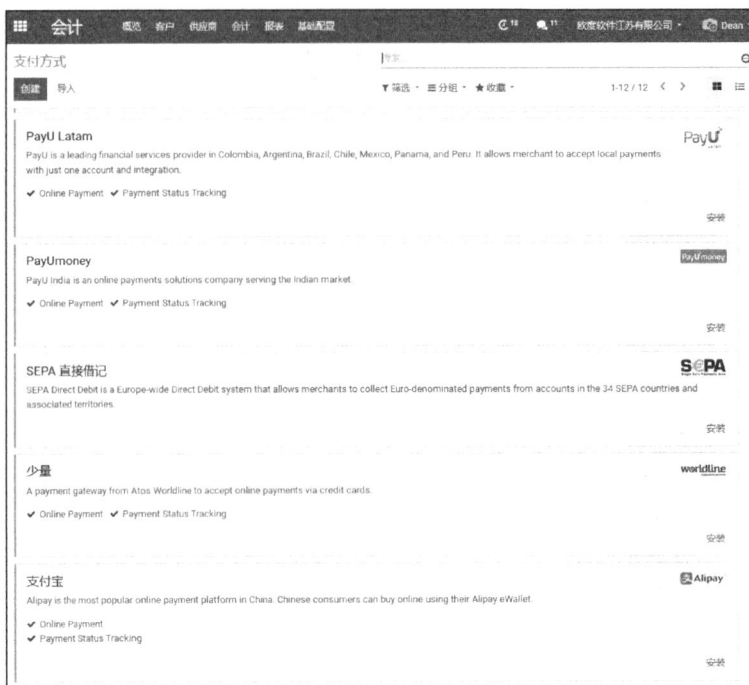

图 5-2-6

单击"安装"按钮，安装后激活支付方式，完善授权信息，如图 5-2-7 所示。

图 5-2-7

6. 期初余额

在"会计"界面单击"会计"菜单下"日记账分录"选项，打开"期初日记账分录"，单击"创建"按钮，录入期初科目余额，如图 5-2-8 所示。

图 5-2-8

5.2.2　销售及应收款管理

5.2.2.1　销售订单

通过"销售"界面，只需简单拖放构建模块，即可轻松添加产品说明、图像以及其他信息，快速创建专业报价单，如图 5-2-9 所示。

图 5-2-9

单击"通过 EMALL 发送"按钮，直接从系统将报价单发送到客户邮箱。客户接受回复后，单击"确认"按钮，报价单转换成销售订单。

5.2.2.2 客户发票

1. 开票策略

"按订购数量开票"指订单确认以后即可按照订单订货数量来开具发票；"按已交货数量"指订单的货物需要等仓库交付以后才能开具发票。

2. 开票流程

单击"创建发票"按钮，弹出创建发票窗口，如图 5-2-10 所示。

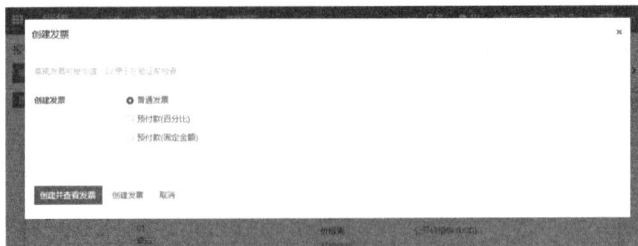

图 5-2-10

普通发票：根据订单数量/发货数量开出发票。
预付款（百分比）：按订单总金额的百分比开具预付款发标。
预付款（固定金额）：开一张固定金额的预付款发票。
销售创建的是草稿状态的发票，如图 5-2-11 所示。

图 5-2-11

发票信息会同步到"会计"界面"客户"菜单下的"发票"项。财务实际开票后,单击"发布"按钮后,发票将转化为"已过账"状态,如图5-2-12所示。

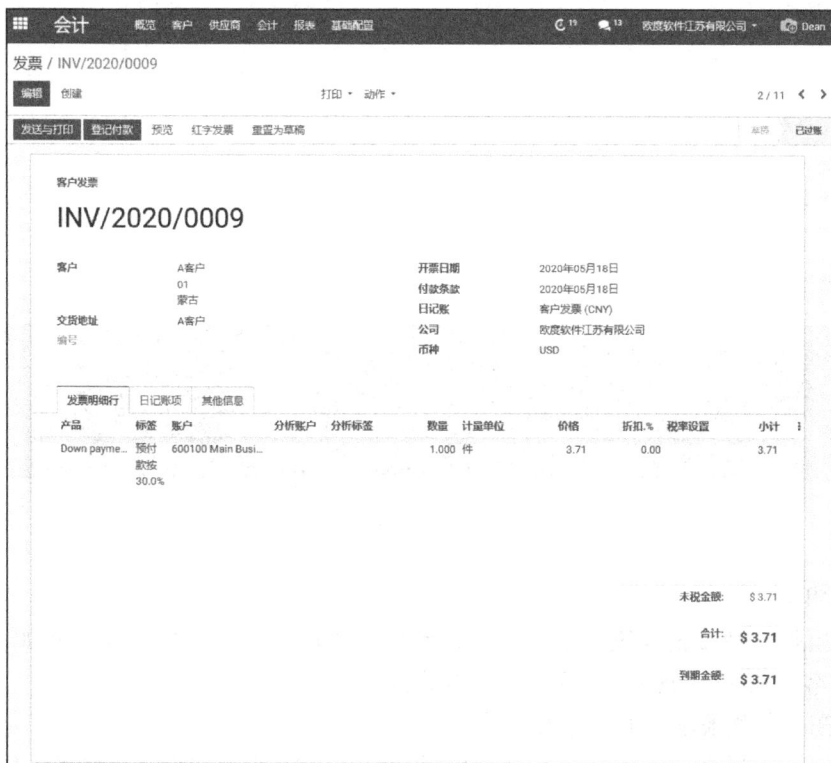

图 5-2-12

3. 付款条款

在"会计"界面单击"基础配置"菜单下的"付款条款"选项,如图5-2-13所示。

图 5-2-13

付款条款适用于客户发票和供应商账单。单击"创建"按钮,添加明细行,创建一条40天内付款的条款,如图5-2-14所示。

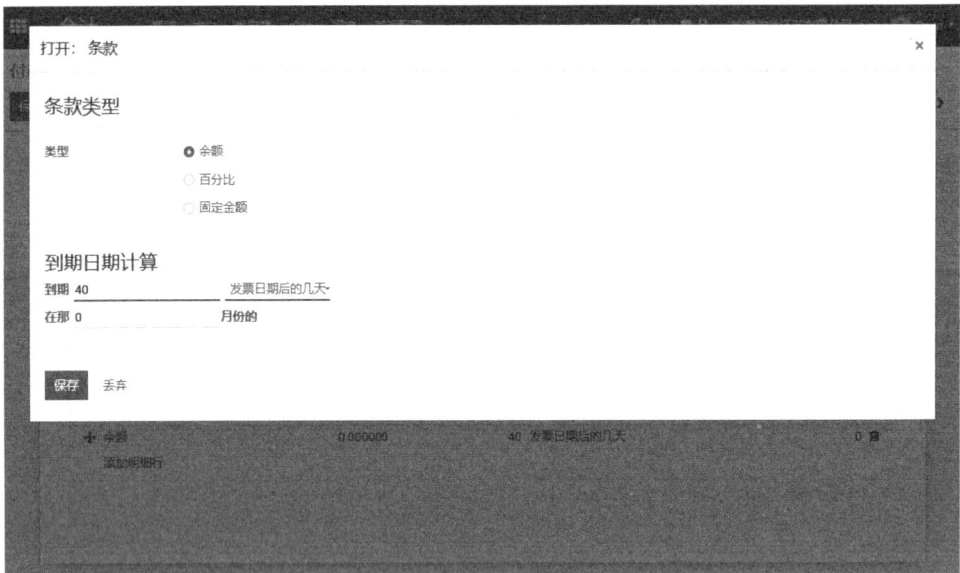

图 5-2-14

4. 现金折扣

现金折扣是一种激励政策，如果客户在到期日之前付款可享受折扣。例如：到期日是60 天，如果客户在 30 天内支付，可享受 2%的折扣。

同样是在"付款条款"中进行设置。

现金折扣需要配置两个部分：①30 天内付 98%；②60 天内付清。如图 5-2-15 所示。

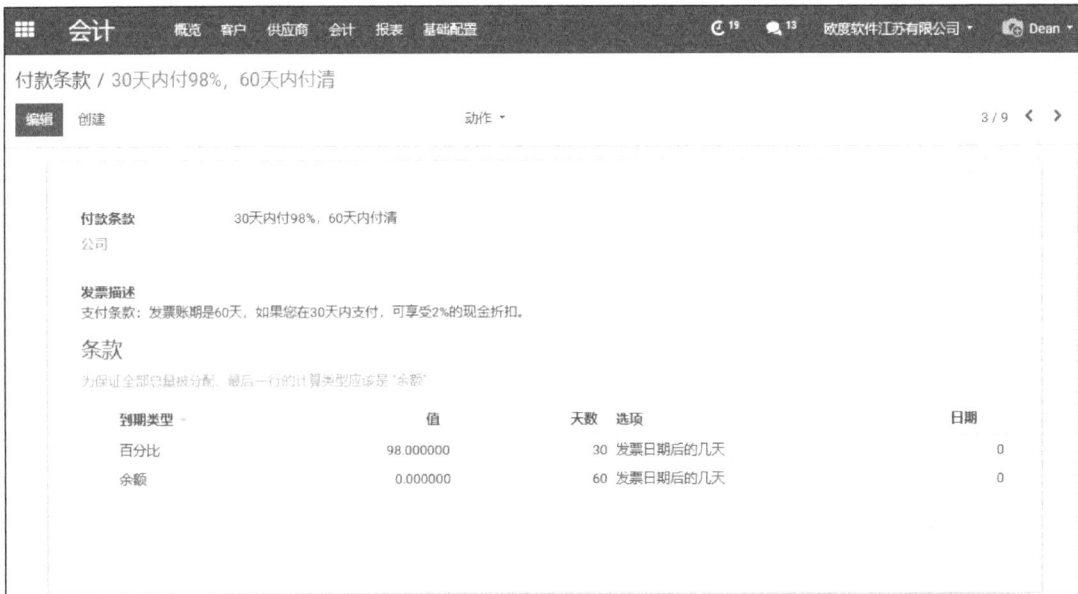

图 5-2-15

5. 登记收款

收到客户款项后，财务找到对应发票单击"登记付款"按钮，弹出"登记付款"窗口，如图 5-2-16 所示。

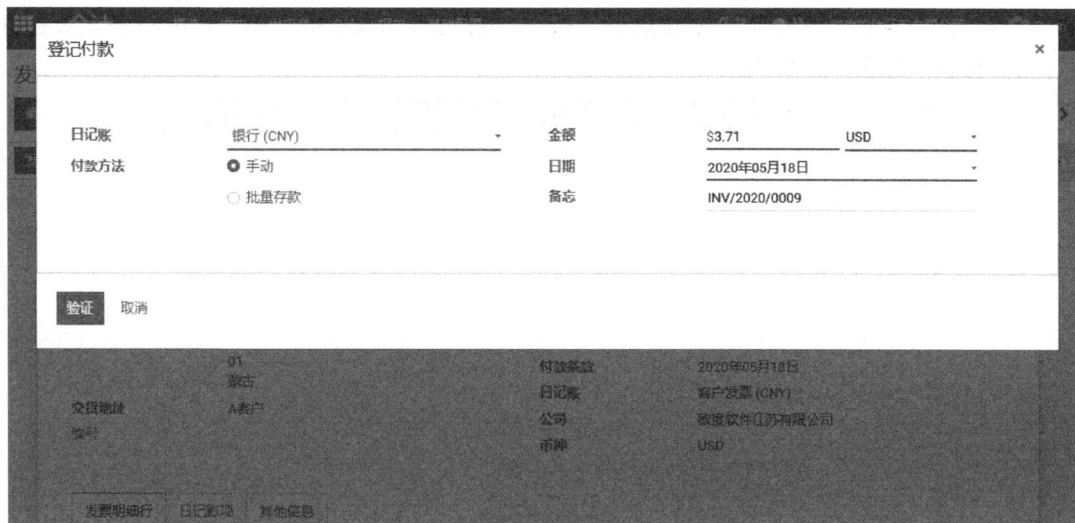

图 5-2-16

6. 催收管理

在"会计"界面单击"基础配置"菜单下的"付款催款"选项，设置向客户催收账款规则，如图 5-2-17 所示。

图 5-2-17

5.2.3　Odoo 采购及应付款管理

5.2.3.1　采购订单

采购员在"采购"界面单击"订单"菜单下的"询价单"选项，单击"创建"按钮，选择供应商，添加需采购的产品，如图 5-2-18 所示。

单击"通过 EMALL 发送"按钮，直接从系统发送询价单到供应商邮箱。供应商回复的邮件会在消息栏显示。若价格发生变动，采购员可单击"编辑"按钮，修改价格后再确认订单。

1. 供应商账单

采购员在采购订单上单击"创建账单"按钮，将生成一张草稿账单，提醒财务人员在到期日之前付款，如图 5-2-19 所示。

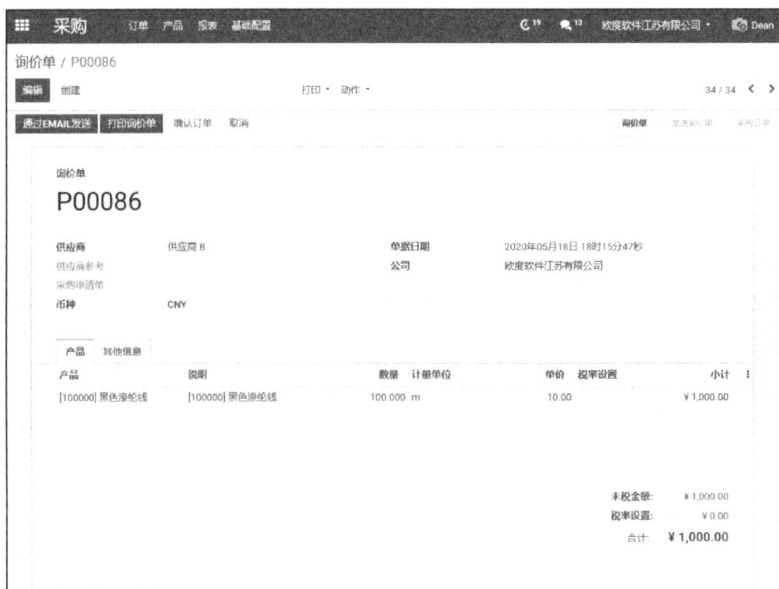

图 5-2-18

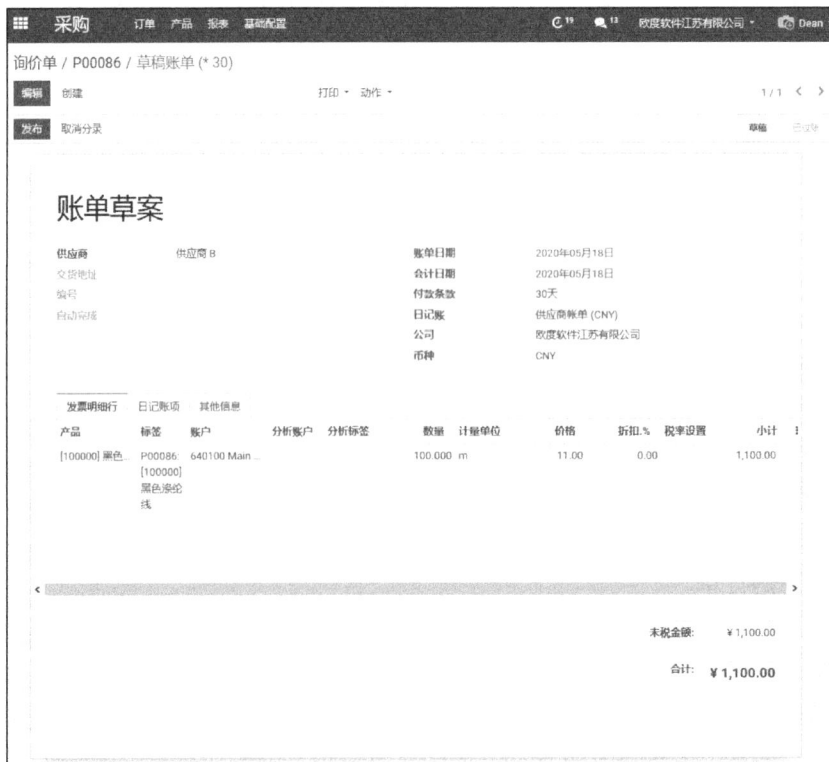

图 5-2-19

2. 向供应商付款

财务人员收到供应商开出的账单后，在"会计"界面单击"供应商"菜单下的"账单"选项，找到对应的账单，单击"发布"按钮，如图 5-2-20 所示。

图 5-2-20

实际付款后，单击"登记付款"按钮，弹出"登记付款"窗口，记录付款，如图 5-2-21 所示。

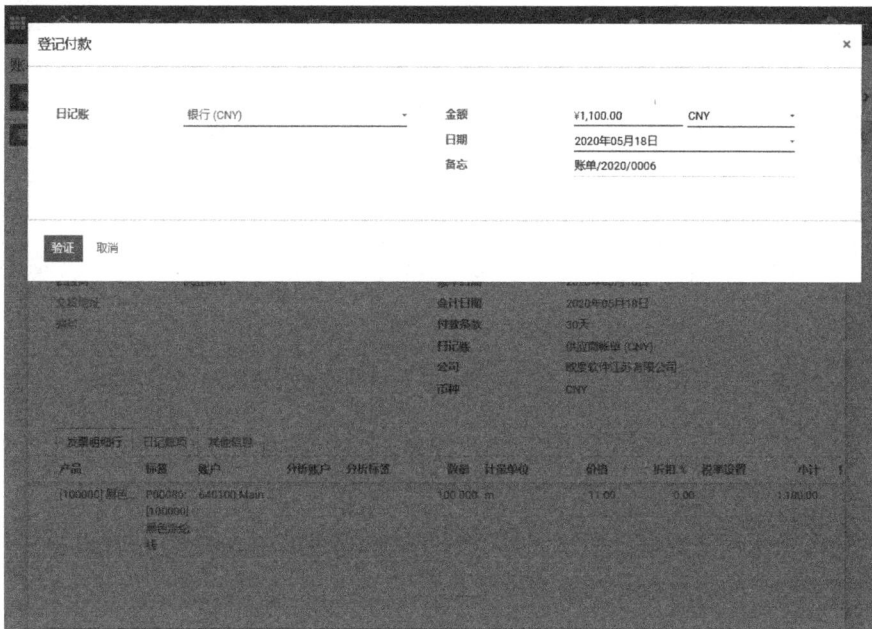

图 5-2-21

5.2.4 现金和银行

1. 银行账户

你可以通过 Odoo 来管理尽可能多的银行账户，设置好银行账户能够帮助你确保银行账户信息最新，以便于和其他会计分录进行核销。

在 Odoo 财务管理模块中，每个银行账户都有一个对应的日记账来进行登记该银行相关的会计分录。

2. 现金管理

Odoo 通过现金日记账来记录现金的收付款记录，并计算余额。用户可以在"财务"→"配置"→"日记账"中进行设置。现金的流水可以在"会计"→"概览"→"现金"→"登记交易"里面进行操作。

5.2.5 Odoo 费用管理

在"费用"界面单击"基础配置"菜单下的"费用产品"选项，在列表上方单击"创建"按钮，设置销售人员交通费的内容，结果如图 5-2-22 所示。

图 5-2-22

费用科目：系统自动生成报销凭证时，借方科目取自该产品的费用科目。不同的部门可以设置不同的费用产品，对应不同的费用科目。

1. 登记费用

员工在"费用"界面单击"我的费用"菜单下的"我的费用"选项，单击"新建"按钮，创建报销费用明细，如图 5-2-23 所示。

图 5-2-23

2. 费用报销

同一报销事项可以勾选多个费用明细，合并创建报表，如图 5-2-24 所示。

图 5-2-24

文档：上传电子发票、报销凭证；

说明：报销内容；

日期：报销费用所属期间；

员工：报销人。

单击"提交给经理"按钮,如图 5-2-25 所示,发送报表给经理审批。

图 5-2-25

3. 费用审批

经理在"费用"界面单击"待批准的费用报告"菜单下的待审批项,单击报表行,查看报销详情,如图 5-2-26 所示。

图 5-2-26

在费用报销单提交以后，对应负责人可以做如下操作：

审批通过：单击"批准"按钮。

需要修改：单击"重置为草稿"按钮。

不通过：单击"拒绝"按钮。

4. 费用入账

经理审批通过后，单击"会计"界面的"概览"按钮，弹出"会计概览"界面会出现待处理费用，如图 5-2-27 所示。

图 5-2-27

财务人员单击"发布日记账分录"按钮后，系统会自动生成会计凭证，如图 5-2-28 所示。

图 5-2-28

5. 费用支付

实际付款后，财务人员在"所有费用报表"界面单击"登记付款"按钮进行付款记录操作，如图 5-2-29 所示。

图 5-2-29

5.2.6 其他操作及报表处理

5.2.6.1 总账期末处理

1. 实现记账与取消记账

所谓记账，就是登记会计分录的过程，也称为过账。在 Odoo 中，只要完成对应的业务单据（发票、账单、出入库记录、收付款等），系统会自动完成记账操作，无须做额外的记账操作。对于没有对应业务单据的操作，需要直接登记总账的，可以进行手工记账，在会计 | 会计 | 杂项 | 日记账分录里进行登记会计分录。

对于需要取消记账的，找到对应会计分录，单击"重置为草稿"按钮即可。

2. 期末损益结转

为了正确生成利润表，传统的账结法将损益类科目余额转入本年利润科目。但是由于 Odoo 的损益结转采用了表结法，所以财务人员不需要在账面上进行损益结转，只需要在年底进行一笔手工结账操作即可。

3. 月末结账

在完成当月所有的财务操作以后，经财务顾问进行总账账务数据检查无误后，就可以进行当月的结账操作，如图 5-2-30 所示。

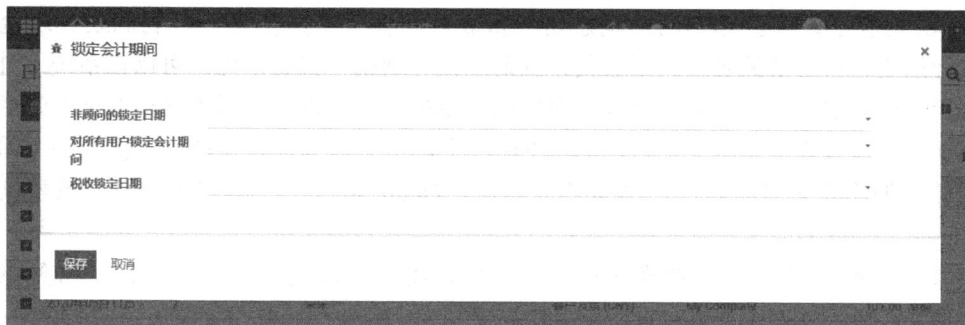

图 5-2-30

5.2.6.2　存货核算

存货核算主要解决财务人员通过什么样的方式处理公司存货资产的问题。对于贸易和制造企业来讲，存货的核算方法会对公司业务产生巨大的影响，因为这类企业的存货往往是公司最大的资产。

Odoo 支持三种库存计价方式：标准成本、先进先出、移动加权平均。

记账方式上，Odoo 提供了两种选择：

（1）手工记账。月末的时候，财务人员根据出入库记录在总账上进行登记。这种方式的优点是对系统性能要求小，缺点是需要人工干预处理，不能实时反映公司存货资产的变化情况。

（2）自动记账。库存管理系统在执行出入库操作的时候自动生成对应的财务记账凭证。这种方式的优点是实时反映企业存货状况，无须人工登记记账凭证；缺点是对于业务量大的企业需要大量的计算资源来支撑。

具体配置在菜单会计→配置→会计→产品类别，如图 5-2-31 所示。

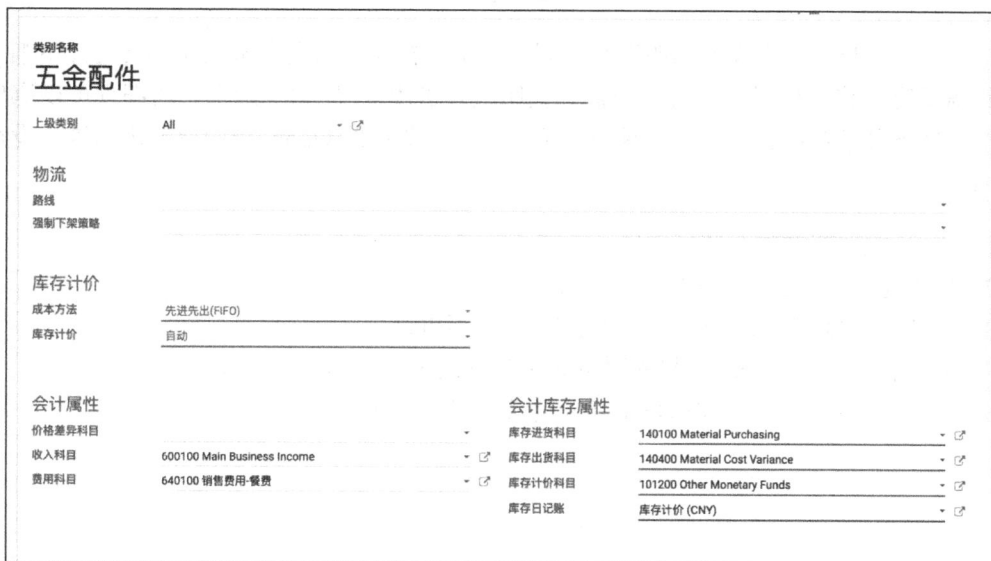

图 5-2-31

5.2.6.3　财务报表的介绍及配置

Odoo 内置了许多全球通用的动态财务报表，主要有资产负债表、利润表、现金流量表、执行摘要、科目余额表、到期应收、到期应付、纳税申报表，用户可以在系统上进行多维度分析处理，如通过报表动态钻取到原始业务单据，还可以打印或者导出 Excel 文件。

在标准财务报表的基础之上，Odoo 还提供了自定义财务报表功能，以便于各个国家不同财税政策的用户定义特殊的财务报表。为此，Odoo 提供了一套强大的财务报表核心框架。

在系统设置 | 激活开发者模式后，第一步，用户可以到 会计 | 配置 | 财务报表菜单，创建新的报表，如图 5-2-32 所示。

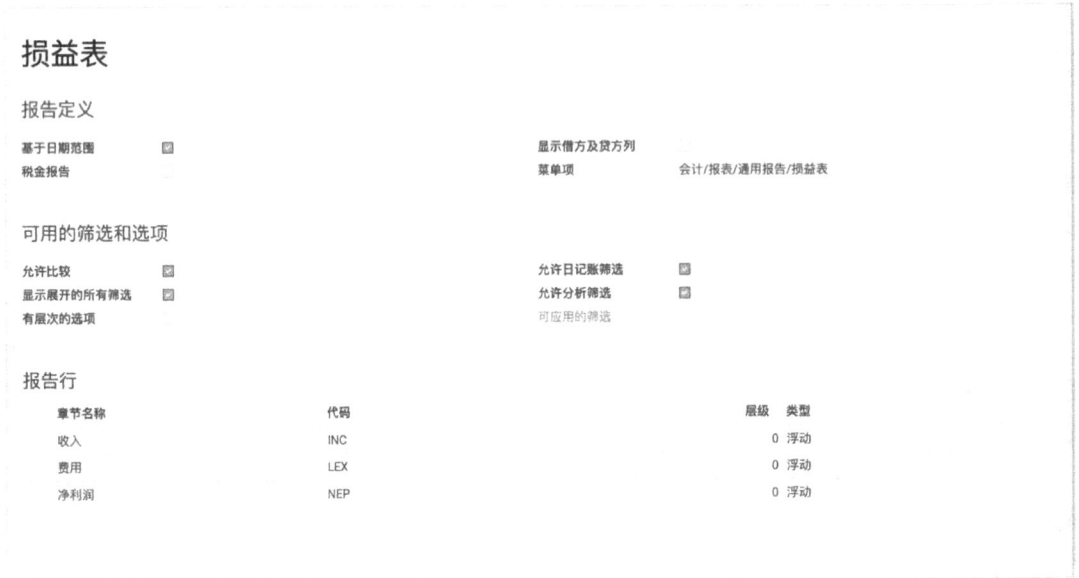

图 5-2-32

第二步：向自定义报表添加明细行。创建自定义报表后需要向报表添加自定义明细行，明细行需要有名称、代码（主要用于被其他明细行引用）、序列及级别。明细行可以取自某一过滤条件下分录明细的和，在这种情况下，用户需要按照 Odoo 域的设置规则进行设置。

习题：

1．Odoo 主要有哪些业务模块？
2．归纳总结 Odoo 的业务与财务结合的点。
3．发票上的付款条款对应收账款会产生什么影响？
4．费用管理中部门经理审核和财务人员审核的重点分别在什么地方？
5．模拟一家贸易公司，在 Odoo 中进行完整的业务流程测试。

第 6 章

信息化——财务共享

本章学习目标：

财务共享是近年财务管理的热门手段，大量企业通过财务共享中心的建设，助推基础财务核算工作的标准化和流程化，大大地提高了企业的财务核算质量和水平，并实现了企业财务管理的转型。本章将详细介绍财务共享中心的缘起及发展历程，并重点介绍共享的组织、流程、系统等。

6.1　财务共享是财务信息化的重要推手

6.1.1　财务共享的简介及发展历程

1. 什么是财务共享

财务共享是指将企业分散于各业务单位，重复性高、易于标准化的财务业务集中到财务共享中心统一进行核算处理。财务共享服务依托信息技术，以财务处理流程为基础，实现财务核算自动化，达到标准化财务处理流程、提升流程效率、优化组织结构、降低运营成本、加强集团管控的目的。

2. 财务共享的发展历程

财务共享服务起源于 20 世纪 80 年代。在中国，宝洁公司最早于 20 世纪 90 年代中期成立了共享中心，服务其中国区业务；之后的十几年，中国的财务共享服务仍是由跨国公司创设的，更多用来劳动力套利，为其服务本国、亚太甚至全球业务。

对于中国本土企业来说，财务共享服务的应用从 2005 年开始，首先是海尔、华为、中兴为了推进全球化进程，相对之前的会计集中核算、财务机构集中等常见举措，真正落实并深化应用了财务共享模式，并在不断致力于财务共享中心的进一步发展。

财务共享模式爆发式地应用于中国大型企业是在 2013 年以后，在短短五六年间，"共享""集约化"迅速成为最热门的管理话题，国内各大企业竞相开展财务共享建设或共享模式研究。随着财务共享在中国企业的快速发展，我们发现中国的财务共享呈现出不同的发展趋势：在中国，财务共享的建设起点更高、步伐更快、创新更为大胆与多样。

3. 国内企业财务共享服务中心建设的动态

中国本土企业以海尔、华为、中兴为代表，从 2005 年起开始探索有中国特色的财务共享中心的建设，到 2015 年，超过 70%的中国大型企业已全部或部分应用了财务共享服务。国内企业建立财务共享中心的初衷是支持业务快速扩张，提高风险管控能力，而非单纯地追求成本降低。形成了以企业、专业公司、软件厂商的共享生态圈，优秀实践、领先实践快速推广，领域内经验迅速积累、固化并形成螺旋式提升，助力先行企业快速升级迭代，后发企业敏捷建设。

根据 ACCA 与中兴新云、上海财经大学联合发布的《2018 年中国共享服务领域调研报告》显示：（1）建立共享中心企业处于前三位的行业为制造业（23.9%）、服务业（17.4%）、批发和零售业（10.8%）；（2）70.8%的受调研企业采用单一中心模式，29.2%的企业建立了多个共享服务中心；（3）75.1%的共享中心持续运营时间超过 1 年，42.6%的超过 3 年；（4）53.2%的企业选择将共享中心建立在北上广深，更多地考虑靠近公司总部或公司办公场地，越来越多的共享服务中心的选址逐渐开始青睐如武汉、西安、苏州、成都等城市或地区，侧重于考虑可接受的人力成本和接近服务对象的时区、语言、文化；（5）58%的共享中心服务于本企业\集团在中国大陆地区的业务，20.8%的为企业全球范围业务提供服务。

4. 财务共享服务中心的最新发展趋势

越来越多的财务共享中心建设不再仅仅满足于实现基础的财务标准化、流程效率提升工作，更多的开始向助力企业决策的信息化服务单元转型，不断发展的财务共享中心正积极利用大数据、人工智能如 RPA 技术、可视化分析等新兴技术，将财务共享中心打造成为企业的数据中心和信息中枢，建立起企业的数字神经网络，利用数据进行管理、决策与创新。

6.1.2 财务共享中心的建设推动企业财务实现转型

1. 传统交易性财务已不适应企业需求

传统财务会计的典型限制是封闭、分散和手工。财务活动主要为以财务记账方式反映经营活动的成果以及日常的预算、资金收付、纳税申报等事务性财务工作。传统财务工作比较分散，各单位人员只以本单位业务为主，即便某些单位的业务性质相近，彼此之间的财务核算处理可能也会有差别，从集团层面看则是同一业务存在不同核算处理方式（大部分为核算科目不统一或核算规则处理不统一）。传统会计处理侧重于手工处理，尤其在月末出具财务报表时问题尤为突出，效率低，准确性不能得到保障，耗费人力物力。

2. 企业当前常见的财务职能划分

企业传统财务模式为财务总监是财务职能这条线上最大的主导人，财务经理作为部门负责人负责日常监督和部门决策事项。财务部门内部按照资金收付、预算管理、税务管理、不同核算类型划分为不同财务职能人员（例如，出纳、预算人员、税务人员、应付会计、应收会计、总账会计等）。具备一定程度的财务职能划分基础，但大部分财务人员还是在做基础的核算工作，财务分析、管理会计等工作职能相对弱化，不能在最大程度上从财务角度给予业务人员支持，助力企业经营决策。

3. 财务组织变革的未来趋势

虽然无论是早期成立的财务共享中心持续运营优化，还是新近成立的财务共享中心借鉴前人经验及新技术快速获益，财务共享服务的建设在提升流程标准化、强化风险管控、促进企业条线协同与融合、促进企业变革转型等多方面均起到了非常重要甚至是决定性作用，但科技企业所推崇的敏捷性将取代诞生于制造业的精益化成为领先的管理理念，以数字化新技术为基础，以全流程视角整合优化为核心，扮演变革引擎角色，推动企业成长为敏捷性组织的 GBS 模式可能成为未来财务共享中心进一步转型的主流方向。

6.1.3 财务共享中心处理的常见业务

财务共享中心业务边界问题一直是财务共享中心与各级财务组织之间的焦点和管理层关心的热门话题，从共享建设初期的业务范围界定、到推行期的上下资源协调，乃至共享稳定运营后的职能拓展都是利益相关方的关注重点。

在基础交易处理层面，需要明确哪些业务可以接、需要多少资源来接，这将涉及财务共享服务中心的基础职能设定以及配套的人、财、物资源的调配，也直接作用于财务共享服务中心进行推广时，与各级相关职能组织的协作。

通过职能分析工具和资源测算模型（如图 6-1-1 所示），可以协助企业充分识别业务范围，界定业务迁移过程中的资源调配需求，指导业务迁移与人员迁移，为平稳过渡提供支持。可纳入财务共享范围的业务首先考虑可远程性、常规性。可远程进行处理的常规操作优先被纳入财务共享中心业务范围；可标准化程度高的，集中处理可显示规模效益的业务优先考虑纳入财务共享中心业务处理范围中；纳入财务共享中心的业务要考虑其管理需求及处理难易程度，最大限度上选择最优实施路径。

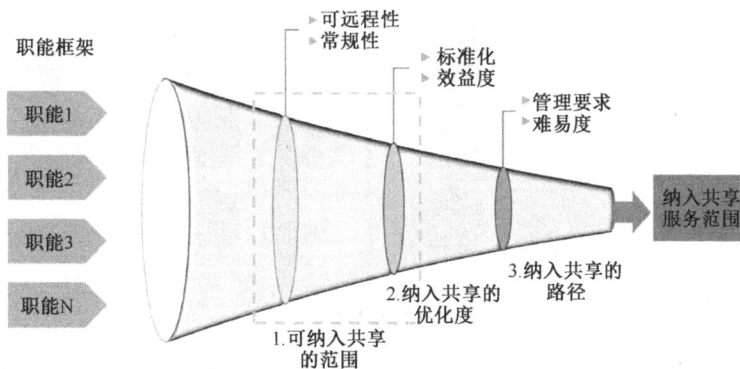

图 6-1-1

根据《2018 年中国共享服务领域调研报告》结果显示：费用报销、采购到付款、资金结算、总账到报表及固定资产核算，这几类业务交易频繁且易标准化，是财务共享服务中心发展过程中形成的典型业务，最易实施。财务共享服务中心通常也承担一些税务职能，如集中进行发票开具和纳税申报，如图 6-1-2 所示。

6.1.4 财务共享中心一般的组织设置

1. 常见的财务共享中心的管控模式

国内大部分企业建立财务共享中心的初衷除了达到降本增效的目的，还希望加强集团管控，进行风险控制。也就是说，不同的管控模式决定了财务共享中心将向什么样的方向发展，未来将达到什么样的管控效果，图 6-1-3 代表了财务共享中心建设时的几个典型管控模式。

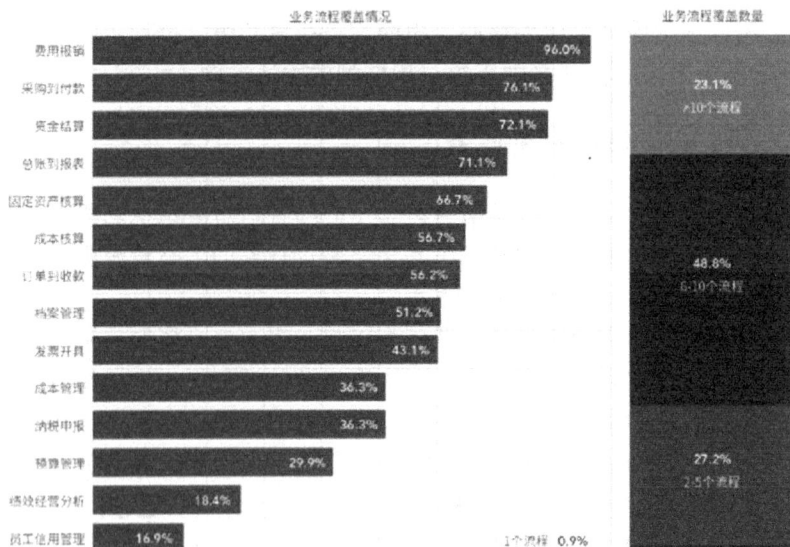

图 6-1-2

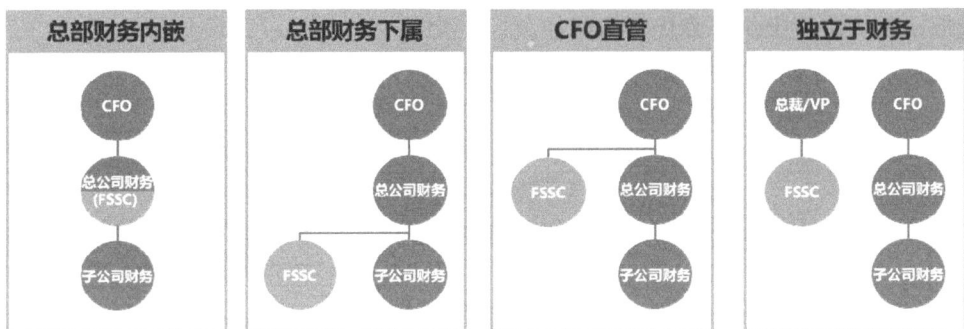

图 6-1-3

（1）总部财务内嵌式：作为总部财务内部的一个部门或处室，通常混合了总部管理职能与集中操作职能，常见于中小型企业及财务共享中心建设初期。总部财务对其管控能力较强。

（2）总部财务下属：作为总部财务下属的一个独立机构，通常定位为交易处理中心，常见于财务共享中心建设初期。受总部财务管控能力强。

（3）CFO 直管：作为总部财务并列的一个独立机构，通常包含一定的总部职能与高附加值流程，常见于财务共享中心建设初期。受 CFO 直线领导，与总部财务平级，两者相对独立。

（4）独立于财务：作为企业级共享平台的一部分，通常具有明确服务水平协议与内部结算流程，常见于大型企业的大共享平台。受总裁直线领导，与总部财务平级，两者独立性更强。

在 FSSC 设立的起步阶段，建议归属财务部，有利于统筹管理；在成熟阶段，可与财务部平级，作为单独的机构，提供全方位的财务服务，甚至可对外部单位提供服务。

2. 常见财务共享中心的组织设计及人员岗位

（1）以财务共享中心专业团队的构建为起点，推动财务管理"三支柱"的专业化，优化财务管理资源配置，打造价值创造型财务组织（如图6-1-4所示）。

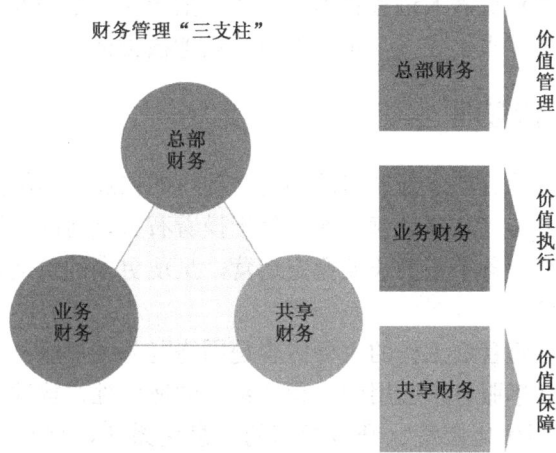

图 6-1-4

总部财务：优化资源配置，深挖价值潜力。主要职能为集团整体财务战略规划的制定及管理；集团财务组织架构的确立及持续优化；集团财务管控体系的建立及监督管理；税务、资金等专家支持。

业务财务：担当业务同盟，保证价值实现。主要职能为监督及支持业务部门实现区域级战略指标的达成；深入运营，成为业务合作伙伴；项目全价值链财务管理。

共享财务：释放财务资源，提升价值保障。主要职能为集团业务提供高效准确的核算处理及出具标准财务报表；加强运用绩效看板机制，促进财务人员提升基础财务工作水平；为业务分析提供准确财务数据并进行日常基础性财务分析及辅助精细化分析。

（2）以共享业务范围为基础，按照专业化分工原则设置岗位、明确职责范围，如图6-1-5所示。

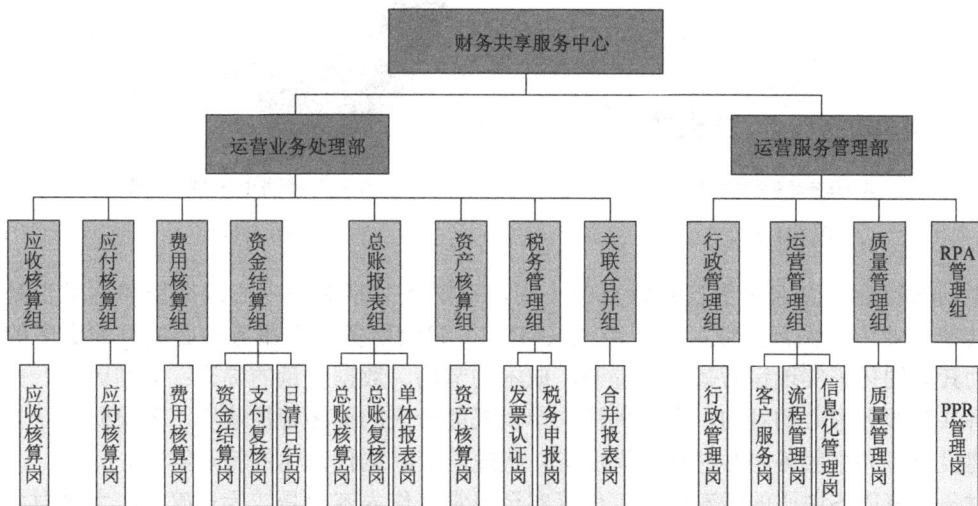

图 6-1-5

运营业务处理部主要是为纳入财务共享服务中心核算的单位提供单据审核、财务入账、出具报表等具体的财务性质工作。运营服务管理部主要是承担财务共享服务中心日常运营管理的部门，负责财务共享服务中心质量复核、客服接待、系统维护、流程优化，以及在应用RPA 新技术情形下对 RPA 机器人进行管理等工作。基于组织架构及岗位设计，应用职责匹配工具，明确各岗位职责并固化成文，定义人员绩效考核指标。

6.1.5　财务共享的运营管理

在数字化时代，信息的流动、新技术的涌现、环境的快速变化给过往的财务共享服务中心的运营经验带来很大冲击，共享运营工作多处于摸着石头过河的阶段。如何通过有效的运营、优化，保障财务共享服务中心的长期稳定运营，呈现更多的价值是财务共享服务中心负责人当下更为关注的问题。

财务共享服务中心运营管理工作的主要内容是围绕财务共享服务中心与被服务组织的服务水平协议要求，审视共享服务所应用的流程、系统的适用性，构建相对稳定的共享服务组织人员及能力结构，不断优化流程、升级配套的信息化系统，打造持续运营、不断优化的"组织中台"，实现为服务组织提供长效、高质量服务的管理目标（如图 6-1-6 所示）。

财务共享服务中心的建设服务于组织的发展战略，支持组织业务的长效发展。财务共享服务中心的定位与价值是开展运营管理工作的核心，围绕财务共享服务中心的定位和价值，从组织、制度、流程、系统四个方面逐级分解，逐步开展工作，方能保障财务共享服务中心的稳健运营，进而构建持续优化的良性循环（如图 6-1-7 所示）。

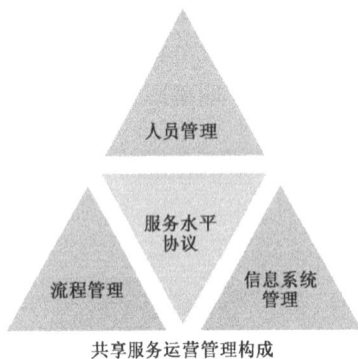

共享服务运营管理构成

图 6-1-6

财务共享服务中心运营优化模型

图 6-1-7

不同的行业、企业由于自身特点的不同，对财务共享服务中心的期望和诉求也是不同的。传统行业中的民营企业、跨国企业（MNC）建设财务共享服务中心的目的更多的是期望借助其集约化来实现运营效率的提升、成本的节约、数据质量的提升；大型国企、央企建设财务共享服务中心的目的，则更关注共享模式能带来的集团管控落实、风险防范；互联网行业建设财务共享服务中心时更强调服务，快速响应、迭代优化的特点鲜明。

财务共享服务中心的运营管理工作落实至日常工作内容中是较为琐碎的，大到财务共享服务中心的业务拓展，小到业务投诉的跟踪处理，都是财务共享服务中心负责人可能面临的难题。到技战术层面，我们更多地探讨实践和操作层面的问题，我们从业务管理、运营监控、人员/团队管理、系统运维四个方面总结了常见的痛点问题进行探讨。

6.1.5.1 业务管理

共享模式由于其操作流程的标准化和业务的集中化处理，赋予了财务共享服务中心天然的管控能力，同时也一定程度上造成了财务共享服务中心与业务前端的冲突。

排除个人因素影响，财务共享服务中心收到的"手伸太长"投诉的根本原因通常都在于缺乏标准和规范，或标准不清晰存在理解差异，建议可以从两个维度着手进行改善：

（1）定期审视和更新相关制度规范：基于财务共享服务中心的整体定位，通过分析投诉、内部收集等多种方式，审视制度规范是否全面、定期进行更新和发布；具体策略上，若财务共享服务中心更强调服务，则可以考虑相对简化的标准，针对关键风险设置红线，为前端业务人员提供更多的便利；若更强调业务运营的规范化管理、强管控，则需要设置更为详细的标准规范，并加以明确的说明，便于相关方理解。

（2）打通沟通渠道，加强宣贯：制度规范的宣贯是其有效落实的重要环节，共享服务中心需要建立制度规范的发布、宣贯机制，利用包括知识管理平台、案例解读、主动推送等多种手段确保制度规范的宣贯效果。

管控与服务的平衡是前端业务与财务共享服务中心共同努力、长期磨合的结果。华为曾提出"财务也要走向高铁化，让别人感受不到财务在管理，但其实已经安全地让业务快速通行"，其实现是建立在"有法可依、有法必依"的坚实基础上的。

6.1.5.2 运营监控

建立一套全面的、财务共享服务中心层面的运营绩效评价体系，定量、定性评价结合，设计合理的评价指标、定义评价频率，一方面可以快捷地识别财务共享服务中心建设运营的短板，提供改进方向，另一方面也可以通过定期的绩效指标监控，分析趋势，预判可能存在问题的领域，做出有针对性的改进。

利用共享服务平台落实绩效指标的统计（如图 6-1-8 所示），可以助力运营管理人员开展相关工作，对于数据来源、计算逻辑、控制校验等是需要结合共享服务平台中的业务流程、服务水平协议内容、岗位绩效承诺书等内容开展梳理。

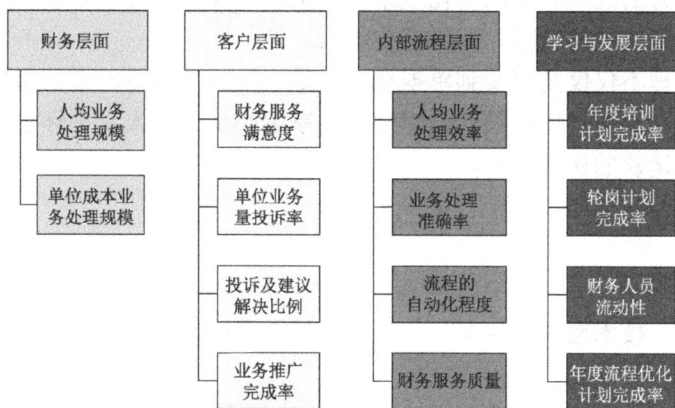

共享运营评价体系示例

图 6-1-8

作为组织内提供专业化服务的单元，财务共享服务中心与被服务的成员单位需要通过服务水平协议来定义双方的权力、责任、服务内容、服务水平等，用以约束双方在业务处理上的行为，即被服务的成员单位在享受财务共享服务中心提供的高效、优质的服务时，也需要承担相应的责任。

例如，财务共享服务中心通常会约定在接收到需处理的业务时，需在规定时间内完成业务的处理，对于紧急单据，则承诺以更短的时间完成；与此同时，也需要约束业务单元提交的紧急单据比例不能超过一定数值，否则可能导致财务共享服务中心资源分配不合理，影响真实的紧急业务处理。

6.1.5.3 人员\团队管理

财务共享服务中心是偏稳定的组织，对人员的基本需求也是以稳定为主，但常因为共享定位较低、工作内容枯燥、成长性差，导致人员流动性较大。"人心散了，队伍不好带"是财务共享服务中心管理层共同的苦恼。

"有价值、有出路、有成长、有传承"，是强化人员集体认同感，提升团队凝聚力、战斗力的关键。

从财务共享服务中心的愿景、定位上下功夫，摆脱"交易处理工厂"的标签，推动财务共享服务中心和相关职能领域的融合，寻找财务共享服务中心的独特价值，引导、激励财务共享服务中心员工，培育和鼓舞团队士气，增加财务共享服务中心员工的认同感、成就感，即让员工感觉自己"有价值"。

拓展财务共享服务中心人员的职业发展通道，从内部而言，可以考虑管理、专家双序列，激励员工在专业领域内提升自身能力，或基于一定的专业能力走向管理岗；从外部而言，需要打通财务共享服务中心"走出去"的路径，或转型至前端业务、或业务伙伴（BP）。让财务共享服务中心员工可以有更多发展的可能性，即"有出路"。

构建一套完整的"选、育、用、留"的人员管理机制，明确岗位要求、设计完善的培训体系，为员工提供提升自我的平台，以配套的考核机制来促进员工的长期学习进步，即"有成长"。

建立以知识流向为导向的知识管理体系，借助语音识别、智能分析等技术手段，构建知识管理平台，将优秀的经验和实践固化下来，在组织内实现信息的互通和共享，摆脱运营质量绩效对个人经验和技能的依赖，即"有传承"。

团队的建设管理不仅仅是落实到单据量、质量、投诉等冰冷的考核指标上，大到团队氛围的塑造、小到物理工作环境的设计，对财务共享中心员工的人文关怀也是财务共享服务中心组织稳定、长效运营的保障之一。

6.1.5.4 系统运维

1. 选择适用的技术

需求源于业务，技术服务于业务。一项技术能否在共享服务中心应用落地，核心在于找准业务痛点。

全流程效率不高，是流程设计不合理，还是执行不到位？系统推广阻力大，是架构陈旧、性能不足，还是用户界面不友好？找到问题的根源，才能聚焦问题、解决问题。追求员工快速报销的极致体验，要从源头把控单据、数据质量，可以考虑员工信用管理；追求资金结算的效率和安全，减少操作风险，可以考虑银企直连方案；强调文档交接的可追溯、安全、效率，可以考虑智能投递柜等人机交互方案。

2. 成熟技术的应用

银企直连在财务共享领域是很早就得以应用的技术方案，通过打通 ERP/共享服务平台的资金结算与银行端的接口，避免了人工操作网银系统可能产生的操作风险；而且通过报文形式完成资金结算数据的批量抓取、传输，以及支付状态的自动回传，极大提升了资金结算环节的操作效率。境外资金结算也可以通过 SWIFT 直连实现。

规则引擎/策略中心是通过建立集中的规则中心，利用规则引擎实现业务的智能审核。该技术适用场景非常广泛，结合自然语言处理、OCR 光学识别技术等可以在合同的审核、校验，采购订单的审批，付款校验审核等场景中有效落地。部分企业的财务共享服务中心已经实现利用灵活的策略中心配置，对待支付款项的支付方式、收付款账户信息、支付日期等进行智能化处理，完成 ERP 内的支付录入，结合银企直连方案，完成待支付款项支付全流程的自动化。

员工信用管理是通过建立员工信用档案，通过业务单据的质量、处理效率等维度对员工进行信用积分的增减，以员工信用等级影响员工业务处理的全流程效率。以此来提升员工的业务单据自主管理意识，提高整体业务处理效率，降低共享中心工作量和业务处理风险，合理利用公司资源。

6.1.6 财务共享相关的信息系统

6.1.6.1 财务共享建设需要的信息化支持

共享中心模式下的信息系统规划不同于传统的信息系统规划。以往的信息系统规划相比较而言是割裂孤立的，业务系统与财务系统之间无贯通，可能常常导致信息零散地分布在不同地方，不能融合或造成冗余，加重了系统负担，也不利于信息整合、信息简约化。我们认为在系统建设时要考虑遵照 5 个原则。

（1）统一性：通过任务管理、客服管理等功能实现组织的运营管理支撑，通过财务一体化平台，将各业务系统、统一财务系统、人力系统和办公系统建立连接。

（2）同步性：各系统间可实现高度同步性，在前端输入或修改信息时，后端信息均可同步得到更新。

（3）标准化：通过对业务、财务的标准化，建立数据间的流转通道，通过业务系统和财务信息系统的对接，减少数据的重复采集，为未来数据的比较提供统一的基础。

（4）自动化：通过高新技术的引入，将低价值的大规模重复性工作逐渐替代为自动处理，从而达到减少人力成本、提升效率与准确率的效果。

（5）连接性：企业内部数据与外部数据实时连接，实现数据的即时流转，使得内部数据可以在多平台得到记录。

财务共享中心建设过程中常见的涉及相关的支撑信息系统分为三大类：业务一体、效率提升、运营支撑。

基于"五个原则"+"三类系统"方法，我们建议共享模式下的财务信息化蓝图如图6-1-9所示。

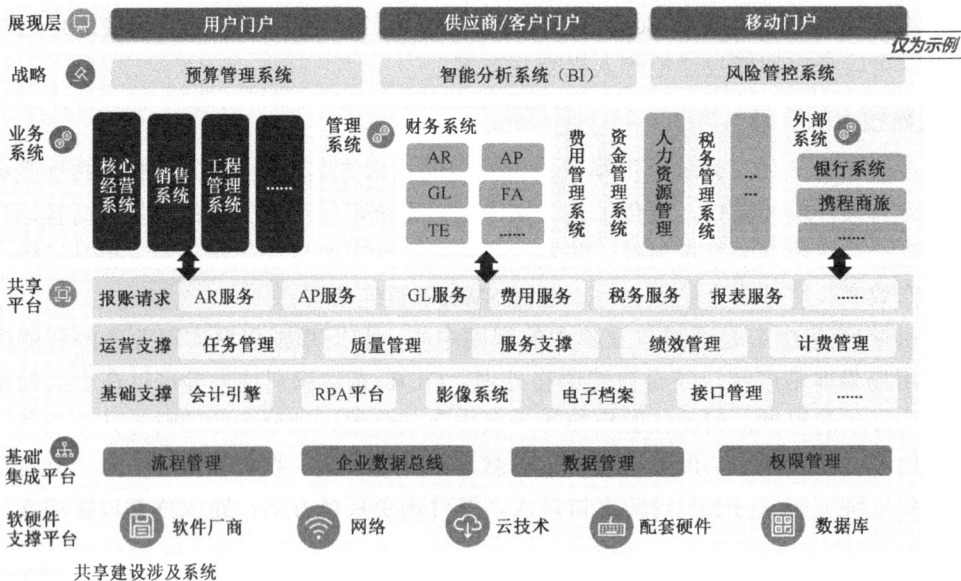

图 6-1-9

基于共享模式，我们认为未来的财务信息化的架构设计要实现基于统一平台上的数据连接及业财融合，常见的共享相关信息系统包括：统一报账平台、共享任务调度、绩效和质量管理平台、影像管理平台、电子档案、电子发票等信息系统。随着共享中心的不断发展，以共享中心为基础的信息系统及所能应用的数字化技术也在不断升级，下面我们将就报账平台、电子会计档案管理、RPA 技术做进一步说明。

6.1.6.2　报账平台

报账作为企业管理活动中的日常工作，担当了企业财务管理、会计核算、企业运营深入企业日常业务最前端的抓手，因此构建一体化全面化的报账体系至关重要。财务核算是企业经营活动的财务记录过程，因此"业财融合"是企业实现财务数据准确且及时反应业务运营情况的关键手段。

报账平台则是业务活动向财务核算转化的"桥梁"，通过报账平台集成所有的业务向财务报账请求，将业务数据统一转化为标准的财务数据。按照全业务、规范化、集中化、流程化、自动化的设计优化原则，梳理不同业态的代表企业现有的各经济事项报账业务流程，为整体集团设计出业财对接、标准统一、业务处理高度自动化的报账业务流程，构建"业—财"桥梁，将业务数据统一转化为标准财务处理。图 6-1-10 仅为示例。

1. 全面支持业务报账：实现全业务生命周期的报账，报账业务标准化

通过调研不同业态代表企业现有全业务全周期的报账业务流程，进行流程梳理、优化，为整体集团设计出一套覆盖全业务、多业态、全周期的报账业务流程，最大化实现财务系统业务标准化，为报账业务信息化打下基础。

全面梳理公司各项业务多种业态，划分各经济事项对应的报账流程，进行流程梳理、优化，并根据报账事项特性，对公司各业务各业态经济事项进行分析归纳，做到业务核算规则基本一致、无重大差异的经济业务全集团统一，有差异需求的经济业务个性化处理。通过设计统一的通用经济事项的报账表单、差异化设计业态特性经济事项的报账表单，以报账中台作为业财一体化的触点，在通用业务统一的基础上满足多业态的差异化报账需求，灵活支持多业态经济事项的报账需求。

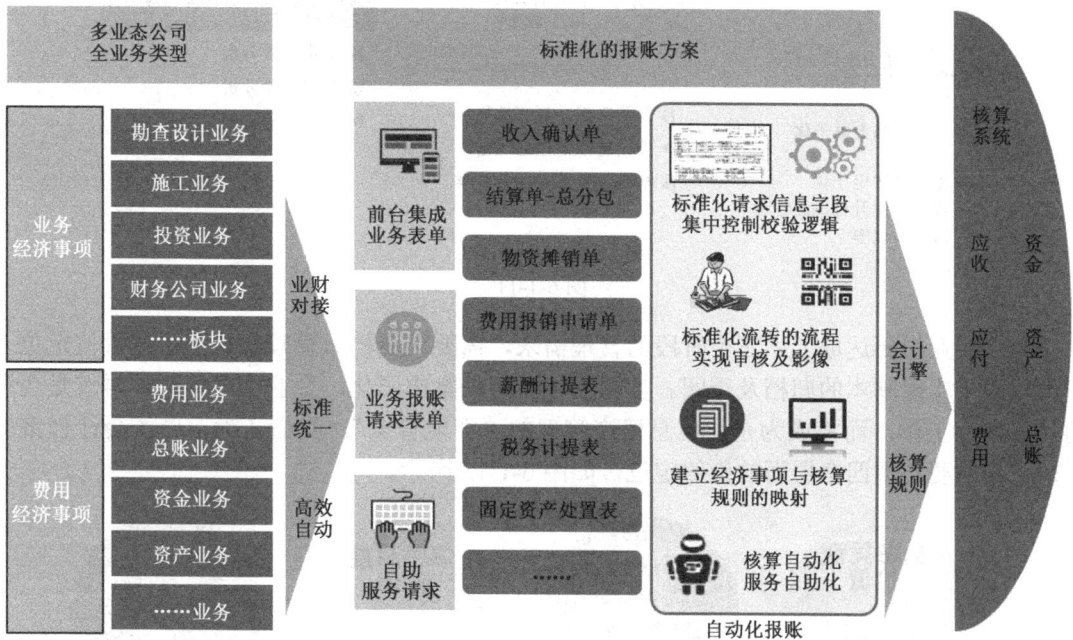

图 6-1-10

2. 全面提升报账效率：报账信息数字化，报账程序自动化

根据预设的核算逻辑，实现业务报账后的财务处理自动化，减少人为干扰，提高核算准确性及统一性。基于梳理的全业务多业态全周期经济事项，将经济事项以业务表单的形式载入中台系统，中台系统根据每个业务表单并结合所承载的经济事项制定该事项所对应的核算规则，通过预制的凭证转换引擎，实现所有业务表单自动生成会计凭证的需要，从业务发生开始全自动化处理，减少人为操作，将业务信息实时、有效、准确地反映到财务数据中，为后续的分析决策提供准确可靠的依据。

依托信息化系统搭建以及全业务梳理，整合报账表单与影像信息，将发生的业务录入系统的同时实现业务相关原始单据、数据的扫描录入，实现工作流、表单、凭证、报表信息的数字化，实现业务从报表到账务到业务单据并结合相关附件的联查与追溯。所有纸质原始资料全部采用电子化管理，通过影像和附件管理，实现各种原始资料的电子化管理，同时与业务表单、会计凭证关联，实现了"会计凭证—业务表单—影像附件—原始资料"的一体化管理。达到业务信息全面、准确地进入系统留存、电子化转换，为复杂的数据加工处理和分析预测提供更便捷准确的来源，为公司财务管理提升建立基础。

6.1.6.3 电子会计档案管理

数字化时代，我们将电子会计档案管理需求按成熟度划分为档案电子化、科学高效管理及价值发掘应用三个阶段，如图 6-1-11 所示。

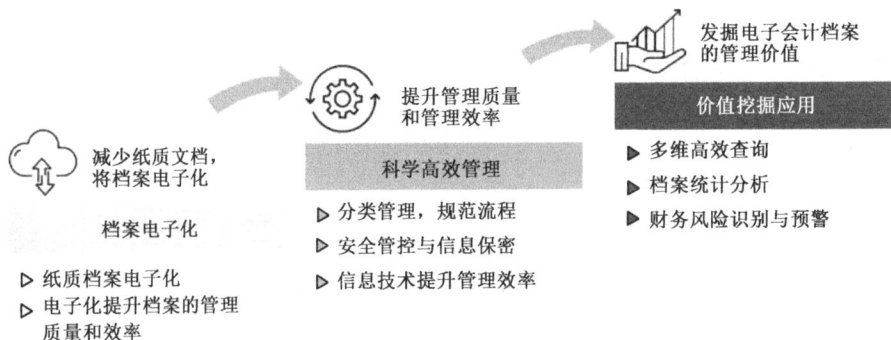

图 6-1-11

如果企业想要达成上述三个阶段的管理需求，需要转变档案管理在企业中的价值定位，不再局限于实现基本的归档及查阅。实际上，随着档案电子化，企业档案管理不再仅是企业的"后勤"工作，而将成为企业信息资产管理的"智能管家"。我们认为，电子会计档案的管理工作需要实现四个层面的价值定位，如图 6-1-12 所示。

图 6-1-12

通过会计档案的电子化管理使企业更有机会实现更高的企业财务和会计信息资产管理价值，助力企业业务洞察和管理提升，这是新时期的电子会计档案管理区别于传统会计档案管理价值定位的最大之处。

为了达到电子会计档案信息资产管理价值的能力要求，我们将从管理策略、管理流程、系统环境、管理者及制度标准化五个要素进行总结，但在本章中我们着重介绍系统环境的内容。

数字化时代，当企业电子会计档案管理转型战略清晰、目标明确、资源准备充分之后，首要任务就是确立整个电子会计档案管理的系统架构模型。系统架构模型的确立不仅决定了现有企业会计档案管理的运营方式，对后续业务与财务一体化信息系统布局、财务管理和业务运营的组织拓展能力也有着深远影响。规划富有前瞻性的电子会计档案管理系统架构，并关注与其他系统的集成及改造。

企业不仅需要关注电子会计档案管理系统自身的架构，同时需要与前端财务系统、业务系统进行分层集成，并对相关系统提出相应的改造需求，以满足电子会计档案的统一格式标准和收集管理需求。例如，针对电子会计档案存储并管理其他系统的相关会计资料，在系统集成方面有如图 6-1-13 所示的需求。

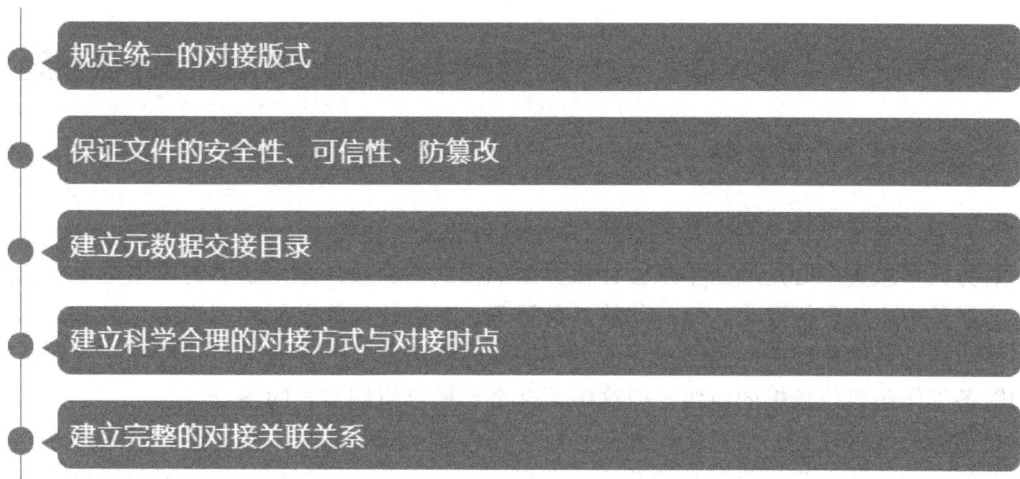

规定统一的对接版式

保证文件的安全性、可信性、防篡改

建立元数据交接目录

建立科学合理的对接方式与对接时点

建立完整的对接关联关系

图 6-1-13

6.1.6.4 RPA 机器人流程自动化

自动化技术一直是近 20 年来，全球各行各业倾注心血去提升的能力。以制造业为代表，经过十几年的积累，生产制造自动化水平已经很完善，极大地提升了企业的生产能力及质量水平，相信很多看过特斯拉工厂机器人工作文章的人会深有感触。也正是自动化的应用，推动了整个社会的人力资源结构的改变。同样，也产生了几家典型的自动化机器人企业，例如世界 500 强的 ABB，被我国企业美的买下来的德国 KUKA。

随着全球信息化水平的不断提高，越来越多的企业或部门"生产制造"的"原材料"及产出的"产品"或"服务"，都已经不再是具体的实物，而是数据或信息。因此自动化的应用也开始在其他行业被广泛应用，RPA 正是在信息化技术被普遍应用，数字化时代全面来临的背景下产生的。

RPA（Robotic Process Automation）是基于计算机以及一定规则的软件，通过执行重复的基于规则的任务来将手工活动进行自动化的一种技术。

所以，本质上讲，我们提到的财务机器人，目前是流程自动化在财务领域的一种应用。在理解上，可以与我们理解的机器人手臂类比理解。目前国外对 RPA 技术定义的几个显著特点：

- 处理可重复任务：通过软件编程语言实现的机器人可以处理重复的人工任务；
- 在用户界面运行：基于规则在用户界面进行自动化操作，非侵入式模式不影响原有 IT 基础架构；
- 模拟用户操作及交互：机器人可以模拟我们的日常基本操作，例如：鼠标点击、键盘输入、复制/粘贴等一系列日常电脑操作；
- 可单个部署也可虚拟部署：机器人可以是一台实际的电脑，也可以是云模式下的虚拟机桌面。

随着新技术的不断涌现和变革，机器人流程自动化无疑是目前商用最为成熟、应用最为广泛、收益最为显著的数字化技术之一，其应用场景从早期的财务税务领域，不断地向其他业务领域扩展和尝试，包括人力资源管理、法务、内审等。

6.2 财务共享（实践篇）——财务共享会计核算众包设计与实施

6.2.1 会计核算众包原则

6.2.1.1 会计核算众包的业务背景

财务共享服务中心是近些年来会计核算组织模式的新贵，越来越多的集团型企业选择财务共享服务中心实现标准化、统一化的财务管理。在会计核算发展的潮流中，财务共享服务中心逐渐成为新的里程碑，已经建立或者正在筹建财务共享的企业，将其视作一次重大的转型和财务工作最值得炫耀的模块，但这绝不是会计核算组织方式的终点。

最初因公司规模小、信息化程度低、财务管理要求弱等原因，会计核算组织方式是零散并混乱。随着社会及相关产业的发展，大型公司逐步开始采用集中核算的方法尝试解决一系列的财务管理痛点，例如会计口径不一致、内控措施不完善、信息报送不及时、人员招聘不规范等。随着会计信息化的发展，各类信息传输工具的普及，服务器等硬件质量的提升，集中核算模式向财务共享服务中心演进。

从会计需求模式来看，财务共享服务中心与单纯的集中核算的最大区别在于实现了财务会计和管理会计的分离。在财务共享服务中心，大多数财务人员不需要以往任何企业考虑的财务知识全面性。财务人员的工作从独立成套的核算流程变为整套流程中的一至三个环节，这大大降低了经验和知识的要求。在财务共享之前，一个会计系毕业的大学生，需要一年甚至数年的培养，才能担起企业的核算重任；而企业拥有了财务共享，一两个星期的培训加一纸从业资格证就能走上岗位。

财务共享对核算信息的分散处理大幅降低了专业知识和财务经验的要求，高度标准化的财务流程又大幅降低了核算的错误率，明确的岗位职责和清晰的组织架构使得员工绩效考核完全量化。易上手、高质量、明码标价的财务服务为另一种更加高效、成本更低、更有趣味的劳动模式提供了前提条件，这种劳动模式就是众包。

6.2.1.2 众包是什么

众包没有一条大家熟知的定义，通常来说是指法人或自然人将过去需要员工或自己执行的任务，以双方自愿的方式外包给非特定大众处理的做法。发出任务的法人或自然人称为众包组织者，处理任务的非特定大众称为众包商，两者之间明确权责的地方称为众包市场。众包与外包最大的不同有三点：一是众包商为非特定的自然人，而外包商为特定的法人或者自然人；二是众包商为众包组织者处理任务完全出于自愿，而外包商为外包需求方处理任务是事前约定的；三是众包商的报酬仅是任务价值，而外包商的报酬除了任务价值，往往还涉及外包商利润。这注定众包模式比外包模式更灵活、更全面、更低廉。世界闻名的维基百科，国人热衷的滴滴打车都是众包模式教科书级的应用示范。

在互联网时代，因信息传播效率和质量的提升，众包市场的物理限制被打破，转变成线上众包平台，这使得众包组织者和众包商之间的联络完全实现了全天候无障碍。如今，众包平台几乎均实现了众包组织者线上发布任务、众包商在线解决、解决方案筛选、网络支付报酬等众包行为，工业设计类、软件编程类、业务宣传类、物流运输类、信息采集类工作等越来越多地采用众包模式解决，医疗、教育、融资、客服等也在逐步踏上众包道路，现在，财务核算也要开始尝试。

财务核算要实现众包,首先需要设计一套原则,因为财务核算工作虽然在财务共享的帮助下逐步由繁化简,但仍需要一定专业知识和人工校验。理想的众包平台运作是非常重视自愿这一概念的。当任务难度较高时,能"自愿"完成任务的众包商就越少,众包商越少,任务完成的效率就越低,效率越低,时间成本就会越高,直到失去通过众包方式处理的意义。所以核算众包的规则制定尤为重要,对于这样一个进入门槛相对较高的工种,这套规则应尽可能地降低门槛、提升效能、把握质量、便于执行。制定原则的第一步是需要明确核算众包采用何种众包模式,因不同众包模式的特性区别较大,若不能合理选择,会面临后续难以实现的困难。

6.2.1.3 众包有哪些形式

众包模式有两种区分方法,这两种区分方法不是孤立的,而是互相支撑的。

1. 按组织方法分类的众包形式

按组织方法分类的众包包括大众比赛、宏任务、微任务、创新型四类。部分众包介绍中将众筹视作第五类,但众筹因运作方式有别于传统众包领域,且无法运用于核算众包,因此不作考虑。

以上四种组织方式都能找到与核算众包的连接点,各有优劣,我们需要确定最适用的一种,当然也可以同时使用两种或多种,但会造成后期管理成本和运营成本呈几何数级增加,所以建议尽可能保持一种方式。这些方式的不同点在于:

(1)大众比赛为多人参加一人取得报酬,如宜家经常开展的家具设计大赛。宜家作为众包组织者在众包平台(官方网络论坛)发布需求,所有人都能将自己设计的作品放在平台上展示,宜家从中选出最好的一个投入生产,而报酬也只会给被选中的参赛者。当然,"一人"不代表真只有一个人,也许会有多个等级的奖项设置或者不同类别的奖项属性,但肯定不会让所有人取得报酬。此类模式对财务核算而言,不具有较高采纳性,若仅仅需要一套财务核算规章,倒可以尝试。

(2)宏任务为多人共同完成按劳务价值获得报酬,此类众包多运用于较复杂、多节点的工作。比如制作一台机器,采购环节是一部分众包商完成的,加工环节是一部分众包商完成的,组装环节是一部分众包商完成的,调试环节是一部分众包商完成的。众包商根据自己的长项选择不同的环节,每个环节能获得的报酬也不相同。此种方式适合财务全流程的众包,比如将原始凭证整理、财务核算记账、纳税申报、会计报表出具、财务档案管理等分包给不同的众包商,但仅针对核算众包而言,有些大材小用造成资源浪费。

(3)微任务为多人共同完成获得平等报酬,主要用于可按一定标准完全细化拆分的工作,图书翻译就时常采用此类方法。图书发行方作为众包组织者,将翻译要求和图书放到众包平台,众包商接到的每个任务从实质来说是完全一样的——请翻译第 1(2、3、4……)页,每页无论字数多少报酬均为 5 元。从财务核算角度,此方式是最为经济有效的,当把所有财务核算数据还原到每一张原始凭证时,众包商只需要按页处理原始凭证即可,每一页的报酬固定,通过扫描手段全部线上处理。

(4)创新型为多人参加但有可能全无报酬,多数时候被用于系统开发。需求方作为众包组织者将需要的系统通过众包平台介绍给众包商,绝大多数情况是这些系统曾经没有人搭建过或者没有个性化设置。众包商使用不同的程序语言和算法尽最大努力完成开发,若按规定时间完成则完成者获得报酬，若超过规定时间仍然没有完成者则任务作废。对财务核算而言，因会计规则和公司制度的束缚，可创新或改变的事项极少，因此难以运用此种形式。

综合以上，前期只针对财务核算开展众包，微任务无疑是最佳的模式；后期当财务全流程需要开展众包时，宏任务配合微任务也是不错的搭配模式。

2．按平台类型分类的众包形式

按平台类型分类的众包包括全付市场众包、单付市场众包、合作市场众包、独立市场众包四类。

根据字面解读，很容易发现两种区分方式的连接点，比如宏任务既是全付市场众包也是合作市场众包，而大众比赛既是单付市场众包也是独立市场众包。这时我们可以完整地定义财务核算众包最适用的模式就是存在于全付市场和独立市场的微任务。

6.2.1.4　众包模式实施分析

1．全付市场形式

明确了众包模式，原则的制定就较为容易了。根据全付市场的特性，核算众包组织者需要做到：

（1）持续不断地发包。将核算工作通过众包方式解决时，有与生俱来的优势。这个优势就是核算工作本身是有相关法律支撑的，每个公司都必须按时开展。而其余大多数众包从理论上说，存在断档可能。比如一个时间段内没有人需要用车，那滴滴似的众包就失去了意义；或者一个地区内没有人需要快递，那京东众包就失去了功能。核算众包因不是靠人主观意识去决定做还是不做，而是客观环境决定必须做，那持续发包就顺理成章地实现了。

（2）资金池充足。因核算众包进入全付市场后，按任务结算，众包组织方无法准确预估每个时间段内需支付众包商的报酬总额，为了不打破全付市场规则，需将众包商报酬做最大化准备。虽然每个时间段内无法预估尚需支付的报酬，但就核算工作量而言，企业基本能明确特定时间段总数，比如每月 50 万份原始凭证、每季 10 万个报销事项……可以通过任务定价机制，用单价乘以数量，就能评估资金池是否充足。

2．独立市场形式

根据独立市场特性，核算众包组织者需要做到：

（1）任务设定基本可让所有众包商独立完成。类似会议、论坛、科研等很难实现众包，是因为这些事项对团队要求太高，基于独立市场更难运作。而财务核算达到一定标准化量级时，完全可以靠个人处理。在现实工作中，一些小型公司的整套核算工作就是一个会计人员负责的。

（2）做好风险控制。财务信息是每个企业高度保密的内容，这点决定了财务众包面临的最大困难，如何让完全不认识也无法控制的众包商不泄露企业财务信息。风控方法我们在前面已展示，在这里只需明确，众包后的核算信息一定是风险可控的，最好能采用区别对待的方式分包。当能预知一项核算信息会导致公司商业机密泄露时，立即通过系统搜索屏蔽程序将其找出做特殊处理。

3．微任务形式

根据微任务特性，核算众包组织者需要做到：

（1）极限拆分任务。很多人认为财务信息是不能拆分的，那只能说明核算不够标准化、系统自动判定机制不佳或者财务运作不规范，这些都是公司自身发展出现的问题，可以通过梳理财务信息、升级系统程序和整顿违规事项予以纠正。一套标准统一，电算化程序健全，几乎没有违规违纪的核算流程是一定能拆分的。核算众包的最高境界是众包商处理每一页原始凭证，系统给你整个会计世界。

（2）降低培训成本。核算本身的性质决定其具有专业性，不能像人人快递类的任务仅需最基础的劳动力要求。众包组织方有必要对众包商开展培训，培训的形式可以多样化，但核心是最大限度地降低培训成本。线上认证类注册是非常好的选择。

6.2.1.5　建立众包模式设计原则

1. 众包模式设计原则

当明白需要做什么时，就能根据做的事项制定相应的原则，因此，核算众包设计与实施的原则是：

（1）持续性原则；

（2）可量化原则；

（3）独立性原则；

（4）可风控原则；

（5）可拆分原则；

（6）可培训原则。

当一类核算事项可以做到连续出现、能量化工作成本、任何人都可独立完成、在能接受的风险控制范围中、容易拆分到最小凭证单位、对所有人均能培训成功时，它就是可以众包的。我们以一类费用报销的核算来做原则匹配举例。招待费是每个企业均会涉及的日常费用事项，且一个会计年度中会持续出现，通常情况下需要计入招待费的发票项目为餐费或食品类费用，报销单附件包括相关项目的发票、准予报销的签批信息。

2. 众包模式设计原则分析

套入核算众包原则，观察是否可以将其给予众包商处理的步骤如下：

（1）正常情况下，招待费对于大中型企业来说，每月会发生数十次甚至成百上千次，虽然无法预估每次发生的准确时间，但依然能判断其在企业经营活动中是连贯持续产生的。

（2）发生招待费的次数是完全可以计量的，比如全年发生 120 次，平均每月 10 次，次数占所有种类费用发生次数的 10%，用于核算所有费用的人力成本和管理成本每月为 10000元。若采用众包则对每次招待费报销任务给予 5 元奖励，那么可以计算出每月用于支付众包商处理招待费的资金池金额为 5×10=50（元），原有用于每月处理招待费的人力成本和管理成本为 10 000×10%=1000（元），众包后节省 1000-50=950（元）。

（3）招待费发生后，垫付员工提供了相关证明凭证，那报销事项就完全独立于其余核算事项，在正确处理的前提下，任何人对其作出核算行为，均不会对最终报表造成影响。

（4）据实正常报销的招待费，符合企业经营需要，发票本身所携带的信息对众包商而言毫无用处。放在互联网上向不特定大众开放时，不会为企业带来机密泄露的影响，整体处于风险可控范围。

（5）招待费所需的附件较少，每笔招待费所需的附件均能单独处理，再通过金额汇总得到最终报销总额。若有纸质签批要求，也能交由众包商判断附件中是否提供，所有财务信息均能彻底拆分，形成微任务后由不同众包商完成。

（6）一笔费用是否最终计入招待费科目基本能由发票项目和预算段值给予判断，可以实现对众包商的线上培训，培训内容不超过三句就能对任务处理要求完成阐述。

从以上六个步骤可以清晰地看出报销招待费的核算符合所有核算众包原则，能进入众包平台形成任务。在实际环境中，有些核算事项不能完全满足所有核算众包原则，但并不代表其不能实现核算众包，可通过改变计量方式、增加电子签批、重新搭建关联等方式使其成为可众包处理的财务事项。原则的确定对核算众包的设计与实施至关重要，企业应尽量遵循原则去确定是否需要将一类业务给予众包处理。

6.2.2 会计核算众包可行性论证

这里所说的可行性并不是指核算众包实现的概率有多大，因为基于核算众包原则的财务事项都能实现，但财务事项能用于众包并不等于形成了众包流程闭环，我们还需要对核算众包是否能形成众包闭环进行可行性论证。众包闭环是指众包组织者连续发起任务→众包商在众包市场里选择任务→众包商接受任务→众包商完成任务→众包组织者验证任务完成情况→验证通过后众包组织者支付报酬给众包商→众包商获得报酬支付相关成本并有盈利→盈利驱动众包商选择下个任务……（此闭环基于微任务流程）企业需根据交易市场状况判断是否能形成众包闭环。从上述的闭环构造我们可以看出，闭环主体是众包组织者和众包商，闭环载体是众包平台，形成闭环的行为是发起、选择、接受、完成、验证、支付和盈利，主体、载体和行为可以称为闭环属性，下面我们分别对核算众包的闭环属性进行可行性论证。

6.2.2.1 众包组织者

作为闭环主体及闭环发起人，众包组织者处于流程上游。在核算众包中，所有的初次核算微任务均由众包组织者发起。通常情况下，雇员成本、外包成本和众包成本三者相比较，众包成本是最低的。企业作为逐利性组织，降低成本是其不断追求的经营方向。当财务事项满足核算众包原则时，企业端是愿意将其采用众包模式处理的，我们需要论证的是有多少企业的财务事项能满足核算众包原则。从行业来说，金融业、服务业、销售业、通信业、教育业等财务事项相对容易处理，也更能快速实现财务共享服务中心建设，此类行业的法人成为众包组织者的可能性较大；而制造业、建筑业、勘探业、地产业、国防业等财务事项复杂生涩，且涉及保密条款较多，此类行业的法人成为众包组织者的可能性较小。可能性较大的行业多数属于第三产业， 2015 年国内第三产业数量占比已超过 80%，充分说明核算众包的众包组织者基数庞大。从财务模块来说，费用、总账、税务容易满足核算众包原则，而资金、资产、报表不易满足，但大多数企业前三项的工作量占全部财务工作的 70%以上，说明众包组织者手里有大量的符合核算众包原则的任务可以发布。核算众包在国内属于新兴模式，还不能准确定位市场规模，但有理由相信未来的任务量可达到万亿级。对国内核算众包闭环而言，不会缺乏众包组织者。

6.2.2.2 众包商

1．众包商群体分析

作为闭环主体和任务执行者，众包商处于流程下游。对于众包闭环能否完成，从实际执行角度出发，众包商的重要性甚至高于众包组织者，这就是通常所说的出题容易做题难。对于核算众包而言，众包商的角色定位更复杂、更敏感。在这个闭环中，大多数的众包商首要面临的就是信任问题。众包组织者一旦愿意将自己的财务信息公之于众，即使对其做了相关处理，但仍然会有所顾忌，

"众包商会不会把这些发票在朋友圈展示？"

"众包商能不能知道这笔账务如何处理？"

"众包商做不做竞争对手的间谍？"

而一个混迹于众包圈的众包商的想法远没有这么复杂，他们只在乎能不能获得报酬，报酬有多少。对于核算众包能不能吸引众包商，最主要的还是看专业需求有多高，换句话说，众包组织者能将微任务做到多好？一个完美的微任务，应该是人人都能参与并可以尝试解决的。众包组织者直接把一堆财务数据扔进众包市场，然后让众包商做出报表，那可以肯定没有多少人能完成任务；但若是只让众包商判断一张发票、一页纳税证明是否正确，显而易见会容易许多。

2．众包商群体举例

（1）会计从业人员：全国现在有 1900 万以上持有会计从业资格证书的工作者，会计工作的确有繁忙的时候，但正常情况下每月至少有两周左右的自由支配时间，在这段时间内他们一定乐于为家里赚一些外快；

（2）高校学生：2015 年有 4000 万以上在校大学生，单从学历角度出发，他们完全能胜任简单的票据辨认工作，甚至有理由相信高学历人士通过常年锻炼的逻辑判断能力可以支撑部分会计专业的学习。我们仅以 50%的在校大学生愿意为自己每天赚取餐费计算，也有2000 万众包商群体；

（3）白领阶层：在这里我们将走上工作岗位的大学毕业生定位为白领，约有 1.5～2 亿人。其中大多数人每天过着两点一线的生活。国人现在对众包的概念知晓不多，即使很多人正在从事滴滴或优步的司机，但其实并不知道这就是众包。但我们可以告诉每一个人，现在有个机会让你每月能赚出房租，只需在你上下班的途中操作手机即可，那会得到很多人响应，保守估计 1 亿人是潜在核算众包商。

以上三类人群相加是 1.3 亿左右，如果赋予报酬预期值是每人每月 1000 元，即使将微任务定价到 1 元 1 个，这 1.3 亿人每个月也可以处理千亿级的核算众包任务，为数百万的大型企业解决基础核算问题。众包商报酬定价是一套复杂的体系，简单来说，任何人都不会抗拒 1 分钟有 1 元入账的快乐。当然，这也是基于众包组织者能做好核算众包微任务的前提下实现的，但只要能设计好微任务，就可以高枕无忧地看见众包商大量融入。众包的客户黏性建立比商场的容易很多，赚钱总比花钱开心。

6.2.2.3 众包平台

1．众包平台分类

众包平台是通过互联网搭建的众包市场，也是财务核算互联网化的表象体现。严格意义来说，核算众包市场不止众包平台这一种实现方法，但众包平台的确是互联网时代最高效、最安全、最省钱的核算众包市场实现方式。众包平台有两类，一类是综合性众包平台，另一类是单一性众包平台，前者上可以发布各式各样的任务，后者上只发布一类属性的任务。核

算众包通过互联网实现后，很长一段时间都建议通过单一性众包平台处理，这是财务信息要求的独立性和及时性所需要的。单纯从后台程序编制的难度上看，受过高等教育的"码农"均能胜任，但要制作出一个精美的众包平台，对 UE、UI 的设计会要求颇高。

2．众包平台设计要求

实用的核算众包平台，需要满足以下四点要求：

（1）纯净的页面。财务核算需要注意力高度集中，有时一个小数点的偏差，会带来灾难性的后果。平台页面太过复杂会影响众包商在处理票据信息时受到过多干扰，会有任务完成质量较差、时效较低的隐患。会计核算工作不需要多么炫酷的色彩去激发灵感，让众包商安静地处理任务是最好的选择。

（2）优秀的交互。会计核算的比对事项非常繁多，有时甚至令人发指。比如一次人力成本核算入账，时常需要将一张充满数据的电子表和电算化软件中的核算信息逐条比对，如果平台交互设计未给予充分考虑，那众包商会因为反复的页面切换或者无数的鼠标点击而感到疲倦甚至烦躁。核算众包平台的交互最理想的情况是在一个页面有序地展示完众包商所需的财务信息，每个任务都有明确的指引，需要少量时间的输入和直通客服的路径。

（3）精良的硬件。在互联网时代，硬件的质量很多时候直接决定系统的流畅度。财务核算会产生大量的数据，且这些数据需要长期保存，而通过影像形式上传至网络的发票、收据、清单、证明甚至合同，也需占用大量的储存空间，还有众包通常会造成大量成百上千数级的并发，比单纯的电算化服务器要求高出不少。在搭建众包平台时，一定不能因对硬件成本的顾忌而采用廉价的服务器和数据库，这会造成随时宕机的风险，且"卡顿"现象太过频繁会大幅降低众包商工作的热情。采用众包后节约的人力成本会很快弥补硬件成本的投入。

（4）牢靠的安全。财务信息是你的竞争对手最感兴趣的东西，核算众包采用微任务模式最大限度地做到了信息分散，但并不代表"敌人"就不会雇用高手将其重新合并。搭建平台时需充分考虑各类系统的漏洞风险，并尽可能延长测试时间，若系统开发交由专业团队进行，那这个团队也应该是能充分信任的。通过一系列技术手段保障财务信息安全、万无一失的同时，建立起紧急情况处理机制，随时应对各类网络安全攻击。

众包平台是连接众包组织者和众包商的纽带，一个让人心情愉悦的众包平台会让核算众包的开展如虎添翼。

6.2.2.4　发起

发起是众包组织者在众包闭环的第一个行为，当众包组织者将一个核算微任务放至众包平台上就完成了一次发起。发起所包含的信息有：通知所有众包商任务出现，告诉众包商任务须知，确定完成任务所能获得的报酬。当众包组织者能按照核算众包原则设计出微任务时，就随时可以进行发起环节。

6.2.2.5　选择

选择是众包商在众包闭环的第二个行为，在核算众包环境下，众包组织者会将大量的微任务不断放至众包平台，众包商根据获得的处理权限和自身能力选择能胜任的微任务。当众包商数量较多时，会出现任务争抢，这时选择行为会被弱化。完美的核算微任务是基于亿级的众包商团队的，不会有众包商不愿意选择的担忧，因为可以预计几乎都是在争抢。

6.2.2.6 接受

接受是众包商自愿与众包组织者签订接包契约的行为表达。众包商一旦做出接受的决定，就意味着认同众包组织者提供的权责条款。众包商不一定是出于获利需要确定接受，也可能是出于好奇或者兴趣而确定。但对于核算微任务性质的众包，因任务简单，几乎不涉及创新，所以众包商对于此类任务多数是出于获利的目的。只要众包组织者给予的报酬有足够吸引力，那众包商做出接受会成为自然而然的决定。

6.2.2.7 完成

完成是众包商发出结束任务信号的行为。对于核算众包而言，众包商按照众包组织者要求处理账务信息，如进行一次发票抬头的审核、一次收据金额与分摊表的比对、一次票据粘贴单金额的汇总等，在这个过程中，众包商会根据众包组织者提供的线上培训内容和自身认知进行任务处理直到任务结束。众包商点击完成是向众包组织者索取报酬的指令发送，基于全付市场规则，众包商没有理由不执行完成行为。

6.2.2.8 验证

验证是众包组织者、众包商和众包平台后台程序进行众包商是否能获得报酬的判定行为。在企业的财务信息处理流程中，复查与稽查一直是重要环节，因财务信息容错率极低，交由任何人开展核算活动都有必要进行查验。最理想的情况是后台程序能完全执行验证环节，通过判定规则的设置，当众包商完成任务时，系统自动校验核算是否按规定执行，其实当企业账务足够规范时，财务信息系统完全能做出有效判断。现实中少部分财务核算较灵活，特别是费用报销部分，同样的事务在不同的场景很可能有不同的处理要求，当系统无法搭建此类判断逻辑时，就需要众包组织者成立人工验证组对这少部分财务核算进行查证。众包组织者也可以建立众包商互相验证规则。其实核算信息当满足众包原则时，基本能做到系统验证，这一步对众包主体都是被动行为，是必须做出的。

6.2.2.9 支付

支付是众包组织者认可众包商任务完成情况的行为，也是众包组织者基于契约必须承担的责任。支付的方式有很多，通常情况下是众包平台结算后，众包组织者通过第三方机构进行，可以按任务支付，也可以按时间段支付。核算微任务因单个任务量极少，因此单价较少，只要做好资金池准备，就能高枕无忧。

6.2.2.10 盈利

盈利与其说是一种行为，不如说是众包商开启下次众包闭环的一个保障。众包商会根据完成每个核算微任务所需要的时间成本和流量成本去计算报酬能否有盈利，当有盈利时会刺激众包商不断选择接受新的任务。众包组织者只需要通过简单的分析，就能得出众包商是否盈利的结果。盈利与否是自然发生的，众包组织者只要保持众包商处于盈利状态即可。

以上 10 个众包闭环属性并非缺一不可，比如选择和验证两个环节，基于核算微任务量众多且众包商足够成熟的情况下，会逐步消失。从分析可以看出，对于核算众包而言，众包组织者和众包商均有数量基础和各自需要；众包平台就系统实现而言，在当今互联网领域有足够多的方法；众包行为在核算微任务设计优良的情况下均会发生，这个闭环是具有可行性的。我们也能看出核算微任务的设计好坏决定了这个闭环是否能顺利运转，如何设计一个好的核算微任务会在下一节探讨。如果是基于闭环做可行性分析，那么我们得到的结果是——核算众包能够实现，在现实社会中还应考虑以下因素：

（1）企业所处社会环境对互联网是否持保守态度。虽然核算众包是面向互联网上所有人的，但第一批稳定的众包商很多时候都是众包组织者身边人口口相传的。发达城市对互联网态度乐观，有利于核算众包的实现；落后地区对互联网了解甚少，企业若身处此类环境，推广核算众包时会面临宣传成本过高的情况。

（2）人群是否集中于另一众包事项。这一两年，国内的众包领域发展迅速，特别是运输类众包。因为众包内容的单一性和众包组织者不断增加的众包商吸纳手段，众包商很容易被禁锢在一个众包圈中。核算众包在国内处于起步阶段，且容易造成专业要求较高的认知偏差，因此当城市中热衷承担众包任务的人群集中于一个已有众包平台时，较难转移其注意力。

（3）整体收入是否偏高。随着经济不断发展，百姓收入逐年提升，且理财产品、房屋拆迁、合伙投资等行为也会带来额外收益，即使核算众包基于全付市场让众包商盈利，但当工作薪金和意外收益足够多时，人群逐利要求会降低，此时众包市场平衡会被打破，不断增加的任务报酬和宣传成本会损害众包组织者的利益。

对于第（1）点，建议核算众包开展前期基于国内一二线城市推广；第（2）点，建议做好众包商市场调研，尽可能避免用烧钱补贴方式引导众包商，而是通过更无脑的操作体验让众包商感觉到更轻松地实现盈利；第（3）点，以国内现有经济发展水平暂时还不会出现此类情况，但众包组织者需要准备应对措施。总体来看，国内核算众包市场充满了无限可能，值得有条件的企业勇敢尝试。核算众包的实现可大幅降低人力成本，更重要的是会不断带来用户信息流。用户信息流量足够时，将产生极大的规模经济效应，推动企业的主营产品市场，这就是财务价值驱动的核心部分，也是核算众包对众包组织者贡献最大之处。

6.2.3 会计核算众包设计

会计核算事项要做成微任务放入众包平台需要进行一系列的改装设计，设计的好坏直接决定众包闭环是否能流畅运作。基于财务信息质量和安全尽可能保证的前提下，设计的核心理念是如何降低财务专业门槛，让大多数非财务专业的群体能加入；设计难点是如何将财务信息转变为简单易懂的微任务。可以看出核心理念的体现和设计难度的增加成正比例关系。万事开头难对于核算众包设计同样适用，我们需要寻找一个切入点进行设计研发，然后从点到面纳入其余核算事项的微任务产出。寻找这个切入点之前，我们需要充分了解什么是服务产品化。

6.2.3.1 服务产品化

服务产品化是通过改变服务的方式，将服务内容分解，实现标准化，按照传统产品市场的原则，把服务的生产过程转变为产品制造，制造完成后交付给客户。例如汽修服务中的补漆，生产过程包括打磨→查平→刮腻→烘干→精磨→刮腻→喷漆→烘干，经历完所有环节，补漆服务才算完成，但这些操作是服务本身，并不是产品，在实际服务提供环境中，必须将其产品化后才能进入市场。通常来说，汽修厂会将补漆的每一步拆分，拆分后形成行为的规范操作标准，基于规范操作标准核定占用的人力和物资成本，搭建每一步之间的连接，最后整套服务成为标准化程度高、可随时拆分合并、能量化定价的产品，提供给市场开展销售。

6.2.3.2 会计核算服务产品化分析

1. 会计核算业务分析

财务核算对企业而言，因大多数时候并不能带来直接收益，所以属于后援服务类工作。要实现核算众包，就要将核算服务产品化后，形成微任务放入众包平台，让众包商进行相关处理工作。前面我们谈到形成核算微任务的难点是如何将相互关联的财务信息有效转变为独立个体，形成这个难点的原因是每次核算工作所包含的环节在原有会计理论中几乎是不可分割的，我们以房屋租金的费用核算为例展示环节的关联性。

（1）发票审核，对房屋出租方提供的发票进行合规审核；

（2）合同审核，对双方签订的租房合同相关信息进行审核，比对合同金额与发票金额是否一致、合同起止时间段是否包含费用发生期间、合同对方签章是否与发票盖章方一致；

（3）粘贴单审核，多数企业有使用粘贴单的规定，方便原始凭证管理，需比对粘贴单金额与发票金额是否一致、粘贴单附件张数是否与实际张数一致；

（4）电算化系统录入，核算金额是否小于等于发票金额、收款方是否与发票盖章方一致、电子审批节点是否符合公司规定；

（5）记账审核，科目录入是否准确、摘要表达是否准确；

在复杂财务事项环境中，还会出现：

（6）特殊事项说明审核，对于非常规事项经办人会给予说明，比如合同对方签章与发票盖章方不一致，但存在合理性关联；

（7）摊销审核，对处于受益期的房租进行摊销，需比对摊销期间是否与费用发生期间一致、摊销金额是否与报销金额一致、摊销各附加段值是否合理（如成本中心、费用产生渠道）；

（8）附带物管审核，部分房租核算实务中会包含物业管理费，需比对合同物管条款、金额拆分计入对应科目、建立摊销等。

从以上环节可以看出每一次比对、每一次准确性判断都是存在关联的，在现有的会计体系中，这种关联难以切断，会计人员也已经习惯用双眼和计算器一遍又一遍地确定金额等财务信息的一致性。但是若把以上环节一并交由众包商处理是不现实的；首先，众包商缺乏会计专业知识，即使是在岗会计人员也不能完整地处理不同公司的账务；其次，整套的核算信息由一个众包商掌握，财务信息安全无法保证；然后，众包商报酬无法合理量化，不同财务核算事项会有不同的操作流程和审核要求，难以对其进行有规则的定价；最后，缺乏核算质量监督，众包商并不是企业员工，无法实施绩效考核，出错后也无法追踪更正，大量比对和判断事项对任何人而言都不能保证较高的准确率。

2. 会计核算众包设计模型

针对上述问题，最佳的核算众包解决方法就是极致拆分，形成低门槛的微任务产品，统一定价，而需关联判断的事项尽可能交由系统完成。我们可以从一套规则两个层面去搭建实现核算微任务的模型。

（1）一套规则是指连接表象层面和后台层面的财务信息比对判断逻辑，比如发票抬头通过程序与数据库储存的公司名称比对应一致就是一个规则，所有规则组成一套完整的系统语言，准确传达表象层面和后台层面的行为是否合规。

（2）表象层面是指众包商的操作行为产生层面，微任务一定是简单的、独立的、小量的产品体现：众包商接受任务后，需要做出的行为可能是提取一张发票的核算信息、一份入库单的签字信息、一页合同的时间信息或者一条摘要的编制信息。一定要记住，让众包商提取而不是比对判断；一定要记住，每个任务仅仅是一个核算流程中的一环；一定要记住，尽可能拆分核算流程，不要担心拆分后任务过多。

（3）后台层面是指财务信息储存的数据库，比如符合规定的发票抬头、各类导入使用的制式文件、科目库等。众包商在表象层面提取的信息通过规则与后台层面进行比对判断，完成核算记账。

6.2.3.3 会计核算众包设计

1．会计核算众包设计举例

有了模型，我们就能开展核算微任务产品化的全流程设计，设计的切入点是企业现有核算工作中最简单、最标准、最接近会计真理的一项，这里我们以报销招待费为例展开产品化设计。

（1）招待费定义。

企业为生产、经营业务的合理需要而发生的应酬支付，多为餐费、酒水茶费、零食水果费，也包含非福利捐赠性质的礼品费。

在核算微任务产品化过程中，对核算项目的定义理解需要非常清晰，许多时候容易忽视这点。在后期众包平台系统架构搭建时，若出现过多界限模糊的比对判断事项，会造成规则交错，容易出现生成科目混乱的情况。

（2）招待费发生频率。

绝大部分企业，特别是集团型企业，因各方面原因需对内对外交流的次数逐渐增多，招待费的发生已成为常态，按出现次数计量，通常占所有报销事项的 10%左右，属于高频率核算项目。

核算事项的出现频率对前期微任务产品设计比较重要。企业会有大量事项需要财务核算，但并不是每一项都会经常发生。出现频次高的，其标准化程度与合规程度相应较高，且产品设计最好遵循先满足大量需求再满足少量需求的顺序，所以定位到高频率出现的核算事项能更容易寻求到传统作业向互联网作业转型的突破口。

（3）招待费内外部监管。

企业发生招待费，外部监管并未有条款化的干涉，甚至可以说无论财务会计制度还是税收制度都未给予准确的界定和计量要求。唯一需要考虑的是招待费的税前扣除标准中"最高不能超过当年销售（营业）收入的 5‰"，从系统管理角度，可以通过众包平台和销售平台对接，实现数据预警。

而内部监管对招待费的约束多为金额上限分级审批、不准予发生的招待事项、严格区分招待费和宣传费等。众包平台可以通过金额自动匹配电子审批、关键字（词）搜索拒回、增加科目生成条款等予以控制。若企业不愿将大额的招待费让外界知晓，可以通过设置微任务金额上限予以屏蔽。

内外部监管要求是核算微任务产品设计中必须考虑的事项。任何产品都应符合法律法规及企业规章的要求。核算众包平台除了满足核算工作的开展，还应兼顾账务合规合理管控，且将管控更多的交予系统实现。

（4）招待费原始附件拆解。

原始附件是支撑会计计量和财务管理的重要凭证。发生招待事项，通常经办人员会取得若干发票和消费清单。我们需要将这些原始凭证所附带的信息拆解至尽可能的零散。

首先是不同种类原始附件的拆解，按发票类原始凭证和非发票类原始凭证定义，应将招待费发票和消费清单独立对待，即每张发票或每页清单成为一个核算微任务。若企业要求使用粘贴单，则将发票和清单粘贴完毕后，每张粘贴单成为一个核算微任务。这里建议有条件的企业对发票类原始凭证和非发票类原始凭证使用不同电子辨识编码（如二维码）的粘贴单，这将对系统自动化率的提高大有帮助。

然后是原始凭证审核项目拆解，即按相关规定对原始凭证哪些内容需做正确与否判断，将这些内容列示。一般情况下，发票需要审核的项目有：

①开具时间；

②抬头（客户名称、购买方……）；

③金额；

④开具方名称；

⑤是否加盖发票专用章；

⑥项目。

清单需要审核的项目有：

①金额；

②出具方名称。

若使用粘贴单，粘贴单需要审核的项目有：

①金额；

②粘贴附件数量。

最后是建立原始附件审核项目间的联系和单个项目与数据库间的联系，目的是梳理比对判断规则，用于表象层面和后台层面的连接。针对招待费拆解出的原始附件项目，我们能建立如下等式或判断选择：

①发票开具时间中的年份=系统后台设定完成的当年年份（即所处的会计期间），若企业有更高财务事项发生时间管控要求，可以对月日作比对等式；

②发票抬头=数据库中准许的公司名称，若企业允许员工使用个人姓名作为抬头，可以增加等式右边的取值范围；

③同一商家前提下，发票金额=清单金额，若有多张发票时，发票金额合计=清单金额；若使用粘贴单时，粘贴单上发票金额合计=粘贴单金额，粘贴单金额合计=清单金额；

④发票开具方名称=清单出具方名称；

⑤对发票是否加盖发票专用章作是或否的选择判断；

⑥若使用粘贴单时，粘贴单附件数量=粘贴单上发票+非发票的张数合计；

⑦发票项目是支撑核算科目选择的重要信息，科目生成途径=系统自动生成+人工选择生成，后文会进行相关阐述。

原始附件拆解是核算微任务设计的重要一环，这将决定众包商需要提取哪些信息，表象层面和后台层面需要做出哪些比对判断。同时，拆解的合理性也会影响微任务完成质量的控制体系，如果拆解不充分，则容易导致财务审核点不能逐一检测；如果拆解包含过多无关信息，则容易导致众包商交互体验不佳。

（5）电算化系统信息拆解。

从财务信息安全角度出发，众包平台应定义为核算工作的开展载体，而不是会计电算化系统本身。企业需将众包平台和正在使用的会计电算化系统进行对接，将电算化系统中需要审核判断的内容拆解，自动传至众包平台形成微任务。若企业愿意将众包平台直接定义为电算化系统本身，则在页面设计中直接融入微任务的展示操作框。基于预算对内、核算对外的财务管理理念，预算项目、成本中心、发生金额、事项说明等建议让经办人或财务预算管理岗人员录入，而不是让众包商代办，这也更能明确核算众包内容的范围和微任务执行要求。分析金蝶、用友、SAP 等国内主流电算化系统操作页面和部分大型企业自行开发的电算化系统操作页面，招待费核算系统信息大体能拆解为：

①事项描述；

②报销金额；

③电子审批；

④收款方信息；

⑤摘要及科目。

对以上五点做比对判断规则时，应充分考虑其与原始凭证之间的联系，建立规则如下：

①事项描述不能出现违规敏感表达，通过数据库中违规敏感关键字段的建立，实现众包平台自动判断。描述招待费因何发生，大多数情况不能出现违规违纪现象，如"宴请监管机构"，我们可以根据经办人的用语习惯和财务制度将"宴请监管"设置为违规敏感关键字段，一旦监测出该字段，众包平台自动做出不予以报销的处理。

②报销金额≤发票金额合计=清单金额，若监测出报销金额大于发票金额，众包平台自动做出不予以报销的处理。

③电子审批节点人姓名=数据库预设对应金额有权审批人姓名。例如，本次招待共发生980 元，数据库预设报销 1000 元以内需王××审批，众包平台自动调阅电算化系统中电子审批流是否有王××节点，有则通过，没有则做出不予以报销的处理。

④收款方信息中收款方名称=发票开具方名称。若等式不成立则有很大资金支付风险，众包平台做出不予以报销的处理，至少应做出支付预警。

⑤摘要及科目对众包商要求相对较高。市场上部分产品会通过一些细节的变化满足不同层次用户的需求，比如 iPhone 6 会延伸出 iPhone 6C 和 iPhone 6s Plus。核算微任务对众包商而言，90%的操作内容是对不同载体上财务信息的提取，但是有 10%的操作内容是基于专业的判断，我们可以引入众包商分级晋升机制，以此让众包商处于不同层级，执行细节要求不同的微任务。摘要和科目就属于对众包商层级有限定的核算环节。

摘要生成规则首先是固定语句格式，比如费用报销核算统一为"主语+报销+××费"，主语可以通过提取电算化系统中的经办人信息自动生成，也可以通过众包商根据事项描述填列；××费直接套用会计科目即可，也可以让众包商编写宾语。

科目生成应先尝试众包平台自动判定，判定失败再让众包商选择。首先在数据库中建立一套生成条件，要计入招待费科目，事项描述中应有"报销招待费/餐费/食品费……"字样，发票项目应是"餐费/餐饮费……"，当同时满足时则自动生成招待费。然后众包平台将事项描述和众包商提取的发票项目与数据库进行配比，若配比成功，计入招待费科目；若配比失败，则跳转众包商选择。最后众包商根据获得的事项描述信息和发票项目信息在科目库中进行手动选择。

电算化系统信息拆解的第二、三、四点能实现后台层面的自动比对判断，不用进行微任务设计，第一和第五点能合并设计成科目判定微任务，若满足系统自动生成条件，则摘要和科目自动编制选择，该微任务不会在众包平台出现；若不能满足，则出现该微任务，由指定层级的众包商执行。

（6）招待费微任务产品定义。

所谓产品定义，就是一款产品的使用说明。招待费微任务产品定义，就是根据有关招待费的一系列规定及拆解出的事项，确定众包商如何执行微任务。我们将招待费微任务分为两类，一类是原始附件审核微任务，另一类是科目判定微任务。通过比对判断规则，很容易知晓需要众包商帮助企业获得哪些信息，才能与数据库中的设定信息进行校验。在招待费原始附件审核微任务中，我们需要众包商执行的有：

①无粘贴单情况下：

若获得一张发票，需要提取开具时间、抬头、金额、开具方名称和项目，判断是否加盖发票专用章；

若获得一张清单，需要提取金额、出具方名称。

②有粘贴单情况下：

若获得一张仅贴有发票的粘贴单，需要提取所有发票的开具时间、抬头、金额、开具方名称、项目、粘贴单金额和粘贴附件数量，判断是否加盖发票专用章；

若获得一张既有发票又有清单的粘贴单，需要提取所有发票的开具时间、抬头、金额、开具方名称、项目、清单金额与出具方名称、粘贴单金额和粘贴附件数量，判断是否加盖发票专用章。

2. 会计核算众包设计总结

可以发现，众包商在完成微任务时大多数时候都在执行提取操作，原始附件中每条信息写的是什么，众包商就在任务执行框中原封不动地输入什么。比如发票上金额是 980 元，众包商就在众包平台指定的输入框中填写 980 即可。唯一需要判断的是有无加盖发票专用章一项，对于是或否的选择，我们应充分相信经过注册认证的众包商。看似提取的项目较多，但其实因会计核算工作的特殊性，大部分内容是简单的数字和短语，微任务执行耗时会很短。最重要的是，单纯对文字数字信息的提取，大幅降低了会计专业要求，甚至可以说零门槛上手，而系统比对判断则大幅提升了核算质量。这一降一升，充分体现了会计核算众包的价值。

招待费科目判定微任务属于或有事项。支撑科目判定的原始附件，系统会自动拆解成不同微任务让不同众包商执行，众包商 A 获得一张项目为"餐费"的 180 元发票，众包商 B 获得一张项目为"食品"的 800 元发票，众包商 C 获得一张与 180 元发票金额、出具方一致的清单，众包商 D 获得一张与 800 元发票金额、出具方一致的清单。A、B、C、D 按照原始凭证审核微任务要求完成提取，后台程序自动将四位众包商提取的信息合并，同时提取电算化系统中的事项描述信息为"报销招待费"，规则判定符合生成"招待费"科目的条件，此时众包平台不会出现本次招待费科目判定微任务。若不符合生成条件，则产生微任务，由有资质的众包商根据众包平台提供的支撑判断信息，从科目库中选择。

此时，我们已经将传统招待费核算设计成核算众包微任务，配合报酬定价及支付就可以放至众包平台让众包商执行。按照此产品化设计流程，绝大多数的会计核算事项都能转变为核算众包微任务。转变过程的重中之重是明确"尽可能让系统自动比对判断"这个思路，拆分出的微任务越短小精干，就越容易提升自动化率，同时微任务使核算工作支离破碎，财务信息安全也得到了最大保障。

6.2.3.4 会计核算众包设计升级

随着核算事项的不断拆解，微任务会逐渐增多，这时需要将不同微任务中一样的比对判断点抽出合并。比如发票几乎会在每项核算事项中出现，而对发票内容的比对判断规则变化极少，我们可以将关于发票的微任务产品定义设置成默认值；又比如合同的财务信息提取判断，通常为起止时间、金额、支付方式和是否有签章，我们可以将这四点作为合同的微任务产品定义并设置成默认值；再比如纳税凭证，纳税日期、纳税人名称、税种、金额和是否有征税专用章作为常规提取判断项，这些常规项就作为纳税凭证的微任务产品定义默认值……后台程序会根据这些默认值将不同的微任务执行框呈现在众包商面前。

当然，在拆解比对判断点和比对判断点合并的过程中，会出现一些个性化特征明显的特例。有一部分特例会在少数核算事项中浮现，比如在会议费核算中通常需要一份会议通知作为必要原始附件，在人力成本核算中会需要人力成本清单，在借款核算中要求提供借款签报……还有一部分特例会在核算事项处于某一情况中浮现，比如差旅费核算中出现费用超标情况时附上了合理超标说明，应收账款核算中出现对方未按时汇款取得了审批单需计提坏账准备，成本核算中出现应摊销情况获取了摊销表……遇见这些针对性的原始附件，无须担心不能转变为微任务，任何财务信息的比对判断设计要点都能通过合理的拆解得到。

在由点到面的整个微任务产品设计过程中，参与设计的人员需要打破原有会计观念，在夯实会计理论和实务的基础上，还需要对电算化程序构造和产品研发基础知识有一定了解。认定会计核算是一个整体的人是做不好核算众包微任务的，核算众包微任务的精髓就在于几乎无门槛的表象层面和准确定义的后台层面，通过科学合理的比对判断规则，由整体到分散，再由分散到整体。核算微任务产品设计的美妙在于想象力和严谨性的有机结合，整个过程亦能体会到"互联网+"散发的魅力。

6.2.4 会计核算众包实施

有了核算众包微任务，就等于有了能放上众包平台的产品。众包闭环会围绕产品这一核心运作，从众包组织者到众包商，从任务发起到报酬支付，微任务成为连接载体。要顺利实施会计核算众包，还应在以下方面做好充足准备。

6.2.4.1 类型定位

一款互联网产品，准确的应用类型定位尤其重要，众包平台通常是基于服务中心型应用架构进行开发的。服务中心型应用一般包含详尽的服务说明和 FAQ，并通过一些交互完成订单提交、在线支付、在线服务的操作和管理工作。对于核算众包平台，大量的操作反馈视窗是众包商处理核算微任务的基础，服务中心型的应用通过友好、便捷的在线支持能较好地协助众包商完成琐碎的工作。

现在也有一些众包平台采用网上商城型应用模式，将众包任务以商品形式陈列，根据众包商的资质认定结果每日发放虚拟货币，众包商通过虚拟货币购买"商品"完成"加工"，众包组织者再用流通货币购回加工完成的"商品"。这种模式相对更适合大众比赛或创新型的众包，但若核算众包的任务已呈现足够多样化时，也可尝试。

此外，众包非常强调任务执行的灵活性，核算众包亦如此。除 PC 端外，App 端、微信等第三方平台端、平板电脑端都应予以考虑，至少在前期应能保证推出 PC 端和 App 端。随着科技日新月异的发展，对穿戴设备和虚拟现实也应随时关注，保持众包体验的前沿性，彰显"众"的挖掘深度。

6.2.4.2 域名

最简单的方法是直接使用企业已有的域名，优势在于同企业其余资源的整合。众包商在执行核算微任务的同时，也有较大概率关注企业的主营业务，运作得当，庞大的众包商群体就将成为企业的客户资源。

注册独立域名是更有长远发展的途径，优势在于独立化运营有利于后期承接其余企业的核算微任务。众包平台发展到一定阶段，彻底地开放后向 SaaS，甚至 PaaS 转型，为外部企业提供核算众包服务，庞大的众包商流量将创造互联网+独有的财富。

6.2.4.3 软硬件

企业开展核算众包，一般以财务部门或财务共享服务中心为执行主体，财务岗很难有精通后台系统语言的人员。即使企业 IT 部门愿意协助，也会耽误大量人力。平台服务器作业系统的开发建议外包给专业团队。只要能掌握核算微任务产品设计，得到现有电算化软件开发商的协助，将微任务执行规则转化为后台系统语言并不是难事。

目前平台服务器作业系统以 Windows 和 Linux 为主，前者工作量较小，但费用昂贵且硬件要求较高；后者工作量较大，但几乎无费用且配套软件丰富。如外包商技术过硬，建议使用 Linux 系统，配合 php 动态网页技术和 MySQL 资料库系统。若钟情于 Windows 系统，则配合 ASP 动态网页技术和 SQL Server 或 Oracle 资料库。

硬件很大程度上决定了平台提供服务的能力和稳定性。核算众包平台因面向大量众包商，且原始附件通过影像方式展示，大量的并发和缓存对服务器要求很高。企业运作核算众包平台时，一定需注意根据微任务量调整服务器配置方式。前期核算事项未完全转变为微任务产品且众包商数量较少时，可以采取租用服务器的方式，成本低维护易；中期随着微任务产品和众包商数量增多，且有将其余企业核算事项接入众包平台的计划，可以采取托管自买品牌服务器的方式，IBM、HP、SUN 等都是有质量保证的服务器制造商；后期入驻众包平台的企业达到一定量时，核算微任务会呈几何数级爆发式增长，此时建议租用专线自建机房，虽投入成本较高，但很快会被大流量产生的财富价值稀释。

6.2.4.4 UE/UI

交互设计对核算众包平台非常关键，从微任务产品我们能看出众包商会提取判断数个甚至数十个财务信息，同时处理会计工作对细心和记忆要求较高，交互好坏能直接影响众包商执行核算微任务的质量。

干净淡雅的页面，少量利落的跳转，符合习惯的视窗，简短有效的提示，直接准确的支持等都是核算众包平台应当拥有的交互样式。切忌使用艳丽的色彩、繁琐的输入和频繁的切换设置。当然，完美的交互同核算微任务产品的设计有很大关系，产品操作门槛未有效降低或者比对判断规则不够清晰，都会使交互设计面临诸多困难。

6.2.4.5 产品团队

核算微任务产品作为实施核算众包的核心，企业需要一个专职的产品团队负责微任务的研发和改良。对于已经实现财务共享的企业，产品团队有 3～5 人即可；若还未实现财务共享的大型企业，则需 10 人以上；未来如需纳入外部企业核算事项，则应准备数个产品团队。团队最主要的工作就是将传统会计核算事项基于互联网思维，按服务产品化的方法转变为可放入众包平台的核算微任务产品。一个良性发展的企业，营业版图会越来越大，新领域的拓展会带来新的财务需求，产品团队要具备随时应付各种情况的能力。

产品团队在财务部门架构中应给予独立地位，尽量避免团队成员兼顾本职以外的工作，且应赋予能直接与所有员工沟通的权利，便于产品化过程中访谈的实施。拥有数个产品团队的情况下通常会设置一名产品总监、数名产品经理和一定量的产品专员；一至两个产品团队的情况下设置一名产品经理和数名产品专员即可。

胜任核算微任务产品研发的团队成员至少应对企业核算事项清楚知晓，最好能有数个企业会计岗位工作的经历，对专业方面的要求应更重视实务。除此之外，创造一款好的产品对百科知识及综合分析能力要求也较高。若一名员工拥有很棒的业绩，但完全基于对企业财务手册一板一眼的执行和教条式的操作，则不建议让其加入核算众包产品团队。

6.2.4.6 运营团队

核算众包实施有别于单纯的内部财务人员管理，因众包商和企业间并不存在雇佣关系，且众包平台不是内部运作载体而是市场运作载体，所以需要组建一个专职于核算众包运营的团队。团队主要包含宣传、客服和众包商管理模块。

宣传模块的主要职责是招揽众包商。核算众包最大的价值在于财务工作直接创造用户流量，众包商越多，平台的功效就会越大。核算众包吸收众包商的宣传主线思路与其余众包大同小异，"用闲暇时间赚取日常开销"的概念在当今社会对大多数人依然适用。

客服模块的主要职责是解决众包商的常规问题。众包平台通过后台程序和交互实现众包商与客服的在线沟通。因为核算众包有一定专业需求，大多数众包商问题是因为专业知识不够或对任务要求不明白而造成的核算难点，这需要客服人员对企业账务有较充分的了解。

众包商管理模块的主要职责是管控众包商行为和结算相关费用。众包商注册认证、总数控制、违规行为制裁、线上培训、报酬结算及支付等都属于该模块工作范畴。该模块事项繁杂，但也是维持核算众包平台秩序最重要的力量。

从岗位要求而言，宣传模块需要有产品市场运作经验的人员，建议招聘获得；而客服模块和众包商管理模块均可以让原有财务人员转型，经过培训获得。单就企业内部运作核算众包，整个运营团队有 10～15 人即可；若需纳入外部企业核算事项，则需相应增加工作人员。而且当要开拓的外部企业入驻平台的市场时，宣传模块应既面对众包商端又面对企业端开展工作。

6.2.4.7 产品定价

核算微任务产品定价即每个任务需支付众包商多少报酬。要实现科学可持续发展的报酬方案，考虑的因素较多，从软硬件分摊成本到可替代的人力成本，从宣传成本到管理成本逐一覆盖。仅在企业内部运作核算众包是节流而不是开源，且企业越大成本节约越多。即使实现了财务共享，十万员工以上的集团也需要数百人的核算人员，众包后仅需 20 人左右的产品团队和运营团队。在雇员成本不断上涨的今天，发动群众的力量，发动互联网的力量，能快速大幅降低开支。

可以通过粗略计算观察核算众包给企业带来的收益。一个 20 万人的大型集团企业，现有 300 位会计核算人员，平均每位每月税前人力成本 4000 元、管理成本 500 元，每月核算事项 10 万件。按照核算微任务产品设计经验，通常一个核算事项能形成 5～10 个微任务，平均以 7 个计算，则该企业每月会产出 70 万个微任务，每个微任务定价 1 元，则需支付众包商 70 万元。而 300 位会计核算人员的人力成本和管理成本总和为 135 万元，这 300 人还未包括多出的中层管理人员，当然中层管理人员可以向产品管理人员和运营管理人员转型。另外，大多数的核算微任务 3 分钟之内足够提取完成，众包界有条潜规则是尽量不让全职众包商的收入超过平均居民收入。3 分钟一个微任务，一个小时就是 20 元，全职一天 160 元，一个月就是接近 5000 元，显然 1 元 1 个核算微任务的定价是偏高的。

当众包平台开始纳入外部企业时，还会产生每单佣金收益和资金池收益，此时产品定价也要做相应调整。总体来看，小型企业没必要开展核算众包，而大中型企业开展核算众包会有效节约成本。小型企业可以通过入驻众包平台的方式减少财务岗设置，达到减少支付的目的。

6.2.4.8 报酬支付

因国内对支付牌照的管控，核算众包平台报酬汇款基本需通过第三方实现。委托银行或支付公司办理是最简单便捷的方式。大多数情况下全付市场的众包商报酬并不是一任务一结，而是每月固定二至四个时间点统一汇款，这对增加众包商黏性，减少财务成本有较大帮助。

以上八点是在实施会计核算众包中必须考虑和准备的，完成这些工作后，核算微任务产品就能真正进入众包平台开始接受众包商检阅。企业核算众包不断发展，还会出现众包商价值驱动、大数据挖掘、抽佣资金池投资等工作事项，可以作为远期计划逐步实现。

实施核算众包是对原有会计核算作业模式的颠覆，将财务工作与前线市场相结合，财务部门向互联网产品研发及运作部门转型，甚至可以直接为企业带来利润创收点。财务人员能脱离枯燥乏味的凭证审核和分录编制，一部分向更能展现专业魅力的报表分析、纳税优化、投资评估等岗位进军，一部分向互联网+时代需求的高复合型、大格局型人才转型。核算众包让会计革命快速到来。

6.2.5 会计核算众包风险控制

"我能否信任众包商？"是很多众包组织者最大的担忧，毕竟将工作交给一群完全不认识的人去执行，感觉不靠谱是正常的认识。对会计核算众包而言，这种担忧还会被放大且是必要的。核算内容本身具有的财务信息机密、财务数据价值、财务工作原则以及若核算出错会带来的监管处罚都是实施核算众包的组织者绕不过的事项。一旦出现大面积核算内容泄露，为企业带来的风险损失会非常巨大，因此建立一套合理的风险控制体系是势在必行的事情。

这套体系需要全面覆盖软硬件、微任务产品、众包商操作流程，控制途径主要为系统校验，尽可能减少人工校验，核心为将风控手段融入每个或有漏洞中。基于此，我们将会计核算众包风险控制分为三个风控模块，分别为系统安全风险控制模块、信息安全风险控制模块和核算质量风险控制模块。每个模块下分数种风控机制，所有机制相互协作，最大限度地降低风险发生几概率。

6.2.5.1 系统安全风险控制模块

系统安全风险控制模块主要针对软硬件运行过程中自带的风险进行控制。核算众包涉及软硬件较多，软件安全直接影响众包平台的运作稳定性，硬件安全直接影响财务信息的存放保密性。一旦风险发生，轻则造成宕机、卡顿，重则造成核算规则被篡改、财务信息大量泄露。保障系统安全是核算众包顺利开展的基石，主要通过以下机制实现。

1. ISP 许可证查阅机制

无论是租用还是自购服务器，在核算众包未达到超大量级需自建机房的前提下，都应托管。服务器不同于个人计算机，它需要 7×24 小时不间断运作、稳定的电力供应及数套备用电源、专业技术人员全天候监控、8 级抗震建筑物保护、恒温恒湿系统等，采用托管会节省大量自建成本。但是托管服务商的资质非常重要，若资质不达标甚至个人代理接入，造成数据损失和泄露的风险会大幅提升。

ISP 许可证是服务商开展互联网接入服务、信息服务和增值服务的国家级认证证明，能取得这项许可的公司并不多。核算众包组织者要认真核实服务器托管服务商的 ISP 许可证，只要非伪造，该服务商提供的硬件安全保障就能满足服务器正常运作的要求。同时签订托管合同前，也应一并核实服务商的营业执照和 ICP 证，远离规模小、历史短、无骨干节点的托管服务商。建议众包组织者寻求第三方技术鉴定商共同确定受托方。

2. 服务器测试机制

核算众包组织者需准备 1～2 名专职 IT 技术人员，他们最重要的一项工作就是开展不定时的服务器测试。通过服务器测试，能实时掌握网络是否稳定、速度是否达标，形成的测试文档能对并发峰值及超负荷运作实现预警。测试也能监督托管服务商将服务器交由代理运作，同时防止服务器被调包为低性能产品。

3. 数据备份机制

财务数据对任何企业的重要性不言而喻，资质再好的服务器托管服务商也不能保证储存的数据不会丢失。核算众包组织者可购置储存硬件，定期拷贝数据进行备份。这些储存硬件应是完全独立且分散的，避免因失火、盗窃、天灾等造成一次性整体损失。

4. 杀毒软件和防火墙调试机制

从现今软硬件配置及管控来看，安装杀毒软件和防火墙已经是常识。企业版诺顿、Macfee、360 等都是较好的杀毒软件，Symantec 则是较好的防火墙。通常服务器托管服务商会准备数套杀毒软件和防火墙的配置供需求者选择，因财务工作的安全特性，尽量使用高效能搭配。核算众包组织者应将核算众包开展的网络安全需求详尽告知服务商，并派出 IT 专业技术员工配合服务商共同将杀毒软件和防火墙调试至最好防护效果。

5. 加固机制

前面我们推荐使用 Linux 搭建众包平台作业系统，Linux 加固程序可以为这套系统提供安全防护。主要包含网络防火墙搭建、网络扫描和嗅探、网络流量监控、系统日志服务、VPN 构建等。专业成熟的技术人员能完美实现加固程序运行，对防止网络攻击能起到较好的作用。

若使用 Windows 搭建作业系统，也可使用相关的安全加固手段控制风险。

6. 紧急情况应对机制

因服务器搬迁、光纤切割、信号干扰、遭受强力攻击等客观原因，会造成一定持续时间的众包平台无法登录、输入不流畅、运行规则响应缓慢等现象。众包组织者应对此有心理准备，并有条不紊地开展应对工作。首先是评估风险大小，特别紧急或会造成严重后果的，立刻关闭服务器和网络的连接；其次通过官方渠道安抚众包商情绪，并告知大致恢复时间，能事先通知的做好通知草案；然后组织技术人员解决问题；最后重新开启众包平台运作，并在可承受范围内给予众包商一定激励性补偿。核算众包组织者应准备多套系统风险应对措施，风险发生时，首要保护财务数据，次要稳定众包商情绪，尽快恢复网络和作业系统安全顺畅地运行。

系统安全风险控制本身就是一门需要较高专业技术的学问，会计核算众包因其包含内容的特殊性和微任务并发要求的高配置，对软硬件的稳定运行保障尤其看重。除以上六点外，众包组织者还可以通过插件监控众包商个人计算机是否开启防火墙、实时记录受到攻击的程序模块、定时更换 IP 等手段提高系统安全风险控制能力。漏洞检测和 BUG 修复更是应作为日常工作，要形成相关文字记录。最好的系统安全保护手段就是通过历史记录预估未来行为，在风险发生之前扼杀掉风险。

6.2.5.2 信息安全风险控制模块

不同于系统安全，信息安全主要针对的是会计核算众包形成的微任务所蕴含的财务信息和众包商个人信息的管理保障，管理行为有防止泄露、篡改、盗用、贩卖等。简单来说，系统安全是针对系统的，是信息安全的客观支撑；信息安全是针对信息本身的，是通过主观措施保护信息产生和储存的环境。信息安全风险控制模块主要通过以下机制实现。

1. 财务信息分散机制

财务信息分散机制是最主要也是最有效的财务信息保全方法。通过优良的核算微任务产品设计和强制不同 IP 分派程序编制，确保每个会计核算事项的原始附件信息和电算化系统信息完全拆解后，由不同的众包商处理。单个众包商在这套机制下，每次任务只会获得不同核算事项中的一张发票，或者一页合同，或者一个科目选择，或者……核算所需要的比对判断，尽可能交由后台程序完成。

众包商独立分散的特性，通过人为方式将零散的财务信息准确合并的概率几乎没有，企业的核算事项被完整知晓得越少，那么安全性就越高。因无法掌握完整的核算事项，财务信息的保密性也大幅提升。核算微任务产品通过匠心打造，众包商眼前永远是支离破碎的文字和金额。

2. 动态水印喷码机制

通过影像添加水印技术对核算微任务产品进行动态水印喷码，主要为增加众包商将原始凭证和电算化信息实施其他用处的难度。不可否认的是，任何形式的水印都能通过图片处理技术消除，但是聊胜于无，怕麻烦是人性的本能，除非蓄意为之，此机制能较好地起到追踪"善意"传播者的作用。

众包商将核算微任务产品内容公布在大众网络上，如论坛、博客、微信朋友圈等，此类行为的动机并非是为了泄露财务信息和尝试合并核算事项，更多是出于好奇和某个笑点。众包组织者不用过于担忧此类情况，因为完全独立的发票、收据等原始附件，或者单纯一句摘要、一个科目等电算化信息，任何人试图借此掌握核算内容和规则都是徒劳。当发现带有水印的核算微任务产品内容正在小规模传播时，对相应众包商作出警示即可。其实这类"善意"行为，往往对产品宣传起到促进作用。

3. 舆论点屏蔽机制

核算微任务产品已将财务信息做最小化处理，但最小化后依然会携带极小部分容易被大众关注的经营事项，我们把这些事项称为舆论点。比如发生了一笔大额的招待费，其实本质是因为一次大规模的聚餐，而众包商并不清楚实际情况，看见几万或者数十万的招待费发票难免有秀一下的想法。虽然此类事项合规且合理，但若核算众包组织者并不想引起太多舆论关注，我们可以通过程序实现成本中心屏蔽或者超限金额屏蔽。简而言之，对一些特定部门的事项或者大额事项不放入众包平台处理。

4. 类屏保机制

引导众包商将注意力完全集中于执行核算微任务，可以有效降低复制、拍摄、截图财务信息的可能性，为此可以使用类屏保技术。设置一个时间区间，比如 10 秒、20 秒，当众包商在这个时间区间内没有在指定位置输入字段时，平台页面进入模糊模式或者水纹模式，该模式下无法看清具体的附件信息或者电算化信息。这会迫使众包商持续操作任务本身，而无暇顾及其余行为。需要注意的是，要充分考虑用户体验，尽量不要设计成直接弹出任务或者自动终止任务。

5. 保密协议电签机制

通常众包组织者和众包商之间会订立一些权责条款，通过互联网实现双方电子签署。核算众包因其内容保密性要求较高，可单独制定一份保密协议在众包商注册时予以要约。众包商完成注册，就意味着接受保密协议的内容，内容大致为定义保密范围、明确违规事项、告知处罚力度等。保密协议是为整治有恶意散播、编造财务信息等行为的众包商提供法律支撑。

6. 页面警示机制

可在登录页、任务领取页等非操作页面放入少量软性警示，主要目的为持续性告知众包商属于违规操作的行为有哪些。

我们一方面不能完全避免有极少数别有用心的人通过核算微任务产品做出不道德的事情，一方面也要相信大多数众包商仅仅是单纯为了获得报酬选择执行任务。信息安全风险控制机制都是以未雨绸缪的思想为出发点建立的，既然不能阻止"下雨"，那就备好措施堵住漏洞。从这个角度发散开来，诸如防文字复制机制、无历史任务查询机制、有奖举报机制等都是可行的该模块风控手段。

6.2.5.3 核算质量风险控制模块

虽然核算微任务产品将原本专业门槛较高的会计核算行为转变为简单的提取操作，但众包商并不是机器，在输入指定内容时也会发生手误，并且对一些不能通过产品设计绕过的判断，众包商也可能因为经验或知识构造问题而出错。一些核算错误为企业带来的监管处罚甚至名誉伤害也是核算众包组织者非常担心发生的风险。"众包商信任"本身就是众包行为研究者的一个课题，既要信任众包商，也要规范众包商，我们可以通过下列机制引起众包商对工作质量的重视，并规范其行为。

1. 多重身份认证机制

任何个体要成为核算众包平台的使用者，必须经过多重身份认证后才能注册成功。这是维护优质核算质量的第一道城墙。虽然学历、职称不代表成就的大小，但从大数法则来说，受过高等教育的人自律性更好。核算众包组织者可以通过身份证、手机号码和银行卡绑定实现三重实名认证，再通过学历上传、从业资格查询、会计职称核查、是否在业函调等实现多重分级认证。

实名认证的作用为追究核算微任务执行者的错误，众包商每完成一个微任务就可以通过程序完成实名烙印，便于运营团队追踪；分级认证的作用为给予众包商不同层级的任务执行权限，比如原始附件信息提取的微任务只需要专科以上学历，而科目判断的微任务则需要至少有会计从业资格。通过友好的认证跳转引导，在获得报酬的利益驱使下，众包商通常能按照要求完成身份认证。

2. 互审机制

喜欢纠正别人的缺点是大多数人的习惯，利用这个习惯可以建立众包商互审机制。每天给予每个众包商一定次数查阅其余众包商已完成的任务内容，并告知众包商使用完这些查询次数会获得现金奖励，若在查询中发现其余众包商在执行任务中出现错误，则会获得更高额度的奖励。众包商会充分运用这些"赚外快"的机会，仔细复核他人执行核算微任务的情况。同时该机制还能起到促使众包商每日登录，增加用户黏性的作用。

3. "白审"机制

对于已经发生核算错误的众包商，视错误大小，众包组织者采取不同方式进行惩罚。若核算微任务产品设计和系统比对判断规则得当，造成重大核算错误的概率其实很低，众包商出错基本集中于可挽回层面。但并不能因为可挽回就不惩罚，否则会极大地增加账务调整次数；而此类惩罚也不宜太重，我们建议使用"白审"机制。

所谓"白审"，就是众包商无法获得报酬的任务执行行为。当发现某个众包商出现核算质量把控不足的问题，通过系统直接列入"白审"名单，该名众包商必须无报酬且正确完成5～10个核算微任务后，才能重新获得报酬。这样变相扣钱比直接在已获报酬上扣除会更有督导作用。

4. 稽核机制

对核算微任务执行情况的稽核可由运营团队完成，也可专门设置稽核团队执行。稽核人员配备众包平台高级以上管理权限，可随时随地稽查众包商处理的核算微任务。前期稽核人员可适量多一些，后期逐步减少。稽核人员最好不直接与众包商联系，而是通过客服团队传达疑问和处罚措施。

因人数限制，稽核人员不能百分百复查已处理完的核算微任务，但要给众包商形成强有力的震慑。这要求稽核人员要擅于分析核算微任务的易错点做针对性检阅，一旦发现问题立即通过客服团队告知相应众包商，并根据问题严重性决定采取何种处罚。同时稽核人员也要和产品团队保持沟通，将发现的高频率错误告知产品经理，争取产品优化，从产品设计上纠正。

5．高质量奖励机制

正面激励的作用对非特定对象效果明显，每月众包商管理人员可通过系统提取所有众包商的"业绩"，对质量指标进行排名。排名靠前者能在报酬提现日获得额外的收益，需要注意的是，不宜将获得高质量奖励的范围圈定太小，额外收益不要过高，但覆盖面要达到所有众包商的 30%左右。这种机制会很好地引导众包商关注核算质量，对自己的每一次错误产生懊恼感觉。

会计核算众包的考核指标有许多，例如总完成任务量、单位时间完成任务量、时效、登录次数⋯⋯，这些指标均可以提取后分析运营情况，但每段时间的排名奖励只集中于一项，这样才能不分散众包商关注的焦点，更好地发挥激励功能。

6．超时抽回机制

核算质量风险除了微任务执行错误，还有故意或无意造成任务执行进度缓慢的风险。众包模式的特点之一就是高效性，若众包商接受任务后迟迟不予处理，就失去了这一优势。会计核算也具有时效性要求，不能容忍众包商无限时地执行核算微任务。我们可以在设计出的核算微任务产品中挑选最复杂的一两个，测试正常操作所需完成的时间，然后将这一时间定为系统自动抽回任务的判定规则。比如在 20 分钟内，众包商未完成一个核算微任务，那这个任务会被系统撤回，并优先派发给其余众包商执行。

通过上述机制，可以对众包后的核算质量做到流程管控。众包商不是企业的雇员，很难通过要求其熟悉规则、参与培训、主动承担责任等方法控制其行为。而会计核算本身的严肃性又需要众包商对核算微任务足够重视。所以核算质量风险控制机制的建立出发点尽量以习惯引导为主，强调正面激励，尽量减少简单粗暴的直接处罚。

6.2.5.4 风控措施持续完善

核算众包实施中的风控措施需要不断完善，一方面是因为众包商群体的个体差异大，不能用一套规则规范所有人；另一方面是因为众包模式本身具有的创造力可能会繁衍出一些投机行为，如抓住某一漏洞可规避稽查。但企业也没必要对核算众包风险谈虎色变，通过核算微任务方式完成会计记账是企业财务开展模式的最前沿，带来的收益远高于这些可控风险造成的损失；而且将什么核算事项进行众包的决定权在众包组织者手中，若感觉某一事项风险过大，完全可以不把其放入众包平台。

当然，我们也应该清楚地认识到，核算微任务产品设计是否合理对风险控制有不可回避的责任。所有的防范机制能较好运作，都基于微任务产品能提供动力。比如因逻辑不清晰造成比对判断规则太过烦琐，再好的软硬件也会出现读数缓慢的情况；比如原始附件拆解不足够细致，财务信息分散就无从谈起；再比如交互体验设计不理想，超时抽回就成为一个笑柄，因为可能没有人能在规定时间内完成信息提取和判断。所以有效的风控手段离不开科学设计的核算微任务产品。

关于核算众包风险控制最后需要说明的是，其实大多数时候，众包商的能力远比想象的强大，众包商没有按要求执行任务，不要一味地将责任推给众包商，而首先因检视核算众包的每个环节，或许就是一个很小的流程搭建错误，导致用户端风险的大面积发生。

6.2.6 会计核算众包——跨时代的互联网财务作业模式

6.2.6.1 会计核算众包情景畅想

畅想一些场景：清晨在上班的途中，你坐在地铁或公交上，拿出手机登录核算众包平台，通过简单地看图打字，到达办公室前已赚回了交通费用；午间休息，用计算机进入核算众包平台，轻易地完成任务，午餐的花费已经悉数回到银行卡中；吃完晚饭，电影不好看，聊天没话题，手持平板在核算众包平台上线，一阵划动敲击，明天早餐就有免费的牛奶面包加茶叶蛋。没有专业要求，不要工作经验，只需识字和常识，就能轻松把钱赚。

你会迫不及待地想把这样的好事介绍给亲朋好友，人与人之间口口相传，大量与你一样的人聚集在核算众包平台，执行任务、聊天、提现……人流量不断攀升，每天完成几个任务成为一种习惯。当对产品有使用习惯时，人就成为用户，庞大的平台用户量让核算工作几乎以读秒的速度完成。

此时集团型企业的财务共享或者财务部仅有三四十人，有的正在回答用户的疑问，有的正在监控系统的运作，有的正在研发全新的核算众包任务。企业的掌控者也手握百万级的用户信息，正在与销售部门研究如何将用户转变为客户。会计核算众包的能量在这一刻开始逐步释放。

对于众包模式，有一种说法是规模性业余化。曾经感觉专业性很强的会计工作，在众包平台上变成了人人都会的小任务。可以毫不谦虚地说，会计核算众包是对财务作业模式的颠覆，利用互联网特性和大众行为习惯，将一板一眼的全流程核算转变为轻松愉快的独立"小游戏"，原来看似不可能回避的人工比对和判断，也因寻求到合理的核算微任务产品设计方法，而转变为系统自动处理的事项。

6.2.6.2 会计核算众包与传统线上化的区别

如今，一些电算化系统研发公司，一些财务共享互联网项目团队，一些拥有会计知识资源的创业者，已经打造出一些互联网财务模式。会计核算众包是具有开创性的，与这些互联网财务模式具有本质区别。

1. 会计核算众包不是网上代理记账

部分代理记账服务企业将业务放至互联网上，招收代理记账员线上作业，其本质是简单地将会计核算工作进行远程操作。按照国家代理记账规定，代理记账员必须拥有会计从业资格证书才能开展会计核算服务。此类会计事项是成套甚至是复杂的，把原始附件熟练地转变为会计分录需要理论支撑和实务经验。

会计核算众包大部分任务仅是对独立的发票、收据、银行回单、合同金额、缴费通知等做提取操作，仅有科目选择属于会计专业独有技术。任何人都有权利核查原始附件的准确性，通过核算微任务产品，会计核算的资质要求已经被消除。对于科目选择则可以通过众包商分级身份认证授权，让拥有会计从业资格证的人员处理。从事过财务工作的人都知道，如果将核算流程所占时间定义为10，原始附件的审查耗时会占用8成，换言之，大部分的核算工作都可以通过微任务实现零门槛的处理。

2. 会计核算众包不是简单的核算 O2O

O2O 近些年大红大紫，成就了月入 18 万的夫妻档美甲师，也成就了 4500 亿的网商+实体市场。会计核算作为一种服务，也能实现 O2O 式的线上线下并行作业，准确地说是实现企业财务人员无空间束缚的工作状态，即在岗时属于线上核算，离岗时通过 VPN 或虚拟桌面达到线下核算的目的。但其本质依然脱离不了专业资质要求和用户群体的特定性。核算 O2O 简单地把核算工作从企业内网移至大众网络，但操作者限定为企业雇员，从单位到不限于单位，只能算作增加了会计工作开展的渠道。

会计核算众包应定义为 B2C，若达到一定规模可以接入外部企业时，则成为 B2B+B2C。C 端是完全自由独立的个体，和企业并无任务劳动合同关系。最为重要的是会计核算众包的本质是将会计服务产品化后，形成核算微任务产品，放至大众网络供任何人选择操作，除个别任务外，没有资质要求和特定用户。当然，有种观点认为 O2O 是 B2C 的一种体现形式，所以我们也将会计核算众包称为非传统核算 O2O。

3. 会计核算众包不是云财务

云财务是指基于广域网的财务系统软件和服务平台，其特点是随时随地接入、会计信息使用者（财务人员、企业高层、外部审计、监管机构等）可同时协作开展工作、几乎所有会计事项均能在此执行。云财务更接近扩大化的核算 O2O，但用户特定性依然存在。

会计核算众包与云财务其实没有太多比较性，云财务中的核算仅是一个模块，更高的价值体现在财务数据的全方位监控上；会计核算众包是只有核算一个模块，其价值体现在人力成本的大幅降低和用户流量的积累上。当然，云财务对核算众包有许多借鉴之处，最重要的一点在于如何基于核算众包实施会计全流程的众包。

通过以上三点，我们可以看出会计核算众包最大的特征就是去专业化、无特定用户、通过流量实现价值驱动。尤其是去专业化，是对传统会计模式发出的挑战，是在互联网+浪潮中的创新，是推动会计革命的动力。核算微任务产品的研发是实现去专业化的关键一环，其强大的面向所有类型企业的适用性，为会计核算众包的推广起到推波助澜的作用。

会计核算众包注定成为跨时代的财务作业模式，核算微任务产品注定成为跨时代的互联网产品典范。诚然，创新都会面临很大风险，或许一个关键环节没法突破就会导致前期所有的努力付诸东流。走入死路就掉头重来，碰上壁垒就转身继续，完美的核算微任务产品和众包流程都是在一次次失败中得来的。每个财务工作者都该为身在信息化高速发展的时代而欢呼，每个会计从业者都能为"互联网+会计"贡献力量。

会计拥有悠久的历史，历经数次变革，现在即将迎来新一轮的洗礼。会计核算众包将让每个人都获得成为会计的机会，将死板木讷的财务工作变成充满娱乐性的消遣，将互联网+的力量再次放大。核算微任务很快出现在眼前，你，准备好了吗？

习题：

1. 能纳入共享服务中心的业务流程应该具备什么特点？
2. 共享服务中心常见的组织模式是如何的？
3. 请列示共享服务中心常见的信息技术，并简要说明。
4. 请列举众包有哪几种形式，各有什么特点。
5. 请论证会计核算众包模式的可行性。
6. 会计核算众包模式可以从哪些方面设计？
7. 会计核算众包实施包含哪些方面？
8. 会计核算众包质量控制可以从哪些方面入手？
9. 会计核算众包信息安全控制措施有哪些？

## 第 7 章

自动化与智能化——财务数字化应对之道

本章学习目标

随着 RPA 被普遍地接受和应用，越来越多的"虚拟员工"将出现在企业中。华为最新 GIV 数据显示，到 2025 年，90%的人口将拥有个人智能终端助理，几乎每个人都会有自己的"虚拟小助手"；在企业方面，到 2020 年，全球"虚拟员工"将达到 300 万。因此可以预见"人机交互"的场景将逐渐增多且变得很有必要。本节通过分析 RPA 的特点、适用场景，同时针对如何实施一个流程自动化机器人展开说明，并介绍如何管理逐渐增多的机器人。

7.1 机器人流程自动化（RPA）——企业财务转型利器

7.1.1 为什么机器人流程自动化被委以重任

在过去的十几年，我们身上穿的很多衣服都是 Made in China，但是近些年我们穿的耐克、阿迪等品牌服饰生产的厂家都已经变成了越南或者老挝。所以大家可以看到一个趋势：资本家为了追逐利润，会把他的工厂慢慢从人力成本价值比较高昂的美国迁到中国。而随着中国的发展，人力成本的提高，现在又迁去东南亚。很多外包公司也是设在劳动力比较低廉的地方，这是过去的一种趋势：资本为了追取更低价的劳动力，会逐渐对工厂进行迁移。

随着数字化、智能化、自动化等新兴热门理念不断"飞进寻常百姓家"，越来越多的企业开始在实际经营业务中应用自动化技术，开启数字化转型之路。而在"智能技术赋能实际业务"的浪潮中，机器人流程自动化（Robotic Process Automation, RPA）无疑是商用最为成熟、应用最为广泛、收益最为显著的数字化技术之一。

企业借助 RPA，打造数字化虚拟劳动力，以替代原先由人工执行的高频、重复、低价值的业务活动。同时，RPA 的应用场景从早期的财务税务领域，不断地向其他业务领域扩展和尝试，包括人力资源管理、信息系统运维、供应链管理、客服中心、法务、内审等。RPA 的广泛应用，给企业管理带来诸多价值，主要表现在以下几个方面。

- 可靠性和持续性：实时提供服务，不会因闲置、假期而产生效率损失，可 7*24 小时全天候提供服务。
- 高效生产力：极大地提升操作速度与效率，缩短完成流程所需时间，有效节约原有重复工作的人力成本。
- 准确性和高质量：一次性获得正确的结果，极大地降低错误损失，大幅提升业务流程处理的信息质量，提升数据准确性和有效性。

- 高兼容性：有效支持跨系统、跨平台操作，兼容第三方插件应用，不会影响企业现有 IT 系统的功能和稳定性（非侵入式）。
- 机密性：有效保证信息安全，规避人为信息泄露，提升业务操作合规性水平，有效降低企业经营风险。
- 可规模性：可规模化、集群化投入使用，根据企业业务处理特点，即时加速/减速，以匹配峰值和谷值的需求，同时不受区域、行业影响，有效支持业务的快速发展。

通过积极引入 RPA 自动化技术，并结合 AI 智能化技术，可逐步构建企业智能化管理体系，围绕业务全流程，以技术驱动为主进行优化再造，提升业务处理效率，优化资源配置，提升公司现代化管理水平；利用智能化技术的便捷性、智能性特点，更好地服务客户、供应商和员工，提升企业服务水平。

7.1.2 适用 RPA 的场景特征分析

RPA 是基于计算机编码、基于规则的软件，通过执行重复的基于规则的任务来将手工活动进行自动化的一种技术。目前国外对 RPA 技术定义的几个显著特点。

- 处理可重复任务：通过软件编程语言，实现机器人完成重复人工任务的自动化处理。
- 在用户界面运行：基于规则在用户界面进行自动化操作，非侵入模式不影响原有 IT 基础架构。
- 模拟用户操作及交互：机器人可以模拟用户日常基本操作。例如，鼠标点击、键盘输入、复制/粘贴等一系列日常计算机操作。
- 可单个部署也可虚拟部署：机器人可以是一台实际的计算机，也可以是云模式下的虚拟机桌面。

基于 RPA 以上特点，我们可以将 RPA 技术应用的场景分成两大类：基于手工的操作任务处理和基于规则的判断任务处理。

基于手工的操作任务处理，如登录企业内部应用，基本的文件及文件夹操作，邮件的日常处理，鼠标、键盘操作，表格填制、数据读取和录入等人类操作模拟。

基于规则的判断任务处理，如判断、计算、OCR 识别及处理、爬虫数据处理、分析预测等人类判断模拟。

结合 RPA 技术"认真执行""不知疲惫""无限扩容"的特点，有以下四类典型的 RPA 应用场景：

① 大容量数据：例如，大量数据的计算、核对、验证、判断审核等。

② 易出错业务：例如，人工操作容易出错的业务，如系统数据的录入、数据核对等。

③ 高频交易处理：例如，每日大量的交易核对，大量费用单据的审核等。

④ 低附加值流程：例如，各系统的主数据的添加及更新维护，发票的登记及状态维护等。

7.1.3 财务常见场景分享

财务部门作为企业内部的价值信息枢纽，每天需要与各个部门对接，处理各类不同的业务，其中存在大量规则明确的重复性流程，这为财务自动化应用提供了基础。财务机器人则是 RPA 技术在财务领域的具体应用，其针对财务的业务内容和流程特点，以自动化替代手工操作，辅助财务人员完成交易量大、重复性高、易于标准化的基础业务，从而优化财务流程，提高业务处理效率和质量，减少财务合规风险，使资源分配在更多的增值业务上，促进财务转型。

财务机器人应用的业务流程一般包括销售到收款（OTC）、采购到付款（PTP）、差旅与报销（T&E）、存货与成本、资产管理（FA）、总账与报告（RTR）、资金结算管理（TR）、税务管理、主数据管理（MDM）等流程。

1. 销售到收款

- 收入确认与开票：机器人自动抓取销售开票数据、稽核校验，并自动进行开票动作；
- 收款核销处理：机器人取得应收和实收数据，按照账号、打款备注等信息进行自动对账，并将对账差异进行单独列示，对于对账无误的进行自动账务核销；
- 销售信用的自动释放：根据回款信息自动完成客户信用的释放操作，可以有效提高客户信用释放流程效率；
- 客户往来款的对账：实现定期与大量客户的往来账务对账，保证双方交易的核对，提高数据准确性，避免数据误差；
- 应收账龄自动化分析及预警：实现分析的自动化处理；
- ……

2. 采购到付款

- 发票校验：基于明确的规则执行三单（发票、订单、收货单）匹配；
- 发票处理：发票的扫描结果的自动处理（与机器人结合的 OCR、发票的自动认证等）；
- 供应商往来款自动对账：实现定期与大量供应商的往来账务对账，保证双方交易的核对，提高数据准确性，避免数据误差；
- 采购付款的自动化检查审核及风险控制：付款过程的自动化检查，确保付款时的风险可控；
- ……

3. 差旅与报销

- 报销单据核对：比如自动发票信息核对（申报数与发票数等）、报销标准核查等；
- 费用自动审计：设定审计逻辑，机器人自动按照设定的逻辑执行审计操作（数据查询、校验并判断是否符合风险定义）；
- 员工费用报销自动化分析；
- ……

4. 存货与成本

- 成本统计指标录入：机器人自动抓取并汇总成本数据；
- 成本与费用分摊：期末时，机器人按脚本分步或并行执行相关成本、费用分摊循环。

5．资产管理

- 资产卡片管理：资产卡片批量更新、打印、分发等；
- 期末事项管理：资产折旧、资产转移、报废等的批量处理。

6．总账与报告

- 凭证处理：周期性凭证的自动处理、自动账务结转、自动凭证打印；
- 关联交易处理：关联交易对账等；
- 薪酬核算：在缺少系统对接场景下的自动薪酬账务处理；
- 自动化报告：格式化报告的自动处理。

7．资金管理

- 资金计划：根据设定的资金划线执行自动资金归集、自动资金计划信息的采集与处理等；
- 对外收付款：收款与付款的数据采集、校验等自动化处理；
- 银行对账等：机器人取得银行流水、银行财务账数据，并进行银行账和财务账的核对，自动出具银行余额调节表；
- 银行余额调节表自动化生成；
- 资金自动调拨、划转操作；
- ……

8．税务管理

- 发票自动核验、认证；
- 纳税申报表自动生成；
- 纳税申报自动化：税务数据的采集与处理，与税务相关的财务数据、业务数据的采集与处理，自动纳税申报；
- 失控发票及失控企业自动巡检及风险控制；
- ……

9．主数据管理

- 财务主数据维护：供应商、客户、利润中心、成本中心、会计科目、资产卡片等主数据批量维护；
- 员工主数据维护：员工信息的批量维护。

7.1.4 如何实施一个流程自动化机器人

7.1.4.1 环境准备

流程自动化开发实施前，要做好以下几个方面的准备工作：

① 项目组织与团队：发起项目，并成立项目组织，确立项目章程，同时确保合同的顺利签署；根据组织分工，成立项目团队，包括客户方和实施方，其中实施方一般划分为功能需求组和技术开发组；确立项目整体计划，并制定需求管理、设计与开发管理、测试与上线管理、验收管理、变更管理、质量管理等流程。

② 办公和网络环境：与客户方确立供项目开发实施的办公环境，并确保网络环境畅通。

③ 产品购买与授权：与客户方确立涉及流程自动化开发相关的软硬件购买与授权，为后续开发实施提供重要保证。

④ 服务器部署环境：根据客户方提供的服务器，搭建和部署开发测试环境。

7.1.4.2 目标流程选取

选择合适的流程可以实现低成本的投入，却获得快速且显著的效果。正所谓"方向对了，努力才有意义"，选择适合的流程来实现自动化，是 RPA 项目成功非常重要的先决条件。

2017 年 RPA 在国内正兴起时，某快消品行业客户正处于公司的年度预算工作中，往年大量的通知、表格下发、预算数据汇总及计算工作让财务预算团队颇为吃力，于是选择的第一批自动化流程中就包含了预算编制表的通知下发，以及表格数据的汇总和处理工作。经过两个月的反复尝试，最终该自动化流程被"遗弃"，成为该客户第一批流程中唯一不尽人意的自动化流程。究其原因，当时预算工作基于大量的 Excel 表格，在表格下发和通知上，RPA 的确节省了一部分人力，但由于预算是年度工作，投入产出收益并不显著。同时，由于编制表在预算过程中出现了数次调整，加上数据填写格式及数据质量等原因，RPA 无法应对更改和异常数据的处理，导致数据汇总和处理工作最终仍然由员工手动执行。

在开始自动化之前，对企业目标范围内的所有业务流程进行梳理和审阅很有必要。通过了解目标范围内的业务流程，熟悉流程当前的工作内容和工作方式，为后续选定自动化流程提供一个大致的方向和参考。

在业务流程的评估过程中，可以关注流程中如图 7-1-1 所示的内容和数据：

图 7-1-1

详细地了解完目标流程的"数据"，接下来需要挑选合适的评估因子，对目标业务流程进行自动化评估，这里分享一些常用的评估因子：

"一票否决"因子：如果满足以下任一情况，则该流程暂时不适合被自动化。

● 流程涉及大量实物操作且暂时无法电子化，如纸质凭证归档；
● 流程的业务规则经常变化；
● 流程涉及大量主观判断；
● 技术实现上不可行，存在技术瓶颈；

- ······

收益评定因子：从流程的投入产出维度对流程进行自动化收益的评估。

- 耗费时间；
- 业务频率；
- 出错率；
- 预计可执行周期；
- 业务伸缩性；

- ······

可行性评定因子：从与落地难度相关的多个维度对流程进行可自动化程度评分。

- 流程稳定性；
- 复杂性和异常；
- 流程连续性；
- 业务波峰波谷特性；
- 数据质量；
- 连通性；
- 安全合规性；

- ······

以上的评估因子可以根据实际情况和关注程度进行选择性使用。

7.1.4.3 机器人设计及开发

不难发现，RPA 的实施和部署有着"易上手、部署快、收益高"的特点，使之成为数字化转型中的排头兵，并在应用方（企业）、实施方（咨询顾问）、产品方（产品厂商）、投资方（资本）四方都呈现井喷的趋势。但随之而来的问题就是，不同企业部署的 RPA 会存在很大的差异。这些差异可能来自于所选流程，也可能来自于产品，但更多地来自于 RPA 的设计理念。在大量实施和交流的过程中，RPA 的实施方法决定其运行稳定性及后续运维复杂性。一个优秀的实施过程及设计理念，不仅可以保证 RPA 运行稳定，而且方便后续的运维和优化。

- 框架设计：基于丰富的实践经验，综合考虑流程特点，建立最优的机器人流程框架；
- 开发规范：遵循统一的开发规范，提升开发效率，降低开发成本，促使团队具备统一的机器人开发标准和方法；
- "出厂"配置：标准化的环境准备，大幅提升机器人利用率，方便其规模化；
- 资源管理：合理的管理框架，充分调度机器人，最大化发挥 RPA 价值；
- 通用代码库：搭建适用企业的通用代码库，助力企业内部 RPA 发展；
- 质检程序：关键节点设立质检点，避免不合规数据或环境影响流程的运行；
- 安全策略：全面的安全策略，确保企业数据及信息安全。

7.1.4.4 机器人运行测试及上线

RPA 机器人的开发及设计完成后，通过流程测试、上线等环境的部署及相关培训，即可完成 RPA 的正式上线。一般测试上线划分为单元测试、UAT 测试和上线投产；对运行缓慢的自动化流程进行优化处理，确保问题清单在测试阶段能得到有效解决；上线后进行跟踪，确保流程自动化运行稳定；对客户方的业务部门和技术部门，提供培训和知识转移。

7.1.4.5 日常管理及运维

流程自动化上线使用之后，需要由技术开发组进行功能整理和提供运维文档；由功能需求组搜集和整理运维阶段客户方提出的业务需求，为项目的下一阶段工作安排提供基础；同时，要进行机器人运行状态监控和维护；日常文档的更新和维护；与客户方进行项目验收工作，完成项目交付等工作。

7.1.5 SAP 自动化

SAP 软件，作为成功企业背后的管理大师，是全球最大的企业 ERP 系统和商务智能解决方案供应商。在全世界 120 多个国家拥有超过 11 万家 ERP 系统客户。通过提供广泛的业务管理解决方案帮助各种规模、行业的企业更高效地运营。

因此，SAP 软件已经成为很多大型企业极为重要的工作平台。虽然 SAP 系统很大地提升了企业管理水平，减少了大量线下工作，但基于 SAP 平台上仍然存在大量的人工操作，如运行指定的 T-code，导出 SAP 数据进行加工和处理，将 SAP 数据与外部数据融合利用等，本章将重点探讨如何利用自动化软件实现 SAP 流程的自动化。

7.1.5.1 UiPath 软件安装

伴随着 RPA 技术被大众所接受，并呈现出明显的效益，RPA 软件厂商也逐渐被大众所关注。这里与大家分享一家典型的公司：

UiPath 是这一领域的顶尖公司之一，被 Gartner 和 Forrester 列为领导者，是一家罗马尼亚公司，于 2012 年成立，2019Q2 被 Forrester 评为 RPA 市场的领导者。目前年度经常性收入达 1.5 亿美元，在亚太区有 500+个客户，目前估值 70 亿美元。

UiPath 分为 4 个产品系列，分别是：

- UiPath Studio 开发平台：从一个自动化组件库中选择现成的组件来建立自动化流程，或者调试现有 RPA 流程。UiPath 有一个标准的 Studio 版本，试用期为 60 天，同时 UiPath 还附带了一个社区版本，它是终生免费的，并且具有 Studio 版本的大部分功能。
- UiPath Orchestrator：集中管理 Robot 的运行、部署、调度、监控，包括前台和后台机器人，采用工作队列的方式执行流程。同时采集 Robot 运行时产生的各类数据。
- UiPath Attended Robot：前台执行机器人。执行需要人工干预的业务活动，加快重复的前台任务。部署在用户的操作环境中，同时继续不间断的工作，确保高生产率和低处理时间。
- UiPath Unattended Robot：后台执行机器人。后台机器人在没有人为接触的情况下运行，最大限度地提高各种后台办公活动的成本和性能。可以从 Orchestrator 配置这些机器人，以在物理或虚拟环境中运行。

Studio 是自动化的第一步，通过 Studio 开发后也可以手工运行机器人流程，因此本节重点介绍 Studio 的安装使用。Studio 具体安装过程如下：

步骤 1：访问 UiPath 官网 https://www.uipath.com/community 并单击 "GET COMMUNITY

EDITION"，如图 7-1-2 所示。

图 7-1-2

步骤 2：填写注册详情，单击"REQUEST COMMUNITY EDITION"按钮，如图 7-1-3 所示。

图 7-1-3

步骤 3：获取注册邮件，访问下载 UiPath 的路径，如图 7-1-4 所示。

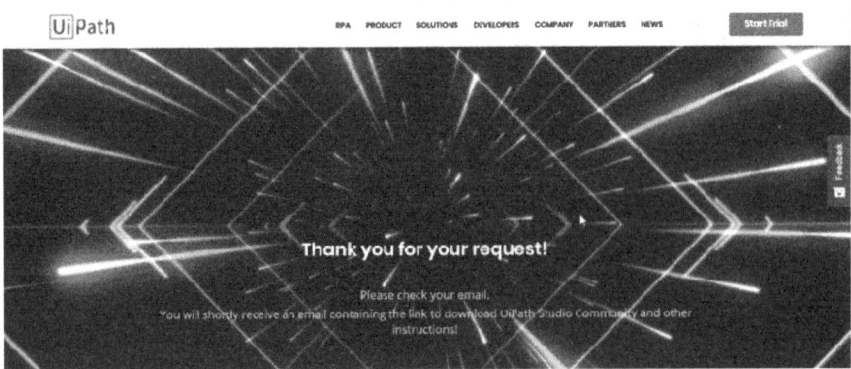

图 7-1-4

步骤 4：下载完成后，双击下载的文件进行安装，如图 7-1-5 所示。

图 7-1-5

步骤 5：安装完成后，打开 UiPath 软件，如图 7-1-6 所示。

步骤 6：输入注册的电子邮件地址激活软件，然后单击"Activate"按钮，如图 7-1-7 所示。

图 7-1-6

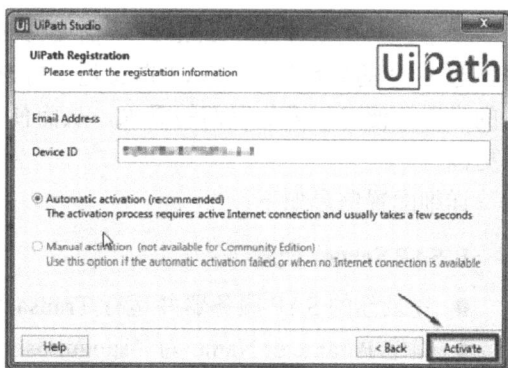

图 7-1-7

步骤 7：安装完成后，您将看到如图 7-1-8 所示界面，说明安装成功。

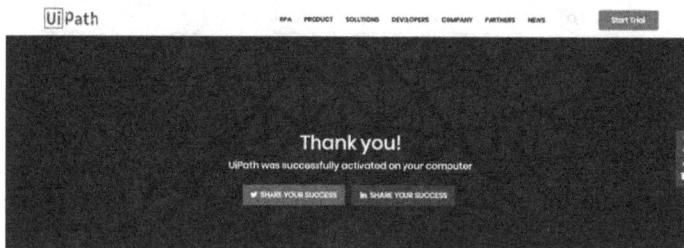

图 7-1-8

注册完成，启动后会显示如图 7-1-9 所示界面。

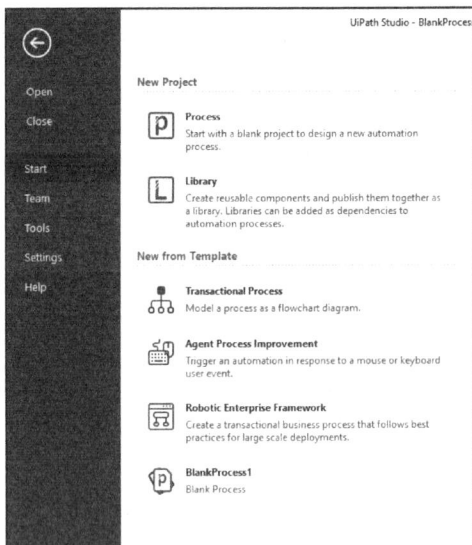

图 7-1-9

7.1.5.2 SAP 自动化的准备

使用自动化软件操作 SAP 时，需要修改 SAP 的一些参数设置，否则无法使用 Script 方式抓起 SAP 的参数信息。SAP 自身是支持 Running Scripting 的。我们只需要对 SAP 进行相应的设置，便可以满足我们的需求，从而使 UiPath 对 SAP Element 的识别率达到 80%，甚至更高。

详细配置信息如下：

1. SAP Server 配置

- 登录你的 SAP 服务器并运行 Transaction "RZ11"。
- 指定 Parameter Name 为 "sapgui/user_scripting" 后单击"显示"（display）按钮。
- 如果 "parameter name is unknown" 在状态条显示，则表明你缺少最近的支持包。检查你安装过的支持包。
- 将 "sapgui/user_scripting" 的值改为 TRUE，如图 7-1-10 所示。

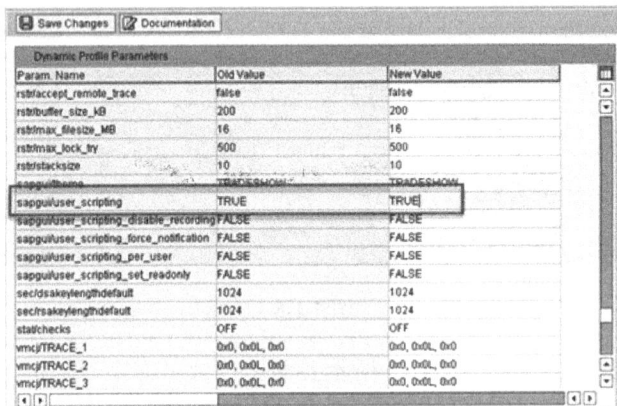

图 7-1-10

2. SAP Client 配置

- 打开"SAP GUI Options"界面。
- 选择"Accessibility & Scripting/Scripting"选项。
- 勾选"Enable scripting"复选框。
- 取消"Notify when a script attaches to SAP GUI"复选框，如图 7-1-11 所示。

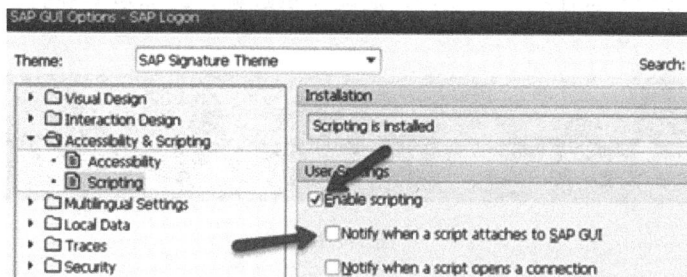

图 7-1-11

7.1.5.3 使用 UiPath 创建一个简单自动化程序

自动化程序描述：使用 UiPath 软件，通过拖拽 message box 到工作流面板，并定义变量名、类型、作用域、默认值等参数信息，单击运行，成功输出"Hello World！"

1. UiPath 界面简单介绍

（1）Start——打开 UiPath Studio 创建新的 Process，如图 7-1-12 所示。默认情况下，项目是在路径 C:\Users\Username\Documents\UiPath.中创建的。

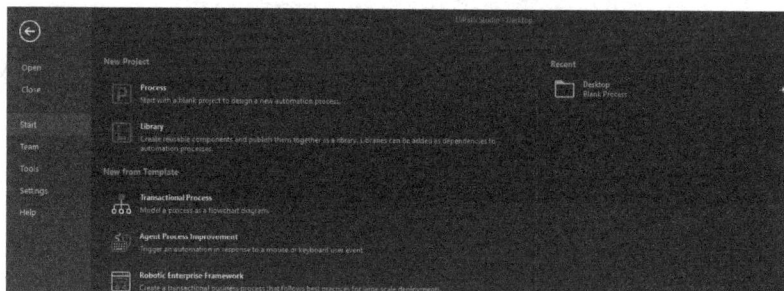

图 7-1-12

简要说明：

- New Project：使用空白的模板建立自动化流程，当类型为 Library 时，可以发布为带有关联关系的自动化组件。
- New from Template：使用标准化的流程模板建立自动化流程，包括基础类型的 Transactional Process；适用于触发模式下的 Agent Process Improvement 和 Robotic Enterprise Framework（企业级流程框架）。同样可以由用户自行创建新的流程模板
- Recent：打开近期的历史流程。

（2）DESIGN——可以创建或启动序列、流程图或状态机图，访问向导，管理变量，检查第三方应用程序的用户界面元素（如图 7-1-13 所示）。

图 7-1-13

（3）EXECUTE——运行或停止项目，启动调试过程，减速步骤和打开日志（如图 7-1-14 所示）。

图 7-1-14

（4）SETUP——只需点击一次按钮即可发布项目或为其创建快捷方式，计划任务（如图 7-1-15 所示）。

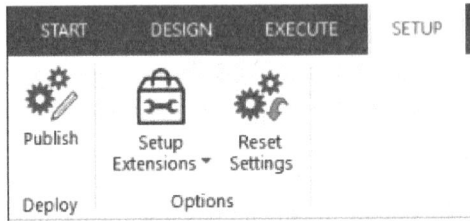

图 7-1-15

窗口具体介绍：

Project Panel：从项目面板可以查看当前项目的内容、添加文件夹、打开文件位置和管理依赖项，可通过 Manager Packages 进行管理（如图 7-1-16 所示）。

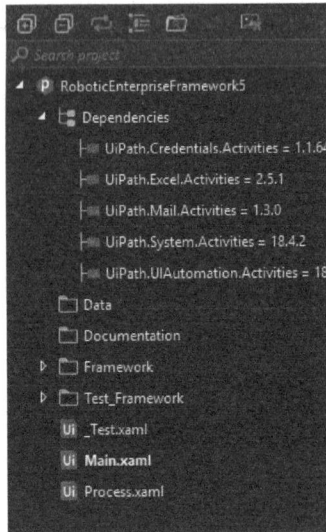

图 7-1-16

The Designer Panel：UiPath 的设计面板会显示当前的自动化项目，使您能够对其进行更改，并提供对变量、参数和命名空间的快速访问。可以通过双击要查看的活动在图表中导航，路径以基于位置的面包屑导航显示（如图 7-1-17 所示）。

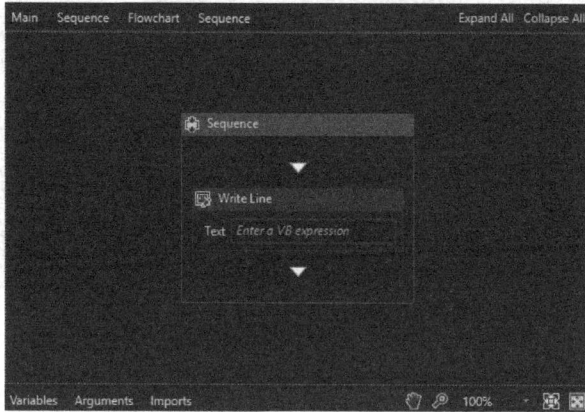

图 7-1-17

The Activities Panel：活动面板——组成自动化流程的基本单位，如图 7-1-18 所示。

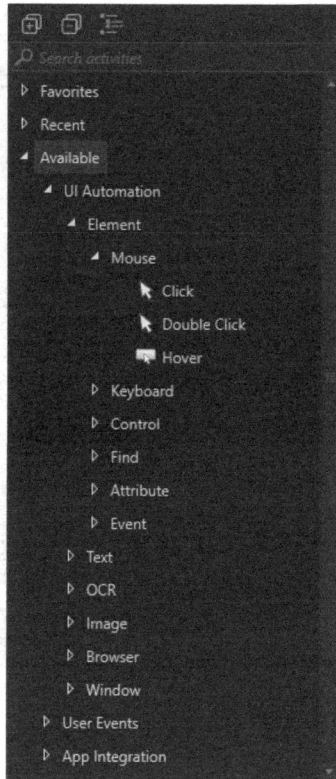

图 7-1-18

The Output Panel：输出面板——流程执行的可视化信息（如图 7-1-19 所示）。输出面板会显示 Log Message 消息或 Write Line 活动的输出，以及激活调试模式时的日志。在调试模式时，日志详细的程度取决于您在 Execute 选项卡的 Options>Logging Level 下选择的选项。通过单击面板标题中的按钮来隐藏或显示时间戳、错误、警告、信息或跟踪数据。

"Clear All" 按钮会擦除显示在 Output 面板中的所有信息。

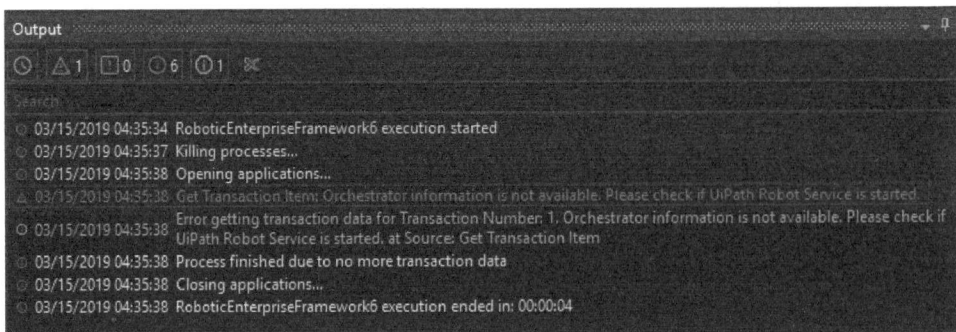

图 7-1-19

The Properties Panel: 属性面板——设置流程属性的基础如图 7-1-20 所示。从属性面板可以查看或者编辑当前选定的活动框的相关属性，一套稳定的属性设定是对流程稳定运行的强有力的保障。一般会包含: Common、Input、Target、Misc、Options、File、Output、CusorPosition、To、Event、From、Destination 等分类。

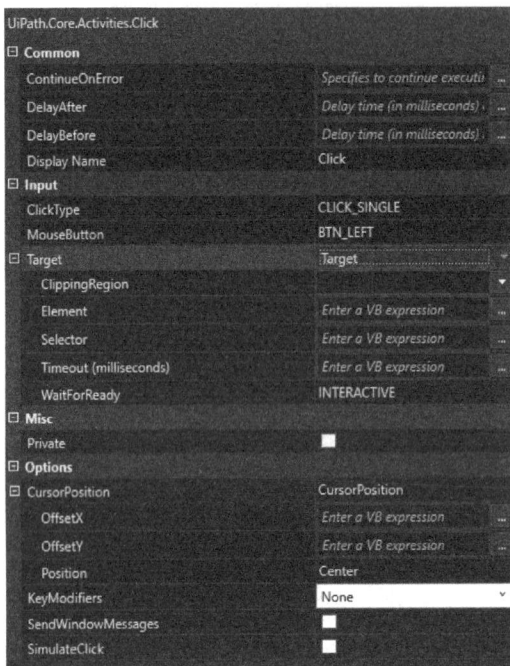

图 7-1-20

The Outline Panel: 大纲面板——直观显示自动化流程，大纲面板显示了整个项目的层次结构、所有可用变量和节点。可以通过在大纲面板中选择任意一个活动来切换到该活动的位置。同时在设计面板中选定某一活动时，大纲面板也会高亮突出显示。

2. 开发自动化步骤

（1）在左侧 Activists 框搜索 "Message box" 选项，如图 7-1-21 所示。

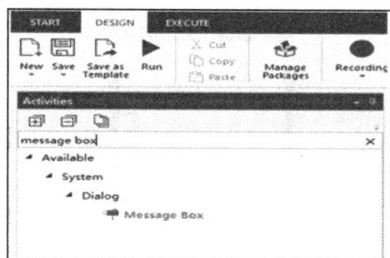

图 7-1-21

（2）将 Message Box 拖到设计区，如图 7-1-22 所示。

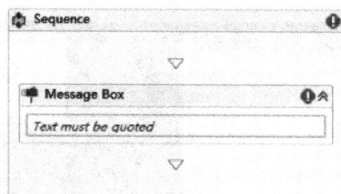

图 7-1-22

（3）在 Message Box 中输入"Hello World！"，如图 7-1-23 所示。

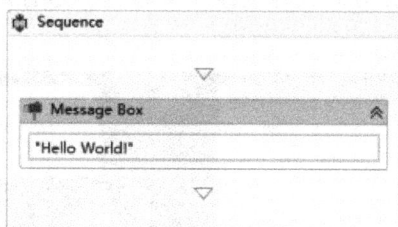

图 7-1-23

（4）单击"Run"按钮执行自动化程序，如图 7-1-24 所示。

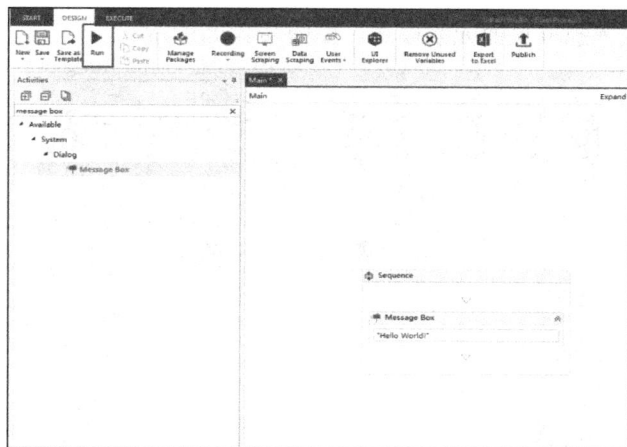

图 7-1-24

（5）弹出"Hello World！"，则说明成功，如图 7-1-25 所示。

图 7-1-25

7.1.5.4　利用 UiPath 完成 SAP 自动化实例

（1）打开 SAP 客户端，同时启动 UiPath，新创建一个 Process，使用录制模式开始 SAP 的自动化操作，如图 7-1-26 所示。

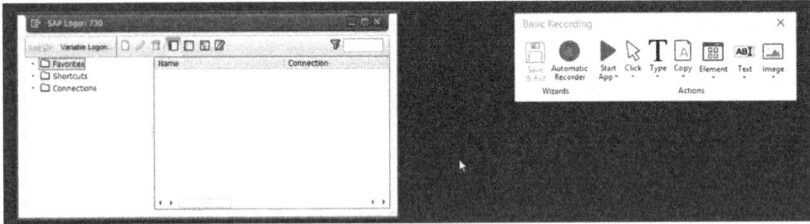

图 7-1-26

（2）单击"Automatic Recorder"（自动录制）按钮，进行后续的录制操作，如图 7-1-27 所示。

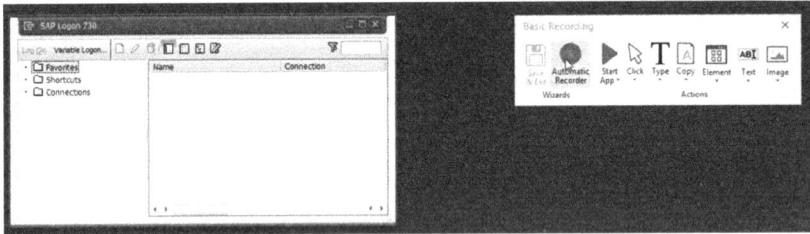

图 7-1-27

（3）从 UiPath 进入抓取页面元素模式，如图 7-1-28 所示。

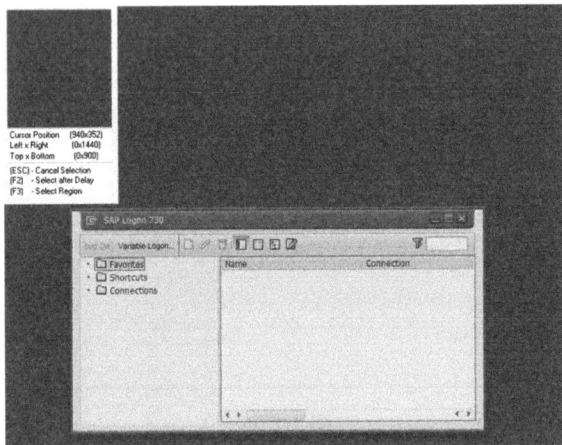

图 7-1-28

（4）操作鼠标单击目标元素按钮，就可以开始动作的录制。

（5）也可以使用录制界面的元素按钮，直接选择相应的要被自动化的操作。例如：模拟人的鼠标点击动作。

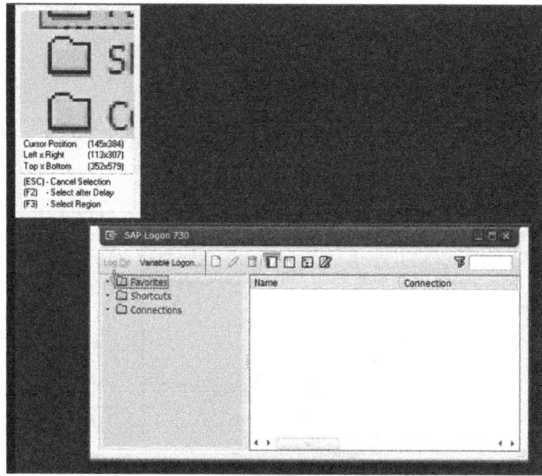

图 7-1-29

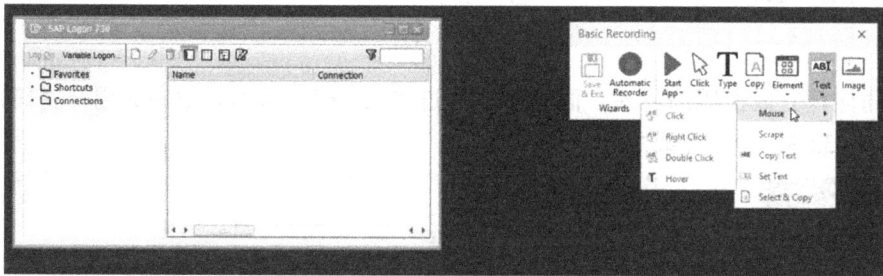

图 7-1-30

（6）导航到 SAP 的登录界面，单击用户名输入框，准备进行 SAP 登录动作，如图 7-1-31 所示。

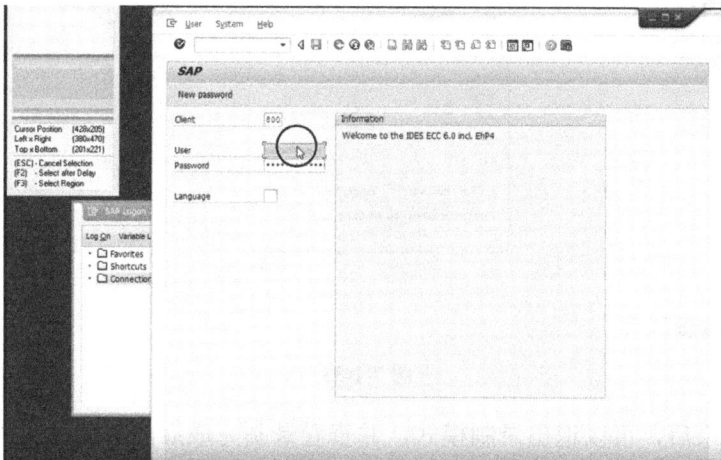

图 7-1-31

（7）单击输入框后，UiPath 会弹出输入信息的界面框（如图 7-1-32 所示），直接在弹出的输入框中输入需要填写的用户名，注意可以勾选输入前清空当前输入框。

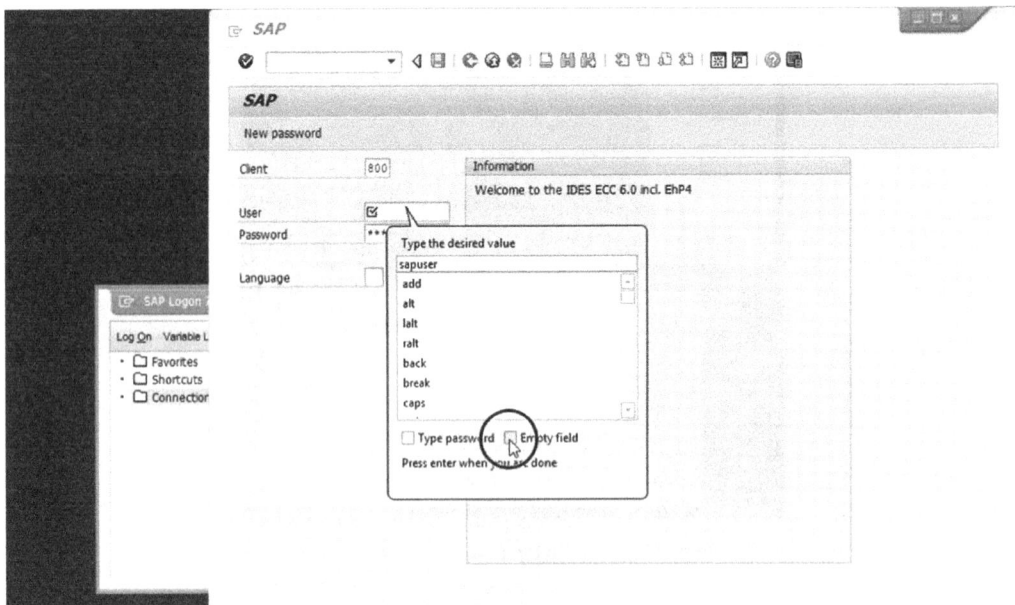

图 7-1-32

（8）同样，完成密码的输入，同时可以通过"Enter"（回车）键完成用户密码的输入确认（如图 7-1-33 所示），完成登录。

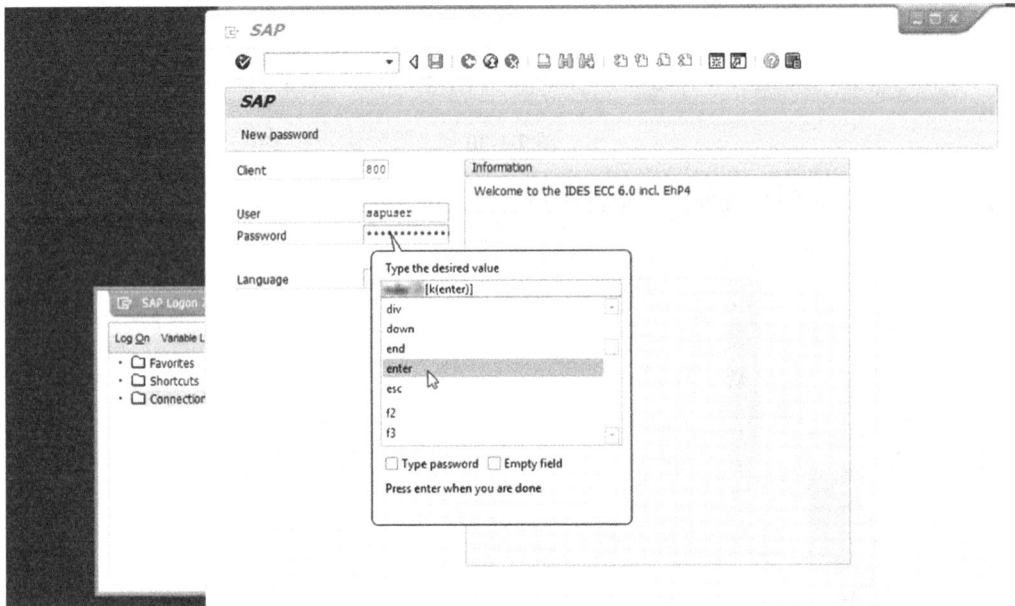

图 7-1-33

（9）完成登录后，可以退出录制模式，并查看录制完成后的自动化代码，如图 7-1-34 所示。

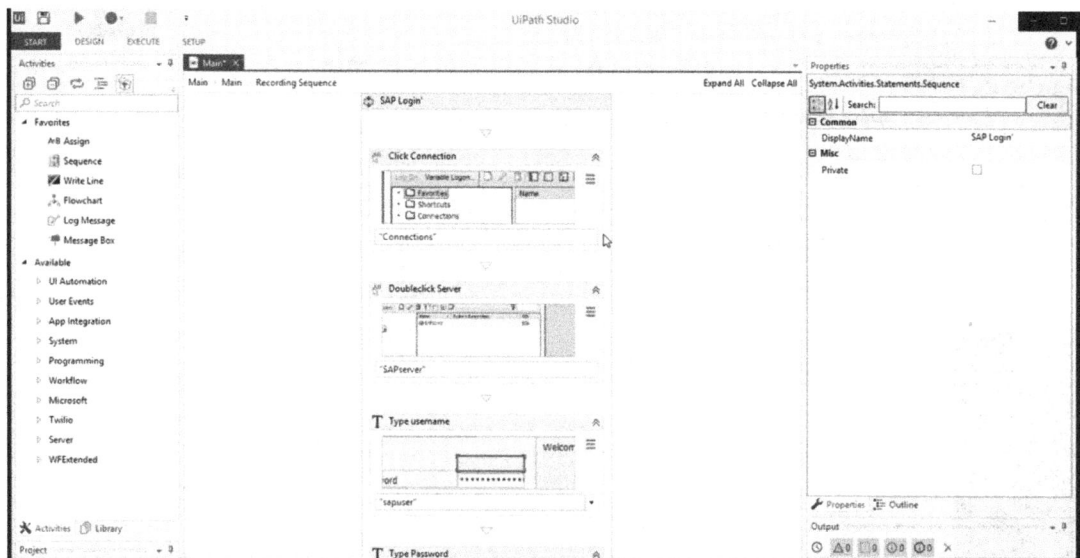

图 7-1-34

（10）完成登录后，可以直接运行 T-code 或点击导航到指定的 T-code 菜单，如图 7-1-35 所示。

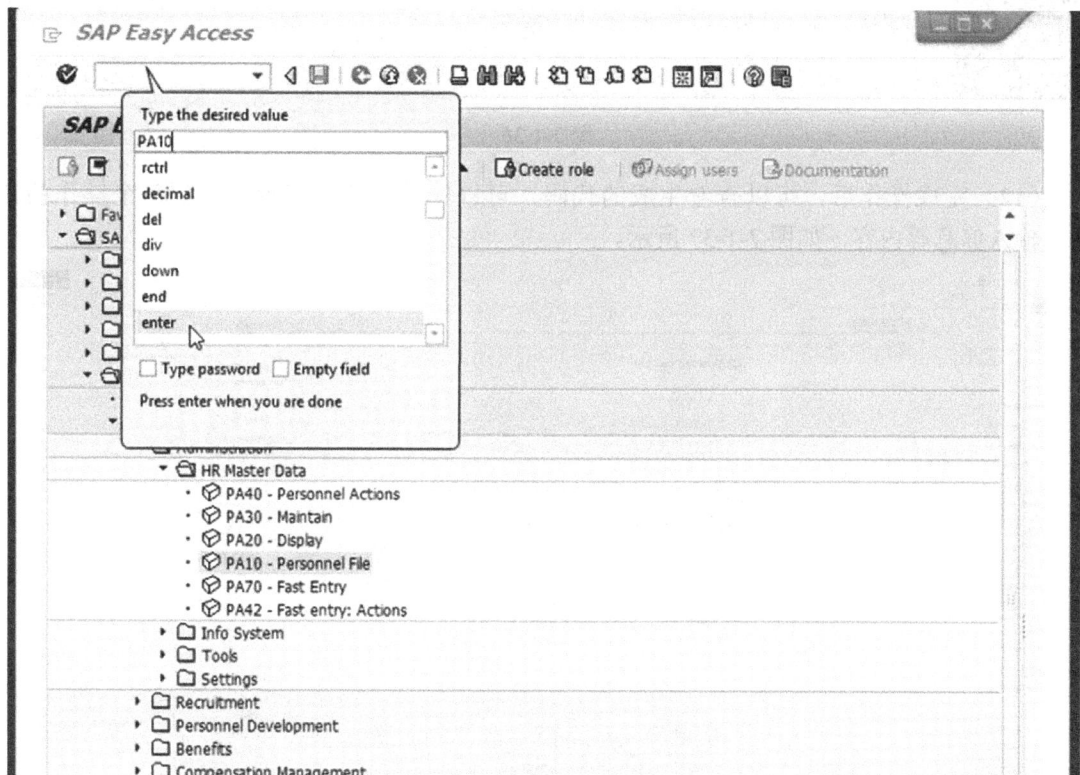

图 7-1-35

（11）进入 T-code 界面后，同样通过 Click/Type 等 Activists 模拟人的操作，可以完成 SAP 界面几乎所有的操作，如图 7-1-36 所示。

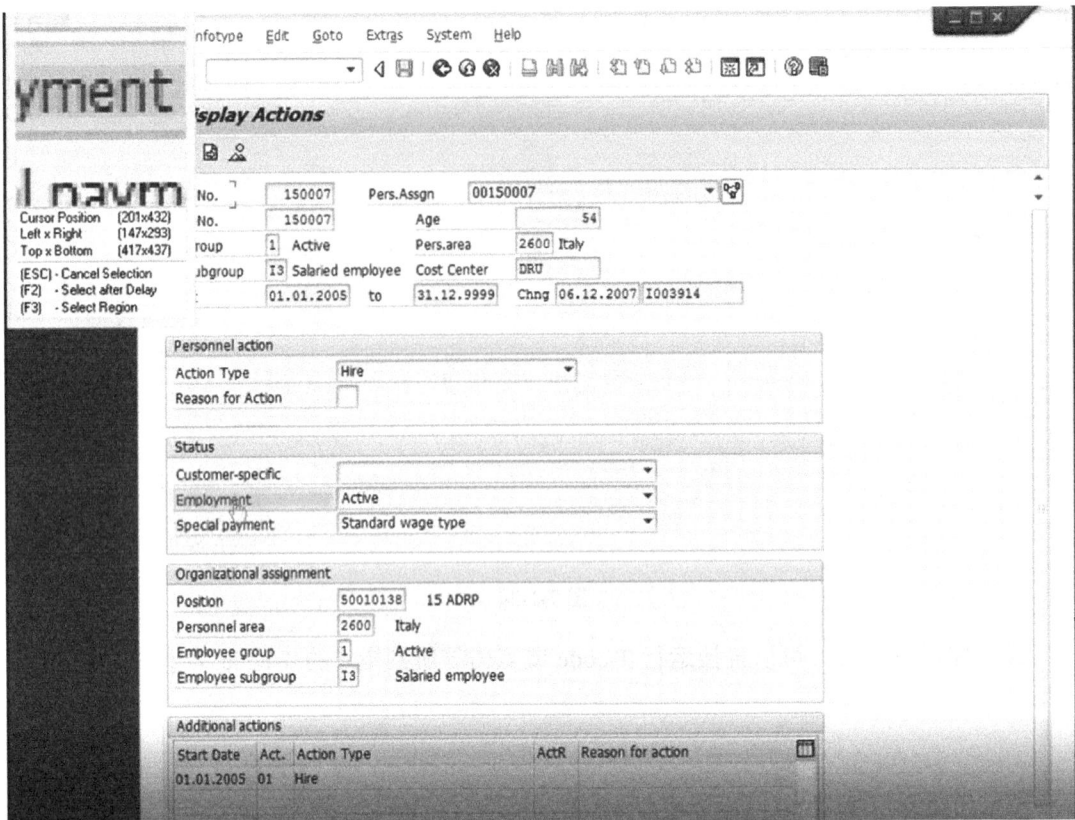

图 7-1-36

（12）完成操作后，可以查看生成的代码，可以非常方便、直观地看到每个操作的截图、输入信息等内容，如图 7-1-37 所示。

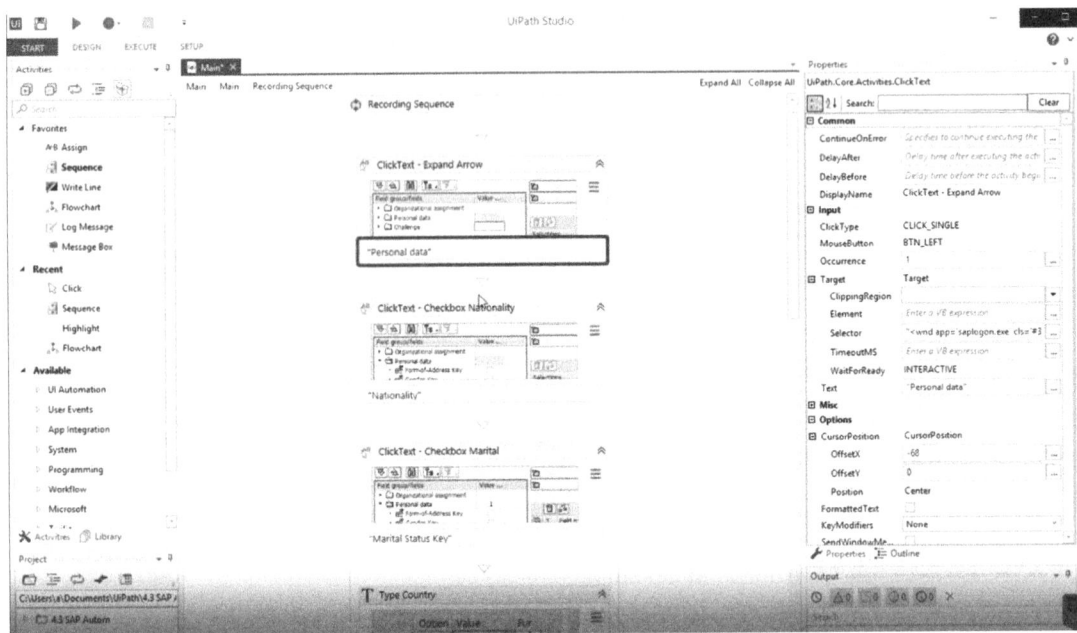

图 7-1-37

（13）每个操作步骤都具备很多的属性，可以在右侧属性框内进行设置，如图 7-1-38 所示。

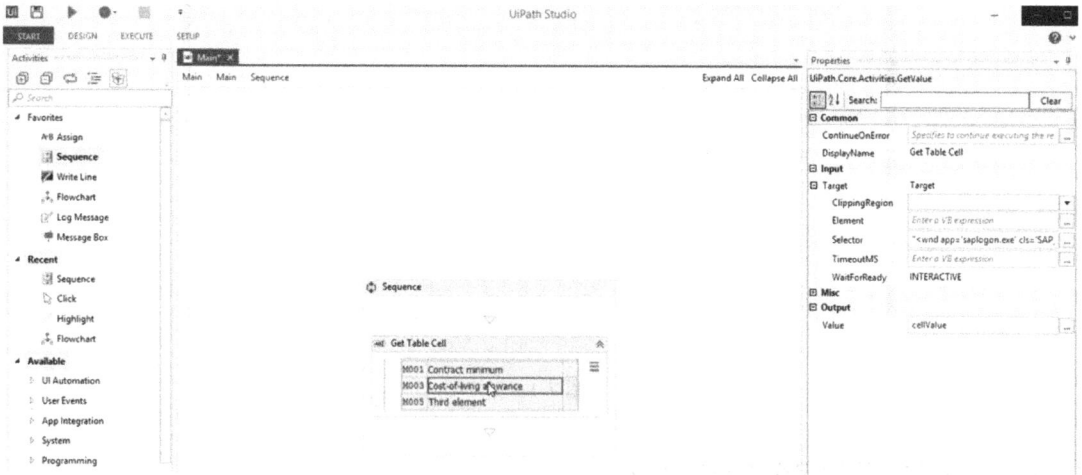

图 7-1-38

（14）根据情况完成属性的设置和调整，包括每个操作需要指定的选择器（Edit Selector），如图 7-1-39 所示。

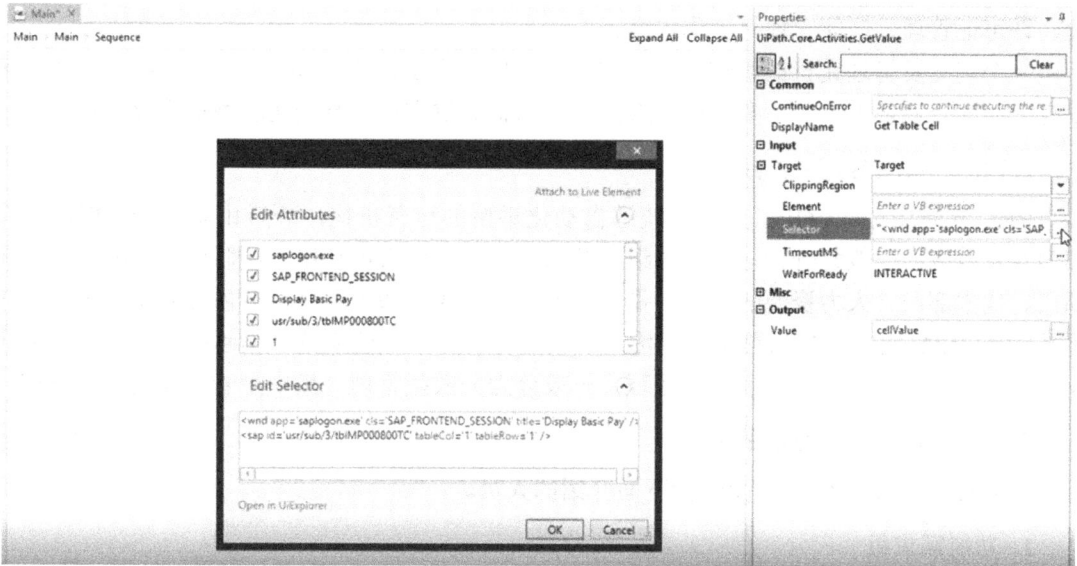

图 7-1-39

（15）操作对象的 Selector 具备一定的特征，可以通过调整 Selector 中特征内容的值实现操作对象的改变，如图 7-1-40 所示。

通过以上关键步骤，就可以基本模拟出 SAP 上的操作了，结合实际业务流程就可以完成一个 SAP 自动化的示例。

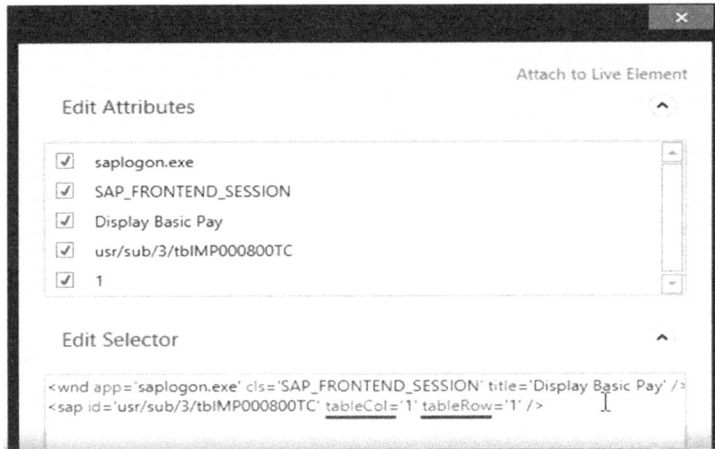

图 7-1-40

7.1.6 如何管理逐渐增多的机器人

大量的机器人被构建出来后，建立一个专业的 COE 管理团队就变得至关重要了。良好的 COE 团队可以为机器人的开发设计、上线部署、全方位监控和性能管理提供标准和成熟的支持，一个机器人管理团队未来需要面临监控、排班规划、日常运维、变更管理、事故管理、许可证管理、产能管理等工作内容。

一个制度及管理完善的管理平台或中心是必要的组织，建立 RPA 卓越中心（COE）可以有效帮助企业管理日益增多的机器人，并且为企业数字化、智能化转型提供核心动力。

7.1.6.1 建立专门的组织

RPA 卓越中心（COE）是企业统筹自动化举措的运营机构，一般由企业跨职能的多个部门专家组成，一般划分为功能需求组、技术开发组、运营维护组，团队成员主要来自业务部门、技术部门、人力资源的专业人员。他们各司其职，通过打破企业内部壁垒，为企业部署及管理 RPA 自动化提供总体统筹治理、沟通与协作及赋能支持。卓越中心管理可根据企业自身管理特点，实现不同模式的管理，一般分为分散型管理、集中型管理和混合型管理。

7.1.6.2 配备相应技能的人员

一般常见的 RPA 组织至少包括下面介绍的人员。

1. 功能需求组

人员组成：主要由业务部的流程专家担任。

岗位职责：负责对接各业务部门，梳理和挖掘流程自动化需求和应用场景，明确自动化流程定义和流程图，并与技术开发组相互合作，确保业务需求的及时响应和落地执行。

功能需求人员的技能要求：
- 熟悉企业业务流程，能有效识别和挖掘流程自动化机会；
- 了解自动化技术及产品，了解自动化技术可实现程度；
- 出色的流程再造和流程自动化设计能力；
- 出色的沟通协调能力和项目管理能力；

- 良好的文档编写能力。

2. 技术开发组

人员组成：主要由信息技术部的自动化技术专家担任。

岗位职责：根据功能需求组整理的需求说明，负责流程自动化解决方案设计，并负责机器人开发实施，确保流程自动化交付应用。

技术开发人员的技能要求：

- 丰富的编程开发和项目实施交付经验；
- 熟悉流程自动化技术，能够搭建高效、安全、可拓展的流程自动化平台；
- 掌握主流的自动化软件，并能进行功能优化，如 Uipath、Blueprism、Automation Anywhere 等；
- 良好的沟通和需求理解能力；
- 良好的文档编写能力。

3. 运营维护组

人员组成：主要由业务部门和技术部门的人员共同担任。

岗位职责：负责流程自动化日常运维和跟踪，及时响应和反馈各业务部门的需求，确保机器人有效运行。

运营维护人员的技能要求：

- 掌握主流的自动化软件，并能够有效维护，如系统监控、日志管理、异常处理等；
- 良好的沟通和需求理解能力；
- 良好的文档编写能力。

7.1.6.3 适应的制度及流程

成立 RPA 卓越中心（COE）组织的同时，需要配套建立一整套的制度和流程，以保障 RPA 卓越中心的有效运行。

制度管理：主要包括 RPA 卓越中心管理制度、绩效考核制度、自动化管理制度等。

流程规范：主要包括业务流程标准化规范、业务流程自动化操作规范、自动化需求提交流程规范、自动化开发流程规范、自动化测试流程规范、自动化上线流程规范、自动化运维流程规范等。

7.1.7 人机协助，就在不远处

随着机器人数量的增加，人机交互的频率将越来越频繁，分析人机交互模式主要有以下四类场景：

- 监控板：监控机器人日常运行情况，处理异常流程，这是目前最为常见的场景。
- 人工验收：机器人完成所有业务流程之后，由人来做最后的确认和验收。目前较常见于责任归属需要明确的流程。
- 人机交替：弥补机器人流程断点，人机交替工作，目前这种场景适用于交互实效性不强的场景。
- 实时助手：通过 AI 技术，向机器人实时发送处理指令，这种场景应该会成为未来的发展趋势。

结合人机交互的场景，随着 RPA 技术的不断迭代，机器人也将由当前的执行式机器人向交互式、协同式机器人进化。

执行式机器人：执行式机器人作为企业最基本的数字化劳动力，承担日常规律性、固定性的业务工作，强调的是健壮、稳定、安全、灵活，能够很好地满足公司业务需求。

交互式机器人：交互式机器人在执行式机器人的基础之上，添加了交互式功能，如NLP、大数据分析、AI 等。它偏重于指令的理解和执行，具备强大的数据调用和分析能力。

协同式机器人：协同式机器人相较于交互式机器人则更上一层楼，完美融合多种 AI 技术，给机器人全副武装。可以协助员工决策，给出建议，主动思考，不断进化学习，成为人类真正的智能助理，实现人机协创。

7.2 企业财务中台建设——助推企业财务转型迈入 AI 赛道

中台战略是互联网企业巨头在近年提出的重要的企业管理策略，利用中台模式，极大地提升企业自身的敏捷性和创新能力。通过将可复用的企业核心能力进行沉淀，形成中台的重要服务能力，为企业前台提供强大的服务支撑，同时有效地将前端业务的多变对企业的稳定经营带来的影响降为最低。财务组织利用财务中台战略，可以形成强大的财务服务能力，并推进数据中台的建设，最终促进企业管理朝向数字化管理演进，帮助企业在财务管理转型上迈入 AI 赛道，实现弯道超车。本章将详细介绍中台的产生及当前的发展情况，并重点介绍财务中台的建设设想和方法。

7.2.1 中台到底是什么

第四次工业革命以来，企业经营环境面临巨变，经营模式、竞争模式甚至竞争对手都充满了大量的不确定，而随着新科技的不断涌现，变革与变化进一步加剧，并成为常态。为了适应大环境的"新常态"特征，企业不仅需要持续创新的经营能力，还需要更快地响应前端业务的变化、内外用户的多样化需求，配套持续创新的业务管理能力并高效运转。

为了跳出传统发展模式，增强数字化敏捷力，一些领先的互联网公司开始相继构建更加创新、灵活的组织战略及业务机制。阿里在 2015 年 12 月宣布全面启动中台战略，将技术和业务能力沉淀出一套综合能力平台，以此来支撑前台业务的快速变化及创新迭代。

7.2.1.1 中台概念的几个来源

1. 美军作战阵型演变

中台的起源我们可以在"美军作战阵型"演变历程中看到：

- 美军在第二次世界大战时，以军队为单位作战；
- 越战时，以营为单位作战；
- 而到中东战争时，则以 7 人或 11 人的极小班作战。

这正是因为拥有了"强大的军事指挥中台"，既能快速响应前端作战小队所需信息传递，也能及时调度后端重型导弹系统进行支援。这既是作战业务单元的胜利，也是信息技术的胜利。

2. 阿里与 Supercell 游戏公司

阿里算是中国最早提出中台建设的互联网企业了，据说阿里中台的架构思想起源于马云在 2015 年中的一次商务拜访。当时，马云带领阿里一行高管前往北欧芬兰一家名为 Supercell 的游戏公司进行考察（号称是世界上最成功的移动游戏公司）。该公司 5～7 个员工就可以组成一个独立的开发团队，称之为 Cell。

小团队自己决定做什么样的产品，然后推出市场，观察市场反馈；反馈不好的游戏，则会被毫不犹豫地砍掉。这样的开发模式使得 Supercell 公司开发的游戏大获成功，而这一切成功的背后，是 Supercell 公司强大的中台支撑。

Supercell 公司的中台，指的是公司将游戏开发过程中公共和通用的游戏素材和算法整合起来，并积累了非常科学的研发工具和框架体系，构建了一个功能非常强大的中台。这样强大的中台可以支持若干个小团队在短时间内开发出一款新的游戏。

每一次遭遇项目失败，Supercell 全公司都会开香槟庆祝自己得到了教训和成长。有了中台的支撑，Supercell 公司的"细胞"才可以非常灵活地运作，形成高效的散兵作战模式。

成立 9 年来，Supercell 公司只正式发布过 5 款游戏；第 10 年的 6 月，腾讯以 86 亿美元收购了员工不超过 200 人的 Supercell 公司 84.3%的股权，每位员工人均贡献值超过 3.54 亿人民币。

当年 12 月，时任阿里巴巴集团 CEO 的张勇通过内部邮件宣布启动阿里巴巴 2018 年中台战略，构建符合 DT 时代的更创新灵活的"大中台、小前台"的组织机制和业务机制，实现管理模式创新。

即产品技术力量和数据运营能力从前台剥离，成为独立的中台，包括搜索事业部、共享业务事业部、数据平台事业部等，为前台即零售电商事业群提供服务（如图 7-2-1 所示）。从而前台得到精简，保持足够的敏捷度，更好地满足业务发展和创新。

阿里中台定义：为快速响应、探索、挖掘和引领多变的用户需求，阿里将技术和业务沉淀出一套综合能力平台，以服务于前台快速创新迭代。

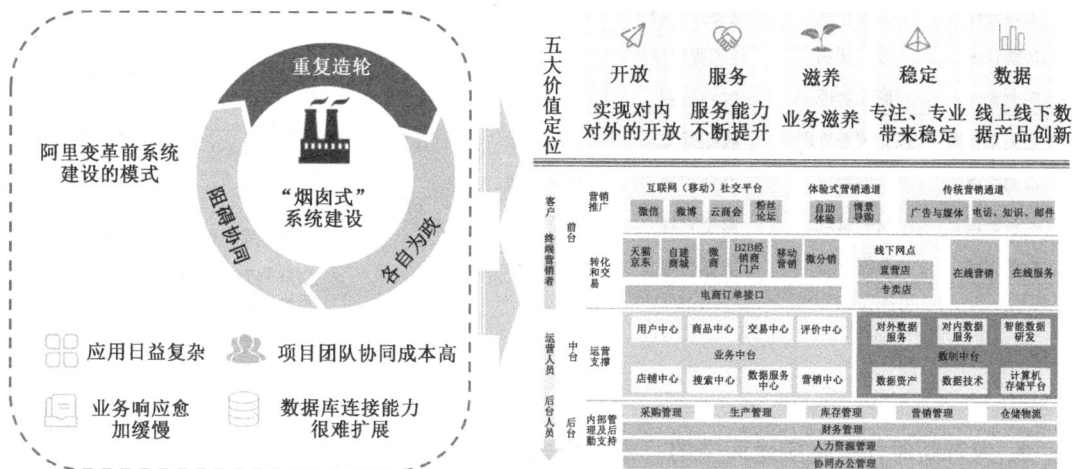

图 7-2-1

3. 腾讯、百度、京东，中台的追随者

腾讯、百度、京东，都在 2018 年开始了中台建设的跟随。

腾讯成立技术委员会，在阿里提出中台战略的近 3 年后，2018 年十一长假前夕，腾讯终于公布了时隔 6 年的历史上第三次组织架构调整。在原有 7 大事业群的基础上进行重组整合，新成立了云与智慧产业事业群（CSIG）、平台与内容事业群（PCG），调整为新的 6 大事业群。而 6 大事业群紧紧围绕的，正是技术委员会充当的"技术中台"角色。

百度建立技术平台；同年 12 月 18 日，百度集团进行了一次大的架构调整，由百度创始人、董事长李彦宏发信宣布："百度将打造 AI 时代最领先的技术平台，实现前端业务和技术平台的资源高效统筹及组织全面协同。"

京东建立前中后台。继百度发布技术平台 3 天后的 12 月 21 日，京东集团人力资源部发布关于京东商城组织架构调整的公告。公告内容称："在新的组织架构下，京东商城将以客户为中心，划分为前中后台。中台为前台业务运营和创新提供专业能力的共享平台职能。"

7.2.1.2 中台是企业核心能力的沉淀

1. 企业传统"烟囱式"建设模式

传统企业通常将大量的业务能力集中到前台系统中，导致前台系统不断膨胀。不同部门之间"各自为政"，阻碍协同，形成"烟囱式单体应用"。

以房地产传统管理体系为例（如图 7-2-2 所示），企业核心"能力"分散，大量的功能和业务在多个管理系统中存在，未形成企业"合力"。跨部门协作和沟通成本高昂，企业灵活度和整体执行力降低。这将导致企业在开展新业务线或开拓新区域市场时大量重复地进行功能建设、职责建设和能力建设，造成人力和物力资源浪费。

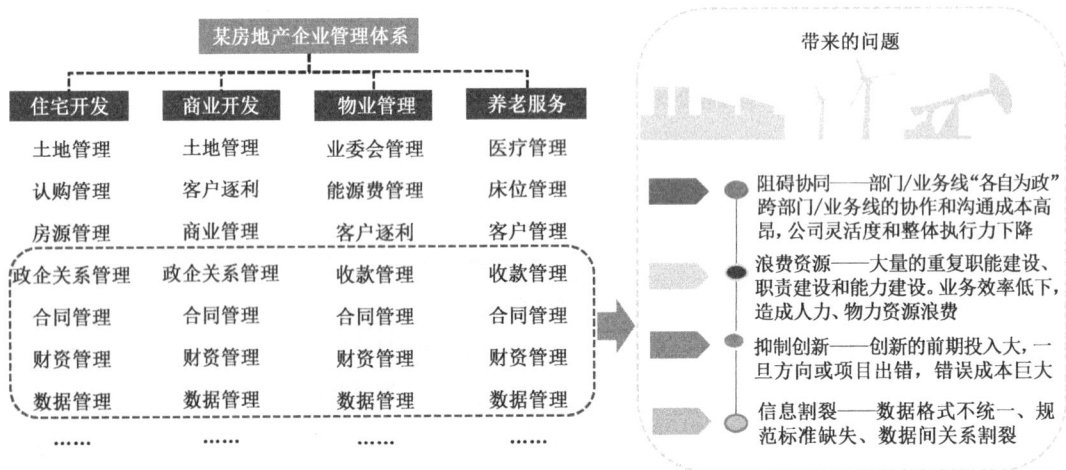

图 7-2-2

2. 应对新时代变化应运而生的"中台模式"

为解决传统企业"烟囱式"建设的弊端，通过将管理模式成熟、业务逻辑相对稳定、多场景可复用的核心数据、资源以及运营模式进行下沉和互通，实现能力共享，使任何业务线都具备整个公司的核心能力，从而实现"小前台、大中台"的组织模式，供企业快速进行业务创新迭代并降低运营成本。

在"大中台"模式下，企业可以通过核心业务能力及数据管理能力的沉淀，分别形成中台两大重要的组成部分——业务中台和数据中台。

业务中台：把企业核心业务"能力"抽象化、标准化、整合化，并以能力产品化的方式对业务提供服务，实现整个公司的核心"能力"共享，达成更快的业务需求响应以及更敏捷的服务提供。例如：工程施工企业、房地产企业有将区域的政企关系管理逐渐沉淀为专门中台组织的趋势，用于支撑不同业态的分子公司在所属区域开展政企业务，图 7-2-3 就是某房地产企业的中台组织架构。

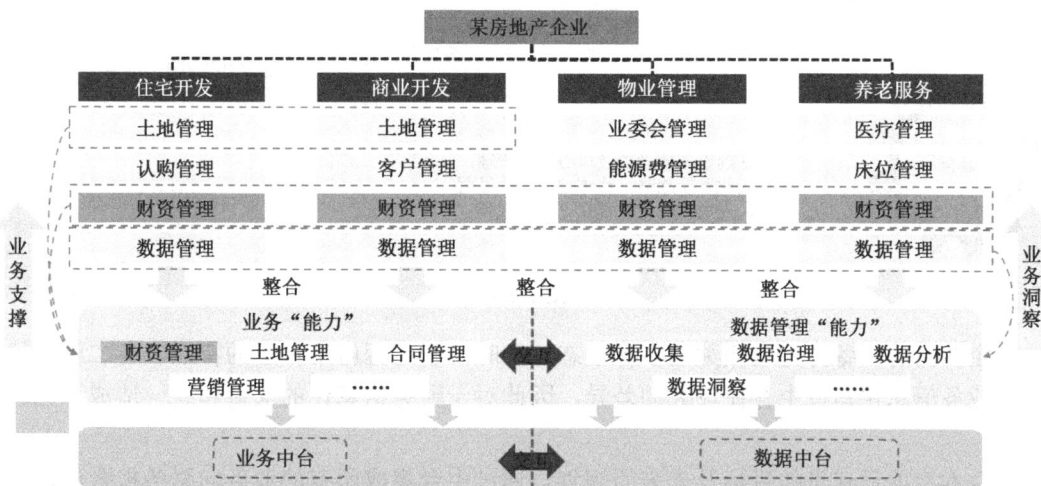

图 7-2-3

数据中台：通过对企业核心数据资产的整合，建立从数据规划与获取，到数据治理，再到服务输出的数据全生命周期管理链条。基于业务需求，应用先进的算法、模型，以及引入高级分析、人工智能等新技术，深层挖掘数据背后对企业决策和业务活动的驱动价值。未来我们将数据视为企业核心资产，利用"采购"的数据资源，通过"数据工厂"使用一系列模型、算法等手段，加工形成数据"商品（服务）"供企业使用。

2. 中台核心能力：向前服务赋能，向后助稳求精

前台为了更快地响应用户的服务需求，需要快速的创新迭代；而后台因为管理企业核心资源，受经营稳定性、系统及法律法规等相关束缚，需要保持稳定可靠。前台和后台就像两个转速不同的齿轮，在企业业务发展的不断催生下，前后齿轮的转速差也逐渐增大，导致前后台运行"匹配失衡"。

中台就是为了解决前台和后台的适配失衡问题而存在于两者中间的一个"变速齿轮"。中台可以顺滑地连接前台需求与后台资源，向前通过抽象沉淀前台可复用的能力，实现对前台的"瘦身"，以快速响应用户需求；向后对后台资源进行抽象包装整合，实现统一的衔接和规则化，从而保障后台业务的稳定和合规（如图 7-2-4 所示）。

7.2.1.3 案例分享

1. 国资委首批创建世界一流示范企业

某世界级的央企为力求成为国资委首批创建世界一流示范，通过财务一体化平台的建设整体提升财务管理水平。

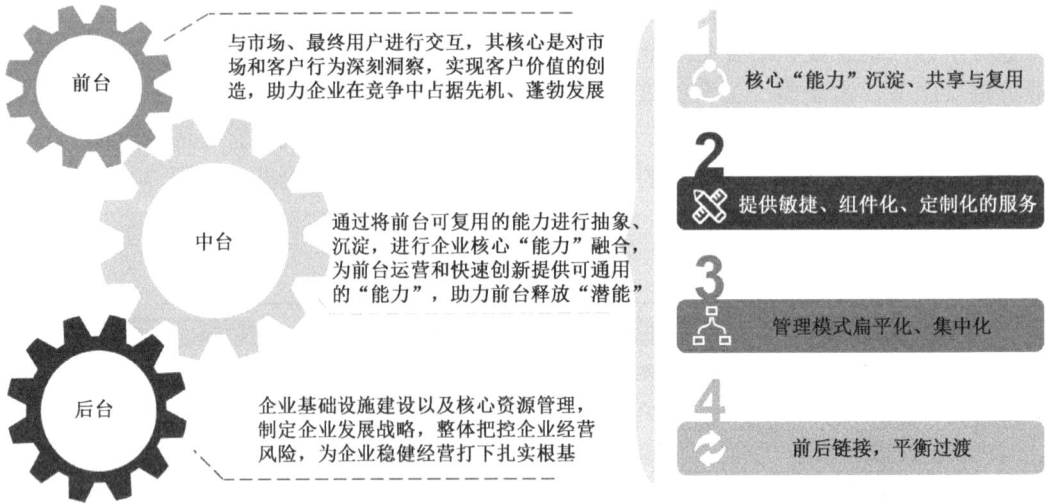

图 7-2-4

该企业当前具备与建筑相关的多种业态，同时由于工程施工行业的特点，各二级单位在以往的业务信息化建设中存在较大的差异，因此对于财务信息化的支持和统一造成了比较大的困难。

结合本次项目建设的目标及未来的规划，通过中台集成所有的业务向财务报账请求，将业务数据统一转化为标准的财务数据进行处理。按照全业务、规范化、集中化、流程化、自动化的设计优化原则，梳理不同业态代表企业现有各经济事项报账业务流程，为整个集团设计出业财对接、标准统一、业务处理高度自动化的报账业务流程，构建"业—财"桥梁，将业务数据统一转化为标准财务数据进行处理（如图 7-2-5 所示）。

图 7-2-5

2. 世界一流能源互联网企业

全球最大公用事业企业，世界一流能源互联网企业，通过一体化财务信息平台建设，实现数字化转型。

该企业财务信息化按照"深化应用、提升职能、实时管控、精益高效"的总要求，遵照公司信息化建设整体路径安排，分三个阶段，历经十年，基本建成了一体化财务信息工作平台，为未来建设提供了丰厚的积淀。

该企业围绕公司发展新战略，聚焦财务价值创造、风险防控核心职责，遵循公司"一平台、一系统、多场景、微应用"信息化建设的核心理念，理清系统应用现状，开展财务系统顶层架构设计；按照"统一入口、统一标准、共享应用"的原则，推进财务主数据统一管理和业财主数据融合应用；以多维精益管理体系和财务业务高效处理为主线，开展业财端到端流程链路贯通建设；以现有财务核心业务应用为基础，以确保业务平稳过渡为原则，逐步优化整合现有财务系统（模块），到2025年，构建统一、规范的财务系统底层技术架构，建设财务资源管理系统，全面升级一体化财务信息工作平台，面向国际化、数字化，支持财务管理转型升级（如图7-2-6所示）。

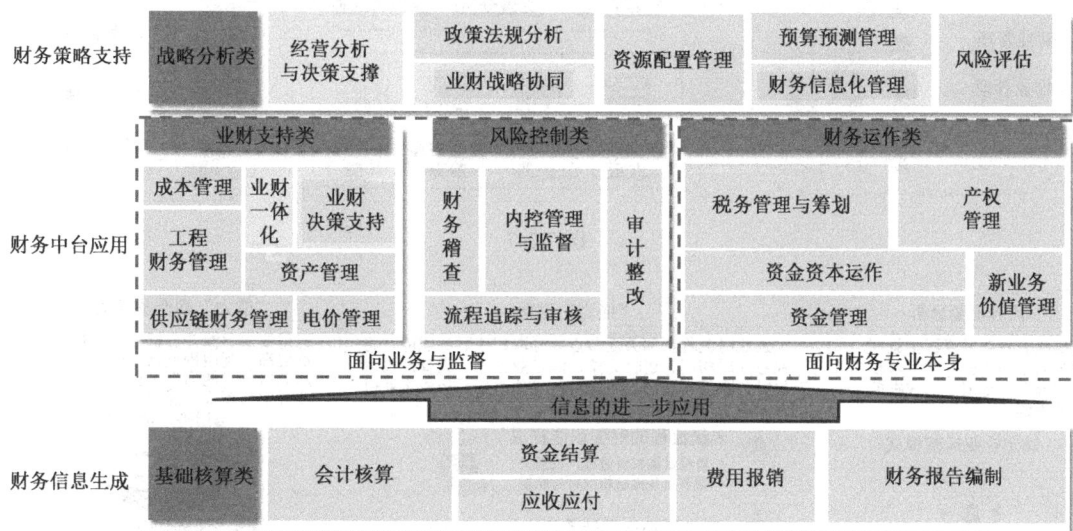

图 7-2-6

7.2.2　财务中台：构建业财一体的桥梁

财务中台作为企业管理活动中的日常工作平台，担当了企业财务管理、会计核算、企业运营深入企业日常业务最前端的抓手，因此构建一体化、全面化的报账体系至关重要。财务核算是企业经营活动的财务记录过程，因此"业财融合"是企业实现财务数据准确且及时反映业务运营情况的关键手段。

7.2.2.1　财务核心能力分析

作为承接企业前后台衔接的"桥梁"，财务中台能够消化前端业务活动快速变化创新对财务工作带来的影响，通过剥离前台的"核心财务能力"实现轻量化前台，并保障企业财务后台管理更稳定的运行（如图7-2-7所示）。

一方面，为精准沉淀企业财务能力，实现财务能力的服务共享，财务中台需要识别并沉淀、改造核心能力。通过对企业全财务流程框架的分析，明确企业业务范围并确保流程的全面清晰；识别业财流程的全部关键节点并提取相应财务职能，将业务性质相同、逻辑完整、满足业务同一类管理需求的财务职能，整合为一组财务"能力"，形成企业财务"能力"全景图；最终运用"漏斗分析法"，对业务价值高、复用程度高、业务逻辑成熟的财务"能力"进行筛选，形成业务中台核心"能力"清单，为前后台提供灵活的服务调用，图 7-2-8 为某知名咨询机构的财务能力分析方法论.

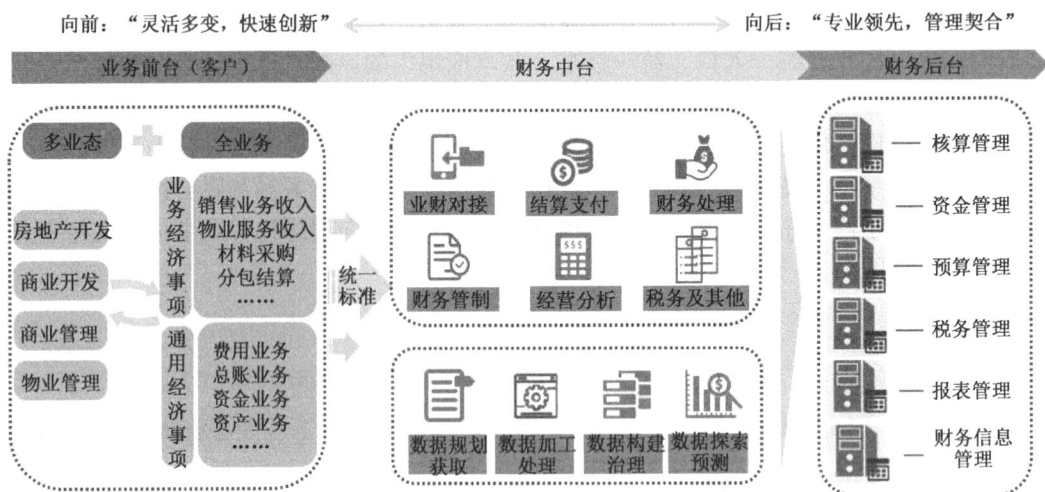

图 7-2-7

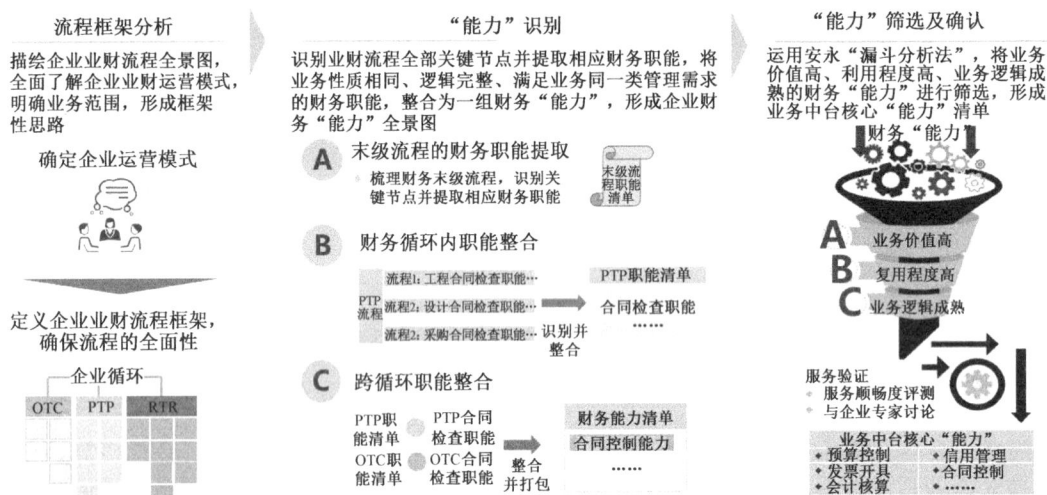

图 7-2-8

1. 流程框架分析

基于企业所属行业特点、业务发展情况，以及资源投入方向，财务流程大致可以分为三个层次（如图 7-2-9 所示）.

第一层次是基于 3×3 模型来梳理整体财务职能框架的，明确有三大财务方向：销售至收款、采购至应付管理、总账至报告.

第二层次是结合企业现状，针对三大财务方向，梳理出八大主要财务职能：销售至应收管理、采购至应付管理、资产管理与核算、存货与成本核算、总账核算管理、财务报告管

销售至收款循环　OTC　　采购至付款循环　PTP　　　　　　　总账至报告循环　ATR　　　　示例

OTC. 销售至应收管理		PTP. 采购至应付管理		FA. 资产管理与核算	CA. 存化与成本核算	GL. 总账核算管理		RP. 财务报告管理	TAX. 税务管理	DA. 主数据管理
OTC.1 合同签订流程	OTC.5 收款核销流程	PTP.1 订单管理流程	PTP.7 备用金/公司卡处理	FA.1 资本化/费用化支出核算	CA.1 成本分摊	GL.1 系统初始化	GL.5 转换与调整	RP.1 关账	TAX.1 税务会计核算	DA.1 财务主数据维护
OTC.2 开票与发票管理流程	OTC.6 应收关账流程	PTP.1 预付款流程	PTP.7 费用报销处理	FA.2 资产核算业务	CA.2 成本结转	GL.3 总账核算业务	GL.6 合并抵消	RP.2 报表	TAX.2 纳税申报	DA.2 员工主数据管理流程
OTC.3 收入确认流程	OTC.7 应收管理流程	PTP.1 结算到付款	PTP.8 费用报销期末关账流程		CA.3 存货管理	GL.3 投融资管理	GL.7 开启新期		TAX.3 税务合规管理	
OTC.4 销售退回及退款流程	OTC.8 往来款对账流程	PTP.4 应付账款关账业务	PTP.9 费用报销分析流程			GL.4 凭证解封/开封	GL.8 会计档案管理			
		PTP.5 应付账款分析与处理	PTP.10 内部及关联方交易事项							
			PTP.11 内部及关联方月末对账							

图 7-2-9

第三层次是依据各财务职能内端到端业务流程架构，明确各流程的主要业务活动，用流程图反映流程节点、岗位、系统和控制信息，并依次梳理流程：销售至收款—合同签订、收款核销、采购至应付管理—预付款、结算付款，资产管理与核算、存货与成本核算—成本、总账核算管理、合并抵消、财务报告管理、税务管理、主数据管理。

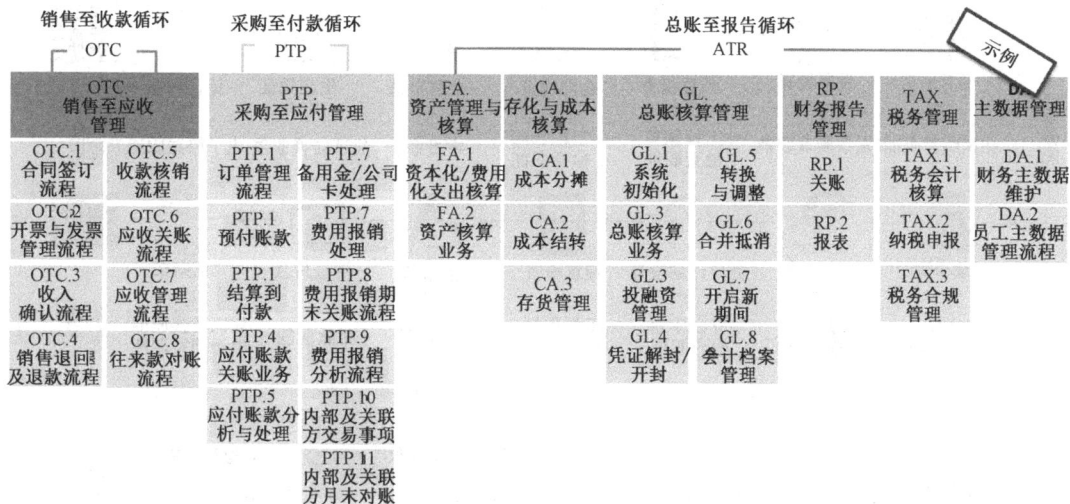

2. "能力"识别

以梳理业务流程为基础，提取流程中涉及的所有财务职能。财务能力识别可分为两个步骤：第一步，对单个财务循环内的通用职能进行分析，按照满足统一需求的职能类别（例如控制类、核算类）进行分类、合并，形成单个财务循环的职能清单；第二步，将循环间的满足统一需求的职能类别进行合并，形成财务服务清单。

以采购至应付管理—结算付款为例，如图 7-2-10 所示，业务流程关键点大致为：

结算环节：准备结算资料，发起结算申请并清理往来款，收到供应商单位发票进行验真查询并递交财务，更新检查并更新合同台账信息，制作凭证并进行归档。

付款环节：发起款项支付申请，检查合同付款条款，依次进行资金计划、预算计划检查，审核通过进入资金池待支付，支付完成产生会计凭证并归档。

在不断提取并去重的过程中最终可以定义出：合同检查职能、往来结算职能、发票验真职能、工程预算检查职能、工程合同检查职能、审批职能、凭证转化职能、资金计划检查职能、付款职能、电子档案职能可以作为该流程的职能清单。

3. "能力"筛选

结合梳理完毕的流程框架及在此基础上识别出来的"能力"，需对"能力"再次进行全面审阅，并对其进行分析评估，依据本次所需建设的优选度进行排序，便可确认本次中台"能力"建设的内容。

其中可运用"漏斗分析法"，从核心测评条件、业务价值高、复用程度高、业务逻辑成熟度四个维度来筛选财务"能力"（如图 7-2-11 所示）。

图 7-2-10

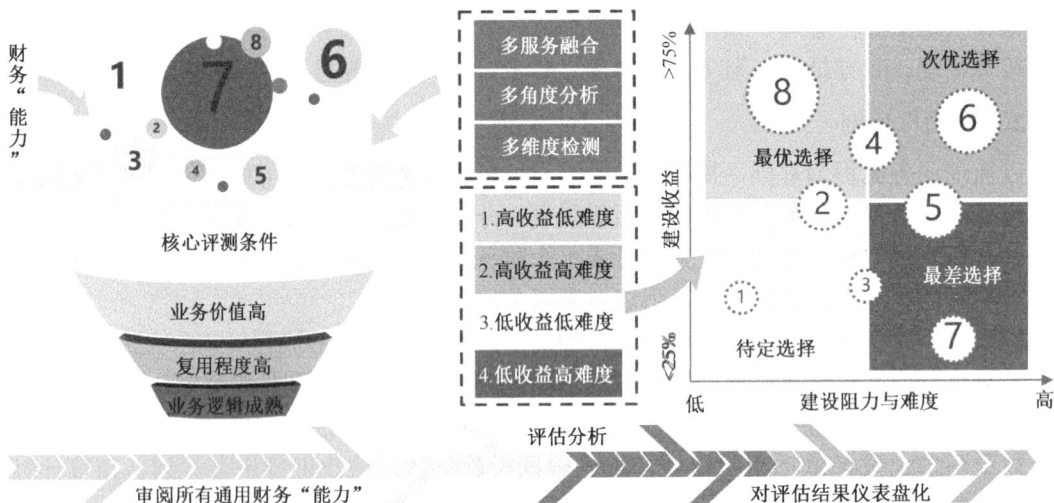

图 7-2-11

运用"建设阻力与难度"和"建设收益"矩阵模型，针对筛选出来的财务"能力"进行建设优先度排序。

7.2.2.2 财务的业务中台示例

为精准沉淀企业财务能力，实现财务能力的服务共享，业务中台需要识别并沉淀、改造核心能力。通过对企业全财务流程框架的分析，明确企业业务范围并确保流程的全面清晰；识别业财流程的全部关键节点并提取相应财务职能，将业务性质相同、逻辑完整、满足业务同一类管理需求的财务职能，整合为一组财务"能力"，形成企业财务"能力"全景图；最终运用"漏斗分析法"，将业务价值高、复用程度高、业务逻辑成熟的财务"能力"进行筛选，形成业务中台核心"能力"清单，为前后台提供灵活的服务调用，以下为企业财务能力常见的清单：

通过财务中台模式，可以基于传统财务的实际场景衍生出大量模式创新应用场景（如图 7-2-12 所示）。

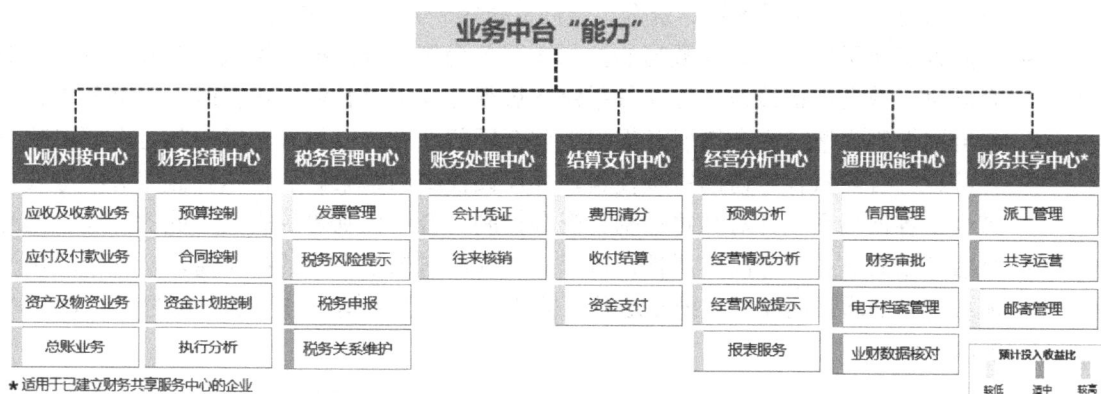

图 7-2-12

1. 映射微服务

随着企业的不断发展，其信息化覆盖度不断提升，部署了大量的前端业务系统。而这些业务系统由于多种原因，往往同一业务及数据属性（如经营活动、客户、商品等）之间存在差异。例如，国内某大型集团企业其同类业务系统就多达百套，而企业的后台系统（如核算、资金系统）通过接口对接前端业务时，就增加了很多工作量。但如果强行对企业前端业务系统进行统一替换，又将给企业实际业务经营带来重大影响，尤其对于新并购或业态差异较大或未绝对控股的企业来讲，更是影响深远、风险极大。

通过财务中台的映射微服务，我们可以快速低成本地解决这类问题。

● 服务核心能力：通过建立规则转换中心，将千差万别的"业务语言"转换为统一的"财务语言"。

● 应用说明：中台提供统一的业财数据映射微服务，各业务系统只需在映射微服务中创建一个映射服务，通过完成业务系统数据与财务标准数据的映射配置（该服务可以提供智能匹配，尝试减少数据映射的工作量），就可以实现业务系统和后台系统之间的数据对接和传递。

● 收益：

①打破传统企业中跨业态、跨系统的数据壁垒，降低成本；

②在不影响原有业务系统正常运转的情况下，将数据标准化、统一化；

③实现企业前后台间数据的顺利传递，提高数据利用及财务运营效率。

2. 控制中心微服务

财务总监是企业经营中非常重要的风控官，财务的控制服务涉及预算、资金、支付等企业经营的方方面面。传统模式下，大量的业务系统、后台系统都需要建立相应的控制服务，不但造成控制能力的重复建设，还导致无法实现精准的控制和执行情况的实时获取。以预算控制为例，由于业务的分离往往造成需要将预算按业务切分开并在不同的业务系统进行控制，一旦预算的切分不符合实际经营中的业务情况，整个预算的应对调整都会非常滞后。而通过集中的控制微服务，我们只需要在所有需要应用控制服务的业务环节调用控制中心，实现控制的检查申请就可以实现实时、准确的控制服务。

- 服务核心能力：实现集中统一的控制服务，建立财务的控制中心，以中台微服务的形式向前台提供包括预算、资金、合同支付等一系列的控制服务。
- 应用说明及示例：以合同数据的控制微服务为例，合同控制微服务对外提供标准的合同执行数据申请接口，各业务系统在进行合同下付款业务申报时，向财务中台发起合同控制申请，中台微服务根据当前合同的金额、已执行金额，甚至合同付款条件等进行合同执行申请的审核校验，并反馈控制的结果。通过这种微服务的方式，减少了各前端系统针对预算控制、资金控制、合同控制等控制类功能的开发。同时微服务模式具备良好的扩展性，可以有效地应对未来大量的控制请求，并减少由于服务请求的增量而需要系统改造升级的成本。微服务模式与传统模式的对比如图 7-2-13 所示。

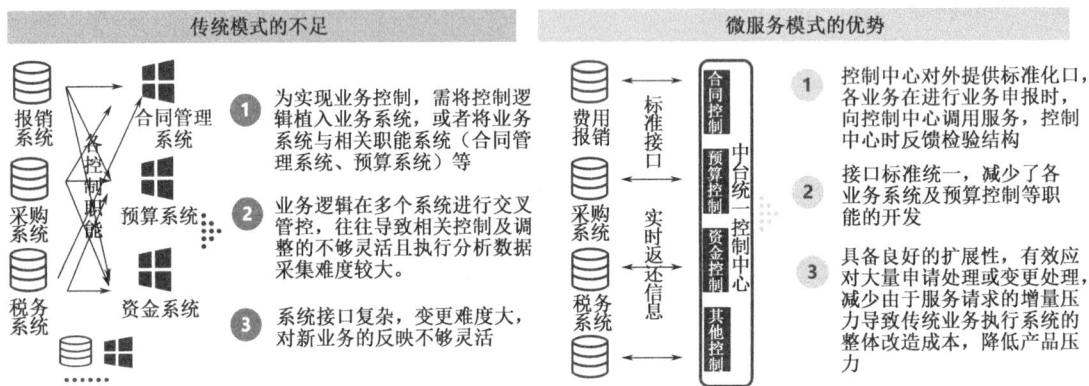

图 7-2-13

7.2.2.3 财务的数据中台场景

很多人会把数据比作"石油"，数据中台概念的提出者阿里巴巴对于数据中台的定位则是"热发电厂"。热发电厂就是利用煤、石油和天然气等燃料进行供热与供电。热电厂能高效地利用发电厂释放的热量，使燃料得到充分利用。

数据中台同样也参照同样的模式：与前后、后台连接，通过数据技术，对海量、多源的数据进行采集、计算、存储、加工，同时统一标准和口径，以供数据消费者快速调用或使用。为建立起数据反哺业务的数据驱动运营模式，数据中台将企业的"数据管理能力"进行沉淀，助力企业打造以财务体系为基础的数据服务"公司"。数据中台将以采集的企业内外信息为"原材料"，运送至数据工厂进行加工生产（可以是普通的数据处理，也可以是基于算法的模型输出），最终将成型的数据"商品"（一般以 API 或数据视图的方式）摆放在数据服务商店，供数据使用组织自由选择。数据中台不仅实现了对数据从加工到服务输出的全链条管理，同时通过数据的管理完成企业数据资产目录的建立，实现真正的"数据资产化"管理，帮助企业摸清自家的数据"家底"，助力企业融入数字创新时代。

数据中台的主要内容（如图 7-2-14 所示）包含：数据仓库——收集、储存企业内外数据；数据管理办公室——进行数据治理及数据中台运营稳定性，保障数据质量以及流程顺畅、稳定性；数据工厂——根据业务需求，将数据进行加工、建模，生产出数据"商品"；数据资产目录——摸清企业数据"家底"，提高数据在企业内的开放性、可用性；数据服务商店——将数据中台提供的"商品"摆放在"货架"上，供数据使用组织自由选择、购买。

因此，数据中台建设应该以"业务价值为纲，生于业务场景，高于业务场景，始于业务场景。"

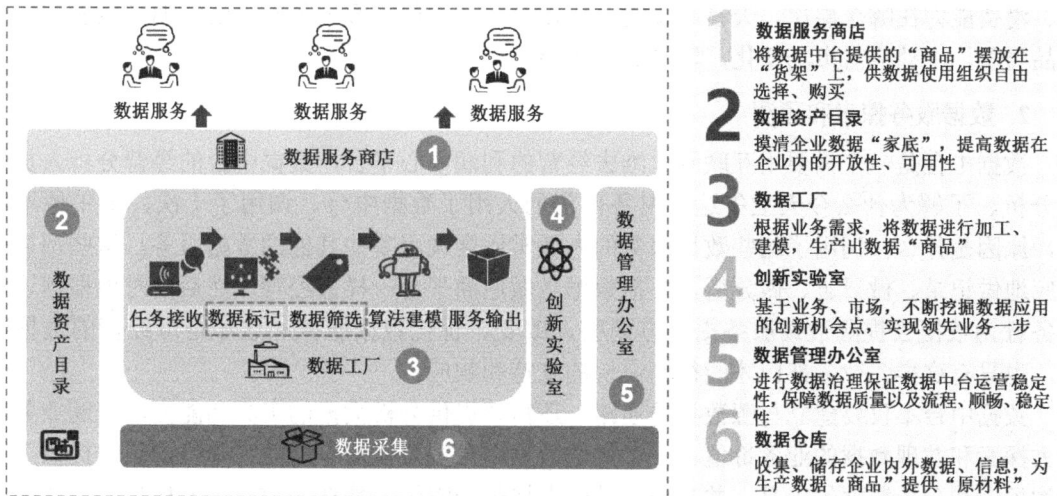

图 7-2-14

1. 数据工厂加工与处理

为建立起数据反哺业务的数据驱动运营模式，数据中台将企业的"数据管理能力"进行沉淀，使得未来每家企业都不仅是数据"原材料"的生产工厂，而且还会成为数据"商品"的加工工厂（如图 7-2-15 所示）。

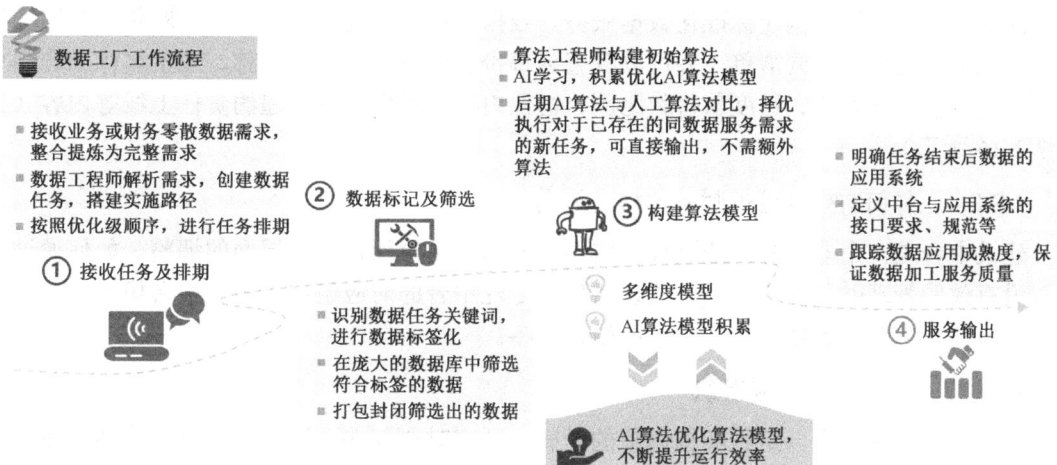

图 7-2-15

核心能力：数据中台将以采集的企业内外信息为"原材料"，运送至数据工厂进行加工生产，数据工厂根据数据零散程度搭建最优实施路径，在庞大数据库中识别数据任务关键词，进行数据标签化。算法工程师构建初始算法（可以是普通的数据处理，也可以是基于算法的模型输出），最终将成型的数据"商品"（一般以 API 或数据视图的方式）摆放在数据服务商店，供数据使用组织自由选择。

示例：天猫超市现在看上去是在销售日用百货、家电设备、酒水饮品，其实天猫只要掌握了用户的数据，不论是 B 端，还是 C 端，都可通过数据工厂发布任务、标记数据、构建算法模型，输出应用服务，使得管理者了解现阶段用户喜欢什么、用户的行为模式受什么影响、消费能力在哪个层次。天猫超市完全可以在现有的用户数据基础上快速调整供应链中的产品类型，主动应对市场变化，取得竞争优势。

2. 数据服务探索和预测

数据中台是一个需要用互联网思维去经营的利润中心平台，数据中台的经营分析人员需要分析、了解为什么今天上午这个财务部门的人用了数据中台、调用了十次，下午他不用了，原因是什么，调用了这些数据服务的人通常还会调用哪些其他的数据服务。这些都需要相应地做记录、做日志、做分析，要把数据当做电商平台一样去经营，然后实时地根据这些业务行为数据去提醒数据服务提供方调整、改变、优化数据服务，这才是可经营的数据中台，也只有这样，业务部门才能得到最快的支持和响应。

数据中台不仅要建立与源数据的通路，还需要提供分析数据的工具和能力，帮助业务人员去探索和发现数据的业务价值。一个好的数据中台需要针对不同业务岗位的用户提供个性化的探索和分析数据的工具，并且在此基础上提供一键生成数据 API，以多样化的方式提供给前台使用者。

核心能力：为业务提供强有力的标准化数据及数据模型服务，赋能数据驱动业务洞察，在企业的数据中台发展运营过程中较为成熟和常见的 API：合同数据、资产数据、库存数据、产品数据、竞品数据、行业数据、工商数据、会计凭证生成模型、公司估值模型、产品盈利预测模型、项目现金流预测模型、资产减值预测模型等。

示例：集团 CFO 希望获得 2018 年公司在北京市签订的总承包合同情况，以测算北京区业务团队的绩效水平，构建标准化数据服务。数据中台可以提供北京市 2018 年的合同类型为总承包类型的所有合同清单，并可以联查到每份合同编号、合同名称、业主名称、合同总金额、进度款付款方式、进度款付款比例、担保内容、担保比例、违约责任上线等内容（如图 7-2-16 所示）。

7.2.2.4 如何有效地管理财务的核心能力

建设中台是一个非常复杂的过程，这不是简单的决策而是战略层面的调整。如何通过中台建设有效的管理财务核心能力，建议从建立专注中台的对应组织、基于中台模式的流程设计和中台模式适配的系统规划三个方面做好准备。

1. 建立专注中台的对应组织

在中台战略制定中，组织架构调整的矛盾与冲突时刻存在，即便是阿里的"共享业务事业部（业务中台）"，早期也是非常艰难地活在淘宝和天猫的夹缝中。因为中台不仅是距离业务更近的能力平台，更是一个需要持续优化的财务服务平台，所以中台团队不仅仅是由具备财务、技术等单一能力的人员构成的，更多的是将中台当做一个产品团队来构建，对其核心成员具备的能力提出了更高的新要求。为了解决企业创新在组织层面的摩擦和阻力，构建真正的平台型组织，实现实时、敏捷的服务能力输出，从组织和制度上支撑前台组织和应用的快速迭代和规模化创新（如图 7-2-17 所示）。

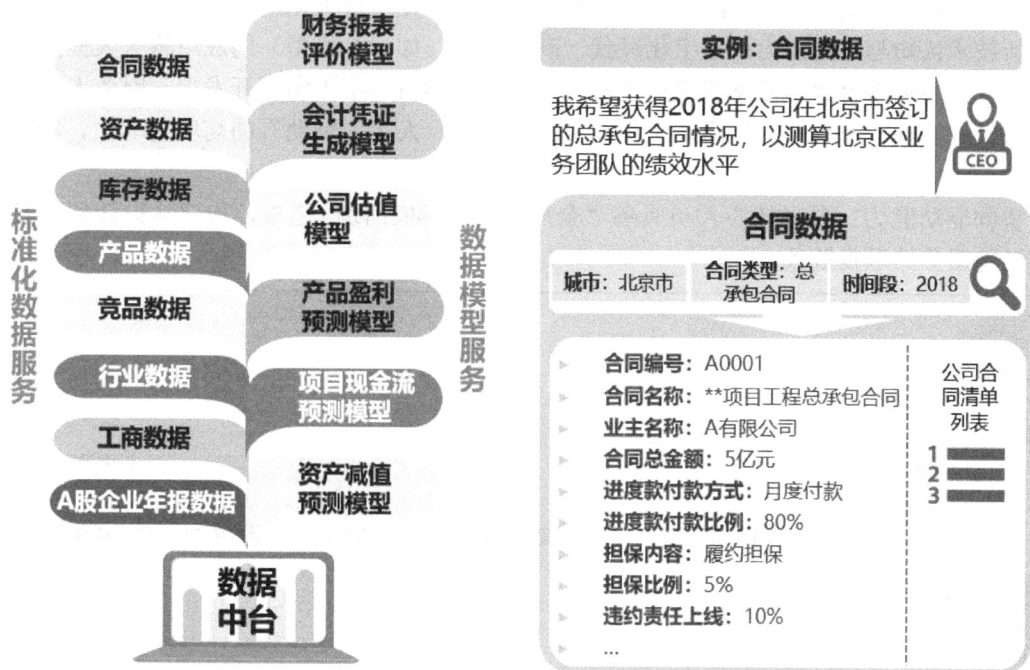

图 7-2-16

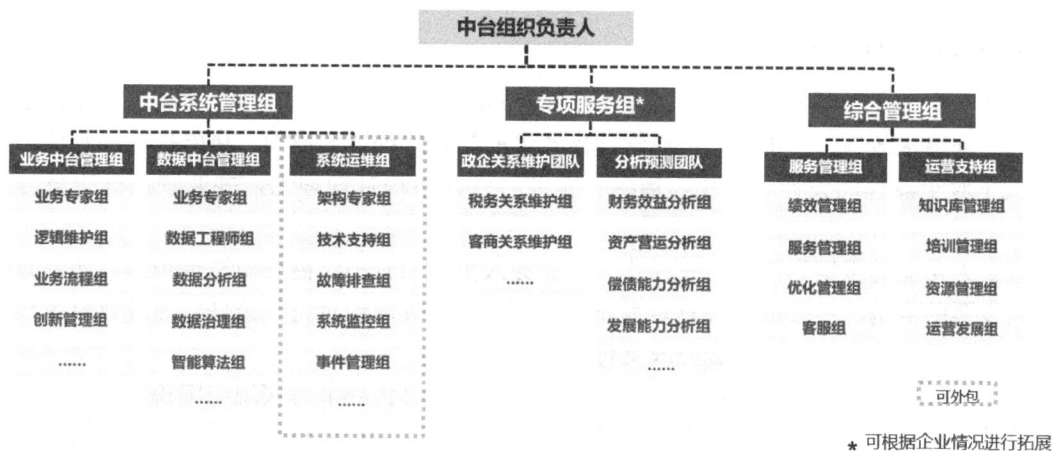

图 7-2-17

基于中台灵活多变、快速适应能力的特点，对于企业人才能力要求更是高于其他职能岗位，主要体现在以下四个方面（如图 7-2-18 所示）：

跨领域综合能力：中台财务人员定位为业务+财务双精专家，深刻了解业财流程节点能力，精准提炼通用能力。中台数据专家需有强大技术能力的同时具备业务认知能力，识别不同业务功能通用的逻辑，设计复用性高的技术模型及框架；对功能进行业务流程适配，实现灵活、高效、适用性更高的应用。

业务变化感知能力：针对前端业务的迅速变更，要求中台财务人员能定位判别出对现有中台功能的影响，进而转化出中台的新需求或变更需求；数据分析等技术人员能在业务发生时将已有技术模型进行初步匹配或修改，做到技术能力复用最大化。

新技术认知与运用能力：数字化时代，高新技术（如 AI 模型）的应用将大大提高企业运营效率，要求中台数据专家能快速感知新兴技术并学习应用于实际开发中。财务人员需了解新兴技术的基本原理及其应用，工作向"机器为主，人工为辅助"的高度自动化、创新化方向靠拢。

协同驱动能力：要求核心人员具备"全局意识"，防止闭门造车，构建从设计到开发到中台功能服务的顺畅链条。

图 7-2-18

2. 基于中台模式的流程设计

对于业务流程的设计与优化，若过分追求质量，冗长的审批流程可能导致流程缺乏效率；若过分追求效率，业主制的集权管理模式可能导致流程过于精简，风险控制不到位。中台模式下对于流程的设计与优化，需融合精益与六西格玛管理理念，并兼顾流程质量与效率。

以最为常见的报销为例：传统模式下，业务人员报销时不仅需要填写报销单，还要查验增值税发票的真伪，检查部门预算是否充足、是否到达合同约定付款条件，通过业财审核、财务记账、凭证归档，最后资金完成支付；

在中台模式进行流程优化后，其中增值税发票查验真伪环节可实现与国税局发票底账库进行直连并查询发票真伪及附加自动认证，预算与资金计划可以根据提单人所在部门、付款合同、付款事项自动完成校验，通过RPA智能审核报销单据的合规性，推送核算系统自动生成会计凭证，推送资金系统进入待支付清单（如图 7-2-19 所示）。

聚焦财务中台管理流程设计，可借助自动化、智能化流程，助力财务提供敏捷服务，加强财务管控，从而建立科学、规范的财务中台管理流程，达成赋能价值。

3. 中台模式适配的系统规划

中台模式以"服务"为核心，因此中台战略对应的系统也应有所变革。

业务中台：业务中台主要侧重于财务方向，它基于 SOA 架构，构建数据服务层、基础服务层、核心业务层和调用层。其中核心业务层为财务应用重点建设与设计层，其包含业财对接中心、财务控制中心、结算支付中心、账务处理中心、税务管理中心、通用职能中心、经营分析中心。

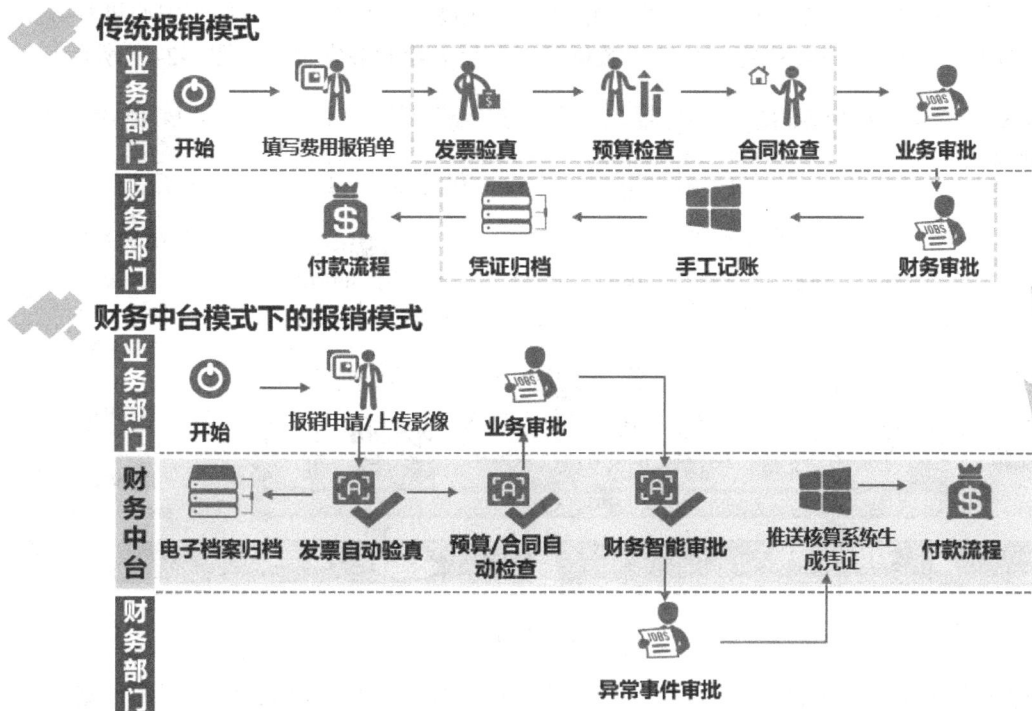

传统报销模式

财务中台模式下的报销模式

图 7-2-19

业务中台与前端业务系统交互是通过创建 API 服务方式进行数据交互的，若前端没有业务系统或者业务系统不完善，业务中台可直接提供相对应的财务表单进行业务承接（如图7-2-20 所示）。

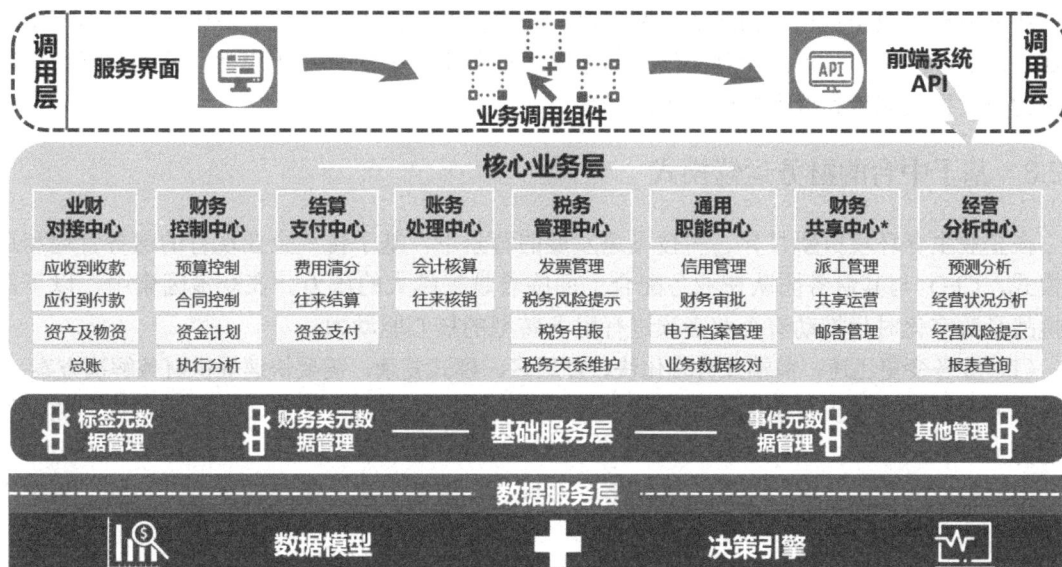

图 7-2-20

数据中台：数据是来源于各个业务系统，由原有始数据（不同频次的历史快照+实时数据）、共享数据，利用云计算、大数据中心、算法模型进行数据萃取（已经整理的标准化数据、标签、模型），共同形成数据中台数据仓库。通过搭建数据工厂、创新中心进行数据二次提取加工，提供标准化或定制化的"数据资产"反哺给业务中台（如图 7-2-21 所示）。

图 7-2-21

由于企业对数据中台的资源投入并不是无限制的，因此还需构建职能型的数据管理中心，其中从资源规划角度，根据资源充足程度及相应的成本收益，确定是否提供相应的数据服务；从数据角度，统一定义数据编码、属性、分类、数据格式、数据规则，从源头确保数据的准确性、合规性、一致性和完备性；从监控角度，对数据使用进行可视化监控、跟踪和分析；从授权角度，确保数据在使用过程中通过恰当的认证、授权、访问和审计，保障企业数据使用安全等多方面的职能运营保障数据中台的高效、平稳、持续运行。

业务中台与数据是相辅相成的，两者没有冲突关系。数据中台从业务中台的数据库中获取数据，进行清洗和分析。得到的结果用于支撑业务中台上的智能化应用。这些智能化应用产生的新数据又流转到数据中台，形成闭环。

7.2.3 基于中台的财务运营模式

在企业生存环境日新月异、科技飞速发展的背景下，基于传统企业现有的财务管理和运营模式，CFO 与其财务团队在业务配合上面临着越来越大的压力。在众多因素中，以下四大挑战是数字化时代推动着企业必须进行财务转型的核心驱动力。

（1）业务变更迅速：前端业务变化快、创新多、模式复杂，需要快速提供财务解决方案。

（2）数据处理解析复杂：海量数据，分析难度大，但同时包括更多的外部数据，数据价值潜力大。

（3）企业并购融合多：企业收并购多，多地、多国差异多，需要在体系、数据、系统等方面有机融合。

（4）财务能力要求严苛：企业多元化发展及财务自身转型要求，对财务能力提出更多样化、更高的要求。

企业如何应对这些挑战并建设起适应新时代的财务体系变得迫在眉睫，而财务中台是赋予财务组织敏捷应对能力的有效手段之一，帮助企业财务成为企业强有力的业务合作伙伴。

而财务中台成为融合新技术的全新能力共享平台，基于能力共享平台，借助业务中台和数据中台的融合，我们相信"机器学习+专家辅助"的人机运营模式将成为未来的财务组织运营模式，助力企业在 AI 赛道上的"弯道超车"。

当企业持续经营时，大量的业务被数据化，基于机器学习的方法我们可以尝试从历史的经营业务被处理的结果数据中发现某类业务被处理的业务规则。当我们利用算法持续地优化这个规则生成的模型时，就可以实现同类型业务的推荐处理方法（例如，支付管理类员工提交的通信费报销款时核算一般计入管理费用，辅助核算为员工所在的事业部）。这种方法基本与传统模式中根据表单字段配置固定的凭证生成规则是类似的，但由于是训练的业务模型，会相对减少前期业务的整理及后续实施和维护的工作量。

然而在没有人为干预的情况下，对于新业务的问题处理，机器自我学习无法有效解决。当我们利用已有模型算法匹配新业务时，往往置信区间会明显下降，此时可以将该笔业务进行提示标注，通过业务专家的"人为指导"完成业务的处理，同时机器将专家处理的该业务再次进行算法模型的训练，并将专家处理的算法权重进行调整，最终将实现新业务的自动化推荐处理。这种"人机合作"的模式将大大增加处理结果的精确性并加速机器学习的过程，我们将其定义为"机器学习+专家辅助"的人机模式。

以财务中台的报销业务调用凭证服务为例，发生两笔报销业务时，生产人员的报销为原有业务，经中台元素化拆解、重组后，直接调用中台的凭证服务，并使用机器学习库中成型的规则（可能是初始写入或后续机器学习成功的规则）生成借方为生产成本的分录；而另一笔管理人员的报销为新业务，经机器学习库判断，现有规则无法生成满足一定人为规定精确度（图 7-1-22 示例为 90%）的凭证，便根据以往"学习经验"预处理一笔凭证推送至专家组，经专家指导最终生成正确凭证，通过管理人员报销业务的不断发生，最终机器学习库将生成新的凭证规则，即针对此类报销业务借方为管理费用的凭证规则。

示例：报销业务调用凭证服务，"机器学习+专家辅助"支持凭证自动生成

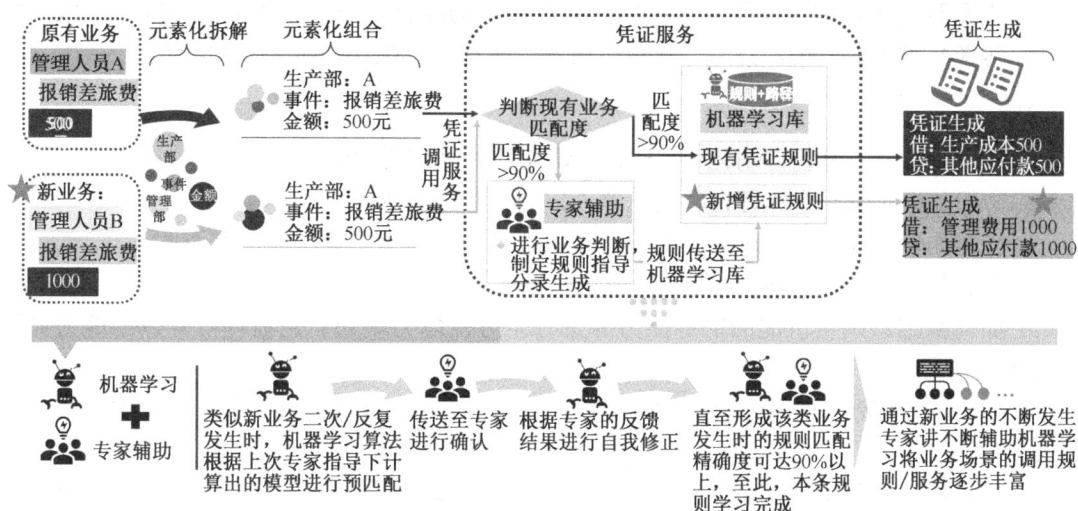

图 7-2-22

7.2.4 未来财务中台建设畅想

数字化时代变革压力巨大，也让企业财务组织的定位从单一的"记录者"转向"财务价值创造者、运营效率优化者、业务合作伙伴和战略支持者"等多功能角色，而财务中台战略则通过对企业的四大能力进行强化，赋能企业财务组织，实现在全价值链中的支持作用．

- 智慧数据处理能力——面对海量业务数据，财务需提高信息处理的效率，开展可视化分析和数据挖掘，为业务提供预测性的判断和数据驱动的业务洞察。
- 实时监控分析能力——财务需快速地对业财活动进行风险评估和合规审查，完成业务风险的发现控制，最大限度地保障企业的财务安全。
- 敏捷价值创造能力——针对不断变化的业务模式，财务需提出解决方案，并提供响应式的价值服务，以支撑业务的顺畅运行和开展。
- 精准洞察决策能力——侧重跨职能整合与基础提升、业务财务功能强化与协同、战略成本与盈利性管理、资本运作与重组整合，做好企业战略"决策家"。

通过以上能力的强化，财务中台将助力企业实现预算向精准转变、控本向事前转变、服务向智慧转变、业务向前转变、发展向生态转变，以构建"智慧"业财模式，促进企业转型。

财务中台带给企业的是多方的收益，不仅助力企业智能化、敏捷化的转型，更提高了企业的综合绩效，包括：

- 推动业财融合：财务人员更加深入地参与到业务活动当中，更好地为业务提供服务，将财务组织打造成"企业业务伙伴"。
- 强化数据应用：对财务信息统一治理，避免信息孤岛，加强企业财务数据的分析洞察。
- 实现降本增效：能力复用，避免资源浪费，降低经营成本，提高综合运营效率。
- 助力转型升级：将财务人员从传统事务性工作中释放出来，转向从事企业决策辅助等高价值工作。
- 提升智能化程度：借助业务中台和数据中台的融合，充分考虑人工智能、高级分析等新兴技术的应用，打造"智慧"财务，将财务管理工作推入"AI"赛道。

习题：

1. 什么是机器人流程自动化（RPA）？请简述 RPA 的适用场景。

2. 一般如何实施一个流程自动化机器人，分为哪些步骤？

3. 应该如何管理好企业越来越多的机器人？企业需要重点关注哪些方面？

4. 什么是中台？请简述中台的应用历程。

5. 如何精准识别可沉淀的财务能力并进行全方位能力规划？企业现有分散的能力如何"沉淀聚集"？

6. 如何消除组织层面的阻力完成中台与企业现有组织的重建，如企业共享中心与中台的职能重复及归属？

7. 如何构建人员能力多样、新技术应用、协同驱动的中台产品团队，同时实现企业原有团队结构优化、重整的平稳过渡？

## 第 8 章

未来会计风向标——区块链大会计

本章学习目标：

- 了解区块链的定义与发展历程；
- 掌握区块链的基础模型架构；
- 理解区块链对会计领域的影响；
- 掌握使用区块链技术解决会计业务痛点的方法；
- 掌握区块链技术在会计领域的应用方式。

8.1 什么是区块链

8.1.1 区块链的由来

提到区块链，最先想到的词汇应该就是"分布式账本"了，那么，什么是区块链？分布式账本技术又是怎么产生的呢？下面通过科学技术的发展历史为大家讲述。

首先在数万年前以前，人类还没有发明文字，每天靠打猎为生，每天打到了多少猎物、吃了多少猎物，全部依靠人的死记硬背，刚开始由于打到的猎物不多，所以还能记得住。

但是，随着人类使用的武器的逐步升级，人们发现打到的猎物越来越多，人们剩余的猎物越来越多，人们发现单靠脑子计数已经不能很好地记住猎物的得与失了，需要使用其他形式把自己的得失记录下来，所以人们发明了简单刻画（如图 8-1-1 所示）与直观绘图两种方法，用来记录得失与描绘场景。这时候，就产生了记账的萌芽。

后来，人们需要记录的东西越来越多，刻画与绘画已经跟不上需求的变化，于是出现了结绳记事（如图 8-1-2 所示），结绳记事对记录对象、数量变化、最终结果都形成了确定的表现形式，它已经表现出账本记录的几个基本原理，所以，结绳记事从某种意义上讲，已经算是账本的起源了。

图 8-1-1

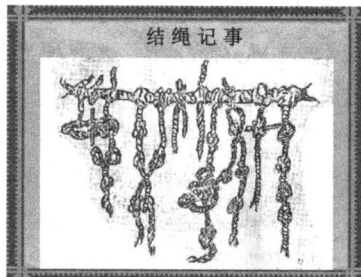

图 8-1-2

再到后来，人们的生产水平越来越高，物品的剩余越来越多，文字也随即被发明出来，人们开始使用文字叙述式的记录法，将收支事项按照时间的发生顺序记录下来，这就形成了流水账。到了公元前 5 世纪，古希腊在流水账的基础上形成日记账和现金出纳账，这时候就出现了单式记账法，再后来就出现了流通相对广泛的复式记账法。

复式记账法（如图 8-1-3 所示）不仅能够核算经营成本，还可以分化出利润和资本，保证了企业经营的持续性。

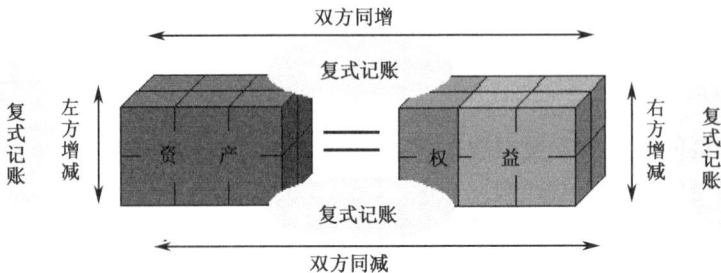

图 8-1-3

但是，到了 19 世纪，信息技术爆发式发展，需要处理的工作也越来越多，并且随着记账的需求增加，存在着企业经营者与企业所有者因账目而引发的信任问题，所以企业开始雇用一个双方都信任的第三方开始记账，会计这个职业就诞生了，而计算机技术的出现使会计行业走向了一个新的纪元——会计电算化。

到了 21 世纪，信息化、数据化、智能化手段使得我们的记账手段不断完善和创新，但是仍然存在信息不对称及信用问题。比如：你是否怀疑事务所和公司勾结作假账？面对这样的问题，区块链技术给出了一个解决方案，就是分布式账本。

8.1.2 区块链的定义与发展历程

区块链是一种去中心化的分布式账本数据存储系统。从数据的角度来讲，区块链是一种几乎不可能被更改的分布式数据库，分布式不仅仅体现在存储上，也体现在数据记录上。从技术的角度来讲，区块链不是一种单一的技术，而是多种技术的组合，是分布式数据存储、点对点传输、共识机制、加密算法等计算机技术的新型应用模式。

从 2008 年区块链诞生至今，已经经历了 1.0、2.0 与 3.0 三大应用时代，其应用范围从货币、金融逐步扩展到社会生活中的各个方面。这三个时代也分别可以称为：可编程货币时代、可编程金融时代、可编程社会时代。

区块链 1.0 是以比特币为代表的数字货币应用，其场景包含支付、流通货币等职能。主要具备的是去中心化的数字货币和支付平台的功能，目标是为了去中心化。比特币的出现也是第一次让区块链进入了大众视野，使得区块链构建出一种全新的、去中心化的数字支付系统，这样一种新兴数字货币的出现，强烈地冲击了传统金融体系。

区块链 2.0 又被称为可编程金融时代。受到数字货币的影响，人们开始将区块链技术的应用范围扩展到其他金融领域。2014 年，V 神在《比特币杂志》上发表了一篇名为《以太坊：一个下一代加密货币和去中心化应用平台》的文章，开启了区块链 2.0 时代。基于区块链技术的特点，2.0 时代的人们尝试将"智能合约"的理念加入区块链中，形成了可编程金融。有了合约系统的支撑，区块链的应用范围开始从单一的货币领域扩大到涉及合约功能的金融领域。区块链技术得以在股权、防伪、证券、保险、博彩、权利登记等众多金融领域崭露头角。目前，许多金融机构都开始研究区块链技术，并尝试将其运用于现实，现有的传统金融体系正在被颠覆。

随着区块链技术的进一步发展，其"去中心化"功能及"数据防伪"功能在其他领域逐步受到重视。人们开始认识到，区块链的应用也不仅局限在金融领域，还可以扩展到任何有需求的领域中，区块链 3.0 时代就在这时产生了。区块链 3.0 也被称为可编程社会时代，指区块链在金融行业以外的各个行业的应用场景，满足更加复杂的商业逻辑。区块链 3.0 被称为互联网技术之后的新一代技术创新，EOS 就是这个时代中一个典型的代表。可编程社会中的区块链不仅能够记录金融业的交易，而且可以记录任何有价值的能以代码形式进行表达的事物，如：对共享汽车的使用权、信号灯的状态、出生和死亡证明、结婚证、教育程度、财务账目等。因此，随着区块链技术的发展，其应用必将涉及生活中的方方面面。使用区块链赋能各个行业，使用区块链特征促进整个社会的进步。

8.1.3 区块链通用模型

区块链的通用模型分为六层，由下而上分别为数据层、网络层、共识层、激励层、合约层和应用层。

8.1.3.1 数据层

数据层中封装了底层数据区块的链式结构，以及相关的非对称公私钥数据加密技术和时间戳等技术，这是整个区块链技术中最底层的数据结构。下面我们就针对数据层中封装的技术进行一一讲解。

1. 区块

首先我们看区块，区块是一种记录交易的数据结构，相当于咱们每本账本中的账页。区块链以区块为单位存储数据。每个区块由区块头和区块体组成，区块体负责记录前一段时间内的所有交易信息，区块头则用于实现区块的顺序连接并记录交易信息加密后的密文。各个区块都具有与前后区块相连接的信息，从而保证数据的安全性。

2. 哈希算法

那么，区块中记录的信息通过什么方式进行加密呢？哈希算法就是一种最常用的加密算法。哈希算法可以将任意长度的信息映射为一段固定长度的字符串，这个字符串被称为哈希值。哈希值是一段数据唯一且极其紧凑的数值表示形式。一段明文稍微更改哪怕一个字母，所产生的哈希值就完全不一样。要想通过哈希值找出相对应的明文，在计算上是不可能的，所以数据的哈希值可以检验数据的完整性与保证数据的安全。

3. 非对称密钥加密

非对称密钥加密也称为公钥加密，它使用两个密钥——公钥和私钥，构成一对，公钥是公开的密钥，用于加密；私钥是只有自己保管的密钥，用于解密。这种机制的巧妙之处就在于每个通信方只要有一对密钥，就可以和多个其他方通信。

加密的步骤如图 8-1-4 所示：

（1）A 要给 B 发信息时，A 使用 B 的公钥加密信息，因为 A 知道 B 的公钥。

（2）A 将这个消息发给 B（已经用 B 的公钥加密信息）。

（3）B 用自己的私钥解密 A 的消息。

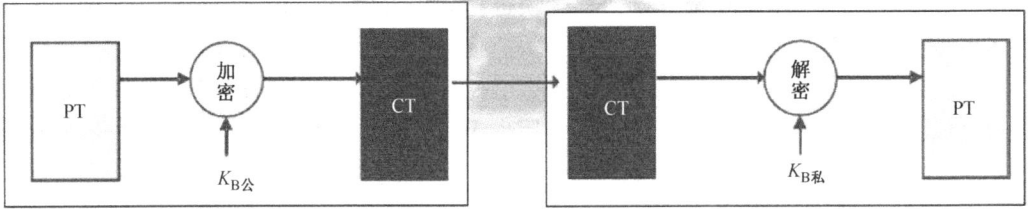

图 8-1-4

私钥就像银行卡密码，有了私钥就可以动用对应地址下的数字资产，但银行卡密码是由自己设置的，所以私钥是随机生成的一个数值。而公钥是由私钥生成的，但是公钥无法生成私钥。

私钥是数字资产所有权和控制权的象征。在进行虚拟货币交易时，无论是谁，只要拥有私钥就能使用相应钱包中的数字资产，所以私钥必须保存好，一旦泄露或者丢失，就会失去私钥保护下的所有数字资产。

和传统的用户名、密码形式相比，使用公钥和私钥进行交易最大的优点在于提高了数据传递的安全性和完整性，因为两者一一对应的关系，用户基本上不用担心数据在传递过程中被黑客中途截取或修改。

但使用公钥时，由于需要对信息进行加密解密，与传统交易相比速度明显慢许多，效率也低。不过相信随着科技的发展，未来一定能够找到克服的方法，使公钥和私钥得到更广泛的应用。

4. 数字签名

数字签名是在区块链中证明消息是自己发送的一种技术手段，是只有信息的发送者才能产生的别人无法伪造的一段数字串，这段数字串同时也是对信息的发送者发送信息真实性的一个有效证明。它涉及哈希函数、发送者的公钥和私钥。数字签名有两个作用：一是能确定消息确实是由发送方签名并发出的，二是数字签名能确定消息的完整性。我们可以把数字签名简单理解为就是将我们自己的签名进行数字化后在网络信息传输中使用。

8.1.3.2 网络层

网络层主要用于信息的传输，区块链使用的网络传输机制为 P2P 传输机制。

P2P 又称点对点传输，是无中心服务器、依靠用户群交换信息的互联网体系。举个例子：我们应该都听说过迅雷下载，它就是典型的 P2P 应用。大家通过它下载文件的时候，其实不是从一个固定的服务器中下载全部的文件，而是从所有拥有本文件的计算机中分别下载一部分，然后在自己的计算机中进行整合，这样就大大提升了下载的速度。P2P 的本质是一种硬盘的共享，是把每个人的计算机的一部分硬盘，拿出来与其他人共享。区块链使用这种机制就实现了对所有信息的共享，形成了区块链公开透明的特性。

8.1.3.3 共识层

共识层中则封装了网络节点的各类共识机制算法。共识机制算法是区块链的核心技术，因为这决定了到底是以谁记录的账本为准，而记账决定方式将会影响整个系统的安全性和可靠性。目前已经出现了十余种共识机制算法，其中比较知名的有工作量证明机制（Proof of

Work，PoW）、权益证明机制（Proof of Stake，PoS）、股份授权证明机制（Delegated Proof of Stake，DPoS）等。数据层、网络层、共识层是构建区块链技术的必要元素，缺少任何一层都不能称之为真正意义上的区块链技术。

什么是共识机制呢？我们来举个例子：三个人去吃饭，有人想吃山东菜，有人想吃火锅，有人想吃面条，这时候就需要使用一种方式决定最终吃什么，那么决定吃什么的这种方式在区块链中就被称为共识机制。

1. PoW 证明机制

PoW 是比特币网络中使用的一种共识机制，简单地说就是可以证明你付出了多少工作量的证明。它就像一个猜数字的游戏，而想要猜到这个数字是完全没有规律可循的，只能一个一个的数字进行尝试，那么在相同的时间谁能猜正确，就默认这个人在这段时间内付出了最多的工作量，作为对工作量最多的人的奖励，这个人就能获得比特币网络中的记账权利，并得到比特币奖励，从而使比特币中的信任基础不再依赖于中心化货币发行机构，而是依赖于工作量证明机制。

2. 权益证明机制（PoS）

PoS 则类似于财产储存在银行，这种模式把你持有数字货币的量和时间的乘积与银行中所有人存储的数字货币与时间乘积的比率，作为你获取记账权的概率。当你获取记账权的时候，则给予你奖励并将你的概率清空重新计算。

3. 股份授权证明机制（DPoS）

DPoS 则有点像议会制度或人民代表大会制度。举个例子，有这样一家公司：公司员工总数为 1000 人，每个人都持有数额不等的公司股份。每隔一段时间，员工可以把手里的票投向自己最认可的 10 个人来领导公司，其中每个员工的票权和他手里持有的股份数成正比。等所有人投完票以后，得票率最高的 10 个人成为公司的领导。如果有领导能力不行或做了不利于公司的事，那员工可以撤销对该领导的投票，让他的得票率无法进入前 10 名，从而退出管理层，这就是 DPoS 的运行机制。

8.1.3.4 激励层

激励层是将经济因素集成到区块链技术体系中，包括经济激励的发行机制和分配机制等，主要是为了在区块链中激励遵守规则参与记账的节点，并且惩罚不遵守规则的节点，以让整个系统朝着良性循环的方向发展。

比特币网络中的激励机制就是奖励给完成记账的人一些比特币。激励层奖励的来源包含了两种：一种是新区块产生后系统生成的比特币，第二种是每笔交易会扣除万分之一的比特币作为交易费。比特币初期的货币奖励为 50 个比特币，每挖出 21 万个区块比特币奖励减半。当比特币发型总量达到 2100 万时，新产生的区块将不再生成比特币，这时主要依靠第二种交易费作为奖励机制。激励层就是将奖励或惩罚机制程序化后存储在这里。

8.1.3.5 合约层

合约层中则封装各类脚本、算法和智能合约，是区块链可编程特性的基础。比特币本身就具有简单脚本的编写功能，而以太坊极大地强化了编程语言协议，理论上可以编写实现任何功能的应用。如果把比特币看成是全球账本，那么以太坊可以看作是一台"全球计算机"，任何人都可以上传和执行任意的应用程序，并且程序的有效执行能得到保证。

1. 智能合约

智能合约就是在区块链上运行的程序算法。智能合约这个术语在 1995 年由尼克·萨博定义，即"一个智能合约是一套以数字形式定义的承诺，包括合约参与方都可以在上面执行这些承诺的协议。"举了例子：自动售货机，当你向自动售货机投入规定数量的硬币，购买你所需要的商品时，自动售货机识别过后会吐出了你想要的商品；反之，若你没有按照规定投入相应数量的硬币，售货机便不会吐出商品。买家和售货机就自动形成了一个强制执行的合约，这样的合约就可以称之为智能合约。在区块链出现之前智能合约并没有流行起来，是因为人们一直没有找到一种足够使人信任的存储智能合约的技术手段，而区块链不可篡改的特性恰恰解决了这个问题，智能合约也因为区块链的出现流行起来。

2. 智能合约相较于传统合约的优势

使用智能合约代替人工审核，避免人工审核出现差错遗漏的情况出现；由于智能合约是基于区块链的，合约内容公开透明且不可篡改，代码即法律，交易者基于对代码的信任，可以在不信任环境下安心、安全地进行交易，保证了合约的客观公正；智能合约达成共识的成本很低，降低了履行的成本；在智能合约上，仲裁结果出来，可立即执行生效。因此相比传统合约，智能合约有经济、高效的优势，节省了事务执行的时间；智能合约通过计算语言很好避免了分歧，几乎不会造成纠纷，减少了违约纠纷；由于智能合约于区块链的，所以使得合作也能实现全球化。

8.1.3.6 应用层

应用层又称为业务层，它封装了区块链的各种功能业务与各个行业的应用场景。应用层是在区块链 3.0 时期发展最快的区块链架构，其涵盖的应用场景已经超越了货币和金融领域。

传统的应用层包括数字货币交易平台、数字货币投资平台和数字货币钱包等，在进入区块链 3.0 后，区块链的应用层便不再仅限于货币交易应用，更多的在于信息的数字化、管理的数字化、资产的数字化。

由于区块链技术具有去中心化、不可篡改、公开透明、安全可靠的架构优势，再加之具有自动执行的智能合约的管控优势，因此采用区块链技术不仅极大地提升了公信力，而且降低了数据处理成本，提高了系统运行效率。同时，分布式也是信息社会的新要求，点对点的应用处理将会给众多行业带来颠覆性的改革。

8.1.4 区块链的分类

目前存在的区块链种类普遍认为有三种：公有链、私有链与联盟链。

公有链是指无官方组织及管理机构、无中心服务器，参与的人按照系统规则自由接入网络、不受控制，每个人之间基于共识机制工作，所有人员自由加入退出的一种区块链。

私有链也称专有链，它是一条非公开的"链"，通常情况，需要授权才能加入。而且私有链中各个人员的写入权限皆被严格控制，读取权限则可视需求有选择性地对外开放。私有链适用于企业内部应用，以及特定机构的内部数据管理与审计等金融场景。特别是在某些情况下，私有链上的一些规则，可以被机构修改，所以私有链在某种意义上也是中心化的。

联盟链则是只针对特定某个群体的成员和有限的第三方，内部指定多个预选的人员为记账人，每个块的生成由所有的预选节点共同决定，其他接入的人员可以参与交易，但不过问记账过程，其他第三方可以通过该区块链进行限定查询。为了获得更好的性能，联盟链对于共识或网络环境有一定要求。有了准入机制，可以使得交易性能更容易提高，避免由参差不齐的参与者产生的一些问题。联盟链也是当前社会中最常使用的一种区块链。

8.1.5　区块链的特征

8.1.5.1　去中心化与去信任

区块链技术是基于对等网络的，网络中没有中心化节点，所有节点都可以直接进行通信而不需要经过某个中心节点，这样就克服了中心化节点的过度集中带来的不安全性。另外，通信双方的互信是基于一种整个网络都认同的共识算法，因此所谓的去信任不是完全的去信任，而是去信任中心转变为信任通用的、集体认同的共识算法。

8.1.5.2　放共识，安全匿名

任何人都可以参与到区块链网络，每台设备都能作为一个节点，每个节点都允许获得一份完整的数据库拷贝。节点间基于一套共识机制，通过竞争计算共同维护整个区块链。任一节点失效，其余节点仍能正常工作。同时，区块链使用密码学的 SHA256 算法保证交易信息的安全性。通过使用时间戳保证数据的时序性，这可以有效地得到从特定时间到现在的详细交易信息，保证可追溯性。通过使用激励机制保证对等网络节点积极参与数据的验证和区块的产生。再者，区块链是公开透明的，所有的数据信息也是公开的，因此每笔交易都对所有节点可见，由于节点与节点之间是去信任的，因此节点之间无须公开身份，每个参与的节点又都是匿名的。

8.1.5.3　集体维护

新产生的区块需要经过对等网络大部分节点验证数据有效性，以保证区块链数据的冗余性和一致性，这种集体维护防止了集权式的管理可能带来的专政，大大提高了数据的透明度和可靠性。

8.2　区块链已有应用案例解析

8.2.1　比特币

8.2.1.1　比特币的诞生

2008 年，美国次贷危机爆发，导致全球经济衰退，民众对政府货币的信心开始动摇，基于这种背景，2008 年 11 月 1 日，一个自称中本聪的人发表了一篇题为《比特币：一种点对点的电子现金系统》的论文，从此比特币诞生了。

比特币（Bitcoin，BTC）是一种加密数字货币或者说是电子现金，总量恒定在 2100 万枚，和互联网一样具有去中心化、全球化、匿名性等特性。向地球另一端转账比特币，就像发送电子邮件一样简单、低成本，无任何限制。因此比特币被用于跨境贸易、支付、汇款等领域。

8.2.1.2　比特币运行原理

1．比特币的发行

比特币没有特定的发行机构，而是依靠一套去中心化的发行机制，逐步将比特币发行出去。比特币的底层技术是区块链，是将一个个区块连接起来形成的链。比特币系统相当于一个去中心化的大账本，其中的每个区块就相当于账本中的一页，每个区块中的交易信息是由去中心化的节点挖矿来完成的。

不同于现实世界的挖矿，在比特币虚拟世界中，全球的任何一个人都能在这个分布式账本上记录交易信息，并通过竞争机制将自己记录的信息写进区块。这个过程就是挖矿，进行挖矿工作的人就是矿工。挖矿不需要矿工手动实际去挖，只需要购买一台专业的计算设备，下载挖矿软件，由计算设备计算特定的运行（哈希碰撞）就可以了。

根据中本聪的设计，最开始每记一次账奖励 50 个比特币，每记 21 万页账，记账的奖励就会减少一半，直到大约 2140 年，比特币无法继续细分。至此，比特币发行完总量 2100 万。所以，挖矿要趁早。

2．比特币交易方式

比特币的交易方式一共分为 5 步（如图 8-2-1 所示）：

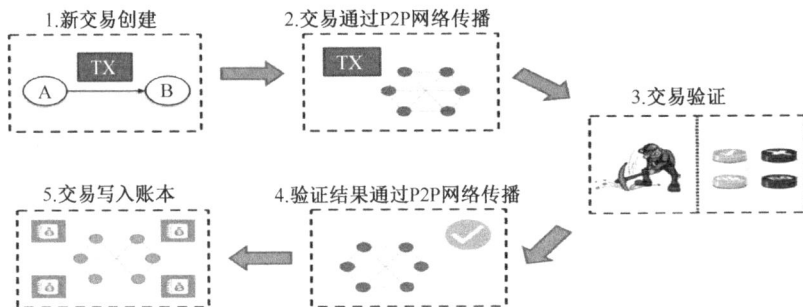

图 8-2-1

第 1 步：所有者 A 利用他的私钥对前一次交易（比特币）和下一位所有者 B 签署一个数字签名，并将这个签名附加在这枚货币的末尾，制作成交易单。

第 2 步：A 将交易单广播至全网，比特币就发送给了 B，每个节点都将收到的交易信息纳入一个区块中。

第 3 步：每个节点通过解一道数学难题，从而获得创建新区块的权利，并争取得到比特币的奖励（新比特币会在此过程中产生）。

第 4 步：当一个节点找到解时，它就向全网广播该区块记录的所有盖时间戳的交易记录，并由全网其他节点核对。

第 5 步：全网其他节点核对该区块记账的正确性，当超过 50 个节点确认交易记录无误后，链上所有节点将本区块添加到区块链中，并开始竞争下一个区块的记账权，这样就形成了一个合法记账的区块链。

3．比特币转账手续费

比特币转账手续费是交易者付给矿工的一笔费用，用于激励矿工竞争记账，为比特币提供足够的算力，从而确保比特币网络的安全，有的地方也叫作矿工费。

用户在比特币网络发起一笔转账时，一般需要支付给记账矿工一定的转账手续费。转账手续费一般为 0.001～0.0015 个比特币，由区块能容纳交易记录的容量有限，矿工会优先打包手续费高的交易，所以多付手续费可以更快被记账。

比特币转账手续费的存在能提高转账门槛，有效防止区块链中充斥垃圾信息，并且能够保证比特币被挖完之后矿工仍有动力维护比特币网络。

8.2.1.3　比特币与挖矿

挖矿是"为获取比特币而付出努力"的过程，它通过消耗计算资源来处理交易，确保网络安全，保持网络中每个人的信息同步。可以理解为是比特币的数据中心，区别在于完全分布式的设计，矿工在世界各国进行操作，没有人可以控制网络。

所以我们经常看到，有些矿工为了能挖到比特币，不断提高自己的挖矿设备的配置，实则是提高自己计算机计算哈希函数的速度，因为算力越高，速度越快，越能更快地拿到比特币奖励。当然，挖矿不是那么容易的，因为在一段时间中，你需要和全世界的所有矿工共同竞争一份奖励。这里有个概率给大家算一下：假设你的算力为 t，全世界总的算力为 T，那么你能挖到比特币的概率就是：$P = t/T$。

挖矿实质上是在用计算机解决一项复杂的数学问题，来保证比特币网络分布式记账系统的一致性。但是比特币网络不会一直让难度保持同一水平，它会定期调整数学问题的难度，让整个网络约每 10 分钟得到一个合格答案。随后比特币网络会将新生成的一定量的比特币作为赏金。

什么是比特币挖矿机？比特币挖矿机就是用于赚取比特币的计算机，这类计算机一般有专业的挖矿芯片，多采用烧显卡的方式工作，耗电量较大。用户使用个人计算机下载软件，然后运行特定算法，计算成功后，与远方服务器通信即可得到相应比特币。这是获取比特币的方式之一。

简单来讲，比特币挖矿机就是一种以计算为主要工作的硬件设备，用来进行比特币的生成计算。其中计算的过程就叫挖矿。

8.2.2　以太坊

8.2.2.1　以太坊简介

以太坊是一个可编程、图灵完备的区块链开发平台。以太坊可以用来编程、处置、担保和交易任何事物，如投票、域名、金融交易所、众筹、公司管理、合同和大部分合约、知识产权，以及得益于硬件集成的智能资产等。以太坊本具有图灵完备性，允许通过合同来编写代码，每个合同相当于一个自动代理，当合同接收到一项交易后，合同就会运行特定代码，这段代码能发送交易或修改合同内部的数据存储，甚至能修改合同自身的代码。

以太坊是以"智能合约"为主要功能的一种分布式计算平台，它提供了一种分布式虚拟机——以太坊虚拟机（Enthereum Virtual Machine, EVM）。EVM 采用系统内含的加密货币——以太币，可以执行点对点合约，可以执行复杂的算法，开发者可以使用编程语言在以太坊上开发出自己想要的应用。通过 EVM，可以很简单地发行数字资产、编写智能合约，建立和运行去中心化的应用。简而言之，以太坊是一个去中心化的创新基础平台。

8.2.2.2 与以太坊相关的基本概念

以太币（Ether）：以太坊中使用的数字货币，可在许多加密货币的外汇市场上交易，它也是以太坊上用来支付交易手续费和运算服务费的媒介。

Gas：以太坊里对所有活动进行消耗资源计量的单位，读取免费，写入收费。由于消息或交易的触发，合约开始执行时，它的每条指令都在网络的每个节点上执行，这就产生了一种成本：每个执行的操作都要花费成本，采用燃料单位（Gas unit）数来表示燃料（Gas），是指交易的发送方需要为在以太坊区块链上的每项操作支付的费用，包括计算、存储，这些费用要使用以太坊的内部加密货币（以太币）来支付。

8.2.2.3 以太坊应用——迷恋猫

迷恋猫中的猫咪数据就是存储在这样一个智能合约区块链平台——以太坊上面的。迷恋猫官方将他们设计的迷恋猫合约发布到以太坊上，并公布了合约内容，其中规定了 0 代猫只能由他们的 CEO、COO 来产生，并限定了 0 代猫最多产生的数量，以及玩家之间如何交易猫、两只猫咪之间如何繁育、猫咪备孕周期等规则，以上规则已经在以太坊上做了公证，以后只能按照这套规则来进行游戏。

在区块链平台上的每只猫咪其实只是存在以太坊中的一段猫咪基因编码，该段基因编码决定了猫咪的属性、外貌等，迷恋猫官方在以太坊之外，提供了一个网站，在网站上将这些猫咪根据其基因编码展示出来。玩家可以使用自己的以太坊账户去购买这些猫咪，并将自己的猫咪与其他玩家的猫咪繁育以产生下一代猫咪，或者继续将其拍卖。猫咪之间繁育产生的下一代猫咪，其基因编码是受其两只上一代猫咪基因编码影响的，由于猫咪的基因编码在以太坊上都是公开的，所以迷恋猫官方并未公布下一代基因编码的生成规则，这样玩家也无法人为控制，如使用两只具有特定基因的猫来繁育出具有特定稀有属性的下一代。

玩家在以太坊的账户是由一段特殊的密钥保护的，玩家进行购买猫咪、繁育猫咪操作时，这些操作信息都会被发布到以太坊上，并且这些操作行为都会使用玩家的密钥进行认证，并在以太坊上记录，公之于众。所以，所有人都可以看到玩家 A 买了一只猫咪 Kitty101，玩家 B 将他的猫咪 Kitty201 与他的 Kitty202 进行了繁育，并生下了一只什么样基因的 Kitty301，如图 8-2-2 所示。

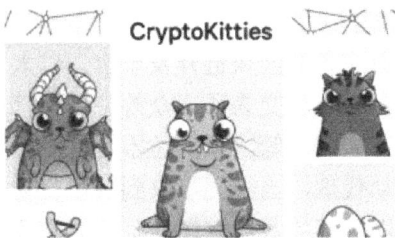

图 8-2-2

8.2.3 区块链电子发票

8.2.3.1 什么是区块链电子发票

区块链电子发票是在国家税务总局的指导下，由国家税务总局深圳市税务局主导落地，腾讯区块链提供底层技术支撑的,是全国范围内首个"区块链+发票"生态体系应用研究成果。在 2018 年 5 月 24 日,深圳市税务局就携手腾讯成立"智税"创新实验室,将深圳区块链电子发票纳为"智税"实验室重点项目,并大力推动落地实施,给区块链电子发票的发展奠定了基础。

腾讯区块链电子发票逐渐扩大试点行业和范围,布局更多应用服务,打通金融保险、零售商超、酒店餐饮等使用场景,凭借便捷、高效、可追溯的业务优势不断提升企业与用户的开票体验。

8.2.3.2 区块链电子发票的意义

首先,区块链电子发票具有便捷、高效、可追溯的优势。腾讯金融科技负责人赖智明曾表示:"与传统电子发票相比,区块链电子发票能够为企业节省更多的成本,让整个开票流程更便捷、顺畅,带来更高的效率。"因为区块链电子发票是'交易即开票,开票即报销'的模式,所以只需几分钟就可以帮助企业处理 2000 万张发票的工作量。另外,区块链电子发票可追溯不可篡改的特点也解决了传统电子发票的弊端,规避了各个财税环节相互割裂的问题,还有利于提高税务部门的效率,降低治理成本。

其次,区块链电子发票开拓了互联网政务新场景。除了以上的消费、金融场景,区块链电子发票还能够运用"互联网+"的创新模式开拓互联网政务这样新的场景,通过与税务部门实时联动建立起一套完整的智慧税务生态,使税务体系更进一步实现税收的现代化,这对于政务建设是非常好的助力。

8.3 区块链在会计经济业务中的应用分析

8.3.1 区块链对费用报销的影响

8.3.1.1 传统费用报销业务的痛点分析

1. 传统的费用报销流程

我们首先来了解一下传统的费用报销流程:传统的费用报销流程需要报销的纸质票据,通过影像扫描系统扫描成对应的电子票据,符合扫描要求后,经 ERP 系统传送到其他部门进行检验和审核,这样的控制和管理流程是报销人员、审核人员、业务领导和档案管理人员四位一体,责任、分工、流程明确,如图 8-3-1 所示。

(1)报销申请

传统的费用报销流程,第一步是发起费用报销申请,即费用报销人员根据需要的费用报销项目按类别进行申报。财务人员接到申报后,对拟提交申报费用报销的相关材料、票据进行初步收集、审查、核对,确定满足报销的程序和条件后,即为审核通过,然后使用影像系统(没有影像系统的公司由初审人员填制费用报销单)对拟报销的相关费用的票据进行扫描形成对应的数据结构,接下来是将该数据信息分两处进行传送:一份进入公司的费用报销管理系统,交由财务人员按照相应费用报销流程进行复查、复审;另一份通过互联网上传至影像数据库中完成数据的存储备份、留底。

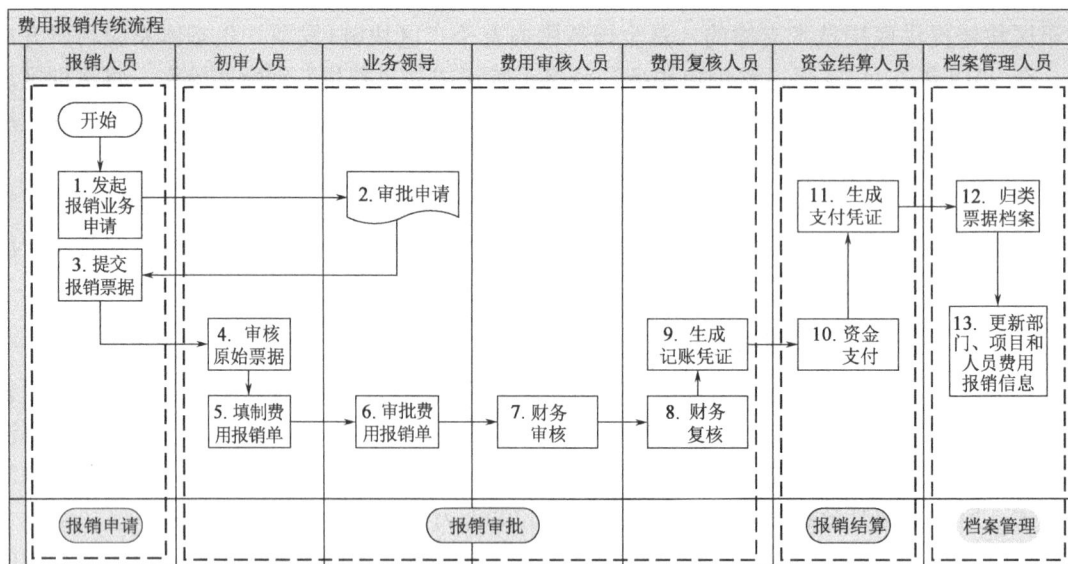

图 8-3-1

（2）报销审批

费用报销的单据是否具有真实性、准确性和可靠性是由公司的部门经理或者业务领导进行审核的，主要从费用报销的相关票据和单据是否在时效期内、是否属于公司规定的可报销范围和费用报销的金额是否合理等方面审批。

单据检查：包括需要报销的单据票面日期是不是在出差行程规定的时间段内、报销人员是自己报销还是为他人报销或者是虚假报销、差旅费用涉及的各个子项目是不是符合公司人员职务等级享受的报销规定和政策制度、部门经费额度有没有超出当年上限或者新申请的额度值、出差补助有没有重复计算或者计算漏掉等。

票据检查：包括扫描系统扫描上传的票据影像图片分辨率能不能到达可识别要求、票据影像图片上的数字标记编号是否与对应单据一致、票据影像图片上的重要印章是不是能够准确辨明、票据影像图片上的时间日期是否与对应的单据时间日期核准无误、票据影像图片上的签字签名是否与对应单据相同、票据影像图片上的账目金额能不能与对应的单据账目金额对应相等。

（3）报销结算

审核会计完成稽核审查之后，会生成相关费用报销业务的支付凭证，并向资金管理系统发出付款申请，待资金管理人员审核通过后，资金管理系统向合作银行发出付款指令，报销资金就会由银行从企业资金账户自动打入企业费用报销人员的银行账户中，完成该笔业务的费用报销。财务系统主要包括：资金管理系统、费用报销管理系统、会计核算系统，这三套系统既相互独立，又可以相互通过内部网络进行数据传输，同时还可以对外与合作银行实现交互资金业务连接。这只需要数据指令，不需要现金流转的留存，大大提高了资金的使用、周转和支付效率，节约了时间成本，降低了以纸币或者纸质文件在传递过程中，企业和银行、企业内部的控制风险。

（4）档案管理

费用报销档案管理环节主要有以下四个步骤：第一步，会计人员对费用报销原始凭证进行审核，确认无误后，打印有效凭证；第二步，完成报账单与凭证上的索引号匹配，使匹配号码——对应，财务主管必须对处理结果进行把关，确认无误后给凭证盖章；第三步，做好邮寄清单及实物交接清单，在完成整理好各类单据和清单后，在约定的日期按时邮寄；第四步，实物清单和单据与数据库的影像逐一进行核对，完成分类归档。费用报销电子单据需存入文档管理系统，同时在云平台上做好案底留存。

2. 传统费用报销业务的痛点

当前电子发票应用的主要难点在于企业管理电子发票的三个方面：报销、入账和保存，电子发票文件因为其可重复拷贝、可重复提交、可篡改的特点，给企业的报销管理、入账管理和存档管理带来了新的困惑。企业需要借助专业的信息系统来实施报销流转，验证发票真伪和发票文件的完整性，防止发票的重复入账和保存30年后文件完整可用。

尽管很多电商，连锁餐饮业均在第一时间上线使用电子发票，有效节约了打印纸质发票的时间成本与纸质发票的印刷成本，但是消费者获取电子发票后打印选择度低、打印流程繁琐、报销入账认可度低等问题造成电子发票开具以后下游环节不畅。商家只是将生成的电子发票信息提供给顾客，而电子发票的服务商企业并未对各自的电子发票的开具流程进行整合优化，无形中造成消费者打印获取发票的时间久、电子发票系统操作繁杂等一系列问题，部分企业财务人员并未完全了解电子发票的使用政策，对于电子发票入账存有疑虑，造成消费者打印出的电子发票与报销等关键环节并未完全打通。

电子发票管理主要的难点就是解决重复报销的问题、报销流转问题和可靠保存的问题。其中报销流传问题，对于电子发票，如果有改造建设好的财务信息系统以及平台支撑，电子发票报销比纸质发票报销更为方便快捷；但没有的话，会比纸质发票报销还麻烦。现阶段解决重复报销的问题主要还是依靠中心化的统一服务平台来标识，该平台需具有权威可信的特点。报销流转只是一般的信息系统优化的需求，随着时间的投入，系统会越来越顺畅、可靠。保存有点特殊，电子发票文件基本两年后就进入沉寂状态，是否一直在线保存还有待行业的选择。

8.3.1.2　区块链在费用报销业务中的应用与优势

我们来看一下区块链是如何优化传统费用报销业务的，如图8-3-2所示。

1. 区块链保障了费用报销电子数据安全

区块链电子发票将费用流程全部线上化，并由微信入口把报销人员的报销效率提升至最高。报销人员结账后通过微信一键申请开票、存储、报销，这时候发票信息会同步至企业的各个部门和税务局，报销人员自己也可以实时查看报销状态，"交易即开票，开票即报销"。在区块链系统中，区块链技术记录所有的电子交易记录，系统的开发者建立初始区块，报销人员一旦经过线上报销，将电子发票的交易信息上传至区块链，电子发票记录的交易信息就会被打包成一个个的区块并进行加密，同时盖上时间戳，所有区块按时间戳顺序连接成一个总账本。区块链使用了协议规定的密码机制进行认证，电子发票一经认证便被广播给所有节点，不可篡改和伪造。另外，区块链采用了去中心化、分布式的数据记录、存储和更新机制，攻击单个节点无法控制或破坏整个网络。只有获得授权的参与方才拥有解密的密钥，可以对区块链上相应的信息进行解密和查看，但不可篡改，从而有效保障了电子发票数据的安全性。

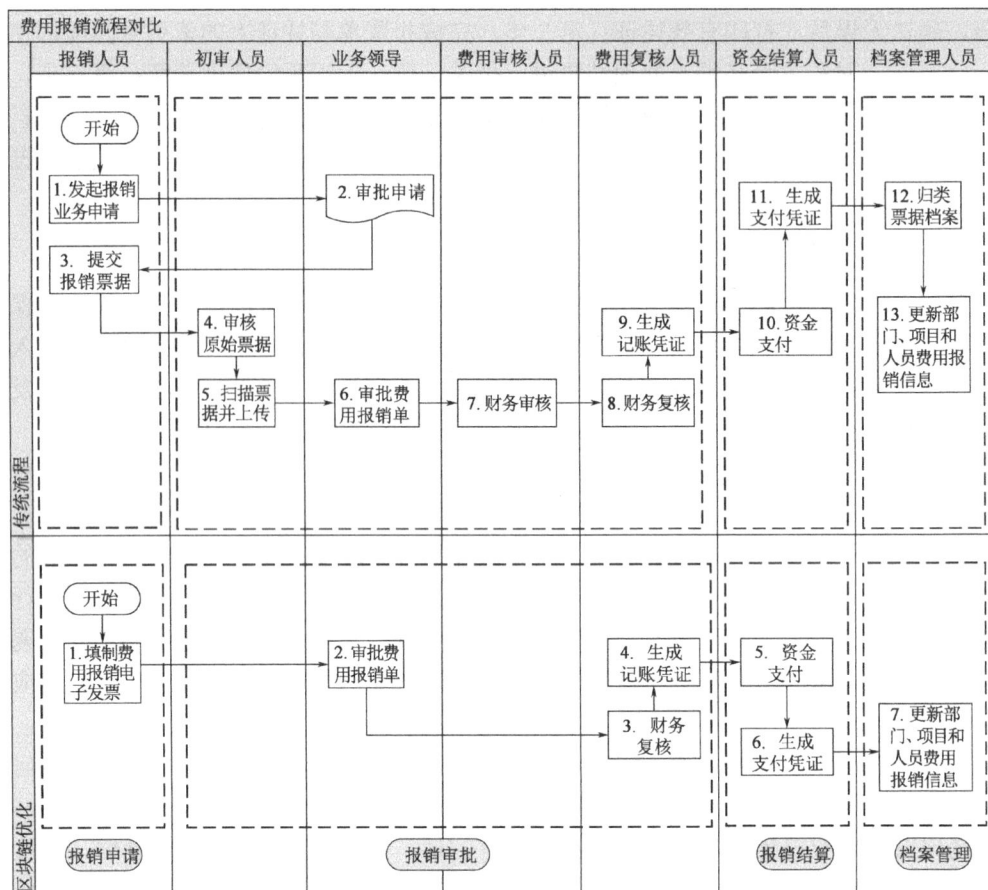

图 8-3-2

2. 区块链解决了电子发票重复报销、虚假入账的难题

利用区块链技术集体维护、交易数据不可篡改的特性，全程记录发票的开具、报销入账等信息，信息的写入需要经过多方验证，可以实现电子发票在高效流转的同时保持唯一性，有效解决电子发票重复报销、虚假入账问题，维护各方利益。

3. 区块链还取代了人力审核

企业建立的区块链的私有链可以用算法取代人力审核，实现信任自动化，简化企业从接到报销人员电子发票报销申请到支付报销款的审核流程。区块链提供了一种自动化信任的方法，通过使用永久保留的历史数据来认证交易中涉及的每个人，来确保信息的可信度。

8.3.2 区块链对采购活动的影响

8.3.2.1 传统采购活动的痛点分析

1. 传统采购活动流程

首先我们来了解一下传统的采购业务流程，如图 8-3-3 所示。

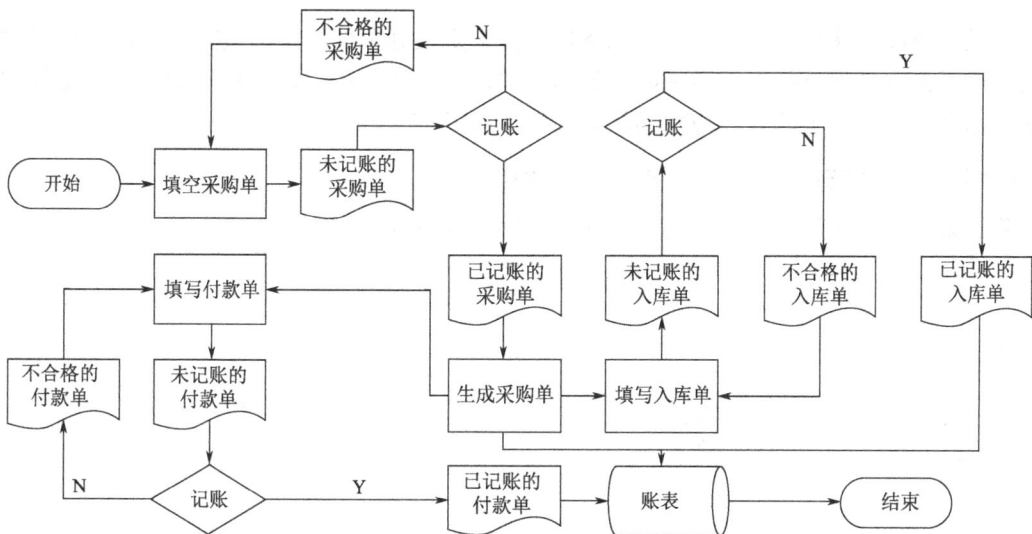

图 8-3-3

第一步：根据企业日常生产经营活动安排和物资市场供求情况，对物资采购活动做出符合企业生产经营的安排和部署。

第二步：各部门根据采购物资名称、规格型号、采购数量、需求日期等信息填写并录入采购订单，经主管人员审核后，生成采购订单。

第三步：采购人员根据采购订单、供应商信用等选择合适的供应商，并与合格供应商达成交易协议，然后由供应商提供物资。

第四步：物资抵达企业后，仓库管理员根据采购订单和采购合同的物资要求对物资进行验收入库。入库后，仓管人员填写采购入库单。

第五步：会计人员根据采购订单文件和验收报告中的物资采购记录，与发票进行比对并核算。若入库物资无误，则制作付款凭证。

2. 传统采购业务流程的痛点

根据以上分析的传统采购业务流程，我们可以发现传统采购业务流程存在以下痛点：

（1）选择供应商时，双方信息不对称

目前，企业的供应链管理系统将所有供应商数据统一归口管理，信息准确性高度依赖企业一线员工，但仍然存在供应商信用信息无法精确获取，新供应商开发难度大和人为影响因素大等问题。

采购双方信息不对称，则会导致双方不能准确获得对方真实的信用信息和交易记录，无法实现真正的阳光采购，经常因供应商选择不当给公司的生产经营管理造成重大影响。

（2）采购商品难以追踪、溯源

企业从供应商购买的物资必须经过物流才能到达企业。这个物流过程是企业外部的一个过程，在该过程中，往往要反复运用装卸、搬运、储存、运输等物流活动才能使取得的资源到达企业，但由于环境因素或者人为因素导致的物资损坏或数量减少等问题，导致采购方无法及时得到物资。

（3）采购订单与发票真实性难以确定

在传统的采购业务流程中，企业会遇到采购订单与发票造假情况，即采购员及利益相关者利用经营或经办购买货物的职务便利条件，擅自更改订单信息及供货方开具的发票单价及金额，然后采取虚报货款的手段骗取会计部门的信任，让会计部门多付货款，然后将货款差额据为己有。因此，采购订单与发票的真实性有待考察。

8.3.2.2 区块链在采购业务中的应用与优势

我们来看一下区块链改造后的采购业务流程，如图 8-3-4 所示。

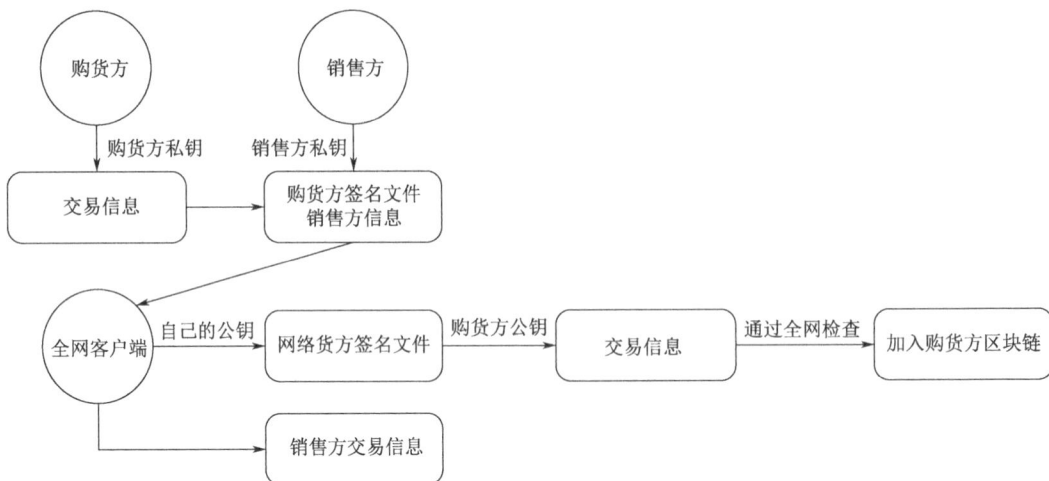

图 8-3-4

我们采用联盟链的形式对采购业务进行分析改造，将所有与采购业务相关的企业加入同一条联盟链中，这样一来，加入联盟链中的企业所有的交易记录将全部记录在联盟链，依靠区块链上信息不可篡改的特性可以建立一个区块链信用检索引擎，企业可以通过它查询相关企业信用指数，也可以通过检索引擎对加入区块链的企业进行信用查询，查询内容包括:总合约数、总合约金额、企业信用评价记录等。

企业用户通过这些信息来确定交易方历史信用记录，为采购决策做支撑，以解决企业采购中信息不对称造成采购成本高等问题，且通过信用指数，完全规避人为因素影响。

另外，在企业发出采购订单之后，采用区块链分布式账本技术就能完成对采购商品从供应商仓库到企业的全过程追踪。

商品从供应商到企业过程中的每一步都将记录在联盟链中，联盟链中的所有企业都能够查看到商品的物流信息，为商品的物流信息作见证人，让物流信息更透明，避免运输过程中因货物损坏导致的责任界定问题，同时企业也能实时掌握物资信息，据此安排合理的生产计划、用料计划等，这样就完美地解决了商品溯源难的问题。

而对于采购订单合同的签订，我们引入区块链进行合同的签订，但采购方要向供应商发起采购订单时，采购方使用供应商的公钥、自己的数据签名来对采购合同进行加密，并存储在联盟链中，那么就只有在同一条联盟链上的供应商能够使用自己的私钥对合同进行解密查看，解密合同确认无误后，使用对方的公钥与自己的数字签名将合同加密存在联盟链中。

这样一个电子合同就算确认成功，区块链的不可篡改机制完美地保证了采购订单信息的安全。

对于发票，在电子发票上引入区块链，区块链技术能记录所有的电子交易记录。当采购人员申请付款时，供应商将开具的电子发票上传至区块链中并进行加密，同时盖上时间戳，并发送给联盟链中所有的企业进行验证，电子发票一经验证通过，便将存储到联盟链上的各个企业中去，难以篡改和伪造。

基于区块链分布式技术的数据记录、存储和更新机制，使得单个企业的数据库在受到攻击时，不会影响整个联盟链的正常运作。只有拥有相应私钥的人员才可以对区块链上相应的信息进行解密和查看，且不可篡改，从而有效保障电子发票的真实性。

8.3.3 区块链对销售活动的影响

8.3.3.1 传统销售活动的痛点分析

1. 传统销售活动流程

我们首先来了解一下传统的销售业务流程，如图 8-3-5 所示。

第一步：由销售部业务员根据市场、客户和成本信息进行销售报价，向系统录入销售报价单。录入方式包括手工录入和根据价格资料自动生成。录入的销售报价单由销售主管审批。

第二步：业务员将客户提出的产品需求整理后形成销售订单，并将销售订单录入系统。销售订单还可依据报价单生成。

第三步：仓库管理人员备货完毕，填写销售出库单。销售出库单还可以依据销售订单、销售发票、采购入库单和产品入库单生成。

第四步：会计收到已经确认的销售出库单，按照销售出库单进行开票和收款。

第五步：现销中的销售出库单和销售发票的钩稽主要是可以核对销售出库单和销售发票，保证出库和开票信息的一致。另外，从会计核算上来讲可以保证成本和收入的匹配。

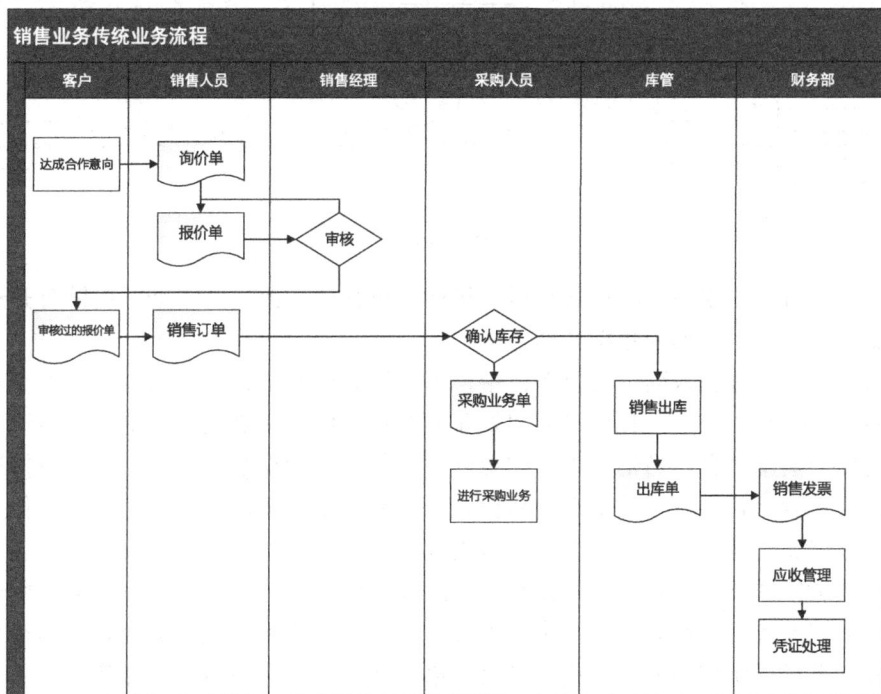

图 8-3-5

2．传统采购业务流程的痛点

分析传统采购业务流程，我们可以发现它存在以下痛点：

（1）报价出现偏差

在销售人员填制报价单时，很难准确地查询完整的货物成本价格，成本的计算往往会存在偏差，而在列清每项货物的成本价和对外报价时也可能出现差错，从而不能准确地计算出利润和利润率。

（2）信息不公开、不透明

在签订销售合同及下达销售订单时，会存在合同信息不公开、不透明的情况，使双方利益无法得到保障。

（3）转账速度慢，手续费高

收回货款时，会存在转账速度慢、跨行手续费高的情况，耗费了相当高的时间成本和手续费用，降低了企业资金的周转速度。

（4）人为错账、假账现象

由于全程人为手工操作，所以很容易出现销售人员造假金额、从中牟利的情况。

8.3.3.2　区块链在销售业务中的应用与优势

接下来我们看一下区块链改造后的销售业务流程，如图 8-3-6 所示。

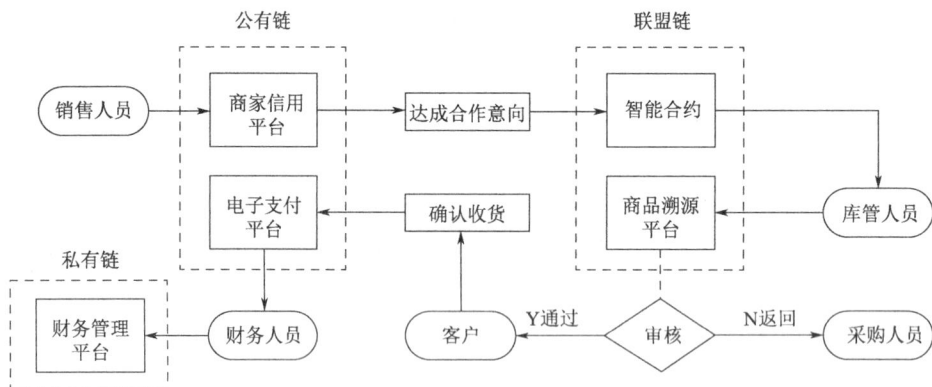

图 8-3-6

我们采用公有链与联盟链的形式来对销售业务进行分析改造，借助区块链公开透明的特性，使得企业与企业之间形成数据共享。

当所有的企业同时加入同一条公有链中，那么这条公有链将记录所有企业的交易记录，通过对这些交易记录的分析，我们能够得知哪些企业的信用等级较高，这样就能形成一个基于公有链的商家信用平台。当销售人员需要寻找一位可靠的交易伙伴时，可以直接通过商家信用平台进行搜索，查看商家的所有交易记录，与交易记录最诚信的商家达成合作意向，这样就能很好地避免出现与不良商家合作的可能性。

当销售人员需要填制报价单的时候，因为所有企业都在公有链上进行交易，所以每个企业的产品交易记录都可以在公有链中进行查询，那么，销售人员就能够很容易地在公有链上查询到当前自家商品所使用的原材料的交易价格，从而可以准确得知自家商品的成本价格，然后通过使用智能合约，由合约自动执行报价程序，计算商品价格，发送报价单，也能很好地节省人工成本，避免一些人为失误。

双方在签订购销合同的时候，将签订的购销合同记录在联盟链中，联盟链中的所有企业将成为本次合同的见证人，杜绝出现人为篡改合同内容的情况。

随后将合同中涉及的一些规则条款，如购买多少商品、什么时间发货、什么时间付款等编制成智能合约部署到联盟链中，合同一经双方确认，智能合约即刻生效。生效的合约将自动判定交易是否按照规定进行，一旦出现违约情况，合约将自动执行违约条款，确保整个过程中没有任何人为的参与判断。

在商品出库时，仓管人员将在每个商品中制作一个独一无二的数据代码，这个代码将记录着这个商品的所有信息：产地、生产车间、生产人员、质检员、出厂时间等。这些信息生成后会实时上传至联盟链中。商品运输中经历的每个环节，包括运输公司、出货仓库、出货时间、运输时间、到达时间等信息会实时地存储在联盟链中。

商家收到商品之后，通过在区块链中搜索数据代码，就能了解这件商品的生产、运输过程、何时到达等信息；商家确认收货后，把确认收货的信息上传至区块链中，就保证了这件商品不会出现造假的情况。

商家确认收货之后，将会触发前面已经部署完成的智能合约，合约将自动完成货款的支付。

因为是基于公有链的电子支付平台，所以交易双方需要使用公有链上的数字货币进行支付。在双方达成交易意向的时候，公有链中的电子支付平台将使用智能合约冻结采购方用于购买货品的合同规定数量的数字货币，避免购货方确认和收货后出现延迟或者不付款的情况，一旦采购方确认收货，合约会自动将冻结的采购方的数字货币发送至销售方的公有链账户地址中。

8.4 区块链会计业务实训

8.4.1 实训场景简介

以制造型企业——广东润美制造有限公司员工差旅费报销为案例背景，在企业员工进行差旅费报销的过程中，使用区块链技术与业务步骤进行结合，不同的业务步骤涉及的业务角色不同，不同业务角色需要操作的内容不同。案例背景如下：

2019 年 4 月 2 日，广东润美制造有限公司销售部的销售专员白勇接到客户电话，客户表达出与公司较为明确的合作意向，白勇决定乘坐第二天的火车前往山东济南，进行客户拜访工作；2019 年 4 月 12 日，白勇完成与客户的合作交流返回公司，向公司提交差旅费报销单，申请报销差旅费。

8.4.2 实训流程

以广东润美制造有限公司销售专员出差为例，采用区块链中联盟链与私有链相结合的方式对传统业务流程展开分析。其中，私有链实现广东润美制造企业内各个部门之间的信息共享与信息加密传输，联盟链实现广东润美制造企业与外部企业之间的信息共享与信息加密传输。然后通过将企业业务放入区块链业务层并与区块链数据层、网络层、共识层、合约层相互关联的方式，完成对本业务的区块链化。业务流程图，如图 8-4-1 所示。

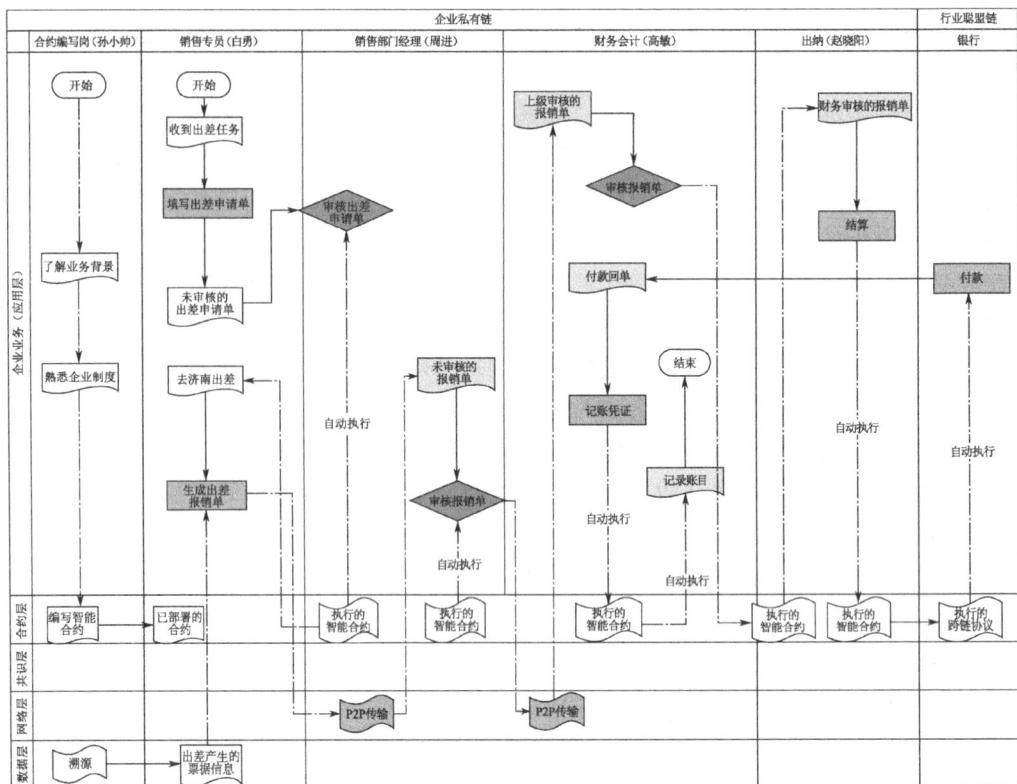

图 8-4-1

8.4.3 实训步骤

8.4.3.1 出差人填写出差申请单并通过私有链发送给经理审核

1. 业务角色：销售专员

（1）销售专员进入操作系统，并手工填写差旅费报销单（如图 8-4-2 所示）：

图 8-4-2

（2）填写完成后单击"保存"按钮，系统显示数据上私有链传输的界面，输入需要审核本申请单的经理的区块链地址，并输入部门经理的公钥进行加密传输，如图 8-4-3 所示。

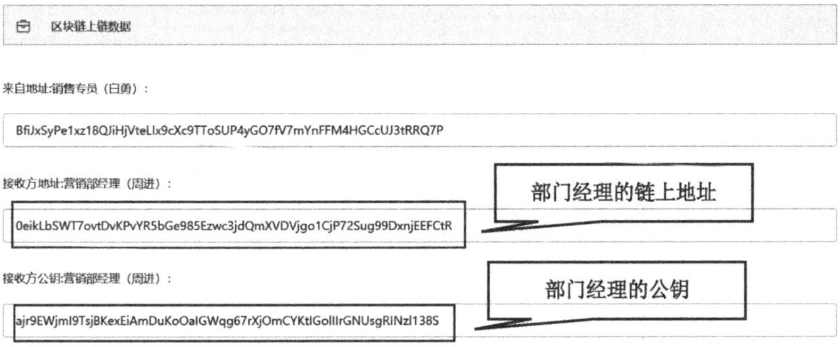

图 8-4-3

注：

每个区块链上的参与者都拥有一个区块链地址用于接收信息。区块链地址就类似于邮寄信件时需要填写的收件人地址。

公钥是区块链中最常用的一种加密方式：非对称加密的一部分。非对称加密中拥有公钥与私钥两种密钥，一般情况下公钥用于加密，私钥用于解密，且公钥加密的信息只能由相应的私钥才能解密，而使用私钥加密的信息只能由相应的公钥才能解密。区块链中的每个参与者都拥有一或多个非对称加密密钥对，用于保证信息的传输与安全。

（3）填写完成后，确认需要进行上链传输的数据真实无误，单击"数据上链"按钮，如图 8-4-4 所示。

图 8-4-4

注：

当前展示的申请单数据依据实训场景填写。

（4）数据上链后，系统显示数据上链的过程与上链后存储的区块位置，如图 8-4-5 所示。

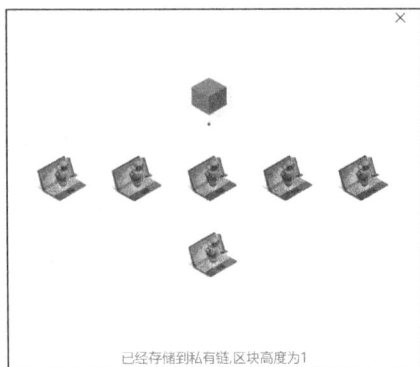

图 8-4-5

注：

区块是区块链中用于存储数据的单位。如果把区块链比作一个账簿，那么每个区块就相当于账簿中的每个账页。一个一个区块按照时间戳的顺序进行排列就形成的区块链，区块高度则为当前区块在区块链上的位置，类似于账簿中某一账页的页码。

8.4.3.2 部门经理解密查看出差申请单并使用智能合约审核出差申请

1. 业务角色：销售部经理

（1）部门经理进入操作系统，单击"业务凭证"按钮，系统显示所有通过链上传输给自己的申请单，点击"解密"按钮，可以查看到申请单的内容（如图 8-4-6 所示）：

图 8-4-6

（2）单击"合约审核"按钮，系统弹出"添加智能合约"的界面，在"合约地址"中输入用于审核本申请的合约地址，单击"添加"按钮后单击"智能合约审核"按钮，完成对本申请的审核，如图 8-4-7 所示。

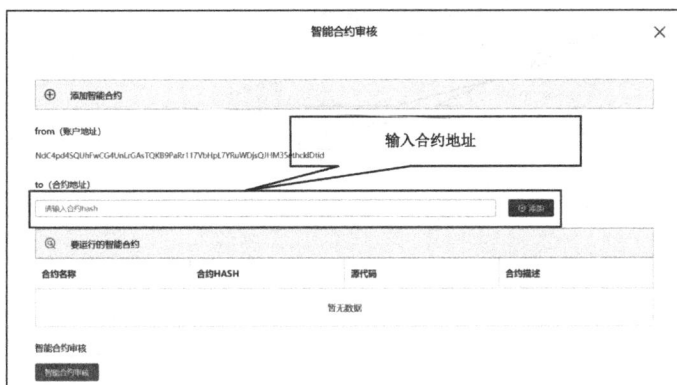

图 8-4-7

注：

智能合约是一套以数字形式定义的承诺，包括合约参与方可以在上面执行这些承诺的协议。例如自动售货机，当我们投入硬币后售货机就会吐出商品，这种收到硬币并吐出商品的设定，在区块链中就可以称之为智能合约。

在本系统中，用户可以自己进行智能合约的编辑部署，操作步骤如下：

（1）进入创建合约部署的界面，单击"创建智能合约"按钮，如图 8-4-8 所示。

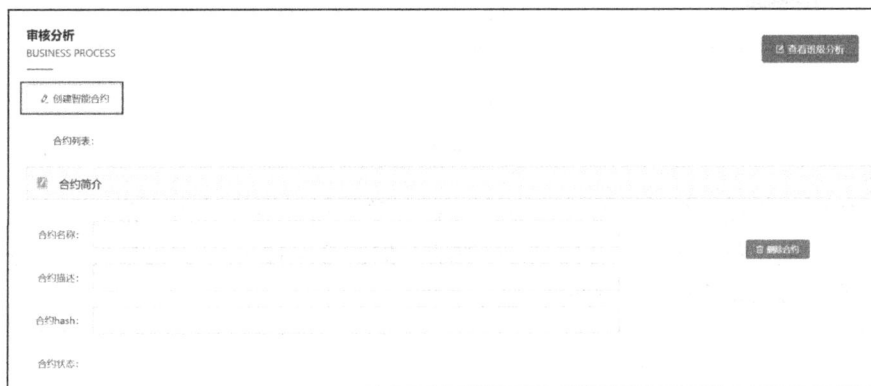

图 8-4-8

（2）填写"合约名称"与"合约描述"后单击"添加"按钮，如图 8-4-9 所示。

图 8-4-9

（3）为当前合约选择一个审核对象，如出差申请单，单击出差申请单中的某一字段，单击"设为审核点"按钮，如图8-4-10所示。

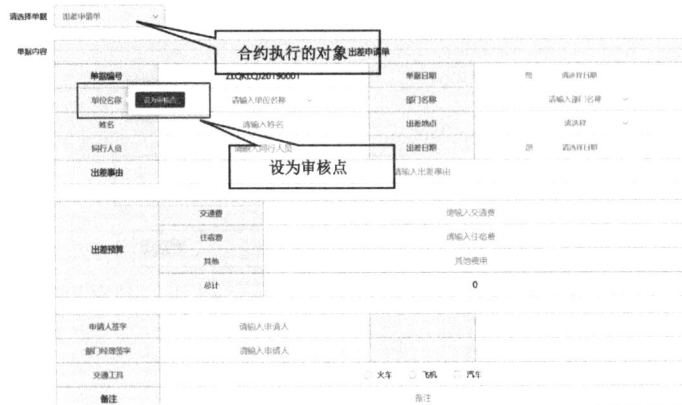

图 8-4-10

（4）针对"审核点"编写合约的执行条件，单击"保存"按钮，如图8-4-11所示。

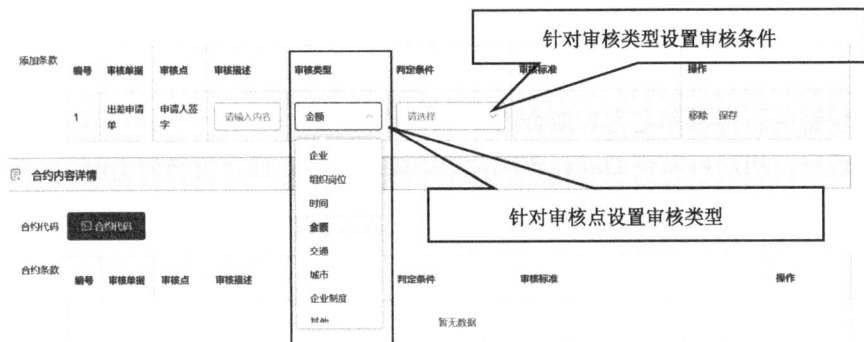

图 8-4-11

（5）合约编写完成，单击"提交验证"按钮，验证通过后，单击"部署上链"按钮。合约部署成功后，链上将给予一个合约 Hash 地址，如图8-4-12所示。后续针对本合约的执行对象就可以通过调用本合约的合约地址进行审核。

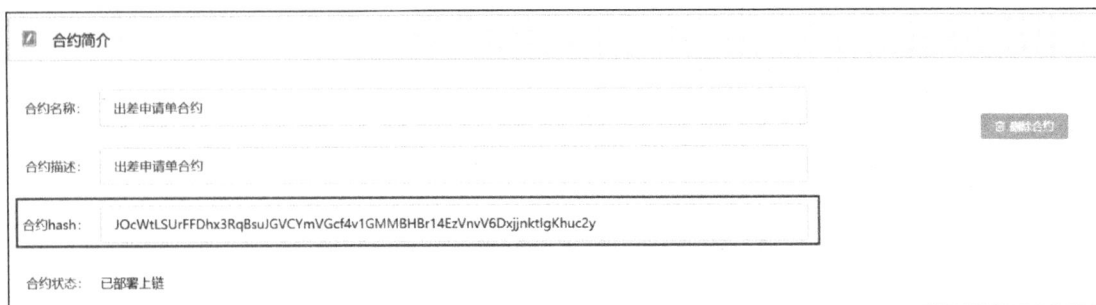

图 8-4-12

8.4.3.3 销售专员溯源消费记录生成差旅费报销单

1. 业务角色：销售专员

（1）销售专员进入操作系统，单击链上交易区块的"区块哈希"按钮，如图 8-4-13 所示。

图 8-4-13

（2）单击"区块哈希"后，可以查看本区块中记录的数据内容，如图 8-4-14 所示。

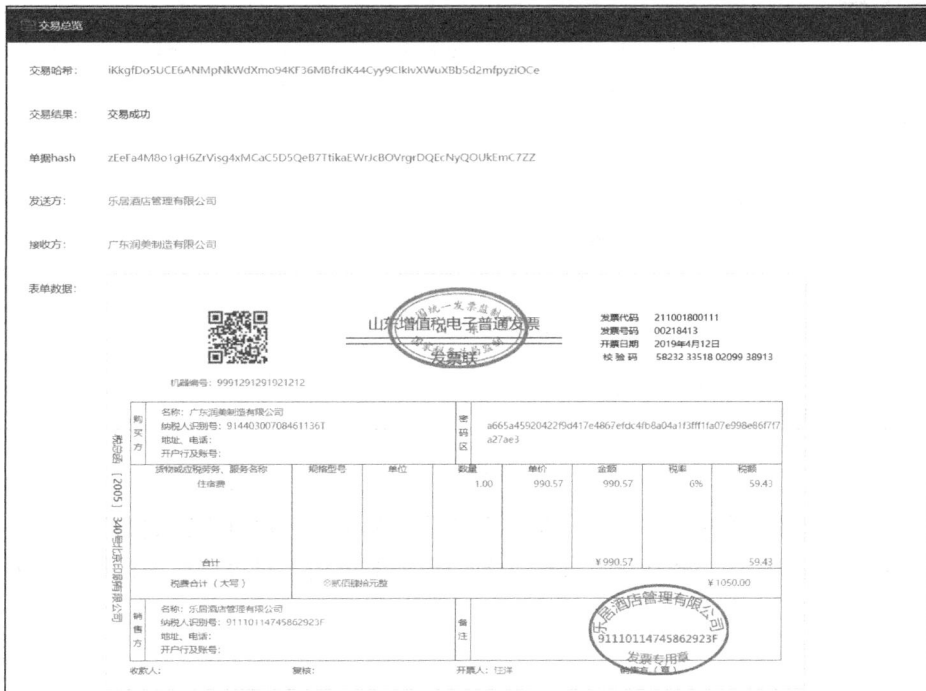

图 8-4-14

（3）销售专员通过溯源机制获取本次差旅所涉及的所有原始凭证，及原始凭证记录在链上的位置，如图 8-4-15 所示。

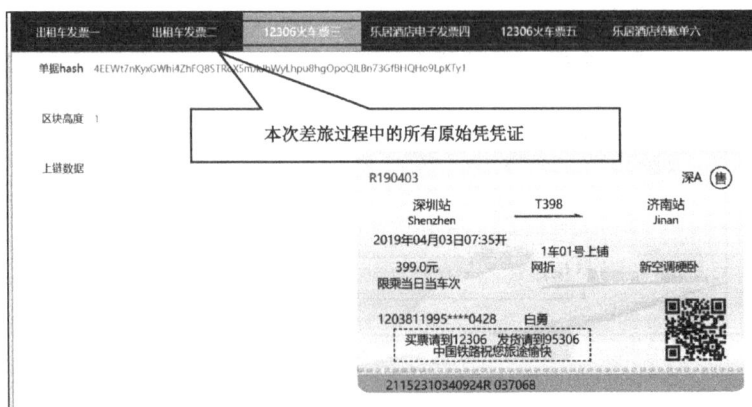

图 8-4-15

（4）通过提交原始凭证，系统将自动生成与提交原始凭证相对应的费用报销单，如图 8-4-16 所示。

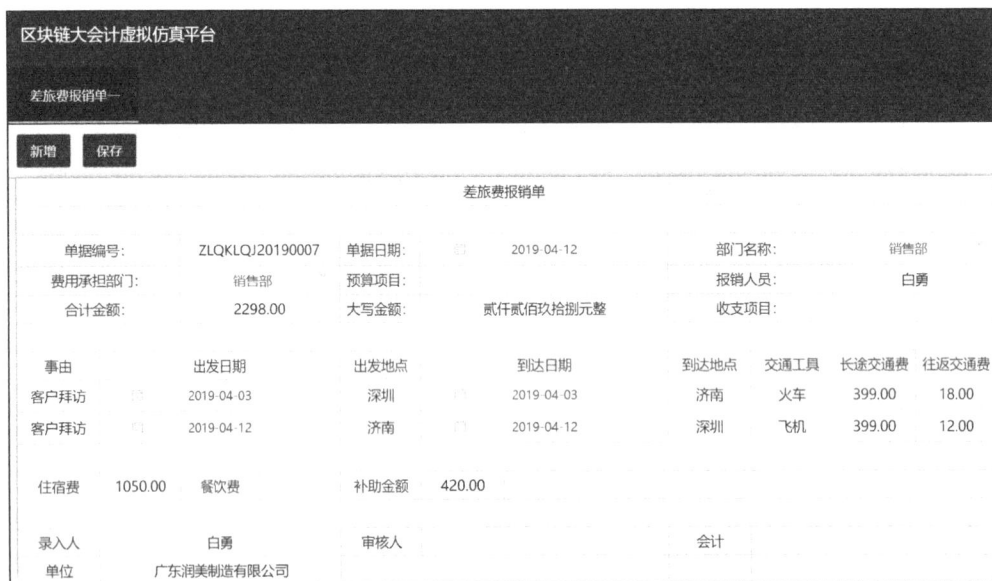

图 8-4-16

（5）在差旅费报销单左上方单击"保存"按钮，弹出"区块链上链数据"界面，输入需要审核报销单的经理的区块链地址，并输入部门经理的公钥，对报销单进行加密传输，如图 8-4-17 所示。

图 8-4-17

（6）单击"数据上链"按钮，报销单将传输至审核人处，并记录在区块链中，具体区块位置显示在界面右侧，如图 8-4-18 所示。

图 8-4-18

8.4.3.4 部门经理/财务会计解密查看并使用智能合约审核报销单

业务角色：部门经理、会计

（1）部门经理/会计进入操作系统，单击"解密"按钮，对需要审核的报销单进行查看，如图 8-4-19 所示。

图 8-4-19

（2）单击"合约审核"按钮，系统弹出"添加智能合约"界面，在"合约地址"中输入用于审核报销单的合约地址，单击"添加"按钮后单击"智能合约审核"按钮，完成对报销单的审核，如图 8-4-20、图 8-4-21 所示。

图 8-4-20

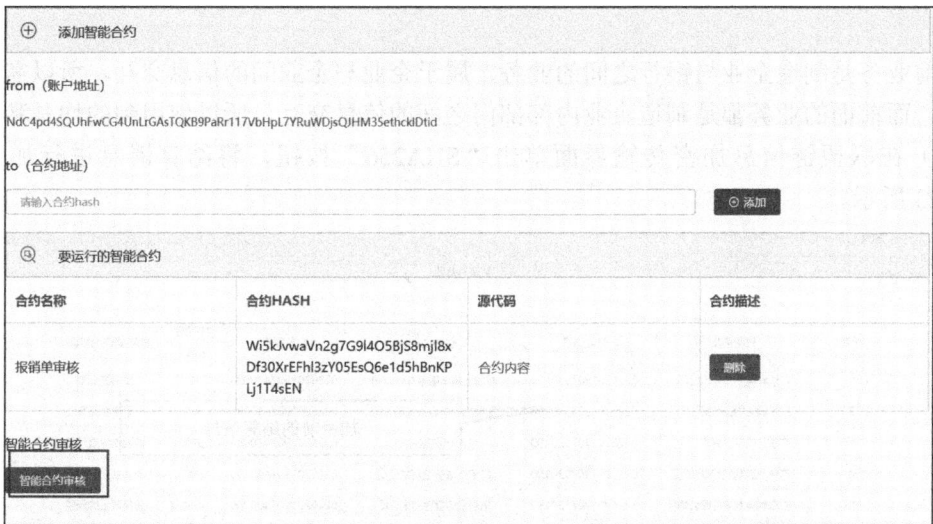

图 8-4-21

注：

业务的审核顺序为部门经理先审核，审核通过后将审核通过的报销单通过链上传输给会计进行审核，虽然审核的报销单是一份，但是由于部门经理与会计的岗位职责不同，所以两个岗位上的人员对于报销单的审核事项是不一样的。针对不同的审核事项，两人都需要在业务发生之前依据自己的岗位职责和企业针对此类业务的相关规定，进行智能合约的编写与部署，而后在审核此类业务的时候，就可以进行智能合约的调用，完成对报销单的自动化审核。

8.4.3.4　出纳依据报销单向银行发送结算信息

业务角色：出纳

（1）出纳在链上解密会计审核通过的报销单，单击"结算"按钮，弹出联盟链信息加密传输界面，如图 8-4-22 所示。

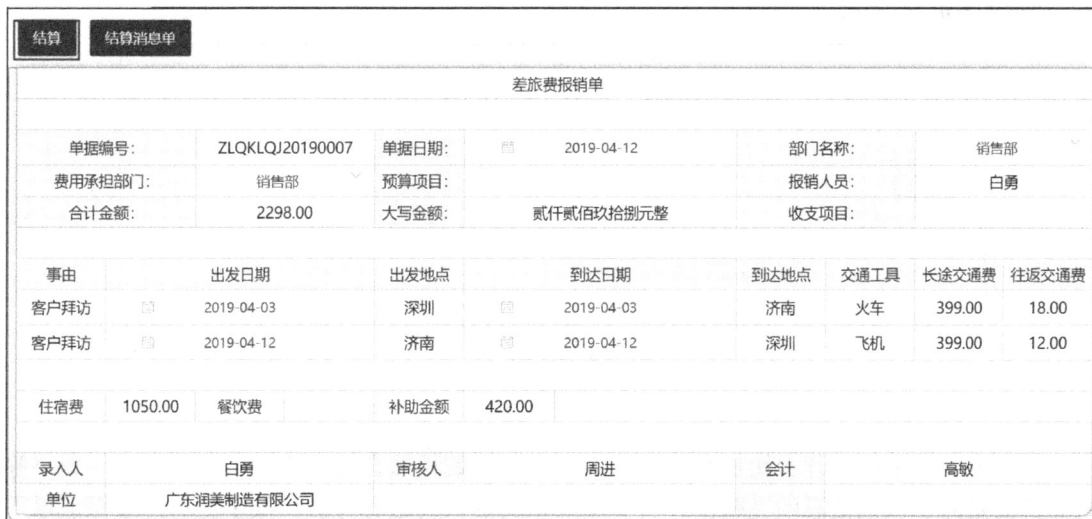

图 8-4-22

注：

当前业务是制造企业与银行之间的业务，属于企业与企业间的信息交互，所以需要使用联盟链，而前面的业务都是制造企业内部部门之间的信息交互，所以使用到的均是私有链。

（2）在联盟链信息加密传输界面单击"SHA256"按钮，将结算消息进行加密，如图 8-4-23 所示。

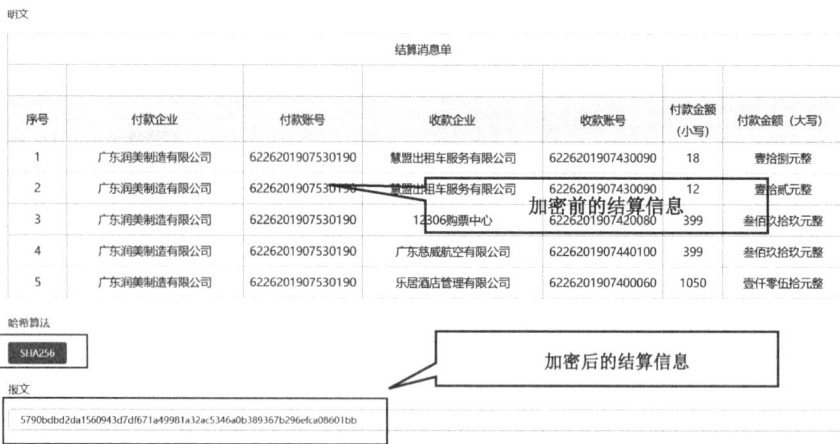

图 8-4-23

注：

SHA256 是哈希加密算法的一种方式，哈希加密就是把任意长度的信息文本通过算法变换成固定长度的字符串，变换后的字符串就被称为哈希值。哈希算法具备以下几个特点：

① 不可逆，同样的输入值一定会得到同样的哈希值，但你知道哈希值却没办法还原出输入值。

② 无冲突，输入值只要改动一点点，哈希值就会完全不一样，且毫无规律。

③ 无论多长或者多短的输入值，哈希值都是一样长的。

（3）单击"企业私钥"按钮，将已加密过的文字进行二次加密，用于生成"数字签名"，如图 8-4-24 所示。

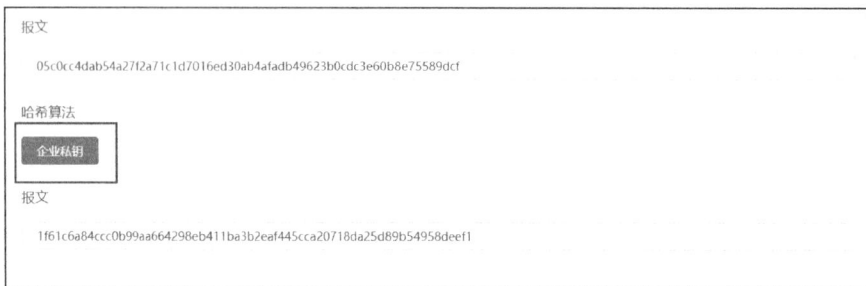

图 8-4-24

注：

数字签名技术是公开密钥加密技术和报文分解函数相结合的产物。与加密不同，数字签名的目的是为了保证信息的完整性、真实性，以及确认发送者身份。数字签名必须保证以下三点：

① 接收者能够核实发送者对消息的签名。

② 发送者事后不能抵赖对消息的签名。

③ 接收者不能伪造对消息的签名。

（4）输入接收方（银行）的公钥，单击"加密发送"按钮，将结算消息通过联盟链加密传输至银行处，如图 8-4-25 所示。

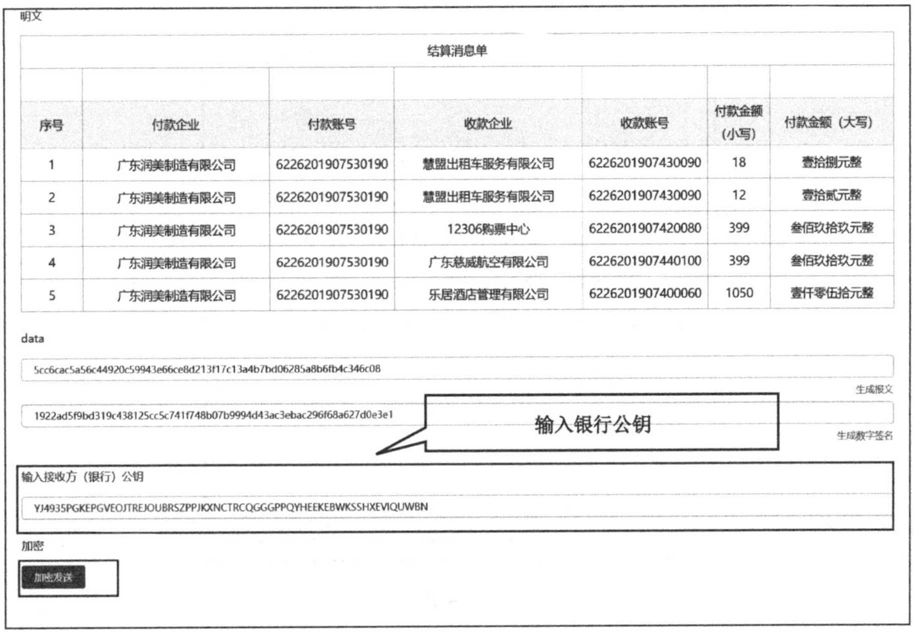

图 8-4-25

8.4.3.5　银行验证结算消息真伪并付款

业务角色：银行柜员

（1）银行柜员在链上解密出纳发送过来的计算消息，进行消息验证，进入"验证消息真伪"界面，如图 8-4-26 所示。

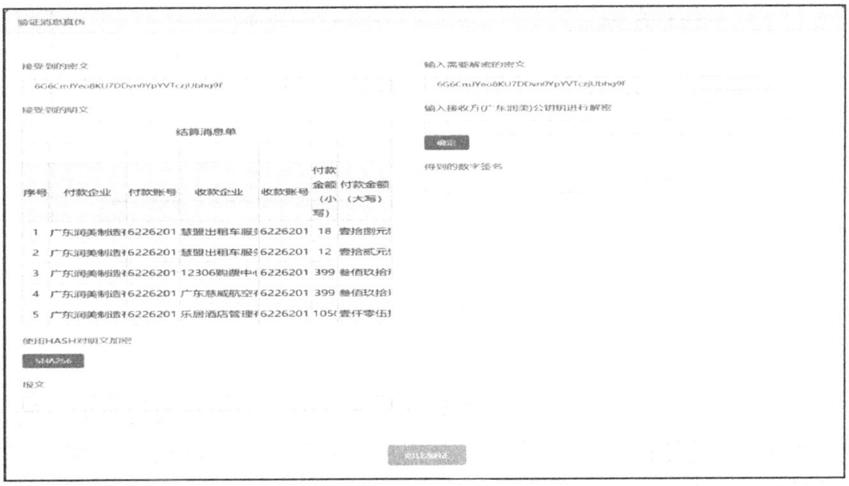

图 8-4-26

（2）单击"SHA256"按钮，对接收到的结算消息的明文进行加密，得出结算消息的哈希值，如图 8-4-27 所示。

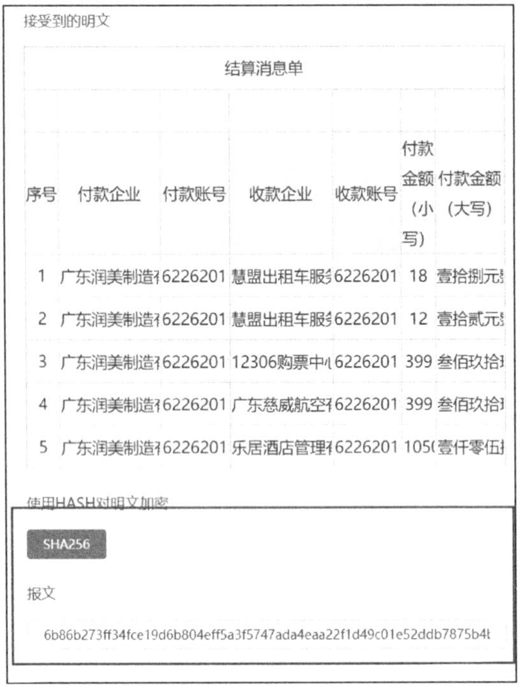

图 8-4-27

（3）输入发送方——广东润美制造有限公司的公钥，单击"确定"按钮，系统显示出发送方的数字签名，如图 8-4-28 所示。

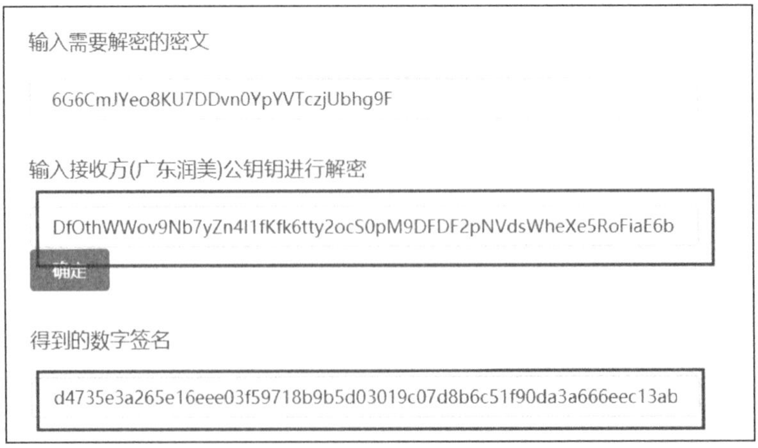

图 8-4-28

注：

输入广东润美制造有限公司的公钥得出数字签名是为了确定当前消息的发送方确实是广东润美制造有限公司，因为非对称加密中，公钥加密的信息只有私钥能够解密，私钥加密信息只有公钥能够解密，所以当使用广东润美制造有限的公钥能够解密出数字签名的时候，就能够确定当前消息的发送方为广东润美制造有限公司，而不是其他企业。

（4）输入自己的私钥，单击“确定”按钮，系统显示对数字签名进行解密后的哈希值，如图 8-4-29 所示。

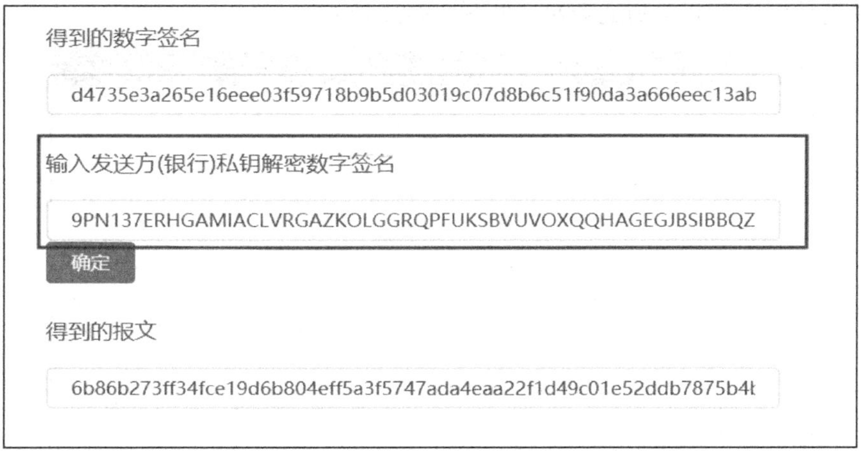
得到的数字签名
d4735e3a265e16eee03f59718b9b5d03019c07d8b6c51f90da3a666eec13ab
输入发送方(银行)私钥解密数字签名
9PN137ERHGAMIACLVRGAZKOLGGRQPFUKSBVUVOXQQHAGEGJBSIBBQZ
确定
得到的报文
6b86b273ff34fce19d6b804eff5a3f5747ada4eaa22f1d49c01e52ddb7875b4t

图 8-4-29

（5）单击“对比验证”按钮，验证使用 SHA256 加密结算消息明文得出的哈希值，与使用自己私钥解密数字签名得出的哈希值是否一致，如图 8-4-30 所示。

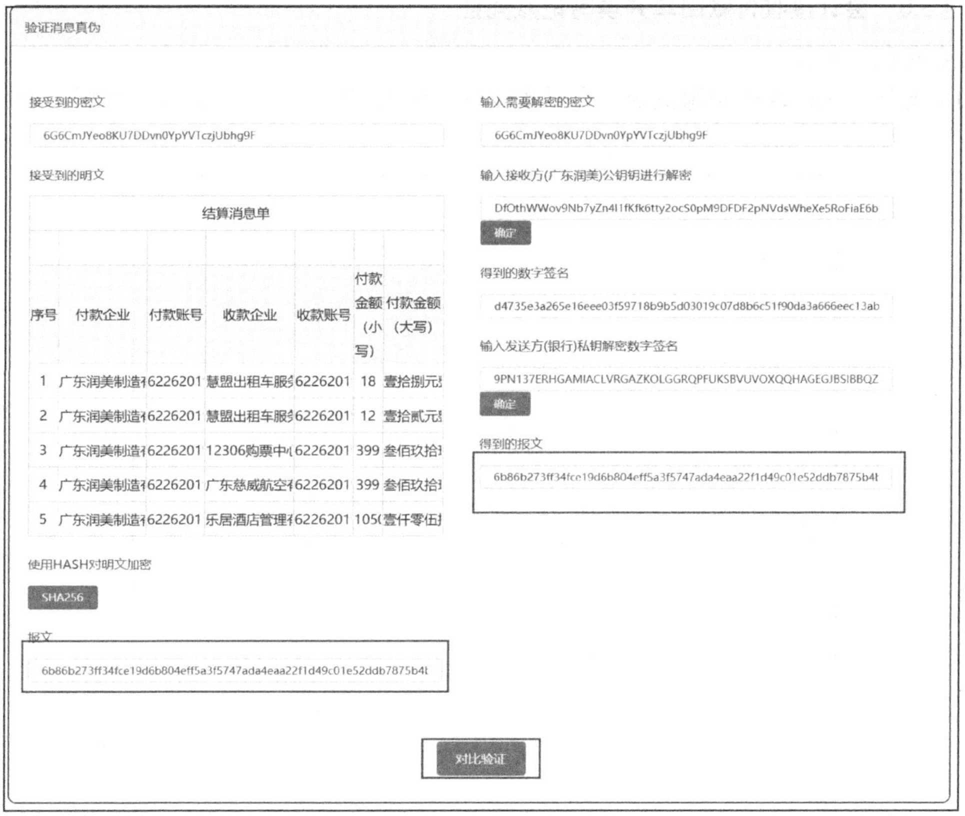
验证消息真伪
接受到的密文
6G6CmJYeo8KU7DDvn0YpYVTczjUbhg9F
接受到的明文
结算消息单
序号
付款企业
付款账号
收款企业
收款账号
付款金额（小写）
付款金额（大写）
1 广东润美制造 6226201 慧盟出租车服 6226201 18 壹拾捌元
2 广东润美制造 6226201 慧盟出租车服 6226201 12 壹拾贰元
3 广东润美制造 6226201 12306购票中 6226201 399 叁佰玖拾
4 广东润美制造 6226201 广东慈威航空 6226201 399 叁佰玖拾
5 广东润美制造 6226201 乐居酒店管理 6226201 105 壹仟零伍
使用HASH对明文加密
SHA256
报文
6b86b273ff34fce19d6b804eff5a3f5747ada4eaa22f1d49c01e52ddb7875b4t
输入需要解密的密文
6G6CmJYeo8KU7DDvn0YpYVTczjUbhg9F
输入接收方(广东润美)公钥钥进行解密
DfOthWWov9Nb7yZn4I1fKfk6tty2ocS0pM9DFDF2pNVdsWheXe5RoFiaE6b
确定
得到的数字签名
d4735e3a265e16eee03f59718b9b5d03019c07d8b6c51f90da3a666eec13ab
输入发送方(银行)私钥解密数字签名
9PN137ERHGAMIACLVRGAZKOLGGRQPFUKSBVUVOXQQHAGEGJBSIBBQZ
确定
得到的报文
6b86b273ff34fce19d6b804eff5a3f5747ada4eaa22f1d49c01e52ddb7875b4t
对比验证

图 8-4-30

注：

如果两个哈希值保持一致，则说明当前结算消息在区块链中进行传输时没有被篡改过。

（6）消息验证真伪后，进行付款结算并生成付款回单。付款回单将同时记录在联盟链中并通过区块链传回广东润美制造企业，如图 8-4-31 所示。

图 8-4-31

8.4.3.6 会计接收付款回单并填写记账凭证

业务角色：会计

（1）会计通过区块链溯源机制，查看本业务在链上产生的所有交易流转数据，如图 8-4-32 所示。

图 8-4-32

（2）会计依据发生的业务，填写记账凭证，单击“提交”按钮，系统将根据记账凭证生成相应的账簿，如图 8-4-33、图 8-4-34 所示。

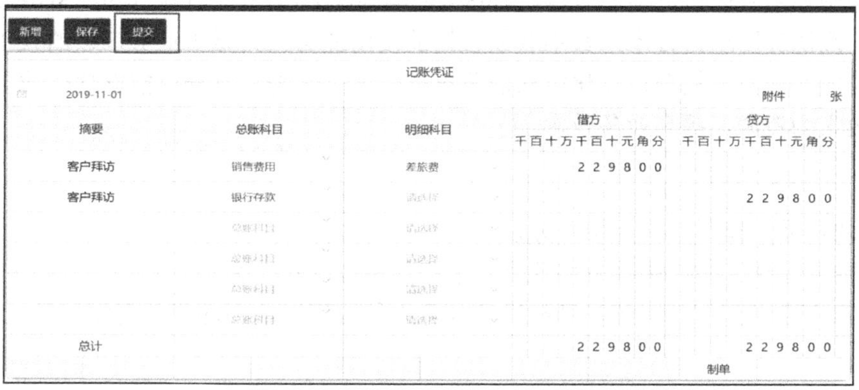

图 8-4-33

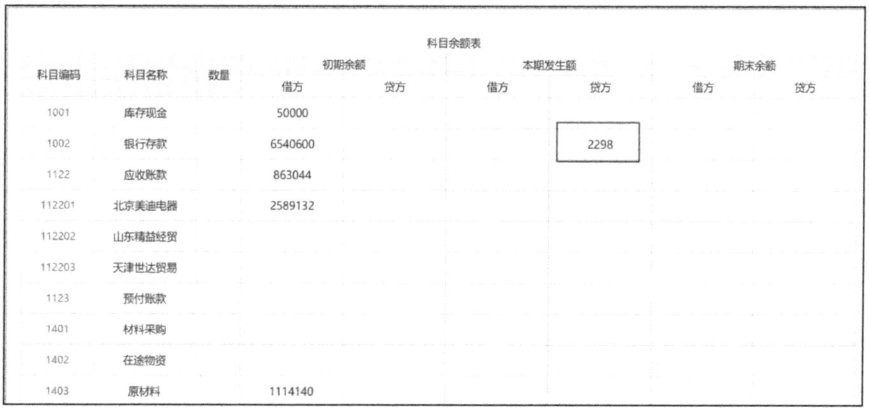

科目余额表

科目编码	科目名称	数量	初期余额		本期发生额		期末余额	
			借方	贷方	借方	贷方	借方	贷方
1001	库存现金		50000					
1002	银行存款		6540600			2298		
1122	应收账款		863044					
112201	北京美迪电器		2589132					
112202	山东精益经贸							
112203	天津世达贸易							
1123	预付账款							
1401	材料采购							
1402	在途物资							
1403	原材料		1114140					

图 8-4-34

（3）单击私有链区块或联盟链区块、账簿或报表，能够查看当前业务产生的数据详情数据，如图 8-4-35 所示。

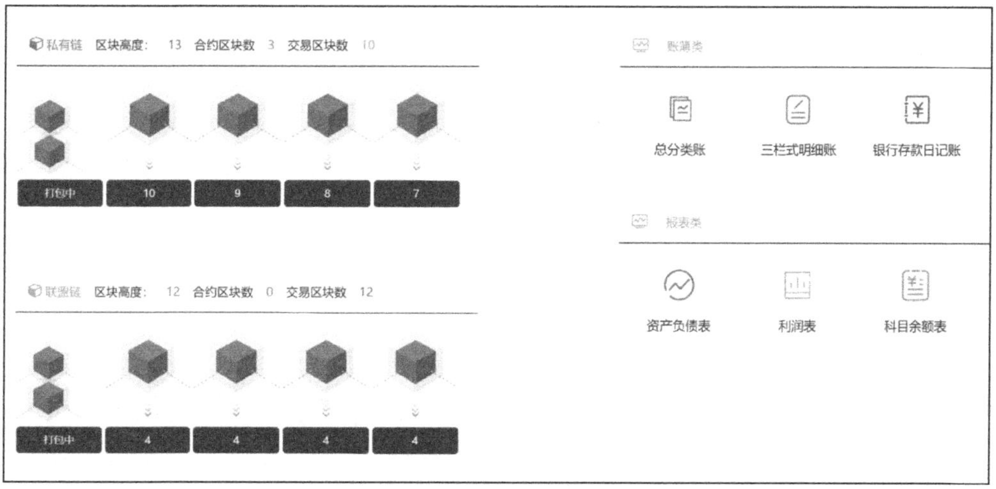

图 8-4-35

8.4.4 实训总结

本实操中使用到联盟链与私有链两种区块链与非对称加密、智能合约、SHA256 加密、数字签名、溯源等区块链技术，其中智能合约的使用能够大大减少业务审核的人工工作量，甚至未来可能实现业务的全自动化审核而不再需要人工参与，这样就能够简化业务中的审核环节，解放人力资源，提高业务效率。

习题：

1. 区块链通用模型分为几层？分别是什么？
2. 目前普遍认为的区块链有哪几类？它们的特点都是什么？
3. 本章主要讲到了区块链在哪些经济业务中的应用？应用的优势有哪些？

参 考 资 料

1. 陈虎，等. 财务就是 IT——企业财务信息系统，北京：中国财政经济出版社，2017.

2. 陈虎，等. 财务机器人——RPA 的财务应用，北京：中国财政经济出版社，2018.

3. 程平. RPA 财务机器人开发教程——基于 Uipath. 北京:电子工业出版社，2019.

4. 董付国. Python 程序设计（第 2 版），北京：清华大学出版社，2016.

5. 董付国. Python 可以这样学，北京：清华大学出版社，2017.

6. 何光威，刘鹏，张燕. 大数据可视化. 北京：电子工业出版社，2018.

7. 李翠红，孟浩. SAP 会计信息系统实务教程. 北京：北京交通大学出版社，2016.

8. 鲁百年. 创新设计思维. 北京：清华大学出版社，2015.

9. 刘红岩. 商务智能方法与应用（第 2 版）. 北京：清华大学出版社，2013.

10. 迈克尔·G 卢克斯. 设计思维：PDMA 新产品开发精髓及实践. 马新磬 编译. 北京：电子工业出版社，2018.

11. 马建军. 财务共享实训教程. 北京：电子工业出版社，2017.

12. 斯蒂芬·A.罗斯. 公司理财（原书第八版），吴世农等译. 北京：机械工业出版社，2009.

13. 美智讯（Bizinsight）. Tableau 商业分析一点通. 北京：电子工业出版社，2018.

14. 庞皓. 计量经济学（第 4 版）. 北京：科学出版社，2019.

15. 维克多·迈尔·舍恩伯格，等. 大数据时代. 杭州：浙江人民出版社，2013.

16. 王汉生. 数据思维——从数据分析到商业价值，北京：中国人民大学出版社，2017.

17. 王新玲. ERP 沙盘模拟高级指导教程（第三版），北京：清华大学出版社，2006.

18. 王海林，吴沁红，杜长任. 会计信息系统：面向财务业务一体化（第 3 版）. 北京：电子工业出版社，2017.

19. 王学颖，等. Python 学习从入门到实践，北京：清华大学出版社，2017.

20. 王珊，萨师煊. 数据库系统概论（第 5 版），北京：高等教育出版社，2014.

21. 王琳惠. 基于区块链技术的会计信息系统可信性保障机制研究，北京：首都经济贸易大学，2017.

22. 徐明星，田颖，李霁月. 图说区块链，北京：中信出版社，2017.

23. 优财管理会计研究院. CMA，北京：经济科技出版社，2019.

24. 余本国. Python 数据分析基础，北京：清华大学出版社，2017.

25. 袁卫，等. 统计学（第 4 版）. 北京：高等教育出版社，2014.

26. 张庆龙，等. 财务转型始于共享服务，北京：中国财政经济出版社，2015.

27. 赵宏田，等. 数据化运营——系统方法与实践案例，北京：机械工业出版社，2018.

28. 钟雪灵，郭艺辉. 大数据工具应用，北京：清华大学出版社，2020.

29. 张凌燕 设计思维——右脑时代必备创新思考力，北京：人民邮电出版社，2015.

30. 程平，张洪霜. "基于区块链技术的销售活动大会计研究" 会计之友，2020:01.

31. 高端访谈——王立彦 未来管理会计师之能力要求，SF, ima 2020 年第 5 期.

32. 高端访谈——刘志远 管理会计要始终基于"管理"，SF, ima 2020 年第 5 期.

33. 肖祯、李一硕. "会计法修订信息化内容不可或缺"，中国会计报，2018 年 7 月 27 日.

34. CFO 融媒体，"CFO 不了解这四大趋势，怎能做好财务创新？"首席财务官（id:cfoworld）.

35. 陈琳."新动能 新模式 新价值——数字化技术与智能财务"讲座精华，2020 年 7 月 18 日浙江大学智能财务大讲堂第 3 期. 公众号：浙大 ZIFA（浙江大学财务与会计研究所）.

36. 胡明. 数字化人力资源分析：逻辑、数据、价值结构. 数据工匠俱乐部（id:zgsjgjjlb），2019.8.31.

37. 'Manufactory game' participatant guide ,ERPsim Lab（加拿大蒙特利尔大学与 SAP 合作开发的 ERPsim），教材编写中涉及的 ERPsim 软件教学使用及相关资料源于大学联盟（UA）、大学能力中心（UCC）共同组织的相关高校教师 SAP 培训资源及历届"ERPsim 大赛学习资料（2017—2020）第一届～第四届 SAP 全国大学生角色挑战模拟经营大赛"中采用的比赛游戏（Manufacturing Extended Game）相关文件.

文档 1：2017-18_Manufacturing_Extended_Slides_EN.

文档 2：2017-18_Manufacturing_ParticipantsGuide.

文档 3：2017-18_Manuf_Extended_JobAid_EN.

其他资料

文档 4：ERPsim_Book_BI_EN.

Business Analytics for Simulation Games in SAP.

38. 梅枚."拥抱改变、不惧失败的财务变革者——专访中兴新云总裁陈虎"，今日财富报道.

39. Odoo 的介绍参考了网上的相关资料，文中 Fabien 及图片来自欧度软件江苏有限公司官网：www.odooyun.com.

40. Odoo 企业版 Demo 及青岛欧度的相关培训课件，案例中的图片来自青岛欧度软件官网.

41. "Predictive Analytics"，http://www.personali.com/answers/predictive-analytics/.

42. "Predictive analytics"，https://en.wikipedia.org/wiki/Predictive_analytics.

43. Predictive Analysis with SAP.

44. 普华永道."智慧财务驱动企业变革与转型"，普华永道（id:PWCCHINA），2019.1.17.

45. SAP Predictive Analysis User Guide.

46. https://baike.so.com/doc/3186393-3357840.html.

47. 谭丽丽."教育的本质不是灌溉，而是点燃"，公众号：快乐审计（Enjoy Audit).202012.21.

48. 谢鹏. 数据分析中常见的 6 大类分析方法，数据工匠俱乐部（id:zgsjgjjlb），2019.

49. 辛华、吴英豪. 智慧企业顶层设计实践与思考，数据工匠俱乐部（id:zgsjgjjlb），2019.8.27.

50. 杨青. 咨询顾问需掌握常用的 10 种分析模型工具，数据工匠俱乐部（id:zgsjgjjlb），2019.1.28.

51. 廖志德（GTA 国泰安）. 创业教育课程开发与教学，微信转发文件.